HANS JOACHIM STÖRIG

KLEINE WELTGESCHICHTE DER WISSENSCHAFT

Über dieses Buch

Die »Kleine Weltgeschichte der Wissenschaft« verfolgt die Gesamtentwicklung der Natur- und Geisteswissenschaften bis zum Beginn unseres Jahrhunderts. Sie zeichnet die Anfänge, die eigentliche Geburt in Griechenland, die Weiterentwicklung der Wissenschaft in Rom und im Islam, im abendländischen Mittelalter und im 17. und 18. Jahrhundert in Band 1 nach. Band 2 ist der ausführlichen Darstellung der Geistes- und Naturwissenschaft im 19. Jahrhundert gewidmet und gibt darüber hinaus Ausblicke auf die Fortsetzung der sich immer stärker spezialisierenden Entwicklung bis in die Gegenwart.

Der Autor

Hans Joachim Störig wurde 1915 in Quenstedt/Harz geboren. Nach dem Studium der Philosophie, Geschichte, Soziologie und Rechtswissenschaft in Freiburg/Br., Köln, Königsberg, Basel, Hamburg und Berlin promovierte er zum Dr. phil. und Dr. jur. Nach 1945 war er schriftstellerisch und verlegerisch tätig. Seit 1963 ist er Leiter des Lexikographischen Instituts, das zahlreiche verbreitete Nachschlagewerke (u. a. »Fischer Kolleg – Das Abiturwissen« und »Das große Fischer Lexikon in Farbe«) entwickelt hat. Störig ist auch als Verfasser populärer Sachbücher (z. B. »Knaurs moderne Astronomie«), als Herausgeber von Anthologien (z. B. »Das Problem des Übersetzens«) und als Übersetzer hervorgetreten.

Hans Joachim Störig

Kleine Weltgeschichte der Wissenschaft

in zwei Bänden

Band 2

PARKLAND VERLAG

Herausgegeben von Abraham Melzer

2004 Lizenzausgabe für Parkland Verlag, Köln

Umschlagentwurf: Klaus Dempel
Druck und Bindung: Graphischer Großbetrieb Pößneck
ISBN 3-89340-056-7
Printed in Germany

Inhalt

Zehntes Kapitel

Natur und Vernunft

Zweiter Abschnitt
Die Geisteswissenschaften

I. Geschichte

Nachdem wir die Leitgedanken des Zeitalters schon in den einleitenden Bemerkungen zu diesem Kapitel betrachtet haben, verbleibt die Aufgabe, zu verfolgen, wie sie sich in den Geisteswissenschaften darstellten und auswirkten. Das soll in den beiden restlichen Abschnitten geschehen für die beiden wichtigsten und einander eng berührenden, ja auf weiten Strecken durchdringenden Bereiche der geschichtlichen Wissenschaften einerseits und der Wissenschaften von Staat und Recht, Wirtschaft und Gesellschaft andererseits. In beiden weist das 18. Jahrhundert einen Reichtum an bedeutenden Männern und Werken, an Problemen und Errungenschaften auf, der es recht schwer macht, eine dem begrenzten Raum entsprechende Auswahl zu treffen.
Die folgende Aufzählung großer Geschichtsforscher und -denker weicht etwas von der streng chronologischen Reihenfolge nach Lebensdaten ab und bemüht sich, einige Hauptrichtungen des geschichtlichen Denkens im 18. Jahrhundert am Beispiel je eines oder weniger Hauptvertreter zu erläutern. Wie schon beim Schluß des 17. Jahrhunderts angedeutet und wie es auch den allgemeinen Grundsätzen dieser Darstellung entspricht, wird dabei mehr auf die allgemeinen Probleme und Ideen gesehen als auf die eigentliche wissenschaftliche Kleinarbeit am historischen Stoff. Das ist gerade für das 18. Jahrhundert gerechtfertigt, weil es ihm in besonderem Maße auf diese allgemeinen Ideen, auf eine philosophische Durchdringung des geschichtlichen Stoffes ankam. »Man muß die Geschichte als Philosoph schreiben!« rief Voltaire aus.
Es ist kaum nötig, zu betonen, daß Geschichtsgedanken wie der eines allgemeinen Fortschritts der Menschheit oder die Ausdehnung geschichtlicher Betrachtung auf Gesellschaft, Wissenschaft, Kunst und Literatur nicht einem einzelnen, sondern dem ganzen Zeitalter angehören und daher auch bei anderen Historikern auftreten, als hier jeweils als Vertreter genannt werden. Es versteht sich weiter, daß es sich dabei um Ideen handelt, die nicht der Geschichtsschreibung im Fachsinne angehören, sondern das geisteswissenschaftliche Bemühen in allen seinen Zweigen durchdringen. Rechts- und Staatslehre, Gesellschaftslehre, Geschichtsbetrachtung bilden bei diesen Denkern eine Einheit, um so mehr, als damals noch nicht die ganz erdrückende Masse von Tatsachenwissen vorhanden war, die im 19. und 20. Jahrhundert fast jeden Versuch einer

umfassenden geisteswissenschaftlichen Theorienbildung als Vergewaltigung einer oder vieler Tatsachen oder Tatsachengruppen erscheinen läßt. Dieser Einheit würde es entsprechen, die Geisteswissenschaften wie in den vorigen Kapiteln auch hier in einem Abschnitt zusammenzufassen. Die Zerlegung erfolgt nur der Übersichtlichkeit halber. Wenn dabei der eine Denker wie Montesquieu bei der Geschichtslehre und der andere wie Rousseau bei der Staats- und Gesellschaftslehre erscheint, so ist solche Aufteilung in gewissem Grade willkürlich und muß bei Darbietung in kaleidoskopartigen Ausschnitten noch willkürlicher erscheinen. Montesquieu war Jurist. Sein Werk gehört ebenso der Rechts- und Staatslehre wie der Geschichtsschreibung an. Rousseau war nicht gerade Fachhistoriker, aber Geschichtsphilosoph und hat das geschichtliche Denken stark angeregt und befruchtet.

1. Eigengesetzlichkeit und Reichtum der geschichtlichen Welt: Vico und Montesquieu

Zeitlich am Anfang stehen zwei Männer, deren Denken weit über die Aufklärung und ihr Jahrhundert hinaus vorwegnehmend und wegweisend für die weitere Betrachtung menschlicher Geschichte ist. Vico erkannte die wesensmäßige Besonderheit und die Eigengesetzlichkeit der geschichtlichen Welt. Montesquieu erkannte ihren jeder Theorienbildung spottenden Reichtum. Während aber Montesquieus Werk sogleich berühmt wurde und den stärksten Einfluß auf das Denken des Jahrhunderts und auch auf die politische und soziale Entwicklung ausübte, blieb das Werk Vicos im verborgenen. Goethe z. B. hatte nur oberflächliche Kunde von ihm, und die Geschichtsdenker, die später das entfalteten, was als Keim bei Vico vorhanden war, taten es meist aus Eigenem ohne eigentliche Begegnung mit ihm.

Giambattista *Vico* (1668–1744) lebte in bescheidenen und bedrückten Verhältnissen als Lehrer der Rhetorik in Neapel. Mehr als zwei Jahrzehnte rastlosen und strengen Nachdenkens wandte er an sein 1725 erschienenes Hauptwerk *Prinzipien einer neuen Wissenschaft. Von der gemeinschaftlichen Natur der Völker*. Den Rest seines Lebens verbrachte er mit immer erneutem Durchdenken und Verbessern des Werkes.

Was ist diese neue Wissenschaft? Sie ist das Gegenstück zur universalen Mathematik René Descartes'. Vico erblickt, als erster vielleicht, die geschichtliche Welt, die »Welt als Geschichte«, die ebenbürtig, doch andersartig neben der Welt der Natur steht. Der Anblick dieser gewaltigen Welt bestürzt und drückt den einsamen und unverstandenen Denker fast zu Boden. Diese neu entdeckte Welt erkennend zu durchdringen, ist das Ziel der »neuen Wissenschaft«. Ist das möglich? Eines steht fest: Diese historische Welt, die Welt der Nationen, die »bürgertümliche« Welt, wie Vico sie auch nennt, ist ganz gewiß von den Menschen gemacht. Kann es aber eine größere Gewißheit der Erkenntnis geben als da, wo der, der selbst die Dinge schafft, sie auch erkennt und beschreibt?

Dieser Umstand muß jeden, der ihn bedenkt, mit Erstaunen erfüllen: wie alle Philosophen voll Ernst sich bemüht haben, die Wissenschaft von der Welt der Natur zu erringen, welche, da Gott sie geschaffen hat, von ihm allein erkannt wird, und vernachlässigt haben, nachzudenken über die Welt der Nationen oder die historische Welt, die die Menschen erkennen können, weil sie die Menschen erschaffen haben.

Wenn die Geschichte das Werk des Menschengeistes ist, muß dann nicht, sie zu erkennen, dem menschlichen Geiste am leichtesten und vollkommensten möglich sein? Müssen nicht ihre Prinzipien in den Modifikationen unseres eigenen Geistes aufzufinden sein? Mit diesem Gedanken vollzieht Vico im Kern, wenn auch keineswegs so methodisch und im einzelnen durchgearbeitet, die gleiche Wendung wie Kant für die Lehre der Naturerkenntnis. Wenn Kant zeigt, daß mathematische Naturwissenschaften möglich sind, weil und insoweit die apriorischen Formen der Naturerkenntnis im menschlichen Verstande selbst liegen, weil der Verstand »der Gesetzgeber der Natur« ist, so zeigt Vico, daß Geschichtserkenntnis möglich sein muß, weil ihre Prinzipien im menschlichen Geiste selbst liegen:

So verfährt diese Wissenschaft geradeso wie die Geometrie, die die Welt der Größen, während sie sie ihren Grundsätzen entsprechend aufbaut und betrachtet, selbst schafft; doch mit um so mehr Realität, als die Gesetze über die menschlichen Angelegenheiten mehr Realität haben als Punkte, Linien, Flächen und Figuren.

In der Tat herrschen nach Vico in der geschichtlichen Welt ebenso unverbrüchliche Gesetze wie in der Natur. Gesetze können aber nur herrschen und erkannt werden, wo nicht ein schlechthin einmaliger, in jeder Phase unwiederholbarer Prozeß vorliegt und es demnach überhaupt keinen Anhaltspunkt für Regeln und Vergleiche gibt, sondern wo es typische Abläufe und damit vergleichbare Fälle gibt. Eine historische Typenlehre versucht Vico zu geben. Es gibt nach ihm eine storia ideal eterna, eine ideale ewige Geschichte, eine Grundstruktur der Völkergeschichte, die sich in ewigem Kreislauf wiederholt. Jede menschliche Gemeinschaft durchläuft bestimmte, vergleichbare Stufen. Auf den Naturzustand folgen drei Zeitalter: das göttliche, das heldische und das humane. Der Naturzustand ist dabei gekennzeichnet durch das Fehlen sozialer Gemeinschaften und aller Verständigungsmittel, auch der sprachlichen. Reste vergangener Stufen ragen stets in spätere hinein und erschweren die genaue Abgrenzung.

Mit fast hellsichtigem Ahnungs- und Einfühlungsvermögen entrollt Vico universalgeschichtliche Perspektiven als Beispiele für dieses Stadiengesetz. Er hat einen ausgeprägten Spürsinn für die Frühzeiten der Geschichte, über die damals noch fast nichts Gewisses bekannt war; er kann geradezu als Entdecker des Mythos und seiner geschichtlichen Bedeutung gelten. Die Stadien weist er auf an den verschiedensten Formen des gesellschaftlichen und geistigen Lebens der Menschen. Es gibt drei Arten von Sitte, drei Arten von natürlichem Recht, drei Arten von Verfassungen, ja sogar drei Arten von Sprachen und von Charakteren, die diesen Stadien entsprechen.

Ohne den Inhalt, mit dem Vico dieses idealtypische Schema erfüllt, weiter auszubreiten, sei noch auf eines hingewiesen. Die Lehre von einem gesetzmäßigen Auf und Ab der geschichtlichen Formen und Epochen in ewiger Wiederkehr steht in ausgesprochenem Gegensatz zur christlichen Deutung der Geschichte als eines einmaligen Heilsvorgangs. Der Widerspruch dieser beiden Grundansichten wurde für Vico, in dem auch die christliche, kurz zuvor noch machtvoll von *Bossuet* vertretene Geschichtsdeutung lebendig war, zum zentralen und niemals ganz bewältigten Problem.
Vico war ein Seher. Sein vielfach dunkles, von Widersprüchen nicht freies, aber überall großartiges Werk bildet eine kaum auszuschöpfende Quelle von Anregungen für das geschichtliche Denken. Man braucht nur an Spenglers Lehre vom Wachstum und Verfall der Kulturen zu denken, um zu erkennen, wie sie bei Vico vorgebildet ist. Ein Urteil von heute:

Vico hat in der Tat nicht bloß für sein Mutterland, sondern für ganz Europa die Rolle eines Hamann gespielt, die Rolle des vieldeutigen, schwer zu enträtselnden, oft krausen und doch in jedem Einzelzug genialen Deuters der bisher verschlossenen oder übersehenen Welt, der unaufgedeckten Mutterschichten des menschlichen Geistes und der tiefen Zusammengehörigkeit von Vergangenheit und Gegenwart. Hundert Jahre vor Hegel, fünfzig Jahre vor Herder und Möser, tiefer und umfassender als Montesquieu und Voltaire, ursprünglicher und dichter als Condorcet und Turgot war Vico der erste, noch verworrene, aber von inneren Gesichten bis zum Rande erfüllte Künder und Entdecker der geschichtlichen Welt. Er hat ein Tor aufgestoßen, das seit zweihundert Jahren eine unabsehbare und noch immer nicht ganz geordnete Flut von Licht über uns ergossen hat.

Charles de Secondat, Baron de la Brède et de *Montesquieu* (1689–1755) nimmt unter den Geschichtsdenkern der Aufklärungszeit eine Sonderstellung ein, indem der Vorwurf des Dogmatismus, der – im einzelnen mit unterschiedlicher Berechtigung, im ganzen nicht ohne Recht – den Aufklärungshistorikern gemacht wird, auf ihn am wenigsten zutrifft. Nicht allein, aber zu einem gewissen Grade ist dies wohl darauf zurückzuführen, daß Montesquieu entscheidende Eindrücke aus einem Aufenthalt in England davontrug, unter dem Volke, das sich in Philosophie und Wissenschaft seit dem Ausgang des Mittelalters durch nüchternen Tatsachensinn und Mißtrauen gegen jede Art von Dogmatismus ausgezeichnet hat. Mit Montesquieu beginnt die folgenreiche Einwirkung des englischen Vorbildes auf Frankreich, das Einströmen der in England geborenen Aufklärungsideen nach Frankreich und dem festländischen Europa. Montesquieus Erstlingswerk, die *Lettres persanes* (Persische Briefe), schon vor dem Englandaufenthalt verfaßt, unternahm unter dem Mantel geistreicher Satire einen heftigen Angriff auf die Gesellschaftsordnung des Ancien régime. Seine reiferen Hauptwerke heißen *Betrachtungen über die Ursachen der Größe und des Niedergangs der Römer* und *De l'esprit des lois* (Vom Geist der Gesetze).
Als praktischer Staatsmann und Publizist hatte Montesquieu selbstverständlich ganz klare und konkrete Vorstellungen von den Reformen, die er in Frankreich für notwendig hielt. Aber er trat an die Geschichte nicht

wie viele Aufklärungshistoriker von vornherein mit dem Bestreben heran, in der Geschichte nur Beispiele und Stützen für diese seine Forderungen zu finden. Er sah zunächst unvoreingenommen auf die Tatsachen, und dabei erkannte er, von welcher verwirrenden und jeder voreiligen Theorie spottenden Fülle und Mannigfaltigkeit diese Tatsachen sind. Das Ideal einer strengen Wissenschaft vom Menschen und von der menschlichen Gesellschaft lebte auch in ihm; aber er sah, welche Unsumme von Forschungs- und Denkarbeit nötig sein würde, es jemals zu erreichen. So sammelte er in erster Linie Tatsachen. Sein Werk wurde dadurch eine fast unversiegliche Informationsquelle. Zu ihr nahmen die Politiker aller streitenden Parteien vor, während und nach der Revolution ihre Zuflucht. Als solche Quelle hat das Werk die Prüfung der Zeit glänzend bestanden und ist noch heute wertvoll.

Freilich sah Montesquieu in der Fülle der Tatsachen keineswegs Unordnung, Willkür oder Zufall. Es mußte möglich sein, Grundgesetze zu finden, denen sich die besonderen Fälle wie von selbst unterordnen. Diese Gesetze sind allerdings nicht einfach und einsinnig. Fast jedes geschichtliche Ereignis hängt von einer Mehrheit von Bedingungen ab, ja von so vielen, daß die Möglichkeit, sie alle könnten ein zweites Mal zusammentreffen, fast gleich Null ist. Aus dem Studium der Gesetze und Gewohnheiten, das der Weitgereiste in den meisten Ländern Europas betrieb, und aus dem Material der Geschichte ergibt sich, daß Klima, Religion, Gesetze, Regierungsgrundsätze, das Beispiel der Vergangenheit in Sitten und Gebräuchen die Menschen regieren, daß sich aus dem Zusammenwirken aller dieser ein allgemeiner Geist bildet.

Daraus ist unter anderem die Lehre zu ziehen: Es kann kein allgemeines und überall passendes Schema für den besten Staat und die richtigen Gesetze geben. Die Gesetze eines Volkes gehen hervor und müssen hervorgehen aus den natürlichen und geschichtlichen Bedingungen, die für jedes Volk einmalig und anders sind. Gesetze sind nicht gemacht, sondern gewachsen. Daraus ergibt sich weiter, daß Gesetze und Staatsformen auch nicht willkürlich gemacht oder verändert werden können und dürfen.

Die Erkenntnis von der Fülle der in der Geschichte zusammenwirkenden Kräfte, von der Schädlichkeit jedes Eingriffs, der diese nicht berücksichtigt, führte Montesquieu dazu, für die Praxis nicht Revolution, sondern Reform, nicht allgemeine Prinzipien, sondern begrenzte Maßnahmen zu befürworten, zugeschnitten auf die jeweiligen geschichtlich gewachsenen Gegebenheiten. Selbst die englische Verfassung, die er sehr bewunderte, wünschte er nicht schematisch nach Frankreich importiert zu sehen. Eine der wichtigsten Einzelforderungen Montesquieus zielte darauf, eine unabhängige richterliche Gewalt zu schaffen, welche neben der gesetzgebenden und der ausführenden Gewalt stehen und die Einhaltung des natürlichen Rechts und der Gesetze sichern sollte.

Montesquieu ist einer der ersten Geschichtsdenker, bei denen sich die Erkenntnis von der Einmaligkeit geschichtlicher Gebilde und von der Bedeutung des langsamen und organischen Wachstums der Formen und

Staatseinrichtungen – wie sie das Geschichtsdenken der Romantik und des 19. Jahrhunderts erfüllt – machtvoll ankündigt.

2. Typische Aufklärungshistorik: Voltaire, Schiller, Friedrich d. gr., Hume, Gibbon

François-Marie Arouet, genannt *Voltaire* (1694-1778) ist der weitaus Einflußreichste unter den Geschichtsdenkern des 18. Jahrhunderts. Voltaire verbrachte wie Montesquieu einige Jahre in England; er allerdings hatte sein Vaterland gezwungenermaßen verlassen müssen. Durch ihn wurden englische Ideen weiter in Frankreich verbreitet (*Briefe über die Engländer; Die Grundzüge der Philosophie Newtons*). Der große Kämpfer gegen Unduldsamkeit, Engstirnigkeit und Unterdrückung jeder Art hat eine ganze Reihe geschichtlicher Werke verfaßt: *Geschichte Karls XII.; Das Jahrhundert Ludwigs XIV.*; eine Geschichte Rußlands und den für seine allgemeineren Gedanken zur Geschichte besonders aufschlußreichen *Essai sur les mœurs et l'esprit des nations* von 1756. Hauptsächlich im letzteren Werk, daneben in seinen Briefen und den philosophischen Schriften finden sich die Bemerkungen über seine Grundsätze der Geschichtsbetrachtung, die uns hier interessieren.
Ein erster Grundsatz ist recht äußerlicher Art: Geschichte muß interessant sein! Eine der Hauptpflichten des Historikers ist, nicht zu langweilen. Das scheint ein etwas unverbindlicher und äußerlicher Maßstab: könnte doch das weniger Unterhaltende gerade das Wichtige sein! Voltaire jedenfalls befolgte seinen Grundsatz – mit dem Ergebnis, daß seine Schriften wirklich gelesen wurden und auf den Geist seiner Zeit in stärkstem Maße einwirkten, und daß sie selbst heute noch interessant zu lesen sind.
Der zweite Grundsatz ist wichtiger. Jeder Historiker trifft eine Auswahl aus der fast unermeßlichen Fülle des Stoffes. Er darf und kann sie nicht allein danach treffen, ob und inwieweit sie beim Leser oder in der Konversation interessant wirkt. Er muß herausnehmen, was wert ist, gekannt zu werden. Was ist dessen wert? Hier tut Voltaire einen sehr bedeutsamen Schritt: Nicht die chronologische Folge von Königen und Tyrannen, nicht Kriege und Schlachten! Das wäre bloßer Ballast für das Gedächtnis. »Den Geist, die Sitten und Gebräuche der Nationen« muß man kennen!

> Ich würde lieber untersuchen, wie die damalige menschliche Gesellschaft war, wie man in der Familie lebte, welche Künste gepflegt wurden, als so viel Unglück zu wiederholen, so viele Kriege, unselige Geschichtsstoffe und Gemeinplätze der menschlichen Bosheit.

Voltaire ist einer der Begründer der Kulturgeschichtsschreibung, die über Kriege und Politik hinaus oder hinweg auf die Schicksale der Menschen und ihre Eigenarten blickt, auf die Formen ihres Lebens, ihre Tätigkeiten und geistigen Schöpfungen. Die Menschen müssen im Mittelpunkt stehen. »Homo sum«, müßte jeder Historiker ständig sagen. Voltaire ist mit diesem Gedanken und der Art, wie er ihn ausführte, den inneren

Triebkräften der Geschichte nähergekommen als die meisten vor ihm. Aber diese Ausweitung der Geschichte zur Kulturgeschichte, so bedeutsam sie ist, ist noch nicht das, was Voltaire mit der Behandlung der Geschichte »en philosophe« meint.

Die dritte, die eigentlich philosophische Forderung an Geschichtsbetrachtung und Geschichtsschreibung ist Wahrheit. Was ist aber geschichtliche Wahrheit? Man wird sich ihr nur nähern, wenn man kritisch an die Geschichte herantritt. Was ist der Maßstab dieser Kritik? Die Antwort kann kaum zweifelhaft sein: Dieser Maßstab ist die *Vernunft!* »Entscheidend ist dabei, daß die Vernunft zum Maßstab dessen wird, was in der Geschichte möglich ist.«

Hier stehen wir an dem Punkte, an dem deutlich wird, warum gerade Voltaire als der typische Historiker der Aufklärung gelten kann, und wo gleichzeitig deutlich wird, daß der Vorwurf der »Ungeschichtlichkeit«, für ihn jedenfalls und die an ihn sich unmittelbar anschließenden Geschichtsdenker – einen berechtigten Kern hat. Denn diese Vernunft, die oberste Richterin dessen, »was in der Geschichte möglich ist«, ist für Voltaires Bewußtsein nicht selbst etwas Geschichtliches. Sie ist etwas Außerzeitliches und Ewiges. Was mit der Vernunft nicht übereinstimmt, wie zum Beispiel und insbesondere Wundergeschichten aller Art, kann nicht wahr sein. Die Vernunft ist gewissermaßen ein Filter. Was durch ihn hindurchgeht, wird als geschichtliche Wahrheit zugelassen. Was nicht hindurchgeht, bleibt draußen und ist damit verworfen. Damit bleibt das Irrationale, das so mächtig ist in der Geschichte, für Voltaire außer Betracht.

Was ist der Nutzen der Geschichtsberatung? Hat sie überhaupt Nutzen, wenn doch aus ihr eigentlich nichts Neues und Überraschendes entspringen kann, wenn die Wahrheiten, die man aus ihr gewinnen kann, voraussetzungsgemäß der Wahrheit, die man schon als Vernunft besitzt, entsprechen müssen? In der Tat sieht Voltaire in der Geschichte in erster Linie das ewig Gleiche der Menschennatur.

Das Ergebnis dieses Gemäldes ist: Alles, was zuinnerst mit der menschlichen Natur zusammenhängt, ähnelt sich von einem Ende des Universums zum anderen; alles, was von Gebräuchen abhängig sein kann, ist verschieden und ähnelt sich nur durch Zufall.

Die Natur des Menschen beurteilt Voltaire eher pessimistisch. Niemand hat beißender als Voltaire (im *Candide*) über die Leibnizsche »beste aller Welten« gespottet. In der Geschichte erblickt er »eine Folge von Irrtümern und Vorurteilen«, Verbrechen, Dummheit, Elend. In der menschlichen Bosheit gleichen sich alle Jahrhunderte.

In dem allgemeinen Dunkel sind vier große Lichtflecken, vier Epochen, um deretwillen es eigentlich allein lohnt, die Geschichte zu betrachten, weil sich in ihnen die Größe des menschlichen Geistes manifestiert. Es sind die Jahrhunderte des Perikles, des Augustus, der Renaissance und das Ludwigs XIV. Aus diesen »vier glücklichen Zeitaltern« läßt sich ablesen, daß es in der Geschichte doch einen Fortschritt gibt, freilich nur einen unendlich langsamen: das Wachstum der Vernunft. Diesem im Grunde doch optimistischen Bilde entspricht es, wenn Voltaire, wie die meisten Aufklärungsdenker, sein eigenes Jahrhundert als die Höhe der Zeiten, als das aufgeklärteste von allen bezeichnet.

Weitere Konsequenzen der Grundauffassung Voltaires sollen nicht im einzelnen ausgeführt werden. Zu nennen wäre der Gegensatz seiner Ansichten zur christlichen Geschichtsdeutung, zur Theologie der Geschichte, wie sie sich zuletzt noch in dem von Voltaire heftig angegriffenen Werke Bossuets gezeigt hatte; weiter die außerordentliche Freiheit, mit der Voltaire von seinem humanistischen und humanen, das heißt auf den Menschen blickenden und die ganze Menschheit einbeziehenden Standpunkt aus nationale Vorurteile abstreift und auch außereuropäische und nichtchristliche Kulturen in ihrem Eigenwert würdigt. In letzterer Hinsicht ist er, abgesehen von Leibniz, so gut wie ohne Vorgänger.

Neben Voltaire steht in Deutschland und England eine Anzahl von Geschichtsdenkern, die sich im einzelnen sowohl untereinander wie von Voltaire in manchen Zügen unterscheiden, aber doch gemeinsam haben, daß sie von den Gedanken und Idealen der Aufklärung durchdrungen sind und diese bei ihrer Geschichtsbetrachtung zugrunde legen. Sie sollen hier nur aufgezählt werden, mit kleinen Schlaglichtern, welche nicht etwa ihre Werke abschließend charakterisieren, sondern im Gegenteil gerade darauf hinweisen sollen, wieviel Eigentümliches und Großartiges sie enthalten.

In Deutschland gehört zu diesen Historikern Immanuel *Kant*. Er hat zwar keine Geschichtsdarstellungen geschrieben, aber eine *Idee zu einer allgemeinen Geschichte in weltbürgerlicher Absicht* gegeben, welche die Leitgedanken der Aufklärung enthält, ohne sie zu überschreiten.

Ungleich bedeutender als Historiker als sein Lehrmeister ist Kants Schüler, der Dichter Friedrich *Schiller* (1759–1805). Schiller war von 1789 ab Professor der Geschichte in Jena. In seiner dortigen Antrittsvorlesung *Was heißt und zu welchem Ende studiert man Universalgeschichte?* gab Schiller die allgemeinen Gesichtspunkte für die Geschichtsbetrachtung. In der *Geschichte des Abfalls der Niederlande* und der *Geschichte des 30jährigen Krieges* schuf er großartige darstellende Geschichtswerke. Es ist nicht möglich, außer dem Hinweis auf die Gewalt der Sprache und die dramatische Wucht der Darstellung, in wenigen Sätzen eine bündige Kennzeichnung der Schillerschen Geschichtsansicht zu geben, zumal sich diese im Verlaufe seiner Auseinandersetzungen mit der Kantischen Philosophie einerseits, mit dem geschichtlichen Stoff andererseits gewandelt hat. Das Kernproblem, mit dem Schiller in immer neuen Ansätzen und Gestaltungsversuchen gerungen hat, ist das Verhältnis und der Gegensatz von Natur und Freiheit. »Die Welt als historischer Gegenstand ist im Grunde nichts anderes als der Konflikt der Naturkräfte untereinander selbst und mit der Freiheit des Menschen . . .«

Von der Warte des handelnden Staatsmannes und mit der diesem oftmals eigenen kühlen Skepsis blickt *Friedrich der Große* (1712–1786) auf das geschichtliche Treiben. In der Überzeugung, »daß es nicht irgendeinem

Pedanten, der im Jahre 1840 zur Welt kommen wird, noch einem Benediktiner der Kongregation von St. Maur zusteht, über Verhandlungen zu reden, die in den Kabinetten der Fürsten stattgefunden, noch die gewaltigen Szenen darzustellen, die sich auf dem europäischen Theater abgespielt haben«, entschloß sich Friedrich, in der *Geschichte meiner Zeit,* in seinen Memoiren und in der *Geschichte des siebenjährigen Krieges* selbst die Ereignisse darzustellen, für die er nicht nur unmittelbarer Zeuge war, an deren Gestaltung er selbst entscheidenden Anteil gehabt hatte. Zerstreut in diesen Schriften, im *Antimachiavell,* in philosophischen Werken und in seinen Briefen finden sich die Bemerkungen, die allgemeineren Aufschluß über Friedrichs Verhältnis zur Geschichte gewähren. Hervorzuheben ist die Kühle und die Distanz, mit der der König auf das Leben und Treiben in der Geschichte sieht. Er sieht, daß die Menschen Pläne machen und nach ihnen handeln, aber recht besehen nur »Drahtpuppen in der Hand Gottes« sind. Sein Wirklichkeitssinn erweist sich darin, daß er ungeachtet der auch von ihm geteilten aufklärerischen Überzeugung von der durchgehenden Gleichheit der Menschennatur doch die Bedeutung des Volkscharakters erkennt und anerkennt, der eine konstante, durch Erziehung nur schwer zu beeinflussende Größe ist; weiter darin, daß Friedrich die Vielfalt der geschichtlichen Ursachen erkennt, die bewirkt, daß eine geschichtliche Lage niemals der anderen ganz vergleichbar ist.

Friedrich nahm für sich selbst in Anspruch, »aufgeklärt« zu sein; und er war es auch – seine Regierungspraxis, jedenfalls seine Kultur- und Religionspolitik, sein Verhältnis zu den führenden Geistern Frankreichs beweisen es noch augenfälliger als seine Schriften. Von der Möglichkeit, die Menschheit im ganzen durch Aufklärung zu bessern, hielt er gleichwohl noch weniger als Voltaire:

> Es ist verlorene Mühe, die Menschheit aufklären zu wollen, ja oft ist es ein gefährliches Unterfangen. Man muß sich damit begnügen, selbst weise zu sein, wenn man es vermag, aber den Pöbel dem Irrtum überlassen und nur danach trachten, ihn von Verbrechen abzubringen, die die Gesellschaftsordnung stören.

Verhältnismäßige Freiheit von dogmatischer Voreingenommenheit und nüchterner politischer Blick – diese Züge sind es, die der größte englische Historiker der Aufklärung mit Friedrich gemeinsam hat: David *Hume,* dessen Geschichtswerk fast so bedeutend ist wie sein philosophisches, an Verbreitung und Einfluß es vielleicht sogar übertrifft. Hume verfaßte eine achtbändige *Geschichte Englands.* Da sie zwei Jahre vor Voltaires »Essay« zu erscheinen begann, gebührt Hume der gleiche Ruhm wie Voltaire als Begründer der Kulturgeschichtsschreibung; denn auch Hume beschränkt sich nicht auf Kriege und Staatsaktionen, sondern bezieht soziale Verhältnisse, Sitten und Gebräuche, Kunst und Literatur in seine Darstellung ein. Entsprechend seiner erkenntnistheoretischen Grundeinstellung, welche schlechthin alles aus Beobachtung und Erfahrung hervorgehen läßt, und dank seiner geistigen Unabhängigkeit erreichte Humes Werk eine Objektivität, die die Bewunderung seiner Zeitgenossen hervorrief.

Nicht als philosophischer Kopf, aber als darstellender Historiker steht ebenbürtig neben Hume der Engländer Edward *Gibbon* (1737–1794) mit seiner bis heute berühmten und gelesenen *Geschichte des Niedergangs und Falls des römischen Reiches*. Man kann Gibbon der Aufklärung zurechnen. Die eigene und aus der englischen Tradition kommende Note seines Werkes ist eine kritische Nüchternheit, die ihn instandsetzt, den Eigenwert gewachsener Formen und Institutionen ohne Rücksicht auf vorgefaßte allgemeine Ideale und Begriffe zu erkennen. Dies war nun freilich im ganzen nicht die Stärke des Aufklärungsdenkens. Es war im Gegenteil der Punkt, den sowohl die zeitgenössischen konservativen Gegner wie die bald auftretenden mannigfachen Gegenbewegungen gegen die Aufklärung am stärksten betonten. Edmund *Burke* (1729–1797), der Zeitgenosse Gibbons, steht ganz in dieser Gegenfront und soll, da er mehr politischer Theoretiker und Publizist als Historiker war, im Zusammenhang mit der Gesellschaftslehre nochmals erwähnt werden.

3. Der Fortschrittsgedanke: Lessing, Condorcet

Gotthold Ephraim *Lessing* (1729–1781), Dichter und größter Kritiker der deutschen Aufklärung, »der unsterbliche Führer des modernen deutschen Geistes« nach den Worten Wilhelm Diltheys, könnte fast überall als hervorragender Zeuge angeführt werden, wo von den Neigungen und Zielen der Aufklärung die Rede ist; sei es der Gedanke der vernünftigen und natürlichen Religion, sei es eine vernunftgemäße und vernunftgegründete Sittlichkeit, das Ideal der religiösen Toleranz oder die die ganze Menschheit umspannende Humanität. Lessing muß auch in der Geschichte mehrerer Wissenschaften genannt werden, in Philosophie, Ästhetik, Literaturgeschichte, Kunstgeschichte, Altertumskunde. Hier soll nur eine Seite seines Denkens kurz zu Worte kommen. Das ist sein Ringen um den Sinn der Menschengeschichte im ganzen.

Die Aufklärung hat in England, Frankreich, Deutschland je nach nationalem Temperament und geschichtlicher Tradition verschiedene Färbungen und Formen angenommen. An Lessing treten klar die auszeichnenden Züge des deutschen Aufklärungsdenkens hervor: ein tiefer sittlicher Ernst, eine geringere Radikalität, als sie der englischen und vor allem der französischen Aufklärung eigen ist (im Einklang mit der politischen und gesellschaftlichen Entwicklung, die in Deutschland nicht bis zur Revolution führte), damit aber auch eine geringere Einseitigkeit, ein Streben zur Synthese, zum Verbinden des Alten mit dem Neuen, das zum Beispiel in der Religionsphilosophie trotz der Lehre von der natürlichen und Vernunftreligion die göttliche Offenbarung nicht einfach beiseite werfen will, sondern ihr einen wichtigen Platz im großen Drama der Menschheitsentwicklung zuweist.

Lessing ist Realist genug, um klar zu sehen, daß die Geschichte Krieg und Mord, Haß und Unterdrückung, Fanatismus und Inquisition aufweist und sich nicht leicht einer optimistischen Deutung im Sinne des

Fortschritts unterwerfen läßt. Aber er ist nicht Skeptiker genug, um es dabei bewenden zu lassen. Er bemüht sich, dem Geschichtsprozeß doch einen Sinn abzuringen, und er findet ihn in dem, was im Titel seiner Schrift *Die Erziehung des Menschengeschlechts* schon angedeutet ist. Wie die Erziehung des Einzelmenschen eine unendliche, niemals endende Aufgabe darstellt, so ist auch die Erziehung des Menschengeschlechts im ganzen ein niemals endender Prozeß. Die Marksteine dieses Weges der Menschheit sind die Offenbarungen, durch die Gott die Menschen erzieht. Gott gibt den Menschen die Wahrheit schrittweise nach dem Grade der Reife, den sie jeweils erlangt haben. Anders als schrittweise könnte die Menschheit die unendliche Wahrheit gar nicht fassen. Des Menschen Teil ist nicht, die Wahrheit zu besitzen, sondern nach ihr zu streben. Die ganze Wahrheit ist nur für Gott allein.
Auch die christliche Religion, das Alte und Neue Testament sind Etappen auf diesem Wege. Die Zeit ist gekommen, die christliche Botschaft neu zu verstehen und sie mit der natürlichen Religion der Vernunft zu vereinigen. Wahrheit ist nicht statisch. Sie ist ein unendlicher Prozeß, in dem alles geschichtlich Gewordene nur Durchgangsstation ist. Das bedeutet ein Aufgeben der Absolutheit des Christentums. Keine geschichtliche Religion ist absolut. Die natürliche Folgerung ist unbedingte Toleranz, wie sie in Lessings »Nathan« in der berühmten Fabel von den drei Ringen unvergleichlich ausgedrückt ist.
Man sieht, daß der das 19. Jahrhundert beherrschende Entwicklungsgedanke in der Lessingschen Form durchaus im Rahmen des Aufklärungsdenkens einen Platz findet, ja daß er, im Sinne Lessings jedenfalls, seine natürliche Folgerung bilden kann.
In gleicher Stärke wie Lessing, wenn auch ohne religiöse Wendung des Gedankens, war der Franzose Marie Jean Antoine de *Condorcet* (1743 bis 1794) von der Fortschrittsidee durchdrungen. Condorcet war Mathematiker, Sekretär der Akademie der Wissenschaften, Mitarbeiter an der Enzyklopädie. Er spielte eine führende Rolle im Anfang der Revolution, geriet aber bald in Gegensatz zur herrschenden Richtung und mußte sich verbergen. In dieser Lage, bangend, daß die »fortschrittlichen« Kräfte sein Leben vorzeitig beenden könnten, fand er doch die innere Kraft, in seiner *Skizze eines geschichtlichen Bildes des Fortschritts des Menschengeistes* seine Überzeugung von der unendlichen Vervollkommnungsfähigkeit der Menschheit zu verkünden. Keine Grenze ist der Verbesserung des Menschen durch die Vernunft gesetzt. Die Geschichte zeigt Vervollkommnung in der Ausbreitung des Wissens und der Aufklärung. Der Fortschritt kann langsamer oder schneller gehen, aber solange die Erde an ihrem Platz im Universum steht, wird er niemals aufhören. Befreit von ihren Ketten und von der Macht des Zufalls, wird die Menschheit auf ihrem Wege zu Wahrheit, Tugend und Glück voranschreiten. Dieser Ausblick ist es, der den wahren Philosophen über alle Schicksalsschläge und Ungerechtigkeiten tröstet, die er selbst erleiden mag. In der Freude an diesem Ausblick vereinigt er sich mit allen, die dem gleichen Ziel dienen, in einem Paradies der Vernunft.

Je mehr einer an die Vervollkommnungsfähigkeit des Menschen glaubt, desto mehr Gewicht muß er auf die Erziehung als das Mittel zu dieser Vervollkommnung legen. Condorcet entwickelte 1792 als Präsident der Nationalversammlung einen gewaltigen Plan zu solcher Erziehung, in dem so zukunftweisende Gedanken wie die Beseitigung des Klassenprivilegs in der Bildung und die Forderung nach Erwachsenenbildung, auch für Arbeiter und für Frauen, enthalten sind.

4. Altertumskunde und Kunstgeschichte: Winckelmann

Die Altertumskunde, die wir mit den Humanisten und Scaliger verlassen und seither vernachlässigt haben – ohne ihr allzusehr damit Unrecht zu tun, denn im Zeitalter des Barock stagnierte sie im großen betrachtet fast ganz – soll im 18. Jahrhundert wenigstens mit einem ihrer Vertreter wieder zu Worte kommen, vielleicht dem größten in dieser Zeit, dem Deutschen Johann Joachim *Winckelmann* (1717–1768). Nach bedrückenden Anfangsjahren als Schulmeister zu Seehausen in der Altmark, während denen Homer seinen einzigen Trost bildete, kam Winkelmann nach Dresden. Das Studium der dortigen Sammlungen verstärkte seine Begeisterung für die Antike. Er ging, nachdem er zum Katholizismus übergetreten war, nach Italien und wurde Bibliothekar und schließlich Aufseher über die Altertümer in Rom und dessen Umgebung.

Das war 1763. Fünfzehn Jahre davor hatte man mit der Ausgrabung von Pompeji und Herculaneum begonnen. Im Jahre 79 nach Christus waren diese beiden Städte beim Vesuvausbruch verschüttet worden. Zwanzig Meter tief unter zu Tuff verhärteter Lava lag Herculaneum. Die Ruinen von Pompeji, unter Asche und Bimsstein begraben, waren etwas leichter zugänglich. Die plötzliche Verschüttung zweier blühender Städte, ihre »Konservierung« mit allen Bauwerken, Kunstwerken, Gebrauchsgegenständen durch 1700 Jahre, bis sie der Spaten wieder ans Licht hob, ist ein so einmaliger Fall in der Geschichte, daß man dieses tragische Ereignis, wäre es nicht blasphemisch, geradezu als Glücksfall für die Archäologie und unsere Kenntnis der Alten Welt bezeichnen könnte. Winckelmann hatte größte Schwierigkeiten, überhaupt Zutritt zu den Ausgrabungen zu erlangen. Trotzdem war er es, der der aufhorchenden Welt mit seinen Sendschreiben über die herculanischen Entdeckungen die erste sachliche Beschreibung der Ausgrabungen und der ersten Funde gab.

1764 erschien Winckelmanns *Geschichte der Kunst des Altertums*. Man kann das Erscheinen dieses Werkes als die Geburtsstunde der modernen Archäologie und auch der Kunstwissenschaft ansehen. Daß es, wenngleich von seinem sachlichen Inhalt nur der geringste Teil Bestand gehabt hat, bis heute mit Ehrfurcht genannt wird, daß sein Schöpfer wie kein anderer von der archäologischen Wissenschaft als Vater und Lehrmeister gefeiert wird, hat seinen Grund und seine Berechtigung in folgendem.

Erstens: Zwischen der Betrachtung der griechischen Kunst, wie sie vor Winckelmann geübt wurde, und dem, was er gibt, besteht ein fast ebenso weiter Unterschied wie etwa zwischen dem Eindruck, den man beim Lesen eines alten gelehrten Werkes über antike Lebensverhältnisse empfängt, und dem, den eine Besichtigung der ausgegrabenen antiken Städte gewährt. Was schon Winckelmanns Homererlebnis auszeichnet: daß es nicht philologische Betrachtung eines Dichtwerkes ist, sondern unmittelbare Begegnung mit einem Dichter – das ist auch das Charakteristikum von Winckelmanns Betrachtung der alten Kunst. Man muß mit den Kunstwerken der Alten »wie mit einem Freunde bekannt geworden sein«, schreibt Winckelmann schon in seiner Erstlingsschrift *Gedanken über die Nachahmung griechischer Werke in der Malerei und Bildhauerkunst.*

Zweitens: Winckelmann brachte erstmalig, mit dem aus diesem unmittelbaren Verhältnis erwachsenden eindringenden Verständnis, eine Ordnung in die verwirrende Menge antiker Kunstwerke, Zeugnisse, Monumente, und zwar eine geschichtliche Ordnung. »Die Geschichte der Kunst«, heißt es in der Vorrede, »soll den Ursprung, das Wachstum, die Veränderung und den Fall derselben, nebst dem verschiedenen Stile der Völker, Zeiten und Künstler lehren...« Das Material, auf das Winckelmann sich stützte, war spärlich im Vergleich zu dem, was nach ihm zutage gefördert wurde. Das führte ihn zu einer etwas einseitigen Verlegung des Schwerpunktes auf das vierte vorchristliche Jahrhundert und zu Folgerungen, die teils falsch waren, teils zwar für das von ihm Überschaute, nicht aber für die alte Kunst im ganzen gelten. Gleichwohl schuf er eine Ordnung in einem Bereich, der vorher fast einem Chaos glich.

Drittens: Das Feuer der Winckelmannschen Begeisterung griff alsbald über auf die bedeutendsten Zeitgenossen, wie insbesondere Lessing und Goethe. Es wirkte weit über die archäologische Wissenschaft hinaus auf die ganze gebildete Welt. Eine Welle der Hingabe an das Schöne, wie man es in den Werken der Griechen verkörpert fand und als schlechthin vorbildlich und verpflichtend ansah, breitete sich aus. Wenn die Geschichte des europäischen und insbesondere des deutschen Geistes in Kunst und Literatur die Geschichte einer immerwährenden Auseinandersetzung mit der Antike im steten Wechsel von Abwendung und neuer Aneignung ist, so steht Winckelmann am Anfang der »neuen Griechenliebe«, in der der deutsche Geist zu den Griechen ging, um ganz zu sich selbst zu kommen. Lessing; Goethe, der in seiner Jugend schrieb: »Die Griechen sind mein einzig Studium«, der durch alle seine Wandlungen hindurch unverwandt auf das griechische Ideal blickte; Schiller, der in seinen Tragödien um die Aneignung des griechischen Ausdrucks rang und in seiner Ästhetik den Menschen nach den Normen der griechischen Schönheit bilden wollte; Wilhelm von Humboldt, der unter anderem das moderne humanistische Gymnasium aus dem Geiste des neuen Humanismus schuf; Kleist und der einsame, von Griechensehnsucht verzehrte Hölderlin: dies sind nur einige Namen aus der gewaltigen gei-

stigen Bewegung, welche in ihrer Auswirkung und Ausstrahlung viel mehr als die Wissenschaft erfaßt und umschließt.
Winckelmann, der sie einleitete, gab der archäologischen Wissenschaft mit seinen *Monumenti antichi inediti* von 1767 weitere Impulse, insbesondere in der Richtung auf die Mythologie und ihren Zusammenhang mit der Kunst. Mit seiner Forderung, daß man Olympia ausgraben müsse, gab er der jungen Wissenschaft auch eine ihrer wichtigsten praktischen Aufgaben. Erfüllt wurde seine Forderung erst hundert Jahre nach seinem Tode. Winckelmann starb im Jahre 1768 durch Mörderhand in Triest.

5. Vertiefte geschichtliche Besinnung, Ideengeschichte

MÖSER Die beiden Namen, die hier zusamengefaßt sind, haben ein ungleiches Gewicht. Justus *Möser* (1720–1794) widmete dem Fürstbistum von Osnabrück, wo er geboren und gestorben ist, seine Dienste als Sekretär der Landstände, Syndikus der Ritterschaft und geheimer Sekretär. Auch seine geschichtsschreiberische Bemühung galt mit seinem Hauptwerk *Osnabrückische Geschichte* in erster Linie dem heimatlichen Kreise. Dabei gilt hier wirklich, daß sich in der Beschränkung der Meister zeigt: in der liebevollen Vertiefung in die Geschichte des engen Bezirks, auf dessen Boden er selbst gewachsen ist und gewirkt hat, tritt am besten das hervor, worin Möser über die Aufklärungshistorik im engeren Sinne hinausgeht und um dessentwillen er als Wegbereiter des historischen Sinnes neben Herder genannt werden kann. Er geht ab von mechanischer Kausalerklärung und rein rationaler Betrachtung nach vorgegebenen allgemeinen Prinzipien; er hat einen Blick für das Individuelle, für den Wert gewachsener Institutionen – Möser spricht von »Lokalvernunft« – für die Verschlingung psychologischer, sozialer, staatspolitischer, wirtschaftlicher Motive. In diesem Sinne sagt Möser ironisierend:

> Man spricht täglich davon, wie nachteilig dem Genie alle allgemeinen Regeln und Gesetze seien und wie sehr die Neueren durch einige wenige Ideale gehindert werden, sich über das Mittelmäßige zu erheben; und dennoch soll das edelste Kunstwerk unter allen, die Staatsverfassung, sich auf einige allgemeine Gesetze zurückbringen lassen; sie soll die unmannigfaltige Schönheit eines französischen Schauspiels annehmen und sich wenigstens im Prospekt, im Grundriß und im Durchschnitt, auf einem Bogen Papier vollkommen abzeichnen lassen, damit die Herren beim Departement mit Hilfe eines kleinen Maßstabs alle Größen und Höhen sofort berechnen können.

Möser fühlte sich als Wegbereiter. Das deutsche Nationalgefühl ist bei ihm ausgeprägt. Eine umfassende nationale deutsche Geschichte schwebte ihm vor, in die er seine eigene Arbeit eingefügt zu sehen hoffte.

> Die Erkenntlichkeit, so ich meinem Vaterlande schuldig bin, macht mir diese Selbstverleugnung nicht schwer; und wenn dermaleinst ein deutscher Livius aus dergleichen Familiennachrichten eine vollständige Reichsgeschichte ziehen wird, so werde ich nicht für den kleinsten Plan gearbeitet haben.

HERDER

Welch ein Werk über das menschliche Geschlecht! den menschlichen Geist! die Kultur der Erde! aller Räume! Zeiten! Völker! Kräfte! Mischungen! Gestalten! Asiatische Religion! und Chronologie und Polizei und Philosophie! Ägyptische Kunst und Philosophie; ... Griechisches Alles? Römisches Alles! Nordische Religion, Recht, Sitten, Krieg, Ehre! Papistische Zeit, Mönche, Gelehrsamkeit! Nordisch-asiatische Kreuzzieher, Wallfahrter, Ritter! Christliche, heidnische Aufweckung der Gelehrsamkeit! Jahrhundert Frankreichs! Englische, holländische, deutsche Gestalt! – Chinesische, japanische Politik! Naturlehre einer neuen Welt! Amerikanische Sitten usw. – Großes Thema: das Menschengeschlecht wird nicht vergehen, bis daß es alles geschehe! Bis der Genius der Erleuchtung die Erde durchzogen! Universalgeschichte der Bildung der Welt.

Man braucht nur diesen einen Ausruf zu lesen, um zu fühlen, wie der Mann, von dem er stammt, auf die Geschichte blickt und was er in ihr sieht: eine Vielfalt von Gestalten, Individualitäten, Entwicklungen, Ideen, die es gilt, zunächst einfühlend zu verstehen. Johann Gottfried *Herder* (1744–1803) war alles andere als ein rationaler Systematiker. Wahrscheinlich ist er darum ein so fruchtbarer Geschichtsdenker. Allerdings, für die Aufgabe, sein Denken in Kürze zu kennzeichnen, bedeutet das eine fast unüberwindliche Schwierigkeit. Dem Systematiker tut man gewissermaßen geringeres Unrecht, wenn man ihn kurz behandelt, sofern man sich nur an die Architektur seines eigenen Systems hält. Hat er doch selber sein System auf einem oder wenigen Grundsteinen errichtet! Je mehr ein Denker sich aber ins einzelne versenkt und sich ihm hingibt – was in der Geschichtsbetrachtung gerade das Notwendige und das Fruchtbare ist – um so schwerer ist er im ganzen zu fassen. Bei Herder kommt hinzu, daß seine Geschichtsauffassung Wandlungen durchgemacht hat.
Herder war ein ostpreußischer Landsmann Kants. Der Lehrer, der in Herders sauer erkämpfter und erhungerter Studienzeit neben Kant (in seiner »vorkritischen« Periode) am stärksten auf Herder eingewirkt hat, war der »Magus des Nordens«, Johann Georg *Hamann* (1730–1788), auch er ein Ostpreuße. Hamann war in Deutschland unter den ersten, die sich gegen die Aufklärung wandten und gegenüber dem Rationalismus die Gefühls- und Glaubenskräfte, die Schöpferkraft des Gemüts, die sich in Sprache und Dichtung äußert, in den Vordergrund rückten.
Herder kam nach längerer Tätigkeit als Prediger und Rektor der Domschule in Riga, nach Reisen durch Frankreich – wo er Diderot, D'Alembert und andere kennenlernte – und Deutschland schließlich als Generalsuperintendent nach Weimar. Er erhielt die Stellung durch Vermittlung Goethes, mit dem er schon in Straßburg bekannt geworden war. Später entfremdeten sich beide, trotz der im Grunde vorhandenen Verwandtschaft ihrer Weltauffassung.
Die lange Reihe der Herderschen Schriften zeigt die außerordentliche Vielfalt seiner Begabungen und Neigungen. Sieht man ab von Herders eigener Dichtung einerseits, von den theoretischen Werken andererseits, so bleiben als die drei wichtigsten Züge des Gesamtwerkes: Herders Gegnerschaft zu Kant in der Philosophie (er gehört mit Hamann

und Friedrich Heinrich *Jacobi*, 1743–1819, zu den mißverständlich so genannten Glaubensphilosophen, die vom Glauben und vom Gefühl her Kant kritisieren); zweitens seine Gedanken und Arbeiten über Sprache und Literatur; schließlich seine Geschichtsphilosophie. Nur diese beschäftigt uns hier. Sie ist hauptsächlich niedergelegt in den vier Bände umfassenden *Ideen zur Philosophie der Geschichte der Menschheit* (ab 1784), die eine breitere Ausführung der zehn Jahre früher in der Schrift *Auch eine Philosophie der Geschichte zur Bildung der Menschheit* ausgesprochenen Gedanken darstellen. Zum Verständnis muß man die in anderen Schriften verstreuten geschichtsphilosophischen Äußerungen Herders mit heranziehen.

In einem Punkte mindestens bewahrt Herder, wie auch schon die anfangs zitierte Stelle zeigt, das Erbe der Aufklärung. Der »Genius der Erleuchtung« wird die Erde durchziehen! Den Glauben an die Vernunft als oberste Autorität, an ihren Sieg als Endziel der Geschichte hat auch Herder. Die ganze Geschichte der Völker erscheint ihm als »eine Schule des Wettlaufs zur Erreichung des schönsten Kranzes der Humanität und Menschenwürde«.

Doch hier ist hervorzuheben, was Herder von der Aufklärung scheidet. Er betrachtet die Geschichte nicht more geometrico, sondern eher »more biologico«. »Die ganze Menschengeschichte ist eine reine Naturgeschichte.« In den »Ideen« beginnt der Gedankengang mit der Erde als einem »Stern unter Sternen«, steigt dann auf zum Pflanzenreich, zum Tierreich und schließlich zum Menschen als dem »Mittelgeschöpf« unter den Lebewesen der Erde. Der Mensch ist der erste Freigeborene der Schöpfung. Er ist organisiert zur Vernunftfähigkeit, zu feineren Sinnen, zu Kunst und Sprache; er ist geschaffen zur Freiheit, zur Humanität und Religion, zur Hoffnung auf die Unsterblichkeit. Damit ist nun die biologische Betrachtungsweise längst verlassen, und wir sind wieder dort angelangt, worin Herder nicht Revolutionär ist: in seinem Festhalten an Vernunft- und Naturrecht und erst recht in seinem Festhalten am göttlichen Heilsplan; für Herder als gläubigen Christen ist die Geschichte im letzten Grunde doch Heilsgeschichte.

Verweilen wir bei dem ersten Moment, der biologischen, besser gesagt der »organischen« Betrachtungsweise – welchen Begriff Herder in dieser Bedeutung erst geschaffen hat. Diese Betrachtungsweise sieht lebendige Gestalten. Sie ist Morphologie. Herder spricht geradezu von »Nationalpflanzen«. Eine solche lebendige Ganzheit ist das Volk, ein ursprüngliches Gebilde, eine organisch gewachsene Einheit gemeinsamer Sprache und Sitte, gemeinsamer Tradition und geschichtlicher Aufgabe, deutlich abgehoben vom Mechanismus des Staates, auf den die Aufklärungshistoriker sahen. Herder besaß ein einzigartiges Einfühlungsvermögen in die Seele des eigenen wie fremder Völker. Er sammelte Volkskunst und Volkslieder. Er begründete die vergleichende Volkskunde.

Ein Volk ist etwas genauso Einmaliges, Individuelles, wie ein einzelner Mensch:

Wer bemerkt hat, was es für eine unaussprechliche Sache mit der Eigenheit eines Menschen sei, das Unterscheidende unterscheidend sagen zu können, wie er fühlt und lebet, wie anders und eigen ihm alle Dinge werden, nachdem sie sein Auge sieht, seine Seele mißt, sein Herz empfindet – welche Tiefe in dem Charakter nur einer Nation liege, die, wenn man sie auch oft genug wahrgenommen und angestaunet hat, doch so sehr das Wort fleucht ... Mattes halbes Schattenbild vom Worte! ...

Wer so wie Herder überall das Individuelle erspürt, der kann nicht, wie Winckelmann es tat und Herder an diesem ausdrücklich tadelt, ein Volk zum absoluten Maßstab erheben. Auch nicht die Griechen! Er sieht vielmehr, daß Individualität, wie sie nur aus sich selbst heraus verstanden werden kann, auch nur in sich selbst ihren Wertmaßstab trägt. Wie hängen aber die Individualitäten in der Geschichte miteinander zusammen? Nicht unmittelbar in dem Sinne, daß eine aus der anderen hervorgeht! Sie gehen vielmehr alle aus Gott hervor. Untereinander hängen sie höchstens so zusammen, wie eine Pflanze mit der anderen:

Jede Pflanze der Natur muß verblühen; aber die verblühete Pflanze streut ihren Samen weiter, und dadurch erneuet sich die lebendige Schöpfung.

Was bedeutet das für die Erkenntnis der Geschichte? »Jede Nation hat den Mittelpunkt ihrer Glückseligkeit in sich selbst wie eine Kugel ihren Schwerpunkt.« Einfühlendes Verstehen und ehrfürchtige Achtung vor dem geschichtlich gewachsenen Volke sind Herders Forderungen. Diese Gedanken Herders wirkten als wichtiger Ansporn namentlich für das gerade erst erwachende Nationalgefühl der slawischen Völker.
Was bedeutet es für das geschichtliche Handeln?

Jeder strebe also auf seinem Platz zu sein, was er in der Folge der Dinge sein kann; Dieß soll er auch sein, und ein Andres ist für ihn nicht möglich.

Hier sind wir bei dem Kern angelangt, bei dem eigentlich Umwälzenden, das Herder in die Geschichtsbetrachtung brachte. Geschichtliches Bewußtsein im tieferen Sinne ist erst dort, wo der Mensch die Geschichte als sein Schicksal erkennt, wo er sich in seinem Wesen geschichtlich bestimmt, seine Gegenwart als eine Welle im Auf und Ab der Geschichte fühlt.
Bei Herder ist das noch gemildert durch sein Festhalten an außergeschichtlichen Maßstäben. Aber die »historistische« Seite seines Geschichtsdenkens war es, die vor allem fortwirkte. Herder ist der große Anreger aller folgenden Geschichts- und Kulturphilosophie. Als Anreger wird er von manchen noch höher als Goethe gestellt. Mit ihm beginnt das »geschichtliche« Denken die zentrale Stellung im deutschen Geistesleben einzunehmen. Von dem Ausmaß, in dem Herders Gedanken in das allgemeine Denken übergingen, gewinnt man einen Eindruck, wenn man Goethe nicht lange nach dem Erscheinen der »Ideen« urteilen hört: »Herders Ideen sind bei uns dergestalt in die Kenntnis der ganzen Masse übergegangen, daß nur Wenige, die sie lesen, dadurch erst belehrt werden, weil sie durch hundertfache Ableitung von Demjenigen, was damals von großer Bedeutung war, schon völlig unter-

richtet worden.« In der Tat, daß der Mensch *seinem Wesen nach* ein geschichtliches Wesen sei, ist zur Grundüberzeugung der abendländischen Welt geworden, bis heute. Herder hat das in dieser Konsequenz nicht ausgesprochen. Aber von seinem Denken ist nur ein Schritt bis zu dem Satze: Was der Mensch sei, erfährt er nur durch die Geschichte.

II. Recht und Staat

In diesem Abschnitt verzichte ich darauf, die Gedanken und Tendenzen weiter auszumalen, die uns bereits bei der Betrachtung der Anfänge der neuen Geisteswissenschaften im 17. Jahrhundert, bei Hobbes und Locke, bei den Naturrechtslehrern, bei der Vergegenwärtigung einiger Leitgedanken des Aufklärungszeitalters und schließlich seines Geschichtsdenkens entgegengetreten sind. Zu diesen Entwicklungslinien gehören:
1. Der Gedanke des natürlichen und vernünftigen Rechts. Das Naturrecht wurde in Deutschland vor allem durch zwei Denker weitergebildet: in der ersten Hälfte des Jahrhunderts durch Christian *Wolff* (1679 bis 1754), den bedeutenden Ontologen und Popularisierer der Leibnizschen Philosophie, welche in der ihr durch Wolff gegebenen Form zum beherrschenden System in Deutschland wurde; in der zweiten Hälfte des Jahrhunderts durch Immanuel *Kant*, dessen System das Leibniz-Wolffsche überwand. Kant bereicherte das Naturrechtsdenken und bildete es weiter, besonders für das Verhältnis zwischen Naturrecht und positivem Recht. Ohne daß man auf die Kantische Philosophie, insbesondere Kants Fassung des Verhältnisses von Natur und Freiheit eingeht, ist dies jedoch nicht zu skizzieren.
Versteht man unter dem Zeitalter des Naturrechts die eindeutige Vorherrschaft naturrechtlicher Gedanken in der Rechtswissenschaft, so lief dieses Zeitalter mit dem 18. Jahrhundert ab. Es sollte aber nicht ablaufen, ohne noch ein großartiges und praktisch weithin wirkendes Denkmal zu hinterlassen in Gestalt der großen *Kodifikationen* um die Jahrhundertwende. In Preußen schufen Johann Heinrich Graf von *Carmer* (1721–1801) und Carl Gottlieb *Suarez* (1746–1798), aus einer pommerschen Familie, der Name ist eine niederdeutsche Umformung von »Schwarz«) das Allgemeine Landrecht für die Preußischen Staaten (1791–1794), eine der größten gesetzgeberischen Leistungen aller Zeiten, in manchen Grundgedanken, wie im Entschädigungsrecht, auch heute noch praktisch wichtig. Deutschrechtliche und gemeinrechtliche Überlieferung verschmolzen hier mit der naturrechtlichen Gedankenwelt. In Österreich schuf Franz Anton *von Zeiller* (1751–1828) das Allgemeine Gesetzbuch für die Erbländer der Österreichischen Monarchie (1811). Alle drei ebengenannten Männer förderten zugleich als Lehrer und Kommentatoren die Ausbreitung der neuen Rechtsgedanken. Als dritte große Kodifikation gesellt sich zu diesen der französische Code civil Napoleons von 1804. Im Strafrecht, wo Männer wie *Cesare de Beccaria* (1738–1794) und Anselm *von Feuerbach* (1775 bis

1833) im Sinne der Aufklärungsideen eine rationale und humanere Rechtsgestaltung verfochten, kam es ebenfalls zu Kodifikationen. Die bayerische von 1813 diente europäischen und außereuropäischen Ländern als Vorbild.

2. Nicht weiter ausgeführt wird weiterhin die vertiefte Besinnung auf die Besonderheit geschichtlicher Erscheinungen, wie sie bei Montesquieu und später bei Herder hervortrat. Es ist offenkundig, was sie für das Denken über Recht, Staat, Gesellschaft bedeutet, und auch leicht zu sehen, in welcher Richtung sie die politische Theorie und das praktische politische Handeln beeinflussen mußte: sie war weniger geeignet, durchgreifende Reformen nach rein vernunftgemäßen Prinzipien oder gar revolutionären Umsturz zu befördern. Sie drückte vielmehr eher auf die Waagschale der konservativen, gemäßigten oder restaurativen Kräfte. Als führende Theoretiker und Publizisten in der konservativen Front gegen Aufklärung und Revolution sind in Frankreich Joseph de *Maistre* (1754–1821), in England Edmund *Burke* (1729–1797) zu nennen. Von verschiedenen Ausgangspunkten aus – dem katholischen Glauben bei de Maistre, der britischen Verfassung bei Burke – betonen beide die Ehrwürdigkeit der gewachsenen Institutionen und vertrauen mehr auf die in diesen niedergeschlagene Weisheit der Vergangenheit als auf die »Vernunft« der gegenwärtig Lebenden. Ihr Ziel ist nichts Geringeres, als – wie de Maistre sich ausdrückt – »den Geist des 18. Jahrhunderts grundsätzlich zu töten.« Für das Geschichts- und Gesellschaftsdenken muß man diese beiden Männer bereits im Rahmen der großen Geistesbewegung der *Romantik* als erster mächtiger Reaktion gegen das Aufklärungsdenken sehen. Wir werden diese Bewegung, die auf der Schwelle vom 18. zum 19. Jahrhundert sich erhebt, zu Anfang des nächsten Kapitels noch ins Auge fassen. Auf Burke, dessen Leben ganz dem 18. Jahrhundert angehört, sei jedoch bereits hier ein Blick geworfen.

Burke mißtraut allem, was nach rein vernunftgemäßer Theorie, ja überhaupt nach Theorie aussieht. Vorherrschaft solcher Theorien im gesellschaftlichen Leben ist ihm das sichere Zeichen dafür, daß eine Gemeinschaft auf falschem Wege ist. Die Probleme des Staates, der Gesellschaft und der Ethik sind nicht mit mathematischen Linien zu vergleichen. Sie sind nicht einsinnig, sie haben Breite und Tiefe. Nicht mit Vernunft und Logik kommt man ihnen bei, sondern mit Weisheit. Die aber ist nicht beim einzelnen, sie ist bei der Gemeinschaft, bei der Menschenart im ganzen. Die Art ist weise und handelt im großen fast immer richtig. Die Gemeinschaft ist ein großer Organismus; der einzelne und der Augenblick bedeuten wenig in ihr. Nur die Gemeinschaft übergreift und überdauert die Zeiten. Sie ist nicht eine »Partnerschaft« der gerade Lebenden zur Beförderung ihrer Zwecke. Sie ist eine Gemeinschaft des Geistes, der Künste und Tugenden über die Generationen hinweg. Diese Gemeinschaft soll man nicht kritisieren oder nach Bedürfnissen des Tages zu »verbessern« suchen. Man muß sie achten, lieben; man muß sie verteidigen.

Aus dieser Haltung kritisierte Burke die britische Kolonialpolitik z. B.

in Indien als kurzsichtigen und schädlichen Eingriff in Gesellschaftsordnungen, die durch Jahrhunderte gewachsen waren. Aus dieser Haltung widersetzte er sich in den parlamentarischen Kämpfen z. B. um die Vertretung der anwachsenden städtischen Bevölkerung im Parlament jeder Änderung des Bestehenden.

3. Nicht weiter ausgeführt wird endlich die Entwicklung der politischen Theorie im einzelnen, insbesondere im Hinblick auf den Gegensatz zwischen Absolutismus und Konstitutionalismus, bei dem sich die Waage, je weiter die Zeit fortschritt, mehr und mehr auf die Seite des letzteren neigte. Wo Herrscher wirkten wie Friedrich der Große, der den »aufgeklärten Absolutismus« im besten Sinne praktizierte, konnte es – im Verein mit etwas andersartigen gesellschaftlichen Bedingungen – möglich erscheinen, die Ziele der Aufklärung im absolut regierten monarchistischen Staate zu erreichen. In Frankreich, das in diesem Jahrhundert in der politischen und gesellschaftlichen Theorie führte, mußte es unter den Bourbonen, die im 18. Jahrhundert zwar absolut, aber nicht aufgeklärt regierten, in Theorie und Praxis zu radikaleren Folgerungen kommen.

Zwei Denker haben in dem verschlungenen Akkord, als den man das geisteswissenschaftliche Denken des 18. Jahrhunderts ansehen könnte, neue Töne zum Klingen gebracht, die bisher noch wenig berührt wurden: Rousseau und Bentham.

1. Rousseau

Jean Jacques *Rousseau* (1712–1778) ist unter den Denkern des 18. Jahrhunderts am meisten umstritten. Sein Persönlichkeits- und Charakterbild, an sich selbst schon zwiespältig, widersprüchlich und nicht ganz leicht zu fassen, wurde von der Parteien Haß und Gunst nach mancherlei Seiten verzerrt. Da hier keine Gesamtwürdigung Rousseaus beabsichtigt ist – das gehört in die Geschichte der Philosophie – halten wir das fest, worüber weitgehende Einhelligkeit herrscht: zunächst die Tatsache, daß er einen ganz außerordentlichen Einfluß auf die Mitwelt und fast noch mehr auf die Nachwelt ausgeübt hat, offenbar weil Rousseau bestimmte Gedanken und Gefühle, die im Zuge der Zeit lagen und mehr oder weniger unbewußt in vielen Zeitgenossen schlummerten, klar und mit großer Überzeugungskraft ausgesprochen hat. Damit ist auch eigentlich schon gesagt, daß Rousseau nur in begrenztem Maße originell ist, denn wenn ein Denker sogleich einen überwältigenden Erfolg hat, so müssen die Zeitgenossen auf das, was er sagt, schon innerlich vorbereitet sein. Der einsame Seher kommt meist erst spät zu Ehren.

Rousseaus Verhältnis zur Aufklärung und damit zu den Gedanken, die wir im 18. Jahrhundert als richtunggebend erkannt haben, ist nicht auf eine einfache Formel zu bringen. Es gibt mancherlei Gemeinsames. Auch Rousseau geht an die gesellschaftlichen Probleme nicht empirisch heran, etwa im Sinne exakter Einzelforschung. Sein Denken ist teils intuitiv,

teils deduktiv, auf jeden Fall aber geht es auch von bestimmten Axiomen aus, die von vornherein feststehen. Ein solches Axiom ist für Rousseau der Satz: Der Mensch ist gut. Das wird weder empirisch abgeleitet noch bewiesen. Es steht einfach fest. Ein Axiom ist weiter: Die Menschen sind gleich, von Natur aus gleich, und zwar nicht nur gleichberechtigt, sondern tatsächlich gleich. Mit der Gleichheit ist es Rousseau buchstäblich ernst (Napoleon spottete später, der Revolution sei es von ihren drei Schlagworten eigentlich nur mit der Gleichheit wirklich ernst gewesen). Da Rousseau wie jeder, der offene Augen hat, erkennt, daß die Menschen in der Wirklichkeit keineswegs gleich sind und auch nicht gleiche Rechte haben, stellt sich für ihn das Problem so: Es muß nach den Ursachen gesucht werden, welche die ursprünglich vorhandene natürliche Gleichheit beeinträchtigt, verfälscht, beseitigt haben (*Abhandlung über den Ursprung und die Grundlagen der Ungleichheit unter den Menschen,* 1754). Die »natürliche« Gleichheit – auch die Vorstellung von einem »Naturzustand«, von der Rousseaus Geschichts- und Gesellschaftsdenken ausgeht – ist Geistesgut der Aufklärung. Auch Rousseau versteht unter »natürlich« hier das allen Gemeinsame, das Gesunde, das Ursprüngliche. Und wenn man hinzusetzt, daß Rousseau von seinem Naturzustand nicht ernsthaft behauptet, er sei einmal geschichtliche Wirklichkeit gewesen, so erweist ihn ein solches über- oder außergeschichtliches (und damit am letzten Ende ungeschichtliches) Ideal erst recht als Geistesverwandten der Aufklärung.
Nimmt man dagegen die zweite Leitidee der Aufklärung, die Vernunft, als Maßstab, so erweist sich sogleich, daß Rousseau weder seiner Persönlichkeit noch seiner geistesgeschichtlichen Zugehörigkeit nach ein Streiter der Vernunft gewesen ist: persönlich ganz vom Gefühl getrieben, von Begierden und stark übertriebenen Ängsten hin und hergeworfen, sittlich fast ohne Halt; auch im Denken ganz aus dem Gefühl kommend, aus dem Gefühl bejahend, verneinend und glaubend. Hier ist er gerade Wegbereiter der Romantik und anderer, das Irrationale betonender oder jedenfalls nicht allein auf Vernunft im Aufklärungssinne bauender Gegenbewegungen.
Wenden wir uns aber nun zu den Gedanken, auf die es hier ankommt. Grundlegend dafür sind zwei Schriften Rousseaus, beide im gleichen Jahre 1762 erschienen: der *Gesellschaftsvertrag* (Du contrat social ou principes du droit politique) und *Emile oder über die Erziehung*. Die erste Schrift kann man als politisches, die zweite Schrift als pädagogisches – und das in dieser enthaltene *Glaubensbekenntnis eines savoyischen Vikars* als religiöses – Glaubensbekenntnis Rousseaus ansehen.
Aus dem ersten Werk nur ein Gedanke: im Naturzustand, den Rousseau, der sensible und kulturkranke Spätling, nicht genug idealisieren kann, sind die Menschen gleich und frei, aber ohne soziale Gemeinschaft. Jetzt sind sie in der staatlichen Gemeinschaft verbunden, aber ungleich und unfrei. »Der Mensch ist frei geboren, und überall liegt er in Ketten«, beginnt das erste Buch des Gesellschaftsvertrags. Gibt es keinen Weg, die Vorteile beider Zustände zu vereinen?

Rousseaus Antwort ist die Begründung der modernen Demokratie. Was ist Freiheit? Wahre Freiheit ist nur in der Unterordnung unter das Gesetz – dies hatten auch andere gelehrt; Rousseau fügt hinzu: unter ein Gesetz, dem man sich freiwillig unterworfen hat. Der allgemeinen staatlichen Ordnung und Autorität haben sich alle Menschen insofern freiwillig unterworfen, als diese auf den »Gesellschaftsvertrag«, also auf freie Übereinkunft ursprünglich gegründet ist. Dem einzelnen Gesetz sind alle freiwillig unterworfen in einer Demokratie, in der die Mehrheit durch Abstimmung entscheidet.

Mag nun die Mehrheit in Rousseaus Sinne »frei« sein – wie ist es mit den übrigen, deren Wille jetzt weichen muß? Hier folgt Rousseaus berühmtes logisches Kunststück, die Unterscheidung zwischen dem »Willen aller« und dem »Gemeinwillen«. Gemeinwille ist »der beständige Wille aller Staatsglieder«, er ist seiner Definition nach auf das allgemeine Beste gerichtet. Wird nun über ein Gesetz abgestimmt, so lautet die Frage an den einzelnen Bürger nicht: Willst du es annehmen? sondern: Entspricht das Gesetz dem Gemeinwillen? Wird er überstimmt, so beweist das nur, daß er sich geirrt hat: er glaubte, das Gesetz entspreche nicht dem Gemeinwillen, es entspricht ihm aber – wie die Abstimmung gezeigt hat – doch!

Welche Gewähr besteht, daß auf solche Art der Gemeinwille zum Ausdruck kommt? Hier liegt der schwache Punkt der ganzen Beweisführung. Es müssen nach Rousseau eben »alle Kennzeichen des Gemeinwillens in der Mehrheit liegen« (das setzt nach seiner eigenen Ansicht unter anderem voraus, daß der Staat klein ist, übersehbar für seine Bürger). Tatsächlich ist mit dieser Argumentation auch die Tür zur Tyrannei geöffnet. Wenn der Gemeinwille immer zu meinem Besten ist, ich aber oft nicht erkenne, welches eigentlich mein Bestes ist; wenn der Mensch, wie Rousseau wörtlich sagt, gezwungen werden muß, frei zu sein – so bedeutet das in der Praxis, daß die Mehrheit, und sogar mit bestem Gewissen, jede Minderheit vergewaltigen kann. Damit ist Rousseau denkbar weit entfernt von der Stellung eines Locke oder eines Montesquieu, die eine Sicherung gegen die Mehrheit für ebenso notwendig hielten wie gegen den Monarchen. Von Naturrechten ist nicht mehr viel die Rede. Zwar soll jeder Bürger dem Staat nur so viel an Macht, Freiheit und Vermögen abtreten, als für die Allgemeinheit notwendig ist. Aber wer entscheidet, was und wieviel notwendig ist? Der Staat!

Dieser Seite von Rousseaus Denken entspricht seine Kritik des Eigentumsbegriffs, die im Grunde den Sozialismus des 19. Jahrhunderts vorwegnimmt. Mit beiden hat er dem modernen Kollektivismus den Weg bereitet.

Die schwierige Aufgabe, Demokratie im Sinne der Mehrheitsherrschaft zu vereinigen mit der Wahrung der Grundrechte des einzelnen und der überstimmten Minderheit, blieb dem 19. Jahrhundert überlassen. Es löste sie nur unvollkommen. Zunächst kam mit der Französischen Revolution gerade die von Rousseau betonte Seite der Demokratie zum

Durchbruch. Obwohl Rousseau wahrscheinlich erschrocken wäre, wenn er die Auswirkungen gesehen hätte, gehört er doch zu ihren bedeutendsten Wegbereitern. Er gab ihr die Parolen und ihrer Verfassung das Vorbild. Der messerscharfe Verstand und der eiskalte Spott eines Voltaire überzeugten die Gebildeten, machten auch die Adelsschicht, in der sich Voltaire selbst vorwiegend bewegte, innerlich unsicher und sturmreif. Aber der glühende Appell Rousseaus an Gefühl und Leidenschaft setzte die unterdrückten Massen in Bewegung. Und was sollte sie halten, wenn Rousseau im Kapitel *Von den Mitteln der Vorbeugung gegen widerrechtliche Anmaßung der Staatsgewalt* lehrte:

> Die Inhaber der vollziehenden Gewalt sind nicht die Herren des Volkes, sondern seine Beamten, das Volk kann sie einsetzen und absetzen, wann es ihm beliebt. Sie haben keine Kontrakte zu machen, sondern zu gehorchen ... Geschieht es also, daß ein Volk eine erbliche Regierung einsetzt, sei es eine monarchische in einer gewissen Familie, sei es eine aristokratische in einer gewissen Klasse von Bürgern, so übernimmt das keineswegs eine Verbindlichkeit; es ist nur eine einstweilige Form, die es der Regierung gibt, bis es ihm beliebt, anders darüber zu verfügen.

Hier erklingt der Fanfarenruf der Revolution.

Es ist eine der eigentümlichen Paradoxien der Geistesgeschichte, daß Rousseau, ein fast »asozialer« Mensch, der jedenfalls unfähig war, auch nur die sozialen Pflichten eines einfachen Bürgers zu erfüllen, ein geordnetes Leben zu führen und für eine Familie zu sorgen, eines der einflußreichsten Bücher aller Zeiten über die sozialen Pflichten der Menschen geschrieben hat. Kaum weniger stark ist die zweite Paradoxie: daß derselbe Rousseau, der keine Erziehung genossen hatte, der sein Leben lang unerzogen und auch »ungezogen« blieb, der in seinem Verhalten zwischen linkischem Ungeschick und einer aus Minderwertigkeitsgefühlen gespeisten Überheblichkeit schwankte, eines der besten und einflußreichsten Bücher über die Erziehung geschrieben hat. Und diese Paradoxien werden überhöht durch die dritte: daß der überwältigende Einfluß dieser Bücher gerade darin begründet ist, daß Zeitgenossen und Nachwelt aus ihnen eine leidenschaftliche Überzeugtheit, einen Ton der schlichten und ungekünstelten Aufrichtigkeit vernahmen, den sie auch tatsächlich besitzen.

Welches Gewicht Rousseau auf die Erziehung legen muß, ist von seinem Ausgangspunkt her leicht einzusehen. Wenn die Menschen von Natur aus gut und von Natur aus gleich sind, so kommen alle Ungleichheit und Ungerechtigkeit ebenso wie alle Laster aus falschen äußeren Einflüssen. Gebt dem Menschen die richtige Umgebung, gebt ihm die rechte Erziehung, so wird fast alles gut werden! Dieser Glaube an die fast unbegrenzte Bildsamkeit des Menschen, an die Macht der Erziehung findet sich auch bei anderen Denkern des 18. Jahrhunderts, wie z. B. Claude Adrien *Helvétius* (1715–1771); als Konsequenz liegt er schon im Sensualismus eines Hobbes und Locke beschlossen. Wenn der menschliche Geist eine tabula rasa ist, alles in ihn von außen durch die Sinne, also aus seiner Umgebung hineinkommt, so kommt es nur darauf an, diese Umgebung richtig zu gestalten. Für Helvétius ergeben sich daraus geradezu überwältigende Zukunftsaussichten. Der Mensch als Produkt seiner Erziehung – damit halten die Menschen den Schlüssel zu Größe, Glück und Macht in ihren eigenen Händen. Selbst Genialität ist für Helvétius eine allgemeine Gabe der Natur. Wenn nur wenige Menschen sie entwickeln, so liegt der Fehler auch hier nur »in den Verhältnissen«. Die besondere Wendung, die Rousseau dem Gedanken gibt, liegt in seiner Behauptung, daß alles Gute im Menschen schon durch die Natur angelegt ist, daß es also nur nötig ist, der Natur freien Lauf zu lassen, d. h. die Einflüsse einer verderbten Umwelt fernzuhalten, damit der Mensch den richtigen Weg finde. Die ersten Regungen der Natur sind immer die richtigen. Laßt diesen Regungen freien Lauf!

Es wäre ungerecht, wollte man nur hinzufügen, daß wir heute in diesem Punkt skeptischer sind, und nicht vielmehr auch darauf verweisen, welcher wohltätige Einfluß auf die Entwicklung der Pädagogik tatsächlich von den Gedanken Rousseaus ausgegangen ist.

2. Bentham

Das Leben Jeremy *Benthams* (1748–1832) reicht schon weit ins 19. Jahrhundert. Da sein Hauptwerk *Einleitung in die Prinzipien der Moral und Gesetzgebung* aber bereits 1789 erschien, kann sein Denken in unserem Zusammenhang mit betrachtet werden.

Vergegenwärtigt man sich das früher erwähnte Eindringen der Natur- und Vernunftideen in das Denken über die Religion, so fällt ins Auge, daß die Aufklärungsdenker im ersten Anlauf das geschichtlich Gewordene kritisierten, zugleich aber auf ihren neuen Idealen auch ein neues, eben ein vernünftiges und natürliches religiöses Gedankengebäude zu errichten suchten. Im zweiten Anlauf wurden die Waffen der rationalistischen Kritik gegen dieses Gebäude selbst gerichtet. Dabei wurde dieses Gebäude wieder eingerissen. Die Gedanken der Aufklärung hatten hier eine fast ausschließlich zerstörende Wirkung. Die wiederauflebenden religiösen Bewegungen mußten sich eine ganz neue Grundlage, gewissermaßen außerhalb von Natur und Vernunft, suchen.

Die Gesellschaftsphilosophie Benthams entspricht – für ihr Gebiet – dem zweiten Abschnitt dieses Prozesses. Auch im gesellschaftlichen Bereich waren Natur und Vernunft zunächst scharfe und höchst wirksame Waffen der Kritik am Bestehenden gewesen. Gleichzeitig hatte man ein neues, naturgemäßes und vernünftiges System sozialer Grundsätze, zum Beispiel im Naturrecht, errichtet. Bentham beginnt, auch dieses Gebäude wieder zu kritisieren, keineswegs unter Berufung auf die Überlieferung wie de Maistre oder Burke, sondern sozusagen mit seinen eigenen Waffen. Das Ergebnis ist im Negativen ähnlich wie bei der Religionsphilosophie. Hier hielten die natürlichen und vernünftigen Prinzipien der Kritik nicht stand. Im Positiven aber war das Ergebnis anders: Es ergaben sich sogleich neue Prinzipien, die als tragfähige Grundlage für die Zukunft dienen konnten.

Ob die Theoretiker des 18. Jahrhunderts den Absolutismus bevorzugten, ob sie einen Verfassungsstaat forderten oder eine reine Demokratie, etwas war ihnen allen gemeinsam; sie begründeten ihre Forderungen aus *allgemeinen* Prinzipien, und insbesondere aus *rechtlichen* Prinzipien. Sie gingen aus von Axiomen und schritten von diesen aus logisch zu Folgerungen und Forderungen fort; die Axiome selbst waren nicht eigentlich wissenschaftlich gewonnen und begründet, man kam zu ihnen mehr intuitiv, sie waren vorwissenschaftlich, und der zergliedernde Blick des Historikers erkennt sie als Verkleidungen, als Rationalisierungen, als »Ideologien« bestimmter gesellschaftlicher Kräfte und Bedürfnisse.

Bentham unterwirft diese Axiome selbst der wissenschaftlichen Kritik. Er stimmt mit den Aufklärungsdenkern darin völlig überein – im Gegensatz zu den Konservativen – daß alles Bestehende seine Rechtfertigung nicht in seinem bloßen geschichtlichen Gewordensein, in seinem bloßen Bestehen finden kann, daß es vielmehr einer radikalen und kritischen Prüfung zu unterwerfen ist. Aber nach welchen Maßstäben? Es ist ganz nutzlos und uninteressant, zu fragen, was etwaigen allgemeinen Maßstäben des göttlichen oder auch natürlichen Rechts am besten entspricht! Es kommt ganz einfach darauf an, daß es den Bedürfnissen der gegenwärtigen Gesellschaft dient! Gesellschaftliche *Nützlichkeit* als einziger Maßstab aller gesellschaftlichen Theorie und Praxis – dies ist die neue Note, die Bentham in das Denken über diese Gegenstände bringt. Was ist »gesellschaftlich nützlich«? Die Frage hat zwei Teile. Zunächst: was heißt gesellschaftlich?

Die Gesellschaft (community) ist nur ein fiktiver Körper, zusammengesetzt aus einzelnen Personen, die sozusagen ihre Mitglieder bilden. Das Interesse der Gesellschaft ist dann was? – die Summe der Interessen der verschiedenen Mitglieder, die sie bilden.

Gesellschaftlich nützlich ist demnach das und allein das, was dem einzelnen Menschen nützt (der Eigennutz als allbewegende und gesellschaftliche Kraft, »Interessenlehre«). Um zu ermitteln, was diesem nützt, darf man nicht von allgemeinen Prinzipien ausgehen. Vielmehr muß man die menschliche Natur wissenschaftlich analysieren und muß feststellen, was die konkreten Menschen selber als ihren Nutzen ansehen, was sie tatsächlich erstreben. Das ist sehr einfach! Jeder Mensch strebt, Vergnügen zu erlangen und zu behalten und Schmerz zu vermeiden. Dies ist für Bentham ein exaktes Gesetz, das sogar eine mathematische Formulierung in seinem »Lust-Unlust-Kalkulus« zuläßt. Die Aufgabe der Gesellschaftswissenschaft besteht demnach darin, zu ermitteln, welche konkreten Maßnahmen geeignet sind, den Menschen – wenn nicht allen, dann wenigstens einer möglichst großen Zahl von ihnen – das erstrebte Vergnügen in möglichst hohem Maße zu verschaffen und zu sichern. Die Aufgabe der Gesetzgebung besteht darin, diese Maßnahmen durchzuführen. Das größtmögliche Glück der größtmöglichen Zahl! Das ist das einzig mögliche, das einzig zulässige und »vernünftige« Prinzip für Politik, Wirtschaft und Gesellschaft.

Spätere Kritik hat dies als »flach«, als »platten Nützlichkeitsstandpunkt« verschrien. Wenn man aber nicht auf die Folgerungen sieht, die Bentham gezogen hat – zum Beispiel für die Wirtschaftspolitik das völlig freie Spiel der Kräfte, »Laisser faire« –, sondern das Prinzip als solches ins Auge faßt; wenn man auch davon absieht, daß unser heutiges Bild vom Menschen, von dem, was er erstrebt und was ihm frommt, etwas anders und vor allem viel komplizierter ist als das Benthams: so sieht man leicht, daß Benthams Prinzip heute die Praxis fast aller Staaten beherrscht. Was immer heute in Politik, Wirtschaft, Gesellschaft an konkreten Programmen verfochten wird: Privateigentum oder teilweise oder gänzliche Vergesellschaftung, Demokratie oder Diktatur – bei der Begründung des Geforderten beruft man sich stets darauf, daß es der Gesellschaft, d. h. dem wohlverstandenen Nutzen aller oder möglichst vieler ihrer Glieder, am besten diene.

III. Die Begründung der Nationalökonomie

Die Nationalökonomie erfuhr in diesem Jahrhundert ihre Begründung als selbständige Wissenschaft und ihre erste, später »klassisch« genannte Ausführung. Der Geist des aufsteigenden dritten Standes, der sich bildenden, zunächst noch mehr kommerziellen, später industriellen bürgerlichen Gesellschaft erhielt in dieser neuen Wissenschaft ein ihm besonders angemessenes Ausdrucksmittel und Betätigungsfeld.

KURZER GESCHICHTLICHER RÜCKBLICK Jedesmal, wenn eine neue Wissenschaft, insbesondere eine Geisteswissenschaft, in den Kreis der Betrachtung tritt, könnte ich wiederholen, daß man, um ihr geschichtliches Werden aufzuhellen, weit zurückgreifen müßte, und zwar bis zu den Griechen. Das gilt auch für die Wirtschaftswissenschaft.

Schon die Sophisten des 5. vorchristlichen Jahrhunderts haben soziale und wirtschaftliche Fragen erörtert. Die Staatslehren von Platon und Aristoteles enthalten wirtschaftliche Fragestellungen. In der Geschichte der christlichen Sozialethik war es ein Ereignis von großer Tragweite, als Benedikt von Nursia im 6. Jahrhundert n. Chr. die in der Antike verachtete Arbeit seinen Mönchen zur sittlichen Pflicht machte. Bei Thomas von Aquin hat die Arbeit, wenn auch Kontemplation und Erkenntnis höher stehen, doch eine sittliche und religiöse Weihe. Von den protestantischen Soziallehren sah die Luthers jeden Beruf als gottwohlgefällig an. Calvin ging darüber hinaus, indem er jede Arbeit – ohne Bindung an die Luthersche Berufsidee – als gottgefällig und ihren Erfolg als Gottes Lohn anerkannte – einer der Marksteine auf dem Wege zur modernen Wirtschaftsgesinnung.

Im späten Mittelalter machte die rationalistische spätscholastische Philosophie den Anfang mit einer rein rationalen Betrachtung der Wirtschaft auf kausale Zusammenhänge hin, so bei dem Franzosen Jean *Buridan* um die Mitte des 14. Jahrhunderts. Die Beschäftigung des Kopernikus und Newtons mit den Gesetzen von Geld und Währung habe ich erwähnt. Thomas Mores *Utopia* (1516) warf das soziale Problem in fast modern anmutender Form auf.

Die sozialphilosophischen Denker des 16. bis 18. Jahrhunderts schufen noch keine Wirtschaftswissenschaft. Aber all die Ideen, die sie brachten und die wir verfolgt haben, gehören zur Vorgeschichte und Vorbereitung der Nationalökonomie. Die rein weltliche Betrachtung des Staates bei Machiavelli und Bodin, die Befreiung des Individuums wie des Staates aus den religiösen Bindungen, das Naturrecht, die Analyse der menschlichen Natur, wie sie bei Hobbes und Locke beginnt, die von diesen geschaffene Idee einer »sozialen Physik«, einer strengen Kausalwissenschaft von der menschlichen Gesellschaft, der Aufstieg des Rationalismus und des Empirismus, der Kampf für das Recht des Einzelmenschen auf Glück und Eigentum: dies alles schuf das geistige Klima, in dem die moderne Nationalökonomie entstehen konnte. Ihre eigentliche Geschichte wird gleichwohl im allgemeinen erst vom 18. Jahrhundert ab gerechnet.

Noch einen anderen Satz kann man stets wiederholen, wenn eine neue Wissenschaft in die Betrachtung tritt, jedenfalls sofern ihr Gegenstand dem Bereich des gesellschaftlichen und geistigen Lebens angehört: Sie kann nur verstanden werden im Zusammenhang mit der Entwicklung ihres Gegenstandes. So setzt jedes tiefere Verständnis der Geschichte der Wirtschaftswissenschaft die Kenntnis der Wirtschaftsgeschichte voraus. Erst wenn man sie zur Grundlage nimmt, erkennt man die Lehren eines Platon und Aristoteles als die einer auf Sklaverei beruhenden Wirtschaftsordnung; die Lehre eines Thomas lernt man vor dem Hintergrunde der ständisch gebundenen mittelalterlichen Gesellschaftsordnung verstehen. Die ersten Anfänge einer rationalen und kausalen Betrachtung der Wirtschaft als eines autonomen Bereichs, gelöst aus religiösen und ethischen Bindungen und Schranken, erscheinen dann als Ausdruck der langsam einsetzenden tatsächlichen Loslösung der Wirtschaft aus ihrer mannigfachen mittelalterlichen Gebundenheit. Die neuen Soziallehren der protestantischen Kirchen sieht man dann im Zusammenhang mit dem inzwischen erfolgten Übergang zur Geldwirtschaft und mit der wachsenden Macht des städtischen Bürgertums. Endlich ist die im 18. Jahrhundert einsetzende Ausbildung einer selbständigen Wirtschaftswissenschaft das Gegenstück zu der nunmehr teils schon vollzogenen, teils noch umkämpften Machtübernahme durch den Dritten Stand. Die Erwerbsgesinnung des Bürgers, des Kaufmanns wird nun tonangebend. Das feudale Ideal eines Weltmannes, der über Gelddinge nicht viel spricht oder nachdenkt, weil er die aus seinem ererbten Grundbesitz fließende Rente verzehren kann, tritt zurück. Wirtschaft, Handel, Gelderwerb werden nun eigentlich in Wissenschaft und Philosophie erst voll salonfähig.

MERKANTILISMUS Der Merkantilismus des 17. und 18. Jahrhunderts ist noch keine Wirtschaftswissenschaft. Er ist ein System wirtschafts*politischer* Maßnahmen. Der gemeinsame Nenner aller dieser Bestrebungen, der im Namen Merkantilismus (der einfach »Handelssystem« bedeutet) nicht zum Ausdruck kommt, ist die führende Rolle des Staates in der Wirtschaft. Am stärksten und ausschließlichsten, im Einklang mit der gesellschaftlichen Entwicklung, ist dies in Preußen ausgeprägt; schwächer, aber ebenfalls ganz überwiegend, in Frankreich. In beiden Ländern herrschte noch der Absolutismus. In England dagegen, wo die Entwicklung zum Konstitutionalismus wie auch die Befreiung des Dritten Standes im 17. Jahrhundert schon am weitesten fortgeschritten war, wenden sich merkantilistische Autoren schon gegen die Bevormundung der Wirtschaft durch den Staat.

Der moderne Staat, wie er sich vom Ausgang des Mittelalters an herausbildete, beruht auf Geldwirtschaft. Er hat keine Lehnsmannen, die auf Grund einer besonderen Lehnpflicht das Heer bilden. Er erhält keine Naturalabgaben mehr. Um seine Aufgabe zu erfüllen, braucht er Geld – und um so mehr Geld, je mehr sich im Zeitalter des zentralen Nationalstaates diese Aufgaben vermehren. Gold und Silber einfach zu importieren, wie es die Spanier im Anfang ihrer amerikanischen Kolonisation taten, erwies sich bald als unzweckmäßig, weil es Störungen im Wirtschaftsablauf, insbesondere Teuerungen, hervorrief. Man erkannte, daß das Geld nur aus einer starken und gesunden eigenen Wirtschaft kommen konnte. Also mußte man diese Wirtschaft schützen und kräftigen. Dazu gab es zwei Wege: Förderung der privaten Wirtschaft und damit indirekt Vermehrung der Steuereinnahmen oder unmittelbare Beteiligung des Staates am Wirtschaftsleben. Beide Wege wurden beschritten.

Welche Mittel man im einzelnen wählte, war nach den nationalen Bedingungen verschieden. Eines war: einen einheitlichen nationalen Wirtschaftsraum schaffen, die innerstaatlichen Schranken beseitigen, die Handel und Verkehr hemmen. Das tat Frankreich. In Deutschland gelang es bekanntlich erst im 19. Jahrhundert, als Vorstufe der endlichen politischen Einigung. Ein anderes Mittel war die Förderung neuer Industrien. Zu diesem Zweck rief man gern Emigranten ins Land wie die französischen Hugenotten, die handwerkliche Fertigkeiten und Unternehmungsgeist mitbrachten. Die nationalen Industrien stützte man durch Prämien und Subventionen, man schützte sie – und entsprechend auch die einheimische Landwirtschaft (Agrarmerkantilismus) – durch eine planmäßige Handels- und Zollpolitik gegenüber dem Ausland. Überhaupt richtete sich das Augenmerk vor allem auf den Außenhandel. Oberstes Ziel war, eine günstige Handelsbilanz zu erreichen, also mehr Geld ins Land zu bringen, als hinausströmte.

Einige Einzelbeispiele mögen diese Bestrebungen noch etwas anschaulicher machen. Italienische Stadtstaaten schützten ihre Textilindustrie, indem sie nur die Ausfuhr von Fertigfabrikaten zuließen, die Ausfuhr von entsprechenden Werkzeugen aber streng verboten. In Frankreich beseitigte der Minister Ludwigs XIV. *Colbert* alle Binnenzölle, der Staat baute Straßen und Kanäle, den Handel zu erleichtern. England nahm seinen lange von Ausländern (auch der Hanse, Stahlhof in London, geschlossen 1598) getragenen Handel in seine eigenen Hände und schützte seine Textilindustrie, indem es die Ausfuhr von Wolle – vorher einer der Hauptausfuhrartikel Englands – einschränkte und die von Tuchen mit allen Mitteln förderte. *Cromwell* sorgte durch seine Navigationsakte (1651) dafür, daß nur englische Schiffe Waren nach England befördern durften. In Deutschland waren wegen der fehlenden Reichseinheit die Territorialstaaten Träger der merkantilistischen Politik. Der preußische Staat beteiligte sich selbst am Wirtschaftsleben. Er gründete die Königliche Giro- und Lehnbank – Vorgängerin der späteren Reichsbank – und die »Seehandlung« – Vorgängerin der späteren Preußischen Staatsbank. Entsprechend dem starken staatlichen Anteil war die Denkweise der merkantilistischen Schriftsteller (deren Namen ich übergehe) vorwiegend fiskalisch bestimmt.

DIE PHYSIOKRATEN Man braucht das Wort Physiokratie nur zu übersetzen – es heißt »Herrschaft der Natur« – um sogleich zu vermuten, daß wir hier an der Stelle stehen, wo das »Natürliche« und das »Vernünftige« ihre Herrschaft auch im Denken über die Wirtschaft antreten. So ist es auch. »Natürlich« bedeutet auch hier sowohl das Vernunftgemäße wie das Einfache und Gesunde wie den Inbegriff von strengen, unveränderlichen Gesetzen nach Art der Newtonschen Naturgesetze. So ist es nicht verwunderlich, wenn wir den Franzosen François *Quesnay* (1694–1774) seine Erörterungen beginnen sehen mit dem Gedanken: Descartes habe versäumt, der »praktischen Philosophie« eine ähnlich unantastbare Grundlage zu geben wie der theoretischen; man müsse darangehen, eine solche auch für das Wirtschaftsleben zu finden! Auch hier sollen nun – wie im Rechte nach der Naturrechtslehre, zu welcher die Physiokratie das wirtschaftstheoretische Gegenstück bildet – ewige und unabänderliche Gesetze gelten, begründet in der »Natur« selbst, nicht vom Menschen geschaffen, sondern von Gott. Die Gesetze der Staaten sind nicht mehr und dürfen nicht mehr sein, als »Deklarationen« dieser natürlichen Gesetze.

Die tiefere Wurzel dieses Gedankens und seine praktische Bedeutung sind die gleichen wie beim Naturrecht und wie bei der entsprechenden gesellschaftlichen Theorie: sie sind Ausdruck des steigenden Selbst- und Machtbewußtseins des Bürgertums, sie sollen dessen Vormachtstellung erringen und sichern helfen. Wenn die Physiokraten am Merkantilsystem vor allem die staatliche Bevormundung der Wirtschaft kritisieren und ihre Freistellung von staatlichen Reglementierungen verlangen, so drückt sich darin die Tatsache aus, daß der dritte Stand nunmehr stark genug geworden ist und sich stark genug fühlt, ganz auf eigenen Füßen zu stehen. Die Forderungen der Physiokraten an den Staat bestehen nur aus zwei Punkten: Schutz des Eigentums und der Freiheit, insbesondere der Handels- und Vertragsfreiheit – und im übrigen: Hände weg! Laissez faire! Keine merkantilistischen Vorschriften über die Gütererzeugung! Keine einengenden Zölle! Weg mit allen nutzlosen Gesetzen, die den natürlichen Gesetzen widersprechen und den natür-

lichen Ablauf hemmen! Der Wirtschaftsprozeß wird sich dann ganz nach diesen natürlichen Gesetzen abspielen. Man sieht, welcher Ausweitung ein Begriff wie »Natur« fähig ist: hier ist er fast identisch geworden mit dem guten Geschäft.
Mit diesen grundsätzlichen Forderungen sprachen die Physiokraten den Geist der Zeit aus. In anderen Gedanken waren sie weniger fortschrittlich, und in dieser Hinsicht hatte ihre Lehre auch nur kurzen Bestand. Da die Physiokratie hauptsächlich in Frankreich entwickelt wurde – auch ihr bedeutendster Praktiker Anne Robert Jacques *Turgot* (1727 bis 1781) ist Franzose – und Frankreich noch ein vorwiegend agrarisches Land war, überschätzten sie einseitig den Ackerbau und sahen ihn als die einzige Quelle des Volkswohlstandes an. In ihrer Lehre vom Güterkreislauf ist die Klasse der Landwirte die einzig produktive (das Gewerbe dagegen unproduktiv!) und die Grundrente, die dem Grundbesitzer zufließt, besteht nach den ewigen natürlichen Gesetzen zu Recht. Dieser Gedanke wurde schnell durch die Lehre von Adam Smith überwunden. Als erste Begründer der Lehre vom Gewährenlassen, des wirtschaftlichen Liberalismus, haben die Physiokraten dagegen bleibende Bedeutung. Sie sind auch die ersten, die schon vor der sogenannten klassischen Nationalökonomie die Wirtschaft als ganz autonomen Bereich mit eigenen Gesetzen behandeln. Es war wohl unvermeidlich, daß man das Wirtschaftliche, um es scharf ins Auge zu bekommen, zunächst ganz isolieren mußte. Die damit notwendig einhergehende Lösung des Wirtschaftsdenkens aus jeder sittlichen Verpflichtung wirkte jedoch außerordentlich schädlich. Sie verhinderte das frühzeitige Erkennen und eine gerechte Lösung der sozialen Frage.

ADAM SMITH Adam *Smith* (1723–1790) gilt als eigentlicher Begründer der Wissenschaft der Nationalökonomie oder, wie sie in außerdeutschen Ländern mit einem von dem Franzosen *Antoine de Montchrestien* (1575–1621) geprägten Ausdruck meist benannt wird, der politischen Ökonomie. Smith war Schotte, mit der diesem Volke eigenen Nüchternheit, studierte in Glasgow und Oxford und begann dann in Edinburgh private Vorlesungen zu halten. Daraufhin wurde er Professor der Logik, später der Moralphilosophie in Glasgow. Hier freundete er sich mit Hume an und veröffentlichte seine ersten Schriften, darunter die bedeutende *Theorie der ethischen Gefühle.* In Frankreich lernte er Voltaire, die Enzyklopädisten und die führenden Physiokraten kennen. Nach England zurückgekehrt, widmete er sich der Ausarbeitung seines Hauptwerkes. Später war er Mitglied der obersten Zollbehörde für Schottland.
Das Werk, das Smiths Ruhm begründete, erschien 1776 unter dem Titel: *Eine Untersuchung über Natur und Ursachen des Volkswohlstandes* (An Inquiry into the Nature and Causes of the Wealth of Nations). Es steht bis heute unter den Klassikern der Wirtschaftswissenschaft an erster Stelle. Wir nähern uns seinem Inhalt am besten, wenn wir Smiths Lehre an der seiner Vorgänger messen.

Mit den Merkantilisten hat Smith die Leitidee des »Volkswohlstandes« gemeinsam. Er vertritt demnach nicht einen einseitigen wirtschaftlichen Individualismus, der auf übergeordnete Belange keine Rücksicht nimmt. Allerdings, das Mittel, mit dem nach Smith das Ziel – Steigerung des nationalen Wohlstandes – zu erreichen ist, ist gerade das entgegengesetzte wie bei den Merkantilisten. Nicht der Staat soll führen. Die einzelnen, die ihr Interesse am besten kennen und am stärksten verfolgen, werden durch freies Zusammenwirken auch den höchsten Gesamtnutzen zustande bringen.

In der Forderung nach wirtschaftlicher Freiheit und Nichteinmischung des Staates berührt sich Smith mit den Physiokraten. Dies ist der Grund, aus dem er, trotz der gleich zu erwähnenden Kritik, ihre Lehre immer noch als die brauchbarste von allen bisherigen ansieht. Die klassische Stelle bei Smith lautet:

Räumt man alle Begünstigungs- und Beschränkungsmaßnahmen völlig aus dem Wege, so stellt sich von selbst das klare und einfache System der natürlichen Freiheit her. In ihm hat jeder Mensch, solange er nicht die rechtlichen Schranken überschreitet, die vollkommene Freiheit, seine eigenen Interessen so, wie er es will, zu verfolgen und seine Arbeit sowie sein Kapital mit der Arbeit und den Kapitalien anderer Menschen und anderer sozialer Schichten in Wettbewerb zu bringen. Der Staat ist in diesem natürlichen System vollkommen einer Pflicht entbunden, bei deren Ausübung er ja doch immer wieder unzähligen Täuschungen ausgesetzt sein muß und zu deren sachgemäßer Erfüllung Weisheit und Kenntnisse von Menschen nicht ausreichen, der Pflicht nämlich, die Arbeit aller Menschen zu überwachen und sie in der dem Gesamtwohl entsprechenden Weise zu leiten. Nach dem System der natürlichen Freiheit beschränkt sich der staatliche Eingriff nur noch auf die Erfüllung dreier Funktionen: 1. Die Nation gegen Gewalttätigkeiten und Angriffe ... zu schützen, 2. jeden einzelnen Vertreter der eigenen Nation vor rechtlichen Übergriffen ... zu bewahren ..., 3. bestimmte öffentliche Einrichtungen zu schaffen, deren Errichtung und Unterhalt der privaten Initiative nicht überlassen werden kann.

Im Mittelpunkt der eigentlichen wirtschaftlichen Theorie steht die Lehre von der Preisbildung. Sie vollzieht sich im Mechanismus des Marktes im freien Spiel von Angebot und Nachfrage. Der Mensch ist ein tauschendes Wesen. Wirtschaft ist eine Tauschgemeinschaft. Es gibt einen »natürlichen Preis«, einen Zentralwert, um den die Preise ständig gravieren. Smith ist nicht so einseitig, zu behaupten, daß die tatsächlichen Preise sich immer auf diesen natürlichen Preis einstellen. Er untersucht vielmehr sehr genau die Faktoren, die zum Beispiel bei Monopolpreisen eine Abweichung zwischen beiden hervorbringen können.

Entsprechende natürliche Mechanismen bestehen für den Arbeitslohn, den Kapitalzins und die Grundrente. Das leitet uns zu der Lehre von den Produktionsfaktoren. Hier tritt Smith der einseitigen Hochschätzung der Agrarproduktion scharf entgegen. In polemischer Zuspitzung hat Smith dagegen die Arbeit als einzige Quelle des Reichtums bezeichnet. Seine eigentliche Theorie aber erkennt Arbeit, Kapital und Natur (Grund und Boden) als die drei Produktionsfaktoren an und zeigt, wie sie im Wirtschaftskreislauf zusammenwirken.

In dieser Umwertung der Produktivkräfte drückt sich die wachsende Bedeutung des Gewerbes und auch des Handels in der englischen Wirtschaft aus. Keineswegs aber darf man Smith, wie es oft geschieht, als einseitigen oder engstirnigen Theoretiker eines rücksichtslosen und ausbeuterischen Kapitalismus hinstellen. Zwar verlangt er Freihandel, Beseitigung staatlichen Eingriffs, freie Bahn für das Erwerbsstreben. Aber in sozialer Beziehung ist seine Haltung fast entgegengesetzt zu der, die ihm manchmal vorgeworfen wird. Smith tritt für hohe Löhne ein. Er sagt im Anschluß an eine Schilderung der in seinem Jahrhundert gestiegenen Reallöhne:

Ist nun diese Verbesserung in der Lage der unteren Volksschichten als Vorteil oder als Nachteil für die Volkswirtschaft anzusehen? ... Was die Lage des größten Teils verbessert, kann doch niemals als Nachteil für das Ganze betrachtet werden. Sicherlich kann kein Staat blühend und glücklich sein, wenn der bei weitem größte Teil seiner Bürger in Armut und Elend lebt. Überdies ist es nicht mehr als recht und billig, daß diejenigen, die im Grunde den ganzen Volkskörper mit Nahrung, Kleidung und Wohnung versorgen, auch an dem Ertrage ihrer eigenen Arbeit so viel Anteil haben ...

Dagegen ist Smith keineswegs für hohe Profite eingenommen:

Unsere Kaufleute und Fabrikanten klagen sehr über die schlechten Wirkungen hoher Löhne ... Sie sagen aber nichts von den schlechten Wirkungen hoher Kapitalgewinne. Sie schweigen von den schädlichen Wirkungen ihrer eigenen Einkünfte und beklagen sich nur über die anderer Leute.

Smith ist noch nicht der Theoretiker des Fabriksystems, obschon er es kommen sah. Doch in Lohnkämpfen, die es auch in dem damals noch vorherrschenden Manufaktursystem gab, stellt er sich ebenfalls auf die Seite der Arbeiter:

Die Arbeitgeber können sich, da sie der Zahl nach weniger sind, leichter zusammenschließen, und außerdem billigt das Gesetz ihre Zusammenschlüsse oder verbietet sie wenigstens nicht, während es die der Arbeiter verbietet ...

Die soziale Seite im Denken Adam Smiths wurde leider in der auf ihn folgenden Theorie vernachlässigt. Nur die andere Seite, die Forderung nach vollständiger Wirtschaftsfreiheit, wurde theoretisch weitergebildet und praktisch verwirklicht, mit wirtschaftlich segensreichen Wirkungen, mit sozial verheerenden Folgen im beginnenden Industriezeitalter.

MALTHUS Die aus vielen erschütternden Berichten bekannten sozialen Zustände in den Anfängen des Fabriksystems zu schildern, gehört nicht zu meiner Aufgabe. Ich habe nur zu verzeichnen, wie die Wissenschaft auf sie reagierte. Sie reagierte zunächst nicht mit einem Protest. Man glaubte vielmehr, diese Verhältnisse als Auswirkungen »natürlicher« und damit unabänderlicher Gesetze zu erkennen. In diese Linie gehört Thomas Robert *Malthus* (1766–1834), ein Geistlicher, der in seiner täglichen Praxis der Armut ständig ins Gesicht sah. 1798 erschien sein *Versuch über das Bevölkerungsgesetz.*

Malthus bringt das Bevölkerungsproblem in die wissenschaftliche Debatte und in Zusammenhang mit der Wirtschaftslehre. Das ist, wenn er auch darin nicht ohne Vorgänger ist, sein bleibendes Verdienst. Einzelne Denker, darunter Kant, hatten darauf hingewiesen, daß auch Eheschließungen und Geburten, so sehr sie der privaten Willenssphäre des Einzelmenschen zu entspringen scheinen, im großen betrachtet bestimmten Gesetzmäßigkeiten unterliegen. Diese sucht Malthus zu ergründen.

Die Ergebnisse sind tief entmutigend. Die Menschen haben wie alle Lebewesen die Neigung, sich unbegrenzt zu vermehren. Die Bevölkerung wächst in geometrischer Progression (1 – 2 – 4 – 8 – 16 usw.), wobei in je 25 Jahren eine Verdoppelung stattfindet, wenn nicht andere Ursachen entgegenwirken. Niemals wird es möglich sein, die Nahrungsmittelerzeugung im gleichen Maße zu steigern. Da steht das Gesetz des abnehmenden Bodenertrages im Wege. Es lehrt: Der Bodenertrag kann auch bei immer stärkerem Einsatz von Arbeit und Kapital niemals über ein bestimmtes Maß hinaus mit diesem Einsatz Schritt halten. Die Nahrungsmittelmenge läßt sich nur in arithmetischer Progression (1 – 2 – 3 – 4 usw.) steigern.

Damit entsteht eine Schere, der die Menschen niemals entgehen werden. Das Gesetz herrscht in der ganzen Natur. (Darwin wurde durch Malthus zu seiner Lehre vom Kampf ums Dasein angeregt.) Keine Art von wirtschaftlicher Reform kann dagegen an. Dies ist das schlechthin zwingende Argument gegen alle Vorstellungen von einer Gesellschaft, in der alle glücklich und ausreichend versorgt sein sollen. Der Tod, in der einen oder anderen Form, ist das einzige Mittel, durch welches die Natur das Gleichgewicht zwischen Menschenzahl und Nahrungsspielraum wiederherstellen kann. Die Laster der Menschen wirken zu ihren Teilen mit. Manchmal reicht ihre Wirkung, um das grausame Werk zu tun. Wenn nicht, kommen Krankheiten und Seuchen. Reicht auch das nicht, so lauert im Hintergrund der Hunger, der mit einem Schlage die Bevölkerung wieder auf die der Nahrung angemessene Zahl zurückschrauben wird.

Die Folgerung daraus: Die Menschen sollten, anstatt zu warten, bis die Natur unbarmherzig zuschlägt, der Katastrophe selbst vorbeugen und freiwillig ihre Vermehrung einschränken. Da das nicht zu erwarten ist, so ist die Armut eine Wirkung der Natur, die zu beseitigen menschliches Handeln nicht ausreicht. Ein gewisses Mittel der Abhilfe wäre, jedwede Form der Wohltätigkeit und sozialen Fürsorge abzuschaffen! Denn solche Mittel veranlassen die Armen, sich sogleich wieder zu vermehren, und beschwören damit nur neues Elend herauf. So kommt Malthus, der wohlwollende Geistliche, zu Einsichten, die der Volkswirtschaftslehre den Namen der »Elendswirtschaft« zugezogen hat.

Daß Malthus etwas Richtiges erkannt hat, wird auch heute kaum bestritten. In welchem Grade er mit seinem Gesetz recht hat, ist zweifelhaft. Die unmittelbare Wirkung seiner Gedanken war leider die, daß alle Versuche, bestehende Mißstände zu ändern, entmutigt wurden. Doch rief gerade die Schroffheit seiner Folgerungen auch die Gegenbewegungen auf den Plan.

RICARDO In der Fortbildung der klassischen Theorie führte weiterhin England. Die Ergebnisse David *Ricardos* (1772–1823) sind, wenn auch mit anderer Begründung, ähnlich pessimistisch wie die von Malthus. Auch Ricardo sieht in der Wirtschaft Gesetze am Werke, unabänderlich wie Naturgesetze, keineswegs aber »vernünftig« im hohen Sinne der Aufklärung oder gar göttlich. Eher könnte der Teufel sie geschaffen haben.
Ricardos wichtigste theoretische Leistung besteht darin, daß er erstmals das Verteilungsproblem streng durchdacht hat. Er unterscheidet drei Klassen in der wirtschaftlichen Gesellschaft: Grundbesitzer, Kapitalisten, Lohnarbeiter. Zwischen ihnen besteht ein naturgegebener Gegensatz. Jeder Versuch, das zu ändern, ist gegen die Natur und damit fruchtlos. Von hier nahm die Klassentheorie Karl Marx' ihren Ausgang.
Ricardo macht sich daran, zu untersuchen, nach welchem Gesetz sich die Verteilung des Volkseinkommens auf diese drei Klassen vollzieht. Er fragt nicht etwa, wie sie sich eigentlich gerechterweise vollziehen sollte. Er sucht die mechanischen Gesetze ihres Ablaufs. Und diese bestimmen die Anteile der einzelnen Klassen mit naturgesetzlicher Notwendigkeit. Der Mechanismus, der die Verteilung reguliert, ist der Markt. Das Preisproblem ist daher das Grundproblem der Volkswirtschaftslehre. Die Preisbildung vollzieht sich für seltene Güter nach dem »Seltenheitswert«; für beliebig vermehrbare – dies ist die überwiegende Masse aller Güter – nach dem Kostenwert. Kosten sind die Aufwendungen für die Produktionsfaktoren Kapital, Arbeit, Grund und Boden. Im Tauschverkehr bildet aber allein die auf die Güter verwendete Arbeitsmenge den Wertmaßstab.
Von weiteren Erörterungen halten wir nur das Ergebnis fest: Die Grundrente fällt dem Grundbesitzer naturgesetzlich zu. Grund und Boden ist knapp und nicht vermehrbar. Die Bevölkerung zu ernähren, müssen auch die teurer produzierenden landwirtschaftlichen Betriebe herangezogen werden. Der teuerste bestimmt den Preis. Allen, die billiger produzieren, fällt automatisch die Grundrente zu. Würde ein solcher Betrieb die Preise senken, so würde der Grenzbetrieb ruiniert, dessen Ausfall aber automatisch den Nahrungsmittelpreis wieder hoch treiben.
Ähnlich ist es beim Lohn. Es gibt das »eherne Lohngesetz«. Die Kosten, die den Preis der Ware Arbeit bestimmen, sind die Existenzkosten des Arbeiters. Der Lohn kann niemals über das Existenzminimum steigen. Es ist eine ähnliche Zwickmühle wirksam wie bei der Grundrente. Steigende Löhne veranlassen Vermehrung der Arbeiter; das erhöhte Angebot an Arbeitskraft drückt den Lohn wieder herab. Für die Arbeiterklasse gibt es daher nur den Ausweg, den auch Malthus empfiehlt.
In naturgesetzlichem Zusammenhang steht auch das Einkommen der drei Klassen untereinander. Je mehr der eine bekommt, um so weniger bleibt für den anderen. Dem Grundbesitzer wird in Zukunft eher ein noch größerer Teil des Volkseinkommens zufließen, weil mit steigender Bevölkerung immer schlechtere Böden in Bearbeitung genommen werden müssen. (Tatsächlich wurde zu Ricardos Zeit in England viel Weideland unter den Pflug genommen.)

Dies ist nur ein Ausschnitt aus Ricardos Gedanken. Ihre Wirkung war die gleiche wie bei Malthus: Man hielt soziale Gesetzgebung für zwecklos, weil gegen die Natur. Die Wissenschaft vom Menschen, aufgebaut auf klarer Vernunft und »Natur«, die so hoffnungsvoll ihre ersten Schritte getan in dem Bewußtsein, eine vernünftige Ordnung der Freiheit und Gleichheit heraufzuführen und uralte Übel auszurotten, war nun zu einer Quelle der Resignation und der Reaktion geworden. Erstmals trat deutlich zutage, wie unzulänglich ein Denken aus vorgefaßten Axiomen nach Art der Mathematik und der mechanistischen Naturwissenschaft ist gegenüber der Vielfalt und Wandelbarkeit gesellschaftlicher Probleme.

Elftes Kapitel

Evolution

Die Naturwissenschaften im 19. Jahrhundert

> *Die einzige Verallgemeinerung über das Zeitalter, die unwidersprochen durchgehen wird, ist die, daß jegliches Gebiet des Interesses und des Wissens ein schnelles Wachstum und rasche Ausdehnung erfahren hat. Der eine Begriff, den alle Arten und Richtungen von Denkern akzeptiert haben, ist: Was immer die Welt im übrigen sein mag, sie ist keine feststehende und fertige Sache, sondern in sich selbst, als Ganzes und in jedem ihrer Teile, in einem Prozeß der Veränderung und des Wachstums. Der tiefe Sinn für die Wichtigkeit der Zeit, der geschichtlichen Veränderung, der sich erstreckt von Sternen und Atomen bis zur menschlichen Gesellschaft, menschlichen Glaubenssätzen und Idealen, ist das gemeinsame intellektuelle Klima der neueren Zeit. Darüber, auf was hin sich unsere Welt, die kosmische und die menschliche, entwickeln mag, und ob diese Entwicklung zu Recht ein Fortschritt genannt werden mag oder nicht, darüber herrscht allgemeine Meinungsverschiedenheit. Aber wenige würden den grundlegenden Charakter der zeitlichen Veränderung selbst anzweifeln. Daher: Wenn es gerechtfertigt ist, die Welt des 18. Jahrhunderts zu betrachten im Sinne einer wesentlich zeitlosen Ordnung der Natur, so sind wir berechtigt, das Universum, in dem die Menschen seither gelebt haben, zu kennzeichnen als eine wachsende Welt, in der Zeit und zeitliche Prozesse von grundlegender Wichtigkeit sind.* John Herman Randall

Einen größeren geschichtlichen Zusammenhang mit wenigen Stichworten kennzeichnen – das scheint um so leichter zu gelingen, je weiter der betreffende Zeitraum von der Gegenwart entfernt ist – und, wie man gleich hinzufügen soll, je weniger man belastet ist durch ein ins einzelne gehendes Wissen um die geschichtlichen Tatsachen. Begriffe wie »Mittelalter«, »Hellenismus« umschließen Jahrhunderte und scheinen doch etwas Gemeingültiges auszusagen. Die Vorgeschichte rechnet mit Jahrtausenden. Für die neuere Zeit scheinen uns Begriffe wie »Renaissance« oder »Aufklärung« noch als Signum für wenigstens ein Jahrhundert zulässig.

Für das 19. Jahrhundert, das letzte, das abgeschlossen vor uns liegt, wird es schwieriger sein als für alle vorhergehenden, unserer Betrachtung eine Überschrift zu geben, die inhaltlich etwas Kennzeichnendes aussagt. Aber die Schwierigkeit erwächst nicht allein aus der perspektivischen Nähe. Sehr wahrscheinlich werden auch viel spätere Zeiten Mühe haben, dem 19. Jahrhundert ein einheitliches Signum zuzuteilen. Ist nicht dieses Jahrhundert, zum Beispiel politisch betrachtet, die Zeit des aufsteigenden Nationalismus mit seiner Übersteigerung in Chauvinismus und Imperialismus, aber auf der anderen Seite auch eine Zeit großartiger internationaler Zusammenarbeit auf vielen Gebieten? Ist es nicht eine Zeit beschämender sozialer Unterdrückung und Ausbeutung – und brachte doch auch einzigartige soziale Fortschritte, einen nie vorher gesehenen Aufstieg der Massen zu Wohlstand und Einfluß? Brachte es nicht eine unerhörte Ausbreitung von Kultur, Wissen, Bildung und doch für den tiefer dringenden Blick auch eine Verflachung? Brachte es nicht die glänzende Verwirklichung mancher Träume und Ideale des 18. Jahrhunderts von Vernunft und Fortschritt – und sah zugleich den Aufstieg der irrationalen Gegenkräfte, welche eben diese Ideale zu ersticken drohen? Es ist ein Jahrhundert des Übergangs, der Umwälzung, der Verwischung von Grenzen und Maßstäben – und gleichzeitig, gemessen am Chaos unserer Zeit, doch eine wohlgeordnete Welt in festen Bahnen.

1. Romantik

SEIN UND BEWUSSTSEIN DES ZEITALTERS ZEIGEN EINE SICH WANDELNDE WELT Werfen wir einen flüchtigen Blick auf den Geist des Zeitalters, um zu erkennen, daß auch hier die Wissenschaft nicht isoliert voranschritt, sondern eingebettet in andere Lebenszusammenhänge, daß es treibende und tragende Kräfte und Ideen gab, die über die Fachwissenschaften hinaus in Philosophie, Kunst, Literatur und religiösem Leben sich auswirkten. Denken wir an die große Geistesbewegung der *Romantik*, die sich auf der Schwelle des Jahrhunderts erhebt. Das Beispiel kann gleich mehreres verdeutlichen:

Es zeigt die Vielschichtigkeit und Verwickeltheit des Geschehens. Was in einem Jahrhundert zur Herrschaft kommt und in die Breite wirkt, ist immer schon im vorhergehenden Jahrhundert angelegt. Es ist ein Gesetz: das ganz Neue begegnet Unverständnis und Widerständen; was breit wirkt, ist schon nicht mehr neu. So hat der Ausgang des letzten Kapitels mit der Erwähnung von Rousseau, Herder und Goethe bereits gezeigt, wie die Ideenwelt der Romantik schon in der zweiten Hälfte des 18. Jahrhunderts entstanden ist.

Das Beispiel zeigt weiter: die bestimmenden Ideen erwachsen gewöhnlich nicht aus einer Fachwissenschaft allein. Neue Geisteshaltungen prägen sich am frühesten aus in den Glaubensbewegungen, in Dichtung, bildender Kunst und Musik, in den Zweigen und Arten der Philosophie, die diesen Gebieten verschwistert sind. Um die leisesten und frühesten Regungen eines neuen Gedankens zu erspüren, zum Beispiel des Entwicklungsgedankens, dürfen wir nicht zu Darwin gehen, nicht zu den führenden Geschichtsschreibern, sondern eher zu den Dichtern und Künstlern.

Das Beispiel zeigt endlich die außerordentliche Vieldeutigkeit nicht nur des Jahrhunderts im ganzen, sondern auch fast aller seiner Erscheinungen im einzelnen. Was heißt Romantik? So viele Bestrebungen und Neigungen sind unter diesem Sammelnamen zusammengefaßt, daß es äußerst schwer ist, außer einem durchgehenden Gefühlston überhaupt etwas ihnen allen Gemeinsames herauszufinden.

ROMANTIK ALS PROTEST GEGEN DAS VERNUNFTIDEAL DES 18. JAHRHUNDERTS Wenn die alte Definition des Menschen als eines animal rationale, eines vernünftigen oder – bescheidener – vernunftbegabten Tieres zutrifft, so hatte das Denken des 18. Jahrhunderts den einen Teil der Definition überbetont. Die Romantik ist die Antwort darauf, ein Protest gegen die darin liegende Einseitigkeit. Ist der Mensch auch animal rationale, so ist er doch mindestens ebensosehr, wenn nicht mehr, animal wie rationale! Er ist ein lebendes Wesen, dessen Leben in der Vernunft allein nicht aufgeht. Alles, was in der Vernunftgleichung nicht aufgeht, meldet sich nun zum Wort und zum Protest: vom untervernünftigen rein Animalischen über das außervernünftige Leben der Gefühlskräfte bis zu den übervernünftigen Kräften des Glaubens.
Für das neue Denken, welches diese Gegenkräfte, die im 18. Jahrhundert gleichsam vom freien Zutritt in das Welt- und Menschenbild ausgeschlossen waren, wiedereinbezieht, kann auch die Gleichsetzung des Vernünftigen mit dem Natürlichen – die Grundgleichung des Aufklärungsdenkens – keine Gültigkeit mehr besitzen. Die Idee des »Natürlichen« behält ihr Gewicht. Aber sie wird umgedeutet, mit einem neuen, weiteren Inhalt erfüllt. Schon für Rousseau war »natürlich« eher das, was Gefühl und Leidenschaft eingeben, als was Intelligenz und Vernunft, die späten und verderbten Kinder der Zivilisation, lehren.
Das gilt nicht nur für das Bild vom Menschen, sondern auch für das Bild der Welt im ganzen. Die volle Breite der Wirklichkeit tritt wieder ins Bewußtsein. Vernunft und Natur treten auseinander, sie können sogar in einen Gegensatz treten. Ihn in einer Synthese zu vereinen, war das große Unternehmen Hegels.

DIE ROMANTIK ALS ÜBERWINDUNG DES STATISCHEN AUFKLÄRUNGSDENKENS Eine zweite Stoßrichtung des romantischen Protestes: Die Welt der Natur erschien im 18. Jahrhundert als eine zeitlose, rationale und mechanische Ordnung. Die Zeit zählte im tieferen Sinne eigentlich nicht. Zwar war die Welt geschaffen (einige Materialisten wie Holbach erkannten ihr allerdings ewigen Bestand zu) – aber einmal geschaffen, bewegte sie sich nach ewig gleichen Gesetzen, die Himmelskörper in ihren Bahnen, ein jegliches Ding nach seinem Gesetz. Das Uhrwerk der Welt – ein oft gebrauchter Vergleich – lief, vom Schöpfer einmal in Gang gesetzt, gleichmäßig weiter.
Die Erschütterung dieser Weltansicht setzte schon im 18. Jahrhundert ein. Bei Denkern wie Kant und bei den großen Biologen und Geologen der Jahrhundertwende finden wir die ersten Gedanken von einer allmählichen Entstehung des Weltalls in Wachstum und Wandel durch gewaltige Zeiträume, von einer allmählichen Entstehung des Lebens durch

zahllose Formen und Stufen. Mit dem Einsetzen des 19. Jahrhunderts rücken solche Gedanken in den Mittelpunkt. In dem Wort von John Herman Randall, das am Anfang dieses Kapitels steht, ist dieser Vorgang treffend gekennzeichnet.
Die Folgen dieses Umschwungs für das wissenschaftliche Denken über Natur und Geschichte liegen nahe.

FORTSCHREITENDE WELT — FORTSCHREITENDES DENKEN — FORTSCHRITTSDENKEN Der sich wandelnden, wachsenden, fortschreitenden Welt des 19. Jahrhunderts entspricht ein Denken, das gleichfalls in vorher nicht gekanntem Maße sich wandelt, wächst, fortschreitet. Das sich wandelnde Sein spiegelt sich in einem sich wandelnden Bewußtsein, und diese Bewußtseinswandlung wirkt als neue bestimmende Kraft auf das Sein zurück.
Die sich wandelnde Welt bringt immer neue und mannigfaltigere Kräfte und Tendenzen hervor. Zur sozialen Spaltung tritt die nationale — teils sie verschärfend, teils von ihr ablenkend, teils quer und unvermittelt durch sie hindurchgehend. Im Denken zeigt sich die entsprechende Aufsplitterung in auseinanderstrebende Richtungen und Ideale. Es gibt nicht eine Philosophie des Zeitalters, sondern viele Philosophien; nicht eine Kunst, sondern viele Kunstrichtungen; nicht einen Glauben, sondern viele Glaubensbewegungen. Selbst die großen nationalen und sozialen Gruppen haben wenig Einheitliches. Es ist kaum noch ein gemeinsamer Grundstock an Maßstäben und Werten vorhanden. Es bleibt zuletzt dem einzelnen überlassen, sich recht oder schlecht zurechtzufinden.
Je zahlreicher die widerstreitenden Gruppen und Ideale, um so schneller und kaleidoskopartiger der Wandel der Dinge. Daß nichts mehr feststeht, daß alles sich wandelt, ist der Grundbaß des Denkens geworden. Positiv tritt diese Tatsache ins Bewußtsein als Idee der Evolution, der Entwicklung.
Der Gedanke hat zahllose Formen und Spielarten. Im Grunde ist es ein alter Gedanke, ein uralter — nemo contra regem nisi rex ipse! Ihn geistesgeschichtlich einzuordnen, hieße schier endlose Horizonte aufreißen. Man würde dabei auf die Tatsache stoßen, daß unveränderliches Sein und ewiges Werden zwei Grundpole menschlichen Denkens und Vorstellens sind, die einander schon in der Mythologie und in sehr ausgeprägter Form in der griechischen Philosophie gegenübertreten. Man würde finden, daß die christliche Lehre vom einmaligen Heilsvorgang die Bedeutung der Zeit und Zeitlichkeit als eines einsinnigen, unwiederholbaren, entscheidungsschweren Vorgangs stark betonte, wenn sie auch den zeitlichen Ablauf in die Ewigkeit eingebettet sah. Als mit der Renaissance der überzeitliche Sinngehalt entschwand, erhielt der innerzeitliche und innerweltliche Entwicklungsvorgang erst sein eigenes volles Schwergewicht. Er begann nun, aus sich selber und gleichsam führerlos immer schneller und hemmungsloser zu laufen. Bacon sah eine zukünftige Welt, die der Mensch immer besser und schöner gestalten sollte. Die Vernunftgläubigkeit der Aufklärung brachte den kühnen

Gedanken, daß der Mensch aus sich allein mit seiner Vernunft ein goldenes Zeitalter heraufführen könne.

Die Formen, in denen der Entwicklungsgedanke im 19. Jahrhundert zum vollen Durchbruch kam, sind sehr verschieden: Er besteht zunächst als ausgeprägtes Bewußtsein von der Raschheit, Unentrinnbarkeit, Bedeutsamkeit des zeitlichen Wandels schlechthin. Er besteht auch als ausgeprägte und durchgearbeitete Theorie, die bezogen sein kann auf die Welt oder den Menschen im ganzen. Er wirkt in der Philosophie bei Hegel, Comte, Spencer, Marx und vielen anderen, aber keineswegs allen Denkern. Er besteht als politische Lehre oder Forderung für bestimmte Interessen politischer und gesellschaftlicher Art. Er findet sich in dieser Funktion in fast allen Fronten und ist keiner allein eigen. Er ist ein Kampfmittel der bewahrenden, konservativen oder auch reaktionären Kräfte wie auch des neuaufsteigenden dritten und vierten Standes. Er findet sich endlich in den Wissenschaften.

Der Entwicklungsgedanke traf und verschwisterte sich mit dem Fortschrittsglauben, der ihm verwandt, aber nicht mit ihm identisch ist. Dies muß jeder Versuch einer Zeitkritik auseinanderhalten.

WISSENSCHAFT IM WANDEL – WISSENSCHAFT DES WANDELS Wie die allgemeine Geschichte des Jahrhunderts, so bietet auch die seiner Wissenschaft zunächst das Bild rapiden Fortschreitens und raschen Wandels. Und wiederum ist diese Tatsache zunächst das einzige gemeinsame Kennzeichen, das von den Erscheinungen abgezogen werden kann. Was immer die Wissenschaft tat und dachte – jedenfalls stand sie nicht still. Es ist eine Wissenschaft *in* Evolution.

Wie aber im Geist des Zeitaltes die Tatsache des Wandels ins Bewußtsein tritt, so wiederum in der Wissenschaft: es ist auch eine Wissenschaft *der* Evolution.

Und wiederum wirkt auch hier die Ausprägung im Bewußtsein ihrerseits zurück auf die Entwicklung, wird zum Motor: die Idee der Entwicklung ist es, die selbst die stärkste wissenschaftliche Revolution des Jahrhunderts hervorgebracht hat.

Ein getreues Spiegelbild ihrer Zeit ist die Wissenschaft auch darin, daß dem Miteinander, Nebeneinander, Gegeneinander der Gruppen und Interessen ein Auseinanderfallen in Fächer und Unterfächer, in widerstreitende und sich überlagernde Meinungen, Theorien, Schulen gegenübersteht. Die Aufspaltung der Fächer geht bis zu sträflicher Isolierung, fast bis zum Verlust des tragenden Grundes in gemeinsamer Wahrheitssuche und des gemeinsamen Ziels des wissenschaftlichen Erkennens. Fast zwangsläufig erwachsen mit der Bereicherung und Verfeinerung der Methoden und Ergebnisse die Gefahren, die unter dem Schlagwort der einseitigen Spezialisierung bekannt sind. Der wissenschaftliche Fachmensch im engeren Sinne trat eigentlich erst im 19. Jahrhundert in nennenswertem Ausmaß in Erscheinung. »Zeitalter der Spezialisierung« wäre ein durchaus treffendes Schlagwort für diesen Abschnitt der Wissenschaftsgeschichte.

DAS ERBE DER ROMANTIK Die romantische Bewegung kam nicht aus der Wissenschaft. Sie nährte sich aus anderen Quellen. Aber sie beeinflußte beträchtlich und für die Dauer die Philosophie, das Denken über die Wissenschaft, auch einzelne Wissensgebiete. Nicht, daß ein neues, romantisches Wissenschaftsideal das des 17. und 18. Jahrhunderts verdrängt und abgelöst hätte. Der Grund, den diese Jahrhunderte gelegt, blieb im wesentlichen erhalten. Die Wissenschaft dieser Jahrhunderte war rational. Die Wissenschaft des 19. Jahrhunderts ist ebenfalls rational – Wissenschaft kann gar nicht anders sein –, sie ist es sogar noch folgerichtiger. Die vorangegangenen Jahrhunderte brachten die experimentelle Methode. Die Wissenschaft des 19. Jahrhunderts ist auch experimentell, und sogar noch folgerichtiger und vollkommener.

Und doch ist sie mannigfach vom Geiste der Romantik durchdrungen: Indem die Romantik Gewicht auf die nicht-rationalen Seiten des menschlichen Wesens legte, berichtigte und bereicherte sie das Menschenbild auch für die Wissenschaft. Der Mensch denkt, aber er ist keine kalt rechnende Denkmaschine. Wissenschaft, die das außer acht läßt, muß sich in Konstruktion verlieren. Die Romantik lenkte den Blick auf die ganze Breite der Erfahrungswelt. Die Welt ist farbig, unendlich reich, verwirrend, sie spottet des Systems, sie enthält immer mehr, als ein System über sie aussagen kann. Gleichsam im Gegenzug hat die rationale Wissenschaft wiederum auch die Gebiete zu erobern gesucht, welche die Romantik neu in das Blickfeld rückte.

Gegenüber mathematischer und mechanischer Einförmigkeit betonte die Romantik das Einmalige, das Individuelle am Menschen, seinen Gruppen, seinen Schöpfungen. Sie brachte dies zur Anerkennung in der Betrachtung und Bewertung von Religion, Kunst, Moral, Erziehung. Nicht rationales Wissen zu vermitteln, sondern die ganze Persönlichkeit zu entfalten, wurde das höchste Ziel der Erziehung. Auf Rousseau folgten die großen Pädagogen Johann Heinrich *Pestalozzi* (1746–1827) und Friedrich *Fröbel* (1782–1852).

Gegen Mechanismus und Zergliederung stellte die Romantik den Organismusgedanken und eine ganzheitliche Betrachtungsweise. Das hat sich nicht allein ausgewirkt auf die Wissenschaften von Leben und Geschichte, sondern auch auf die exakte Naturwissenschaft, die begann, nicht mehr nur nach Elementen und Einzelursachen zu forschen, sondern nach ihrem funktionalen Zusammenhang in einem größeren Ganzen.

Die Anerkennung dieses Gedankens führte zu einer neuen Bewertung der geschichtlichen Tradition und weckte starke Impulse für das geschichtliche Forschen.

Vielleicht am bedeutsamsten wurde die neue Akzentuierung des Werdens im weitesten Sinne. In diesem einen Punkt: der Erkenntnis von der grundlegenden Bedeutung der Zeit für alles Sein, hat das 20. Jahrhundert – in vielem anderen bereits weit von den Vorstellungen des 19. Jahrhunderts entfernt – das bestätigt und verstärkt, was damals begann. Das Denken wurde immer mehr »historisiert«. Jedem Gedanken, jeder Schöpfung, jeder »ewigen Wahrheit« wurde ein Platz in der zeitlichen Folge zugewiesen. In der Naturwissenschaft wurde mit der Relativitätstheorie die Zeit ein konstitutiver Faktor in einem ganz neuen Sinne. In der Philosophie lehrt die Metaphysik eines Samuel Alexander die untrennbare Raumzeit, die Existenzphilosophie die unentrinnbare Gebundenheit des Menschen an sein zeitliches Hier und Jetzt.

In diesem weiten Sinne stelle ich »Evolution« als Stichwort über dieses Jahrhundert.

Die Evolutionslehre im engeren Sinne, vor allem die Darwins und die ihr gleichlaufende Entwicklungsphilosophie Herbert Spencers, sind freilich nicht Kinder der Romantik. Doch auch sie hätten kaum erwachsen und herrschen können ohne die Vorarbeit der romantischen Denker.

All dies wirkte segensreich: die Erfahrungsbreite wurde vergrößert, vorschneller Systematisierung vorgebeugt, rationaler Vergewaltigung der Wirklichkeit entgegengewirkt, dem Denken über Mensch und Geschichte eine neue Dimension erschlossen, den geschichtlichen Geisteswissenschaften ein Aufschwung ermöglicht, der ebenbürtig neben den Fortschritten der Naturwissenschaft steht.

Andere Wirkungen der Romantik würden wir eher als gefährlich ansehen. Die Wissenschaft ist ihnen nicht erlegen, aber sie hat bis heute mit ihnen zu ringen:

Das Geöffnetsein für die ganze Breite und den Reichtum der Erfahrung birgt die Gefahr des Verlustes oder der Relativierung jeglichen Maßstabes. Wer hingegeben alle Schönheiten des Lebens genießt, vergißt leicht, daß gut und richtig leben mehr ist als bloß leben. Wer sich im Denken jeder Erfahrung hingibt, vergißt leicht, sie kritisch zu messen, sie auf objektive Zusammenhänge hin zu ordnen und nach Wert und Unwert zu sondern. Der Romantiker kann Grenzen einreißen und Erstarrungen lösen, aber er hat es schwer, etwas Bleibendes zu schaffen, vor allem in der Wissenschaft.

Der wahrscheinlich unaufhebbare Zwiespalt zwischen rationalem Systemdenken und einem aus Urgründen gespeisten, gleichsam an den Quellflüssen des Werdens und den tiefsten Brunnen der Muttersprache genährten Denken durchzieht unsere Geisteskultur bis heute.

2. Einige weitere allgemeine Kennzeichnungen

STETIGKEIT UND ATOMISTIK Wenigstens eine inhaltliche Kennzeichnung soll den Einzelgebieten noch vorangestellt werden, weil sie, ähnlich wie der Einfluß der Romantik, fast für den ganzen Bereich der Wissenschaften von Bedeutung ist. Die Begriffe Stetigkeit und Atomistik scheinen auf den ersten Blick im Widerspruch zueinander zu stehen. Tatsächlich sind es Gegenpole, die sich in eigenartiger Weise zu bedingen scheinen.

Kontinuität: die Wissenschaften nehmen *ein* Medium, ein einheitliches Feld der Wirkung an, in dem eine durchgehende Gesetzmäßigkeit herrscht und ein durchgehender Wirkungszusammenhang besteht; oder sie steuern jedenfalls, wo sie von einer solchen Annahme nicht schon ausgehen, dieser Vorstellung zu. Die Physik sieht das ganze Weltall als einen einheitlichen kontinuierlichen Raum, in dem im Kleinen und Großen die nämlichen Erscheinungen vorkommen und die nämlichen Gesetze wirken. Die alte Lehre vom »Horror vacui«: daß die Natur den leeren Raum scheue, mutet wie eine Vorstufe dazu an. Tatsächlich ist die Physik das ganze 19. Jahrhundert hindurch auf das Ziel losgesteuert, das ganze materielle Universum nicht nur als Kontinuum zu betrachten, sondern es auch auf eine einzige Formel zu bringen. Immer neue Gruppen von Erscheinungen wurden in einen größeren Zusammenhang gestellt: Licht und Elektrizität, alle Arten von Energie, alle Arten von Wellen. Schließlich brachte das 20. Jahrhundert die im 19. vorausgeahnte Erkenntnis der Wesensgleichheit von Materie und Energie. Auch in den biologischen Wissenschaften weitete sich der Blick auf die Verwandtschaft und den entwicklungsmäßigen Zusammenhang aller Formen und Stufen des Lebens.

Atomistik: auf der anderen Seite geht überall die Suche nach den kleinsten, diskreten Bausteinen der Welt. Hier wird das Kontinuum eigentlich wieder aufgelöst. Diesen Zug des Denkens hat Whitehead in einem übertragenen Sinne »Atomistik« genannt. In Chemie und Physik bringt das 19. Jahrhundert den Aufstieg der Atomtheorie. In der Biologie wird die Zelle als Grundbaustein aller lebenden Substanzen erkannt. Man findet die kleinsten Lebewesen. Das 20. Jahrhundert setzt die Suche nach kleinsten Bausteinen bis zu den Elektronen fort. Die Quantentheorie weist auch die Energie, bis dahin als stetig Fließendes angesehen, als aus kleinsten Quanten bestehend aus.

DAS ZEITALTER DER ANGEWANDTEN WISSENSCHAFT BEGINNT Die bisher genannten Gesichtspunkte gehen auf die Eigengesetzlichkeit und innere Verflechtung der Wissenschaften. Sobald man versucht, den Blick zu erheben auf die Stellung der Wissenschaft im Kulturganzen, ihre Rolle im Leben der Menschen, so tritt noch ein anderes hervor: das 19. Jahrhundert erscheint dann in erster Linie als das Zeitalter der angewandten Wissenschaft – oder, wie spätere Zeiten vielleicht sagen werden, jedenfalls als der Beginn dieses Zeitalters. Daß Wissen Macht bedeutet, wird jetzt eigentlich erst ganz wahr. Das Bündnis zwischen Wissenschaft und praktischer Lebensbewältigung, zwischen Wissenschaft und Technik, wird erst jetzt richtig erschlossen. Unser in großer Höhe schwebender Beobachter, den ich am Beginn unserer Betrachtung einführte, wird jetzt in ungeahntem Tempo die Veränderung ablaufen sehen, welche die Menschen mit Hilfe wissenschaftlichen Forschens und der praktischen Anwendung seiner Ergebnisse in ihrer Welt hervorbringen.

Ein einziger Blick in unsere heutige Welt genügt, um beliebig viele Beispiele dafür zu erfassen. Einige werden uns bei der Betrachtung der einzelnen Wissensgebiete entgegentreten. Aber wichtiger als alle einzelnen Erfindungen, so bedeutsam und erfolgreich sie sein mögen, ist die Tatsache, daß die Erfindungen von dieser Zeit an den Charakter des Zufälligen abzustreifen beginnen. Eingebung und genialer Einfall behalten ihre Bedeutung. Aber dazu tritt ein Element der Planmäßigkeit. Man kann Erfindungen nun beinahe vorausplanen und erzwingen. »Die größte Erfindung des 19. Jahrhunderts«, sagt Whitehead, »war die Erfindung der Methode, wie man erfindet.«

Gesehen worden war dieses Ziel von vielen, am klarsten mit von Francis Bacon. Aber es ist eine Sache, eine Forderung zu erheben; eine andere Sache, sie zu verwirklichen. Das ist die Leistung des 19. Jahrhunderts. Ein Speicher des Wissens, der praktischen Anwendung fähig und nach Anwendung rufend, war auch schon das Wissen vergangener Zeiten. Aber offensichtlich ist solche Anwendung nicht etwas, das sich mühelos und von selbst ergibt. Beharrlichkeit, Unermüdlichkeit im Ausdenken neuer Wege oder Umwege, im Durchprobieren zahlloser Möglichkeiten muß hinzutreten; Hindernis auf Hindernis, das erst bei der praktischen Durchführung auftaucht, ist zu überwinden.

Zunächst brachte England, in der industriellen Entwicklung am weitesten fortgeschritten, die Köpfe hervor, die das leisten konnten. Bald begannen die Deutschen, mit ihnen zu wetteifern. Auszeichnende Eigenschaften des deutschen Geistes, innere und äußere Disziplin, Beharrlichkeit, handwerklicher Fleiß und Geschick, die Fähigkeit zu organisieren – dies alles konnte sich hier in einzigartiger Weise auswirken. Die Leistungen der deutschen Gelehrten, der deutschen Universitäten und technischen Hoch- und Fachschulen, die hohe Auffassung von der Sendung des Gelehrtentums, die diesen Leistungen zugrunde lag, erregten im 19. Jahrhundert die Bewunderung der Welt.

DIE ORGANISATION DER WISSENSCHAFT Die Stellung Deutschlands in diesem Jahrhundert rechtfertigt es, wenn wir dieses Land als Beispiel nehmen, um einen Blick auch auf die äußere Organisation der Wissenschaft, ihre Träger und ihren Betrieb zu werfen.

Dabei tritt zunächst eines hervor: Brennpunkte des wissenschaftlichen Lebens sind nicht mehr in erster Linie Akademien, sondern die Universitäten. Die meisten großen Forscher sind Universitätsprofessoren, wenn sie auch daneben den Akademien angehören. Träger dieser Universitäten ist der Staat. Darin spiegelt sich die tiefgreifende gesellschaftliche Umwandlung, welche die Revolution mit sich gebracht hatte. In früheren Zeiten hatten die Gelehrten überwiegend der Geistlichkeit angehört oder dem Adel. Wer sich zur Wissenschaft berufen fühlte, hatte früher, sofern er von Adel war, in den meisten Fällen durch sein ererbtes Grundvermögen die Möglichkeit, seiner Neigung nachzugehen; wer aus einer anderen Schicht stammte, wurde Geistlicher oder trat ins Kloster ein.

Nun rückt der bürgerliche Stand an die Front. Die Gelehrten sind oft bäuerlicher oder kleinbürgerlicher Herkunft; unter den Protestanten ragen die vielen Söhne evangelischer Pfarrhäuser hervor. Viele unter ihnen müssen sich ihren Weg an die Universitäten erkämpfen, durch Stundengeben, als Haus- oder Schullehrer. Männer wie Alexander von Humboldt, die gänzlich unabhängig waren, ihre Forschungen und Reisen aus eigenen Mitteln bestritten und nicht an einer Universität lehrten, blieben Ausnahmen. Der Staat gibt den Professoren durch die glückliche Verbindung von Forschung und Lehre ein gesichertes Auskommen.

Die großen Tugenden des Bürgertums: Fleiß und Ordnungssinn, waren es auch, die die Wissenschaft jetzt benötigte. Die immer mehr anwachsenden wissenschaftlichen Stoffmassen zu durchdringen, erforderte vor allem Arbeit, fleißige, nüchterne, entsagungsvolle Kleinarbeit. Je mehr der Stoff anschwoll und je mehr die Wissenschaft induktiv wurde, also sich am Stoff orientierte, um so gebieterischer wurde auch der Zwang, den wissenschaftlichen Betrieb zu organisieren. Man brauchte Arbeitsstätten und methodisch geschulten Nachwuchs.

Bürgerlich und demokratisch war die neue Wissenschaft auch in ihren Inhalten. Wir haben schon gesehen, wie mit dem Aufstieg des bürgerlichen Kaufmannsstandes, in England zuerst, Fragen der Wirtschaft und des Geldes in der Wissenschaft salonfähig wurden. Bald gab es nichts mehr, was nicht kathederfähig und kathederwürdig gewesen wäre. Dialekt und Volkslied, Sage und Märchen wurden zum Forschungsobjekt der Philologie. Auch die Wirkung der Wissenschaft ging nun in die Breite; die breiteste Öffentlichkeit nahm Anteil an neuen Entdeckungen und Erfindungen; die allgemeine Schulbildung und die Verfielfältigung der Druckerzeugnisse gaben jedem, der es wollte, die Möglichkeit, diese Dinge zu verfolgen; die Gelehrten sahen eine ihrer Aufgaben auch in der Popularisierung.

Die enge Verbindung von Forschung und Lehre wirkte im allgemeinen segensreich. Die akademische Jugend empfing ihr Wissen unmittelbar von denen, die es erarbeitet hatten. Die Forscher begrüßten überwiegend die enge Berührung mit der nachwachsenden Generation, aus der sie ihre Schüler und Mitarbeiter zogen. Glänzende Redner wie der Jurist Savigny waren unter den Lehrern. Andere wie der Historiker Ranke unterzogen sich der Lehrtätigkeit nur ungern und betrachteten sie als Belastung neben der Forschung; von Gauss wird sogar berichtet, er habe seine Vorlesungen selbst dadurch zu verhindern gesucht, daß er jedem einzelnen der sich meldenden Studenten bedeutete, das Kolleg werde wahrscheinlich nicht zustande kommen.

Vorschläge, das Lesen durch eine Dialogform des Unterrichts im Sinne der alten Griechen zu ersetzen, setzten sich nicht durch. Aber neben die Vorlesung trat zunehmend das Seminar in den Geisteswissenschaften, das Praktikum in Klinik und Labor in den naturwissenschaftlichen Fächern. Bahnbrechend wirkten hier Rankes Seminar und Liebigs chemisches Laboratorium.

Machtvolle Persönlichkeiten unter den akademischen Lehrern sammelten zahlreiche Schüler um sich. Die Kraft der Schultraditionen sicherte die Stetigkeit der Arbeit. Allerdings pflegten sich die Schulen untereinander erbittert zu befehden, teils hinter den Kulissen im Ringen um Stellenbesetzungen und die Gunst der staatlichen Behörden, teils in offener Feldschlacht mit Polemiken von – gelinde gesagt – erfrischender Robustheit.

Daß die Hochschulen großenteils in kleinen Städten beheimatet waren, gab Lehrern und Studenten Ruhe und Sammlung. Daß sie sich auf die verschiedenen deutschen Kleinstaaten verteilten, verhinderte eine Uniformierung und eine hemmende Übermacht des Staates; ein Gelehrter, der in Preußen mißliebig war, konnte nach Süddeutschland gehen. Die einzelnen Staaten wetteiferten darin, berühmte Gelehrte ins Land zu ziehen.

Preußen übte dabei unter den deutschen Teilstaaten die bei weitem größte Anziehungskraft aus. Die Universität Berlin, 1810 gegründet, errang schnell eine führende Stellung. Neben Berlin wurde besonders Bonn gefördert. Außerhalb Preußens ragte Göttingen in den Naturwissenschaften hervor, in der Medizin Würzburg, später Heidelberg.

Der Zusammenhang der Wissenschaft und ihrer führenden Vertreter mit dem geistigen und politischen Leben der Nation war eng. Viele Gelehrte spielten eine führende Rolle in der Politik, auch nach außen hin. Nacheinander vertraten vier hervorragende Gelehrte den preußischen Staat in Rom. Der Stolz auf die Leistungen des deutschen Geistes hob das nationale Selbstbewußtsein und arbeitete der politischen Einigung vor. Wissenschaftliche Gesellschaften wie die Gesellschaft deutscher Naturforscher und Ärzte hielten ihre Tagungen abwechselnd in verschiedenen deutschen Ländern und führten Gelehrte von überall her zu Freundschaft und gemeinsamer Arbeit zusammen.

Neben der klassischen deutschen Literatur und der Musik war es vor allem die deutsche Wissenschaft, die das Ansehen der Deutschen in der Welt begründete. Wie ausländische Wallfahrer nach Weimar strömten, so ausländische Studenten zu den deutschen Hochschulen. Die Weltgeltung der deutschen klassischen Philologie und Altertumskunde war unumstritten. Die Stellung des deutschen Verlagswesens und Buchhandels in dieser Zeit ist nur im Zusammenhang mit der wissenschaftlichen Geltung der deutschen Philologie voll verständlich.

GRÖSSE UND REICHTUM DES JAHRHUNDERTS Die Wissenschaft, so oft einem Strom verglichen, der in grauer Vorzeit in kleinen Rinnsalen entsprang und durch die Jahrhunderte – gespeist durch Zuflüsse von allen Seiten, durch die Leistungen vieler Völker und unzähliger namenloser Helden – immer mächtiger anschwoll, ist im 19. Jahrhundert schon einem Meer zu vergleichen, wie die Unterläufe der größten Ströme unserer Erde: unaufhaltsam weiterströmend, überwältigend mächtig, durch Menschenhand kaum noch in andere Bahnen zu lenken, kaum noch übersehbar für den, der am Ufer steht, und ebensowenig für den, dessen Nachen auf ihm schwimmt. Nach Hunderten zählen nun die Männer und Entdeckungen, denen der gleiche Rang zukommt, wie denen, denen ich in früheren Abschnitten mehrere Seiten widmen konnte. Beglückend ist der Anblick, wie durch die Zeiten, über Grenzen und Kriege hinweg sich die Gelehrten der Nationen die Hände reichen. Beängstigend dagegen ist das Auseinanderstreben und die Absonderung der Einzelgebiete: die Aufgabe einer Synthese bleibt unserem Jahrhundert gestellt.

Das 19. Jahrhundert sah sich selbst als besonders fortschrittlich, als auf der Höhe der Zeiten stehend. In vieler Hinsicht sind wir heute skeptischer, bedenklicher geworden. In einer Hinsicht ist echter Fortschritt im 19. Jahrhundert ganz unbestreitbar: das wissenschaftliche Forschen und sein Ertrag haben stetig zugenommen. Der »kumulative« Charakter des Wissens hat sich wiederum ausgewirkt. Nicht, daß eine Generation klüger und begabter geboren würde als die vorige. Aber jeder neuen Generation öffnen sich neue Felder des Wissens in der Naturbeherrschung, weil sie alles vorher Gewonnene sich aneignen und gebrauchen kann. Machtmittel wachsen ihr zu, von denen die Frage ist, ob der homo sapiens, der sie geschaffen, sie auch wird meistern können. Den homo sapientior, der dazu vielleicht erforderlich wäre, wird die Wissenschaft nicht schaffen können. Auf die Natur zu warten, bietet angesichts der langen Zeiträume, die sie für Entwicklungsvorgänge benötigt, wenig Hoffnung. Die Kräfte, die der Mensch heute benötigt, um das zu meistern, was er selbst ins Rollen gebracht, müssen ihm aus anderen Quellen zuwachsen.

I. Mathematik

Ein erstes Merkmal springt jedem in die Augen, der den Blick auf die mathematische Entwicklung des 19. Jahrhunderts richtet: der Aufschwung und die Fruchtbarkeit des mathematischen Lebens. Namen und Entdeckungen ohne Zahl! Man schlage irgendein kurzgefaßtes Lehrbuch der Mathematikgeschichte auf: Für frühere Jahrhunderte verweilt die Darstellung bei einzelnen Persönlichkeiten, gibt Beispiele, Kommentare. Für das 19. Jahrhundert schrumpft sie fast auf bloßes Aufzählen von Namen und Daten, auf Stichworte und Andeutungen zusammen. Jede Darstellung, die mehr will, insbesondere auch eine Anschauung von den behandelten Gegenständen zu vermitteln strebt, füllt lange Kapitel oder ganze Bände.

An den deutschen Universitäten blühten die mathematischen Fächer, besonders dank ihrer segensreichen Förderung durch Alexander von *Humboldt* (1769–1859). Gleichfalls in Deutschland begründete August Leopold *Crelle*, ein Straßenbauingenieur (1780–1855), im *Journal für reine und angewandte Mathematik* das erste Organ von internationalem Ansehen für das rasch wachsende mathematische Wissen. Ähnliche Blätter entstanden in Frankreich und Belgien. Im Jahre 1940 gab es an die 300 solcher Zeitschriften, ungerechnet die mehreren tausend Organe für praktische Anwendungsgebiete in Wissenschaft und Technik. Die mit diesen Organen gebotene breite Basis für Austausch und Diskussion hat die Forschung weiter angespornt und beschleunigt. Einen guten Gesamtüberblick über den geschichtlichen Verlauf bieten Felix *Kleins* Vorlesungen über die Entwicklung der Mathematik im 19. Jahrhundert, für die Zielsetzungen und Hauptergebnisse der Forschung die *Enzyklopädie der mathematischen Wissenschaften* (1898–1935). Hervorzuheben ist die enge internationale Zusammenarbeit der Mathematiker. Der mathematische Unterricht wurde wesentlich vertieft, seine Methoden wurden verbessert.

Ein kennzeichnender allgemeiner Zug ist weiter die enge Durchdringung von Mathematik und Naturwissenschaften. Manchmal wurden der Mathematik ihre Aufgaben von der fortschreitenden Naturwissenschaft gestellt oder geradezu aufgezwungen. An anderen Stellen eilte die mathematische Forschung der praktischen Anwendung weit voraus. Enge Durchdringung besteht auch zwischen den einzelnen Hauptzweigen der Mathematik. Diese setzten jeder für sich ihren stürmischen Vormarsch fort; aber Ideen, die in einem Teilgebiet auftauchten, griffen alsbald auf andere über.

Jenseits und unterhalb der vielen Einzelfortschritte in reinem Wissen und praktischer Verwertung liegt ein weiterer Grundzug der Mathematikentwicklung des Jahrhunderts: kritische Durchsicht der bisherigen Ergebnisse; Überprüfung der Methoden, mit denen sie gewonnen; radikale Kritik der Grundlagen sowohl der einzelnen Zweige, wie der Mathematik im ganzen und schließlich des menschlichen Denkens überhaupt. Dabei ergaben sich ganz neuartige Einsichten über das menschliche Erkennen und über Grundphänomene wie Raum und Zeit.

Die folgende Auswahl soll diese allgemeinen Angaben durch einige Beispiele erläutern.

1. Nichteuklidische Geometrie

Dieses Stichwort bezeichnet einen der bedeutsamsten Wendepunkte in der gesamten Wissenschaftsgeschichte. Der Amerikaner E. T. *Bell*, einer der heute führenden Historiker der Mathematik, sagt:

> In der nackten geschichtlichen Feststellung, daß *Lobatschewski 1826/1829* und *J. Bolyai* 1833 detaillierte Entwicklungen der hyperbolischen Geometrie veröffentlichten, rufen wir eine der größten Revolutionen im gesamten Denken ins Gedächtnis. Um eine andere, ihr an weittragender Bedeutsamkeit vergleichbare herauszustellen, müssen wir bis auf Kopernikus zurückgehen; und selbst dieser Vergleich ist in verschiedener Hinsicht ungenügend. Denn die nichteuklidische Geometrie ... sollte den ganzen Ausblick auf das deduktive Denken verändern und nicht bloß einzelne Zweige der Wissenschaft und Mathematik erweitern oder verwandeln.

Zwei der wichtigsten Namen für unseren Zusammenhang sind in diesem Zitat vorweggenommen. Aber ich muß zunächst noch etwas zurückgreifen. Unter den Postulaten Euklids findet sich an fünfter Stelle das sogenannte Parallelen-Axiom (wir brauchen für unseren Zweck hier keinen Unterschied zwischen Postulaten und Axiomen zu machen). Der Satz kann in Anlehnung an Euklid wie folgt formuliert werden:

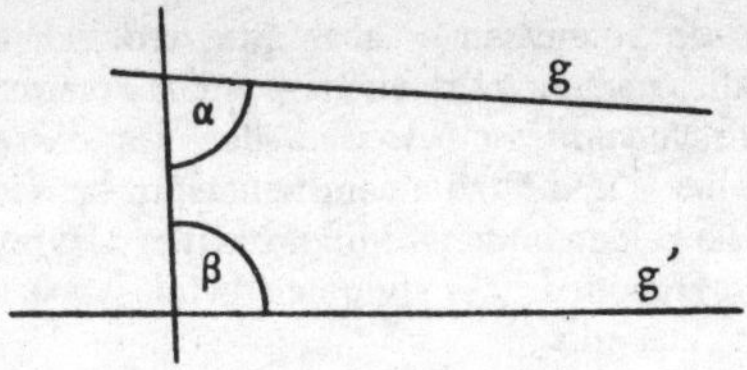

Werden zwei Gerade (g, g') durch eine dritte geschnitten, und ist die Summe der Winkel α + β kleiner als 180°, so schneiden sich g und g' bei ausreichender Verlängerung auf dieser Seite.
Schon in der Antike erregte dieser Satz, auch wegen seiner von den übrigen Axiomen und Postulaten etwas abweichenden Formulierung, die Aufmerksamkeit der Mathematiker. Kann man ihn »beweisen« – was natürlich hier nur heißt: ihn aus anderen einfachen Axiomen ableiten? Das versuchte man immer wieder von der Zeit Euklids bis ins 18. Jahrhundert. Viele Mathematiker waren überzeugt, einen solchen Beweis gefunden zu haben. Aber stets zeigte sich, daß sie, um den Beweis zu führen, eine andere Annahme einführen mußten, die zwar einfacher schien, aber doch bei näherem Zusehen dasselbe besagte wie der beweisende Satz; zum Beispiel
»Ist eine Gerade gegeben und ein Punkt außerhalb dieser, so gibt es in der durch Gerade und Punkt bestimmten Ebene genau eine Gerade, die durch den Punkt geht und die gegebene Gerade nicht trifft.«
Oder:
»Durch einen Punkt, der zwischen den beiden Schenkeln eines spitzen Winkels liegt, kann man immer eine Gerade ziehen, welche die beiden Schenkel des Winkels schneidet.«
Oder einfach:
»Die Winkelsumme im Dreieck beträgt stets 180°.«
Das 18. Jahrhundert brachte einen neuen Höhepunkt in der Beschäftigung mit diesem Sorgenkind der Mathematiker, besonders im Werk des italienischen Jesuitenpaters und Professors G. *Saccheri* (1667–1733). In seinem Todesjahr erschien Saccheris Schrift *Euclides ab omni naevo vindicatus* – Euklid von jedem Makel gereinigt. Saccheri versucht, den angestrebten Beweis sozusagen auf umgekehrte Weise zu führen: Was ergibt sich – so fragt er –, wenn man einmal annimmt, das Parallelenaxiom gelte nicht? Er versucht darzutun, daß man dann sofort in zahllose Widersprüche gerate. Wäre aber bewiesen, daß jeder Versuch, eine Geometrie ohne dieses Axiom aufzubauen, ad absurdum führt, so wäre damit Euklid »von jedem Makel gereinigt«.
Saccheri ging von folgender Konstruktion aus: Gegeben sei eine Gerade g. In zwei Punkten A und B von g errichten wir je eine gleichlange Senkrechte zu AB nach derselben Seite. Die beiden so gewonnenen Endpunkte C, D werden miteinander verbunden. Es entsteht ein Viereck, das auf jeden Fall in A und B je einen rechten Winkel hat. Wie ist es mit den beiden Winkeln in C und D? Daß sie gleich sein müssen,

ist leicht bewiesen – müssen es aber zwei rechte Winkel sein? Ja – wenn das Parallelenaxiom gilt! Nein – wenn es nicht gilt! Hier setzt Saccheri ein: er versucht zu beweisen, daß nur die Annahme zweier rechter Winkel bei C und D zu einem widerspruchsfreien geometrischen System führt, die beiden anderen Möglichkeiten »Hypothese des spitzen Winkels« und »Hypothese des stumpfen Winkels« dagegen zu Widersprüchen.

Saccheri leitete aus jeder dieser beiden Hypothesen eine Reihe von Theoremen ab; aber der Widerspruch, den er zu finden erwartete und erhoffte, fand sich nicht so schnell! Tatsächlich findet sich auch keiner, soweit man gehen mag – es ist gerade der Kernsatz der »nichteuklidischen« Geometrien, daß widerspruchsfreie geometrische Systeme auf diesen Hypothesen aufgebaut werden können. Saccheri hielt hier bereits den Schlüssel zu diesen neuen Geometrien in seinen Händen! Aber viel zu fest stand vor seinen Augen das Ziel, den geliebten Euklid zu rechtfertigen, als daß Saccheri dies hätte erkennen können. Mit einiger Gewaltsamkeit, mit fehlerhafter Argumentation führte er schließlich die beiden Hypothesen zu dem ersehnten Widerspruch und starb im Bewußtsein, sein Ziel erreicht und die euklidische Geometrie als einzig mögliche und ewig gültige bewiesen zu haben.

Auf den ersten Blick wird jedermann die bloße Annahme, daß in C und D etwas anderes entstehen könne als rechte Winkel, für absurd und gar nicht der Diskussion oder näherer Überlegungen wert erachten. Allerdings, dieser Anschein des »Selbstverständlich« schwindet sogleich, wenn wir einmal die Ebene verlassen und die angegebene Konstruktion in einer gekrümmten Fläche, zum Beispiel einer Kugeloberfläche, ausführen. Den Geraden der Ebene entsprechen hier definitionsgemäß die sogenannten größten Kugelkreise. AB ist dann ein Teilstück des betreffenden größten Kreises. Jedermann kann leicht nachprüfen, daß bei Durchführung der angegebenen Konstruktion in einer Kugelfläche in C und D zwei stumpfe Winkel entstehen. Dies zuerst erkannt und im Jahre 1766 klar ausgesprochen zu haben, ist das Verdienst des Deutschen J. H. *Lambert* (1728–1777). Lambert erkannte auch, daß zur Durchführung der »Hypothese des spitzen Winkels« eine neuartige, eine »negativ gekrümmte« Art von Fläche erforderlich sein würde, für die er allerdings noch kein greifbares Beispiel angeben konnte.

Was nun in der ersten Hälfte des 19. Jahrhunderts als nächster Schritt der Entwicklung eintrat, ist ein großartiges Beispiel dafür, wie eine Entdeckung in der Luft liegen und so fast gleichzeitig von mehreren unabhängig forschenden Männern gemacht werden kann. Die Wissenschaftsgeschichte verzeichnet mehrere solche Fälle; unfaßlich und wunderbar sind sie nur für den, der glaubt, eine Entdeckung falle, gleichsam von irgendwoher oder nirgendwoher, einem Forscher in den Schoß; sie sind durchaus verständlich, wenn man die Vorgeschichte und die Problemlage kennt. Der erste, der mit voller Klarheit erkannte, daß sich eine nichteuklidische Geometrie – also eine solche, in der das Parallelenaxiom nicht gilt – widerspruchsfrei aufbauen läßt, und der ein solches System auch tatsächlich aufbaute, war der Deutsche Karl Friedrich *Gauss* (1777 bis 1855). Der frühreife Gauss hatte schon im Knabenalter das hier liegende Problem erfaßt; in seinen Zwanzigerjahren, um 1800 also, hatte er es bereits gelöst. Aber er behielt seine Erkenntnis für sich. Niemals machte er öffentlich seinen Anspruch auf diese Entdeckung geltend, auch dann nicht, als zu seinen Lebzeiten anderen dieser Ruhm zufiel. Erst nach seinem Tode fand man die Beweise in seinen nachgelassenen Papieren. Was ihn zu diesem Verhalten veranlaßte, kann man nur ahnen. Es ist um so erstaunlicher, als Gauss in seinem Briefwechsel andere, insbesondere seine Landsleute F. K. *Schweikart* (1780–1859) und F. A. *Taurinus* (1794–1874) zu gleichartigen und teilweise erfolgreichen Versuchen ermutigte.

Vor die Öffentlichkeit trat zuerst der Russe N. I. *Lobatschewski* (1793 bis 1856) mit einer Abhandlung, die er 1829 der Universität Kasan vorlegte. Schon drei Jahre früher hatte er die Grundgedanken in einem Vortrag an gleicher Stelle ausgesprochen. Die Urschrift ist leider verlorengegangen. Sie enthielt ein vollständiges System einer Geometrie, ruhend auf der Hypothese des spitzen Winkels (diese Form wurde später hyperbolische Geometrie genannt), und stellte sie gleichberechtigt neben die euklidische.

Gauss war als neunzehnjähriger Student mit einem Ungarn namens Wolfgang *Bolyai* (1775–1856) befreundet, der später als Dichter und Dramatiker bekannt wurde. Bolyai beschäftigte sich mit dem Parallelenaxiom (er versuchte, gegen Gauss' Widerspruch, es zu beweisen), fand aber keine Lösung. Wolfgangs Sohn Johann (Janos) *Bolyai* (1802 bis 1860) wurde vom Vater in die Mathematik eingeführt. Mit 13 Jahren meisterte er die Infinitesimalrechnung, mit fünfzehn begann er in Wien zu studieren, mit zwanzig wurde er Militäringenieur. 1823, mit 21 Jahren also, schickte der junge Bolyai, der seine Zeit zwischen Militärdienst, zahlreichen Duellen, Geigenspielen und mathematischen Studien aufteilte, seinem Vater eine Abhandlung *Die absolute Wissenschaft des Raumes*. Sie enthält ein geschlossenes und widerspruchsfreies System einer Geometrie ohne das Euklidische Parallelenaxiom. 1831 wurde die kleine Schrift als Anhang zu einem Buche des Vaters veröffentlicht. Es sind also, wenn man die übrigen Genannten nur als Wegbereiter zählt, immer noch mindestens drei Männer, denen der Ruhm dieser Entdekkung mit gleichem Recht gebührt: Gauss, Lobatschewski und Bolyai. Gauss besaß die Lösung am frühesten, aber er veröffentlichte sie nicht, und in der Mathematikgeschichte entscheidet man Prioritätsfragen nach dem Zeitpunkt der ersten Veröffentlichung.

Den nächsten entscheidenden Schritt tat Bernhard *Riemann* (1826 bis 1866), Schüler Gaussens und wie dieser Professor in Göttingen. Die drei vorher genannten Männer gingen von der Hypothese des spitzen Winkels aus. Riemann schuf als erster (1854) eine Geometrie auf der Grundlage der Hypothese des stumpfen Winkels. Er brachte darüber hinaus Klarheit und Ordnung in das neue Gebiet, indem er die verschiedenen Arten von nichteuklidischen Geometrien nebeneinander darstellte.

Die Tat Riemanns bildet jedoch keineswegs den Schlußstein dieser Entwicklung, sondern eher einen Anfangspunkt. Nicht nur, daß die folgenden Jahrzehnte weitere neue und zum Teil überaus merkwürdige geometrische Systeme entstehen sahen. Wichtiger noch war, daß diese Art von Geometrien nun erst allmählich in das Blickfeld einer größeren Anzahl von Mathematikern und anderen Gelehrten rückte, daß man ihre Tragweite und ihre praktische Bedeutung zu erkennen begann. Waren solche Systeme nun im gleichen Sinne »wahr« wie das des Euklid? Und vor allem: Waren sie mehr als gedankliche Spielerei, waren sie von praktischem Wert für Forschung und Anwendung? In dieser Hinsicht war ein wichtiger Schritt vorwärts der um 1870 durch den Italiener Eugenio *Beltrami* (1830–1890) und den Deutschen Felix *Klein* (1849–1925) geführte Nachweis einer Fläche mit konstanter negativer Krümmung, in der eine bestimmte Art von nichteuklidischer Geometrie »realisierbar« ist. Die wichtigste praktische Bedeutung erhielten diese Geometrien jedoch erst im 20. Jahrhundert im Zusammenhang mit der Relativitätstheorie.

Worin besteht die Tragweite dieser Entwicklung für das geometrische und für das allgemeine mathematische Denken? Hier nähern wir uns einer der wichtigsten wissenschaftlichen Umwälzungen der letzten hundert Jahre. Im Verein mit gleichlaufenden Entwicklungen in anderen Zweigen der Mathematik veranlaßte die nichteuklidische Geometrie die Mathematiker, ihre Ansichten über den Charakter ihrer Wissenschaft neu zu fassen. Ich begnüge mich damit, einige der wichtigsten Namen aus diesem Zusammenhang zu nennen und das Endergebnis der Neuorientierung anzudeuten.

Wenn es mehrere mögliche Geometrien gibt, die einander – wie nun bewiesen war – an innerer Geschlossenheit und Folgerichtigkeit nicht nachstehen, so besteht der einzige bemerkbare Unterschied zwischen ihnen in den verschiedenen Serien von Axiomen, aus denen sie zu entwickeln sind. Worauf beruht dann der Vorrang der euklidischen Geometrie (den man intuitiv zu erhalten wünschte)? Woher kommen diese Axiome? Sind sie aus der Erfahrung gewonnen, sind sie aus der Struktur des uns umgebenden Raumes abgezogen? Ist die Geometrie demnach, wenigstens in ihrem Ausgangspunkt, eine empirische Wissenschaft, eine »Naturwissenschaft«? Oder sind die Axiome im Grunde willkürliche Annahmen der Mathematiker?

Um diese Fragen ging der Streit. Um das Ergebnis vorwegzunehmen: die Entscheidung fiel zugunsten der letztgenannten Ansicht. Die Mathematiker des 20. Jahrhunderts sehen in ihrer Wissenschaft »eine willkürliche Schöpfung der Mathematiker«. So E. T. Bell, der diese Formulierung wie folgt erläutert:

In genau der gleichen Weise, wie ein Romanschreiber Charaktere, Dialoge und Situationen erfindet, deren Schöpfer wie auch deren Meister er ist, so erfindet der Mathematiker willkürlich die Postulate, auf die er seine mathematischen Systeme gründet. Beide, der Romanschriftsteller und der Mathematiker, mögen durch ihre Umgebung beeinflußt werden in der Auswahl und der Behandlung ihres Stoffes; aber keiner von beiden ist durch irgendeine außermenschliche, ewige Notwendigkeit gezwungen, bestimmte Charaktere zu schaffen oder bestimmte Systeme zu erfinden.

Welch ein Gegensatz zu der Auffassung Platons, nach der die Linien und Grundfiguren der Geometrie in geradezu göttlicher und ewiger Reinheit vorgegeben sind!
Zu den Männern, die zur Ausbildung dieser neuen Auffassung beigetragen haben, gehört der Deutsche Moritz *Pasch* (1843–1930). Eigentlich wollte Pasch – wie auch sein Landsmann Hermann von *Helmholtz* (1821–1894) – die Geometrie gerade als eine empirische Wissenschaft vom realen Raum erweisen und begründen. Aber seine Gedanken wirkten eher in der entgegengesetzten Richtung. Kurz darauf begann der Italiener Giuseppe *Peano* (1858–1932) mit seinen Arbeiten, die gegen viele Widerstände allmählich die Auffassung der Geometrie als eines abstrakten und deduktiven – also keiner »Wirklichkeit« entsprechenden – Systems durchsetzten. Den Sieg dieser Auffassung brachte vor allem der Deutsche David *Hilbert* (1862–1943) mit seinen *Grundlagen der Geometrie* (1899) – einem klassischen Werk, das mit den *Elementen* Euklids verglichen worden ist. Bei der Erwähnung dieses Mannes, der so gut wie einhellig von allen Berufenen als der größte Mathematiker in dem bisher abgelaufenen Teil des 20. Jahrhunderts angesehen wird, tritt uns die erstaunliche Unpopularität der Mathematik und selbst der größten unter ihren Heroen vor Augen. Wie viele Nichtmathematiker haben wohl diesen Namen überhaupt mit Bewußtsein gehört und aufgenommen? Es gelang Hilbert, den ganzen Fragenkomplex durchschlagend und fast endgültig zu klären und die Mehrheit der Mathematiker vom rein formalen Charakter der Geometrie zu überzeugen. Alle überhaupt möglichen Typen von Geometrien durchleuchtete er in ihrem Aufbau und in ihrem gegenseitigen Verhältnis. Er zeigte, wie man durch Verändern, Weglassen oder Hinzufügen von Axiomen von einer Geometrie zur anderen übergehen kann. Unter den Mathematikern unseres eigenen Jahrhunderts, die auf Hilberts Grundlage weiter gebaut haben, sind zahlreiche Amerikaner.
Unter den Denkern, die sich mit den erkenntnistheoretischen und wissenschaftstheoretischen Folgerungen aus dieser Entwicklung auseinandergesetzt haben, nimmt der französische Mathematiker und Philosoph Henri *Poincaré* (1854–1912) eine führende Stellung ein. Seine wichtigsten Schriften: *Wissenschaft und Hypothese* (1902), *Der Wert der Wissenschaft* (1905), *Wissenschaft und Methode* (1908), sind bald auch in deutscher Sprache erschienen. Für Poincaré ist Mathematik eine freie Schöpfung des Menschengeistes, aber nicht weniger sind es auch die theoretischen Grundsätze der Physik. Die wissenschaftlichen Grundannahmen ergeben sich nicht zwingend. Sie werden ausgewählt nach ihrer praktischen Brauchbarkeit und beruhen im Grunde auf Konvention (Konventionalismus).

2. Karl Friedrich Gauss

Das 19. Jahrhundert hat viele Sterne erster Größe am Himmel der Mathematik. Karl Friedrich *Gauss* (1777–1855) überragt die Riesen, die ihn umgeben, noch um Haupteslänge. Nur den Allergrößten der Wissenschaft, etwa einem Archimedes oder Newton, ist er an die Seite zu stellen, ein allseitiges Genie und gleichzeitig ein edler makelloser Charakter.

Gauss wurde als Sohn eines einfachen Handwerkers in Braunschweig geboren. Als kleiner Bub lernte er, seinem eigenen Bericht zufolge, früher Rechnen als Sprechen. Berühmt ist die Geschichte von der ersten Entdeckung seiner Begabung in der Volksschule. Gauss war damals 9 Jahre alt. Der Lehrer stellte der Klasse die Aufgabe, alle Zahlen von 1 bis 60 zusammenzuzählen. Wer fertig war, sollte seine Schiefertafel auf dem Katheder niederlegen. Kaum war die Aufgabe ausgesprochen, da sprang der kleine Gauss auf, ging nach vorne und legte, unter dem mitleidigen Blick des Lehrers, seine Tafel nieder mit den in der Mathematikgeschichte unvergänglichen Worten »ligget se«. Nach und nach wurden alle anderen Tafeln auf der seinen aufgeschichtet. Als der Lehrer nach Vorrechnen des Ergebnisses die Tafeln durchsieht und zurückgibt, kommt er zuletzt an die zuunterst liegende Tafel des kleinen Gauss. Nur das Ergebnis steht darauf: 1830 – sonst nichts. Wie er das gemacht habe? Abgeschrieben konnte es nicht sein. Gauss erklärt: Er habe einfach in Gedanken die höchste Zahl unter die niederste geschrieben, die zweithöchste unter die zweitniederste usw., also so:

$$\begin{array}{cccl} 1 & 2 & 3 & \\ 60 & 59 & 58 & \text{usw.} \end{array}$$

Die Summe jedes Paares ergibt 61. Es sind 30 Paare. $30 \times 61 = 1830$. Der Lehrer erkannte – wofür ihm Dank gebührt – welche Begabung hier aufleuchtete. Er gab dem kleinen Gauss die Möglichkeit, sich schnell weiterzubilden. Mit 15 Jahren studierte Gauss bereits Euler und Lagrange.

Wenige Jahre darauf hatte Gauss schon seinen Platz unter den ersten Mathematikern Europas eingenommen. Als neunzehnjähriger Student löste er die seit dem Altertum bearbeitete Aufgabe, einem Kreis ein regelmäßiges Vieleck von bestimmter Seitenzahl einzuschreiben. Drei Jahre später führte Gauss in seiner Dissertation den ersten strengen Beweis für den sogenannten Fundamentalsatz der Algebra (jede Gleichung nten Grades hat n Wurzeln). Die Dissertation enthält auch die erste Erwähnung einer anderen Gauss'schen Entdeckung, die er erst einige Jahre später näher ausgeführt und erst Jahrzehnte später systematisch dargestellt hat. Es handelt sich dabei um die komplexen Zahlen. Eine komplexe Zahl ist zusammengesetzt aus einer reellen und einer imaginären Zahl ($i = \sqrt{-1}$), zum Beispiel $3 + 4i$ oder allgemein ausgedrückt: $a \pm bi$. Das Reich des Imaginären hatte für die Mathematiker bis zur Zeit Gaussens etwas Geheimnisvolles, Undurchdringliches. Gauss fand einen ebenso genialen wie einfachen Weg, die komplexen Zahlen

– die sich beim Lösen von Gleichungen zwangsläufig ergeben – geometrisch darzustellen in einer Zahlenebene mit einem einfachen Achsenkreuz. Gauss machte diese Entdeckung, ohne die Arbeiten des Norwegers C. *Wessel* (1745–1818) zu kennen, der bereits 1797 zu ähnlichen Resultaten gekommen war, seine Arbeit aber an wenig zugänglicher Stelle veröffentlicht hatte und deshalb erst ein Jahrhundert später zu nachträglichem Ruhme kam. Gauss machte mit dieser Entdeckung die komplexen Zahlen erst zu vollwertigen und respektablen Bürgern im Reich der Zahlen.

Zwei Jahre nach der Dissertation erschienen die *Disquisitiones arithmeticae.* Sie sind das Grundwerk der modernen Zahlentheorie. Es würde dem Leser wenig sagen, wenn man die zahlreichen in diesem Werke enthaltenen Einzelentdeckungen andeutete mit Stichworten wie Lehre von den Kongruenzen, Lehre von den quadratischen Resten u. ä. Wichtiger als die Einzelentdeckungen war, daß Gauss hier einen ganz neuen Maßstab aufrichtete für die Beweisbedürftigkeit und Beweisstrenge in der Mathematik. Gauss zeigte, daß viele Sätze, die man bis dahin unbewiesen hingenommen, eines Beweises bedürftig und auch eines Beweises fähig seien. Den Beweis zu führen, stellte sich dabei an zahlreichen Stellen als recht schwierig heraus, und um so schwieriger, je elementarer und scheinbar selbstverständlich der betreffende Satz. Dieses Werk gab einen der wichtigsten Impulse zu dem durchgängigen Bestreben nach kritischer Überprüfung der Grundlagen, das die Mathematik des 19. Jahrhunderts auszeichnet.

Ebenso Großes wie in der reinen Mathematik leistete Gauss auf den Gebieten ihrer praktischen Anwendung. Eine Einzelleistung für die Astronomie – Berechnung von Planetenbahnen – ist später zu erwähnen. Für die Astronomie schuf Gauss auch eine Theorie der Beobachtungsfehler und erfand mehrere wichtige Instrumente. Er förderte die mathematische Optik, die elektromagnetische Theorie und erbaute zusammen mit Wilhelm *Weber* (1804–1891) zwischen dem Physikalischen Kabinett und der Sternwarte in Göttingen die erste elektromagnetische Telegrafenanlage.

Gauss starb 1855 in Göttingen. Er war Zeit seines Lebens Leiter der dortigen Sternwarte. Man hatte ihm diese Stellung in jungen Jahren übertragen, um ihn in der Heimat festzuhalten. Viele Gedanken und Erkenntnisse dieses unermeßlich reichen Geistes wurden der Nachwelt erst nach seinem Tode aus dem Nachlaß bekannt. Gauss' Werke, 1870 bis 1924 veröffentlicht, füllen 11 Bände.

3. Zahlen

Tiefschürfende und fruchtbare Auseinandersetzungen über den Zahlbegriff erfüllen die Mathematik des ganzen Jahrhunderts, machtvoll eingeleitet durch die Disquisitiones von Gauss. Nach einem Wort von ihm ist die Mathematik die Königin der Wissenschaften, die Arithmetik aber die Königin im Reich der Mathematik.

In einem Gedicht Schillers heißt es:

Zu Archimedes kam ein wißbegieriger Schüler,
Weihe mich, sprach er zu ihm, ein in die göttliche Kunst,
Die so herrliche Dienste der Sternenkunde geleistet,
Hinter dem Uranus noch einen Planeten entdeckt.
Göttlich nennst du die Kunst, sie ist's, versetzte der Weise.
Aber sie war es, bevor noch sie den Kosmos erforscht.
Was du im Kosmos erblickst, ist nur der Göttlichen Abglanz:
In der Olympier Schar thronet die ewige Zahl.

Was ist die Zahl? Auf den ersten Blick glaubt jedermann, es zu wissen. Es scheint nichts Simpleres und Selbstverständlicheres zu geben. Natürlich, so meint man, wird die Frage um so schwieriger werden, je höher man in den Regionen der Mathematik hinaufsteigt, je mehr man an irrationale, imaginäre, komplexe, hyperkomplexe Zahlen denkt. Im letzten Grunde aber müssen sich diese doch alle irgendwie auf die »natürlichen« Zahlen, auf die einfache Reihe der positiven ganzen Zahlen 1, 2, 3 usw. zurückführen lassen, und diese als Ausgangsstoff sind sozusagen »naturgegeben«. Jedoch, wie überall: die größten und feinsten Schwierigkeiten für das Denken beginnen erst, wenn man anfängt, das ganz Grundlegende und selbstverständlich Scheinende zu untersuchen. Die Mathematiker des 19. Jahrhunderts mit ihrem bohrenden Bestreben, auch die letzten Grundlagen kritisch zu durchleuchten, empfanden das Bedürfnis, dem System der natürlichen Zahlen eine feste logische Grundlage zu geben. Die Frage gehört nicht der Mathematik allein an, sondern ebensosehr der Erkenntnistheorie: dies ist einer der Punkte, an denen sich seit dem 19. Jahrhundert ein neuer und höchst fruchtbarer Kontakt zwischen Mathematik und Philosophie entzündet hat.

Die Frage nach der Natur der Zahlen berührt sich eng mit der umfassenderen nach der Natur unseres Wissens und dem Maßstab von »Wahrheit«. Hat nicht alles Wissen eine gleichsam stellvertretende, eine repräsentative Funktion? Ist Wissen nicht allein sinnvoll, wenn und insoweit es sich auf etwas Seiendes bezieht? Und um so vollkommener, je besser und vollständiger es dieses Seiende spiegelt und wiedergibt? Ist nicht Wissen ohne diese Übereinstimmung von Begriff und Sache bloße Phantasie und Spielerei? Muß das nicht auch für die Mathematik gelten – wobei unbenommen bleibt, ob es sich bei dem Seienden um etwas sinnlich Faßbares oder etwas in anderer Weise Reales handeln muß?

Dieser Auffassung tritt eine andere gegenüber. Sie sieht im Denken etwas Funktionales, einen Prozeß. Die Gegenstände sind uns ja nicht einfach »gegeben«; sie stehen nicht am Anfang, sondern als Ziel erst am Ende des Weges. Dann lautet die erste Frage: Wie, durch welches Medium kommen die Gegenstände zu uns oder wir zu ihnen? Wie ist das Instrumentarium beschaffen, dessen wir uns dabei bedienen? Wie entsteht in uns der Begriff der Zahl? Woher erhält er seine Bedeutsamkeit, wie ordnet er sich ein in die übrigen Zusammenhänge unseres Denkens und durchdringt dieses, so daß »Ordnung« entsteht?

Es ist deutlich zu sehen: die Fragestellung ist gleichlaufend zu der anderen nach der Natur des Raumes, die durch die nichteuklidische Geometrie von neuem brennend wurde. Ziehen wir die Raumvorstellung von den uns begegnenden Gegenständen ab, oder können uns Gegenstände nebeneinander nur begegnen, weil wir die Raumvorstellung schon »mitbringen«? Entsprechend: »Begegnet« uns die Zahl in der Mehrheit von Objekten, die wir vorfinden? Oder bewegen wir uns mit den Zahlen in einem Reiche, das gar nichts mit realen »Gegenständen« zu tun hat, in einem Reiche der reinen Formen oder »Zeichen«?
Die Mathematiker standen teils auf dem einen, teils auf dem anderen eben angedeuteten Standpunkt. Die Zahlentheorie wurde vornehmlich gefördert durch Peter Gustav *Lejeune Dirichlet* (1805–1859, Nachfolger von Gauss in Göttingen), Richard *Dedekind* (1831–1916), Karl *Weierstraß* (1815–1897). Weierstraß ist einer der bedeutendsten Mathematiker des Jahrhunderts, für die Entwicklung der Funktionenlehre ebenso wichtig wie für die Zahlentheorie. Auch Hermann *Minkowski* (1864–1909) kann hier mit genannt werden. Neben seinen zahlentheoretischen Forschungen schuf Minkowski in seinen *Zwei Abhandlungen über die Grundgleichungen der Elektrodynamik* und einem 1909 gehaltenen Vortrag *Raum und Zeit* mathematische Grundlagen für die Relativitätstheorie, zu deren Begründern er neben Einstein und Lorentz zu rechnen ist.

4. Mengen

»Menge« ist einer der im 19. Jahrhundert entwickelten Grundbegriffe der modernen Mathematik. Der Begriff Menge bezeichnet – ein Beispiel für den außerordentlich hohen Grad von Abstraktheit, mit dem gearbeitet wird – jegliche Zusammenfassung von Elementen zu einem Ganzen. Elemente können alle bestimmten und wohlunterschiedenen Gegenstände unseres Denkens oder unserer Anschauung sein. Eine Menge kann »Untermengen« haben. Wichtig ist der Begriff der »Mächtigkeit« einer Menge. Eine Menge ist zum Beispiel die Gesamtheit aller positiven ganzen Zahlen. Diese und jede ihr äquivalente Menge heißt »abzählbar«.
Die Schöpfung der Mengenlehre ist – nach Vorarbeiten Bernhard *Bolzanos* (1781–1848), eines lange verkannten bedeutenden Anregers für Wissenschaft und Philosophie des 20. Jahrhunderts – in der Hauptsache das Werk des Deutschen Georg *Cantor* (1845–1918, nicht zu verwechseln mit dem Mathematikhistoriker Moritz Cantor). Cantors Lehre begegnete anfänglich großen Widerständen, wurde aber schließlich als grundlegend für die ganze Mathematik erkannt. Bei ihrem weiteren Ausbau, zum Beispiel Untersuchungen über die Anordnung der Elemente innerhalb einer Menge, stieß man zunächst auf schwer lösbare Widersprüche. Diese bildeten einen wesentlichen Anreiz für den Ausbau der mathematischen Logik im 20. Jahrhundert.

5. Gleichungen

Die Untersuchungen von Gauss über den Fundamentalsatz der Algebra wurden weitergeführt durch zwei Männer, die beide in frühem Alter durch ein tragisches Schicksal hinweggerafft wurden.

Niels Henrik *Abel* (1802–1829), ein Norweger, drang nach einer durch Armut und Krankheit verdüsterten Jugend als Autodidakt tief in die Mathematik ein. Nachdem er einige Zeit geglaubt hatte, als erster einen Weg zur allgemeinen Auflösung von Gleichungen fünften Grades gefunden zu haben, gelang ihm 1824 der Beweis, daß eine solche Gleichung durch Wurzelziehen nicht auflösbar ist. Durch die Anerkennung ermutigt, welche die Veröffentlichung seiner Entdeckung in Crelles Journal fand, reiste er nach Paris, um den von ihm verehrten Cauchy (vgl. unten) aufzusuchen. Dieser empfing ihn nicht. Das nahm ihm den Mut, anschließend mit Gauss in Verbindung zu treten, wie er beabsichtigt hatte. Niedergeschlagen und todkrank reiste Abel nach Norwegen zurück und verstarb bald darauf, hungernd und ohne Stellung. Kurz nach seinem Tode kam eine ehrenvolle Berufung nach Berlin an.

Nicht weniger erschütternd ist das Schicksal des jungen Franzosen Evariste *Galois*, der, 1811 geboren, im Alter von 21 Jahren in einem Duell den Tod fand. Am Vorabend seines Todes, den er als sicher voraussah, legte Galois in dem berühmten *Brief an M. Auguste Chevalier* in fieberhafter Eile seine Erkenntnisse für die Nachwelt nieder. Galois erhob das Problem auf eine neue, höhere Ebene der Verallgemeinerung. Er schuf eine allgemeine Theorie der algebraischen Gleichungen, so vollkommen, daß die Arbeit des folgenden Jahrhunderts hier nichts Wesentliches hinzuzufügen vermochte, daß vielmehr alle späteren Arbeiten ein Tribut für das Genie dieses Jünglings sind.

Der Begriff der »Gruppe«, der hier bei Galois zuerst auftaucht, ist für die moderne Mathematik ebenso grundlegend wie die Begriffe »Funktion« oder »Menge«. Man kann eine Gruppe definieren als Zusammenstellung von Elementen, die so geschaffen sind, daß zwei Elemente, nach einem bestimmten Gesetz verbunden, wieder ein Element der gleichen Art ergeben. Begriff und Theorie der Gruppe sind bedeutsam geworden nicht für die Algebra allein, sondern auch durch Felix *Klein* (1849–1925), den großen Forscher und Organisator der Forschung, und Sophus *Lie* (1842–1899) für die Geometrie; durch Leopold *Kronecker* (1823–1891) für die Zahlentheorie; neuerdings auch für die Physik.

6. Funktionen

Unter diesem Stichwort sind drei der wichtigsten Namen des Jahrhundert anzuführen. Dem Franzosen Augustin Louis *Cauchy* (1789–1857) kommt zunächst das Verdienst zu, zuerst die Widersprüche und Fallstricke, die seit Newton und Leibniz in der Infinitesimalrechnung lagen – und seitdem alle Mathematiker heimgesucht hatten, die sich mit den Problemen des Unendlichen und des Kontinuums auseinandersetzten –

streng logisch durchleuchtet und einer befriedigenden Lösung mindestens um einen entscheidenden Schritt näher gebracht zu haben. Sein berühmter *Cours d'analyse* von 1821 brachte Licht in das Dunkel der »Metaphysik der Unendlichkeitsrechnung« mit Hilfe des Begriffes, den schon Lagrange vorgebracht hatte: Grenzwert.

Zwei der bemerkenswertesten Entwicklungen des Jahrhunderts auf dem Gebiet der Funktionslehre sind von Gauss ausgegangen. Das eine ist die Theorie der Funktionen einer komplexen Veränderlichen. Nachdem Gauss gelehrt hatte, die komplexen Zahlen auf einer Zahlenebene geometrisch darzustellen, bestand der nächste und von Cauchy getane Schritt darin, daß man die Funktionen solcher komplexen Zahlen untersuchte. Diese nahmen Werte an über eine Fläche hin, anstatt, wie bei reellen Veränderlichen, entlang einer Linie. Die zweite Arbeitsrichtung ist das Studium der Beziehungen zwischen mehreren Veränderlichen: die sogenannten Differentialgleichungen. Das Problem wurde praktisch vor allem aus der Physik heraus gestellt. Die symbolische Darstellung eines einfachen physikalischen Vorgangs nimmt meistens die Form einer Differentialgleichung an.

Bernhard *Riemann* (1826–1866), dessen maßgebender Anteil an der nichteuklidischen Geometrie hervorgehoben wurde, ist einer der Gelehrten, die ihre große Leistung einem kurzen, von Krankheit überschatteten Leben abtrotzen mußten. Auch er gehört zu den ersten Größen unter den Mathematikern aller Zeiten; das 19. Jahrhundert brachte eine kaum faßbare Häufung mathematischer Genies. Riemann war Mathematiker, Physiker und Physiologe. Seine Hauptleistungen liegen außer in der Geometrie in den beiden durch Cauchy eingeleiteten Forschungsrichtungen: in der allgemeinen Funktionentheorie, der er eine erweiterte Gestalt gab, und der Lehre von den Differentialgleichungen, insbesondere auch ihrer Anwendung in der Physik.

Der dritte in dieser Reihe, Karl Theodor Wilhelm *Weierstraß* (1815 bis 1897) war zunächst Gymnasiallehrer in Ostpreußen, dann Professor in Berlin. Seine dort gehaltenen Vorlesungen zogen viele hervorragende Schüler an. Ihm gelang die abschließende und logisch vollendete Durchbildung der allgemeinen Funktionentheorie.

7. RÄUME

Eine der wichtigsten Umwälzungen in der Geometrie habe ich mit der Erwähnung der nichteuklidischen Systeme vorweggenommen. Die Geometrie marschierte aber noch auf anderen Straßen voran. Eine der wichtigsten beginnt kurz nach der Wende zum 19. Jahrhundert mit drei Franzosen, die alle drei – wie übrigens wenig später auch Cauchy – teils handelnd, teils erduldend in den Strudel der politischen und militärischen Ereignisse in Frankreich gerieten:

Gaspard de *Monge* (1746–1818), Pionieroffizier der französischen Armee, Marineminister der Revolutionszeit und in dieser Eigenschaft Vollstrecker des Todesurteils an König Ludwig XVI., Begründer der berühmten École politechnique, die später den genialen Évariste Galois bei der Aufnahmeprüfung ausgerechnet in Mathematik durchfallen ließ. Lazare Nicolas Marguerite *Carnot* (1753–1823), dessen militärisches Genie im Jahre 1793, als er Mitglied des Wohlfahrts-Ausschusses war, nach der berühmten levée en masse die junge Revolution vor dem vereinten Ansturm der europäischen Koalitionsheere rettete, dessen Sohn Sadi Carnot wir im Physikabschnitt begegnen werden, dessen gleichnamiger Enkel später als Präsident der französischen Republik ermordet wurde.

Jean-Victor *Poncelet* (1788–1867), Schüler de Monges, Pionieroffizier des napoleonischen Heeres, Teilnehmer am Winterfeldzug von 1812 in Rußland, wo er im Winter 1813/14 in russischer Gefangenschaft, hungernd und frierend, auf grobem Papier mit selbstgebrauter Tinte sein Hauptwerk niederzuschreiben begann.

Eigentlich beginnt diese Straße noch wesentlich früher und auch mit einem Franzosen, nämlich mit Girard *Desargues* (1591–1662), dessen kühnen Versuch einer projektiven Geometrie ich früher erwähnt habe. Seine verloren gegangene Schrift wurde allerdings erst 23 Jahre nach dem Erscheinen von Poncelets Hauptwerk *Abhandlung über die projektiven Eigenschaften der Figuren* wieder aufgefunden. Der Aufbau dieser projektiven oder, wie sie auch genannt wird, synthetischen Geometrie war sowohl der Absicht ihrer Schöpfer nach wie auch im Ergebnis ein später Gegenschlag gegen das Werk des René Descartes. Die Geometrie sollte in ihrer Reinheit wiederhergestellt, es sollte gezeigt werden, daß mit rein synthetischen Methoden in ihr das gleiche oder mehr geleistet werden kann als mit den analytischen Methoden Descartes'. Die neue Geometrie wurde in Frankreich wenig beachtet, in Deutschland dagegen mit Eifer aufgenommen und besonders durch Karl Georg Christian von *Staudt* (1798–1867) zu einem vollendeten Lehrgebäude ausgebaut. In der Folgezeit sind analytische und synthetische Methoden in der Geometrie miteinander verbunden worden.

Ich übergehe weitere bedeutsame Entwicklungslinien in der Geometrie, um noch eines hervorzuheben, einen Gedanken, der für Nichtmathematiker immer besonders fesselnd und auch reichlich geheimnisvoll ist: die Ausbildung der Vorstellung n-dimensionaler Räume, also von Räumen mit mehr als den drei Dimensionen unseres alltäglichen »euklidischen« Raumes, und das Rechnen in und mit solchen Räumen und allgemein mit n-dimensionalen Mannigfaltigkeiten aller Art. Hier vereinigt sich die Arbeit mehrerer Schulen. Wiederum war Gauss einer der ersten, die das neue Land betraten. Auch Riemann hat einen wichtigen Platz. Da die Entwicklung von verschiedenen Seiten her in diese Richtung drängte, tauchte der Gedanke auch wiederum in mehreren Köpfen fast gleichzeitig auf. Aber einem unter den jetzt noch zu nennenden Forschern gebührt der Ehrenplatz, weil er nicht wie andere einen schmalen Pfad in das neue Land vortrieb, sondern es mit einem einzigen mutigen und genialen Wurf sogleich so vollständig in Besitz nahm, daß in seinem Werke, teils schon ausgeführt, teils im Keime, das meiste von dem erhalten ist, was spätere Arbeit auf diesem Gebiet hervorbrachte. Dieser Mann ist der Deutsche Hermann *Graßmann* (1809–1877). Graßmann, studierter Philologe, in der Mathematik Autodidakt, ernährte seine Frau und neun Kinder als Schullehrer, ein Beruf, für den er denkbar ungeeignet war und der für ihn ein einziges Martyrium bedeutete, weil er ganz der Typ des scheuen, weltabgewandten Gelehrten war. Dieser Mann, der seinen Schülern und dem praktischen Leben nahezu hilflos gegenüberstand, war im Reiche der Wissenschaft ein König. Er zeichnete sich aus als Sanskrit-Philologe, beherrschte Philosophie und Theologie, stellte wichtige physikalische Untersuchungen an über elektrische Ströme, Farbenlehre, Akustik, befaßte sich mit Phonetik und Harmonielehre und schuf daneben mit seiner erst spät gewürdigten *Ausdehnungslehre* von 1844 ein mathematisches Werk, das seiner Zeit um Jahrzehnte voraus war. Die Entdeckungen seiner Zeitgenossen, die großen Widerhall fanden und Epoche machten: Quaternionen, Matrizenkalkül, Vektor- und Tensor-Rechnung, waren in Graßmanns Werk als Spezialfälle eines umfassenderen Ganzen enthalten.

Unter diesen Zeitgenossen, die in der gleichen Richtung wie Graßmann vordrangen, ragen zwei Engländer hervor. Arthur *Cayley* (1821–1895) hatte schon 1843 in einer kleinen Schrift den Entwurf einer n-dimensionalen Geometrie geliefert. Sein Name ist vor allem verknüpft mit der sogenannten Matrizenrechnung, die Cayley 1858 erfand. Die Rechnung ist eines der vielen Beispiele dafür, daß Dinge, die von den Mathematikern aus rein mathematischen Erwägungen heraus formal entwickelt werden, geraume Zeit später ihren Nutzen für die praktische Naturwissenschaft erweisen: nach rund 75 Jahren – 1925 – verwandte die Physik beim mathematischen Durcharbeiten der Quantentheorie diesen Kalkül.

Der zweite Engländer ist William Rowan *Hamilton* (1805–1865), als Persönlichkeit denkbar verschieden von seinem großen Gegenspieler Graßmann: ein frühreifes Wunderkind, schon im Knabenalter 13 Sprachen meisternd, mit 23 Jahren Direktor einer Sternwarte, mit 27 Jahren wissenschaftlich berühmt, daneben geehrt als Dichter; freilich ist auch sein Leben nicht ohne düstere Schatten. Hamiltons berühmteste Schöpfung sind die sogenannten Quaternionen. Das sind hyperkomplexe Zahlen von der Form $a + bi + cj + dk$, wobei a, b, c, d reelle Zahlen sind. Ansätze finden sich bei Graßmann. Hamilton baute die Lehre von diesen Zahlen in zwei umfänglichen Werken zu einer Theorie aus, von der er Großes erwartete. Das Rechnen mit solchen Zahlen hat eine Reihe von Eigentümlichkeiten. Eine der Merkwürdigkeiten besteht darin, daß das Gesetz der Vertauschbarkeit der Glieder bei Multiplikationen, das für reelle und auch noch für komplexe Zahlen gilt, hier außer Kraft ist; eine Multiplikation von zwei Quaternionen ergibt also je nach der Reihenfolge der Faktoren zwei verschiedene Resultate. Dieses Gesetz aufzugeben, war ein kühner Schritt, der mit der Tradition von Jahrhunderten brach. Er bildete einen weiteren Anreiz für die Mathematiker, die gewohnten Bahnen zu verlassen. An diese Ausweitung des Zahlensystems knüpft sich die sogenannte Vektor-Analysis, die in der neueren Physik eine wichtige Rolle spielt.

8. Invarianz

Dies ist ein zentraler Begriff der modernen Mathematik. Etwa von 1840 an durchdringt er einen ihrer Zweige nach dem anderen. So verwickelt die Ausbildung dieses Begriffes und die Vielzahl seiner Anwendungen – der Grundgedanke ist doch einfach. Alle Naturprozesse bestehen in Veränderungen. Aber in jeder Veränderung finden wir neben Elementen, die sich verändern, auch solche, die unverändert bleiben. Das gleiche gilt für mathematische Umformungen. In der Geometrie etwa bleibt, wie man auch den Radius eines Kreises verändere, doch das Verhältnis zwischen Radius und Kreisumfang konstant. In der Physik bleiben (jedenfalls in der Auffassung des 19. Jahrhunderts) bei allen Arten von Prozessen die Masse und die Energie konstant. Man könnte geradezu sagen, das Suchen nach solchen Invarianzen sei das eigentliche Ziel der Naturwissenschaft; mit ihnen allein könne das Denken die Erscheinungen ordnen und beherrschen. Invarianz ist also das, was im Fluß der Erscheinungen unverändert bleibt bzw. das, was gegen mathematische Umformungen der verschiedensten Art sich gleichsam unempfindlich erweist.

9. Mathematikgeschichte

Darstellungen und Versuche zur Mathematikgeschichte gab es im Abendland seit dem 16. Jahrhundert. Es ist natürlich, daß das 19. Jahrhundert, das auf der einen Seite den Ausbau der mathematischen Wissenschaften, auf der anderen Seite Vertiefung des historischen Sinnes brachte, auch Männer aufweist, in denen sich beide Begabungen und Interessen vereinten.

Der erste, dessen mathematikgeschichtliche Arbeiten weltweites Ansehen erlangten, ist der Deutsche Hermann *Hankel* (1839–1873). Moritz *Cantor* (1829–1920), wie Hankel auch schöpferischer Mathematiker, schuf mit seinen in vier Bänden erschienenen *Vorlesungen über Geschichte der Mathematik* die bisher umfassendste Darstellung. Der Franzose Paul *Tannery* (1843–1904), einer der klassischen Autoren der Wissenschaftsgeschichte, schrieb bemerkenswerte Studien über Mathematiker der Antike und der neueren Zeit.

Die Arbeit des Engländers Sir Thomas *Heath* (1861–1940) – Ausgaben antiker mathematischer Werke – gehört zum beträchtlichen Teil schon dem 20. Jahrhundert an.

10. Mathematik und Logik

Wenn man den Rang einer geistigen Leistung danach bemessen will, wie lange die Nachwelt braucht, um sie zu verstehen und sich anzueignen, wieweit sie also ihrer eigenen Zeit voraus ist, dann gebührt Leibnizens Versuchen zu einer »universalen Charakteristik« eindeutig der Vorrang gegenüber seiner Infinitesimalrechnung. Diese wurde von anderen auch gefunden und bald weitergeführt. Jene schlummerte zwei Jahrzehnte in der Vergessenheit. Die Wissenschaft nahm, von wenigen Ansätzen in der Zwischenzeit abgesehen, erst um die Mitte des 19. Jahrhunderts den Gedanken wieder auf, die mathematische Methode auf die Logik anzuwenden, die Logik zu mathematisieren, Logik und Mathematik zu einer Einheit zu verschmelzen. Seither ist Leibniz' Traum verwirklicht worden. Eine mathematische oder »symbolische« Logik, auch Logistik genannt, entstand und wurde im 20. Jahrhundert zu einem Ferment und schließlich zu einem tragenden Bestandteil allen philosophischen und wissenschaftlichen Denkens.

Der wichtigste Anstoß ging von dem Engländer George *Boole* (1815 bis 1864) aus. Boole veröffentlichte 1847 eine nur 82 Seiten starke Schrift: *Die mathematische Analyse der Logik – Ein Versuch zu einem Kalkulus des deduktiven Denkens.* Sieben Jahre später erschien sein Hauptwerk: *Eine Untersuchung über die Gesetze des Denkens.* Es enthält, untermischt mit allerlei mystischen Gedankengängen, den Keim aller modernen symbolischen Logik. Gleichzeitig mit Booles erstem Versuch und unabhängig von ihm begann Auguste de *Morgan* (1806–1870) ähnliche Gedanken zu veröffentlichen.

Die nächsten Beiträge kamen von dem Amerikaner Charles Sanders *Peirce* (1839–1914) und dem Deutschen Friedrich Wilhelm Karl Ernst *Schröder* (1841–1902).

Schröders gewichtiges Werk war, als es 1905 fertig vorlag, zu großen Teilen schon wieder überholt durch die neuen Vorstöße des Deutschen Gottlob *Frege* (1846–1925; *Begriffsschrift*, 1879) und des Italieners Giuseppe *Peano* (1858–1932).

Mit diesen Namen haben wir schon die Schwelle des 20. Jahrhunderts überschritten. Das Ziel aller dieser Bemühungen war: die Logik mit Hilfe mathematischer Denkmittel exakt zu begründen, eine künstliche Zeichensprache zu schaffen, deren Symbole durch definitorische Festlegung eindeutig sind und die unergründliche Vieldeutigkeit der natürlichen Sprache vermeiden, in dieser Sprache dann Denkoperationen nach Art mathematischer Rechnungen durchzuführen.

Dieses Ziel schien um die Jahrhundertwende erreicht. Doch kurz danach stießen der Engländer Bertrand *Russell* (1872–1970) und der Amerikaner Alfred North *Whitehead* (1861–1947) bei ihren die Arbeiten aller bisher Genannten weiterführenden Bemühungen auf eine Reihe von Paradoxien und Widersprüchen, die das ganze Gebäude ins Wanken brachten. Der Versuch, sie zu überwinden, ließ die von beiden gemeinsam herausgegebenen *Principia mathematica* (1910/13) entstehen. Mit diesem Markstein in der Mathematik des 20. Jahrhunderts, von dem erneut eine Renaissance des mathematischen Grundlagendenkens ausgegangen ist, beschließe ich diese Übersicht.

II. Astronomie

1. Neue Entdeckungen im Planetensystem

Die beiden wichtigen Entdeckungen im Planetensystem aus der ersten Hälfte des Jahrhunderts zeigen in erster Annäherung schon eine Eigentümlichkeit, die die wissenschaftliche Forschung, je weiter sie fortschreitet, immer mehr annimmt. Sobald z. B. die Geographie einen Überblick über die Kontinente und Meere im großen gewonnen hatte, war es nicht mehr möglich, daß man unversehens einen neuen Kontinent fand, wie es Columbus geschah. Sobald die Chemie im periodischen System einen Überblick über die Elemente hatte, wußte man, wo hier noch »weiße Flecken« freigeblieben waren. Sobald die Astronomie durch die Forschungen von Kepler bis Laplace einen Überblick über das Planetensystem und seine Bewegungsgesetze hatte, ergaben sich auch hier die Stellen, an denen man noch etwas Neues suchen konnte. So geschah es, daß die jetzt folgenden Entdeckungen vorausgesagt und zum Teil auch vorausberechnet werden konnten.

CERES Im ersten Falle kam die Voraussage aus verhältnismäßig äußerlichen Erwägungen. Im 18. Jahrhundert hatte man gewisse Regelmäßigkeiten in den Abständen der Planeten von der Sonne zu erkennen geglaubt. Die damals bekannten Planeten waren: Merkur, Venus, Erde, Mars, Jupiter, Saturn und seit Herschel Uranus. Zwischen Mars und Jupiter schien eine Lücke zu sein.

Am ersten Abend des neuen Jahrhunderts, am 1. Januar 1801, fand der Italiener Giuseppe *Piazzi* (1746–1826) in dem Raume zwischen Mars- und Jupiterbahn einen neuen Himmelskörper, der Ceres genannt wurde. Wie den Uranus hielt man ihn zuerst für einen Kometen. Tatsächlich ist Ceres der größte der sogenannten Asteroiden, von denen inzwischen – insbesondere nach der Einführung fotografischer Hilfsmittel – mehr als tausend aufgefunden worden sind. Alle kreisen in dem genannten Bahnenbereich, sind meistens außerordentlich klein und haben sehr exzentrische Bahnen. Daß die Asteroiden sich nur in diesem Bereich finden, hat die Annahme entstehen lassen, sie seien Teile eines auseinandergeborstenen Planeten, der hier ursprünglich seine Bahn zog. Durch ein Zusammentreffen unglücklicher Umstände gelang es den Beobachtern zunächst nicht, den neuentdeckten Himmelskörper im Auge zu behalten. Ihn wiederzufinden, war recht schwierig, weil die kurze Beobachtung durch Piazzi keine genügenden Anhaltspunkte bot, die Bahn zu berechnen. Gauss' mathematisches Genie rettete die Lage. Ausgehend von Gedanken, die er sich schon vorher gemacht, aber nicht veröffentlicht hatte, gelang es Gauss in kürzester Frist, aus den wenigen vorliegenden Daten die Bahn zu berechnen. Mit verhaltenem Stolz konnte Gauss später darüber sagen: »Die erste heitere Nacht, in welcher der Planet nach Anleitung der daraus abgeleiteten Zahlen gesucht wurde ... gab den Flüchtling den Beobachtungen wieder.« Gauss war damals 24 Jahre alt.

NEPTUN UND PLUTO Als Herschel den Uranus gefunden hatte, begann man sich zu fragen: Hatten denn frühere Beobachter ihn noch niemals erblickt – oder hatten sie ihn nur nicht als Planeten erkannt? Es stellte sich heraus, daß er schon mehr als zwanzigmal gesehen und katalogisiert worden war. Nun konnten die älteren Beobachtungen benutzt werden, um die Bahnelemente genauer zu berechnen. Man mußte jedoch feststellen, daß die Bahn nicht genau dem Gravitationsgesetz zu gehorchen schien, obwohl man sowohl die Sonne wie die Wirkung aller bekannten Planeten in Rechnung gestellt hatte. Wenn man nicht an der unbedingten Gültigkeit des Gravitationsgesetzes zweifeln wollte, konnte die Abweichung nur auf die Wirkung eines großen, noch unbekannten Körpers außerhalb der Bahn des Uranus zurückgeführt werden. Zunächst konnte man noch auf den Ausweg verfallen, die älteren Beobachtungen als zu ungenau abzutun. Aber nach wenigen Jahren traten schon wieder Abweichungen auf.

Unabhängig voneinander machten sich zwei junge Astronomen daran, mit den Unregelmäßigkeiten beim Uranus als einzigem Anhaltspunkt auszurechnen, wie die Bahnelemente des vermuteten Planeten beschaffen sein müßten. Der Engländer John Couch *Adams* (1819–1892) war zuerst fertig. Er reichte dem Royal Astronomer von England eine Denkschrift ein. Darin forderte er diesen kurz und bündig auf, zu bestimmter Zeit sein Fernrohr auf eine bestimmte Stelle am Himmel zu richten: dort werde er den neuen Planeten finden. Unglücklicherweise – für Adams – wurde sein Schreiben nicht sehr ernst genommen, zumal er eine daraufhin gestellte Rückfrage einfach unbeantwortet ließ.

Inzwischen hatte der Franzose Urbain Jean Joseph *Leverrier* (1811 bis 1877) gleichartige Berechnungen angestellt. Als der Königliche Astronom in England acht Monate nach Adams' Brief einen Brief Leverriers erhielt, in dem fast die gleiche Stelle für den neuen Planeten angegeben war, wurde er aufmerksam. Man begann in Cambridge zu suchen. Leverrier hatte aber seine Berechnungen auch nach Berlin übermittelt, und hier war man schneller. 1846 fand Johann Gottfried *Galle* (1812 bis 1910) den neuen Planeten. Man nannte ihn Neptun. Seine Umlaufzeit ist mit 164 Jahren fast doppelt so lange wie die des Uranus. Man fand ihn genau an der angegebenen Stelle.

Fast ein Jahrhundert später spielte sich der gleiche Vorgang noch einmal ab. Wiederum fand man Unregelmäßigkeiten in der Neptunbahn und mußte die Existenz eines weiteren Planeten vermuten. Da die Unregelmäßigkeiten minimal waren, konnte man die Bahnelemente nur ungenau berechnen. Im Jahre 1915 drängte sich die Vermutung auf, aber erst 1930 fand der Amerikaner Clyde William *Tombaugh* endlich den gesuchten, Pluto genannten Planeten.

2. Spektroskopie

FRAUNHOFER Als Newton ein Loch in seinen Fensterladen bohrte und den einfallenden Sonnenstrahl durch ein Prisma gehen ließ, hatte er das regenbogenfarbige Spektrum erblickt. Als im Jahre 1814 ein 27jähriger Deutscher in München den gleichen Versuch machte, erblickte er das gleiche Spektrum – aber dazu noch etwas, das Newton nicht gesehen hatte:

In einem verfinsterten Zimmer ließ ich durch eine schmale Öffnung im Fensterladen, die ungefähr 15″ breit und 36′ hoch war, auf ein Prisma von Flintglas, das auf dem oben beschriebenen Theodolit stand, Sonnenlicht fallen . . . Ich . . . fand . . . fast unzählig viele starke und schwache vertikale Linien, die aber dunkler sind als der übrige Teil des Farbenbildes; einige scheinen fast ganz schwarz zu sein . . . Die Entfernung der Linien voneinander, und überhaupt ihr Verhältnis unter sich, blieb bei Veränderung der Öffnung am Fensterladen gleich, so wie auch die Entfernung des Theodoliten von der Öffnung sich nicht änderte . . . Selbst das Verhältnis dieser Linien und Streifen unter sich schien bei allen brechenden Mitteln genau dasselbe zu sein, so daß z. B. dieser Streifen bei allen nur in der blauen Farbe, der andere bei allen nur in der roten sich findet; daher man leicht erkennt, mit welchen Streifen oder Linien man zu tun habe.

Dieser Mann war Josef *von Fraunhofer* (1787–1826). Es war kein Zufall, daß Fraunhofer hier mehr fand als Newton. Fraunhofer, in früher Jugend verwaist, hatte sich als Lehrling bei einem Spiegelschleifer, später mit landesherrlicher Unterstützung im Selbststudium und durch seine Arbeit in einer optischen Werkstätte zu einem hervorragenden Instrumentenmacher herangebildet. Er schuf das Teleskop, mit dem Bessel erstmals die Parallaxe eines Fixsterns maß. Er verbesserte die Herstellung von Linsen und Prismen. Auch das Prisma, mit dem er bei diesem Versuch arbeitete, war von ihm selbst hergestellt. Er starb mit 39 Jahren als Universitätsprofessor.

Fraunhofer zählte viele Hunderte solcher Spektrallinien. Der Übersichtlichkeit halber wählte er neun hervortretende aus, die er mit großen lateinischen Buchstaben benannte und die als Gerüst für die Ordnung der übrigen dienten. Diese dunklen Linien werden heute allgemein Fraunhofersche Linien genannt.

Noch eine weitere bemerkenswerte Tatsache stellte Fraunhofer fest:

Läßt man das Licht einer Lampe durch dieselbe schmale Öffnung am Fensterladen einfallen, so findet man keine dieser Linien, sondern nur die helle Linie R, die aber mit der Linie D genau an einem Orte ist . . .

Fraunhofer setzte seinen Versuch wie folgt fort:

Dieselbe Vorrichtung habe ich dazu verwendet, zur Nachtzeit unmittelbar nach der Venus zu sehen . . . und ich fand auch im Farbenbilde von diesem Lichte die Linien, wie sie im Sonnenlichte gesehen werden.

Ich habe auch mit derselben Vorrichtung Versuche mit dem Lichte einiger Fixsterne erster Größe gemacht. Da aber das Licht dieser Sterne noch vielmal schwächer ist als das der Venus, so ist natürlich auch die Helligkeit des Farbenbildes vielmal geringer. Dem ungeachtet habe ich, ohne Täuschung, im Farbenbilde vom Lichte des Sirius drei breite Streifen gesehen.

Einzuschalten ist: Fraunhofer war nicht der erste, der solche Beobachtungen machte. Ein Engländer hatte kurz vor ihm ebenfalls die dunklen Spektrallinien im Sonnenlicht gesehen; ein anderer 50 Jahre davor bemerkt, daß eine Flamme, in der bestimmte Stoffe verbrannt werden, ein Spektrum von nur einzelnen hellen Linien ergibt, verschieden je nach der Art des gerade verbrannten Stoffes. Der Fortschritt, den Fraunhofer brachte, besteht in folgendem: Er hielt seine Beobachtungen genau fest, gab Zeichnungen und machte die Tatsachen in der Wissenschaft bekannt. Und er beobachtete vor allem das eigenartige Zusammenfallen der D-Linie des Sonnenspektrums mit der hellen Linie, die das Licht seiner Lampe lieferte. Dieses Zusammenfallen blieb durch 45 Jahre ein Rätsel, bis zu Bunsen und Kirchhoff.

BUNSEN UND KIRCHHOFF Der Name des großen Chemikers Robert Wilhelm *Bunsen* (1811–1899) ist noch heute jedermann geläufig durch den von ihm erfundenen Bunsenbrenner. Die Erfindung hängt unmittelbar mit der hier behandelten Aufgabe zusammen. Gustav Robert *Kirchhoff* (1824–1887), ein Physiker, lehrte lange neben Bunsen an der Heidelberger Universität. Die beiden Gelehrten legten 1859 der Berliner Akademie der Wissenschaften und 1860 der Öffentlichkeit einen Bericht über *Chemische Analyse durch Spektralanalyse* vor. Ohne die Anteile beider an der gemeinschaftlichen Arbeit genau zu sondern und ohne die zugrunde liegenden Versuchsreihen im einzelnen zu beschreiben, halte ich hier nur das Ergebnis fest:
Wird ein fester Körper, sagen wir ein Stück Eisen, erhitzt, so beginnt er zuerst rötlich zu glühen, geht dann in eine gelbliche Farbe über und wird schließlich weißglühend. Läßt man das von diesem Körper ausgesandte Licht durch ein Prisma gehen, so erscheint zuerst (abgesehen von der unsichtbaren Wärmestrahlung) rotes Licht, dann tritt eine Spektralfarbe nach der anderen hinzu; bei Weißglut ergibt sich ein kontinuierliches Spektrum. Dies gilt für alle Stoffe.
Ganz anders verhalten sich Stoffe, wenn sie in gasförmigem Zustand zum Glühen gebracht werden. Sie geben dann als Spektrum nur einzelne helle Linien mit breiten dunklen Zwischenräumen. Diese Linien können wenige oder auch sehr zahlreich (wie beim Eisen) sein. Sie sind für das betreffende Element immer gleich. Sie charakterisieren es also eindeutig. Bunsen erkannte, daß man mit Hilfe dieser Erscheinung das Vorhandensein eines bestimmten Elementes in einem Stück Materie feststellen kann. Aus dem Bemühen, für diese Versuche eine reine und möglichst farblose Flamme zu erhalten, konstruierte er seinen Bunsenbrenner. Er stellte die charakteristischen Linien für eine große Anzahl von Stoffen fest und fand dabei auch zwei neue Elemente, Cäsium und Rubidium.

Kirchhoffs Versuche ergänzten glücklich diese Ergebnisse. Kirchhoff ließ weißes Licht mit kontinuierlichem Spektrum vor dem Eintritt in das Prisma durch eine Flamme gehen, die mit einem bestimmten Stoff (Natrium) gelb gefärbt war. Er fand in dem im übrigen durchgehenden Spektrum jetzt zwei dunkle Linien an genau der Stelle, wo eine Natriumflamme allein zwei helle Linien ergibt. Das legte die Folgerung nahe, die durch Versuche mit anderen Stoffen sogleich bestätigt wurde und die das Wesentliche an der Kirchhoff-Bunsenschen Entdeckung bildet:
Ein Stoff in gasförmig glühendem Zustand ergibt ein für ihn charakteristisches »Emissionsspektrum« aus hellen Linien. Der gleiche Stoff in gleichem Zustand löscht, wenn man weißes Licht hindurchgehen läßt, aus dessen kontinuierlichem Spektrum einzelne Streifen aus (Absorptionsspektrum) an genau den gleichen Stellen, wo sonst die hellen Linien seines Emissionsspektrums liegen: die Emissionslinien fallen mit den Absorptionslinien zusammen.
Wir sehen, es handelt sich hier im Grunde wiederum (wie bei Fraunhofer) um eine empirische Entdeckung, nicht eigentlich um Erklärung. Es wird als Gesetz ermittelt, daß die Stoffe sich so und so verhalten. Worauf dieses Verhalten beruht, dieser Frage konnte erst die Atomtheorie des 20. Jahrhunderts auf den Leib rücken.

BEDEUTUNG FÜR DIE ASTRONOMIE Offenkundig ist die Bedeutung dieser Entdeckungen für die Astronomie. Ich greife nur die wichtigsten Anwendungen heraus.
Der nächste Schritt bestand darin, aus dem Spektrum der *Sonne* Rückschlüsse auf deren chemische Zusammensetzung zu gewinnen. Er wurde teilweise noch von Bunsen und Kirchhoff selbst getan, die z. B. Natrium in der Sonne nachwiesen. P. J. C. *Janssen* (1824–1907) untersuchte 1868 bei einer Sonnenfinsternis die Protuberanzen mit Hilfe spektroskopischer Methoden. Er fand, daß es weißglühende Gassäulen sind, hauptsächlich aus Wasserstoff bestehend. Nach und nach gelang es, die meisten irdischen Elemente auch in der Sonne nachzuweisen.
Zunächst ging man dabei von irdischen Stoffen und ihren bekannten Spektren aus und prüfte, ob man die entsprechenden Linien auch im Spektrum der Sonne fand. Eine wichtige Entdeckung in umgekehrter Richtung gelang 1878 dem Engländer Sir Norman *Lockyer* (1836–1920). Dieser fand im Sonnenspektrum eine Linie, die sich keiner bekannten irdischen Substanz zuordnen ließ. Er schloß daraus auf ein neues, auf der Erde nicht vorhandenes Element, das er nach der Sonne (griech. helios) Helium nannte. 15 Jahre später wurde dieses Edelgas als Bestandteil der Atmosphäre auch auf der Erde entdeckt.
Der nächste Schritt bestand in der Anwendung der Spektralmethode auf die übrigen Sterne. Der Pionier dieser Forschung war Sir William *Huggins* (1824–1910). Es gelang, die Anwesenheit der meisten irdischen Stoffe auch in den Fixsternen nachzuweisen. Im einzelnen ergaben sich aber auch Unterschiede. Huggins begründete auch die spektral-analytische Untersuchung der außergalaktischen *Nebel*.

Die Spektralanalye läßt nicht nur Rückschlüsse zu auf die chemische Zusammensetzung der Sterne, sondern auch auf ihre *Temperatur.* Je höher die Temperatur eines Körpers, um so mehr verlagert sich die Intensität der Ausstrahlung auf die kurzwelligen Teile des Lichts.
Eine Errungenschaft des 20. Jahrhunderts ist die Möglichkeit, auch die *Entfernungen* von Sternen mit spektroskopischen Methoden zu ermitteln. Die verschiedene »Größe« oder Helligkeit, in der die Sterne unserem Auge erscheinen, hängt ab einerseits von ihrer tatsächlichen Entfernung, andererseits von ihrer wirklichen Größe und Helligkeit. Diese Größen unterscheiden sich so stark, daß manche Sterne 1 000 000mal so viel Licht aussenden wie andere. Wenn es möglich wäre, die absolute Größe annähernd zu bestimmen, so könnte man daraus errechnen, in welcher Entfernung von uns sich der betreffende Stern befinden muß, um uns in der Größe zu erscheinen, wie es tatsächlich von der Erde aus der Fall ist. Die neue Methode läßt eine solche Abschätzung zu.
Mindestens gleich wichtig sind die Rückschlüsse auf die *Bewegungen* der Fixsterne. Daß die Fixsterne oder jedenfalls manche von ihnen sich bewegen, wußte man sicher seit Halley. Nachfolgende Beobachtungen machten das für eine immer größere Zahl von Sternen unzweifelhaft. Die einzige Möglichkeit, derartiges festzustellen, besteht allerdings im Vergleichen sehr exakter Ortsbestimmungen über lange Zeiträume hinweg. Überhaupt ist die Astronomie, welche unermeßliche Räume und Zeiträume erforscht, selbst eine Sache des langen Atems, eine Wissenschaft, in der man, um etwas zu leisten, die Geschichte dieser Wissenschaft kennen muß.
Natürlich kann man durch solche Vergleiche nicht die wirklichen Bewegungen der Sterne ermitteln, sondern nur ihre Verschiebung relativ zu unserer von der Erde ausgehenden Blickrichtung. Man gewinnt also nur eine Komponente der tatsächlichen Bewegung. Diese selbst kann man nur erfassen, wenn man auch die andere Komponente kennt: die Bewegung des Sternes in der Sehrichtung, also auf uns zu oder von uns hinweg. Das leistet die Spektralanalyse durch die Ausmessung des sogenannten *Doppler-Effekts* (Christian *Doppler,* 1803–1853). Darunter versteht man die Tatsache, daß jeder Wellenvorgang eine scheinbare Veränderung seiner Frequenz erleidet, wenn seine Quelle ihren Abstand vom Beobachter ändert. Ein Schiff, das ruhig im bewegten Wasser liegt, wird in der Zeiteinheit von einer bestimmten Anzahl von Meereswellen getroffen. Fährt es den Wellen entgegen, so trifft es in der gleichen Zeit mehr Wellen; entsprechend umgekehrt. Der Hupton eines Autos oder der Pfeifton einer Lokomotive klingt höher, wenn die Schallquelle auf uns zukommt; er sinkt ab, wenn Auto oder Lokomotive an uns vorübergefahren sind und sich entfernen. Das gleiche gilt auch für das Licht, macht sich allerdings hier erst bei großer Geschwindigkeit der Lichtquelle bemerkbar. Bewegt sich eine Lichtquelle auf uns zu, so verschieben sich die Spektrallinien nach der violetten Seite des Spektrums; entfernt sie sich, nach der roten.
Das Licht aller entfernten Nebel im Weltenraum zeigt nun eine Ver-

schiebung nach der roten Seite hin, und zwar um so stärker, je weiter die Entfernung; außerdem annähernd proportional zu dieser. Daraus wird der Schluß gezogen: Die entfernteren Teile des Weltalls fliehen mit ungeheuren Geschwindigkeiten von uns hinweg – Nebel, die eine Million Lichtjahre entfernt sind, mit der unerhörten Geschwindigkeit von 40 000 km/sec, also rund $^1/_7$ der Lichtgeschwindigkeit. Daraus sind sehr weitgehende Folgerungen gezogen worden für den Bau und die Entstehungsgeschichte des Universums.

Diese von der Spektroskopie ausgehenden Entwicklungen sind eines der stärksten Beispiele für das, was eingangs dieses Kapitels »Kontinuität« genannt wurde. Newton hatte gezeigt, daß die himmlischen Körper dem gleichen Gesetz der universellen Gravitation gehorchen wie die irdischen. Die Spektralanalyse zeigte, daß die himmlischen Körper auch aus den gleichen gewöhnlichen chemischen Elementen aufgebaut sind wie die Erde – jedenfalls die äußere Hülle der Sterne, die auf diese Weise allein erfaßt wird. Die Naturwissenschaft wurde damit immer mehr zu dem Schlüssel, der aus der Erforschung des Irdischen auch die Geheimnisse des Universums in Raum und Zeit erschließt, soweit sie unseren menschlichen Sinnen zugänglich sind.

3. Fotografie als Hilfsmittel

Das Aufkommen der Fotografie im 19. Jahrhundert braucht man nur zu erwähnen, um sogleich ihre außerordentliche Bedeutung für die astronomische Forschung ins Bewußtsein zu rufen. Die Fotografie bot den entscheidenden Vorteil, daß man die einmal gemachten Aufnahmen nun jederzeit für Vergleichszwecke zur Verfügung hatte. Man erkannte bald, daß man in der reineren Atmosphäre auf hohen Bergen die besten Ergebnisse erzielt. Es entstanden unter Aufwand beträchtlicher Mittel die berühmten amerikanischen Observatorien auf dem Mount Wilson und dem Mount Palomar, deren riesige Instrumente in unvorstellbare Tiefen des Weltraumes blicken lassen. Die weiteren Erfolge des Suchens nach Kleinplaneten (Asteroiden) wurden durch die Fotografie möglich gemacht. Wichtiger noch war der Dienst, den die Fotografie der Erforschung der Sonne und der Astronomie der Fixsterne leistete.

Ein reizvolles Dokument aus den Anfangszeiten der Himmelsfotografie ist der hier auszugsweise wiedergegebene Bericht über die Versuche des Amerikaner *Whipple* aus dem Jahre 1857:

Soweit ich unterrichtet bin, ist bis zum heutigen Tage nirgends sonst der Versuch gemacht worden, die Sterne mit ihrem eigenen Licht zu fotografieren ... Der Aufwand von Zeit, Chemikalien usw. ist weit größer, als man hätte voraussehen können – jede Nacht, tatsächlich, eröffnet neue Ausblicke, die der Erforschung bedürfen. Das Versuchsfeld ist viel zu groß, um mit einem Mal davon Besitz ergreifen zu können ... Aber die bereits erzielten Ergebnisse ... sind von größtem Interesse und weisen auf Möglichkeiten in der Zukunft hin, die man sich kaum auszudenken wagt ... Der Aufwand von Arbeit, die in einer schönen Nacht geleistet werden kann, ist erstaunlich und dabei bei völligem Fehlen von Verdruß, Ärger und Ermüdung, die bei gewöhnlichen Beobachtungen selten fehlten. Die einmal gesicherten Platten können für künftige Untersuchung am Tage und bei Muße weggelegt werden. Die Urkunde ist da, und es gibt keinen Zweifel oder Irrtum wegen ihrer Treue ... Es würde sich lohnen, ein Fernrohr mit dreifacher Öffnung zu bauen, wenn das Geld dafür aufgetrieben werden kann.

4. Der Bau des Weltalls

Die neuen Hilfsmittel der Spektroskopie und der Himmelsfotografie, die Verbesserung der Beobachtungsinstrumente, die Verfeinerung der Beobachtungs- und Meßmethoden, das Anwachsen und die Verbesserung des mathematischen Rüstzeugs, das Zuhilfekommen von Erkenntnissen aus anderen Wissenschaften, die verbesserte internationale Zusammenarbeit in der Wissenschaft, die Vergrößerung der für die Forschung zur Verfügung stehenden Mittel – dies alles wirkte zusammen und ließ im Laufe des 19. Jahrhunderts die Astronomie ein umfassendes Bild des Weltganzen gewinnen, aus dem einige wichtige Züge abschließend jetzt hervorgehoben werden sollen.

BESTANDSAUFNAHME Der hervorstechende Zug aus der Astronomie des 19. Jahrhunderts ist die Vertiefung und Bereicherung des Wissens über die Welt der Fixsterne. (Demgegenüber ist das 20. Jahrhundert vor allem das Jahrhundert der Nebular-Astronomie, d. h. sein hervorstechendes Kennzeichen ist die Vertiefung unseres Wissens über die fernen Sternsysteme außerhalb unserer Milchstraße.) Dieser Vorgang spiegelt sich rein äußerlich in der Aufeinanderfolge der immer tiefer in den Raum dringenden, immer vollständiger und exakter werdenden Bestandsaufnahmen oder »Durchmusterungen« des Sternenhimmels. Einige Zahlen können das veranschaulichen.

Zu Anfang des 19. Jahrhunderts gab es noch wenig wirklich präzise Sternkarten und Kataloge, und die Zahl der in ihnen erfaßten Sterne betrug nur wenige Tausend. Ein Katalog des bereits früher genannten Giuseppe *Piazzi* aus dem Jahre 1814 enthielt 7600 Sterne. Allerdings hatte *Lalande* bereits 1801 in seiner »Histoire céleste« deren 47 390 aufgezählt.

Demgegenüber verzeichnete die berühmte Bonner Durchmusterung des nördlichen Himmels von 1859–1862, ausgeführt von Friedrich Wilhelm *Bessel* (1784–1846) und Friedrich Wilhelm August *Argelander* (1799 bis 1875) bereits 324 000 Sterne. E. *Schönfeld* (1828–1891) führte die gleiche Arbeit für den südlichen Himmel aus.

1885 begann mit Sir David *Gill* die fotografische Sternkartographie. 1887 beschloß ein Kongreß in Paris eine umfassende fotografische Katalogisierung. Dieses Werk, gemeinschaftlich durchgeführt von achtzehn über die ganze Erde verteilten Observatorien, ergab ein Kartenwerk von 22 000 Blättern, auf denen 2 000 000 Sterne bis zur 14. Größenklasse verzeichnet sind.

Einen Eindruck von dem Fortschreiten der himmlischen Bestandsaufnahme im 20. Jahrhundert gibt die Mitteilung, daß der Amerikaner

Edwin *Hubble* (geb. 1889), führend in der Nebularastronomie des 20. Jahrhunderts, in einem 1937 erschienenen Werk allein die Zahl der Nebel, die über die damals der Beobachtung erschlossenen Himmelskugel von etwa 1 Milliarde Lichtjahren Durchmesser verteilt sind, mit 100 Millionen beziffert. Diese Nebel haben durchschnittlich eine Helligkeit, welche die der Sonne um das 85 000 000fache übertrifft; einen durchschnittlichen Durchmesser von 15 000 bis 20 000 Lichtjahren; sie sind von ihren jeweiligen Nachbarnebeln durch durchschnittliche Entfernungen von zwei Millionen Lichtjahren getrennt.

EINIGE WICHTIGE MESSUNGEN Friedrich Wilhelm *Bessel* (1784–1846), Direktor der Königsberger Sternwarte, schloß im Jahre 1838 einen kritischen Überblick über alle bis dahin von Bradley, Herschel u. a. unternommenen Versuche, die Parallaxe eines Fixsterns zu messen, mit folgenden Worten:

Ich glaube nicht, daß durch alle die angeführten Versuche, die Parallaxen der Fixsterne zu entdecken, etwas anderes gewonnen wird als die Überzeugung, daß sie sehr kleine, sich den gewöhnlichen Beobachtungsarten entziehende Größen sind. Als ich die Genauigkeit kennenlernte, welche den Beobachtungen durch das Ende 1829 auf der Königsberger Sternwarte aufgestellte Heliometer ... gegeben werden konnte, erzeugte sie die Hoffnung, daß es gelingen werde, durch dieses Instrument statt der Überzeugung von der Kleinheit der jährlichen Parallaxe der Fixsterne in günstigen Fällen ihre Bestimmung zu erhalten.

Das Heliometer war in Frankreich erfunden und von Josef von *Fraunhofer* wesentlich verbessert worden. Mit diesem neuen Hilfsmittel und einer außergewöhnlichen Geduld und Präzision der Beobachtung gelang Bessel, was bisher noch keinem gelungen war. Er hatte einen Stern im Sternbilde des Schwans (61 Cygni) ausgewählt, einen Doppelstern, den er begründeterweise für einen der der Sonne nächsten Fixsterne ansah. Das Ergebnis, in Bessels eigenen Worten:

Wenn man die jährliche Parallaxe von 61 Cygni = 0″ 3136 annimmt, so erhält man seine Entfernung in mittleren Entfernungen der Erde von der Sonne ausgedrückt = 657 700 und die Zeit, welche das Licht gebraucht, um diese Entfernung zu durchlaufen, = 10,28 Jahre.

Bessel verwendet hier bereits das Lichtjahr als Längeneinheit. Es war den Astronomen längst klargeworden, daß ihre Wissenschaft mit den Längenmaßen aus irdischen Verhältnissen nicht arbeiten kann. Das Lichtjahr als Grundeinheit ist der Weg, den das Licht in einem Jahr zurücklegt. In Kilometern ausgedrückt, erhalten wir seine Länge, wenn wir die Lichtgeschwindigkeit von 300 000 km/sec mal 60 mal 60 mal 24 mal 365 nehmen. Das ergibt rund 9 461 000 000 000 km.
Die von Bessel angewandte Methode war recht mühsam. Es bedurfte der Frist von Jahrzehnten, um einigermaßen vertrauenswürdige Ergebnisse auch nur für wenige Dutzend Sterne zu erzielen. Fotografie und Spektroskopie brachten dann die Möglichkeit, die Entfernungen von Tausenden von Fixsternen zu bestimmen.

Schritt für Schritt ging auch die Erforschung der Eigenbewegungen der Fixsterne vorwärts. 1887 waren durch *Simon* die Eigenbewegungen von fast 3000 Sternen demonstriert worden. Nach und nach konnte man darangehen, aus den ermittelten Einzelbewegungen Hypothesen abzuleiten über die Bewegungen der Fixsterne in größeren Zusammenhängen. Insbesondere lernte man Richtung und Geschwindigkeit der Eigenbewegung der Sonne abschätzen. Man fand, daß die Bewegungen aller in unserem Milchstraßensystem vereinten Sterne einen großen Umdrehungszusammenhang bilden, so daß die ganze Milchstraße aus großer Ferne gesehen, etwa den Anblick eines sich langsam drehenden Feuerrades bieten muß und damit dem Bilde der Spiralnebel gleicht.
Eine andere Messung, die ebensogut in das Gebiet der Physik gehört, kann hier noch angeführt werden, weil sie eine der Grundkonstanten betrifft, mit denen die Astronomie zu arbeiten hat: die Lichtgeschwindigkeit. Um die Mitte des 19. Jahrhunderts gelang es Armand Hippolyte *Fizeau* (1819–1896) und Léon *Foucault* (1819–1868), mit sehr verfeinerter Versuchsanordnung die Lichtgeschwindigkeit in verschiedenen Medien zu messen. Da ergab sich ein Wert von rund 298 600 km/sec – wie man sieht, in der Größenordnung durchaus dem Ergebnis Roemers entsprechend. Es ergab sich dabei, daß das Licht sich im luftleeren Raum am schnellsten fortbewegt, in jedem stofflichen Medium wie Luft oder Wasser weniger rasch.

KLASSIFIZIERUNG DER STERNE In der zweiten Hälfte des Jahrhunderts hatte die Spektroskopie so viel Beobachtungsmaterial angehäuft, daß man darangehen konnte, die Sterne nach einigen Haupttypen zu klassifizieren. Den ersten bedeutenden Versuch in dieser Richtung machte der italienische Jesuitenpater Angelo *Secchi* (1818–1878), der an der Vatikanischen Sternwarte in Rom wirkte:

Alle Sternspektren mit nur wenigen Ausnahmen lassen sich auf vier Haupttypen zurückführen ...
1. Der erste Typus ist der Typus der weißen oder blauen Sterne, wie Sirius usw. Das Spektrum dieser Sterne ist fast kontinuierlich, nur von vier starken, dem Wasserstoff angehörenden Linien durchzogen ...
2. Der zweite Typus ist derjenige der gelben Sterne. Diese haben sehr feine Streifen. Die Wasserstofflinien sind vorhanden, aber sie sind sehr fein und durchaus nicht so deutlich wie bei den Sternen des ersten Typus. Ihr Spektrum stimmt vollkommen mit dem Sonnenspektrum überein ...
3. Den dritten Typus bilden die orangefarbigen und roten Sterne. Ihr Spektrum besteht aus dunklen und hellen Linien, welche zu Zonen und Bändern vereinigt sind, welche wie eine Reihe von der Seite, und zwar von der Richtung des Rot her, beleuchteter geriefter Säulen erscheinen ...
4. Der vierte Typus ist sehr eigentümlich und veränderlich ... Er umfaßt einige sehr merkwürdige Sterne, welche meist eine blutrote Farbe besitzen und eine sehr geringe Größe haben.

Die heutige Einteilung der Sterne nach Typen entspricht dem selbstverständlich nicht mehr genau, aber Secchis Arbeit ist zur Grundlage aller späteren auf diesem Gebiet geworden. Ein Schritt, der sich nach solchen Einteilungsversuchen fast von selbst ergibt und der in der Folgezeit auch bald getan wurde: Man sucht die verschiedenen Sterntypen in eine Reihe zu ordnen, in der die einzelnen Typen sich kontinuierlich aneinander anschließen. Das scheint heute gelungen. Der zweite Schritt: Man gibt solchen Einteilungen auch eine entwicklungsmäßige Deutung und stellt eine Art Lebensgeschichte eines Sternes auf. Dies ist eines der Hauptthemen der Astronomie des 20. Jahrhunderts.

DAS BILD DER WELT Neben der Erforschung der Fixsternwelt ging die Durchforschung unseres engeren »heimatlichen« Bereichs, des Sonnensystems und insbesondere der Sonne selbst, weiter. Ein exaktes Studium der Sonnenfinsternisse begann etwa mit der Jahrhundertmitte. Die Forschung an der Sonne ist derjenige Teil der Astronomie, der für unser Leben auf der Erde die meisten unmittelbar praktischen Auswirkungen hat. Ein wichtiges Teilgebiet ist das Studium der Sonnenflecken. Erst 200 Jahre, nachdem man sie zuerst entdeckt, wurde hier der nächste wichtige Schritt getan. Von 1826 an beobachtete Heinrich *Schwabe* (1789–1875) in Dessau durch mehrere Jahrzehnte an jedem klaren Tag das Auftreten und Verhalten dieser Flecken. 1840 konnte er ein wichtiges Ergebnis mitteilen: Die Sonnenflecken nehmen regelmäßig zu und wieder ab in einer elf Jahre dauernden Periode. Kurz darauf stellten andere Forscher fest, daß mehrere irdische Vorgänge, wie die tägliche Variation der Magnetnadelabweichung und das Nordlicht offenbar in einer mit den Sonnenflecken in Verbindung stehenden Periodizität auftreten.
Ich verfolge diesen Gegenstand nicht weiter, um Platz zu gewinnen für ein Zitat, wiederum von A. Secchi. Recht klar gibt es die Haupterkenntnisse der Astronomie über den Bau der Welt wieder, wie sie sich in der zweiten Hälfte des 19. Jahrhunderts herausgebildet hatten:

1. Die Fixsterne sind selbstleuchtende Körper von ähnlicher Beschaffenheit wie unsere Sonne. Einige besitzen einen oder mehrere leuchtende Monde, deren Existenz aus den Erscheinungen ihres Lichtwechsels und ihrer Bewegungen mit Bestimmtheit nachgewiesen ist.
2. Diese Systeme, die wir als Systeme erster Ordnung bezeichnen können und die unserm Planetensystem ähnlich sind, werden von der Schwerkraft beherrscht und sind denselben Keplerschen Gesetzen unterworfen, welche der Bewegung der Planeten um die Sonne zugrunde liegen. Werden die Nebensonnen, welche die Monde der Hauptsonne bilden, von dunklen Monden umkreist, so haben wir eine ähnliche Erscheinung, wie sie bei einigen der dunklen Hauptkörper unseres eigenen Systems stattfinden.
3. In vielen Fällen sind diese einfachen Systeme durch außerordentlich verwickelte Systeme ersetzt, welche die kugelförmigen Sternhaufen bilden, für die uns die Gesetze der Bewegung und des Gleichgewichts noch unbekannt sind. Diese Anhäufungen werden von getrennten Massen, d. h. von Sternen gebildet, die wir mit unsern Fernrohren deutlich unterscheiden können. Nur in der Mitte erscheinen sie wegen der großen Dichtigkeit gleichmäßig leuchtend. Daß sie aber auch hier aus einzelnen Sternen zusammengesetzt sind, zeigt uns ihr Spektrum.
4. Zahlreiche andere Sternhaufen sind ebenfalls mehr oder weniger auflösbar, aber von verwickeltem Bau, so daß wir wegen ihrer großen Entfernung und der Langsamkeit ihrer Bewegung keine Spur eines Bewegungszentrums noch ein Gesetz einer regelmäßigen Gruppierung bemerken. Doch dürfen wir die Hoffnung nicht aufgeben, daß im Laufe der Zeit ein solches Gesetz entdeckt wird.
5. Die Milchstraße ist eine Zone, welche von einer unermeßlichen Anhäufung

komplizierter Sternmassen gebildet wird, deren jede als aus zahllosen Systemen höherer Ordnung zusammengesetzt betrachtet werden kann. Die Gestalt dieser ungeheuren Sternmasse ist uns unbekannt; allein von unserm Standpunkt aus gesehen hat sie in verschiedenen Richtungen ungleiche Tiefe. In gewissen Richtungen können wir über die Grenze derselben hinaus in den Raum eindringen, während sie an andern Stellen für unsere Fernrohre undurchdringlich ist.
6. Diejenigen Sterne, welche uns am größten erscheinen, sind auch die nächsten, und die Entfernung ist die Hauptursache, wenn auch nicht die einzige, daß uns die übrigen kleiner erscheinen. Wahrscheinlich bilden die größeren und näheren eins jener höheren Systeme, zu welchem die Sonne gehört und deren sehr viele die Milchstraße bilden.
7. Außer den Sternen gibt es am Himmel zahlreiche Massen leuchtender Materie mit eigenem Licht, die sich noch nicht zu bestimmten Körpern vereinigt hat, sondern sich im gasförmigen Zustande befindet und die Nebelflecken bildet. Einige davon haben eine ungeheure Ausdehnung und eine sehr unregelmäßige Dichtigkeit, andere eine fast gleichmäßige Dichtigkeit, andere eine gegen die Mitte zunehmende Verdichtung, gleichsam als wären sie in Bildung begriffene Sterne. Noch andere haben eine ringförmige Gestalt und scheinen Systeme von kompliziertem Bau zu bilden.
8. Der größte Teil dieser Nebelmassen mit höherer Verdichtung findet sich in Gegenden, die unabhängig von der Milchstraße sind, und scheinen besondere Systeme zu bilden. Trotz ihres gasförmigen und daher sehr beweglichen Zustandes zeigen sie eine auffallende Beständigkeit der Form und keine wahrnehmbare Bewegung.

Secchi schließt diese Übersicht:

26. Wieviel andere Geheimnisse muß nicht der unermeßliche Raum enthalten, der für uns unergründbar ist? Wer hätte vor zehn Jahren die Wunder geahnt, die uns das Spektroskop enthüllt hat? Jede neue Vervollkommnung der Kunst zieht auch einen Fortschritt der Wissenschaft nach sich, und die Astronomie im Verein mit der Kunst enthüllt uns immer mehr die Größe Gottes und läßt uns mit dem königlichen Propheten ausrufen: *Herr, wie sind deine Werke so groß und viel, du hast sie alle weislich geordnet; die Himmel erzählen die Ehre Gottes und die Feste verkündigt seiner Hände Werk. Ein Tag sagt es dem anderen, und eine Nacht tut es kund der andern. Es ist keine Sprache noch Rede, da man nicht ihre Stimme höre.*

III. Physik

Drei ausgewählte Kapitel aus der Physik des 19. Jahrhunderts sollen hier beleuchtet werden: 1. die Wärmelehre und im Zusammenhang mit ihr die Ausbildung des allgemeinen Energiebegriffs und der Grundgesetze der Energetik; 2. die Entwicklung der Lehre von Licht und Elektrizität; 3. einige Auswirkungen der hier gewonnenen neuen Erkenntnisse in Technik, Wirtschaft und Leben. Dieses Vorgehen hat den Vorteil, daß wenigstens die wichtigsten Straßen der Entwicklung im Zusammenhang erkennbar werden. Dem stehen Nachteile gegenüber: Dies sind die wichtigsten, aber nicht die einzigen wichtigen Kapitel, denn auch die Lehre vom Schall und die allgemeine Mechanik zum Beispiel wurden weitergebildet. Ferner tritt nicht deutlich hervor, wie die verschiedenen Teilgebiete zusammenhängen und wie die physikalischen Erkenntnisse mit denen der Chemie verflochten sind.

1. Wärmetheorie und allgemeine Energielehre

Blicken wir einen Augenblick zurück auf den Stand, in dem wir Physik und Chemie am Ausgang des 18. Jahrhunderts verlassen haben:
Man beschäftigte sich zunehmend mit der Wärme, erkannte oder ahnte wenigstens seit Rumford ihr wahres Wesen. Die Dampfmaschine trat auf. Die Elektrizitätslehre begann sich zu entfalten. In der Chemie durchschaute man den Verbrennungsvorgang. Lavoisier formulierte das Gesetz von der Erhaltung der Masse. Man sieht: mit Ausnahme des Massenerhaltungsgesetzes (das erst im 20. Jahrhundert in den hier zu betrachtenden Zusammenhang eingefügt wurde) kreist alles um die Grundtatsache: Energie.
Ein Mensch ohne jede wissenschaftliche Vorbildung, ein »Naturmensch« oder ein Kind, das heranwächst, kann dieser Grundtatsache in den mannigfaltigsten Erscheinungsformen begegnen: Das Auge vermittelt ihm Lichteindrücke, die Haut Temperaturempfindungen. Er sieht die Wirkung der Schwerkraft. Er beobachtet chemische Reaktionen. Er sieht oder fühlt, sofern er derartigem begegnet, Wirkungen des Magnetismus und der Elektrizität. Er wird nicht ohne weiteres auf den Gedanken kommen, diese qualitativ ganz verschiedenen, auch durch verschiedene Sinnesorgane vermittelten Eindrücke und Erfahrungen einer gemeinsamen Ursache zuzuschreiben.
In der gleichen Lage war die heranwachsende Naturwissenschaft. Sie begegnete und untersuchte auf dem Wege, den wir verfolgt haben, Schwerkraft, Licht, Wärme, Magnetismus, Elektrizität, chemische Vorgänge – jedes für sich. Auch heute noch beginnt jeder physikalische Unterricht damit, daß man diese verschiedenen Erfahrungsbereiche in Mechanik, Optik, Wärmelehre, Elektrizitätslehre, Chemie gesondert vorführt und erklärt. Auch in der Wissenschaft konnte erst der zweite Schritt darin bestehen, den diesen Erscheinungen zugrunde liegenden Tatbestand zu erhellen. Der Weg der Wissenschaft zu dieser Erkenntnis bestand vor allem darin, daß man die qualitativ so verschiedenen Erscheinungen *quantitativ* zu erfassen lernte. So führen die Fortschritte in Wärmemessung, Elektrizitätsmessung, das Eindringen quantitativer Methoden wie insbesondere des Wägens in die Chemie, alle auf dieses Ziel hin.

ERHALTUNG DER ENERGIE Dieses Ziel heißt: Gesetz von der Erhaltung der Energie. Verzichten wir darauf, den Satz hier in der wissenschaftlich exakten und nicht ganz einfachen Fassung wiederzugeben, die er in der heutigen Wissenschaft hat, und versuchen wir lediglich im Anschluß an unsere bisherigen Betrachtungen klarzumachen, was der Satz besagt – so finden wir, daß er im Grunde drei Erkenntnisse enthält:
1. Es ist möglich, das, was uns in den genannten verschiedenen Formen begegnet, in andere dieser Formen umzuwandeln. Diese Erkenntnis läßt sich aus der Erfahrung ableiten.
2. Bei solcher Umwandlung – das liegt schon in diesem Begriff – tritt

das *gleiche* Etwas in verschiedenen Formen auf. Dieses Etwas nennen wir Energie – ein Ausdruck, der bezeichnenderweise erst im 19. Jahrhundert in die Physik eingeführt wurde durch Thomas *Young* (1807), durchgesetzt durch Lord *Kelvin* und durch William Macquorn *Rankine* (1853). Diese zweite Erkenntnis ist eine viel weitergreifende Verallgemeinerung als die erste. Über ihre Zulässigkeit kann man von einem bestimmten Standpunkt aus zumindest streiten. Man könnte sagen: Energie als solche begegnet uns eigentlich nirgends in der Erfahrung. Wo wir sie antreffen, hat sie immer eine der verschiedenen Formen, die wir ihr zuschreiben. Wenn wir von Umwandlung sprechen, so handelt es sich im Grunde lediglich darum, daß eine Erscheinung – z. B. Wärme – verschwindet und eine andere auftritt. Was berechtigt uns, anzunehmen, daß hier das gleiche Substrat zugrunde liegt?

3. Der Satz besagt schließlich: Die »Umwandlung« geht immer und überall in bestimmtem quantitativen Verhältnis vor sich, so daß »Energie« weder ins Nichts verschwindet noch aus dem Nichts hinzutritt. Das gilt für jedes »geschlossene System« und bei weiterer Verallgemeinerung auch für das Weltganze.

Dieser grundlegende Satz ist von geradezu frappierender Einfachheit. Simplex sigillum veri – möchte man ausrufen. Es ist zwar durchaus verfehlt, jedenfalls in der Wissenschaft, das Wahre und das Einfache schlechtweg gleichzusetzen. Wer sagt uns, die Welt müsse so beschaffen sein, daß sie für *unseren* Verstand einfach erscheint? Doch bei diesem Satz ist es offenbar so.

Der Satz ist so grundlegend, daß seine Einführung einen geeigneten Anlaß böte, zurückzuschauen auf die gesamte Entwicklung der Naturwissenschaft und zu fragen, wie die verschiedensten Erkenntnisse und Entwicklungslinien auf ihn hinführen; zugleich vorauszublicken auf seine Auswirkung in den verschiedensten Zweigen des Wissens.

Schon ein flüchtiger Blick auf die vorangegangene Zeit zeigt eine ganze Reihe von Forschern und von Erkenntnissen, die mehr oder weniger unausgesprochen den Erhaltungssatz vorwegnehmen. Energie aus einer Form in eine andere umwandeln – das tat schon, ohne es zu wissen, jener ferne Vorzeitmensch, der sein erstes Feuer durch Reiben von Holzstäbchen erzeugte. Mechanische Energie umgekehrt aus Wärme zu gewinnen – auch das tat schon Heron mit seiner Dampfmaschine. Im engeren Bereich der Physik gibt es weniges, das nicht in irgendeiner Form in die Vorgeschichte dieses Gesetzes einzubeziehen ist. Einige Beispiele:

Als Satz von der Erhaltung der *Bewegung* ist das Prinzip schon bei Demokrit ausgesprochen. In dem Lehrgedicht des Titus Lucretius Carus (Lukrez), das Gedanken des Demokrit wiedergibt, heißt es dazu:

Deshalb war die Bewegung, die jetzt in den Urelementen
herrscht, schon von jeher da, und so wird sie auch künftig noch da sein.
. . . .
Denn kein Platz ist vorhanden . . . von wo aus erneuerte Kräfte
brächen herein, die Natur und Bewegung der Dinge zu ändern.

Für die Mechanik war im 18. Jahrhundert der Satz von der Erhaltung der *mechanischen* Energie bereits gesicherter Besitz: Zustands- oder potentielle Energie und kinetische oder Bewegungsenergie zusammengenommen bleiben für jeden Vorgang (z. B. bei der Pendelschwingung) konstant. Viele Namen wären aus dieser Entwicklung zu nennen: Galilei, Huygens, Torricelli, Daniel Bernoulli, vor allem aber Leibniz. Dieser – und nach ihm Kant – gab dem Satz bereits eine viel allgemeinere Fassung. Er spricht von Erhaltung der Kraft. Es dauerte trotzdem noch 100 Jahre, bis das, was hier als philosophische Erkenntnis schon ausgesprochen war, als klares und quantitativ gefaßtes Prinzip von der Physik aufgenommen wurde. Woher diese, wie es heute scheinen mag, außergewöhnliche Verzögerung? Sie liegt hauptsächlich in der Schwierigkeit, die Energie – das was wirkt, aber außer an dieser Wirkung nicht zu greifen ist – quantitativ zu fassen. So nahe es lag, das in der Mechanik bereits klar Erkannte auf andere Zweige der Physik zu übertragen – im Wege stand, daß das, um das es hier ging, weder Gewicht noch Trägheit besaß oder jedenfalls zu besitzen schien.
Auch die Geschichte der Thermometrie gehört in die Vorgeschichte des Erhaltungssatzes. Neben der mechanischen Energie war es die Wärme, an der sich die allgemeinere Fassung des Gesetzes zunächst vollzog. Zu den Wegbereitern in dieser Beziehung gehören außer den schon genannten noch drei Forscher des 19. Jahrhunderts:
Sir Humphrey *Davy* überzeugte sich durch eigene Experimente von der Richtigkeit des bereits von Rumford ausgesprochenen Satzes, daß Wärme gleich Bewegung ist. Der bedeutende französische Mathematiker J. B. J. *Fourier* (1758–1830) gab in seiner *Analytischen Theorie der Wärme* von 1822 die Grundlagen für eine mathematische Behandlung von Wärmeerscheinungen. Der Sohn des früher genannten Lazare Carnot, Sadi Nicolas Leonard *Carnot* (1796–1832), stellte, hauptsächlich angeregt durch die Dampfmaschine, *Betrachtungen über die bewegende Kraft des Feuers* an (1824). Darin brachte er bereits die Wärme in Beziehung zur mechanischen Arbeit. Mißt man Carnots Anteil nur an dieser Schrift, so gehört er nur zu den Wegbereitern des Erhaltungsgesetzes, denn er hat sich hier von der Vorstellung des »Wärmestoffs« noch nicht frei gemacht. Lange nach seinem Tode aber, im Jahre 1878, wurden der Öffentlichkeit Aufzeichnungen Carnots zugänglich, die der früh Verstorbene nicht mehr selbst hatte veröffentlichen können. Nach diesen Aufzeichnungen gebührt Carnot für unseren Zusammenhang etwa die gleiche Stellung wie Gauss für die nichteuklidische Geometrie. Er hatte die wesentliche Erkenntnis der nach ihm Kommenden vorweggenommen und auch bereits einen annähernd richtigen Wert für das gleich zu erläuternde »mechanische Wärmeäquivalent« angegeben.

MAYER, COLDING, JOULE, HELMHOLTZ Wenden wir uns jetzt zu der eigentlichen Formulierung des Gesetzes, auf die Carnots Gedanken keinen Einfluß hatten. Auch hier gebührt das Verdienst nicht einem Manne allein. Mindestens vier Namen müssen genannt werden. Unter diesen gebührt allerdings einem die erste Stelle: Julius Robert *Mayer* (1814 bis 1878).

Mayer war nicht Physiker, sondern Arzt. Er lebte, nach Studienjahren in Tübingen und Reisen durch Europa sowie (als Schiffsarzt) nach Ostindien, als junger Arzt in seiner Vaterstadt Heilbronn, als er 1842 in Liebigs und Wöhlers »Annalen der Chemie und Pharmazie« eine Abhandlung *Bemerkungen über die Kräfte der unbelebten Natur* veröffentlichte. Diese Arbeit ist es, die Mayer die Priorität der Entdeckung sichert. Sie enthält, freilich mit unzureichender Begründung und in laienhafter Sprache, welche Mayer nicht das Gehör, geschweige denn die Zustimmung der Fachwelt verschaffen konnte, bereits die Grundgedanken: Äquivalenz von Wärme und mechanischer Energie; Berechnung des quantitativen Verhältnisses, in dem beide ineinander überzuführen sind (das mechanische Wärmeäquivalent); Ausdehnung des Satzes zu einem allgemeinen Gesetze von der Erhaltung der Energie. Mayer war dabei nicht von physikalischen Beobachtungen, sondern von physiologischen Problemen und Erwägungen ausgegangen. In späteren Schriften gab er seiner These eine exaktere wissenschaftliche Begründung.

Sehen wir ab von philosophischen Erwägungen (die für Mayer eine große Rolle spielen), so ist der praktische Ansatzpunkt seiner Überlegungen hier die Dampfmaschine. Dabei kommt es ihm nicht so sehr darauf an, eine eigentliche Erklärung für den Umwandlungsvorgang von Wärme in mechanische Arbeit zu geben. Er will vor allem das mengenmäßige Verhältnis zwischen beiden Energiearten bestimmen. Er stützt sich im wesentlichen nicht auf eigene Versuche, sondern auf richtungweisende Experimente französischer Physiker, namentlich des Joseph Louis *Gay-Lussac* (1778–1850) über die Erwärmung von Gasen. Mayer kommt zu dem Zahlenwert 365 – d. h., die Temperaturerhöhung von 1 Gramm Wasser um 1 Grad Celsius ist äquivalent der mechanischen Arbeit, die 1 Gramm Materie um 365 Meter auf der Erde in die Höhe hebt. Der Wert war um etwa 10 % zu gering. Er beträgt in Wahrheit 426. Doch kann dieser Fehler kaum die Leistung Mayers beeinträchtigen.

Mayer dehnt nun das Prinzip der Umwandelbarkeit der Energie bei Erhaltung ihrer Menge über diesen besonderen Fall hinaus auf die Erscheinungen der Reibungselektrizität, auf viele andere chemische und elektrische Vorgänge, weiter auf physiologische Prozesse im lebenden Organismus und auch auf die Astronomie aus. In Mayers eigenen Worten (aus zwei Briefen an einen Freund):

Bewegung verwandelt sich in Wärme, in diesen fünf Worten hast Du implicite meine ganze Theorie ... Meine Behauptung ist ...: Fallkraft, Bewegung, Wärme, Licht, Elektrizität und chemische Differenz der Ponderabilien sind ein und dasselbe Objekt in verschiedenen Erscheinungsformen.

Spätere Gedanken Mayers kreisten um das wichtige Prinzip der »Auslösung«, das eine wesentliche Ergänzung des allgemeinen Energiesatzes bildet. Der Erhaltungssatz ist im Grunde eine genaue quantitative Fassung des alten Erfahrungssatzes: »Die Wirkung entspricht der Ursache« (causa aequat effectum); er kann in gerader Linie aus dem Kausalprinzip selbst hergeleitet werden. Diesem gegenüber steht der wahrscheinlich genauso alte Erfahrungssatz »Kleine Ursachen – große Wirkungen«. Der von Mayer zuerst erfaßte und auf die verschiedensten Gebiete des Naturgeschehens angewandte Begriff der Auslösung besagt: Es gibt Vorgänge, bei denen latente, schlummernde Energiemengen in Bewegung gesetzt werden durch einen Anstoß, dessen Energie im Verhältnis zu der des Gesamtvorganges äußerst gering ist. Der Begriff ist von großer Bedeutung für die Chemie (z. B. bei der Katalyse), für die Physiologie und für die Technik.

Die Leistung Mayers wurde lange Zeit verkannt. Mangelnde Anerkennung und Anfeindungen verdüsterten sein Leben. Erst 1862 brachte das Eintreten des englischen Physikers John *Tyndall* für Mayer eine Wende.

Der dänische Ingenieur Ludwig August *Colding* (1815–1888) kam von metaphysischen Überlegungen aus 1843 zu einer allgemeinen Formulierung des Erhaltungsgesetzes und erhielt aus einer Reihe von Versuchen für das mechanische Wärmeäquivalent fast den gleichen Wert wie Mayer.

Der eigentliche Rivale Mayers, dessen Erfolg zunächst das Verdienst Mayers überschattete, war jedoch der Engländer James Prescott *Joule* (1818–1889). Joule arbeitete unabhängig von Mayer. Im Unterschied zu diesem war er ein genauer und geschickter Experimentator, der sich auf eine lange Reihe stetig verfeinerter eigener Versuche stützen konnte. Er gab die Zahl für das mechanische Wärmeäquivalent wesentlich genauer als Mayer und kam dem heute bekannten genauesten Wert sehr nahe.

Der vierte in dieser Reihe ist Hermann *von Helmholtz*, Mediziner wie Mayer, einer der wahrhaft universalen Gelehrten des Jahrhunderts, mit seiner 1847 erschienenen Schrift *Über die Erhaltung der Kraft*. Obwohl diese fünf Jahre nach Mayers erster Schrift erschien, war Helmholtz – wie Joule – im wesentlichen selbständig zu seinen Schlußfolgerungen gekommen. Helmholtz zeigte seinen Zeitgenossen die weitreichende Bedeutung des neuen Prinzips, seine Anwendbarkeit für die verschiedensten Zweige der Wissenschaft; er gab ihm eine exakte Formulierung:

Ein abgeschlossenes System behält seine Gesamtenergie unverändert, gleichgültig, welche Veränderung die einzelnen Energiebestandteile des Systems (mechanische, kalorische, elektrische, strahlende und chemische Energie) erleiden.

Eine allgemeine Würdigung des Gesetzes und eine Geschichte seiner Auswirkungen in der Physik und den übrigen Naturwissenschaften ist wiederum ein unerschöpfliches Thema.

Der Energiesatz ist vielleicht derjenige Satz der neuzeitlichen Naturwissenschaft, der in den meisten Einzeldisziplinen angewendet wird.

In der Tat: selbst eine oberflächliche Überlegung lehrt erkennen, daß der Satz nicht nur für alle Zweige der Physik grundlegend ist, ja daß er die Einheit der verschiedenen Zweige dieser Wissenschaft erst begründet; daß er ebenso in Chemie, Physiologie, Astronomie, Biologie und allen deren Einzelzweigen wie etwa Meteorologie oder auch in der Technik eine entscheidende Rolle spielen muß. Das schon mehrfach zitierte Sammelwerk gibt einen guten Einblick in die Ausstrahlungen des Gesetzes auf alle diese Felder.

Die Entdeckung des Energiesatzes ist ohne Zweifel die wichtigste und folgenreichste aller naturwissenschaftlichen Entdeckungen überhaupt gewesen. Sie hat nicht nur sämtliche Gebiete der Forschung und erst recht die gesamte Technik entscheidend beeinflußt, sie hat auch in naturphilosophischer Hinsicht, wie gleichfalls J. Mayer erkannt hat, sich als einer der allerwichtigsten Erkenntnisfortschritte erwiesen.

Der Energiesatz führt zum Gedanken der Einheit aller Naturkräfte. Jeder Versuch, in wissenschaftlicher Weise Aussagen über den Weltprozeß als Ganzes zu machen, stößt auf den Erhaltungssatz als einen der wenigen, von denen wir voraussetzen dürfen, daß sie eine universale Geltung besitzen. Der Satz gehört zu den am festesten begründeten Pfeilern unseres wissenschaftlichen Weltbildes. Woher ihm diese Geltung zukommt, ob er ein echter Erfahrungssatz ist – solche Fragen eröffnen ein weites Feld erkenntnistheoretischer und philosophischer Überlegung.
Wie schnell der Satz ins allgemeine Bewußtsein drang, dafür mag Wilhelm Busch zeugen:

Hier strotzt die Backe voller Saft,
da hängt die Hand, gefüllt mit Kraft.
Die Kraft, infolge der Erregung,
verwandelt sich in Schwingbewegung.

Bewegung, die in schnellem Blitze
zur Backe eilt, wird hier zur Hitze.
Ohrfeige heißt man diese Handlung,
der Forscher nennt es *Kraftverwandlung*.

ENTROPIE Der Energie-Erhaltungssatz wird, ungeachtet seiner weiterreichenden Bedeutung, wegen des Feldes seiner Entstehung als »Erster Hauptsatz der Thermodynamik« bezeichnet. Als zweiter Hauptsatz steht an seiner Seite das sogenannte Entropieprinzip. Der erste Hauptsatz ist im Grunde identisch mit der Feststellung: Es gibt kein Perpetuum mobile – genauer: kein Perpetuum mobile »erster Art«, keine Maschine also, in der Energie aus dem Nichts gewonnen wird; keine Maschine, die beständige Arbeit leisten kann, ohne daß ihr Energie zugeführt wird. Der Energiesatz schließt das schlechthin aus. Nicht ausgeschlossen durch den ersten Hauptsatz allein wird ein Perpetuum mobile zweiter Art. So nennt man eine Maschine, die zwar nicht Arbeit aus dem Nichts erzeugt, die aber einem Körper (z. B. Meerwasser) ständig Energie in Form von Wärme zu entziehen und diese restlos in Arbeit zu verwandeln vermag. Daß auch ein solches Perpetuum mobile nicht ausführbar ist – das sagt im Grunde schon der Instinkt (obwohl es bis in die neueste Zeit Erfinder gegeben hat, die eines zu konstruieren versuchten) – in exakter Form spricht es der zweite Hauptsatz oder Entropiesatz aus.
Was ist Entropie? Wörtlich heißt es etwa »nach innen gekehrte, d. h.

nicht mehr verwandlungsfähige oder nutzbare Energie«. Gemeint ist die Tatsache, daß Arbeit zwar beliebig in Wärme umgewandelt werden kann, daß aber Wärme niemals restlos in Arbeit zurückverwandelt werden kann. Da dieser Satz eine genau so umfassende Bedeutung hat wie das Erhaltungsprinzip, müßte eine genauere entwicklungsgeschichtliche Betrachtung wiederum auf einen großen Teil der gesamten Wissenschaftsgeschichte zurückgreifen.

Auch bei der Formulierung dieses Prinzips sind mehrere Männer beteiligt gewesen. Zu nennen sind vor allem Sadi *Carnot*, der den Satz, ausgehend von der Dampfmaschine, mindestens intuitiv schon erfaßte. Eine genauere Formulierung gab Rudolf Emanuel *Clausius* (1822 bis 1888) im Jahre 1850: Wärme kann nicht von selbst von einem kälteren in einen wärmeren Körper übergehen. Sir William *Thomson* (Lord Kelvin, 1824–1907) dehnte den Gültigkeitsbereich des Satzes wenige Jahre später auf den ganzen Kosmos aus.

Die beiden Hauptsätze ergänzen einander. Der Energiesatz bietet einen sehr weiten und allgemeinen Rahmen. Er stellt fest, was in der Natur keinesfalls geschehen kann; aber er sagt inhaltlich noch kaum etwas darüber aus, was tatsächlich geschieht, welche Vorgänge wirklich ablaufen und wie sie ablaufen. Mit dem allgemeinen Erhaltungsprinzip sind beliebig viele Abläufe verträglich. Hier greift das Entropieprinzip ein. Die Verbindung beider erlaubt konkrete Aussagen. Das Entropieprinzip gibt den Naturvorgängen Einsinnigkeit und Nichtumkehrbarkeit: bei jedem energetischen Umwandlungsprozeß geht durch Zerstreuung ein Teil der dabei auftretenden Wärme verloren und kann auf keine Weise wiedergewonnen werden.

Dehnt man den Geltungsbereich des Satzes von einem abgeschlossenen System auf die Welt im ganzen aus, so ergibt sich als unausweichliche Konsequenz die Behauptung: Die in der Welt vorhandene freie Energie nimmt infolge des Entropiegesetzes ständig und unwiederbringlich ab. Die Welt geht dem Schicksal des »Wärmetodes« entgegen. Ob dieser weittragende Schluß berechtigt ist, ist umstritten.

Erhaltungssatz und Entropiesatz gelten als die unverbrüchlichsten und fundamentalsten aller Naturgesetze. Ihre Entdeckung ist ein Triumph der physikalischen Wissenschaft. Ihre Bedeutung für die praktische Naturbeherrschung wie für das philosophische Denken ist außerordentlich.

2. Die kinetische Gastheorie

Kreisen die eben behandelten beiden Sätze um das Thema »Wärme *und* Bewegung« oder haben doch von ihm ihren Ausgang genommen, so heißt das Stichwort für diesen Abschnitt: »Wärme *als* Bewegung«. Es handelt sich um den zunächst als Hypothese aufgestellten Satz: Wärme ist Bewegung, und zwar Bewegung der kleinsten Teilchen der Materie. Wenn wir ein beliebiges Stück Materie berühren und die Empfindung »warm« oder »sehr heiß« haben, so beruht diese Empfindung darauf, daß die sich bewegenden kleinsten Teilchen dieses Stoffes gegen unsere

Haut stoßen. Genauer – da auch unsere Haut und unsere Nerven aus solchen kleinsten Teilchen bestehen, die sich bewegen: Wenn die (durchschnittliche) Bewegungsenergie der kleinsten Teilchen der von uns berührten Materie größer ist als die Bewegungsenergie der kleinsten Teilchen der Haut, so empfinden wir das und nennen es Wärme. Und je größer diese durchschnittliche Energie, um so »wärmer« ist ein Körper. Dies bezieht sich nun allerdings auf jede Art von Materie in jedem Zustand, also auch auf feste Körper und auf Flüssigkeiten. Die genannte Hypothese gilt für diese alle und wird daher allgemeiner »kinetische Wärmetheorie« genannt. Doch wurde die Theorie zuerst für Gase entwickelt, weil diese für das Studium solcher Erscheinungen die günstigsten Voraussetzungen und die einfachsten Verhältnisse darbieten.

Damit diese Theorie etwa von der Mitte des Jahrhunderts ab ausgebildet werden konnte, mußte eine ganze Reihe von Voraussetzungen geschaffen sein, zum Teil innerhalb, zum Teil außerhalb der Physik. Innerhalb der Physik war vorausgegangen: das Studium der Gase, wie es im vorigen Kapitel geschildert wurde; weiter die Forschungen Rumfords und anderer, welche die Erklärung der Wärme als Bewegung nahelegten; weiter die Entwicklung der Thermodynamik und allgemeinen Energielehre, die wir soeben verfolgt haben. Die gegenseitige Umwandelbarkeit von Wärme und Bewegung legte den Gedanken recht nahe, Wärme selbst als »eine Art Bewegung« zu verstehen. Endlich mußte auch die ganze jahrhundertelange Entwicklung der Mechanik, insbesondere die Erforschung und mathematische Durchdringung der Bewegungsvorgänge, vorausgegangen sein, die nun hier ebenfalls mit der Wärmelehre zusammenzufließen begannen.

Zwei unerläßliche Vorbedingungen kamen von außerhalb der Physik. Die Mathematiker steuerten die jedenfalls für die eigentliche Durchbildung der kinetischen Gastheorie unentbehrliche Wahrscheinlichkeitsrechnung bei, die ich in meinem Bericht nur gestreift habe. Da es von vornherein aussichtslos war, die Bewegung eines einzelnen »kleinsten Teilchens« zu erfassen oder gar zu messen, so konnte es sich nur um statistische oder Durchschnittsberechnungen handeln. Für sie bildet die Wahrscheinlichkeitsrechnung die Grundlage.

Die zweite außerphysikalische Voraussetzung besteht in der Annahme »kleinster Teilchen« selbst. Zwar zieht sich die Lehre von den Atomen als den kleinsten Bausteinen der Materie vom Altertum an durch die ganze Philosophie und Naturwissenschaft; insofern ist sie nichts »Außerphysikalisches«; aber die ausgebildete Form, in der diese Annahme jetzt verwendet wurde, und die Tatsache, daß die Naturforscher um die Mitte des Jahrhunderts dieser Annahme fast durchweg zustimmten, war nicht der Physik zu danken, sondern der Chemie. Eine Erklärung der kinetischen Gastheorie, die nichts voraussetzen will, würde deshalb verlangen, einen Abschnitt über die Fortschritte der Chemie einzuschieben. Da jedoch im »Atomzeitalter« jedermann mit den »kleinsten Teilchen« eine gewisse Vorstellung verbindet, mag es genügen, hier zunächst auf die Tatsache hinzuweisen.

So viele Vorbedingungen mußten hier zusammenwirken! Man versteht, warum der Gedanke Daniel *Bernoullis* (1700–1782), der bereits 1738 die Anregung zu einer kinetischen Theorie der Gase gab, zunächst keinen Widerhall fand.

Unter den wichtigsten Förderern der kinetischen Gastheorie finden wir alle die Gelehrten wieder, die wir oben als Pioniere der Thermodynamik kennengelernt haben. Der wichtigste Name ist *Clausius*. Neben ihm steht Karl *Krönig* (1822–1879). Unter den Händen dieser Männer wuchs der einfache Grundgedanke zu einer klar formulierten, mathematisch faßbaren und der weiteren Nachprüfung und Anwendung fähigen wissenschaftlichen Theorie. Clausius erkaufte den Erfolg allerdings durch drei vereinfachende Grundannahmen; die weitere Entwicklung bestand – unter Erhaltung des Grundgedankens, daß die Moleküle frei und geradlinig herumfliegen, bis sie mit einem anderen zusammenstoßen – großenteils darin, daß man diese Annahmen als unzulässig erkannte und durch bessere ersetzte.

Die erste Annahme war die, daß die Moleküle eines Gases (nicht die verschiedener Gase) sich alle mit gleicher Geschwindigkeit bewegen. Diese Annahme beseitigte James Clerk *Maxwell* (1831–1879) und ersetzte sie durch eine Berechnung der Durchschnittsgeschwindigkeit der Moleküle. Das hier von Maxwell aufgestellte und auch nach ihm benannte Gesetz zeigt die Verteilung der Geschwindigkeit der Moleküle. Das Bild ähnelt in etwa der jedem Schützen oder Artilleristen bekannten »Streuung«: Wird auf eine Scheibe oder ein Ziel eine größere Anzahl von Schüssen abgegeben, so verteilen sich die Treffer in bestimmter gesetzmäßiger Gruppierung um den Zielpunkt herum. Sie sind unmittelbar um diesen am dichtesten, werden nach außen hin immer dünner »gestreut«. Ähnlich verteilen sich die Geschwindigkeiten der Moleküle um eine Durchschnittsgeschwindigkeit herum.

Eine zweite Annahme von Clausius lautete, die Moleküle seien alle unendlich klein. Es liegt auf der Hand, daß dies nur eine provisorische und vereinfachende Annahme sein konnte. Andere Forscher überwanden sie, drangen sogar zu greifbaren Zahlenangaben vor über die Größe der Moleküle und ihre Zahl in einem gegebenen Volumen. Der österreichische Physiker Joseph *Loschmidt* (1821–1895) errechnete den durchschnittlichen Radius eines Moleküls mit 10^{-8} cm und die Zahl der Moleküle in einem Kubikzentimeter Gas bei 0 Grad und 760 mm Druck mit 10^{23} – ungenau, aber in der Größenordnung annähernd zutreffend, denn spätere verbesserte Messungen und Berechnungen haben einen Wert um $27{,}2 \times 10^{18}$ ergeben. Das heißt: In einem Kubikzentimeter Gas befinden sich rund 27 Trillionen Moleküle.

Die dritte Annahme von Clausius war: Die Moleküle bewegen sich frei und üben keine Kräfte aufeinander aus, außer durch den Stoß im Augenblick ihres Zusammenpralls. Hier hat die weitere Entwicklung ein viel verwickelteres Bild geliefert. Maxwell zunächst führte die Annahme ein, daß Moleküle einander abstoßen. Damit konnte er manche Erscheinungen besser erklären, aber nicht alle. Der Holländer J. D. *van der*

Waals machte die weitere Annahme, daß Moleküle sich in bestimmter Entfernung anziehen, jedoch sich abstoßen, wenn sie einander zu nahe kommen. Tieferen Einblick konnten erst die späteren Erkenntnisse über die Struktur des Moleküls und des Atoms selbst geben.

Erwähnt sei noch, daß ein wenigstens mittelbarer empirischer Beweis für die kinetische Gastheorie in der sogenannten *Brownschen Bewegung* (nach dem englischen Botaniker Robert *Brown*, 1773–1858) gesehen wird. Ich verzichte auf weitere Schilderung der Theorie, – man kann sie in jedem Physikbuch nachlesen –, um sie noch ein wenig mit dem allgemeinen Gang der physikalischen Entwicklung zu verknüpfen.

So zahlreich die Bedingungen, die zum Entstehen der Theorie zusammenwirkten, so zahlreich sind ihre Anwendungen, Ausstrahlungen, Auswirkungen auf vielen Feldern der Naturwissenschaft und auch der Technik. Die Theorie erklärte folgerichtig alle bekannten mit Wärme zusammenhängenden Grundvorgänge, zum Beispiel Wärmeleitung, oder den Wärmeausgleich zwischen mehreren Körpern verschiedenen Wärmegrades; von der Wärmestrahlung, die erst später zum Gegenstand eingehender physikalischer Forschung wurde, sei hier abgesehen.

Die von Lord *Kelvin* (1824–1907) eingeführte absolute Temperaturskala fügt sich gut in den Zusammenhang der Theorie. Beim »absoluten Nullpunkt« (– 273° C) hört jede Bewegung der Teilchen auf.

Mit der kinetischen Gastheorie konnte man eine lange Reihe von früher ermittelten Gesetzen über das Verhalten von Gasen bestätigen und erklären, so das obengenannte Gesetz von *Boyle* und das später noch zu erwähnende von *Avogadro*. Die Theorie wurde dann ausgedehnt auf Körper in festem und flüssigem Zustand und ist die Grundlage für das Verständnis der Aggregatzustände und des Übergangs von einem in den anderen geworden.

Eine spezielle praktische Anwendung ergab sich daraus für die Verflüssigung von Gasen. Eine weitverzweigte Technik der Verflüssigung entwickelte sich, von größter praktischer Bedeutung für die Kältetechnik, für die Herstellung von Kunstdünger und viele andere Zwecke. Die Forschung wiederum bedient sich dieser Techniken bei ihren Versuchen, sich dem absoluten Nullpunkt zu nähern.

Zwei andere Auswirkungen sind von grundsätzlicher Bedeutung für die Physik:

Die Atomtheorie war eine Voraussetzung der kinetischen Gastheorie. Nun bot diese umgekehrt Ansporn und reichen Stoff für die Atomistik. Die Vorstellungen »Atom« und »Molekül« wurden fester bestimmt und quantitativ zugänglich. Man gewann Werte für ihre Größe, ihre Masse, ihre Geschwindigkeit u. a. Das wirkte zurück auf die Chemie, oder richtiger auf den Verschmelzungsprozeß der Chemie mit der Physik auf der Grundlage der Atomlehre.

Mit der kinetischen Gastheorie hielt die Wahrscheinlichkeitsbetrachtung ihren Einzug in die Physik. Ein folgenschweres Ereignis! Hier liegt der Anfangspunkt der langen Entwicklungsreihe, in deren Verlauf statistische Wahrscheinlichkeitsbetrachtungen immer mehr in den Vordergrund traten. Diese Seite der Theorie bildete zunächst vor allem Ludwig Eduard *Boltzmann* (1844–1906) weiter aus. Durch Boltzmanns Werk wurde die kinetische Gastheorie unmittelbar mit der allgemeinen Thermodynamik zusammengeschlossen, genauer mit ihrem zweiten Hauptsatz. Boltzmann zeigte nämlich, daß der Wärmeausgleich nichts anderes darstellt als den Übergang eines Systems von einem weniger wahrscheinlichen in den wahrscheinlicheren Zustand. Damit ist der zweite Hauptsatz der Thermodynamik aus der Gastheorie hergeleitet. In verwandter Richtung liegen die Verdienste des Amerikaners Josiah Willard *Gibbs* (1839 bis 1903). Gibbs war einer von den vielen Gelehrten, bei denen sich geistige Souveränität und Schöpferkraft hinter einer äußerlich unscheinbaren Person und Lebensführung verbergen. Seine Mitbürger ahnten noch nicht, wen sie in dem bescheidenen Junggesellen und Professor unter sich hatten, als der Name von europäischen Gelehrten schon mit Ehrfurcht genannt wurde.

Nicht nur die Verflechtung der Gastheorie mit der übrigen Physik ist ein nahezu unerschöpfliches Thema. Es lassen sich auch interessante allgemeinere Betrachtungen an sie knüpfen. Diese Lehre, längst ein Grundpfeiler der Physik, bietet das Musterbeispiel einer erfolgreichen Theorie. Was soll eine gute Theorie leisten? Zweierlei: sie soll uns eine Art geistiges Modell geben, ein Leitbild für unsere Vorstellungen; und zwar – dies ist wichtig im Zeitalter, da die Naturwissenschaft längst das nicht Anschaubare erforscht – ein anschauliches Modell oder Leitbild. Dieses Stadium: anschauliches Modell für etwas Unanschauliches und schlechterdings der Anschauung Entzogenes – ist schon mit der kinetischen Gastheorie erreicht. Welcher Mensch könnte sich 27 Trillionen Moleküle »vorstellen«, die im Raume eines Kubikzentimeters durcheinanderschwirren, mit dem durchschnittlichen Durchmesser von einem Zehnmillionstel eines Millimeters, mit einer Geschwindigkeit von 1000 Metern in der Sekunde, wobei jedes in jeder Sekunde millionenmal mit einem anderen zusammenprallt? Wir denken, wenn wir uns eine Vorstellung bilden wollen, vielleicht an ein Zimmer, in dem Tennisbälle umeinanderfliegen. Es ist absurd, sich etwas überhaupt anschaulich vorstellen zu wollen, das kleiner ist als eine Wellenlänge des Lichtes und damit schlechthin unsichtbar, unsehbar. Und doch, die Vorstellung ist von Nutzen; sie stellt uns ein Bild vor Augen, mit dem wir vertraut sind, über das wir gewisse Überlegungen anstellen können. Und nun kommt der zweite Nutzeffekt einer solchen Theorie: sie dient uns, logische Folgerungen, oder in exakter Form mathematische Schlußfolgerungen, abzuleiten, in unserem Fall zum Beispiel über Dichte, Kompressibilität, Diffusion, Ausdehnung von Gasen. Diese Schlußfolgerungen können wir dann durch Versuche nachprüfen.

Da unser Modell nicht mit der Wirklichkeit übereinstimmt, wird auch das Ergebnis der Versuche niemals ganz mit der vorhergehenden Berechnung übereinstimmen. Doch gerade die Vereinfachung, mit der wir notwendigerweise beginnen (zum Beispiel die Annahme eines »idealen Gases« oder die Vorstellung von Molekülen als glatten, runden, elasti-

schen, einander abstoßenden Kugeln, während sie in Wirklichkeit höchst kompliziert gebaut sind) ist der einzige Weg, auf dem wir überhaupt eine gewisse Ordnung in die Erscheinungen bringen können.
Die kinetische Gastheorie ist schließlich ein Musterbeispiel für den Zug zum Abstrakten und zur alles umfassenden Verallgemeinerung, der in der modernen Physik immer stärker in Erscheinung tritt. Die Physik nähert sich mit ihr bereits sehr stark dem Bereich des jeder Anschauung Entzogenen, in dem ein vorstellbares Modell eigentlich nur noch für den Fachmann taugt, um eine erste Annäherung an den Gegenstand zu finden, einer Krücke gleich, an der man sich aufrichtet, die man aber dann schnellstens wegwirft; und für den Laien, weil er ohne sie überhaupt keinen Zugang finden könnte. Diese Abstraktheit zeigt sich auch darin, daß die wirkliche Wärmeempfindung des lebenden Menschen keineswegs mehr das Kriterium dafür abgibt, was unter die Erscheinungen der Wärme zu rechnen ist oder gar dafür, was Wärme ist. Sinnesempfindungen können täuschen. Gerade der Temperatursinn ist solchen Täuschungen unterworfen. Wärmelehre ist heute nicht mehr Lehre von Wärme und Kälte, sondern Bewegungsstatistik kleinster Teilchen.
Als umfassende Verallgemeinerung schließt die Theorie zwei bis dahin getrennte Gebiete, nämlich Mechanik und Wärmelehre, zu einem zusammen; sie sieht nur noch einen quantitativen Unterschied zwischen Erscheinungen, die vorher als qualitativ verschieden galten. Sie fügt sich damit in die vereinheitlichende, auf ein einziges Grundgesetz hinzielende Entwicklung der neueren Naturwissenschaft.

3. Licht und Elektrizität

DER SIEG DER WELLENTHEORIE DES LICHTS DURCH YOUNG UND FRESNEL

Die Optik tat seit den Tagen Newtons und Huygens ihren ersten wichtigen Schritt vorwärts erst um die Wende zum 19. Jahrhundert mit dem Werke des Engländers Thomas *Young* (1773–1829) Young ist einer der vielen Männer aus der Wissenschaftsgeschichte, deren Leben das landläufige Vorurteil widerlegt, daß aus Wunderkindern später »nichts zu werden« pflege. Der kleine Young lernte mit 2 Jahren lesen. Mit 6 Jahren las er bereits schwierige Bücher und konnte eines auswendig hersagen. Mit 19 Jahren beherrschte er das Griechische und Lateinische und war vertraut mit Hebräisch, Chaldäisch, Arabisch, Syrisch, Persisch, Französisch, Italienisch und Spanisch. Ausgerüstet mit diesen Sprachkenntnissen, leistete Young später einen wesentlichen Beitrag zur Ägyptologie. Ihm gelangen die ersten richtigen Ansätze zur Entzifferung des berühmten Dreisprachen-Steines von Rossette – eines Blockes aus hartem Basalt, der auf seiner polierten Seite drei verwitterte Inschriften trug, eine in Hieroglyphen, eine in demotischer Schrift, eine in Griechisch. Der Stein wurde nach seiner Entzifferung zum Schlüssel für die Geheimnisse des alten Ägypten.
Young studierte zunächst Medizin und wurde Arzt. Noch bevor er die ärztliche Prüfung abgelegt hatte, veröffentlichte er eine Arbeit über

physiologische Optik, insbesondere die Anpassung des Auges an verschiedene Entfernungen sowie Kurz- und Weitsichtigkeit und wurde daraufhin mit 21 Jahren Mitglied der Royal Society.

Von diesem Thema war nur ein Schritt zur physikalischen Optik. Young kannte sowohl die Newtonsche wie die Huygensche Lichttheorie. Er beschloß, die Entscheidung zwischen Wellen- und Korpuskulartheorie durch das Experiment herbeizuführen. Der ebenso einfache wie geniale Gedanke, dessen er sich dabei bediente, ist mit dem Stichwort »Interferenz« bezeichnet.

Von einem Wasserbecken führen zwei Kanäle ab, die sich ein Stück vom Becken entfernt zu einem vereinigen. Eine Wellenbewegung des Wassers im Becken setzt sich in beiden Kanälen fort. Was geschieht, wo die Kanäle sich vereinigen und damit die in beiden ankommenden Wellenbewegungen zusammentreffen? Kommen die Wellen so zusammen, daß Wellenkamm auf Wellenkamm und Tal auf Tal trifft, so werden sich die Bewegungen addieren; in dem Fortsetzungsstück des Kanals entstehen Wellen, die doppelt so hoch sind wie die ursprünglichen. Es kann jedoch der andere Fall eintreten, daß Kamm auf Tal und umgekehrt trifft: dann werden sich die Wellen gleichsam auslöschen; sie heben sich gegenseitig auf, das Wasser im Fortsetzungsstück des Kanals wird glatt und unbewegt bleiben. Zwischen beiden Fällen sind alle Arten von Kombinationen möglich.

Youngs Folgerung: Wenn das Licht eine Wellenbewegung ist, so muß sich diese Erscheinung – die Interferenz – auch zeigen, wenn zwei Lichtstrahlen sich treffen und vermischen. Young stach mit einer Nadel zwei winzige, eng beieinander liegende Löcher in eine Karte und ließ aus einer entfernten Lichtquelle einen Lichtstrahl durch beide auf einen parallel dahinterliegenden Schirm fallen. Der Versuch ergab das nach der Wellentheorie zu erwartende Interferenzmuster und entschied damit für diese Theorie.

Damit hatte Young sich selbst überzeugt; aber es gelang ihm nicht, auch die wissenschaftliche Fachwelt zu überzeugen. Die Veröffentlichung seiner Ergebnisse, so einfach und überzeugend sie waren, brachte ihm nur Hohn und Spott ein, insbesondere weil ein Lord, der selbst in der Wissenschaft dilettierte, Young lächerlich zu machen verstand. Trotzdem gehört seit Young das Prinzip der Interferenz zum wertvollsten Besitz der Physik. Wo immer man mit Strahlung zu tun hat oder Strahlung neu entdeckt, bedient man sich der Interferenzerscheinungen zur Entscheidung der Frage, ob die Strahlung Wellencharakter hat.

Vierzehn Jahre später nahm der Franzose Augustin *Fresnel* (1788 bis 1827) – damals 27 Jahre alt – das Thema auf. Unabhängig von Young stellte er ähnliche Versuche wie dieser an. Die Beweise, die er brachte, überzeugten die Wissenschaft fast mit einem Schlage, vor allem auch, weil Fresnel im Unterschied zu Young auch Mathematiker war und seine Einsichten mathematisch formulieren konnte. Sobald Fresnel nach der Veröffentlichung seiner Arbeiten von der Priorität Youngs erfuhr, schrieb er diesem einen Brief und erkannte seine älteren Rechte an.

Den Grundgedanken der Wellentheorie durchgesetzt zu haben, ist das wichtigste Verdienst von Young und Fresnel. Aber es ist nicht der einzige Beitrag beider zur optischen Wissenschaft. Ein zweiter wichtiger Beitrag – auch schon von Young ausgesprochen, von Fresnel experimentell bewiesen an den gerade entdeckten Erscheinungen der Polarisation des Lichtes (Etienne Louis *Malus*, 1775–1812; Dominique François *Arago*, 1786–1853) war die Erkenntnis, daß die Lichtwellen nicht gleich den Schallwellen longitudinal sind (wie man bis dahin geglaubt hatte), sondern transversal; daß also die Schwingungen nicht in der Fortpflanzungsrichtung verlaufen, sondern senkrecht zu dieser. Damit ähneln die Lichtwellen nicht den Schallwellen, sondern eher den Wasserwellen, denn in bewegtem Wasser schwingen die einzelnen Wasserteilchen auf und nieder, während die Welle über die Oberfläche waagerecht dahin läuft. Fresnel machte auch die grundlegende Feststellung, daß der Unterschied zwischen den Farben auf den verschiedenen Wellenlängen beruht, daß violettes Licht gegenüber dem roten die doppelte Schwingungszahl und dementsprechend die halbe Wellenlänge aufweist.

Die Wellentheorie, an der seit den Versuchen Fresnels – die von anderen Gelehrten ausgebaut wurden – nicht mehr zu rütteln war, warf gleich ein neues und sehr schwieriges Problem auf: Wenn das Licht in Schwingungen besteht – *was* schwingt denn hier? Bei den Wellen des Meeres schwingen die Wasserteilchen. Die Schwingungen des Schalls pflanzen sich fort durch die Luft und durch andere feste und flüssige Medien. Was schwingt aber im luftleeren Raum, wenn sich das Licht durch ihn fortpflanzt? Die Frage war von Anfang an mit der Wellentheorie schon gegeben. Sie wurde aber jetzt kompliziert durch den Nachweis, daß die Lichtwellen transversal sind. Denn dieser Nachweis zwang zur Annahme eines *festen* und zugleich absolut elastischen Körpers (weil nur in einem solchen Körper sich Transversalwellen dieser Art fortpflanzen können) als schwingendes Medium; dieses feste Medium aber sollte sich im Raume befinden, durch den andere feste Körper sich ersichtlicherweise ohne jeden Widerstand hindurch bewegen!

Dies ist der Ursprung des schwierigen Problems des Äthers (wie man den gedachten Träger der Lichtwellen nannte), seiner Existenz und seiner Eigenschaften: ein Problem, das die Physik des folgenden Jahrhunderts unablässig bedrängte und das auch heute, wenngleich in veränderter Form, noch lebt. Viele wichtige experimentelle und mathematische Erkenntnisse gingen hervor aus Versuchen, dieses Problem zu lösen. Niemals hatten die Lösungsversuche vollen Erfolg; aber sie waren immer so weit erfolgreich, daß die Forscher zu neuen Ansätzen ermutigt wurden und daß das Problem sich lebendig und brennend erhielt. In der Elektrizitätslehre werden wir ihm sogleich noch einmal begegnen.

HAUPTSCHRITTE DER ELEKTRIZITÄTSLEHRE BIS ZUM AUFTRETEN FARADAYS Wir unterbrachen die Betrachtung der Elektrizitätslehre bei

Volta mit dem Jahre 1800, als sie sich gerade in rapider Aufwärtsentwicklung befand. Der auf Volta folgende Ausbau der Lehre – die neben der Thermodynamik das zweite Herzstück in der physikalischen Entwicklung des 19. Jahrhunderts darstellt – folgte mehreren gleichlaufenden Entwicklungslinien.

Eine Linie hat ihren Ausgangspunkt in dem von *Coulomb* gefundenen und nach ihm benannten Gesetz: Die Kraft zwischen zwei Ladungen ist umgekehrt proportional dem Quadrat ihres Abstandes. Das war der Beginn einer mathematischen Durchdringung dieses Gebietes. Verdienste um den weiteren Ausbau einer mathematischen Theorie der elektrischen Kräfte haben der bedeutende französische Mathematiker Simon Denis *Poisson* (1781–1840), der Engländer George *Green* (1793 bis 1841) und der große *Gauss*, dessen Werk bei der Mathematik schon ausführlich gewürdigt wurde.

Eine andere Reihe beginnt mit Galvani und Volta. Sie wirkte vor allem in die Chemie hinein und ist ein wichtiges Beispiel für die beginnende Verschmelzung dieser Wissenschaft mit der Physik. Sie betrifft die Elektrolyse und das ganze darauf aufbauende Gebiet der Elektrochemie. Zum vollen Verständnis setzt sie wiederum die Kenntnis der gleichzeitig in der Chemie zur Herrschaft gelangten Atomtheorie voraus.

1801 begann Sir Humphrey *Davy* (1778–1829), der hervorragende Pionier dieses neuen Forschungszweiges, mit seinen Experimenten. Davy, 23 Jahre alt, hatte damals allerdings noch nicht das »Sir« vor seinem Namen. Er war gerade als Assistent und Experimentator an die neugegründete Royal Philosophical Institution berufen worden, nachdem er sich, ursprünglich Gehilfe eines Wundarztes und Apothekers, zum Arzt herangebildet und durch eigene Experimente über die Verwendung von Gasen zu medizinischen Zwecken (Betäubung) einen Namen gemacht hatte. Zehn Jahre später war er bereits geadelt, ein angesehenes Mitglied der englischen Gesellschaft und ein Gelehrter mit einem Namen, der es ihm erlaubte, mit Genehmigung der britischen und französischen Regierung trotz des zwischen beiden Staaten gerade geführten Krieges den Kontinent zu bereisen und die führenden Wissenschaftler mehrerer Länder aufzusuchen – eine im Zeitalter der totalen Kriege kaum noch vollziehbare Vorstellung! Bleibenden Ruhm trug Davy neben seinen wissenschaftlichen Forschungen die Erfindung der Sicherheitslampe für Bergleute ein. Er schuf sie, als er die Ursachen der in Kohlenbergwerken damals häufigen Explosionskatastrophen untersucht hatte.

Davy schickte elektrische Ströme durch Lösungen und isolierte dabei eine Reihe von Elementen wie Calcium, Barium, Strontium zum erstenmal. Die durch Davy eröffneten neuen Einsichten befruchteten die Chemie, zum Beispiel in der elektrochemischen Theorie von Berzelius, und mündeten schließlich in die moderne Erkenntnis, daß alle chemischen Vorgänge im Grunde elektrische Vorgänge sind.

Auf Voltas Entdeckung geht auch die dritte Entwicklungsreihe zurück, welche für Theorie und Praxis des Gesamtgebietes Elektrizität die wichtigste wurde. Sie ist bezeichnet mit dem Stichwort »Elektrizität und Magnetismus«. Sie führt zu den größten Namen der Elektrizitätslehre des 19. Jahrhunderts: Faraday und Maxwell – der erste ein genialer Experimentator, der zweite ein genialer Theoretiker und Mathematiker. Doch bevor wir ihr Werk betrachten, muß dreier anderer Männer gedacht werden, die die Arbeiten Faradays und Maxwells vorbereiteten.

Einen engen Zusammenhang der elektrischen Erscheinungen mit denen des Magnetismus anzunehmen, lag nahe. Viele Versuche, ihn aufzufinden, waren schon gemacht worden. Aber nachgewiesen wurde er erst, als mit den galvanischen Elementen Ströme von hinreichender Stärke und Dauer zur Verfügung standen und als der Däne Hans Christian *Oersted* (1777–1851) die richtige Versuchsanordnung fand. Sie war sehr einfach. Oersted tat im Grunde nichts weiter, als einen Draht, der elektrischen Strom führte, über eine drehbar befestigte Magnetnadel zu bringen. Die Nadel wurde nach einer Seite aus ihrer bisherigen Stellung abgelenkt; nach der anderen Seite, als Oersted den Strom in umgekehrter Richtung durch den Draht schickte. Maßgebend für den Erfolg war der Umstand, daß Oersted, im Gegensatz zu anderen Forschern vor ihm, den Draht parallel zur Nadel hielt. Die hier gefundene Erscheinung bot eine gute Möglichkeit, die Stärke eines elektrischen Stromes zu messen. Man mißt einfach, wie stark die Nadel abgelenkt wird. Ein derartiges Meßgerät, in der einfachsten Form aus einer drehbaren Nadel und einer Drahtschlinge bestehend, durch die Strom geschickt wird, heißt Galvanometer.

Aus der Reihe der meist französischen Physiker, die Oersteds Entdeckung sogleich aufgriffen und zur Grundlage weiterer Versuche machten, ragt André Marie *Ampère* (1775–1836) hervor. Ampères Erfolg war blitzartig. Binnen einer Woche, nachdem die Nachricht von Oersteds Versuch in Paris eingetroffen war, führte er die Versuche durch, die seinem Namen für alle Zeiten den Platz in der Geschichte der Elektrizitätslehre sichern. Auch das Wesentliche an Ampères Leistung läßt sich für unseren Zweck auf eine kurze Formel bringen, die recht einfach ist oder es jedenfalls zu sein scheint. Zu einem Teile ist dieser Eindruck nämlich tatsächlich nur Schein, weil wir den Gegenstand für unseren Zweck etwas vereinfachen, während Ampère eine durchdachte und insbesondere auch mathematisch untermauerte Theorie schuf. Zum anderen Teil aber ist dieser Eindruck nicht bloßer Schein. Es ist hier wie mit anderen epochemachenden wissenschaftlichen Entdeckungen oder technischen Erfindungen: Sobald erst einmal jemand das Richtige vorgemacht, scheint es so einfach, daß jedermann sich staunend fragt, warum vorher niemand darauf gekommen, und daß jedermann glaubt, er hätte es auch gekonnt ... – Wie zwei Magnete aufeinander wirken, war seit langem bekannt. Wie elektrischer Strom auf einen Magneten wirkt, hatte Oersted gezeigt. Wenn nun Magnet und elektrischer Strom in dieser Beziehung anscheinend gleichwertig sind – sollten dann nicht auch zwei elektrische Ströme in ähnlicher Weise aufeinander wirken? Dies war es, was Ampère vermutete und sogleich nachwies.

Der dritte Name in dieser Reihe ist ein deutscher: Georg Simon *Ohm* (1789–1854). Ohms Hauptleistung ist eine ordnende. Mit Oersteds Entdeckung und ihrer Auswertung durch Ampère hatte man ein Maß für die Stromstärke. Ohm schuf für diese und für eine Reihe weiterer elektrischer Erscheinungen klare Begriffe und eine angemessene wissenschaftliche Terminologie. Am deutlichsten werden diese Begriffe, wenn man den elektrischen Strom einmal mit dem strömenden Wasser vergleicht. Man kann dann die Spannung mit dem Gefälle von einem Ende des Wasserlaufs bis zum anderen vergleichen; die Elektrizitätsmenge mit der Wassermenge, die pro Zeiteinheit fließt, usw. Der Vergleich hat natürlich seine Grenze. Ohms Name ist am bekanntesten durch das nach ihm benannte Gesetz. Es bezieht sich auf das Verhältnis zwischen dem Strom und dem Widerstand, den ein gegebener Leiter seinem Durchgang entgegensetzt. Drei Faktoren sind zu berücksichtigen: Spannung, Stromstärke, Widerstand. Das Verhältnis ist

$$\frac{\text{Stromstärke}}{\text{Spannung}} = \text{Widerstand.}$$

Sind zwei der drei Größen bekannt, so kann aus diesem Gesetz die dritte berechnet werden.

Der Name Ohms ist verewigt in der nach ihm benannten Grundeinheit des elektrischen Widerstandes. Auch die Namen vieler anderer Forscher sind verwendet worden zur Bezeichnung elektrischer Maßeinheiten: Volta, Coulomb, Ampère, Gauss, auch James Watt u. a.

Mit der Arbeit der eben behandelten Männer war die Bühne bereitet, auf der einer der größten Experimentatoren aller Zeiten in Erscheinung treten konnte.

FARADAY Im Jahre 1931 fand in London eine große Elektrizitäts-Ausstellung statt. An den Außenseiten der riesigen Halle standen die vielfältigen elektrischen Maschinen, die das 20. Jahrhundert kennt, von gewaltiger Größe und höchst kompliziertem Bau. Schritt man von irgendeiner dieser Maschinen aus auf den Mittelpunkt der Halle zu, so konnte man ihre Geschichte gleichsam rückwärts ablesen. Je weiter man nach innen zum Mittelpunkt der Halle kam, um so einfacher und altertümlicher waren die hier stehenden Maschinen, die die Vorgänger gewesen waren. Am Ende jedes solchen Weges stieß man auf das unscheinbare Gerät oder die einfache Versuchsanordnung, von der die betreffende Entwicklungsreihe einmal ausgegangen war. Diese ersten Stücke jeder Entwicklungslinie waren in einem kleinen Kreise um die Porträtbüste eines einzelnen Mannes aufgebaut, zusammen mit den unscheinbaren Tage- und Notizbüchern, die er geführt hatte. Denn alle hier gezeigten Wunder gingen auf das Schaffen dieses einen Mannes zurück.

Dieser Mann war Michael *Faraday* (1791–1867). Man sollte annehmen, daß ein genialer Experimentator, durch dessen Gedanken ganze Industriezweige entstanden sind und die Wirtschaft des ganzen Erdballs revolutioniert wurde, ein Vermögen aus seinen Entdeckungen gezogen habe. Aber Michael Faraday lebte arm und starb ohne Vermögen. Er wurde geboren als eines von 10 Kindern eines armen Hufschmieds. Er wurde Laufbursche und später Lehrling eines Buchbinders in London. Die Welt der Bücher weckte sein Interesse für die wissenschaftliche Forschung. Bald begann er, von seinem kärglichen Taschengeld sich Materialien anzuschaffen für die Geräte, mit denen er seine ersten eigenen Versuche anstellte. Durch einen Kunden des Buchbinders erhielt er einmal Eintrittskarten zu einigen wissenschaftlichen Vorträgen von Sir Humphrey Davy. An diesen wandte er sich, indem er ihm die sorgfältigen Notizen übersandte, die er bei den Vorträgen gemacht, und trug ihm seinen brennenden Wunsch vor, selbst in die Welt der Wissenschaft einzutreten. Davy entsprach der Bitte und stellte Faraday als Gehilfen in seinem Laboratorium an. So groß die wissenschaftlichen Verdienste Davys sind – er hat doch selber Faraday als seine »größte Entdeckung« bezeichnet.

Der Anfang war schwer für Faraday. Es fehlte ihm eine richtige Schulbildung, und er stand im Schatten von Davys Ruhm. Davy nahm ihn als Begleiter auf seine Festlandreise mit. Faraday lernte dabei viele führende europäische Gelehrte persönlich kennen. Die ersten Jahre arbeitete er hauptsächlich auf chemischem Gebiet. Hier setzte er die Forschungen Davys zur Elektrolyse erfolgreich fort. Dadurch und durch seine Bekanntschaft mit anderen Forschern und ihren Arbeiten wurde seine Aufmerksamkeit auf die Elektrizitätslehre gelenkt.

Folgende drei Tatsachen waren hier bereits gesichert: 1. Ein Magnet kann einen anderen Eisenkörper magnetisieren. 2. Ein elektrisch geladener Körper kann in einem anderen nicht geladenen eine elektrische Ladung hervorrufen (Influenz). 3. Ein elektrischer Strom läßt magnetische Wirkungen entstehen (Oersted).

Die erste Frage, die sich Faraday stellte: Wenn ein elektrischer Strom magnetische Wirkungen hervorruft – kann nicht auch ein Magnet einen elektrischen Strom hervorrufen? Faraday machte zu dieser Frage eine lange Reihe von Versuchen. Der letzte, endlich erfolgreiche Versuch bestand darin, daß er eine Spule aus Kupferdraht wickelte und die Enden mit einem Galvanometer verband. In den Innenraum der Spule führte er einen Stabmagneten hinein und wieder heraus. Die Nadel des Galvanometers zeigte keinen Ausschlag, wenn der Magnet still im Innern der Spule ruhte; dagegen einen lebhaften Stromstoß in dem Augenblick, da der Magnet eingeführt wurde; einen gleich starken, aber in entgegengesetzter Richtung, beim Herausziehen des Magneten. Das Ergebnis des Versuchs: Wird ein Magnet nahe bei einem geschlossenen Stromkreis *bewegt*, so entsteht ein Stromstoß, dessen Richtung von der Bewegungsrichtung des Magneten abhängt. Diese von Faraday 1831 entdeckte Erscheinung wird Induktion genannt, der dabei auftretende Strom heißt Induktionsstrom.

Faradays zweite Frage: Kann ein Strom, der in einem Draht fließt, in einem anderen Draht einen Strom induzieren? Diesmal mußte er mit zwei verschiedenen Wicklungen arbeiten. Die Enden des einen Drahtes waren an eine Batterie angeschlossen, die einen Strom durch den Draht schickte. Die andere, mit Bindfaden gegen die erste isolierte Windung war an ein Galvanometer angeschlossen. Es zeigte sich kein Ausschlag, während ein Strom durch die erste Leitung floß, wohl aber jedesmal in dem Augenblick, wenn Faraday den Kontakt zur Batterie herstellte oder löste – also immer, wenn der Strom gerade zu fließen begann oder aufhörte. Das Ergebnis: Ein stetig fließender Strom induziert keinen Strom in einem benachbarten Stromkreis. Aber das Ein- und Aussetzen eines solchen Stromes induziert im anderen Kreis Stromstöße von wechselnder Richtung.

Der nächste Schritt mußte sein, die theoretischen Folgerungen zu ziehen, das Ergebnis beider Versuche zu »erklären«. Das gelang Faraday, und zwar für beide Versuche gemeinsam, mit Hilfe der Vorstellung von *Kraftlinien*, wie sie schon Gilbert benutzt hatte: Der Raum um einen Magneten herum – und wie sich gezeigt hatte, auch um einen stromführenden Draht herum – ist durchzogen von Kraftlinien; der Raum, oder der Äther, von dem man den Raum erfüllt denkt, ist in diesem Bereich gleichsam in einem Zustand des Drucks oder der Spannung. Der Verlauf der Linien, entlang deren sich diese Kräfte konzentrieren, ist beim Magneten durch den einfachen Versuch mit den Eisenfeilspänen sichtbar zu machen; beim stromführenden Draht verlaufen die Linien in konzentrischen Kreisen, die sich in der Nähe des Drahtes immer mehr verdichten. Ruht der Magnet oder fließt ein gleichmäßiger Strom, so ändert sich die Zahl der Kraftlinien, die einen in die Nähe gebrachten anderen Stromkreis schneiden, nicht. In diesem Fall entsteht kein Induktionsstrom. Er entsteht aber, sobald sich, durch Bewegen des Magneten oder durch Ein- und Ausschalten des Stromes, die Zahl dieser Linien ändert.

Die eben geschilderten Versuche sind nur zwei von den grundlegenden Experimenten Faradays. Andere, die ich hier übergehen muß, beziehen sich auf die Elektrochemie und auf den Satz von der Erhaltung der Energie, den Faraday für das Gebiet der elektrischen Energie im Jahre 1843 bewies. Eines aber muß noch erwähnt werden: 1845 bewies Faraday experimentell zum ersten Male wenn nicht die Identität, so jedenfalls den engen Zusammenhang der elektrischen und magnetischen Erscheinungen mit dem Licht. Er zeigte, daß ein magnetisches Feld einen Strahl polarisierten Lichts zum Rotieren bringen kann, und sprach die Folgerung aus:

Hiermit ist, ich denke zum ersten Male, eine wahre unmittelbare Beziehung und Abhängigkeit zwischen dem Licht und den elektrischen und magnetischen Kräften gesichert; und dadurch ein wesentlicher Beitrag geleistet zu den Tatsachen und Überlegungen, welche dahin zielen, zu beweisen, daß alle Naturkräfte verbunden sind und einen gemeinsamen Ursprung haben . . . Die große Kraft, welche besondere Phänomene in jeweils besonderen Formen zeigen, wird hier weiter indentifiziert und erkannt durch die direkte Beziehung ihrer Form als Licht zu ihren Formen als Elektrizität und Magnetismus.

Wenn Faraday keine Reichtümer erntete, so wurden ihm doch Ehren und Anerkennungen in reichem Maße zuteil. Er wurde, als Davy starb, dessen Nachfolger als Direktor der Royal Institution und starb hoch geehrt als Pensionär des britischen Staates.

MAXWELL Faraday war kein Mathematiker. Er hatte keine mathematische Ausbildung genossen, anscheinend auch keine hervortretende mathematische Begabung. Ihn selbst behinderte das nicht. Er besaß den gleichsam instinktiven Spürsinn für das Wesentliche und für Zusammenhänge, der den großen Forscher auszeichnet. Aber seine Erkenntnisse verlangten doch nach einer exakten mathematischen Formulierung. Vielleicht war Faraday durch die fehlende mathematische Bildung nicht nur nicht behindert, sondern sogar begünstigt, weil sie ihn ganz unbefangen den Tatsachen gegenübertreten ließ. Dieser Meinung war jedenfalls Maxwell selbst:

Vielleicht ist es als ein für die Wissenschaft glücklicher Umstand zu bezeichnen, daß Faraday, wenn er auch völlig vertraut mit den Begriffen von Raum, Zeit und Kraft gewesen ist, kein eigentlicher Mathematiker war. So konnte er sich nicht versucht fühlen, in so manche interessante, aber rein mathematische Untersuchungen, zu denen ihn seine Entdeckung aufforderten, einzudringen. Auch lag es ihm fern, seine Resultate in mathematische Formeln zu kleiden, weder in solche, die von den Mathematikern seinerzeit gebilligt wurden, noch in solche, die ihnen Grund zu Angriffen geben konnten . . . (Maxwell fügt über seine eigene Arbeit hinzu:) Ich habe dieses Werk gerade mit der Hoffnung unternommen, daß es mir gelingen könnte, Faradays Ideen und Methoden mathematischen Ausdruck zu verleihen.

Maxwell war, wie viele große Forscher, frühreif: mit 15 Jahren verfaßte er eine Schrift über ein Problem der Mechanik, mit achtzehn die zweite. Und er war, wie fast alle großen Forscher, ungemein vielseitig: seine Arbeiten umschließen die Astronomie (Preisarbeit über die Stabilität des Saturnringes), die Thermodynamik, die kinetische Gastheorie und vor allem, was uns hier beschäftigt, die Lehre von Elektrizität, Magnetismus und Licht. Maxwells wichtigste Arbeit auf diesem Gebiet ist die *Abhandlung über Elektrizität und Magnetismus* von 1873. Die Grundgedanken hatte er bereits vorher in anderen Arbeiten niedergelegt.

Die berühmten Maxwellschen Gleichungen, das Herzstück seines Werkes, haben den Charakter von Vektor-Differential-Gleichungen und können wegen ihrer mathematischen Schwierigkeit hier nicht dargestellt werden. Wir können aber einige Grundgedanken Maxwells festhalten:

1. Maxwell gab Faradays Vorstellungen von einem elektromagnetischen »*Feld*«, welches sich um den Magneten bzw. den stromführenden Leiter dehnt, eine exakte mathematische Form.

2. Maxwell zeigte – wohlgemerkt mathematisch, nicht experimentell – daß jede Störung, die im Äther durch elektrische oder magnetische Veränderungen hervorgerufen wird, sich in diesem in Form von Wellen ausbreiten muß. Er gab die mathematisch formulierten Gesetze für diese Ausbreitung.

3. Insbesondere bewies er, wie die Deutschen Friedrich *Kohlrausch* (1840 bis 1910) und Wilhelm *Weber* (1804–1891) bereits experimentell näherungsweise ermittelt hatten, daß solche Wellen sich mit Lichtgeschwindigkeit ausbreiten müßten.

4. Maxwell erklärte das Licht als eine elektromagnetische Erscheinung. Was heißt das? Was wir als Licht wahrnehmen, wenn es unser Auge trifft, ist eine »Störung« des Äthers, ein sich ausbreitender Wellenvorgang von grundsätzlich gleicher Art wie die elektromagnetischen Wellen. Eine wesentliche Grundlage dieser Theorie war die Übereinstimmung der Fortpflanzungsgeschwindigkeiten. Maxwell legte dar, daß die Messung der Lichtgeschwindigkeit durch Foucault einerseits ohne jegliche Verwendung von Elektrizität oder Magnetismus erfolgte, und daß umgekehrt bei den Kohlrausch-Weberschen Messungen kein Licht verwendet wurde, »um die Instrumente zu sehen«. Wenn beide Resultate übereinstimmen, so rechtfertigt das den Schluß,

daß Licht und Magnetismus Affektionen derselben Substanz sind, und daß Licht eine elektromagnetische Störung ist, fortgepflanzt durch das Feld gemäß den elektro-magnetischen Gesetzen.

5. Maxwell sagte auf Grund seiner Theorie die Existenz von elektromagnetischen Wellen voraus, die Heinrich *Hertz* bald danach auffand. Verfolgt man Maxwells Schriften in ihrer zeitlichen Folge, so sieht man, wie er zunächst, im Anschluß an Faraday hauptsächlich, eine Reihe von mechanischen Modellen als Hilfsvorstellungen benutzt, wie er diese dann Schritt für Schritt fallenläßt, bis die Theorie in reinem mathematischem Gewande dasteht. Mit dieser Theorie war ein Markstein in der Geschichte der Naturerkenntnis gesetzt, der zweite neben den Hauptsätzen der Energetik, von gleicher Tragweite wie diese, von Albert Einstein als wichtigstes Ereignis in der Physik seit Newtons Gravitationslehre bezeichnet. Die Quintessenz von Maxwells Werk ist enthalten in seinen »Feldgleichungen« – zwei Serien von je drei Gleichungen. Sie enthalten einen qualitativen und einen quantitativen Bestandteil. Der qualitative besteht in den beiden Grundsätzen: Jede Änderung eines elektrischen Feldes erzeugt in der unmittelbaren Umgebung ein magnetisches Feld; jede magnetische Feldänderung erzeugt in der nächsten Umgebung ein elektrisches Feld. Der quantitative Bestandteil besteht in der Angabe der zahlenmäßigen Beziehungen, bei denen die Konstante c, die Lichtgeschwindigkeit, eine entscheidende Rolle spielt.

AUSBAU UND BESTÄTIGUNG DER MAXWELLSCHEN THEORIE Die weitere Entwicklung des Gesamtgebietes »Elektrizität« bis in die neunziger Jahre des Jahrhunderts ging in zwei Richtungen: praktische Auswertung der gefundenen Erkenntnisse für die Technik – weitere Durchbildung der Theorie. Werfen wir zunächst noch einen kurzen Blick auf die Theorie. Hier sind vor allem zwei Namen zu nennen: Heinrich *Hertz* (1857–1894) und Hendrik Antoon *Lorentz* (1853–1928).

Hertz, durch Helmholtz auf die Gedanken Maxwells aufmerksam gemacht, gelang es 1887, elektromagnetische Wellen von genau der Art, wie sie Maxwell theoretisch vorausgesagt hatte, im Laboratorium zu erzeugen und an ihnen alle vom Licht her bekannten Erscheinungen wie Reflexion, Brechung, Interferenz, Beugung aufzuweisen. Für die Praxis war dies der Ausgangspunkt für Rundfunk und drahtlose Telegrafie; für die Theorie bedeutete es eine wichtige Bestätigung der Maxwellschen Gleichungen, deren Autorität seither unangefochten besteht.

Auch von Lorentz kann man sagen, er sei ein legitimer Nachfolger Maxwells. Lorentz wandte die Maxwell-Gleichungen auf neue Gruppen von Erscheinungen an. Dabei mußten sie sich allerdings eine gewisse Umformung gefallen lassen. Die neuen Erscheinungen, um die es sich handelt, können an dieser Stelle nicht dargestellt werden. Es handelt sich im wesentlichen um die Entdeckung der Röntgenstrahlen, der Radioaktivität und der elektrischen Entladungen in Gasen – alles Ausgangspunkte der modernen Elektronentheorie. Lorentz selbst gilt als einer der Schöpfer dieser Theorie. Die entscheidenden Entdeckungen und Ereignisse liegen gegen und um die Jahrhundertwende. Ich werde im letzten Abschnitt dieses Kapitels auf sie zurückkommen.

4. Einige praktische Auswirkungen

Für einen Augenblick wollen wir im Geiste das gleiche tun, was die erwähnte Faraday-Gedächtnisausstellung von 1931 versuchte: einige Linien ziehen von den grundlegenden Versuchen und Entdeckungen der Physiker zu ihrer praktischen Anwendung in der Technik. Ich habe früher schon einmal darauf hingewiesen: Obgleich die neuen Erkenntnisse nach praktischer Anwendung geradezu verlangten und sie auch alsbald erhielten, war es doch nicht so, daß diese Anwendungen sich von selbst ergeben hätten. Es ist noch ein beträchtlicher Schritt von der Erkenntnis eines richtigen Prinzips oder von der Aufstellung einer Gleichung bis zur Konstruktion einer arbeitenden und wirtschaftlich verwendungsfähigen Maschine, die auf diesen Erkenntnissen beruht. Wenn man also z. B. sagt: Sowohl Dynamo wie Elektromotor wie vieles andere beruhen auf den Induktionsversuchen Faradays, oder der elektrische Telegraf in seiner frühesten Form auf den Versuchen Ampères, oder der Rundfunk auf den Laboratoriumsversuchen von Hertz, so ist das richtig; aber diese Dinge waren damit erst *möglich* geworden – sie waren noch nicht da. Dies verkennen, hieße ungerecht sein gegen die Arbeit der zahllosen Gelehrten, Konstrukteure und Erfinder, die diese Dinge schufen. Auch lieferte nicht nur die wissenschaftliche Forschung Grundlagen für die technische Auswertung: die Technik befruchtete auch im stärksten Maße wieder die Wissenschaft.

DAMPFKRAFT UND VERKEHR Die Dampfmaschine war aus zwingenden wirtschaftlichen Bedürfnissen entstanden; umgekehrt gab sie der Industrialisierung erst den eigentlichen Anstoß. Für das 19. Jahrhundert ist vor allem der Nutzbarmachung der Dampfkraft für den Verkehr zu gedenken. Wiederum wurde sie auf der einen Seite durch die Bedürfnisse der Industrialisierung angestoßen und ermöglicht, hat aber umgekehrt diese erst in voller Schnelligkeit und Breite möglich gemacht. Die beiden wichtigsten Anwendungen liegen für den Verkehr zu Lande im Eisenbahnwesen, für den Seeverkehr in der Dampfschiffahrt.

Eisenbahnen. – Unter einer Eisenbahn verstehen wir zunächst ein Verkehrsmittel, das, wie der Name aussagt, auf Eisen, auf Schienen aus Eisen läuft. In diesem Sinne gab es Eisenbahnen mindestens schon seit der ersten Hälfte des 18. Jahrhunderts in den Bergwerken Englands und Deutschlands. Vorläufer der Eisenschienen sind die Laufbahnen aus Eichenplanken, die seit dem 16. und 17. Jahrhundert in Gruben verwendet wurden. Die Eisenschienen wurden zunächst oben auf die Eichenbohlen, bald darauf direkt auf die querliegenden Schwellen gelegt. Es zeigte sich, daß man auf Eisenschienen mit gleicher Zugkraft ein Mehrfaches bewegen konnte wie auf Holz. Die nächsten Schritte waren die aufrechtstehende Schiene mit dem heute geläufigen pilzförmigen Querschnitt und die Verwendung des Stahls als Werkstoff – dies erst nach der Einführung der Dampflokomotive.

Die Konstruktion von Dampflokomotiven begann mit dem Anfang des 19. Jahrhunderts, nachdem es schon vorher einige Konstruktionen von Straßendampfwagen gegeben hatte. Die erste Lokomotive, der wir diesen Namen zuerkennen würden, baute Richard *Trevithick* im Jahre 1804. Die Verbesserungen James Watts machten die Dampfmaschine zum ersten Male leicht genug, um sie auf ein Fahrzeug zu montieren. Die ersten Lokomotiven waren immer noch sehr schwerfällig und wurden zum Bewegen von Lasten auf Grubenbahnen verwendet. George *Stephenson* (1781–1848), der von seinem 8. Lebensjahr an sein Brot mit eigener Arbeit verdienen mußte und erst mit 18 Jahren lesen und schreiben lernte, schuf 1830, nach 15jähriger Erfahrung im Lokomotivbau, die erste Lokomotive, die die für den Passagierverkehr erforderlichen Eigenschaften, vor allem die nötige Schnelligkeit, besaß. Sie erreichte 36 englische Meilen pro Stunde, etwa das Doppelte der schnellsten Geschwindigkeit, mit der man bis dahin zu Lande hatte reisen können. Immer ist für die Beförderung von schweren und Massengütern die Billigkeit, für die Beförderung von Personen die Schnelligkeit das erste Erfordernis für ein Verkehrsmittel gewesen, daneben Zuverlässigkeit, Sicherheit, Pünktlichkeit und Bequemlichkeit. Wichtige Verbesserungen waren der Feuerrohrkessel und das Abblasen des Abdampfes durch eine verlängerte Öffnung im Schornstein, um den Schornsteinzug zu verstärken.

Mit der Dampflokomotive war das zweite Erfordernis erfüllt, das wir mit dem Begriff einer Eisenbahn verbinden: der mechanische Antrieb.

Das dritte Erfordernis ist die Führung über größere Strecken. Auch das begann in England. Die erste Bahn wurde 1825 zwischen Stockton und Darlington eingeweiht; die erste, die im wesentlichen dem Personenverkehr dienen sollte, 1830 zwischen Liverpool und Manchester. Gleich bei der Eröffnung gab es den ersten tödlichen Unfall in der Geschichte des modernen Verkehrs. Auf dem Kontinent folgten 1835 die Strecken

Nürnberg–Fürth in Deutschland sowie Brüssel–Malines in Belgien. Es folgten schnell hintereinander Frankreich, Österreich, Rußland, Italien, Dänemark. Nach wenigen Jahren gab es bereits mehrere tausend Kilometer Eisenbahnstrecken auf der Welt. Ein Jahrhundert später waren es erheblich mehr als 1 000 000 Kilometer. Mit der Semmering-Bahn (1841 bis 1854) eroberte das neue Verkehrsmittel zum erstenmal auch schwierigstes Gelände.

Wie durch einen Zauberstab berührt, begann der größte Teil der bewohnten Erdoberfläche sich mit Eisenbahnnetzen zu überziehen – vielleicht die größte Kapitalinvestition, welche die Kulturmenschheit für einen einzigen (friedlichen) Zweck in sehr begrenzter Zeit aufgebracht hat. Die Weiten der außereuropäischen Erdteile wurden durch die Eisenbahn erschlossen. Ein Markstein war die Vollendung der ersten durchgehenden Bahnverbindung zwischen Atlantik und Pazifik in den Vereinigten Staaten im Jahre 1869. Sie bahnte den Weg für den – heute noch anhaltenden – Zustrom großer Menschenmassen in den Westen Amerikas. Gegen Ende des Jahrhunderts entstand die Transsibirische Bahn.

Die Eisenbahn ermöglichte es großen Teilen der arbeitenden Bevölkerung, der drangvollen Enge großstädtischer Elendsquartiere – in die sie durch den Zwang, die Arbeitsstätte täglich zu erreichen, gebannt gewesen waren – zu entfliehen und in entferntere Vororte zu ziehen. Die Großstädte dehnten sich ins Riesenhafte.

Bereits um die Mitte des Jahrhunderts wuchsen die an vielen Stellen begonnenen Einzellinien zu länderumspannenden Netzen zusammen. In England konnte man etwa 1860 schon nach allen wichtigeren Orten durchgehend per Eisenbahn reisen. Die Einführung der Stahlschiene und der Westinghouse-Bremse, beides um 1870, ermöglichten schnelleres und sichereres Fahren. Um 1870 gab es D-Züge und Schlafwagen. Zum erstenmal wurden Auslandsreisen für breitere Kreise zugänglich. Die Gewohnheit, jährlich einen Urlaub zu nehmen und außerhalb des Wohnortes zu verbringen, setzte sich erst mit der Eisenbahn durch. Bis zum Ersten Weltkrieg blieb die Eisenbahn für den Personenverkehr zu Lande ohne Konkurrenz.

Mit der Eisenbahn konnten erstmalig große Mengen von Nahrungsmitteln über große Entfernungen zu Lande schnell bewegt werden. Vorher bedeutete eine Mißernte in einem weiter ausgedehnten Gebiet mit tödlicher Sicherheit eine Hungerkatastrophe. Nun begann der weltweite Austausch; die von der Natur bevorzugten Länder wurden zu Lieferanten der übrigen.

Die Eisenbahn konnte auch erstmalig größere Gütermengen schnell und billig über Land befördern. Sie allein war in der Lage, den Bedarf der wachsenden Industrie an Rohstoffen, insbesondere Kohle und Erz, heranzuschaffen. Dadurch wurde es möglich, zum erstenmal die Vorteile auszunutzen, welche eine Güterproduktion im großen bietet. Es kam zu den gewaltigen industriellen Zusammenballungen.

Die Eisenbahn revolutionierte auch das Kriegswesen. Mit ihr konnte man zum erstenmal Armeen von nahezu beliebiger Größe ernähren und auch bewegen. Im Ersten Weltkriege war die Eisenbahn auch als militärisches Transportmittel noch fast ohne Konkurrenz.

Dampfschiffe. – Der Gedanke, ein Schiff mit Dampfkraft anzutreiben, findet sich schon im 17. Jahrhundert, z. B. bei Denis *Papin.* Im 18. Jahrhundert beschäftigten sich u. a. Daniel *Bernoulli* und *Euler* mit dem Problem. Erst im 19. Jahrhundert gelang die befriedigende Lösung. Das erste brauchbare Dampfschiff, von dem Amerikaner Robert *Fulton* erbaut, befuhr 1807 den Hudson. 1818 überquerte die gleichfalls von Fulton erbaute »Savannah« als erstes Dampfschiff den Atlantik. Sie hatte selbstverständlich außer ihren Maschinen noch Segel. Fast gleichzeitig begann sich die Verwendung von Eisen an Stelle von Holz für den Schiffbau durchzusetzen. Das erste Dampfschiff hatte Radantrieb. Seit den vierziger Jahren gibt es Dampfschiffe mit Schraubenantrieb.

Die Dampfmaschine für den Schiffsantrieb zu verwenden, war leichter, als sie für die Montage auf einem Räderfahrzeug tauglich zu machen. Gewicht und Größe der Maschine standen beim Schiff nicht so hindernd im Wege. Für den Personenverkehr über See hatte sich das Dampfschiff mit Beginn der zweiten Jahrhunderthälfte durchgesetzt. Im Frachtverkehr konnte das Segelschiff noch bis ins 20. Jahrhundert erfolgreich mit ihm wetteifern. Es bot, jedenfalls für nicht verderbliche Waren, den Vorteil der Billigkeit. In den beiden letzten Jahrzehnten des 19. Jahrhunderts setzte die Entwicklung der Turbine ein; gegen Ende des Jahrhunderts ihre Verwendung für den Schiffsantrieb.

KRAFT UND LICHT DURCH ELEKTRIZITÄT Wie weit der Weg sein kann von einer wissenschaftlichen Erkenntnis bis zu ihrer praktischen Auswertung, wird deutlich, wenn man ermißt, daß die wesentlichen experimentellen Ergebnisse und theoretischen Erkenntnisse, welche die Grundlage für den späteren Siegeszug der Elektrizität bilden, zum großen Teil schon in den dreißiger Jahren des 19. Jahrhunderts vorlagen – daß jedoch eine nach Ausmaß und Auswirkung ins Gewicht fallende praktische Verwendung elektrischer Energie erst in den achtziger Jahren einsetzte. Die Voraussetzungen, welche in der Zwischenzeit zunächst noch zu schaffen waren, lagen in drei Richtungen: Man mußte Maschinen bauen, die hinreichend große Mengen elektrischen Stromes erzeugen – erzeugen selbstverständlich gemäß dem Erhaltungsgesetz aus anderen, dafür bereitzustellenden Energieformen und -vorräten. Man mußte weiter den Strom auch über große Entfernungen zu den Stätten leiten können, an denen er Arbeit leisten sollte. Drittens waren Maschinen und Vorrichtungen zu konstruieren, die am Orte der Verwendung die Rückverwandlung der elektrischen Energie in die hier benötigte Form, sei es mechanische Energie, Wärme, Licht oder was sonst, zu leisten vermochten.

Stromerzeugung. – Die erste dieser drei Voraussetzungen schuf der Dynamo. Das Prinzip dieser Maschine besteht darin, daß laufend und in schneller Folge das geschieht, was Faraday bei seinem ersten Induktionsversuch mit Drahtspule und Stabmagnet mit der Hand getan hatte:

Drahtwindungen eines Stromkreises werden von einer immer wechselnden Zahl magnetischer Kraftlinien geschnitten; der entstehende Induktionsstrom wird aus der Wicklung entnommen und der Verwendung zugeleitet.

An der langen Entwicklung von dem einfachen Prinzip bis zur ersten arbeitsfähigen und betriebssicheren Dynamomaschine sind mehrere Männer beteiligt. Unter ihnen ragt Werner *von Siemens* (1816–1892) hervor. Siemens war zuerst aktiver Offizier im preußischen Heer. Die Beteiligung an einem Duell trug ihm fünf Jahre Festungshaft ein. In dieser Zeit begann er in einem kleinen Laboratorium, das er in seiner Zelle hatte einrichten dürfen, zu experimentieren. Nach seiner Begnadigung fehlte es ihm zunächst an Geld, um seine Versuche fortzusetzen. Der Verkauf eines Patents in England durch seinen Bruder Wilhelm brachte die ersten größeren Mittel. Siemens erkannte als einer der ersten die hervorragende Eignung des Gummis als Isoliermittel. 1849 nahm er seinen Abschied und begründete mit dem Mechaniker Halske in der Nähe des Anhalter Bahnhofs in Berlin eine kleine Werkstätte, aus der sich das heutige Weltunternehmen entwickelt hat. Die Firma stellte u. a. Unterseekabel her. Am bedeutendsten sind aber Siemens' Verdienste um die Dynamomaschine. Wesentlich war die Verwendung eines Elektromagneten an Stelle eines Stahlmagneten und eine bessere Ausnutzung des magnetischen Feldes durch eine besondere Form und Wicklung des Ankers. Das Stichjahr ist 1866/67.

Die ersten Dynamos erzeugten schnell aufeinanderfolgende, in der Richtung alternierende Stromstöße, d. h. Wechselstrom. Bald gelang es, durch einen Stromwender einen gleichgerichteten Strom zu erzeugen, dessen Stärke pulsierte, und durch weitere Verbesserungen aus dem pulsierenden einen gleichmäßig fließenden Strom zu machen.

An Ergiebigkeit übertrifft der Dynamo die Batterie um das Vielfache. Die Batterie nützt sich schnell ab und muß aufgeladen werden. Die Lebensdauer des Dynamos ist nur durch die geringfügige Abnutzung des verwendeten Materials begrenzt. Die Hauptsache ist, daß man der Maschine ständig die nötige Bewegungsenergie zuführen kann. Das geschieht in Ländern, die über natürliche Wasserkräfte verfügen, durch deren Ausnutzung – dies gab den wichtigsten Anstoß zur Entwicklung der Wasserturbine. In den übrigen Ländern erfolgt der Antrieb durch Dampfmaschinen.

Stromübertragung. – Die so gewonnene elektrische Energie mußte nun zu den Stellen geführt werden, an denen sie gebraucht wurde. Diese zweite Voraussetzung schuf die neue Technik der Stromübertragung und Stromumwandlung, deren Ausbildung in den achtziger Jahren begann. Eine der ersten Kraftstrom-Fernleitungen wurde 1882 zwischen Miesbach und München gebaut. Sie diente nur Demonstrationszwecken; die übertragene Energiemenge war sehr gering. Ein Jahr später entstand in England der erste Transformator. Mit ihm konnte man den im Kraftwerk erzeugten Strom auf eine sehr hohe Spannung »hinauftransformieren«, ihn so durch die Leitung schicken und die Spannung am

Orte des Verbrauchs wieder auf das benötigte Maß herabsetzen. Je höher nämlich bei einer Überlandleitung die verwendete Spannung, um so geringer die Strommengen, die man hindurchschicken muß, um eine gewünschte Leistung zu erzielen.

Elektromotoren. – Der Dynamo verwandelt mechanische in elektrische Energie. Der Elektromotor verwandelt elektrische wieder in mechanische Energie. Im Dynamo wird durch Bewegen von Drahtwindungen in einem magnetischen Kraftfeld Induktionsstrom erzeugt. Im Elektromotor wendet man das gleiche Prinzip in umgekehrter Richtung an. Der elektrische Motor, ebenfalls von den achtziger Jahren ab entwickelt, errang schnell eine beherrschende Bedeutung für eine Vielzahl von Zwekken. Er zeichnet sich aus durch Geruchlosigkeit, Geräuscharmut und geringe Wärmeentwicklung. Er eignet sich auch für kleine und kleinste Arbeitsleistungen. Er hat den höchsten Wirkungsgrad aller Kraftmaschinen. 95 Prozent der zugeführten Energie können als nützliche Arbeit wieder gewonnen werden. Er verbraucht keine Energie, wenn er stillsteht, und wenig, wenn er gering belastet wird.

Die Verwendung von Dampfkraft zwingt die Betriebe zu räumlicher Konzentration. Die Betriebe drängen sich dort zusammen, wo Kohle gewonnen wird oder wo sie, wie an Wasserwegen, billig herangeschafft werden kann. Auch innerhalb des einzelnen Betriebes zwingt die Dampfmaschine, weil gewöhnlich eine Antriebsmaschine Dutzende oder Hunderte von Werkzeugmaschinen treibt, zur räumlichen Konzentration und daneben zum Einbau eines komplizierten Systems von Wellen, Transmissionen u. ä., die Geld und Energie verschlingen.

Der Elektromotor gab dem Kleinbetrieb, dem Handwerker, auch dem Landwirt, schließlich jedem Haushalt eine Kraftmaschine. Er ermöglichte auch innerhalb der Fabrik den Verzicht auf verlustbringende Übertragungsanlagen, weil für jeden Zweck ein eigener Elektromotor entsprechender Größe aufgestellt werden kann. Eine der wichtigsten Anwendungen erhielt der neue Motor bei den elektrischen Straßen- und Eisenbahnen.

Elektrisches Licht. – Seit man den elektrischen Lichtbogen kannte (1807), gab es Versuche, die Elektrizität für Beleuchtungszwecke nutzbar zu machen. Aber erst in den siebziger Jahren gelang die Herstellung einer brauchbaren »Bogenlampe«. Fast gleichzeitig (1880) erfand Thomas Alva *Edison* die Kohlefadenlampe, in der nicht ein Lichtbogen zwischen zwei Polen aus Kohle, sondern ein dünner Faden aus Kohle leuchtete, der, um seine Verbrennung zu verhindern, in einen luftleer gemachten Glaskörper eingeschlossen war. Später traten Metallfäden an die Stelle der Kohle. Von etwa 1900 ab verdrängte die elektrische Beleuchtung das Gaslicht, das im 19. Jahrhundert in den Städten eingeführt worden war. 1882 wurde unter Edisons Leitung das erste Elektrizitätswerk für Beleuchtungszwecke in New York errichtet.

Andere Verwendungszwecke. – Andere wichtige Verwendungszwecke der elektrischen Energie liegen in der Heizung, der Kältetechnik und in der chemischen Industrie. Auch der Verbrennungsmotor konnte nur geschaffen werden, weil die entsprechenden elektrischen Vorrichtungen zur Verfügung standen bzw. gleichzeitig geschaffen wurden.

ELEKTRISCHE NACHRICHTENMITTEL Eine der bemerkenswertesten Eigenschaften der Elektrizität ist ihre ungeheure, der des Lichts gleichende Fortpflanzungsgeschwindigkeit. Der Gedanke lag nahe, sie an Stelle des seit alters dafür verwendeten Schalls oder Lichts zum Übermitteln von Nachrichten zu verwenden.
Wegen der verhältnismäßig geringen benötigten Elektrizitätsmenge war die Entwicklung der elektrischen Telegrafie nicht wie andere Anwendungen von der Schaffung besserer Elektrizitätsquellen abhängig; hier genügte es, daß brauchbare Batterien zur Verfügung standen.
Zu den ersten Erfindern, die an der Entwicklung des Telegrafen beteiligt sind, gehören der Deutsche *Sömmering* (1809) sowie *Ampère* (1820) mit seinem Nadeltelegrafen. 1833 bauten *Gauss* und *Weber* in Göttingen die erste praktisch verwendbare Telegrafenanlage. Sie war noch zweiadrig verlegt. 1837 entdeckte *Steinheil* in München, daß die zweite Leitung entbehrlich ist, daß man den Strom durch die Erde zurückleiten kann. Samuel *Morse* baute 1837 den ersten Schreibtelegrafen und erfand 1843 das nach ihm benannte System von Telegrafiezeichen.
1847 gab es die erste öffentliche Telegrafeneinrichtung. 1851 wurde das erste unterseeische Kabel verlegt, nachdem im Kautschuk ein geeignetes Isoliermittel gefunden war. 1858 begann man, das erste transozeanische Kabel zu legen, aber es riß während des Verlegens. Acht Jahre später gelang ein neuer Versuch. Am 27. Juli 1866 wurden die ersten Kabeltelegramme zwischen Alter und Neuer Welt ausgetauscht; am folgenden Tage konnten die staunenden Londoner die Kurse der New Yorker Börse vom Vortage lesen. Die schnellste Verbindung zwischen den Kontinenten hatte bis dahin 12 Tage betragen. Jetzt war sie auf Sekundenbruchteile zusammengeschrumpft. Kurz darauf wurde auch das früher gerissene Kabel aufgefischt und zusammengeschlossen. Bald gab es Kabel durch alle Weltmeere.
Nach mannigfachen Versuchen mehrerer Erfinder in der ersten Hälfte des Jahrhunderts erhielt 1875 der Schotte Alexander Graham *Bell* in Amerika ein Patent auf ein Telefon, das die meisten wesentlichen Züge der heutigen Ausführung aufwies. 1860 schon hatte der Deutsche Philipp *Reis* einen ähnlichen Apparat geschaffen, der jedoch nicht zum Übertragen von Sprache, sondern nur von Musik geeignet war und deshalb wenig beachtet wurde. 1893 sah man auf der Weltausstellung in Chicago das erste Selbstanschlußgerät.
Die Entdeckung der elektromagnetischen Wellen durch Heinrich *Hertz* regte viele Gelehrte und Erfinder zur weiteren Beschäftigung mit diesen Wellen an. Der Italiener Guglielmo *Marconi* begann 1895 im Garten seines Vaters mit den ersten drahtlosen Telegrafieversuchen. Bald konnte er eine Verbindung über mehrere Kilometer herstellen. 1897 telegrafierte Marconi über den Kanal zwischen England und Frankreich und stellte drahtlose Verbindungen zu Schiffen auf See her. Am 12.

Dezember 1901 hörte er über eine Entfernung von 2800 Kilometern die ersten drahtlosen Zeichen von der anderen Seite des Atlantik. Es begann der Aufstieg der modernen Funktechnik.

VERBRENNUNGSMASCHINEN, KRAFTWAGEN Bis etwa 1880 hatte der Landverkehr über Straßen keine mit Eisenbahn oder Schiffahrt vergleichbare Bedeutung. Es gab Dampfwagen für den Straßenverkehr, aber sie hatten zu viele Nachteile, waren vor allem zu schwer, noch dazu für die damaligen Straßen. Ein Umschwung trat erst mit der Erfindung des Verbrennungsmotors und der daran anschließenden Entwicklung des Kraftwagens ein.
Beim Verbrennungsmotor wie bei der Dampfmaschine dient als Energiequelle die chemische Energie eines Brennstoffs, die bei der Verbrennung in Wärme umgewandelt wird. Bei beiden Maschinen wird die mechanische Energie von einem Kolben abgenommen, der in einem Zylinder hin- und hergleitet. Der wesentliche Unterschied besteht darin, daß beim Verbrennungsmotor die Verbrennung im Zylinder selbst erfolgt.
Voraussetzung war, daß ein geeigneter Brennstoff zur Verfügung stand. Man nahm zuerst Gase. Etwa 1860 gab es brauchbare Gasmotoren. 1867 zeigte Nikolaus August *Otto* in Paris den nach ihm benannten Viertaktmotor, 1878 eine stark verbesserte Ausführung. Etwa gleichzeitig entstand auch der erste brauchbare Zweitaktmotor. 1883 schuf Gottlieb *Daimler* den Benzinmotor. Das Benzin mit seinem außerordentlich hohen Wärmewert ermöglichte leistungsfähigere Motoren. 1898 baute Rudolf *Diesel* seinen ersten Motor.
Daimler baute seinen Benzinmotor in ein Zweirad ein. 1886 baute er das erste vierrädrige »Automobil«. Es hatte einen Einzylinder-Motor von 1,5 PS und fuhr 16 Kilometer in der Stunde. Zur weiteren Entwicklung bis zum heutigen Kraftfahrzeug wirkten zahllose Arbeiten und Erfindungen zusammen, nicht allein für den Motor, sondern auch für Kraftübertragung, Schmierung, Bereifung (Luftreifen durch den englischen Tierarzt *Dunlop*, 1889, zunächst für Zweiräder verwendet), Bremsen, elektrische Einrichtung und anderes.

IV. Chemie

Noch verwirrender als bei der Physik ist in der Chemie die Vielzahl und Vielfalt der Einzelerkenntnisse, die das 19. Jahrhundert brachte. Bedenkt man, daß die Zahl der Stoffe, die teils neu entdeckt, teils erstmalig untersucht, teils erstmalig künstlich hergestellt wurden, in die Zehntausende geht, so erscheint es von vornherein fruchtlos, einen auch nur katalogmäßigen Überblick zu versuchen. Statt dessen will ich mich noch radikaler als bei der Physik beschränken auf wenige grundlegende Entdeckungen und tragende Grundsätze. Deshalb soll die chemische Theorie im Vordergrund stehen, die weitverzweigte Entfaltung der Experimentalchemie zurücktreten.

1. Atome und Moleküle

Als feste theoretische Grundlagen besaß die Chemie zu Anfang des 19. Jahrhunderts in der Hauptsache das von Lavoisier aufgestellte Gesetz von der Erhaltung der Masse – das bis zur Relativitätstheorie unangefochten blieb – und die Vorstellung von den Elementen als einfachen und unveränderlichen Grundsubstanzen. Diese beiden Punkte machten die Überlegenheit der jungen wissenschaftlichen Chemie über die Alchimie vor allem aus. Auf der empirischen Seite kannte man einige Dutzend Elemente – in der Tat die meisten, die auf der Erdoberfläche und in der äußersten Rindenschicht der Erde in nicht gar zu kleiner Menge vorkommen. Bekanntlich sind es nur wenige Elemente – Sauerstoff allein macht fast die Hälfte aus –, die gewichtsmäßig den ganz überwiegenden Teil ausmachen; die übrigen kommen nur in kleinen Bruchteilen von Prozenten vor. Man kannte weiter eine große Anzahl von zusammengesetzten Stoffen nach ihren Eigenschaften und ihrer qualitativen Zusammensetzung. Man stellte diese Stoffe her und verwendete sie praktisch. Was fehlte und worauf die Entwicklung hindrängte, war eine klare Theorie der chemischen Verbindungen, eine Vorstellung von den Gesetzen, nach denen die Stoffe zu Verbindungen zusammentreten; eine Theorie, die das Bekannte einleuchtend und zusammenhängend erklärte und die als Leitseil für neue experimentelle Fragestellungen und Forschungen dienen konnte. Eine solche Theorie entstand schrittweise von der Zeit Lavoisiers ab.

PROUSTS GESETZ Ein erster Baustein war das »Gesetz der konstanten Proportionen«. Es wurde empirisch von verschiedenen Chemikern wie dem Deutschen C. F. *Wenzel* erarbeitet. Theoretisch klar formuliert wurde es von dem Franzosen Joseph Louis *Proust* (1754–1826). Proust führte einen jahrelangen erbitterten Streit mit seinem Landsmann Claude Louis *Berthollet* (1748–1822). Prousts These lautete: Bei chemischen Verbindungen stehen die Bestandteile stets in bestimmten und unveränderlichen Proportionen (Gewichtsverhältnissen). Berthollet bestritt das und behauptete, daß die Stoffmengen, die jeweils miteinander reagieren, das Ergebnis der Reaktion beeinflussen. Proust siegte. Allerdings enthielt auch Berthollets Argument etwas Richtiges: Die reagierenden Mengen sind von Bedeutung dafür, welche Stoffmengen sich in gegebener Zeit verbinden. Aber die Mengen, die es tatsächlich tun, tun es in konstanten Proportionen.

GAY-LUSSACS VERSUCHE Einen anderen Baustein zu dem neuen theoretischen Gebäude lieferte der Franzose Joseph Louis *Gay-Lussac* (1778 bis 1850). Er führte, teilweise zusammen mit Alexander *von Humboldt*, eine Reihe von Versuchen über die Verbindungsverhältnisse bei Gasen durch. Sie ergaben, daß Gase sich immer in bestimmten, ganz einfachen Volumenverhältnissen miteinander verbinden, Wasserstoff und Sauerstoff z. B. immer im Verhältnis 2 : 1.

DALTONS THEORIE Wir wissen, die Vorstellung von Atomen war der Philosophie seit den alten Griechen vertraut. Wir wissen, daß im 17. und 18. Jahrhundert namhafte Naturforscher, wie Boyle, Newton, Lavoisier, sich zu dieser Lehre bekannten, in ihr eine Möglichkeit sahen, die physische Welt mathematisch aus den kleinen Teilchen der Materie und den zwischen diesen spielenden Kräften zu erklären. Die Atomtheorie war alles andere als neu. Aber sie trat, als sie zu Beginn des 19. Jahrhunderts erneut zur Diskussion gestellt wurde, doch in ein ganz neues Licht. Warum? Weil die Tatsachen, die man jetzt kannte, sie als Erklärung zu verlangen schienen; weil sie in der Form, in der sie jetzt dargeboten wurde, in der Tat die bekannten Tatsachen zu erklären vermochte oder doch dies zu leisten versprach; weil sie jetzt quantitativ faßbar wurde; weil sie anregte und Richtschnur sein konnte zu neuen Fragen und Versuchen.

Der Mann, der diese neue Atomtheorie in die Debatte brachte, war John *Dalton* (1766–1844), Sohn eines kleinen Webers, selbst Lehrer von Beruf, farbenblind – was ihn veranlaßte, das Phänomen der Farbenblindheit zum erstenmal wissenschaftlich zu untersuchen; Farbenblindheit wird heute noch in England »Daltonismus« genannt. In seiner Freizeit beschäftigte sich Dalton mit Naturwissenschaft.

Lassen wir Dalton zunächst den ersten wichtigen Grundsatz selbst aussprechen:

> ... wir können daher schließen, daß die letzten Teilchen aller homogenen Stoffe völlig gleich in Gewicht, Gestalt usw. sind. Mit anderen Worten, jedes Atom Wasser ist gleich jedem anderen Atom Wasser; jedes Atom Wasserstoff ist gleich jedem anderen Atom Wasserstoff usw.

Man sieht, Dalton spricht sowohl vom »Atom Wasserstoff« wie vom »Atom Wasser«. Er verwendet die Bezeichnung Atom auch für das, was wir heute Molekül nennen, obwohl ihm natürlich der Verbindungscharakter des Wassers bekannt ist. Er trägt dem Unterschied aber Rechnung, indem er »Elementaratom« und »zusammengesetztes Atom« unterscheidet.

Alle Materie ist nach Dalton zusammengesetzt aus Atomen. Die Atome sind unteilbar. Sie sind die letzten Bausteine. Sie sind unzerstörbar (hierin liegt das Gesetz von der Erhaltung der Masse beschlossen). Jedes Element besteht aus einer besonderen Art von Atomen, verschieden von den Atomen aller anderen Stoffe. Die Atome eines Elementes sind alle vollkommen gleich. Worauf es in dem obigen Zitat besonders ankommt, ist das Wort *Gewicht:* die Atome jedes Stoffes haben ein bestimmtes Gewicht, alle das gleiche, aber von dem Gewicht der Atome anderer Stoffe verschieden. Dieses Atomgewicht ist für den betreffenden Stoff ein mindestens ebenso wichtiges Charakteristikum wie alle anderen Eigenschaften. Nun kann man zwar ein einzelnes Atom nicht wiegen. Aber man kann die relativen Atomgewichte für die einzelnen Stoffe feststellen durch Rückschluß aus der Art und Weise, wie sich die Stoffe miteinander verbinden:

Bei allen chemischen Untersuchungen hat man es mit Recht für eine wichtige Aufgabe gehalten, das relative Gewicht der einzelnen Stoffe zu bestimmen, welche den zusammengesetzten bilden. Leider hat die Untersuchung hier aufgehört, da doch aus den verhältnismäßigen Gewichten in der Masse die relativen Gewichte der letzten Teilchen oder Atome der Stoffe hätten abgeleitet werden können, aus denen sich ihre Anzahl und ihr Gewicht in vielen anderen Verbindungen ergeben hätten, zur Hilfe und Führung späterer Forschungen und zur Verbesserung ihrer Ergebnisse. Nun ist es einer der großen Gegenstände dieses Werkes, die Wichtigkeit und den Vorteil der Bestimmung der relativen Gewichte der letzten Teilchen sowohl der einfachen wie der zusammengesetzten Stoffe, die Zahl der einfachen Elementaratome, welche ein zusammengesetztes Atom bilden, und die Zahl von weniger zusammengesetzten Atomen, welche in die Zusammensetzung eines komplizierteren eingehen, zu zeigen.

Bei jeder chemischen Verbindung treten nämlich die Atome der reagierenden Grundstoffe in relativ kleinen stets gleichbleibenden ganzen Zahlen zusammen. Ein zusammengesetzter Stoff besteht also aus Molekülen (Dalton sagt »zusammengesetzten Atomen«), die untereinander wiederum alle völlig gleich sind, auch an Gewicht, denn jedes Molekül besteht aus der gleichen Anzahl von Atomen – bei der einfachsten Form je einem – der verbundenen Grundstoffe. Damit ist eine zureichende Erklärung für das Gesetz der konstanten Proportionen gegeben.

Dalton stellte, im wesentlichen nicht auf Grund eigener Versuche, sondern mit Hilfe der in reichem Maße vorliegenden Versuchsergebnisse anderer Forscher, Berechnungen an über die Gewichtsverhältnisse, nach denen sich Stoffe verbinden, und zog die Folgerung für die relativen Atomgewichte dieser Stoffe. Bei dem altertümlichen (nicht dezimalen) englischen Maßsystem gehörte schon einiger Scharfsinn dazu, die zugrunde liegenden einfachen Zahlenverhältnisse überhaupt zu erkennen. Dalton wurde zu der (richtigen) Annahme geführt, daß der Wasserstoff das verhältnismäßig geringste Gewicht habe. Er nahm dieses als Einheit und berechnete daraufhin die relativen Gewichte anderer Elemente. Einige falsche Annahmen, die ich übergehe, weil ich nur das Grundsätzliche und Bleibende hervorheben will, ließen seine Ergebnisse recht ungenau werden. Richtig war die Ausgangsüberlegung, richtig war auch das »Gesetz der multiplen Proportionen«, das er aus seinen Berechnungen ablas. Dalton erkannte damit, daß Elemente sich auch in mehr als nur einem Verhältnis miteinander verbinden können, daß dann aber die Gewichtsmengen bei den verschiedenen Verbindungen wiederum in einem einfachen zahlenmäßigen Verhältnis stehen. Zum Beispiel verbindet sich Kohlenstoff mit Sauerstoff entweder im Verhältnis 12 : 16 oder im Verhältnis 12 : 32.

Dalton führte eine neue Symbolschrift ein, die einen Fortschritt gegenüber der alten bedeutete, weil sie den quantitativen Gesichtspunkt berücksichtigte; die ich übergehe, weil sie nur kurzen Bestand hatte und bald durch die heute übliche ersetzt wurde.

AVOGADROS REGEL Hält man Gay-Lussacs Volumen-Gesetz und Daltons Theorie zusammen, so erkennt man, daß eine Folgerung naheliegt für die Zahl der Atome oder Moleküle in einem gegebenen Volumen. Dalton hatte die Frage bereits angedeutet:

... jedes Atom nimmt den Mittelpunkt einer verhältnismäßig großen Kugel ein und behauptet seine Stellung, indem es alles andere ... in respektvoller Entfernung hält. Versuchen wir die Zahl der Atome in der Atmosphäre zu begreifen, so wäre es eine Aufgabe wie die, die Zahl der Sterne im Weltall zu zählen; der Gedanke verwirrt uns. Aber wenn wir den Gegenstand begrenzen und ein gegebenes Volum irgendeines Gases nehmen, so halten wir uns überzeugt, daß die Zahl der Atome endlich sein muß, ebenso wie in einem gegebenen Teil des Weltalls die Zahl der Sterne und Planeten nicht unbegrenzt sein kann.

Der italienische Graf Amadeo *Avogadro* (1776–1856) zog die richtige Folgerung aus Daltons und Gay-Lussacs Arbeiten:

Gay-Lussac hat ... gezeigt, daß die Verbindung der Gase untereinander immer nach sehr einfachen Volumverhältnissen erfolgt ... Man muß deshalb annehmen, daß sehr einfache Beziehungen auch zwischen den Volumina der gasförmigen Substanzen und der Zahl der einfachen oder zusammengesetzten Moleküle, die diese Gase bilden, bestehen. Die Hypothese, die sich in dieser Hinsicht zuerst darbietet, und die sogar die einzig zulässige zu sein scheint, ist die Annahme, daß die Zahl der Moleküle irgendeines Gases bei gleichem Volumen immer die gleiche ist ...

Die von Avogadro hier aufgestellte Hypothese wird »Avogadrosche Regel« genannt. Avogadro konnte noch keinen greifbaren Wert für die Zahl der Moleküle in einem bestimmten Volumen angeben; doch gelang dies später, wie bereits erwähnt.
Avogadros Erkenntnisse blieben lange fast unbeachtet, ebenso wie verwandte Gedanken des Physikers Ampère. Es breitete sich sogar eine gewisse theoretische Verwirrung aus in bezug auf das Verhältnis von Molekül und Atom. Erst fünf Jahrzehnte später schuf Avogadros Landsmann Stanislao *Cannizzaro* (1826–1910) Klarheit, und zwar im wesentlichen durch eine Wiederaufnahme der Grundgedanken Avogadros. Man definierte nun das Molekül als eine Verbindung von mindestens zwei Atomen und erkannte, daß sich auch die Atome eines Elementes zu Molekülen zusammenschließen können, ja daß viele Stoffe in der Regel in dieser Form vorhanden sind.

EMPIRISCHE FORTSCHRITTE. BERZELIUS · Ungeachtet der theoretischen Unsicherheit brachte die ganze erste Hälfte des Jahrhunderts große Fortschritte in der Ausbildung von Methoden, die Atom- und Molekulargewichte zu bestimmen, und mit diesen Methoden wurden die Werte für viele Stoffe immer genauer bestimmt. Die größten Verdienste auf diesem Gebiet kommen gerade dem Manne zu, der auf der anderen Seite viel zur theoretischen Verwirrung beitrug: dem Schweden Jöns Jacob *Berzelius* (1779–1848).
Berzelius war einer der bedeutendsten Experimentatoren in der Geschichte seiner Wissenschaft, insbesondere ein Meister der exakten quantitativen Analyse. Der Liste der bekannten Elemente fügte er allein fünf neue hinzu. Er stellte umfangreiche Tabellen von Atom- und Verbindungsgewichten mit beträchtlicher Genauigkeit auf.
Berzelius war ein bedeutender Lehrer, sein Einfluß in der ersten Hälfte des Jahrhunderts fast allbeherrschend. Er gab der Chemie eine neue

Symbolschrift, die im wesentlichen die Grundlage der heute noch üblichen Schreibweise bildet. Dalton hatte noch Zeichen verwendet wie einen kleinen Kreis für Sauerstoff, einen kleinen Kreis mit einem Punkt darin für Wasserstoff, einen Kreis mit aufrechtstehendem Kreuz für Schwefel usw. Um Verbindungen zu bezeichnen, wurden die Kreise neben- und übereinander gezeichnet. Berzelius dagegen bezeichnet ein Element mit einer Abkürzung seines lateinischen Namens, entweder dem ersten Buchstaben oder, wo das zu Verwechslungen führen konnte, mit einem zweiten Buchstaben dazu; zum Beispiel Sauerstoff (Oxygenium) = O; Eisen (Ferrum) = Fe usw. Für Verbindungen werden die Zeichen der in ihnen enthaltenen Elemente nebeneinander geschrieben; ist ein Element mit mehr als einem Atom vertreten, so wird die Zahl der Atome rechts neben das Zeichen geschrieben. Berzelius schrieb sie noch rechts oben, seit Liebig schreibt man sie rechts unten.
Berzelius führte dieses klare System selbst nicht restlos durch, sondern verwirrte es durch verschiedene Besonderheiten. Die wichtigste besteht darin, daß er »Doppelatome« nicht mit einer »2« kennzeichnete, sondern mit einem waagerechten Strich durch das Elementzeichen. Also nicht H_2O, sondern ĦO. Darin kommt die obenerwähnte theoretische Unklarheit zum Ausdruck. Denn Ħ bedeutet für Berzelius nicht »2 Atome H«, sondern ein besonderes Atom mit dem doppelten Gewicht eines H-Atoms.
Woher diese irrtümliche Vorstellung? Die Wurzel finden wir in einer anderen Lehre, die den Namen Berzelius ebenfalls berühmt gemacht hat, wenn sie sich auch später als unzulänglich erwies: in der sogenannten elektrochemischen Theorie, die Berzelius im Anschluß am Humphrey Davy formulierte. Danach sind es elektrische Kräfte, welche die Atome zu Verbindungen zusammentreten lassen und sie auch in diesen festhalten. Jedes Atom ist elektrisch, entweder positiv oder negativ. (Berzelius versah seine Symbole deshalb mit einem +- oder −-Zeichen.) Da sich nur entgegengesetzte elektrische Ladungen anziehen, so können niemals zwei gleiche Atome, zum Beispiel zwei Wasserstoffatome, zu einem Molekül zusammentreten, denn sie haben die gleiche Ladung. Deshalb schrieb Berzelius Ħ statt H_2.
Diese Theorie leistete einiges zur Erklärung mancher Verbindungen. Bei anderen versagte sie. Sie mußte also wieder aufgegeben werden. Denn während hundert Einzelbeobachtungen, die eine Theorie bestätigen, noch nicht beweisen, daß sie wirklich streng allgemeingültig ist, genügt eine einzige Beobachtung, die der Theorie nicht entspricht, um schon den Forscher zu zwingen, sie zu verwerfen oder mindestens einzuschränken. Die elektrochemische Theorie wirkte höchst anregend, lebte auch in veränderter Form später wieder auf; heute wissen wir, daß Berzelius mit seiner Vermutung, daß elektrische Kräfte zwischen den Atomen im Spiel sind, jedenfalls auf einem richtigen Wege gewesen ist.
Die Klärung des Verhältnisses von Atom und Molekül durch Cannizzaro räumte mit der beschriebenen Eigenart der Berzeliusschen Schreibweise auf.

2. Die Ordnung der Elemente im periodischen System

PROUTS HYPOTHESE Als im Anfang des Jahrhunderts auf die von Dalton kommende Anregung hin Atomgewichte in zunehmender Anzahl ermittelt und bekannt wurden, fiel es auf, daß viele dieser Gewichte, wenn man Wasserstoff als leichtestes Element gleich 1 setzt, ganzzahlig sind. Der englische Arzt und Physiologe William *Prout* (1785–1850) zog daraus den radikalen Schluß: Wasserstoff sei die Urmaterie, aus der sich alle anderen Elemente – in freilich noch undurchsichtiger Weise – aufbauen. Das war eine kühne Hypothese – so kühn, daß Prout sie sogar zuerst nur anonym zu veröffentlichen wagte. Sie wurde auch prompt von der wissenschaftlichen Welt abgelehnt. Tatsächlich war ihre empirische Grundlage fast gleich Null, denn die damals bekannten Gewichtszahlen waren teils ungenau, teils völlig falsch. Trotzdem hatte der Gedanke etwas Faszinierendes. Er schien endlich eine Antwort auf die Frage der alten milesischen Naturphilosophen nach dem »Urstoff« zu ermöglichen. Der Gedanke kam nicht wieder zur Ruhe – wenn er auch erst ein Jahrhundert später als geniale Vorwegnahme einer richtigen Erkenntnis erwiesen werden konnte.

MEYER UND MENDELEJEW Der kühne Vorstoß Prouts war es nicht allein, der die Gelehrten während der ganzen ersten Hälfte des Jahrhunderts zu immer neuen Versuchen veranlaßte, die bekannten Elemente in eine zusammenhängende Ordnung zu bringen. Dazu zwang schon die einfache Tatsache, daß nun eine beträchtliche Anzahl von Elementen bekannt geworden war (bis zum Jahre 1859 waren es 59), daß man deren Eigenschaften, vor allem auch ihre Atomgewichte mit zunehmender Genauigkeit kannte und endlich gewisse Gesetze für ihre Verbindungen fand. Gerade die Zahlenwerte, die man in den Atomgewichten hatte, forderten fast von selbst dazu heraus, die Elemente in bestimmten »Reihen« zu ordnen.

In Veröffentlichungen, die für einen breiteren Leserkreis gedacht sind und deshalb notgedrungen stark vereinfachen müssen, liest man gewöhnlich, das System sei um 1860 gleichzeitig, aber völlig unabhängig von dem Deutschen Lothar *Meyer* (1830–1895) und dem Russen Dmitri Iwanowitsch *Mendelejew* (1834–1907) geschaffen worden. Vertieft man sich etwas genauer in die Entstehungsgeschichte, so zeigt sich, daß die Sache anders und vor allem wesentlich verwickelter liegt. Die Geschichte kann hier nicht ausgebreitet werden; jedenfalls standen die beiden Männer in enger Wechselbeziehung, indem ein von dem einen getaner Schritt jeweils den anderen zu neuem Fortschreiten anspornte: 1864 – ein erster, noch unvollkommener Gruppierungsversuch Meyers. 1868 – ein verbesserter Versuch Meyers, den er aber nicht veröffentlichte. 1869 – Mendelejew legt der Petersburger chemischen Gesellschaft eine Tabelle der Elemente, begründet auf den Atomgewichten, mit einer Reihe daraus abgeleiteter Thesen vor. Noch im gleichen Jahre 1869 – eine neue Arbeit Meyers, die von der Arbeit Mendelejews ausgeht und dessen Tabelle in einer Reihe von Punkten verbessert. Dezember 1870 – Erscheinen von Mendelejews abschließender klassischer Schrift *Natürliches System der Elemente und seine Anwendung zur Angabe der Eigenschaften von unentdeckten Elementen.*

Werfen wir einen Blick auf das System in der Gestalt, die es hiermit angenommen hatte; allerdings nicht um es zu beschreiben – dazu würde nicht wenig Platz gehören –, sondern um uns einige wenige Grundgedanken und dann die Stellung dieses Systems in der Entwicklungsgeschichte der Chemie klarzumachen.

Man ordnet die Elemente nach steigendem Atomgewicht in eine Reihe, in der Hoffnung, man werde dann bestimmte Periodizitäten in den Eigenschaften der Elemente erkennen können. Die Hoffnung erfüllt sich – aber man muß dazu die Reihe der Elemente in Perioden unterteilen, die nicht gleich lang sind. Das System beginnt mit einer Reihe von nur zwei Elementen, Wasserstoff und Helium (bei Mendelejew ist nur der Wasserstoff vorhanden, denn Helium war noch nicht entdeckt). Es folgen zwei Reihen mit je acht Elementen, dann zwei große Perioden mit je 18, dann eine noch längere (32), endlich folgt – in der heutigen vollständigen Tafel – noch die Reihe der damals unbekannten radioaktiven Elemente. Schreibt man diese Reihen untereinander, so ergeben sich in den senkrechten Kolonnen Reihen von Elementen, deren chemische Eigenschaften einander sehr ähnlich sind, wie zum Beispiel die Gruppe der Edelgase, die in keine chemische Verbindung eintreten.

Nun waren um 1870 zwar viele Elemente bekannt, aber keineswegs alle. Meyer und Mendelejew ließen sich dadurch nicht irremachen. Sie ließen einfach, so es sich aus den von ihnen erkannten Gesetzmäßigkeiten des Systems als notwendig erwies, einen Platz in der Tabelle frei. Sie wagten die Voraussage, das auf diesen Platz gehörende Element werde eines Tages gefunden werden, ja sie konnten bereits die wesentlichen Eigenschaften dieser noch unentdeckten Elemente im voraus bestimmen. Es gehört zu den größten Triumphen des wissenschaftlichen Geistes, wie diese Elemente in den folgenden Jahrzehnten nach und nach aufgefunden, wie die vorhergesagten Eigenschaften an ihnen festgestellt wurden und sich so die Richtigkeit des periodischen Systems bestätigte. Mendelejew zum Beispiel bestimmte im vorhinein die Eigenschaften zweier Elemente der Bor- und Aluminiumreihe. Das eine wurde 1879 im Scandium, das andere 1875 im Gallium gefunden.

Das periodische System schließt wie jede wissenschaftliche Großtat eine lange Entwicklungsreihe ab. In unserem Falle reicht diese Reihe von dem ersten philosophischen Fragen nach den Bausteinen der Welt über die Bemühungen der Alchimisten und über Boyles Programm der Elementensuche bis ins 19. Jahrhundert. Mit dem periodischen System, das sich mit jeder weiteren Auffindung und Einordnung eines neuen Elementes nur bestätigte und festigte, hatte die Chemie ein Schema, in das alles bisher über die Elemente Bekannte sich folgerichtig einordnen ließ.

Das System warf auf der anderen Seite – ebenfalls wie jede andere wissenschaftliche Großtat – ebenso viele neue Fragen auf, wie es alte beantwortete. Man hatte nun eine periodische Ordnung in die Elemente gebracht, aber doch zunächst nur eine äußerliche. Woher kamen diese eigenartigen Periodizitätsverhältnisse? Lag in ihnen nicht ein deutlicher Hinweis darauf, daß dahinter irgend etwas Einheitliches oder jedenfalls ein durchgehend wirksames Gesetz liegen mußte? Diese Frage konnte die Chemie der damaligen Zeit noch nicht beantworten. Ja, die Chemie konnte sie überhaupt nicht beantworten. Sie hatte hier eine Grenze erreicht, die erst durch das Eingreifen der Physik überschritten werden konnte.

Welche weitreichenden Probleme hier lagen, erkannte man schon damals. Vor allem erkannte es auch Mendelejew selbst. Er schrieb zum Beispiel:

... Es ist anzunehmen, daß die periodische Änderung der einfachen und zusammengesetzten Körper irgendeinem höheren Gesetz unterliegt; bis jetzt fehlen uns aber noch die Mittel, um die Natur und desto mehr die Ursache dieses Gesetzes zu erfassen. Aller Wahrscheinlichkeit nach liegt die Ursache in der inneren Mechanik der Atome und Moleküle.

Dies ist nicht die einzige Stelle, an der Mendelejew grundlegende Erkenntnisse späterer Zeiten vorweggenommen oder wenigstens geahnt hat. Er schrieb im Jahre 1871:

Das Gesetz der Erhaltung des Gewichts kann man als speziellen Fall des Gesetzes von der Erhaltung der Kraft oder der Bewegung betrachten ... Das Gewicht wird natürlich durch eine besondere Art Bewegungen der Materie verursacht, und es ist kein Grund vorhanden, die Möglichkeit einer Umwandlung dieser Bewegungen bei Bildung von Elementaratomen in chemische Energie oder irgendeine andere Bewegungsform abzusprechen ...

Mendelejew war nicht der einzige, der umwälzende Erkenntnisse des 20. Jahrhunderts vorausnahm. Der Engländer William *Crookes* (1832 bis 1919) sprach in seinen Vorträgen ebenfalls vom Übergang der Materie in Kraft; er sprach aus, »daß die Begriffe Materie und Energie von einem Gesichtspunkt aus umkehrbar (vertauschbar) seien«.

3. Physikalische Chemie

CHEMISCHE GLEICHGEWICHTE Aus dem weitverzweigten Gebiet der physikalischen Chemie hebe ich nur einige Ausschnitte hervor. Der erste, das Problem des chemischen Gleichgewichts, betrifft einen Zentralbegriff dieses neuen Forschungsgebietes und mag gleich als Beispiel dafür dienen, mit welcher Art von Problemen man es hier zu tun hat.

CO	+	H_2O	→	H_2	+	CO_2
Kohlenmonoxyd		Wasser (Dampf)		Wasserstoff		Kohlendioxyd

Diese »Gleichung« besagt: Mischen wir die auf der linken Seite aufgeführten beiden Gase, so werden sie unter geeigneten Bedingungen miteinander reagieren. Es werden die auf der rechten Seite angezeigten Gase gebildet werden. Die Gleichung – und eine jede Gleichung dieser Art – gilt aber auch umgekehrt: H_2 und CO_2 können miteinander reagieren und ergeben dann Kohlenmonoxyd und Wasser. Vollständig muß die Gleichung also so aussehen:

$$CO + H_2O \rightleftarrows H_2 + CO_2$$

Die Forschung interessiert nun nicht nur die hiermit festgestellte Tatsache, daß überhaupt (qualitativ) die angegebenen Reaktionen stattfinden. Man möchte vielmehr auch wissen: Welche Anteile der Ausgangsstoffe reagieren miteinander? Wie schnell tun sie es, welche Umwandlungen erfolgen also in einem gegebenen Zeitraum? Welcher Bedingungen bedarf es, damit die Umwandlung von links nach rechts überwiege? Welcher, damit es umgekehrt sei? Welcher endlich, damit beide Reaktionen einander das Gleichgewicht halten und damit die Menge jedes der vier Stoffe unverändert bleibt? Wie ändern sich diese Verhältnisse, wenn man Druck, Temperatur usw. verändert, unter denen die Reaktion abläuft?

Man erkennt sogleich, daß diese Fragen dringlich werden, sobald man darangeht, an Stelle von Laboratoriumsversuchen mit kleinen Stoffmengen bestimmte Stoffe industriell im großen herzustellen. Denn dann ist die Frage von größter Bedeutung, welcher Zeit es für bestimmte Reaktionen bedarf, welche Vorkehrungen man treffen muß, um den gewünschten Verlauf schnell herbeizuführen usw.

Ebenso erkennt man sogleich, wie sehr physikalische Probleme und Begriffe hier in die Chemie hinüberzugreifen beginnen. Eben dies: physikalische Gesichtspunkte und Erkenntnisse für die Chemie nutzbar zu machen, ist die Aufgabe der sogenannten physikalischen Chemie. Ihre Entwicklung ging verhältnismäßig langsam vor sich, u. a. deswegen, weil jeder Schritt vorwärts nur getan werden konnte von Männern, die beide Wissenschaftsgebiete in ihrem jeweiligen neuesten Stand gleichzeitig übersahen.

Die beiden Norweger Cato Max *Guldberg* (1836–1902) und Peter *Waage* (1833–1900) stehen am Anfang der Bearbeitung dieser Probleme mit ihrem berühmten »Massenwirkungsgesetz« (1864). Zu nennen sind ferner der Franzose Marcelin *Berthelot* (1827–1907), der Deutsche Wilhelm *Ostwald* (1853–1932), einer der bedeutendsten Vertreter der physikalischen Chemie, der 1909 für Arbeiten über chemische Gleichgewichte und Reaktionsgeschwindigkeiten den Nobelpreis für Chemie erhielt; auch der später wieder zu erwähnende Holländer *van't Hoff*. Ein Ehrenplatz gebührt dem Amerikaner Josiah Willard *Gibbs* mit seiner 1876/78 erschienenen Arbeit *Über das Gleichgewicht heterogener Substanzen*. Seine Bedeutung wurde erst allmählich erkannt. Heute gilt das Werk als ein Grundpfeiler der physikalischen Chemie; und so hoch ist der Stern seines Ruhmes gestiegen, daß Lord Kelvin sagen konnte: Wenn jemand im Jahre 2000 die Universität Harvard besuche, so werde diese dann vor allem bekannt sein als die Stätte, an der Gibbs wirkte.

Das Hauptverdienst Gibbs' besteht darin, daß er die Gedanken und Grundsätze der Thermodynamik und allgemeinen Energielehre in umfassender Weise auf alle chemischen Prozesse anwandte – erst jetzt trat die energetische Seite jedes chemischen Vorgangs in das Blickfeld der Chemiker – und daß er seiner Theorie eine durchgearbeitete mathematische Form gab. Man könnte sagen, die Chemie habe erst mit der jetzt eröffneten Möglichkeit, chemische Vorgänge nicht allein zu beschreiben, sondern sie quantitativ nach Meter, Gramm, Sekunde zu fassen und zu berechnen, die Stufe der »strengen Wissenschaft« erreicht – jedenfalls im Sinne Immanuel Kants, der gesagt hatte, jede Naturwissenschaft enthalte ebenso viele reine Wissenschaft, wie Mathematik in ihr anzutreffen sei.

KATALYSE Beginnen wir wieder mit einem praktischen Beispiel, das der tatsächlichen Entwicklung entnommen ist: Ammoniak (NH_3) besteht aus Stickstoff und Wasserstoff. Für die Synthese dieses wichtigen Stoffes muß man nicht nur die beiden Grundstoffe zur Verfügung haben, sondern auch die Bedingungen kennen und herstellen können, unter denen die Reaktion in der gewünschten Richtung mit der gewünschten Schnelligkeit eintritt. Fritz *Haber* (1868–1934), der Schöpfer der Ammoniaksynthese, ermittelte zunächst rechnerisch und experimentell das chemische Gleichgewicht der beiden Stoffe. Bei normalem Druck reagieren N und H nicht miteinander, beziehungsweise so langsam, daß der Prozeß praktisch nicht verwertbar ist. In vielen Fällen kann man Reaktionen dadurch beschleunigen, daß man die Temperatur oder den Druck (gewöhnlich beides) erhöht. Im vorliegenden Fall genügt beides nicht, jedenfalls erreicht man die gewünschte Reaktion nicht mit Temperatur- und Druckwerten, die man technisch erreichen kann.

In solchem Fall erhebt sich der Ruf nach einem »Katalysator«, d. h. einem Stoff, der durch seine bloße Anwesenheit, ohne sich selbst zu verändern, die Geschwindigkeit chemischer Reaktionen beeinflußt. Die merkwürdige Erscheinung der Katalyse war u. a. schon von Berzelius beobachtet und von ihm mit diesem Namen belegt worden. Es sei hier eingeschaltet, daß die Katalyse, so überwältigend ihre praktische Bedeutung für die chemische Technik ist, bisher noch keine ganz befriedigende theoretische Erklärung gefunden hat. Aus diesem Grunde gibt es keinen Weg, theoretisch vorauszubestimmen und zu berechnen, welcher Stoff als Katalysator für einen gerade erstrebten Zweck geeignet ist und wie er wirken wird.

In unserem Fall fand Haber zunächst Osmium, ein seltenes Metall, als geeigneten Katalysator heraus. Die Wirkung war aber für die industrielle Auswertung nicht befriedigend. Man ersetzte das Osmium zunächst durch reines Eisen, erreichte aber eine genügend starke Wirkung erst, als man das Eisen noch mit Tonerde vermischte. Auch die Oberflächenbeschaffenheit des Katalysators ist von Einfluß. In unserem Fall verwendet man die Mischung von Eisen und Tonerde in Form von groben Stücken. In anderen Fällen tritt die Wirkung nur ein, wenn der Katalysator sehr fein verteilt wird, wenn man z. B. Platin in der Form von Platinschwamm nimmt.

Sobald der geeignete Katalysator gefunden war, begann die industrielle Herstellung von Ammoniak im großen. Die moderne Landwirtschaft ist undenkbar ohne die Ammoniaksalze als Düngemittel. Ammoniak dient ferner als Ausgangsstoff für Sprengmittel. Die geglückte Ammoniaksynthese beeinflußte entscheidend den Verlauf der großen Kriege.

In neuerer Zeit ist erkannt worden, daß die Lebensvorgänge zum großen Teil durch Katalyse gesteuert werden (Biokatalysatoren).

ELEKTROLYTISCHE DISSOZIATION Um die Theorie zu verstehen, die mit diesem Stichwort bezeichnet ist, muß man sich an zwei Tatsachenkreise erinnern, die im Laufe des 19. Jahrhunderts durchforscht worden waren.

Der eine betrifft die Theorie der Lösungen. Jedermann weiß, daß eine Lösung von Kochsalz im Wasser einen tieferen Gefrierpunkt hat als 0 Grad, daß umgekehrt der Siedepunkt einer solchen Lösung über dem des Wassers liegt. Diese Eigenheiten von Lösungen waren seit der Mitte des Jahrhunderts erforscht und auch gemessen worden. Sie zu erklären, gelang – nach Vorarbeiten insbesondere von Wilhelm *Ostwald* – erst dem Holländer Jacobus Hendrikus *van't Hoff* (1852–1911). Van't Hoff bezog in seine Untersuchungen auch die Feststellungen von W. *Pfeffer* (1845–1920) über den »osmotischen Druck« ein, den Druck, den ein gelöster Stoff ausübt, wenn er durch eine Membran von Wasser oder schwächerer Lösung getrennt ist. Van't Hoff fand Beziehungen heraus zwischen dem Molekulargewicht eines Stoffes, dem osmotischen Druck, den er in gelöstem Zustande ausübt, und der Veränderung des Siede- und Gefrierpunktes bei einer derartigen Lösung. Damit ergab sich eine Möglichkeit, das Molekulargewicht von Stoffen zu berechnen aus der Verschiebung, die der Siedepunkt und der Gefrierpunkt eines Lösungsmittels erleidet, wenn dieser Stoff in ihm aufgelöst wird. Als man solche Berechnungen durchführte, ergaben sie wohl befriedigende Resultate, d. h. solche, die mit auf anderen Wegen gewonnenen Werten übereinstimmten; zu einem Teile aber kamen Ergebnisse heraus, die offensichtlich nicht richtig sein konnten. Für bestimmte Stoffe ergaben sich hier viel niedrigere Molekulargewichte als man sie kannte; umgekehrt ausgedrückt: Diese Stoffe bewirkten eine wesentlich stärkere Verschiebung des Gefrier- und Siedepunktes, als nach ihrem (bekannten) Molekulargewicht zu erwarten war.

Die zweite Tatsachengruppe besteht in den Erscheinungen der im 18. Jahrhundert entdeckten und vor allem von Michael Faraday weiter erforschten Elektrolyse. Man wußte, daß bestimmte Stoffe in wässeriger Lösung den elektrischen Strom leiten, andere nicht. Man wußte, daß der durchgehende Strom den gelösten Stoff in seine chemischen Bestandteile zu zerlegen vermag, die sich dann an den beiden Polen (Anode und Kathode) ansammeln, bei Salzsäure z. B. Chlor und Wasserstoff, bei Kochsalz Chlor und Natrium.

Die Stoffe, bei denen diese Erscheinungen auftreten, sind: Säuren, Basen und Salze. Hier liegt die Brücke zu der vorher erwähnten Theorie der Lösungen. Denn die gleichen Stoffgruppen, zusammenfassend auch »Elektrolyte« genannt, waren es, welche die obengenannten »anomalen« Wirkungen auf Gefrier- und Siedepunkt zeigten. Hier setzt die Theorie der elektrolytischen Dissoziation ein. Sie ist vor allem das Werk des Schweden Svante *Arrhenius* (1859–1927). Arrhenius konnte sich dabei auf Gedanken von *Clausius* stützen; auch van't Hoff trug zum Ausbau der Theorie bei. Die Grundlagen legte Arrhenius bereits in seiner Doktor-Dissertation nieder.

Der Hauptgedanke ist folgender: Es handelt sich bei der Elektrolyse nicht um eine Zersetzung, die erst durch den Strom bewirkt wird. Der durchgehende Strom transportiert nur die Bestandteile zu den beiden Elektroden; diese Bestandteile aber existieren schon vorher frei in der Lösung. Die Moleküle eines solchen Stoffes treten also schon bei der Lösung auseinander (dissoziieren) in ihre Bestandteile. Diese Bestandteile nennt man Ionen, d. h. Wandernde, weil sie beim Durchgang des elektrischen Stromes zu den Elektroden wandern. Der »Strom« aber besteht eben darin, daß diese Ionen unter der Wirkung des elektrischen Feldes zu den Elektroden hinwandern. Dann müssen aber diese Ionen selbst elektrisch geladen sein. Und durch elektrische Ladung unterscheiden sich die Ionen von den freien Atomen des gleichen Stoffes. Tatsächlich haben die Ionen eines Stoffes teilweise andere Eigenschaften als die gewöhnlichen Atome des gleichen Stoffes; z. B. färbt gewöhnliches Chlor, wenn es in Wasser gelöst wird, dieses gelb, während die Kochsalzlösung, in der Chlor-Ionen herumschwimmen, farblos ist.

Die Theorie von Arrhenius wurde zunächst stark angegriffen, erwarb sich aber bald Respekt, als es mit ihrer Hilfe gelang, eine ganze Reihe chemischer Vorgänge zu durchschauen, die man vorher nicht erklären konnte. Es gelang nicht lange darauf auch, mit dieser Theorie die elektrischen Entladungen in Gasen dem Verständnis näherzubringen.

Ich habe diese Theorie hier herausgegriffen – anderes, wie z. B. die Entwicklung der Kolloidchemie, übergangen –, weil die Lehre von der elektrolytischen Dissoziation ein Beispiel bildet für die immer enger werdende Verschmelzung von Physik und Chemie, und vor allem auch, weil sie auf Gedanken hindeutet, die um die Wende zum 20. Jahrhundert in den Mittelpunkt traten: denn der nächste Schritt bestand in der Entdeckung, daß die winzige Elektrizitätsmenge, die ein solches geladenes Atom oder Ion transportiert, nicht notwendig und nicht immer an ein Atom gebunden ist, sondern auch in freiem Zustande existieren kann. Damit begann die moderne Elektronentheorie.

4. Anfänge der organischen Chemie

ORGANISCHE ANALYSE: LIEBIG Im Laufe des 18. Jahrhunderts hatte sich die Unterscheidung zwischen organischen und anorganischen Substanzen herausgebildet. Lavoisier, Scheele und andere analysierten bereits eine Anzahl organischer Verbindungen. Den größten Fortschritt in der organischen Analyse brachte der Deutsche Justus *von Liebig* (1803 bis 1873). In einer Arbeit aus dem Jahre 1831 beschrieb Liebig einen neuartigen Apparat zur Analyse organischer Körper im Laboratorium. Mit ihm führte er eigenhändig, später unter Mithilfe seiner zahlreichen Schüler, eine so große Anzahl organischer Elementaranalysen aus wie kaum ein anderer Chemiker vor oder nach ihm. Er gab damit seiner

Wissenschaft ein reiches Material quantitativ durchforschter Einzeltatsachen.
An zwei andere Großtaten Liebigs muß erinnert werden. Als Liebig zu studieren anfing, gab es kaum eine wissenschaftliche Ausbildungsstätte, in der man die Laboratoriumsarbeit gründlich erlernen konnte, und es gab keine eigentliche wissenschaftliche Schulbildung in der Chemie; ja, es wird berichtet, daß Liebig, in der Schule befragt, was er werden wolle, antwortete: Er wolle Chemiker werden – und daß darauf Lehrer und Mitschüler gemeinsam in herzhaftes Gelächter ausbrachen. Niemand konnte sich vorstellen, daß das ein Beruf sei, den man ernsthaft studieren könnte! Liebig begründete in Gießen, unter Einsatz aller seiner Kräfte und Opferung seiner privaten Geldmittel, ein chemisches Institut, in dem sich praktische Laboratoriumsarbeit und wissenschaftliche Vorlesungen glücklich ergänzten. Sein Ruhm und Einfluß strahlten weit über Deutschland hinaus. Das Institut wurde zum Vorbild so gut wie aller derartigen Einrichtungen der Folgezeit. Die deutsche chemische Wissenschaft erhielt durch Liebigs Tat eine durchdachte Methodik und einen Nachwuchs an geschulten Kräften, der ihr einen Vorsprung vor der Chemie aller anderen Länder verschaffte. Liebig gab seiner Wissenschaft in seinen *Annalen der Chemie und Pharmazie* außerdem ein Organ, das durch Jahrzehnte in der ganzen Welt als führend galt. Seine *Chemischen Briefe*, die viele Auflagen erlebten, eröffneten auch einem breiteren Leserkreis einen Einblick in seine Wissenschaft.
Liebig begann mit reiner Forschung und blieb dieser auch sein Leben hindurch verbunden. In den dreißiger Jahren ging er aber daneben zu Fragen der praktischen Anwendung über. Liebig ist der Begründer der *Agrikulturchemie*. Er ging von der Überzeugung aus,

daß ohne die Cultur der Chemie von seiten der Physiologen und Agronomen keine dauernden und wertvollen Fortschritte in Physiologie und Agrikultur erwartet werden können.

Liebig untersuchte, welche Stoffe die Pflanzen dem Boden entnehmen, insbesondere auch die Rolle des Kohlenstoffs und des Stickstoffs. Er zeigte, auf welchen wissenschaftlichen Tatsachen die Erfahrungsgrundsätze der Landwirte beruhen, die sich in Jahrtausenden herausgebildet haben. Er stellte den Grundsatz auf, daß der Boden, wenn er seine Kraft nicht erschöpfen soll,

in vollem Maße wiedererhalten muß, was ihm genommen wird; in welcher Form dies Wiedergeben geschieht ... ist wohl ziemlich gleichgültig. Es wird die Zeit kommen, wo man jede Pflanze, die man darauf erzielen will, mit dem ihr zukommenden Dünger versieht, den man in chemischen Fabriken herstellt.

Gleichzeitig wandte sich Liebig der physiologischen Chemie zu. Er ist einer der Begründer dieses Wissenszweiges. Es war seine Überzeugung, »daß nur die Chemie allein in die Lebensprozesse Licht zu bringen vermag«. Er untersuchte vor allem die Probleme des Stoffwechsels, erkannte das Wesen dieses Vorgangs in chemischer Beziehung. Er begann die Nahrungsmittel auf Zusammensetzung und physiologische Funktion zu untersuchen. Der bekannte Fleischextrakt, mit dem Liebigs Name verbunden ist, wurde nicht geradezu von ihm erfunden; ein Produzent hatte von Liebig die Erlaubnis erhalten, dessen Namenszug auf den Gefäßen anzubringen – der große Chemiker hatte allerdings durch seine Ratschläge wesentlichen Einfluß auf die Entstehung dieses Produktes gehabt.

Mit diesen Gedanken und Arbeiten legte Liebig den Grund zur Kunstdüngerwirtschaft, zu vielen Methoden landwirtschaftlicher Ertragssteigerung und zu wesentlichen Teilen der physiologischen und der Nahrungsmittelchemie. Ohne sein Werk könnte auf dem engen Boden Europas nur ein Bruchteil der heute hier lebenden Menschen ernährt werden.

ORGANISCHE SYNTHESE: WÖHLER Friedrich *Wöhler* (1800–1882), der mit Liebig eng zusammenarbeitete, ist vor allem berühmt durch die von ihm 1831 durchgeführte Synthese einer organischen Verbindung, nämlich des Harnstoffs. Es war nicht die erste organische Synthese überhaupt – die war 50 Jahre früher schon Scheele geglückt –, aber die erste, die man als solche klar erkannte. Wöhlers kurzer Bericht von vier Druckseiten über seinen Erfolg erregte ungeheures Aufsehen. Bis zu dieser Zeit war es nämlich die fast allein herrschende Überzeugung der Wissenschaftler, daß es einer in den lebenden Organismen wirkenden besonderen »Lebenskraft« bedürfe, um organische Stoffe hervorzubringen (Vitalismus). Wöhlers Entdeckung lehrte, daß organische Stoffe aus anorganischen im Laboratorium aufgebaut werden können.

Wöhlers Tat steht am Anfang einer langen Reihe mühsamer, aber schließlich erfolgreicher Versuche weiterer organischer Synthesen. Ihren eigentlichen Aufschwung aber konnte die organische Chemie erst nehmen, als der Mann aufgetreten war, dem zum erstenmal ein Blick in das innere Gefüge organischer Verbindungen gelang: Kekulé.

5. Kekulé

Ich muß hier anknüpfen an die Darlegungen über Atome und Moleküle, die mit Berzelius abbrachen. Die elektrochemische Theorie versagte vor allem dann, wenn man sie auf organische Verbindungen anwenden wollte. Im Laufe der Zeit sammelte sich eine ganze Reihe von Tatsachen an, zu deren Erklärung und Ordnung es offensichtlich neuer theoretischer Gedanken bedurfte. Eine solche Tatsache war die sogenannte Isomerie. Es gibt Stoffe, die sich in der chemischen Zusammensetzung – qualitativ wie quantitativ – völlig gleichen, z. B. mit der Formel HCON (je ein Atom Wasserstoff, Kohlenstoff, Sauerstoff, Stickstoff), die aber gleichwohl ganz verschiedene Eigenschaften aufweisen.

Der Mann, der Ordnung in diese Fragen brachte und damit eine neue Epoche in der chemischen Theorie und Praxis heraufführte, war der Deutsche Friedrich August *Kekulé* (1829–1896). Die wichtigsten Fortschritte, die die Chemie ihm verdankt, kann man mit folgenden Stichworten zusammenfassen.

WERTIGKEIT Wertigkeit oder Valenz nennt man die Tatsache, daß die Atome verschiedener Elemente eine verschieden starke Bindekraft gegenüber den Atomen anderer Stoffe besitzen. Kekulé erkannte diese Tatsache zuerst mit voller Klarheit am Kohlenstoff. Die entscheidende Stelle aus seiner 1858 veröffentlichten Arbeit lautet:

Betrachtet man nun die einfachsten Verbindungen dieses Elements ... so fällt es auf, daß die Menge Kohlenstoff, welche die Chemiker als geringstmögliche, als Atom erkannt haben, stets vier Atome eines einatomigen oder zwei Atome eines zweiatomigen Elementes bindet; daß allgemein die Summe der chemischen Einheiten der mit einem Kohlenstoffatom verbundenen Elemente gleich 4 ist. Dies führte zu der Einsicht, daß der Kohlenstoff vieratomig (oder vierbasisch) ist. (Wir würden sagen: vierwertig.)

Der Valenzbegriff, sofort auf die übrigen Elemente ausgedehnt, ermöglichte eine ganz neue Beurteilung chemischer Verbindungen. Man hatte jetzt einen ersten Schlüssel zu der Frage, warum die Elemente sich in bestimmten Verhältnissen und nur in diesen miteinander verbinden.

ATOMKETTEN Organische Stoffe zeichnen sich durch ihren außerordentlich komplizierten Aufbau aus. Sehr viele Atome – sogar Zehntausende oder noch mehr – können zu einem Molekül zusammentreten. Dagegen ist die Zahl der beteiligten Elemente begrenzt. Alle organischen Stoffe bestehen im wesentlichen aus den vier Elementen C, O, H und N, unter quantitativ kleinen, aber unentbehrlichen Beimischungen einiger weiterer Elemente wie Schwefel oder auch Metalle. In einem Molekül sind also viele Atome des gleichen Elementes eingeschlossen. Das gilt vor allem auch für den Kohlenstoff. Kekulé wurde zu der Annahme gedrängt, daß diese Kohlenstoffatome sich auch *untereinander* verbinden, daß sie also Ketten bilden. Zu dieser Erkenntnis kam er in einer Art Vision. In London sah er während einer abendlichen Autobusfahrt in träumerischem Halbschlaf die Atome wie kleine Wesen vor seinem geistigen Auge herumgaukeln. Er sah, wie sie einander gleichsam bei den Händen faßten, Pärchen bildeten, dann auch längere Ketten, an deren Ende wiederum noch andersartige Atome mitgeschleppt wurden. Kekulé arbeitete den glücklichen Einfall sogleich wissenschaftlich aus: Kohlenstoffatome können sich in Ketten aneinanderlagern. Wenn zwei Atome dergestalt zusammentreten, dann wird eine Valenz eines jeden Atoms, einer seiner Arme sozusagen, dazu benötigt, das andere festzuhalten. Von den 2 mal 4 = 8 Valenzen der beiden C-Atome stehen dann nur noch 6 zur Verfügung, um die Atome anderer Elemente zu binden.

DER BENZOLRING Als Kekulé eine neue Gruppe organischer Stoffe, die sogenannten aromatischen Verbindungen, untersuchte, stellte sich heraus, daß ihrer Zusammensetzung und ihrem Verhalten mit der Annahme solcher Atomketten nicht beizukommen war. Die Lösung der Frage fiel Kekulé, der zu dieser Zeit Professor in Gent war, wiederum durch eine Vision zu. Lassen wir ihn diesmal selbst sprechen:

... Ich drehte den Stuhl nach dem Kamin und versank in Halbschlaf. Wieder gaukelten die Atome vor meinen Augen. Kleinere Gruppen hielten sich diesmal bescheiden im Hintergrund. Mein geistiges Auge, durch wiederholte Gesichte ähnlicher Art geschärft, unterschied jetzt größere Gebilde von mannigfacher Gestaltung. Lange Reihen, vielfach dichter zusammengefügt; alles in Bewegung, schlangenartig sich windend und drehend. Und siehe, was war das? Eine der Schlangen erfaßte den eigenen Schwanz und höhnisch wirbelte das Gebilde vor meinen Augen. Wie durch einen Blitzstrahl erwachte ich; auch diesmal verbrachte ich den Rest der Nacht, um die Konsequenzen der Hypothese auszuarbeiten.

Wiederum ruhte Kekulé nicht, bis er den Gedanken, der sich hier anbot, wissenschaftlich exakt durchgearbeitet hatte. Seine These lautete dann, daß in allen »aromatischen« Verbindungen als gemeinschaftlicher Kern eine Atomgruppe aus 6 Kohlenstoffatomen besteht, die eine geschlossene, also ringförmige Kette bilden. Das Urbild der aromatischen Verbindungen war das Benzol; dieser Ring aus 6 C-Atomen wird daher »Benzolring« genannt.
Diese Erkenntnis erwies sich wiederum als ein wahrer Zauberstab. Schritt für Schritt konnte die Chemie nun in den Aufbau immer neuer organischer Verbindungen eindringen; nun konnte sie auch beginnen, solche Verbindungen planmäßig synthetisch aufzubauen.

STRUKTURFORMELN Die Lehre von den Valenzen ergänzte sich glücklich mit einer Neuerung, die der Schotte Archibald *Couper* (1831–1892) ungefähr gleichzeitig mit Kekulés Veröffentlichung einführte. Couper stellte chemische Verbindungen graphisch dar, indem er die Atome durch einfache Striche miteinander verband. Couper schrieb allerdings noch Doppelatome wie Berzelius und kam dadurch nicht zu völliger Klarheit. Mit der Erkenntnis Kekulés konnte man nun einen Strich einfach mit einer Valenz gleichsetzen und beispielsweise anschaulich schreiben: für H_2O = Wasser: H – O – H
(Jede Valenz des zweiwertigen Sauerstoffs bindet ein Wasserstoffatom.)
für CO_2 = Kohlendioxyd: O = C = O
(Je zwei Valenzen des vierwertigen Kohlenstoffs binden ein zweiwertiges Sauerstoffatom.)
Wendet man nun diese Schreibweise auf komplizierte organische Verbindungen an, z. B. das Benzol (Formel C_6H_6), so zeigt sich sogleich, daß man mit der Anordnung der C-Atome in einer Reihe nicht auskommt. Die Formel würde nämlich dann so aussehen:

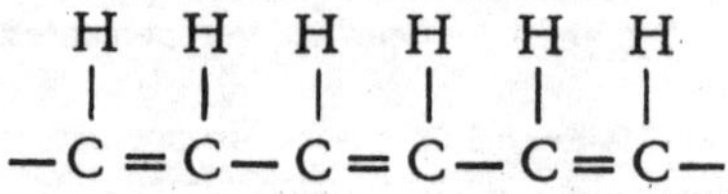

Man sieht: Eine Valenz, ein freier Arm gewissermaßen eines jeden Kohlenstoffatoms, bindet das jeweilige H-Atom. Die übrigen Valenzen des Kohlenstoffs kann man »unterbringen«, indem man zwischen je zwei C-Atomen der Reihe eine doppelte Bindung annimmt. Aber an den Enden der Kette bleibt je eine Valenz übrig, ein freier Arm, der sich ins Leere streckt. Sehr nahe liegt dann der Gedanke, diese freien Enden zusammenzuschließen und sich ein Sechseck oder einen Ring zu denken. Dieser Ring sieht dann so aus:

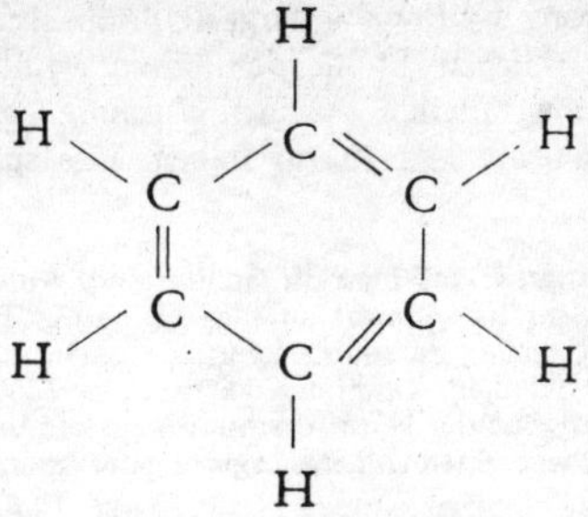

Nun sind keine freien Valenzen mehr vorhanden, vorausgesetzt, daß man auch hier wiederum eine Doppelbindung zwischen je zwei C-Atomen annimmt.
Diese Benzolformel findet sich als Bestandteil zahlloser organischer Verbindungen und wird deshalb in abgekürzter Schreibung oft auch als einfaches Sechseck dargestellt:

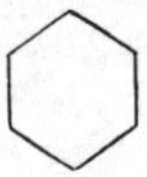

Das Zeichen

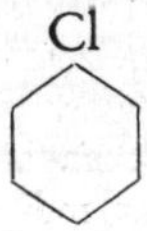

(Chlorbenzol) bedeutet dann ausgeschrieben:

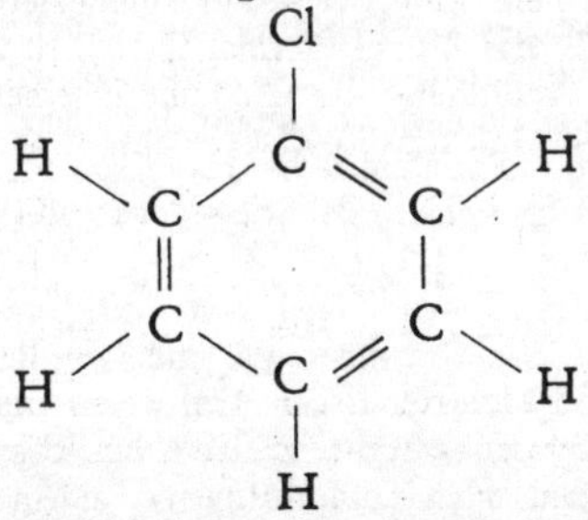

Bei komplizierteren Verbindungen können mehrere Benzolringe aneinander gelagert sein.

6. Pasteur, van't Hoff, le Bel

Solchen Strukturformeln haftet eine wesentliche Unvollkommenheit an: sie sind auf der Ebene des Papiers dargestellt. Sie sind zweidimensional. Wenn aber die wirklichen Atome den Raum erfüllen, so müssen die aus diesen dreidimensionalen Atomen zusammengesetzten Moleküle auch eine dreidimensionale Struktur haben. Das sprach schon Kekulé selbst aus:

> Es ist an sich einleuchtend, daß man die Stellung der Atome im Raume, selbst wenn man sie erforscht hätte, nicht auf der Ebene des Papiers durch nebeneinandergesetzte Buchstaben darstellen kann; daß man vielmehr dazu mindestens einer perspektivischen Zeichnung oder eines Modells bedarf ... Es muß ... für eine Aufgabe der Naturforschung gehalten werden, die Konstitution der Materie, also wenn man will, die Lagerung der Atome zu ermitteln ...

In dieser Richtung bedurfte die Strukturtheorie Kekulés noch eines weiteren Ausbaus. Einen wichtigen Anstoß dazu gab eine Entdeckung von Louis *Pasteur* (1822–1895). Pasteur ist berühmt vor allem als Begründer der Bakteriologie. Wir werden sein Werk auf diesem Felde noch im Rahmen der Medizin betrachten. Bevor Pasteur aber auf dieses Gebiet geriet, hatte er sich schon als Chemiker ausgezeichnet.

Es handelt sich bei diesen frühen Arbeiten Pasteurs um die sogenannten optisch-aktiven Substanzen. Das sind Stoffe, die die merkwürdige Eigenschaft besitzen, die Ebene des polarisierten Lichtes abzulenken. Daß es solche Stoffe gibt, war schon vor Pasteur bekannt, namentlich durch die Forschungen seines Landsmannes Jean Baptiste *Biot* (1774–1862). Pasteur demonstrierte in einigen aufsehenerregenden Versuchen, daß es von manchen organischen Stoffen (z. B. Weinsäure) zwei Arten gibt, die sich – bei völliger chemischer Identität im übrigen – nur darin unterscheiden, daß die eine Art die Ebene des polarisierten Lichts nach links dreht, die andere nach rechts. Man spricht deshalb von rechtsdrehender Weinsäure, abgekürzt d-Weinsäure (vom lateinischen dexter) und von linksdrehender oder abgekürzt l-Weinsäure (vom lateinischen laevis). Pasteur fand ferner heraus, daß bestimmte Salze dieser Säuren verschiedenartige Kristalle bilden, je nachdem, ob es sich um die d- oder um die l-Form der Säure handelt. Die Kristalle stimmen dabei in der Form vollkommen überein bis auf den einen Unterschied, daß die Kristalle der einen Art das Spiegelbild der anderen Art darstellen; beide Formen unterscheiden sich also nur wie die rechte Hand von der linken Hand oder ein rechter Stiefel vom linken oder wie irgendein Gegenstand von seinem Spiegelbild.

Pasteur zog aus diesen Entdeckungen den richtigen – d. h. später bestätigten – Schluß, die Ursache dieser merkwürdigen Erscheinungen müsse im Gefüge der Moleküle liegen. Viel weiter kam er allerdings bei der theoretischen Erklärung nicht, weil die Einsichten Kekulés damals noch nicht vorlagen.

Eine eigentliche Erklärung gaben erst wesentlich später (1874) der schon genannte *van't Hoff* und der Franzose Joseph Achille *Le Bel* (1847 bis

1930). Der 22jährige van't Hoff veröffentlichte damals eine kaum elf Seiten lange Schrift mit dem Titel:

Vorschlag zur Ausdehnung der gegenwärtig in der Chemie gebrauchten Strukturformeln in den Raum nebst einer damit zusammenhängenden Bemerkung über die Beziehung zwischen dem optischen Drehungsvermögen und der chemischen Konzentration organischer Verbindungen.

Die Schrift erschien bald danach französisch und dann deutsch unter dem Titel *Die Lagerung der Atome im Raum.* – »Unkraut«, »trivial«, »geistlos«, »Pseudonaturforschung«, »Verirrung des Geistes«, »Rumpelkammer«, »Phantasiespielereien«, »Dreistigkeit« – dies sind einige Ausdrücke aus der Welle von Kritik, welche die Schrift zunächst hervorrief. Trotzdem enthält diese kleine Arbeit die Begründung der modernen »Stereochemie« oder »Chemie des Raumes« und hat die Wissenschaft für 50 Jahre in stärkstem Maße befruchtet.
Mit den Werken Kekulés und van't Hoffs war ein wesentliches theoretisches Fundament der organischen Chemie gelegt. Das Schwergewicht der Arbeit verlagerte sich nun zunächst auf die praktische Anwendung der neugewonnenen Erkenntnisse in der Synthese organischer Stoffe.

7. Anwendungen und Auswirkungen

Mit dem 19. Jahrhundert beginnt das Zeitalter der angewandten Wissenschaft. Für kein Gebiet wissenschaftlichen Erkennens gilt das mehr als für die Chemie. Verhältnismäßig bescheiden war die Zahl der Stoffe, die unsere Vorfahren bis etwa 1800 für alle wichtigen Zwecke verwendeten: Stein, Holz, einige wenige Metalle, Ton, eine Reihe pflanzlicher und tierischer Produkte wie Wolle, Leder, Seide. Man braucht nur einen Blick um sich zu werfen auf die Gegenstände des Wohnens und des täglichen Gebrauchs, die einen umgeben, um zu erkennen, wie viele darunter aus Stoffen gefertigt sind, die unseren Vorfahren ganz unbekannt waren. Und man braucht nur einige Hauptzweige der industriellen Erzeugung aufzuzählen, um zu ermessen, daß es fast nichts gibt, an dem die Chemie nicht mindestens ihren wichtigen Anteil hat: Metallerzeugung, Heiz- und Brennstoffe, Beleuchtung, Ernährung, Bekleidung, Baustoffe, Keramik, Textilien usw.
Ich beschränke mich hier auf die organische Chemie und versuche, auf einige wichtige Teilgebiete durch Stichworte hinzuweisen. Es ist kein Zufall, daß schon Justus von Liebig, dessen Wirken noch der ersten Hälfte des Jahrhunderts zugehört, und bald nach ihm Louis Pasteur sich von der reinen Forschung immer mehr zu Fragen der praktischen Anwendung ihrer wissenschaftlichen Erkenntnisse hingezogen fühlten. In diesen Männern kündigt sich die engste Durchdringung der Naturwissenschaft mit der modernen industriellen Technik an, welche die zweite Hälfte des Jahrhunderts auszeichnet. Für die organische Chemie beginnt allerdings die technische Entwicklung in großem Maßstab erst etwa mit dem Stichjahr 1860, oder deutlicher: mit den Erkenntnissen August Kekulés. Denn um einen organischen Stoff synthetisch aufbauen

zu können, muß man in der Regel nicht allein seine Formel kennen, sondern auch den strukturellen Aufbau seiner Moleküle, den zu durchschauen oft jahrelange intensive Laboratoriumsarbeit erfordert. Wie der Architekt nicht ohne Plan und Zeichnung beginnen kann, ein Haus zu bauen, so der organische Chemiker nicht ohne Einsicht in den Bauplan der betreffenden Kohlenstoffverbindung. Ist es dann schließlich gelungen, im Laboratorium das gewünschte Produkt synthetisch aufzubauen, so ist oft noch ein weiter Weg, bis das gleiche in größerem Maßstabe und in wirtschaftlich sinnvoller Weise gelingt, und sei es nur, weil Hilfsstoffe, die benötigt werden, nicht in genügender Menge zur Verfügung stehen, so daß zu ihrer Herstellung erst neue Industriezweige aufgebaut werden müssen.

FARBSTOFFE Zur Eisenverhüttung braucht man Koks. Bei der Verkokung der Steinkohle fallen außer dem Koks Gase und Steinkohlenteer an. Der Teer war lange Zeit ein lästiges Nebenprodukt, mit dem man nichts anzufangen wußte. Man versuchte, ihn unter großen Kosten ins Meer zu befördern, oder schüttete ihn in Gruben und Erdlöcher. Heute ist der gleiche Teer einer der wertvollsten Stoffe, die wir besitzen, Ausgangsstoff für wahrhaft unzählige Produkte, die zusammengenommen einen ganz wesentlichen Anteil unserer Gütererzeugung ausmachen.

Eines der wichtigsten Teerderivate sind die Farbstoffe. Die Wiege der Teerfarbenindustrie stand in London im Laboratorium eines dort wirkenden deutschen Gelehrten: August Wilhelm *von Hofmann* (1818 bis 1892). Hofmann hatte sich, nachdem er in seiner Vaterstadt Gießen bei Justus von Liebig studiert, merkwürdigerweise sogleich mit dem Stoff befaßt, der ihn später berühmt machte: dem Anilin, das kurz zuvor entdeckt worden war. Man wußte damals noch nicht, daß Anilin im Steinkohlenteer enthalten ist. Es traf sich, daß ein früherer Schüler Liebigs in Offenbach eine Teerdestillation errichtet hatte; er sandte an Liebig eine Probe Teeröl, und Liebig übergab sie zur Untersuchung seinem Assistenten Hofmann. Hofmann fand 1845 das Benzol als einen Hauptbestandteil des Steinkohlenteers, und es gelang ihm, Anilin aus Benzol herzustellen. Von da ab stand Anilin in größerer Menge zur Verfügung.

Unmittelbar darauf wurde Hofmann nach London gerufen. Er entfaltete dort zwei Jahrzehnte hindurch eine reiche Forschungs- und Lehrtätigkeit. Unter seinen damaligen Schülern sind der unten gleich noch einmal zu nennende Peter *Grieß*; C. A. *Martin*, der Begründer der Agfa; Georg *Merck*, Ahnherr der Darmstädter Chemikerfamilie.

Ein junger Schüler Hofmanns, William Henry *Perkin* (1838–1907), versuchte 1856, damals 18 Jahre alt, Chinin synthetisch herzustellen. Was dabei herauskam, erzählt er selbst wie folgt:

Als junger Chemiker war ich ehrgeizig genug, über diesen Gegenstand, die künstliche Herstellung natürlicher organischer Verbindungen, arbeiten zu wollen. Wahrscheinlich, weil ich ... Bemerkungen gelesen hatte über die Wichtigkeit, Chinin herzustellen, begann ich nachzudenken, wie dies zu bewirken sei ... Kein Chinin entstand, aber ein schmutziger rötlich-brauner Niederschlag. Obschon das Resultat nicht vielversprechend war, ... hier hielt ich es für wünschenswert, eine einfachere Base in der gleichen Weise zu behandeln ... Anilin wurde ausgewählt ... In diesem Fall ergab sich ein schwarzer Niederschlag; nähere Untersuchung ergab, daß er den Farbstoff enthielt, der seither als Anilinpurpur oder Mauvein so gut bekannt ist ... Alle diese Versuche wurden während der Osterferien gemacht in meinem primitiven Laboratorium zu Hause.

Dieses Mauvein war der erste in der unübersehbaren Reihe der Teerfarbstoffe. Perkin richtete trotz seiner Jugend eine Fabrik ein, die diesen Stoff herstellte und bald aufblühte; er selbst wandte sich allerdings später wieder der reinen Forschung zu.
Nun gingen aus Hofmanns Laboratorium und aus den bald einsetzenden Arbeiten anderer Forscher in schneller Folge weitere Farbstoffe hervor, das Fuchsin, ein prächtiges Rot, das Rosanilin, »Hofmanns Violette«, Methylgrün.
Die Leuchtkraft und Reinheit dieser Farben rief auf der Londoner Weltausstellung 1862 Begeisterung hervor.
1865 kehrte Hofmann nach Deutschland zurück und übernahm einen Lehrstuhl in Berlin, ein folgenschweres Ereignis für die Entwicklung der Teerfarbenindustrie und der angewandten Chemie im ganzen, über das von deutscher Seite bemerkt wurde:

Wären Sie (Hofmann) in England geblieben ... wie ganz anders, wieviel ungünstiger für uns würde sich der Entwicklungsgang der Farbstoffindustrie gestaltet haben. Sie aber wurden der Unsere und Ihrer Fahne folgte der Sieg!

Und von englischer Seite:

... ich drücke die Gefühle aller englischen Männer der Wissenschaft aus, wenn ich sage, daß, hätten wir ihn in unserer Mitte behalten, die große Entwicklung der chemischen Industrie in Deutschland, wenn nicht unterblieben, so doch aufgehalten worden wäre, und daß England die Vormachtstellung erlangt hätte, die jetzt Deutschland besitzt.

Als Forscher und Lehrer, als Begründer und Präsident der Deutschen Chemischen Gesellschaft förderte Hofmann die Farbenchemie und die junge deutsche Farbenindustrie, die nun ihren Aufstieg begann – zunächst gegen den Vorsprung Frankreichs und Englands. Zahlreiche weitere Farbstoffe waren die Früchte seiner Forschung.
Peter *Grieß* (1829–1888), ein deutscher Brauereichemiker, entdeckte 1858 in Hofmanns Laboratorium in London die wichtige Gruppe der *Azo*-Farbstoffe, so genannt, weil ihre Moleküle eine Gruppe von zwei Stickstoffatomen ($-N=N-$) enthalten. Zehn Jahre später gewannen *Graebe* und *Liebermann* einen der wichtigsten pflanzlichen Farbstoffe, das *Alizarin* (türkischrote Farbe) aus dem Anthrazen, einem Kohlenwasserstoff des Steinkohlenteers. Alizarin wurde bis dahin, wie schon bei den alten Ägyptern, aus Krapp gewonnen. Die Herstellung von Alizarin machte dem Krapp-Anbau und der auf ihm aufbauenden Industrie ein schnelles Ende. Einen anderen berühmten pflanzlichen Farbstoff, *Indigo*, klärte in jahrzehntelanger Arbeit Adolf *von Baeyer* (1835

bis 1917). Synthetischer Indigo (das Wort bedeutet »der Indische«) kam um die Jahrhundertwende in den Handel.
Immer reichhaltiger wurde die Auswahl an Teerfarben, die nun an Leuchtkraft, Beständigkeit, Eignung für die verschiedensten Materialien und Reichhaltigkeit der Nuancen die natürlichen bei weitem in den Schatten stellen. Daß wir Stoffe von prächtiger Buntheit und von jeder Farbe billig kaufen können, verdanken wir diesen Farben. Die Welt ist durch sie bunter geworden.

ARZNEIMITTEL Baut die Farbenindustrie auf einem bis dahin für wertlos gehaltenen Abfallprodukt der Kokerei, dem Steinkohlenteer, auf, so ging die Entwicklung der modernen pharmazeutischen Industrie wiederum von einem zunächst für unverwendbar geltenden Nebenprodukt der Farbfabrikation aus! Jedenfalls gilt dies für das erste berühmt gewordene künstlich hergestellte Medikament, das Fiebermittel Phenacetin. Seine Auffindung lenkte die Aufmerksamkeit auf die pharmazeutische Verwendbarkeit der Teerfarbstoffe und der bei ihrer Herstellung anfallenden Zwischen- und Nebenprodukte. Andere Mittel traten auf, die aus der heutigen Heilkunde nicht wegzudenken sind, wie Germanin, Atebrin, Plasmochin, Linderungsmittel gegen Schmerz und Fieber wie Aspirin und Pyramidon, Schlafmittel, Desinfektions- und Betäubungsmittel für die Chirurgie und zahllose andere.
Die Geschichte der modernen Chemotherapie, die mit Paul Ehrlichs Salvarsan beginnt und die Sulfonamide und Antibiotika hervorgebracht hat, gehört dem 20. Jahrhundert an.

SPRENGSTOFFE Hat die Chemie mit ihren Heilmitteln unermeßlichen Segen gebracht, so hat sie furchtbare Vernichtungsmittel bereitgestellt in den chemischen Kampfstoffen und den Sprengstoffen. Unter diesen ist das Dynamit am berühmtesten geworden, eine innige Mischung von Nitroglyzerin und Kieselgur, gefunden von dem in Schweden geborenen Alfred *Nobel* (1833–1896). Das neue Sprengmittel ermöglichte den Bau der großen Alpenbahnen. Nobel stiftete aus seinem riesigen Vermögen, das ihm seine Entdeckung einbrachte, den seit 1901 alljährlich verteilten Nobel-Preis.

ERNÄHRUNG Einer der wichtigsten Beiträge der Chemie zur menschlichen Ernährung sind die künstlichen Düngemittel. Sie wurden schon beim Wirken Justus von Liebigs erwähnt. Ein eifriger Anhänger der Gedanken Liebigs war Adolph *Frank* (1834–1916), einer der Begründer der deutschen Kaliindustrie. Frank gelang es, die beim Steinsalz-Abbau in Staßfurt anfallenden Abraumsalze nutzbar zu machen. Er selbst errichtete gegen erhebliche Widerstände die erste kleine Kalifabrik in Staßfurt, die täglich 100 Zentner Abraumsalze verarbeitete. Ein Jahrzehnt später waren über 30 gleichartige Fabriken entstanden, welche zusammen 10 Millionen Tonnen pro Jahr verarbeiteten. Frank gehört mit seinem Mitarbeiter *Caro* auch zu den Begründern der Kalkstickstoffindustrie.

Einen anderen wichtigen Beitrag zur Ernährung der Menschheit leistete die Chemie, wiederum auf der Grundlage von Teerprodukten, durch die Bereitstellung von Mitteln für die Schädlingsbekämpfung. Eines der ersten Saatgut-Beizmittel, das Uspulum, entstand wiederum aus einem Abfallprodukt der Farbherstellung.

Endlich wandte sich die Chemie auch den Nahrungsmitteln selbst zu, zunächst der Aufklärung ihrer chemischen Struktur, dann auch dem Problem einer synthetischen Herstellung. Daneben spielt sie eine wichtige Rolle bei der Überwachung der in den Handel kommenden Nahrungsmittel aller Art. Für die Kohlenhydrate ist grundlegend das Werk Emil *Fischers* (1852–1919) über die Zucker. Fischer widmete dieser Arbeit 25 Jahre. Es gelang ihm, die Struktur der vielen Zuckerarten zu bestimmen und die wichtigsten von ihnen auch synthetisch aufzubauen. Aus dem umfangreichen Gebiet der Fettchemie sei nur die Entwicklung der *Margarine* erwähnt. Sie wurde 1869 erfunden auf ein Preisausschreiben Napoleons III. hin, eine »Kunstbutter« zu finden, der Überlieferung nach entsprungen aus der Überzeugung des Monarchen, daß »ein Volk, das Butter hat, keine Revolution macht«. Zunächst wurden Nierenfett und saure Milch als Ausgangsstoffe verwendet. Später kamen pflanzliche Fette hinzu und eine ganze Reihe von Zusätzen, welche die Margarine an Nährwert und Haltbarkeit in mancher Hinsicht sogar der Butter überlegen machten.

NEUE STOFFE Die Zahl der den Menschen zur Verfügung stehenden Stoffe vervielfältigte sich auf verschiedene Weise. Man lernte, anorganische Naturstoffe zu verwenden, die man früher schon gekannt, aber nicht gebraucht hatte. Zu diesen gehören viele Metalle. Man lernte, dem Stahl durch Zusatz kleiner Mengen anderer Metalle bestimmte Eigenschaften zu verleihen. Aluminium kam erst mit dem Bau von Kraftfahrzeugen und Flugzeugen zu breiterer Verwendung. Viele andere Metalle fanden noch nach ihm ihren Eingang in die Technik.

Man lernte auch, von alters her bekannte organische Naturstoffe durch neuartige Verfahren neuer und vielseitiger Verwendung zuzuführen. Hierher gehört auch die Vulkanisierung des Gummis, die den ersten wasserdichten elastischen Stoff ergab.

Endlich lernte man, aus organischen Ausgangsmaterialien ganz neue, in der Natur nicht vorhandene Stoffe zu schaffen. Ein wichtiges Ausgangsmaterial ist dabei die Zellulose, insbesondere seit man sie aus Holz, welches hauptsächlich aus Zellulose und Lignin besteht, gewinnen konnte. Zellulose ist Grundstoff für Papier, für Sprengstoffe, auch für Kunstseide. Aus Zellulose und Kampfer entstand als einer der ersten »Kunststoffe« das Zelluloid. Seine Entdeckung machte den fotografischen Film und das Kino möglich. Neuere Kunststoffe haben Formaldehyd als Ausgangsmaterial. Bakelit ist am bekanntesten. Mit ihm befinden wir uns jedoch schon im 20. Jahrhundert, das mit schnellen Schritten dem Ziele zusteuert, Stoffe mit ganz bestimmten gerade benötigten Eigenschaften sozusagen auf Kommando zu schaffen, so daß die Technik der Zukunft immer mehr erstreben wird, für den benötigten Gegenstand das ideale Material zu schaffen, anstatt, wie früher, den herzustellenden Gegenstand den Eigenschaften des vorliegenden Materials anzupassen.

V. Die Erde

1. Alexander von Humboldt

Wird heutzutage eine wissenschaftliche Expedition geplant, so gilt es als selbstverständlich, daß mindestens je ein Spezialist der verschiedenen beteiligten Wissenschaftsgebiete mitgeschickt werden muß. Längst schon sind die Wissenschaften von der Erde über den Stand hinaus, da ein einziger Kopf alle ihre Zweige überblicken konnte. Das 19. Jahrhundert ist für die Wissenschaften von der Erde wie für andere Bereiche das Zeitalter der Spezialisierung, die zwangsläufig kommt, wenn das Wissen sich weitet und vertieft. Die Spezialisierung setzte zu Beginn des Jahrhunderts ein. Aber an der Wende schenkte das Geschick diesen Wissenschaften noch einmal einen Mann, der genaue Sachkenntnis in vielen Zweigen mit einem universalen Überblick vereinte: Alexander *von Humboldt* (1769–1859). Freilich bedurfte es auch damals schon eines Genies, um dies alles zu umfassen. Humboldts Geist war, nach Zeugnis Goethes, mit dem ihn wechselseitige Freundschaft und Verehrung verband, wie ein »Brunnen mit vielen Röhren, wo man überall nur Gefäße unterzuhalten braucht und wo es uns immer erquickend und unerschöpflich entgegenströmt«.

Von Jugend an konnte Humboldt seine ungewöhnliche Begabung in glücklichen äußeren Umständen entfalten. Er entstammte einer angesehenen Familie Berlins, studierte in Göttingen und an der Freiberger Bergakademie, die seit Werner Mittelpunkt des geologischen Studiums war. Finanziell unabhängig, konnte er schon in jungen Jahren seinen Gesichtskreis durch ausgedehnte Reisen in Europa erweitern. Dreißigjährig begann er in Begleitung des französischen Botanikers *Aimé Bonpland* (1773–1858) seine Reise durch Südamerika, die vier Jahre dauerte. Die beiden Reisenden landeten in der Nähe der Orinocomündung, wo sie zunächst verweilten, um sich mit Sitten und Sprache des Landes vertraut zu machen. Sie drangen, nachdem sie das Küstengebirge Venezuelas erforscht, in die weiten baumlosen Steppen vor, deren Landschaft Humboldt mit seiner einzigartigen Gabe der Naturschilderung wie folgt beschreibt:

Wenn unter dem senkrechten Strahl der Sonne die Grasdecke der Steppe in Staub zerfallen ist, klafft der erhärtete Boden auf, als wäre er von mächtigen Erdstößen erschüttert. Als trichterartige Wolke, die mit ihren Spitzen an der Erde hingleitet, steigt der Sand dampfartig durch die luftdünne, elektrisch geladene Mitte des Wirbels empor; ein trübes, fast strohfarbenes Halblicht wirft die neblige, scheinbar niedrigere Himmelsdecke auf die Flur. Der Horizont tritt plötzlich näher, verengt die Steppe, die heiße, staubige Erde, welche im nebelartig verschleierten Dunstkreise schwebt, vermehrt die erstickende Luftwärme,

eine Lache trocknet nach der andern aus; von Hunger und Durst geplagt schweifen Pferde und Rinder umher, diese dumpf aufbrüllend, jene mit lang gestrecktem Halse gegen den Wind anschnaubend, um durch die Feuchtigkeit des Luftstroms die Nähe einer noch nicht ganz verdampften Lache zu erraten – bis der tropische Regen mit rauschender Heftigkeit losbricht.
Kaum ist die Oberfläche der Erde getränkt, so überzieht sich die duftige Steppe mit mannigfaltigen Gräsern; krautartige Mimosen entfalten ihre gesenkt schlummernden Blätter, Vögel erheben ihren Frühlingsgesang, Wasserpflanzen öffnen ihre Blüten, Pferde und Rinder weiden im hohen Grase, in welchem sich der gefleckte Jaguar verbirgt. Bisweilen sieht man an den Ufern der Sümpfe den befeuchteten Letten sich langsam und schollenweise erheben. Mit heftigem Getöse wird die aufgewühlte Erde in die Luft geschleudert, und eine riesenhafte Wasserschlange oder ein gepanzertes Krokodil steigt aus der Lettengruft empor, durch den ersten Regenguß aus dem Scheintode geweckt. Die ganze Steppe wird nach und nach ein unermeßliches Binnenwasser, auf dessen inselartige Bänke sich die Pferde und Rinder herdenweise zurückziehen. Stundenlang schwimmen die zusammengedrängten Tiere nach der spärlichen Grasrispe umher, die sich über dem braungefärbten Wasser erhebt; viele Füllen ertrinken oder werden von Krokodilen erhascht. Nicht selten bemerkt man Pferde und Rinder, welche, dem Rachen dieser blutgierigen Eidechsen entschlüpft, die Spur des spitzigen Zahnes am Schenkel tragen.

Anschließend gelang es Humboldt, den eigenartigen Zusammenhang zwischen den Stromgebieten des Orinoco und des Amazonas aufzudekken, den man bis dahin nur geahnt hatte. Humboldt fand, daß der Orinoco mit dem Rio Negro, einem Nebenstrom des Amazonas, verbunden ist durch den Casiquiare, den er selbst befuhr. Nach einem Abstecher nach Cuba ging Humboldt nach Kolumbien und überschritt die Anden in vier Monate dauerndem anstrengendem Marsch. Dabei erstieg er eine Reihe von Bergen, die noch kein Mensch bezwungen hatte. Auch den Chimborazzo (6310 m), den man damals für den höchsten Berg der Erde hielt, griff er an. Er stieg, als alle einheimischen Begleiter sich weigerten, weiter mitzugehen, allein durch Schnee und Nebel aufwärts und kam bis etwa 5900 m – nicht zum Gipfel, aber 1000 m höher über den Meeresspiegel, als bis dahin ein Mensch gekommen war. (Die größte Höhe hatte bis dahin der Montblanc-Bezwinger Saussure erreicht.) Peru und Ecuador waren weitere Stationen.
Über Mexico nach Europa zurückgekehrt, ließ sich Humboldt in Paris nieder, das ihm für seine nun bevorstehende Aufgabe, den Ertrag der Reise darzustellen und wissenschaftlich durchzuarbeiten, die besten Voraussetzungen bot. Jahr für Jahr folgten sich von 1811 ab die Bände des berühmten Reisewerkes, das seinen Weltruhm vor allem begründet hat. Schon eine flüchtige Aufzählung gibt einen Eindruck von dem Reichtum und der Vielseitigkeit der Entdeckungen Humboldts:
Humboldt war einer der ersten bedeutenden Meteorologen, er verwandte als erster die Isothermen (Verbindungslinien zwischen Orten gleicher mittlerer Jahrestemperatur) und gilt als Begründer der vergleichenden Klimatologie. Er bereicherte die Geophysik durch Forschungen über die Verteilung des Erdmagnetismus. Er führte viele Höhenmessungen mit dem Barometer aus. Er erläuterte den Bau der Vulkane.
Besonders wichtig sind Humboldts Leistungen für die Pflanzengeographie. Humboldt brachte in seinem Herbarium 5000 neue Spezies zu-

sammen, während die botanische Wissenschaft bis dahin insgesamt nur 8000 gekannt hatte. Er widmete eingehende Betrachtungen der geographischen Verteilung der Pflanzen und den physischen Bedingungen der Vegetation. Er erkannte, daß die ganz verschiedenen Eindrücke, die der Betrachter verschiedener Länder und Landschaften empfängt, weniger auf den – überall wiederkehrenden – Bodenformen beruhen, sondern auf der Pflanzenbekleidung des Bodens und, im Einklang mit ihr, der Tierwelt; er stellte eine Reihe anschaulicher Grundtypen der Vegetation auf.

Geschichte und Völkerkunde beschäftigten ihn daneben. Er grub nach Überresten der Inkakultur und fand Reste der Vor-Inka-Schicht. Er erforschte in den Archiven Amerikas die Kolonialgeschichte des Entdekkungszeitalters.

Alle seine Reisen und Forschungen hatte Humboldt aus eigenen Mitteln bezahlt. Auch als er später als königlicher Kammerherr nach Berlin berufen wurde, wahrte er seine Unabhängigkeit.

Was Humboldt von Anfang an bewegte, war nicht sowohl ein Drang nach einzelnen Erkenntnissen, vielmehr vor allem der Wunsch nach »denkender Betrachtung der durch die Empirie gegebenen Erscheinungen als Ganzes«. Diesem Ziel diente Humboldts großes Alterswerk, der *Kosmos*. Die ganze materielle Welt, vom Himmelsraum bis zum Leben auf der Erde, von den fernen Nebeln bis zu den Moosen auf den Felsen, sollte darin nach einheitlichem Plan in lebendiger Sprache dargestellt sein; dazu noch eine Geschichte des menschlichen Wissens von allen diesen Dingen. Mit diesem Zug seines Werkes ist Humboldt einer der Ahnherren der modernen Wissenschaftsgeschichte. Es war ein Zeichen der Zeit, daß es selbst einem Humboldt nicht gelang, dieses Programm auszuführen. Das Werk blieb ein Torso – die letzten Bände sprengten durch ihre Stoffülle die Einheit des Ganzen – ein Torso allerdings, der wie andere berühmte Bruchstücke Zeugnis ablegt von der Größe des Menschengeistes.

Noch als Sechzigjähriger führte Humboldt eine Expedition ins Uralgebirge und fand dort die wertvollen Mineralien, die er vorausgesagt hatte. Alexander von Humboldt ist der erste deutsche Empiriker von weltweiter Bedeutung genannt worden.

2. Lyell

War das Werk Humboldts vorbereitet durch Männer wie Linné, Solander und Georg *Forster* (1754–1794, zeitweise Begleiter James Cooks, 1790 auch Humboldts), so sind für den zweiten Gelehrten von weltweiter Wirkung, den das 19. Jahrhundert in den Wissenschaften von der Erde aufzuweisen hat: Charles *Lyell* (1797–1875) vor allem die großen Geologen des 18. und beginnenden 19. Jahrhunderts als Wegbereiter zu nennen; an der Spitze Hutton und sein Vorkämpfer Playfair. Lyell war ein schottischer Landsmann Huttons, das Muster eines britischen Gelehrten, klar und nüchtern, mit der Gabe überzeugender

Darstellung. Sein Leben lang hatte er mit Sehstörungen zu kämpfen, im Alter erblindete er.
Lyells *Grundlagen der Geologie*, 1830–1833 in drei Bänden erschienen, trugen auf der ersten Seite ein Zitat aus Playfairs Werk:

Inmitten aller Umwälzungen auf dem Erdball ist die Ökonomie der Natur gleichförmig geblieben, und ihre Gesetze sind die einzigen Dinge, die dem allgemeinen Wandel standgehalten haben. Die Ströme und die Gesteine, die Meere und die Kontinente sind in allen ihren Teilen verändert worden; aber die Gesetze, die diese Veränderungen regieren, und die Regeln, denen sie unterworfen sind, sind unveränderlich die gleichen geblieben.

Dies ist das berühmte Prinzip der *Uniformität*, das Lyell auf alle Zweige und Erscheinungen der Geologie anwandte. Mit ihm brachte er Ordnung und Harmonie in ein Feld des Wissens, das vorher Tummelplatz widerstreitender Theorien gewesen war.
Lyell war wie Humboldt unabhängig. Er reiste viel und sammelte eine unerhörte Menge von Einzelkenntnissen und Entdeckungen. Erst die Tatsache, daß er seine Grundsätze mit unzähligen Einzelheiten belegen konnte, erklärt den Erfolg seines Werkes; für unseren Zweck allerdings ist es wichtiger, die Stelle anzuführen, in der er den Grundsatz seines Verfahrens darlegt.

Alle Naturforscher, die sorgfältig die Anordnung der mineralischen Massen, welche die Erdkruste bilden, und ihre innere Struktur sowie ihren Gehalt an Fossilien untersucht haben, haben darin die Zeichen einer großen Folge vergangener Veränderungen erblickt; die Ursachen dieser Veränderungen sind Gegenstand eifrigen Forschens gewesen. Da die ersten Theoretiker nur eine dürftige Bekanntschaft mit der gegenwärtigen Ökonomie der belebten und unbelebten Welt hatten und mit den Wechselfällen, denen diese unterworfen sind, so finden wir sie in der Lage von Neulingen, welche versuchen, eine in fremder Sprache geschriebene Geschichte zu lesen und dabei über die Bedeutung der gewöhnlichsten Ausdrucke im Zweifel sind; sie streiten ... über tausend elementare Fragen, die uns heute so leicht und einfach erscheinen, daß wir uns kaum vorzustellen vermögen, wie sie früher den Stoff zu heißen und weitschweifigen Kontroversen gegeben ...
Sobald diese Fragen und andere von ähnlich umfassender Natur erörtert werden, finden wir die Gewohnheit, sich in Vermutungen zu ergehen, unregelmäßige und außergewöhnliche Ursachen zu berücksichtigen, immer noch in voller Blüte.
Wir hören von plötzlichen und heftigen Revolutionen, vom augenblicklichen Hochspringen von Bergketten, von Paroxismen vulkanischer Energie – nach den einen an Heftigkeit abnehmend, nach anderen zunehmend von den frühesten bis zu den letzten Zeitaltern. Man erzählt uns von allgemeinen Katastrophen und einer Folge von Sintfluten, von wechselnden Perioden der Ruhe und der Unordnung, von der Vereisung des Erdballs, von der plötzlichen Vernichtung ganzer Rassen von Pflanzen und Tieren, und anderen Hypothesen, in denen wir den alten Geist der Spekulation wiederbelebt finden und ein Bestreben, den gordischen Knoten lieber zu zerhauen, anstatt ihn geduldig aufzulösen.
Bei unserem Versuch, diese schwierigen Fragen zu entwirren, werden wir einen anderen Kurs einschlagen und uns beschränken auf die bekannten oder möglichen Wirkungen existierender Ursachen; in der Gewißheit, daß wir die Möglichkeiten, die ein Studium des gegenwärtigen Naturlaufs bietet, noch nicht ausgeschöpft haben, daß wir deshalb im Kindheitsstadium unserer Wissenschaft nicht berechtigt sind, unsere Zuflucht zu außergewöhnlichen Agentien zu nehmen. Wir werden bei diesem Plan bleiben, weil ... die Geschichte uns belehrt, daß diese Methode stets die Geologen auf den Weg gestellt hat, der zur Wahrheit führt ...

Auffalten von Gebirgen und Kontinenten, Entstehen von vulkanischem und Sedimentgestein, Einlagerung von Fossilien, Heben und Senken von Küstenlinien – dies alles geht in der Gegenwart vor sich so gut wie in vergangenen Zeitaltern: genau so stetig, genau so langsam, genau nach den gleichen Gesetzen. So wenig heute Land sich mit einem Schlage um Hunderte von Metern hebt, so wenig ist das früher geschehen. Große und langsame Schwankungen haben das Land gehoben oder gesenkt.
Worin liegt Lyells bleibende Bedeutung?
1. Indem er seine Fachgenossen konsequent auf das Studium der gegenwärtig wirkenden Gesetze verwies, entzog er aller Spekulation den Boden und legte den Grund zu einer streng empirisch vorgehenden Geologie.
2. Lyells Lehre gewöhnte die Menschen an die Vorstellung gewaltiger vergangener Zeiträume. Manche alten Völker wie die Inder und die Chaldäer hatten zwar die Erde für ewig erklärt oder ihr ein gewaltiges Alter von Millionen Jahren zuerkannt. In Europa herrschte aber, teilweise bis ins 19. Jahrhundert hinein, die auf der hebräischen Überlieferung beruhende Anschauung vor, die Welt sei etwa 6000 Jahre alt. Ein Bischof gab das Schöpfungsjahr sogar mit 4004 v. Chr. ganz genau an und dazu noch Tag und Stunde. In solchen Vorstellungen befangen, mußten die Geologen allerdings, um die offensichtlichen Veränderungen zu erklären, die sie aus den Erdschichten ablasen, zu Hypothesen von Katastrophen und Revolutionen greifen. Hutton und Lyell befreiten sie von diesem Zwang und verbreiteten die Vorstellung von einem Erdalter, das die Wissenschaft zunächst auf Millionen, dann auf Hunderte von Millionen und schließlich auf Milliarden Jahre bezifferte.
3. Die Lehre Lyells ist eine der Grundlagen für den Gedanken der Evolution, der das 19. Jahrhundert durchdringt, insbesondere auch für die kurz nach ihr kommende Entwicklungslehre Charles Darwins geworden. Lyell glaubte zunächst an unveränderliche Arten, lehnte deshalb Lamarck ab. Er glaubte zunächst auch nicht an Darwins Lehre. Sobald er sich jedoch von Darwin hatte überzeugen lassen, war er großmütig genug, dies nicht nur öffentlich zu verkünden, sondern auch selber Darwins Lehren mit Nachdruck zu vertreten – ein wichtiger Grund dafür, daß diese sich so schnell durchsetzten.
Ein deutscher Gelehrter, K. E. A. *von Hoff*, hat schon vor dem Erscheinen von Lyells Hauptwerk, nämlich 1821, mit der Veröffentlichung einer fünfbändigen *Geschichte der natürlichen Veränderungen der Erdoberfläche* begonnen. Er verkündete ganz ähnliche Gedanken wie Lyell. Doch trat sein Werk, nicht ganz zu Recht, bald diesem gegenüber in den Schatten.
Mit Lyells Werk war der Grund gelegt für den raschen Aufstieg der geologischen Disziplinen, den das 19. Jahrhundert brachte. Das Anwachsen des Stoffes führte auch in ihnen schnell zur Aufspaltung in immer selbständiger werdende Sonderfächer.

3. Ritter und Ratzel

Im gleichen Jahre wie Humboldt starb der zweite deutsche Gelehrte des 19. Jahrhunderts, der die Wissenschaften von der Erde in allen Ländern maßgebend beeinflußt hat: Carl *Ritter* (1779–1859), kein Weltreisender wie Humboldt, eher ein Stubengelehrter, Professor in Göttingen und später in Berlin.

Von alters her hat die Geographie einen Doppelcharakter: ihre eine Seite blickt mehr auf die Natur, die andere auf die Wirkung der Natur auf den Menschen. Diese beiden Richtungen sind im 19. Jahrhundert deutlich in Humboldt und Ritter ausgeprägt. Ritters Interesse galt dem Menschen. Die Wirkung, die seine irdische Heimat auf den Menschen ausübt und in allen Zeiten ausgeübt hat, suchte er zu ergründen, und zwar durch eine vergleichende Betrachtung aller Völker durch die Zeiten hin. Diese vergleichende Betrachtung ist etwas Neues, das erst Ritter in die Erdkunde brachte. Es kam ihm nicht darauf an, eine bestimmte Region zu betrachten, sondern möglichst viele oder alle Teile der Erdoberfläche zu vergleichen.

Ritter widmete dieser Arbeit 40 Jahre. Notgedrungen kam er mit seinen Studien immer mehr in Geschichte und Archäologie hinein, verlor schließlich sogar etwas den Anschluß an die aufstrebenden Naturwissenschaften und die diesen zugewandte Seite seiner eigenen Wissenschaft. Zu 21 Bänden wuchs sich Ritters Hauptwerk, die *Vergleichende Geographie,* in der zweiten Auflage aus – ein Werk von unerhörter, aber kaum systematisch gebändigter Tatsachenfülle. Dabei hatte Ritter bis dahin erst Asien und einen Teil Afrikas behandelt!

Wenn die Geographie auf der Grenzscheide zwischen Natur- und Geisteswissenschaften steht, so gehört Ritter ihrer den Geisteswissenschaften zugekehrten Seite an. Er suchte die Eigenart einer jeden Landschaft, eines Kontinents, eines Gebirgssystems einfühlend zu verstehen und sah in der Erde nicht einfach einen Naturkörper, sondern vor allem »das Wohn- und Erziehungshaus des Menschen«.

Dem Menschen zugewandt wie Ritter war auch der zweite Geograph, den ich noch nennen will: Friedrich *Ratzel* (1844–1904). Ratzel war zuerst Apotheker, kam dann als reisender Journalist durch Frankreich, Italien, Ungarn, die USA und Mexiko; wurde schließlich Professor der Geographie in München und Leipzig. Ratzel machte Anthropogeographie und politische Geographie zu festgegründeten selbständigen Zweigen der geographischen Wissenschaft. Wie Ritter war er ein großer Anreger.

4. Das neue Zeitalter der Entdeckungen

Mit der Mitte des Jahrhunderts beginnt ein Abschnitt, so angefüllt mit Forschungsreisen und Entdeckungen, daß man ihn mit dem großen Entdeckungszeitalter um 1500 verglichen hat. Vielerlei wirkte zusammen: die Tätigkeit von Gesellschaften wie der African Association, die später in die Royal Geographical Society übergegangen ist – die erste wissenschaftliche Gesellschaft mit dem ausschließlichen Zweck, geographische Entdeckungen zu fördern; das politische Ausdehnungsstreben der europäischen Völker; der christliche Missionseifer; der Aufschwung der Naturwissenschaften, die das Rüstzeug für neue Expeditionen lieferten; verbesserte Instrumente zur Zeit- und Ortsbestimmung und die Fotografie; die Erleichterung des Weltverkehrs durch das Dampfschiff; der wirtschaftliche Aufschwung in Europa und damit reichere Mittel für Forschungszwecke; die Verbesserung der Tropenhygiene für Weiße und noch manches andere. Die neuen Expeditionen ließen die noch vorhandenen weißen Flecken auf dem Globus rasch zusammenschmelzen. Solche Flecken gab es vor allem in Afrika. Auf diesen Kontinent will ich die wenigen Beispiele in der Hauptsache beschränken.

BARTH Der mit neuer Kraft anstürmende europäische Forscherdrang erntete seine ersten Früchte im Nordteil Afrikas, in Sahara und Sudan. Heinrich *Barth* (1821–1865), ein junger Hamburger Gelehrter, philologisch und archäologisch gebildet und mit den Ländern um das Mittelmeer durch ausgedehnte Reisen vertraut, schloß sich 1849 einer englischen Expedition an, welche mit den mohammedanischen Reichen des Sudans Handelsbeziehungen anknüpfen sollte. Die Reise ging von Tripolis nach Süden. Südlich von Air (Asben) trennte sich Barth vom Gros der Expedition. Er erreichte zuerst, in östlicher Richtung vordringend, den Tschadsee, das große Süßwasserbecken Afrikas. Er erkannte seinen früheren Umfang und bemerkte die stark wechselnde Größe. Danach zog Barth in westlicher Richtung bis nach Timbuktu, der Königin der Wüste, als Sammelpunkt von fünf großen Handelsstraßen die wichtigste Stadt Innerafrikas. Als Araber verkleidet verbrachte er unter ständiger Lebensgefahr ein halbes Jahr im »Afrikanischen Rom«, wie er es nannte.

Inzwischen waren seit Barths Abreise aus Tripolis vier Jahre vergangen. In Europa galt er als verschollen. Die englische Regierung rüstete eine Hilfsexpedition unter dem Leipziger Eduard *Vogel* aus. Es trat der unwahrscheinliche Zufall ein, daß beide Forscher einige Monate später mitten in der Wildnis einander in die Arme liefen. Als Barth ein knappes Jahr später Tripolis wieder erreichte, lag eine Leistung hinter ihm, die noch kein Afrikareisender vollbracht hatte. 20 000 Kilometer hatte er zurückgelegt, zum größten Teil in Gegenden, die noch nie eines Weißen Fuß betreten hatte. Trotz unglaublicher Gefahren und Anstrengungen hatte Barth in jedem Augenblick seiner Reise die Nervenkraft, jede Einzelheit seiner Beobachtungen festzuhalten.

NACHTIGAL Ein Lungenleiden veranlaßte den jungen preußischen Militärarzt Gustav *Nachtigal* (1834–1885), im tunesischen Klima Genesung zu suchen. Nach einem zufälligen Heilerfolg bei einem arabischen Würdenträger wurde er Leibarzt eines Ministers. So blieb er im Lande. Sechs Jahre später erreichte ihn der Auftrag der preußischen Regierung, als Gesandter des Königs an den Hof des Scheichs von Bornu in Kuka am Tschadsee zu gehen. Nachtigal übernahm den Auftrag ungeachtet seiner mangelnden Vorbildung und Erfahrung. 1869 begann der Marsch, der zu einer der größten innerafrikanischen Forschungsexpeditionen werden sollte. Fünf Jahre später erreichte Nachtigal südlich von Khartum, europäische Sprachen nur noch radebrechend, wieder europäisches Einflußgebiet.

Nachtigal trat die Reise mit wenigen Kamelen und Begleitern und mit ganz unzureichender Ausstattung an. Die reichen Geschenke seines Königs für den Scheich, die er mit sich führte, reizten die Eingeborenen zu Überfällen. Hauptsächlich Nachtigals diplomatischem Geschick war es zuzuschreiben, daß er sein Ziel trotzdem erreichte. Mit knapper Not entging er während der Reise dem Verdurstungstod. Er hat eine an psychologischer Genauigkeit und Furchtbarkeit kaum zu übertreffende Darstellung der Qualen gegeben. Mit gleicher Eindringlichkeit schildert er Einsamkeit und Gewalt der unberührten Wüste.

In Kuka, einer Stadt von damals 60 000 Einwohnern, blieb Nachtigal fast drei Jahre. In vieles erlangte er dabei Einblick, das den Europäern bis dahin vollkommen verschlossen war. Nachtigal konnte neben der länderkundlichen Beschreibung und kartographischen Aufnahme die Rassen, die Handelswege, das Sklavenwesen, geologische Erscheinungen und vieles andere studieren.

Ein Jahrzehnt nach dieser Reise erwarb der damals schon schwerkranke Nachtigal die Kolonien Kamerun und Togo für Deutschland.

LIVINGSTONE UND STANLEY An der Erforschung des südlichen Teiles von Afrika hatten die Engländer den Hauptanteil. Auch hier sind zwei Forscher vor den übrigen zu nennen; beide erfuhren, wie Barth und Nachtigal, den unwiderstehlichen Zauber des dunklen Erdteils, der ganz von ihnen Besitz ergriff und sie zu kaum glaublichen Leistungen anspornte.

Ein deutscher Missionsarzt aus China erweckte in dem Sohn eines armen schottischen Spinnereiarbeiters David *Livingstone* (1813–1873) den Wunsch, es ihm gleichzutun. Mit eiserner Energie eignete sich Livingstone neben der Fabrikarbeit das nötige Wissen an. 1840 landete er in Südafrika und baute am Rande der Kalahari seine Station auf.

Gerüchte von einem unbekannten großen See weiter nördlich weckten seinen Forscherdrang. 1849 erreichte er diesen, den Ngamisee. Das war seine erste Tat. Doch inzwischen hatte er von Eingeborenen gehört, daß noch weiter nördlich ein großer Strom fließe. Das erregte ihn. Traf es zu, dann war Innerafrika nicht Wüste – wie man bis dahin glaubte – sondern ein wasserreiches und fruchtbares Land. Ein Jahr später brach er bereits wieder auf und erreichte im folgenden Jahr das Ufer des Sambesi.

Nun erwachte sein Unternehmungsgeist erst richtig. In Eilmärschen reiste er nach Kapstadt zurück, eignete sich die wichtigsten astronomischen Kenntnisse an; in Gewaltmärschen erreichte er den Sambesi von neuem. Nun begann eine vierjährige Forschungsreise. Livingstone fuhr den Sambesi aufwärts und kam dann in weitem Bogen bei Loanda an die afrikanische Westküste. Kaum zum Ausgangspunkt zurückgekehrt, wandte er sich nach Osten und fuhr den Sambesi aufwärts. Als erster Europäer stand er bewundernd vor den Victoriafällen (von ihm so genannt), die sich bereits aus weiter Entfernung durch riesige Wasserdampfsäulen angekündigt hatten. Livingstone kam an die Ostküste und reiste von hier aus nach England zurück, das ihn glänzend empfing und mit Ehren überschüttete.

Aber Afrika ließ ihn nicht mehr los. Nach gut einem Jahr war er wieder unterwegs dorthin, jetzt nicht mehr als Missionar, sondern als Forscher. Diesmal fuhr er den Sambesi mit einer Dampfbarkasse aufwärts, wandte sich dann nach Norden und erblickte als erster Weißer den Njassa-See. Jetzt kündigte die britische Regierung die bisher gewährte Unterstützung. Livingstone versuchte, um zu Geld zu kommen, sein kleines, selbstgebautes Schiff an der afrikanischen Ostküste zu verkaufen. Er wollte es nicht an Sklavenhändler geben, denn die Sklaverei zu bekämpfen, war eines der Ziele, die ihn antrieben. Kurz entschlossen fuhr er über den Indischen Ozean nach Bombay, aber auch dort hatte er kein Glück. Gebrochen und entmutigt kehrte er nach England zurück und begann, seine Erinnerungen zu schreiben.

Bald darauf begann Livingstone, diesmal unterstützt von der Geographischen Gesellschaft, seine dritte Expedition. Ziel war wiederum das innerafrikanische Seengebiet. Diese Reise brachte ihm den Tod, aber auch den höchsten Ruhm. Livingstone war am Tanganjika-See. Eingeborene trugen das Gerücht bis an die Küste, daß Livingstone tot sei. Tatsächlich war er in diesem Augenblick durch Anstrengungen und Krankheit zusammengebrochen und nicht weit vom Tode entfernt.

In diesem Augenblick beschloß der Herausgeber des »New York Herald«, einen Reporter auf die Suche nach Livingstone zu schicken. Die Wahl fiel auf Henry Morton *Stanley* (1841–1904). Stanley war Schiffsjunge gewesen, dann Journalist geworden. Daß er Forscher werden könnte, daran hatte er im Traume nicht gedacht. Kaum aber hatte er den Boden Afrikas betreten, als auch er dem Zauber des Erdteils verfiel. Er begann seine Suche von Sansibar aus, nachdem er noch eine Rundreise über Ägypten, Jerusalem, die Krim und Indien gemacht. Afrika tat alles, ihn abzuschrecken. Seine Träger desertierten. Furchtbare Eindrücke sammelte er über den von Arabern betriebenen, aber von weißen Hintermännern gelenkten Sklavenhandel. Stanleys und Livingstones erschütternde Berichte trugen viel dazu bei, daß die weiße Menschheit sich von dieser Schande befreite. Durch Sümpfe, Urwald und sich bekriegende Eingeborenenstämme drang Stanley nach Udjiji am Tanganjika-See, wo sich, Gerüchten zufolge, ein weißer Mann aufhalten sollte. Ende 1871 hatte er Livingstone gefunden. Die Begegnung, eine der denkwürdigen Szenen der Geschichte, verlief mit »How do you do« und englischer Gelassenheit.

Es gelang dem Drängen Stanleys nicht, Livingstone zur Heimkehr zu bewegen und damit zum Aufgeben des Zieles, das er sich gesteckt. Livingstone wollte die Zusammenhänge zwischen dem Seengebiet mit seinen Flüssen und dem Nil klären. Dieses letzte Ziel erreichte er nicht mehr. Nach fast dreißigjährigem Forscherleben in Afrika waren seine Kräfte ausgehöhlt. Er starb in einer Rohrhütte inmitten seiner treuen Diener.

Stanley beschloß, Livingstones Lebenswerk zu vollenden. 1874, ein Jahr nach dessen Tode, brach er mit einer starken Expedition von Sansibar wieder zum Tanganjika-See auf, umfuhr ihn und beschloß, das Geheimnis zu lüften, das noch über dem ganzen sich von hier nach Westen erstreckenden Gebiet lag. War der Fluß, auf den er hier traf – die Eingeborenen nannten ihn Lualaba – mit dem Nil identisch? Oder hing er mit dem Kongo zusammen? Stanley beschloß, diesem Strom zu folgen. Der undurchdringliche Urwald bewog ihn nach einigen Wochen, den Fluß selbst hinabzufahren. Die Eingeborenen verhielten sich fast durchweg feindlich, weil sie in den herannahenden Booten Sklavenjäger vermuteten. Angriffe aus dem Hinterhalt und ein Ausbruch von Pest unter seinen Leuten brachten Stanley an die Grenze des Verzagens. Immer weiter trug ihn der Strom nach Norden. Erst nach Monaten brachte sein endliches Umbiegen nach Westen Stanley die Gewißheit, daß er auf dem Kongo sei. Die »Stanley-Fälle« umging man zu Lande. Dabei sah Stanley die ersten Pygmäen. Tropische Regenfluten, die Schwierigkeit, den nun schon mehrere Kilometer breiten Strom mit kleinen Booten zu befahren, der Zwang, die Stromschnellen in schwierigstem Gelände zu Lande zu umgehen, der Verlust seines letzten weißen Gefährten – dies hatte Stanley an den Rand des Zusammenbruchs gebracht, als er 1877, 999 Tage nachdem er von Sansibar aufgebrochen, die Mündung des Stromes erreichte und in Boma die Niederlassung einer englischen Firma fand. Stanley brachte seine Leute, einem Versprechen gemäß, erst noch um Kapstadt herum nach Sansibar zurück.

Den hier genannten Männern und Reisen folgten Dutzende andere. Berühmte Namen wie Hermann von *Wissmann* und Georg *Schweinfurth* wären zu nennen. Aber die wenigen hier genannten hervorzuheben, ist doch gerechtfertigt, weil über ihren Reisen der unvergängliche Glanz der ersten Pioniertaten liegt.

POLARFORSCHUNG Sehen wir ab vom Innern Australiens, so gab es auf der Erde außerhalb Afrikas noch zwei riesengroße weiße Flecken: die Polargebiete und das Innere Asiens. Rufen wir uns einige wichtige Stationen aus der Eroberung dieser Gebiete durch die abendländische Wissenschaft ins Gedächtnis.

Eines der ersten Ziele war die immer noch andauernde Suche nach der Nordwestlichen Durchfahrt, dem Seeweg um den Norden Amerikas herum. Der Anstoß ging von England aus. Die britische Regierung setzte zu Beginn des Jahrhunderts bedeutende Geldpreise aus für das Auffinden der Passage und auch für das erste Überschreiten des 111. Grades westlicher Länge auf diesem Wege. Die 1819 begonnene Fahrt William

Edward *Parry's* erreichte wenigstens das zweitgenannte Ziel. Sie brachte die erste freiwillige Überwinterung einer Expedition in arktischen Breiten und damit wertvolle Erfahrungen für alle folgenden.

John *Ross* und sein Neffe James Clark *Ross* fanden bald darauf auf der Halbinsel Boothia Felix den magnetischen Nordpol.

Eine der denkwürdigsten Polarexpeditionen ist die John *Franklins* von 1845. Alle 129 Teilnehmer fanden in einem langen Leidensweg den Tod im Eis. Die Suche nach dem verschollenen Franklin war einer der stärksten Antriebe für die weitere Forschung. Über 40 Expeditionen zogen aus, seine Spuren zu suchen. Es dauerte Jahrzehnte, bis sich das Rätsel allmählich aufhellte. Im Jahre 1907 begegnete ein schottischer Trampdampfer dem in einem Eisberg eingefrorenen und wie ein Gespensterschiff wirkenden Wrack des Franklinschen Schiffes »Terror«.

Auf der Suche nach Franklin gelang dem Schotten *McClure* im Jahre 1850 die Nordwestliche Durchfahrt. Allerdings legte er Teilstrecken mit dem Schlitten zurück. Ausschließlich mit dem Schiff vollbrachte die Durchfahrt erst Roald *Amundsen* zu Beginn des 20. Jahrhunderts.

Fridtjof *Nansen,* der erste Durchquerer des grönländischen Inlandeises auf Schneeschuhen, ließ sich ab 1893 mit seinem Schiff »Fram« von der Eisdrift durch das Nördliche Polarmeer treiben. Er kam bis auf 450 Kilometer an den Pol heran und erreichte dann in einer Eiswanderung mehr als 86° nördlicher Breite. Ein wesentliches Ergebnis der Expedition war die Feststellung, daß das Nördliche Eismeer kein seichtes Becken, sondern 2000 bis 3000 Meter tief ist.

Ein tragisches Ende fand die mit einem Luftballon angetretene Nordpolfahrt des Schweden S. A. *Andrée* im Jahre 1897. Erst 1930 wurde das Grab Andrées und seiner beiden Gefährten auf der Weißen Insel entdeckt.

Der große Wurf gelang endlich 1909 dem Amerikaner Robert E. *Peary.* Nach mehrjähriger planmäßiger Vorbereitung und Übung führte er seine Reise glatt durch und hißte am 6. April des genannten Jahres die amerikanische Flagge auf dem Eise über dem Nordpol.

Unmittelbar darauf begann die Polarforschung mit Luftschiff und Flugzeug.

Der Angriff auf den antarktischen Kontinent begann gegen die Mitte des 19. Jahrhunderts. Der schon genannte James Clark *Ross* kam in unmittelbare Nähe des magnetischen Südpols.

Gegen Ende des Jahrhunderts beschlossen internationale Geographenkongresse einen planmäßigen Angriff von vier Seiten zugleich. Eine englische, schottische, schwedische und eine deutsche Expedition zogen aus und entschleierten von verschiedenen Seiten her wesentliche Teile des unbekannten Kontinents.

Die englische Expedition hatte die größten Erfolge. Sie stand unter der Führung von Captain Robert *Scott,* des gleichen Scott, der im Jahre 1912 den Südpol erreichte – als zweiter, denn die Expedition Roald *Amundsens* hatte dort vier Wochen vorher die norwegische Flagge eingepflanzt.

ASIEN Mit Marco Polo ist der russische General *Prschewalski* verglichen worden. Er führte fünf Reisen durch Innerasien aus. Auf der dritten durchquerte er den Kwen-lun und das noch fast unberührte Tibet.
Unter den Erforschern Chinas ragt Ferdinand *von Richthofen* hervor.
Die bayerischen Brüder Adolf und Hermann *Schlagintweit* überschritten 1856 das Karakorum-Gebirge und klärten den Kwen-lun auf.
Sven *Hedin* machte seine ersten Forschungsreisen in Innerasien in den Jahren 1895 bis 1897. Der Name dieses großen Mannes mag unsere kurze Übersicht abschließen.

VI. Das Leben

1. Embryologie

Das Studium der Embryologie ist so alt wie die biologische Wissenschaft selbst. Schon Hippokrates und Aristoteles haben sich mit ihm befaßt, ebenso, zu Beginn der neueren Zeit, Fabricius und Harvey. Für sie alle war die Entwicklung des Hühner-Embryos im Ei das am leichtesten zugängliche und deshalb bevorzugte Studienobjekt. Erst das Mikroskop ermöglichte tieferen Einblick in die Vorgänge, doch war es gerade einer der Mikroskopisten, Malpighi, der zu Ende des 17. Jahrhunderts die Forschung mit der sogenannten Präformationstheorie zunächst auf einen Irrweg leitete. Nach dieser Lehre sollte das zukünftige Lebewesen bereits in Miniaturgröße fertig im Ei vorgebildet sein. Danach hätte es gar keine echte Entwicklung des Einzelwesens geben können. Diese Ansicht behinderte die Forschung und lenkte von exakter Beobachtung der Vorgänge ab.
Die Wende brachte das Werk des Karl Ernst *von Baer,* Edler von Huthorn (1792–1876). Baer entstammte einer deutsch-baltischen Adelsfamilie in Estland, wirkte nach Studien in Dorpat, Wien und Würzburg an der Königsberger Universität. Hier vollbrachte er seine größten Leistungen. In der zweiten Hälfte seines Lebens entfaltete er eine vielseitige Tätigkeit an der Petersburger Akademie der Wissenschaften, zum überwiegenden Teile jedoch auf anderen Gebieten als der Biologie.
In einer kleinen 1827 erschienenen lateinischen Schrift über die Entwicklung des Säugetiereis ist Baers wichtige Entdeckung niedergelegt: die Auffindung des Säugetiereis im Eierstock. Ein zweites größeres Werk *Die Entwicklungsgeschichte der Tiere* gibt die ausführlichste Darlegung von Baers Forschungsergebnissen, zugleich seine allgemeineren wissenschaftlichen Ansichten. Baer unterschied und beschrieb als erster klar die verschiedenen embryonischen Entwicklungsstadien; er wies auf die Ähnlichkeiten zwischen frühen embryonischen Entwicklungsstadien höherer Tiere zu den fertig ausgebildeten Formen niederer Tiere hin. Seine Studien erstreckten sich vergleichend auf alle Klassen von Wirbeltieren.

An der Seite Baers steht sein Nachfolger in Königsberg, Martin Heinrich *Rathke* (1799–1860), ein vielseitiger Biologe, der u. a. die Kiemenspalten bei den Embryonen von Vögeln und Säugetieren auffand.
Mit dem Wirken dieser beiden Männer begann die moderne Embryologie. Ihre weitere Ausbildung wurde entscheidend mitbestimmt durch die gleichzeitig aufkommende Zelltheorie.

2. Die Zelle

Seit die ersten Mikroskopisten die Zelle erblickt und Hooke sie so getauft hatte, vergingen nicht viel weniger als zwei Jahrhunderte, bis sie in den Mittelpunkt des Interesses rückte und bis ihre grundlegende Bedeutung für alles Leben erkannt wurde. Dies geschah erst in den dreißiger Jahren des 19. Jahrhunderts. Zu den Wegbereitern der neuen Erkenntnis gehören der Deutsche C. F. *Wolff* (1733–1794) und der Engländer Robert *Brown* (1773–1858). Brown entdeckte 1831 den Zellkern, konnte seine Entdeckung aber nicht auswerten. Das geschah durch die klassisch gewordenen Arbeiten zweier deutscher Forscher, die etwa gleich alt, oder richtiger gleich jung, und persönlich befreundet waren.
Mathias *Schleiden* (1804–1881) war zunächst Jurist, wurde Rechtsanwalt in seiner Vaterstadt Hamburg, hatte aber wenig Erfolg. Nach einem mißglückten Selbstmordversuch begann er Naturwissenschaften zu studieren, errang schnell Ansehen und wurde zum Professor in Jena ernannt. Ein berühmter Mann wurde er durch seine 1838 in einer Zeitschrift veröffentlichte Arbeit *Beiträge zur Phytogenesis*. Schleiden erkannte die Bedeutung des Zellkerns, die Brown nicht erkannt hatte; er entdeckte das Kernkörperchen innerhalb des Zellkerns; er setzte die Auffassung durch, daß die *ganze* Pflanze aus Zellen aufgebaut ist; er sah zum erstenmal die Pflanze als eine Lebensgemeinschaft von Zellen, die eine relative Selbständigkeit besitzen.
Fast gleichzeitig trat Theodor *Schwann* (1810–1882), einer der vielen berühmten Schüler des Physiologen Johannes Müller, auf den Plan mit seinem Werk *Mikroskopische Untersuchungen über die Übereinstimmung in der Struktur und dem Wachstum der Tiere und Pflanzen* (1838/39). Schwann war Assistent bei Müller; unter dessen Anleitung vollbrachte er seine schöpferischen Leistungen. Später wurde er Professor in Löwen und Lüttich. Schwann zeichnete sich aus durch Untersuchungen über das Muskel- und Nervensystem sowie über die Verdauung; dabei entdeckte er das von ihm so benannte Pepsin im Magensaft. Sein Ruhm beruht aber in erster Linie auf dem genannten Werk.
Schwann war Zoologe, Schleiden Botaniker. Schwann beschäftigte sich in erster Linie mit dem tierischen Gewebe. Er erkannte, daß auch im Tierkörper überall Zellstrukturen vorhanden sind. So konnte er die Zelle als allgemeinen Baustein der lebenden Substanz darstellen. Die Schranke zwischen Tier- und Pflanzenreich fiel. Eine einheitliche Auffassung aller Lebenserscheinungen war möglich geworden. Die Zelle ist Baustein und zugleich Zentrum der physiologischen Lebenstätigkeit.

Auch das Ei ist eine Zelle. Damit ist die Brücke zur Embryologie geschlagen.

Die Schleiden-Schwann'sche Theorie wurde sofort überall anerkannt und aufgenommen. Sie wurde zur Grundlage für den weiteren Ausbau der Wissenschaft vom Leben. Ohne sie hätte Darwins Werk schwerlich siegen können.

Der weitere Ausbau der Theorie selbst führte naturgemäß auch zu einer Revision mancher ihrer Teile. Der Tscheche Johann Evangelista *Purkinje* (1787–1869) entdeckte den Zellkern im Hühnerei und verwandte auch schon das Wort »Protoplasma« zur Bezeichnung der Zellsubstanz, das durch Hugo *von Mohl* (1805–1872) in den allgemeinen Gebrauch überging.

Den wichtigsten Fortschritt in der Zellenlehre (Cytologie) brachte Max Johann Sigismund *Schulze* (1825–1874). Vorbereitet durch Forschungen an einzelligen Tieren, legte Schulze mit seiner 1861 erschienenen Abhandlung *Über Muskelkörperchen und was man eine Zelle zu nennen habe* den Grund zur neueren Auffassung der Zelle. Vor allem erkannte Schulze, daß nicht – wie bis dahin angenommen – die Zellwand das wichtigste ist, daß es vielmehr viele Zellen ganz ohne Wand gibt und daß das Zellinnere und der Kern am wichtigsten sind. Nunmehr stand fest, daß Pflanzen und Tiere nicht nur in ihrer Struktur die Zelle als gemeinsamen Baustein haben, daß wir vielmehr in der Zellsubstanz, dem Protoplasma, die gemeinsame Grundsubstanz allen organischen Lebens vor uns haben.

3. Physiologie

Für diesen Zweig der Biologie muß vor allem hingewiesen werden auf die Rolle, welche auf anderen Gebieten gemachte und in meinem Bericht bereits berührte Fortschritte des Wissens für die physiologische Forschung spielten. Dazu gehört zum Beispiel die Entdeckung des Sauerstoffs und die Erkenntnis der wahren Natur des Verbrennungsvorgangs durch Black, Priestley, Lavoisier, in deren Gefolge die Physiologen die wahre Natur des Atmungsvorgangs verstehen lernten. Die Fortschritte der organischen Chemie von Justus von Liebig an spielen in stärkstem Maße in die Physiologie hinein. Gleich wichtig war das Energie-Erhaltungsgesetz.

Die Reihe der großen Physiologen des 19. Jahrhunderts eröffnet Johannes *Müller* (1801–1858). Müllers Werk legte den Grund zur vergleichenden Physiologie wie zur experimentellen Physiologie der menschlichen Sinnesorgane. Sein *Handbuch der Physiologie des Menschen* erlangte für das 19. Jahrhundert etwa die gleiche maßgebende Bedeutung wie ein Jahrhundert früher das Werk Hallers. Müllers Berliner Laboratorium wurde zum Mittelpunkt der physiologischen Forschung. Männer wie Schwann und Virchow, Du Bois-Reymond und Helmholtz gingen aus seiner Schule hervor.

Von den französischen Physiologen wird Claude *Bernard* (1813–1878), der vor allem Atmungs- und Stoffwechselprozesse erforschte, Müller an die Seite gestellt. Bernard untersuchte besonders den Blutkreislauf; er begründete die Lehre von der inneren Sekretion (diesen Ausdruck prägte er 1855) und förderte das Verständnis für die gegenseitige funktionelle Abhängigkeit der Organe.

Aus Amerika kam einer der wichtigsten Beiträge zur Physiologie der Verdauung. Im Jahre 1822 wurde ein Halbblutindianer namens Alexis St. Martin durch einen Schuß aus nächster Entfernung schwer verwundet. Der Armeearzt William *Beaumont* (1785–1853) flickte ihn zusammen; der Verwundete behielt jedoch, bei völliger Wiederherstellung seiner Gesundheit im übrigen, eine Öffnung im Leib, normalerweise durch einen Gewebelappen verschlossen, durch die man das Innere seines Magens inspizieren, auch Speisestücke einführen und herausnehmen konnte. Beaumont schleppte St. Martin jahrelang als seinen Bediensteten mit sich, um die Experimente an seinem lebenden Laboratorium fortsetzen zu können. Er führte Speisen verschiedenster Art in den Magen ein, zog sie in bestimmten Abständen an Seidenfäden wieder heraus, untersuchte sie und an ihnen die Wirkung der Magensäfte und gewann auf diese Weise eine ganze Reihe wichtiger Erkenntnisse.

In Deutschland ist Hermann *Helmholtz* (1821–1894) der bedeutendste Fortsetzer des Müllerschen Werkes. Wir begegneten ihm schon unter den Begründern des Energie-Erhaltungsgesetzes. Helmholtz war besonders gut ausgerüstet, um die universelle Bedeutung dieses Gesetzes zu erkennen. Er war nicht nur Physiker, er beherrschte auch Mathematik und Biologie. Außerdem war er ein glänzender Redner und Stilist. Helmholtz war 26 Jahre alt, als er seine berühmte Abhandlung über die Erhaltung der Kraft der Berliner Akademie vortrug. Königsberg, Bonn, Heidelberg, Berlin waren die Stationen seines Wirkens. Seine Leistungen liegen fast alle auf Gebieten, wo sich mehrere wissenschaftliche Fächer berühren oder überschneiden, insbesondere auf dem Grenzstreifen zwischen Physik und Psychologie einerseits, zwischen Physiologie und Psychologie andererseits. Es gelang ihm, die Fortpflanzungsgeschwindigkeit von Reizen in den Nervenfasern zu messen. Hervorzuheben sind seine Beiträge zur Physiologie der Sinne. Helmholtz erfand den Augenspiegel und eröffnete damit der Medizin die Möglichkeit, ins Innere des Auges zu blicken. Er verfaßte ein umfangreiches Werk über Tonempfindungen, das von der physikalischen Akustik über die Physiologie des Gehörs bis zur Psychologie, Ästhetik und Musiktheorie fortschreitet.

Müllers Nachfolger auf dem Berliner Lehrstuhl war Emil *Du Bois-Reymond* (1818–1896), der aus dem damals zu Preußen gehörigen Neuchâtel in der Schweiz stammte. Fast vier Jahrzehnte widmete er der Durchforschung eines einzigen Gegenstandes der Physiologie: der tierischen Elektrizität. Er zeigte, daß Muskeln und Nerven bei ihrer Tätigkeit elektrische Ströme aussenden, die mit gewöhnlichen physikalischen Meßmethoden gemessen werden können.

Neben der strengen Forschung widmete sich Du Bois-Reymond wie andere Gelehrte seiner Zeit mit liebevollem Eifer der Aufgabe, die Früchte der Wissenschaft in allgemeinbildenden Vorträgen möglichst vielen zugänglich zu machen. Dabei behandelte er auch Themen allgemeiner Art. Berühmt wurde sein 1872 gehaltener Vortrag *Über die Grenzen des Naturerkennens*. Er spricht darin die Überzeugung aus: Mag die Wissenschaft fortschreiten, mag der Astronom schließlich den ganzen Bau und die Bewegungsgesetze des Weltalls durchschauen, mag der Biologe die Lebensgesetze enträtseln – die letzten Gegebenheiten, nämlich die Materie und das Bewußtsein, werden unserem Verständnis immer unzugänglich bleiben. Über sie muß die Wissenschaft nicht nur sagen: *Ignoramus* (wir wissen es nicht), sondern auch: *Ignorabimus* (wir werden es nicht wissen). Gegen dieses geflügelte Wort trat Ernst *Haeckel* (1834–1919) mit seinen *Welträtseln* auf.

4. Evolution: Darwin

Es war, wie schon aus dem bisher abgehandelten Teil dieses Kapitels zu ersehen ist und wie sich später noch bestätigen wird, keineswegs die Biologie allein, die den Gedanken der Evolution hervorbrachte und zum Siege führte. Einen wesentlichen Anteil an der Ausbildung dieses Gedankens hatte außer der Philosophie und den Geisteswissenschaften die Geologie. Das Werk Lyells und seiner Vorgänger hatte dem allgemeinen Bewußtsein die Vorstellung einer über unabsehbare Zeiträume der Vergangenheit wirksamen allmählichen Entwicklung und gesetzmäßigen Veränderung der Formen vertraut gemacht.

Charles *Darwin* (1809–1882) kannte und würdigte das Werk Lyells; er kannte und würdigte auch die Gedanken der Männer, die in seiner eigenen Wissenschaft dem Gedanken der Evolution den Weg bereitet hatten, wie insbesondere Lamarck und Darwins eigener Großvater Erasmus Darwin. Die Theorie des Enkels baut auf diesen auf; aber in erster Linie ist sie aufgebaut auf einem riesigen selbst gewonnenen und selbst bearbeiteten Erfahrungsmaterial.

Darwin kam auf einem Umwege zur Biologie. Er war Arztsohn und begann zunächst Medizin zu studieren. Nachdem er zwei chirurgische Operationen miterlebt – ohne Narkose, die man damals noch nicht kannte! – hätte ihn, nach seinen eigenen Worten, auch das stärkste Lockmittel nicht veranlassen können, bei diesem Beruf zu bleiben. Er bereitete sich nun auf den Beruf eines Geistlichen vor. Als er 22 Jahre alt war, hörte er von einer geplanten Expedition mit dem Schiff »Beagle«, die fünf Jahre lang Südamerika, Australien und eine Reihe von Inseln im Pazifik erforschen sollte. Man hielt die Teilnahme eines Biologen für erwünscht, doch standen keine Geldmittel dafür zur Verfügung. Darwin beschloß, auch ohne Vergütung mitzufahren. Er benutzte die fünf Jahre, um Tiere und Pflanzen sowie Fossilien aller besuchten Länder zu studieren und soweit möglich zu sammeln.

Was er heimbrachte, war so reichhaltig, daß er Jahre und Jahrzehnte brauchte, es durchzuarbeiten. Er tat es von Anfang an mit dem Ziel, zu ermitteln, ob aus diesem Tatsachenmaterial Folgerungen für die rätselhafte Frage nach der Entstehung der Arten zu gewinnen wären. Mit welcher Sorgfalt er vorging, ermißt man daran, daß er fünf Jahre arbeitete, bis er die ersten theoretischen Schlußfolgerungen vorsichtig abwägend niederschrieb, aber zunächst nur für sich selber; weitere zwei Jahre, bis er diese Folgerungen für einigermaßen gesichert ansah; weitere 15 Jahre aber, bis er beschloß, seine Gedanken zu veröffentlichen. Und dann tat er es nur zögernd und erst auf einen Anstoß hin, der hauptsächlich von Lyell und von Darwins Fachgenossen Alfred Russel *Wallace* (1823–1913) kam. Wallace hatte, wie Darwin vor ihm, die Galapagos-Inseln bereist und veröffentlichte 1858 einen kurzen Abriß seiner Gedanken, die mit der Lehre Darwins verwandt sind. 1859 erschien dann Darwins Werk unter dem Titel *Die Entstehung der Arten durch natürliche Zuchtwahl.* Das Buch war am Tage seines Erscheinens ausverkauft.

ENTSTEHUNG DER ARTEN In der Einleitung finden sich nach anerkennenden Worten Darwins für andere Gelehrte und einem Überblick über den Aufbau seines Werkes die folgenden Sätze, die bereits die Grundthese Darwins klar aussprechen:

> ... nach den sorgfältigsten Studien und nach dem unbefangensten Urteil, dessen ich fähig bin, ergibt sich mir als zweifellos, daß die Meinung, welche die meisten Naturforscher bis kürzlich hegten und der auch ich früher zugeneigt war, wonach nämlich jede Art unabhängig voneinander erschaffen wurde, irrig ist. Ich bin vollkommen überzeugt, daß die Arten nicht unveränderlich sind; daß die zu einer Sippe (genus) zusammengehörigen Arten regelrechte Abkömmlinge von anderen gewöhnlich schon erloschenen Arten sind, so wie die anerkannten Varietäten einer bestimmten Art Abkömmlinge eben dieser sind. Ich bin ferner überzeugt, daß die natürliche Zuchtwahl das wichtigste, wenn auch nicht das einzige Mittel der Abänderungen war.

Natürliche Auslese, natürliche Zuchtwahl, Überleben der Besten, der Bestangepaßten – dies ist also der wichtigste Mechanismus der Evolution. Er wird im vierten Kapitel des Werkes auseinandergesetzt. Zuvor aber werden die drei wichtigsten Voraussetzungen dieses Mechanismus dargelegt:

Ausgangspunkt ist ein sorgfältiges Studium der domestizierten Tiere und der Kulturpflanzen. Es bietet den besten und sichersten Schlüssel zu dem dunklen Problem, auf welchen Wegen und mit welchen Mitteln sich Veränderungen und Anpassungen von Lebewesen vollziehen. Es erweist sich, daß eine unendliche Anzahl von leichten Variationen und individuellen Unterschieden auftritt, und daß der Mensch in weitem Ausmaß in der Lage ist, in der Züchtung bestimmte Formen und Eigenschaften hervorzubringen oder auszuschalten. Zwar kann der Mensch neue Formen nicht eigentlich schaffen. Aber er kann die, welche die Natur darbietet, festigen und verstärken, akkumulieren, indem er Individuen mit den (für ihn) erwünschten Eigenschaften auswählt und weiter züchtet, andere dagegen von der weiteren Vermehrung ausschließt.

Das zweite Kapitel legt dar, daß gleiche oder ähnliche Variationen auch außerhalb der Domestikation, in der freien Natur also, eintreten können und auch eintreten. Selbstverständlich nicht Variationen, die dem Menschen nützlich sind, sondern solche, die dem betreffenden Lebewesen selbst nützlich sind im großen Kampf ums Dasein.

Diesen Kampf ums Dasein unter allen lebenden Wesen dieser Welt zeigt das dritte Kapitel: Viel mehr Individuen jeder Spezies werden geboren, als am Leben bleiben können. Die Lebewesen vermehren sich in geometrischer Progression, die Lebensmöglichkeiten aber nicht. Dieser Gedanke ist uns, auf den Menschen bezogen, bereits bekannt. Es ist Malthus' Lehre; und in der Tat bemerkt Darwin selbst: Dies sei die Malthus'sche Doktrin, angewandt auf das ganze Pflanzen- und Tierreich.

Nun folgt die Nutzanwendung: Wie wird sich der Kampf ums Dasein auf die Variationen auswirken? Es ist unzweifelhaft, daß Individuen, die irgendeinen, wenn auch geringfügigen Vorteil über andere der gleichen Art haben, die beste Chance des Überlebens und der Fortpflanzung besitzen. Umgekehrt wird jede Variation, die in der geringsten Weise nachteilig ist, rücksichtslos ausgemerzt werden. Dies: die Erhaltung der vorteilhaften individuellen Unterschiede und Variationen und die Ausmerzung ungünstiger – heißt natürliche Auslese oder »survival of the fittest«. Verändert sich das Klima eines Landes allmählich, so wird sich die Zusammensetzung der in ihm vorhandenen Lebewesen ebenfalls ändern. Einzelne Arten werden ausgelöscht werden. Jede derartige Änderung (Auslöschen einer Art) würde schon in sich selbst, auch ohne die Änderung des Klimas, bei den komplizierten und engen Beziehungen und Abhängigkeiten aller Wesen von anderen und von ihrer natürlichen Umwelt, einen tiefen Eingriff in den Haushalt der Natur bedeuten. Hätte dieses Land offene Grenzen, so würden wahrscheinlich neue Arten einwandern. In einem abgeschlossenen Gebiet, zum Beispiel einer Insel, würden die Plätze, die durch das Auslöschen nicht anpassungsfähiger Arten frei werden, wahrscheinlich ausgefüllt werden durch jene unter den ursprünglichen Einwohnern, denen die Umstellung auf die neue Umwelt am besten gelingt, und durch deren Nachkommen.

Eingriffe des Menschen können beim domestizierten Lebewesen die Einflüsse der natürlichen Umwelt und den natürlichen Kampf ums Dasein weitgehend ausschalten. Aber seine Ergebnisse werden gleichwohl gering sein verglichen mit denen, welche die Natur hervorbringen kann im Verlauf der gewaltigen geologischen Zeiträume, die ihr zu Gebote stehen.

Eine besondere Art der Auslese ist die geschlechtliche Zuchtwahl. Sie beruht nicht auf dem Kampf ums Dasein gegen andere Lebewesen oder gegen äußere Bedingungen. Sie beruht auf dem Kampf zwischen Individuen der gleichen Art und des gleichen Geschlechts um das andere

Geschlecht. Wer in diesem Kampf unterliegt, wird im allgemeinen nicht vom Überleben ausgeschlossen, aber von der Fortpflanzung. Die kräftigsten männlichen Individuen werden die meiste Nachkommenschaft hinterlassen. In vielen Fällen entscheidet dabei allerdings nicht die Stärke als solche, sondern die Ausrüstung mit besonderen Waffen oder auch Schutzvorrichtungen. Bei polygamen Tieren wird dieser Kampf am brutalsten sein, bei anderen bestehen mildere Formen des Wettbewerbs. Wenn zum Beispiel bei vielen Vogelarten die Weibchen anscheinend diejenigen Partner bevorzugen, die am schönsten singen oder die das schönste Gefieder haben, so kann die von dem Weibchen ständig getroffene Auswahl im Verlauf tausender Generationen auch eine eindeutige Auslese bewirken.

Nachdem er eine Fülle einzelner Beispiele ausgebreitet, faßt Darwin dieses Kapitel zusammen mit der Feststellung:

Wenn unter veränderten Lebensbedingungen die organischen Wesen in fast allen Teilen ihrer Struktur persönliche Unterschiede bieten, was nicht bestritten werden kann; wenn zufolge des geometrischen Verhältnisses ihrer Vermehrung in irgendeinem Alter, Saison oder Jahr ein harter Kampf ums Dasein stattfindet, was gleichfalls nicht bestritten werden kann — dann wäre es im Hinblick auf die unendliche Verknüpfung der Beziehungen aller organischen Wesen zueinander und zu ihren Lebensbedingungen, welche eine unendliche Mannigfaltigkeit der Struktur, Konstitution und Gewohnheiten verursachen, die ihnen nützlich sind — dann wäre es ein ganz besonderer Zufall, wenn keine Veränderungen je vorkämen, die der Wohlfahrt eines jeden der Wesen ebenso nützlich sind, wie so viele geschehene Veränderungen, die dem Menschen nützlich wurden. Wenn nun Veränderungen geschehen, die für jedes der organischen Wesen nützlich sind, so werden sicherlich die hierdurch charakterisierten Einzelwesen die beste Aussicht haben, im Kampf ums Dasein erhalten zu bleiben; und nach dem starken Prinzip der Erblichkeit werden diese bestrebt sein, eine ähnlich charakterisierte Nachkommenschaft hervorzubringen. Dieses Prinzip der Erhaltung oder das Überleben des Tüchtigsten habe ich natürliche Zuchtwahl genannt...

Das Kapitel schließt mit dem Bilde vom Baum des Lebens, in dem die Verwandtschaft aller Lebewesen der gleichen Klasse ausgedrückt ist:

Ich glaube, dieses Gleichnis entspricht sehr der Wahrheit. Die grünen und knospenden Zweige können die bestehenden Arten vorstellen, und die in früheren Jahren entstandenen die lange Reihenfolge erloschener Arten. In jeder Periode des Wachstums streben all die wachsenden Zweige nach allen Seiten hin, sich zu erstrecken und die umgebenden Äste und Zweige in derselben Weise zu überwachsen und zu unterdrücken, wie im großen Kampf ums Dasein Arten und Gruppen von Arten jederzeit andere Arten zu bemeistern erstreben. Die Äste, geteilt in Nebenäste, und diese wieder in kleinere Äste, waren einst, als der Baum noch jung war, ebenfalls knospende Zweige; und diese Verbindung der früheren und jetzigen Knospen durch verzweigtes Geäst kann gut die Einteilung aller erloschenen und lebenden Arten in Gruppen und Untergruppen darstellen. Von den vielen Zweigen, die geblüht hatten, als der Baum noch ein Strauch war, leben jetzt nur noch zwei oder drei als große Äste, welche die anderen Zweige tragen. So ist es auch mit den Arten, die in längst vergangenen geologischen Perioden gelebt haben; nur sehr wenige von ihnen haben lebende und abgeänderte Nachkommen hinterlassen. Seit dem ersten Wachstum des Stammes ist mancher Ast und mancher Zweig verdorrt und abgefallen; und diese verschwundenen Äste verschiedener Größe mögen ganze Ordnungen, Familien, Arten darstellen, die jetzt keine lebenden Repräsentanten mehr haben, und die wir nur in ihrem fossilen Zustand kennen. So wie wir hier und da ein kleines vereinzeltes Zweiglein aus einer Gabel tief unten am Stamm hervorspringen sehen, das, vom Zufall begünstigt, an seiner Höhe noch fortlebt: so sehen wir gelegentlich auch ein Tier – wie Ornithorhynchus oder Lepidosiren – das in einem gewissen geringen Grade durch seine Verwandtschaften zwei große Zweige des Lebens verbindet, und das augenscheinlich vor dem verhängnisvollen Mitbewerb gerettet wurde, weil es an einem geschützten Orte lebte. So wie Knospen im Wachstum neue Knospen hervorbringen, und diese wieder, wenn sie lebenskräftig sind, sich nach allen Seiten hin verzweigen und schwächere Zweige zu überwinden streben: so, glaube ich, geschieht es auch auf dem großen Baum des Lebens, der die Erdrinde mit seinen toten und gebrochenen Ästen erfüllt und die Erdfläche mit seinem ewig verzweigenden und schönen Geäst bedeckt.

DIE ABSTAMMUNG DES MENSCHEN Unter den späteren Werken Darwins erregte sein 1871 erschienenes Buch *Die Abstammung des Menschen* das meiste Aufsehen. Ist der Mensch ein Abkömmling anderer und älterer Formen des Lebens? Unterliegt er in Körperbau und geistigen Fähigkeiten denselben Variationen wie andere Wesen? Werden diese Variationen nach den gleichen Gesetzen der Vererbung, die für niedere Lebewesen gelten, auf seine Nachkommen übertragen? Gelten für den Erwerb und die Vererbung von Variationen die gleichen Gesetze wie dort, zum Beispiel der Einfluß von Gebrauch oder Nichtgebrauch eines Organs? Vermehren sich auch die Menschen in einem Verhältnis, das zu einem ernsthaften Kampf ums Dasein führen muß? Werden auch bei ihm vorteilhafte Variationen durch Auslese bewahrt, nachteilige ausgemerzt? Gibt es einen Kampf unter den menschlichen Rassen, bei dem manche siegen und andere ausgerottet werden?

Darwins Buch lehrt: Alle diese Fragen sind zu bejahen. Den Ausgangspunkt bildet dabei der Nachweis, daß der Körperbau des Menschen in allen wichtigen Zügen die Annahme einer Verwandtschaft mit anderen Formen des Lebens aufzwingt – vor allem auch die Embryonalentwicklung, auf die Darwin im Anschluß an von Baer ausführlich eingeht.

Darwin war sich darüber klar, in welchem Maße seine Lehre gegen eingewurzelte und den Menschen teuere Vorstellungen verstieß, welchem Widerstand sie deshalb begegnen würde. Er schloß:

Die Hauptschlußfolgerung, zu der dieses Werk gelangt ist, daß nämlich der Mensch von irgendeiner niedrig organisierten Form abstamme, wird, wie ich mit Bedauern annehme, so manchem höchst widerlich sein. Es kann aber kaum in Zweifel gezogen werden, daß wir von Wilden abstammen. Nie werde ich das Erstaunen vergessen, das mich überkam, als ich zum erstenmal eine Schar Feuerländer an einer wilden, zerklüfteten Küste sah, und mit einem Mal fuhr der Gedanke durch meinen Sinn: So waren unsere Ahnen. Diese Menschen waren völlig nackt, mit Farben beschmiert, ihr langes Haar hing wirr herab, ihr Mund geiferte in der Erregung und ihr ganzer Ausdruck war wild, erschreckend, mißtrauisch. Sie besaßen kaum irgendeine Kunstfertigkeit und lebten wie wilde Tiere von dem, was sie fangen konnten; sie hatten keine Regierung und zeigten sich erbarmungslos gegen jeden, der nicht ihrem eigenen kleinen Stamm angehörte. Wer da einen Wilden in dessen Heimat gesehen hat, wird nicht viel Scham empfinden, wenn er sich anzuerkennen genötigt sieht, daß in seinen Adern das Blut von irgendeinem etwas tiefer stehenden Geschöpf fließe ...

Es ist zu entschuldigen, wenn der Mensch einen gewissen Stolz empfindet, daß er, obgleich nicht durch eigene Anstrengung, die höchste Höhe der organischen Stufenleiter erreicht hat. Und die Tatsache, daß er bis dahin gestiegen ist und nicht ursprünglich dahin gestellt wurde, gibt ihm die Hoffnung, daß er in einer fernen Zukunft zu einer noch höheren Bestimmung gelangen werde. Doch es gilt hier nicht Hoffnungen oder Befürchtungen in Betracht zu ziehen, sondern einzig nur die Wahrheit, soweit unsere Vernunft sie zu entdecken vermag; und ich habe mein Bestes daran gewandt, den Beweis zu erbringen. Wir müssen indessen, wie mich dünkt, anerkennen, daß der Mensch mit allen seinen edlen Eigenschaften, mit seiner Sympathie, die er für das Niedrigste fühlt, mit seinem Wohlwollen, das sich nicht nur auf andere Menschen erstreckt, sondern auch auf das geringste lebende Geschöpf, mit seinem göttlichen Intellekt, der die Bewegungen und die Beschaffenheit des Sonnensystems ergründet hat – daß der Mensch mit allen diesen erhabenen Kräften doch noch in seinem Körperbau den unauslöschbaren Stempel seines niedrigen Ursprungs trägt.

BEDEUTUNG UND AUSWIRKUNG Welchen Markstein das Werk Darwins in der Geschichte seiner eigenen Wissenschaft darstellt, ist so offenkundig und so bekannt, daß man kaum dabei zu verweilen braucht. An sich war der Entwicklungsgedanke nicht neu. Wir finden ihn in der Biologie bei Darwins Vorgängern. Wir finden ihn in der Geschichtslehre, in der Geschichtsphilosophie, wenn auch in anderer Fassung, zum Beispiel bei Hegel und Comte. Wir finden ihn in einer der Darwins bedeutend näher stehenden Fassung bei dem weiter unten behandelten englischen Philosophen und Soziologen Herbert Spencer.

Darwins Leistung besteht hauptsächlich in drei Dingen:

Darwin stellte die Evolution nicht nur als These oder als Prinzip auf, sondern belegte sie durch eine erdrückende Fülle von Beispielen. Er gab ihr eine induktive Grundlage und gab der Entwicklungslehre als Kernstück der Biologie erst den Charakter einer empirischen Wissenschaft. In jahrzehntelanger Arbeit, in unablässigem Kampf gegen Schwächen seiner Gesundheit, unter häufigen quälenden Kopfschmerzen arbeitete er eine Tatsachenmasse durch, wie wenige vor ihm.

Was Darwin als – für ihn selbst unfertiges und unvollkommenes – Ergebnis vorlegte, bot ein anschauliches und verständliches Modell der Entwicklungsvorgänge und ermöglichte es, zahllose Einzeltatsachen zu erklären und einzuordnen, wie zum Beispiel die Analogien im Bau der Lebewesen oder das Vorhandensein anscheinend nutzloser Organe oder Organreste als Überbleibsel vergangener Formen – Tatsachen, welche ohne die Annahme der Entwicklung unverständlich und unerklärbar bleiben mußten.

Beides zusammen – die Fülle der empirischen Belege und die Anschaulichkeit – überzeugte die gebildete Welt von der Richtigkeit des Entwicklungsgedankens.

Besteht so Einhelligkeit über das von Darwin aufgezeigte *Faktum*, so besteht doch – bis heute – Meinungsstreit und Unsicherheit über die dabei wirksamen *Faktoren*. Man zweifelt insbesondere, ob die leichten Variationen, die eine Generation von der vorhergehenden unterscheiden, zur Begründung der tatsächlichen Entwicklungen ausreichen. Hier brachte der Aufschwung der Vererbungslehre neuartige Einblicke.

An dieser Stelle interessiert uns zunächst mehr die Bedeutung und Auswirkung der Darwinschen Gedanken über den engeren Bereich seiner Wissenschaft hinaus auf das allgemeine Bewußtsein und die Entwicklung der Wissenschaften im ganzen.

Darwins Gedanken drangen wie kaum eine andere wissenschaftliche Lehre des Jahrhunderts ins Bewußtsein der Mit- und Nachwelt. Sie halfen entscheidend mit, die statischen Ideale des 18. Jahrhunderts zu ersetzen durch die Vorstellung einer sich wandelnden und wachsenden Welt. Ihre Wirkung vereinigte sich mit der Wirkung der schnell fortschreitenden gesellschaftlichen Revolution des Industriezeitalters. Die Menschen gewöhnten sich daran, daß alle Formen und Institutionen sich wandeln, daß alle Gedanken ihren Platz in der zeitlichen Folge der Geschehnisse einnehmen; daß Einrichtungen und Ideale, die vergangenen Generationen teuer waren und unumstößlich schienen, verblassen und neuen Formen Platz machen.

Für die wissenschaftliche Wahrheitssuche brachte die Entwicklungslehre einen weiteren Schritt hinweg von dem Suchen nach letzten Gründen und Zielen; sie lenkte die Aufmerksamkeit auf das sorgfältige empirische Forschen nach den einzelnen Abschnitten und Mechanismen der Veränderung. Man suchte weniger nach der einen großen, endgültigen und ewigen Wahrheit; man sucht nach den vielen kleinen Einzelwahrheiten, die die empirische Forschung liefern kann.

Daß der Entwicklungsgedanke seine stärkste und empirisch am besten begründete Ausprägung in der Biologie erfuhr, verschaffte der Wissenschaft vom Leben eine maßgebende Stellung. Sie trat die Nachfolge der Mathematik und der Physik an. Das Denken, insbesondere auch das philosophische, begann sich biologischer Vorstellungen, biologischer Begriffe zu bedienen. Das Denken wurde gleichsam »biologistisch« gefärbt. Schaute man früher die menschliche Gesellschaft und ihre Einrichtungen, ja sogar das sittliche Verhalten des Menschen unter dem Bilde der Geometrie oder des Newtonschen Weltideals an, so sah man jetzt den Menschen vorwiegend als ein organisches Wesen in der Auseinandersetzung mit seiner Umwelt. Damit mußte eine Umwertung vieler Werte einsetzen.

Wenn man alles im Hinblick auf seinen Platz in der Entwicklung ansieht und bewertet, so wird ein Gedanke nicht mehr als absolut richtig oder falsch, sondern etwa als »modern« oder »veraltet« bewertet. Der Vorwurf, daß jemand oder etwas veraltet, überholt, antiquiert sei, wurde nun zu einem schwerwiegenden Argument im Kampf der Meinungen.

Die Entwicklungslehre lenkte den Blick auf die zahllosen Spielarten, Variationen des Lebendigen und die verwickelte Wechselwirkung unter diesen. Sie zeigte, daß es eigentlich keine feststehenden Formen und Typen gibt, daß die Grenzen fließend und fast unbestimmbar sind. Indirekt schärfte sie damit den Blick für Vielfalt der Formen und Verwickeltheit der Zusammenhänge auch im geistigen und gesellschaftlichen Leben.

Dem Fortschrittsglauben scheint die Entwicklungslehre mit ihrem Nachweis einer tatsächlichen Weiter- und Höherentwicklung des Lebens auf den ersten Blick eine starke Stütze zu bieten. Indem Darwin aber zeigte, eine wie geringe Wahrscheinlichkeit dafür besteht, daß eine einmal aufgetretene Variation sich bewahrt und durchsetzt, welche Fülle äußerer Einwirkungen den Mechanismus der Entwicklung beeinflussen, hemmen oder unwirksam machen kann, welch riesiger Zeiträume die Natur bedarf, um merkbare und bleibende Veränderungen hervorzubringen – indem Darwin dies zeigte, wurde offenbar, daß menschlicher Fortschritt in den kurzen Zeiträumen unserer Geschichte alles andere als eine Naturnotwendigkeit ist. Man begann zu erkennen, daß man nicht einfach abwarten und dem Fortschritt freien Lauf lassen kann, daß Veränderungen vielmehr mit Vernunft geplant und mit Tatkraft von den Menschen selbst bewirkt werden müssen.

Die Biologisierung des Denkens hatte endlich eine beträchtliche Bedeutung für die Ansichten über den Sinn, Wert und Nutzen des Wissens und der Wissenschaft. Sieht man den Menschen ausschließlich als Lebewesen unter anderen Lebewesen, im Kampf ums Dasein mit diesen und mit seiner sonstigen Umwelt, so wird alles, was er tut und denkt, als Mittel in diesem Kampf erscheinen. Es wird dann nicht mehr darauf ankommen, ob seine Gedanken und Handlungen irgendwelchen idealen Maßstäben entsprechen; wichtig wird, ob sie ihm im Kampf ums Dasein nützlich oder hinderlich sind. Der Denkapparat des Menschen erscheint dann, wie bei Nietzsche und im sogenannten Pragmatismus, lediglich als Mittel im Kampf ums Dasein – zu anderen Zwecken, wie zum Beispiel zum Suchen nach ewigen Wahrheiten, nicht geschaffen und darum nicht tauglich.

5. Ausbreitung und Aufnahme Darwinscher Gedanken

Unter den ersten Biologen, die Darwins Gedanken verbreiteten, ragen zwei Männer hervor: Darwins Landsmann Thomas Henry *Huxley* (1825–1895) und der Deutsche Ernst *Haeckel* (1834–1919). Huxley, »Darwin's bulldog« genannt, war ein glänzender Schriftsteller und Redner, der an einprägsamen Beispielen die Grundgedanken der Entwicklungslehre für jedermann verständlich darzustellen verstand. Haeckel ist unter anderem bekannt durch das von ihm formulierte *Biogenetische Grundgesetz:* Die Entwicklung des einzelnen Lebewesens von der Keimzelle bis zu seiner fertigen Ausbildung ist eine kurze, durch manche Einflüsse abgeänderte Wiederholung des ganzen langen Entwicklungsprozesses, den die Vorfahren dieses Lebewesens in der Geschichte des Lebens durchlaufen haben. Kürzer, aber weniger verständlich ausgedrückt: die Ontogenese (Keimesentwicklung des Einzelwesens) wiederholt die Phylogenese (Stammesentwicklung). Der Satz ist heute nicht mehr als Gesetz, sondern nur noch als Regel zu bezeichnen. Noch bekannter ist Haeckel durch seine Versuche, den Entwicklungsgedanken in der Darwinschen Fassung zum Ausgangspunkt eines monistischen philosophischen Systems zu nehmen *(Die Welträtsel,* 1899).

Darwin hatte in seinem Buche über die Abstammung des Menschen ausgesprochen: Während der Mensch, wenn er Pferde, Rindvieh oder Hunde züchtet, mit äußerster Sorgfalt eine Zuchtwahl nach Körperbau und Charaktereigenschaften trifft, fällt es ihm nicht ein, an Entsprechendes bei seiner eigenen Eheschließung und Vermehrung zu denken. Und doch könnte eine Beachtung der Gesetze und Grundsätze, die für andere Lebewesen gelten, auch bei Menschen segensreich wirken. Menschen mit deutlich minderwertigen erblichen Eigenschaften zum Beispiel sollten darauf verzichten, sich fortzupflanzen. Die nachteiligen Wirkungen von Ehen zwischen Verwandten sollten untersucht werden.

Was Darwin damit ausspricht, ist der Grundgedanke der *Eugenik*, der menschlichen Erbpflege oder Rassenhygiene. Darwins Vetter Francis *Galton* (1822–1911) begründete die Eugenik als Wissenschaft. Daß Galton und Charles Darwin der gleichen Familie entstammten, die eine Reihe hervorragender Männer hervorbrachte und wiederum verwandt war mit der nicht weniger berühmten Familie *Wedgwood*, war wohl einer der Anlässe zu Galtons umfangreichen Studien über die Erblichkeit von Begabungen in englischen Familien.

Galton war einer der vielseitigsten Gelehrten seiner Zeit. Sein Interesse an den Erscheinungen und Gesetzen der Vererbung beim Menschen führte ihn dazu, das erste Laboratorium für Anthropometrie, für Messungen an Menschen, und für die Untersuchung geistiger Fähigkeiten durch sogenannte Tests einzurichten. 1884 untersuchte er in einer Untersuchungsreihe, die 400 Personen umfaßte, die Schärfe des Gesichts und des Gehörs, den Farbensinn, die Reaktionsfähigkeit und -schnelligkeit, die Körperkraft beim Ziehen und beim Schlag, Körpergröße, Gewicht, Spannweite der Arme und ähnliches.

Auf Galton geht die heute noch übliche Verwendung des Fingerabdrucks zur Identifizierung zurück. Zuerst versuchte er, Fingerabdrücke als anthropologische Merkmale zu verwenden. Er untersuchte die Fingerabdrücke von Angehörigen der verschiedensten Völker und Rassen: Engländer, Franzosen, Juden, Basken, Chinesen, Inder, Indianer, Neger. Er fand bald, daß die Abdrücke kein Rassenmerkmal abgeben können, aber für die individuelle Identifizierung höchst brauchbar sind. Dazu war es nötig, zu beweisen, daß die Fingerabdrücke durch das ganze Leben eines Menschen konstant bleiben; daß es so gut wie beliebig viele Variationsmöglichkeiten gibt, daß also die Abdrücke von zwei Menschen einander niemals völlig gleichen; daß die Abdrücke gleichsam lexikalisch geordnet werden können, so daß ein bestimmter Abdruck sicher eingeordnet und schnell aufgefunden werden kann.

Galton betätigte sich auch als Entdeckungsreisender zu den Quellen des Nil. Als Mathematiker schuf er die Grundlage für die statischen Methoden der Biologie. Als Meteorologe schuf er die moderne Wetterkarte. Er machte mehrere Erfindungen und schrieb mit 80 Jahren einen Roman.

In seinen erbkundlichen Forschungen knüpfte Galton nicht allein an Darwin an. Er kannte auch bereits das Werk Gregor *Mendels*. Das führt uns zu dem letzten Teil unseres Biologie-Abschnitts.

6. Vererbung

Daß sich bestimmte Eigenschaften der Lebewesen von Generation zu Generation vererben, ist den Menschen von alters her bekannt gewesen. Der geheimnisvolle Vorgang, wie sich bestimmte äußere Merkmale, beim Menschen, auch Charaktereigenschaften, in den Nachkommen wieder zeigen, hat von jeher die Aufmerksamkeit gefesselt. Lange Zeit sann man nach über die geheimnisvollen Ähnlichkeiten zwischen Eltern und Kindern – ohne dabei zu erkennen, daß die Frage noch viel umfassender und geheimnisvoller ist, wie es denn überhaupt zugeht, daß aus einem Hühnerei immer wieder ein Huhn hervorgeht, ein Huhn der gleichen Rasse: daß jedes Lebewesen seine eigene Art fortpflanzt.
Es ist klar, daß die Wissenschaft vor dem 19. Jahrhundert über diese Rätsel kaum etwas aussagen konnte. Erst die embryologische Forschung und die Zellenlehre schufen die Voraussetzung für eine erfolgreiche Inangriffnahme des Vererbungsproblems; und erst die Evolutionslehre schuf den allgemeinen Rahmen, innerhalb dessen die Erscheinungen der Vererbung verstanden werden können und müssen. So kommt es, daß die Vererbungswissenschaft (Genetik) eine der jüngsten Wissenschaften ist. Ihre Geschichte umspannt nur ein knappes Jahrhundert.

WEISMANN Die grundlegende Frage: Wie kommt es, daß ein Adlerpaar immer wieder Adler der gleichen Art als Nachkommen hat? stellte sich August *Weismann* (1834–1914). Für die Einzeller ist die Frage verhältnismäßig einfach zu beantworten. Sie vermehren sich durch Zellteilung. Es ist hier also eine unmittelbare Kontinuität des Individuums gegeben. Ist eine solche Kontinuität auch bei den mehrzelligen Lebewesen vorhanden? Ja, antwortet Weismann, jedenfalls in bezug auf die Keimzellen; und auf diese kommt es dabei allein an! Es ist nicht so (wie man bis dahin angenommen), daß aus der Keimzelle zunächst ein Organismus entsteht, daß dieser wieder Keimzellen bildet, aus denen die nächste Generation hervorgeht. Sondern: Von Anfang an sondern sich in der embryonalen Entwicklung diejenigen Zellen aus, die später zu Mutterzellen der Keimzellen werden. Es führt eine durchlaufende Linie, von Weismann »Keimbahn« genannt, von den Keimzellen einer Generation zu den Keimzellen der nächsten und so fort. Von dieser Keimbahn aus bilden sich in jeder Generation die übrigen Körperzellen. Sie sind gleichsam nur angelagert. Der Körper wächst und stirbt wieder ab, aber das alles hat nicht den mindesten Einfluß auf die Keimbahn. Es ist, um einen anschaulichen Vergleich zu gebrauchen, als wenn ein Wurzelstock unter der Erde dahin kriecht, der in gewissen Abständen eine Pflanze emporsendet. Der jeweilige Körper ist nur ein Abspaltungsprodukt der Keimbahn. Die Keimzellen, die er in sich trägt, sind nicht sein Produkt, sondern das unmittelbare Produkt der Keimzellen der vorangegangenen Generation.
Es ist nach dieser – von der weiteren Forschung bestätigten – Lehre ohne weiteres klar, daß Einflüsse beliebiger Art auf den lebenden Kör-

per, insbesondere auch der Erwerb irgendwelcher Eigenschaften, auf die Keimbahn keinerlei Einfluß haben können: es kann keine Vererbung erworbener Eigenschaften im Sinne Lamarcks geben. Weismann machte zahlreiche Versuche, um das experimentell zu beweisen. Er schnitt vielen Generationen von Mäusen nacheinander die Schwänze ab, um zu zeigen, daß jede neue Generation wieder mit einem Schwanz von unverkürzter Länge geboren wurde. Die weitere Entwicklung hat allerdings gezeigt: Die Dinge liegen nicht so einfach, daß gerade solche Experimente als unbedingt stichhaltige Beweise gegen den Lamarckismus gelten könnten.

Wenn nun vom Körper erworbene Eigenschaften niemals erblich werden können: wie ist es dann möglich, daß – wie Darwin gezeigt hat – im Laufe langer Zeiträume die Lebensformen sich doch verändern, daß Arten entstehen und vergehen? Es geschieht – antwortet Weismann – ausschließlich durch natürliche Selektion, durch Zuchtwahl im Sinne Darwins. Quod erat demonstrandum! Denn Weismanns ursprüngliches Anliegen war, Darwin zu bestätigen – wenn auch seine Lehren an Bedeutung weit über diesen Rahmen hinauswuchsen.

Wie nun allerdings der eigentliche Mechanismus der Vererbung in der Keimzelle ist, wie es die Keimzellen anfangen, die Merkmale weiterzureichen: darüber war hiermit noch nichts ausgesagt. Weismann sprach lediglich als Postulat aus, was erst die weitere Forschung bestätigen konnte: daß der Teilungsmechanismus der Keimzellen und ihrer Kerne das Geheimnis birgt.

MENDEL Weismanns wichtigste Veröffentlichungen lagen in den achtziger Jahren. Schon zwanzig Jahre früher hatte Johann Gregor *Mendel* (1822–1884) in der Stille seines Klostergartens die Versuche angestellt, die zur Grundlage aller späteren Vererbungsforschung werden sollten. Mendel entstammte einer deutschen Sprachinsel im slawischen Siedlungsgebiet, trat in jungen Jahren in den Augustinerorden ein, studierte in Wien und lebte danach im Kloster seines Ordens in Brünn. Hier beschäftigte er sich in seiner Freizeit mit den Pflanzenzuchtversuchen, die seinen Namen den allerdings posthumen Weltruhm gebracht haben.

Die Grundsätze, denen Mendel streng und beharrlich folgte, sind ebenso genial wie einfach: erbreines Ausgangsmaterial nehmen – einfache Fälle auswählen, d. h. Pflanzen, die sich nur in einem oder wenigen Merkmalen unterscheiden – das Material genau zählen und darüber Buch führen – die Generationen streng für sich halten – jedes Merkmal einzeln verfolgen.

Der grundlegende Versuch war folgender: Es gibt Erbsen, von denen, bei völliger Gleichheit der Merkmale im übrigen, die eine Form rot blüht, die andere weiß. Rotblühende Erbsen untereinander befruchtet, ergeben stets wieder rotblühende; entsprechend die weißblühenden (reines Ausgangsmaterial).

Kreuzt man eine rotblühende mit einer weißblühenden Pflanze, so erhält man eine Generation von Bastarden (F 1). Sie haben alle einheitlich rote Blüten. Durch Fortpflanzung dieser Bastard-Generation unter sich erhält man die zweite Bastard-Generation (F 2). Diese besteht zu $^3/_4$ aus rotblühenden, zu $^1/_4$ aus weißblühenden Pflanzen.

Das letztgenannte Viertel bringt bei weiterer Fortpflanzung unter sich stets nur wieder weiße Blüten hervor. Es ist also erbrein und gleicht dem einen Elternteil der Ausgangs-Generation.

Die übrigen 75 Prozent mit roten Blüten verhalten sich verschieden. $^1/_3$ davon – also 25 Prozent der Gesamtgeneration – bringt nur wieder rote Exemplare hervor. Es ist also erbrein und entspricht dem Elternteil mit roten Blüten bei der Ausgangsgeneration. Der Rest, also 50 Prozent der Gesamtgeneration F 2, verhält sich wie die Mischlinge der Generation F 1: die Nachkommen spalten sich auf im Verhältnis von dreimal rot und einmal weiß, wobei wiederum $^1/_3$ der roten erbrein rotblühend ist usw.

Mendel erhielt, nachdem er die Zahlenverhältnisse immer wieder nachgeprüft, aus der Deutung seiner Versuchsergebnisse die folgenden Gesetze (Mendelsche Gesetze, heute besser Regeln genannt):

1. Werden zwei reine Rassen gekreuzt, so sind die Nachkommen in der F 1-Generation unter sich im Erscheinungsbild wie im Erbbild alle gleich (Uniformitätsregel).

Entweder »dominiert« in dieser Bastardgeneration eines der beiden Merkmale, in denen sich die Eltern unterscheiden. In unserem Beispiel dominierte die rote Blütenfarbe. Das Erbmerkmal »Rot« ist »dominant«, »herrschend«, das Merkmal »Weiß« tritt zurück, es ist verdeckt oder »rezessiv«.

Oder es entstehen »intermediäre Bastarde«, z. B. wenn die Kreuzung eines rotblühenden mit einem weißblühenden Exemplar rosablühende Abkömmlinge ergibt. Auch in diesem Fall ist die erste Bastard-Generation aber einheitlich, nämlich rosa.

2. Bei der Kreuzung der Individuen der F 1-Generation untereinander tritt in der folgenden Generation eine Aufspaltung ein. $^1/_4$ der Nachkömmlinge gleicht dem einen Elternteil und ist reinerbig. $^1/_4$ gleicht dem anderen Elternteil und ist reinerbig. Die übrige Hälfte sind Bastarde wie ihre Eltern (Spaltungsregel). Das Wiederherauskommen der ursprünglichen reinen Erbanlagen bei einem Teil der Nachkömmlinge nennt man »ausmendeln«.

Aus weiteren Versuchen mit Pflanzen, die sich in zwei oder mehr Merkmalen unterscheiden, gewann Mendel seine dritte Regel:

3. Jedes Einzelmerkmal »mendelt« unabhängig von den übrigen (Unabhängigkeitsregel).

Nachdem er seine Versuche acht Jahre fortgesetzt, trug Mendel seine Ergebnisse der örtlichen wissenschaftlichen Gesellschaft, dem »Brünner naturforschenden Verein« vor. Niemand erkannte ihre Tragweite. Der Verein druckte Mendels Ausführungen in seinem Mitteilungsblatt ab. Die Blätter gingen in die Welt, auch in viele Universitätsbibliotheken, und bald deckte sie überall der Staub.

Mendel setzte seine Versuche zunächst weiter fort, mit anderen Pflanzen, die etwas verwickeltere Verhältnisse bieten, und auch mit Tieren. Schließlich gab er sie aber auf. Dabei wirkte mehreres zusammen: Mendel hatte diesmal Material gewählt, das große Schwierigkeiten barg und nicht sogleich klare Ergebnisse erkennen ließ; das Ausbleiben jeglichen Echos aus der wissenschaftlichen Welt entmutigte ihn; drittens war Mendel Abt seines Klosters geworden und verzehrte sich in den Obliegenheiten dieses Amtes, mehr noch im Kampfe gegen die gerade eingeführte staatliche Besteuerung der Klöster.

Mendels Gedanken waren seiner Zeit so weit voraus, daß erst um die Jahrhundertwende andere Forscher ähnliche Versuche mit ähnlichen Ergebnissen anstellten. Dann waren es allerdings gleich mehrere Gelehrte zugleich, die Mendels Entdeckungen nachvollzogen. Nun erst wurde man auf seine fast vergessenen Abhandlungen aufmerksam. Nun begann sein Ruhm.

Es waren vor allem drei Biologen, die gleichzeitig und unabhängig voneinander Mendel bestätigten: der Holländer Hugo *de Vries* (1884 bis 1935), Professor in Amsterdam – de Vries gebührt auch das Verdienst, die Erscheinung der Mutation, der spontanen Veränderung von Erbcharakteren, in den Mittelpunkt des Interesses gerückt zu haben, wenn auch gerade die Beispiele, durch die er sich leiten ließ, von der späteren Forschung nicht als echte Fälle von Mutation anerkannt worden sind; der Wiener Erich *Tschermak* (1871–1962); der Deutsche Carl *Correns* (1864–1933). Correns gehört zugleich zu den Gelehrten, die den Mechanismus der Erbteilung in der Keimzelle aufhellten.

Über Mendels Bedeutung soll einer der Großen der neueren Genetik sprechen:

Warum sind die Biologen der ganzen Welt heute darüber einig, daß Mendels Entdeckung eine von erstem Range ist?

Eine Menge wäre dazu zu sagen. Das Wesentliche kann in wenigen Worten gesagt werden. Die Biologie war – und sie ist es noch – in weitem Ausmaß eine beschreibende und spekulative Wissenschaft. Mendel zeigte durch experimentellen Beweis, daß die Vererbung durch einen einfachen Mechanismus erklärt werden kann. Seine Entdeckung ist überaus fruchtbar gewesen.

Die Wissenschaft beginnt mit naiven, oft mystischen Vorstellungen von ihren Problemen. Sie erreicht ihr Ziel immer dann, wenn sie ihr frühes Raten ersetzen kann durch verifizierbare Hypothesen und durch voraussagbare Ergebnisse. Dies ist es, was Mendels Gesetz für die Vererbungslehre leistete ...

VII. Medizin

Der Aufschwung der Medizin im 19. Jahrhundert steht im Zeichen der exakten Einzelforschung. Jede ärztliche Maßnahme zu gründen auf genaueste Kenntnis der Vorgänge im gesunden und im kranken Organismus – dies war der Grundsatz, der die Erfolge möglich gemacht hat. Nicht mehr das Buch war nun das wichtigste Handwerkszeug des Arztes und des medizinischen Forschers, sondern Mikroskop, Reagenzglas und Seziermesser.

Diese neue Einstellung hatte zu Beginn des Jahrhunderts von der deutschen ärztlichen Wissenschaft noch nicht Besitz ergriffen. Viele bedeutende Ärzte standen damals noch im Bann romantischer Gedankengänge, insbesondere der Naturphilosophie Schellings (1775–1845), von dem auch das Wort Naturphilosophie stammt. Wenn auch die Zukunft der exakten Einzelforschung gehörte, so hat doch die romantische Medizin ebenfalls ein geschichtliches Verdienst. Sie betonte, gegenüber dem Handwerklichen, dem Erforschbaren und Erlernbaren das, was in der Heilkunst mehr ist als erlernbares Handwerk: Kunst, Begnadung, Macht der Persönlichkeit. Sie lenkte den Blick auf die Natur im ganzen, in der Medizin auf den ganzen Menschen. Die fesselndste Erscheinung unter den romantischen Ärzten ist Carl Gustav *Carus* (1789–1869), Hofarzt in Dresden, ein allseitiger Geist, Arzt, Biologe, Psychologe, Maler, Ästhetiker, feinsinniger Deuter Goethes, Schöpfer der wissenschaftlichen Physiognomik und Charakterkunde. Für die Psychologie hat Carus als einer der ersten das Reich des unbewußten Seelenlebens in das Licht der Forschung gerückt.

Die romantische Bewegung hatte ihre Wurzeln im deutschen Geist. Die neue naturwissenschaftlich ausgerichtete Medizin blüht zuerst in Frankreich. Paris blieb noch weit ins 19. Jahrhundert hinein das Mekka der Mediziner. Seit dem Ausgang des 18. Jahrhunderts trat Wien an seine Seite. Joseph II. errichtete hier das Josephinum, eine militär-chirurgische Akademie, und ein ausgedehntes »Allgemeines Krankenhaus« mit Gebärhaus, Narrenturm und Findelhaus. Diese großartige Anlage bot den Ärzten reiche Forschungs- und Vergleichsmöglichkeiten. Den Höhepunkt ihres Glanzes erreichte die Wiener Medizin mit der sogenannten Jüngeren Wiener Schule von etwa 1840 ab. Ihre Häupter waren Rokitanski und Skoda.

Carl *von Rokitanski* (1804–1878) war Anatom. Er sichtete in 35 Jahren ein ungeheures Material (30 000 Sektionsprotokolle) und erarbeitete auf dieser Grundlage feste anatomische Bilder von den einzelnen Krankheiten und ihren Stadien. Josef *Skoda* (1805–1881), Bruder des Schlossers, der die Skoda-Werke in Pilsen begründete, war Kliniker und arbeitete mit Rokitanski eng zusammen. Der Vergleich Tausender von Krankheitsfällen und -protokollen mit ebenso vielen Sektionsprotokollen gab eine breite Basis für die Erkenntnis der Krankheitserscheinungen, die diese beiden Gelehrten – soweit makroskopische, d. h. mit dem bloßen Auge sichtbare Veränderungen des Gewebes in Betracht kommen – zu einem gewissen Abschluß brachten.

Den nächsten Schritt: die mikroskopische Durchforschung der kranken Körperteile bis in ihre kleinsten Bestandteile hinein – diesen Schritt getan zu haben, ist das Verdienst des berühmten Pathologen Rudolf *Virchow* (1821–1902), Professor in Berlin, der als Schriftsteller und Politiker ebenso bekannt ist wie als Arzt. Die Krönung seines viele Zweige der Medizin berührenden Lebenswerkes ist die Zellularpathologie. Die durch Schwann und Schleiden in den Mittelpunkt der Biologie gerückte Zelle stellt Virchow nun auch in den Mittelpunkt von Anatomie, Phy-

siologie und Pathologie. Alle Krankheiten sieht er als Strukturveränderungen der Zellen. Virchows Lehre setzte sich schnell durch. Er wurde zum »Papst der deutschen Medizin«. Die Lehre barg allerdings die Gefahr, daß man den Krankheitsprozeß zu einseitig »lokalistisch«, d. h. nur in der Veränderung eines einzelnen Gewebes oder Organs sah und den Blick verlor für den ganzheitlichen Zusammenhang aller Teile des Organismus.
Im weiteren Verlauf des Jahrhunderts trat Berlin immer mehr an die Spitze, daneben Heidelberg. Schon vorher hatte sich ein anderes Zentrum exakter Forschung in enger Verbindung mit der Tätigkeit am Krankenbett in Würzburg gebildet, hauptsächlich unter dem Einfluß Lukas Johann *Schönleins* (1783–1865).
Von der Mitte des Jahrhunderts ab hatte Deutschland den Vorsprung Frankreichs in der medizinischen Wissenschaft eingeholt. Die großen deutschen Mediziner hatten jetzt Weltruf und zogen Schüler und Patienten aus allen Ländern der Erde herbei.

1. Neue diagnostische Hilfsmittel

Die erste hier zu nennende Entdeckung gehört noch dem 18. Jahrhundert an. Aber sie wurde fast 50 Jahre lang kaum gewürdigt und kam erst im 19. Jahrhundert zu Anerkennung und Wirkung. Leopold *Auenbrugger* (1722–1809) ist der älteren Wiener Schule zuzurechnen. Als Sohn eines Schankwirts wußte er, daß die Wirte Bierfässer zu beklopfen pflegen, um festzustellen, ob und wieweit sie voll sind. Auenbrugger tat das gleiche mit dem Brustkorb des Patienten und erfand so die Perkussion. Nach siebenjähriger Erprobung übergab er die Methode 1761 der wissenschaftlichen Öffentlichkeit. Es war nicht übertrieben, wenn er darüber sagte:

> Als erfahrener Mann versichere ich, daß das nunmehr zu behandelnde Zeichen von schwerwiegender Bedeutung ist, nicht nur für die Erkennung, sondern auch für die Behandlung der Krankheiten. Daher verdient es den ersten Platz hinter der Prüfung des Pulses und der Atmung . . .

Der Grund, warum Auenbruggers Entdeckung sich nicht so bald durchsetzte, lag vor allem darin, daß das pathologische Wissen noch sehr lückenhaft war und man keine klaren Vorstellungen von den Erkrankungen der Brustorgane hatte.
Ein Franzose, René Théophile Hyacinthe *Laënnec* (1781–1826), fand ein anderes diagnostisches Hilfsmittel, das aus aller späteren Medizin nicht wegzudenken ist: das Stethoskop. Der Anlaß war merkwürdig genug:

> Im Jahre 1816 wurde ich durch eine junge Frau konsultiert, die allgemeine Symptome einer Herzerkrankung zeigte. Wegen ihrer Körperfülle konnte ich mit der Hand und durch Perkussion wenig feststellen. Alter und Geschlecht der Patientin erlaubten mir nicht, zu der eben beschriebenen Untersuchungsmethode (direktes Auflegen des Ohrs auf die Brust) meine Zuflucht zu nehmen. Ich erinnerte mich einer bekannten akustischen Erscheinung . . . Ich ergriff ein Blatt Papier, rollte es zu einer recht festen Rolle, deren eines Ende ich auf die Herz-

gegend setzte, das andere an mein Ohr. Ich war erstaunt und beglückt, das Schlagen des Herzens erheblich klarer und deutlicher zu vernehmen, als ich es je zuvor gehört ...

Diese beiden Entdeckungen: Perkussion durch Auenbrugger, Auskultation durch Laënnec, so einfach sie sind, sind doch zum Ausgangspunkt der gesamten modernen physikalischen Diagnostik geworden.

2. Sieg über den Schmerz

Alle jene, die in unserer manchmal bedrückenden Gegenwart den Wunsch empfinden, lieber früher gelebt zu haben, z. B. im 18. Jahrhundert oder im Mittelalter oder im klassischen Altertum, werden die Heftigkeit ihrer Sehnsucht sogleich abnehmen fühlen, wenn man sie daran erinnert, daß in diesen Zeiten jeder Gang zum Zahnarzt oder Wundarzt einer wahren Folter gleichkam. Weder Zahnbehandlung noch Amputation noch irgendein chirurgischer Eingriff konnte in diesen Zeiten anders ausgeführt werden als bei vollem Bewußtsein und voller Schmerzempfindlichkeit des Patienten! Zwar kannte man die sogenannten Schlafschwämme, aber die Wirkung war ganz unzulänglich, ebenso wie Eis und Schnee, Alkoholrausch und anderes, das man probiert hatte.

Der Sieg über den Schmerz begann im Jahre 1842 mit der Einführung der Äthernarkose. Der Ruhm dieser Entdeckung kann nicht einem Mann allein gutgeschrieben werden. Eine ganze Reihe von Ärzten, lauter Amerikaner, muß ihn unter sich teilen. Zu ihren Lebzeiten allerdings teilten sie ihn nicht, sondern machten ihn sich in erbitterten Prioritätskämpfen streitig; damit verbitterten sie sich das Leben so sehr, daß der eine im Wahnsinn endete, der zweite im Elend, der dritte durch Selbstmord. Für unseren Zweck ist es nicht wichtig, diese Kämpfe im einzelnen zu verfolgen. Ich nenne nur die wichtigsten Namen:

Crawford W. *Long* (1815–1878), ein Wundarzt im Staate Georgia; William T. G. *Morton* (1819–1868), Zahnarzt in Boston; Charles W. *Jackson* (1805–1880), Professor der Chemie in Boston; Horace *Wells* (1815–1848), Zahnarzt in Hartford, Connecticut.

Unter diesen war Long, wie nunmehr klar zu übersehen ist, der erste gewesen, der die Äthernarkose mit Erfolg verwandte. Er kam um seinen verdienten Ruhm, weil er seine Ergebnisse erst ein Jahrzehnt später veröffentlichte. Erteilen wir deshalb ihm das Wort zur Schilderung seiner Entdeckung, deren Anlaß, wie so häufig, eigentlich rein zufällig war:

Im Dezember 1841 oder im Januar 1842 wurde das Einatmen von Stickstoffoxydgas in einer zur Nachtzeit versammelten Gesellschaft junger Leute zur Sprache gebracht. Es war im Dorfe Jefferson, Georgia, und die Gesellschaft forderte mich auf, etwas von diesem Stoff zu bereiten. Ich unterrichtete sie, daß ich nicht die gehörige Apparatur hätte, das Gas zu bereiten oder anzuwenden; daß ich aber etwas hätte (Schwefeläther), das ebenso belustigende Wirkungen hervorbringen würde und das ebenso ungefährlich sei. Man war begierig, die Wirkung zu erleben ... Die Wirkung gefiel ihnen so gut, daß sie es danach oft gebrauchten und andere dazu veranlaßten ...

Ich beobachtete, daß meine Freunde unter Äthereinwirkung oft hinfielen oder Stöße erlitten, die ausgereicht hätten, einer Person ohne Anästhesie Schmerz zu verursachen; auf Befragen versicherten sie mir durchweg, daß sie nicht den leisesten Schmerz verspürten.
Durch die Beobachtung dieser Tatsachen wurde ich zu der Annahme geführt, daß das Einatmen von Äther Schmerzunempfindlichkeit (Anästhesie) hervorbringt und deshalb für chirurgische Operationen nutzbar gemacht werden könnte.
Die erste Person, die ich unter Äthereinwirkung erfolgreich operierte, war ...
(Es folgt eine eidesstattliche Versicherung des Patienten, daß er keinerlei Schmerz gefühlt habe.)

Es ist noch nicht lange her, daß man sich klargeworden ist: ein Rezept, das *Paracelsus* in seiner krausen und halbalchimistischen Sprache für einen »Vitriolextrakt« anführt, ergibt anästhesierenden Äther!
Bald trat das Chloroform, zuerst von Justus von Liebig dargestellt, neben den Äther, der von Boston aus einen schnellen Siegeszug durch die medizinische Welt antrat. Die Entdeckung, daß Chloroform sich für die Betäubung eignet, erfolgte wiederum zufällig und unter ähnlichen Umständen wie beim Äther durch Long. Im Hause des Edinburger Gynäkologen Sir James Young *Simpson* (1811–1870) vergnügte sich eine Abendgesellschaft mit dem Einatmen aromatischer Stoffe. Dabei fand man die Wirkung, die Simpson sogleich für die ärztliche Praxis nutzbar machte.
Den Namen »Anästhesie« führte der später zu behandelnde Oliver Wendell *Holmes* ein.
Neben die Allgemeinnarkose trat bald die örtliche Betäubung (Lokalanästhesie), hauptsächlich unter Verwendung von Kokain. Auch zu ihrer Entwicklung hat eine ganze Reihe von Forschern beigetragen, von denen hier zwei genannt seien: Carl Ludwig *Schleich* (1859–1922), weiten Kreisen bekannt durch sein Erinnerungsbuch *Besonnte Vergangenheit*, mit seiner Infiltrationsanästhesie, und der Chirurg August *Bier* (1861 bis 1949).
Die Ausschaltung des Schmerzes war die erste Voraussetzung für den Aufstieg der modernen Chirurgie von der zweiten Jahrhunderthälfte an. Die zweite Voraussetzung schuf Friedrich *von Esmarch* (1823–1908) mit der durch Abschnürung hergestellten künstlichen Blutleere. Gefahrvolle Blutverluste wurden damit vermieden oder herabgemindert. Die dritte Voraussetzung – die Möglichkeit, Wundinfektionen zu verhüten – konnte erst hinzutreten, als die durch Paul de Kruif so genannten »Mikrobenjäger« ihr Werk getan hatten.

3. Mikrobenjäger

Ich komme zu dem interessantesten und, wenn man die Auswirkung in Betracht zieht, auch wichtigsten Kapitel aus der Geschichte der Medizin im 19. Jahrhundert: der Begründung der Bakteriologie. Welcher Forschungszweig wäre aufregender und dramatischer als diese Jagd nach den unsichtbaren Erzfeinden des Menschengeschlechts! Man bedenke: Trotz aller Fortschritte der ärztlichen Wissenschaft in Anatomie und Physiologie wußten die Ärzte immer noch so gut wie nichts über die eigentlichen Ursachen der Infektionskrankheiten. Man kannte seit Rokitanski und Virchow zwar die krankhaften Veränderungen des Gewebes recht genau, aber man wußte nicht, wodurch sie hervorgerufen werden. Pest, Cholera, Tuberkulose, Typhus, Diphtherie, Tollwut, Geschlechtskrankheiten, Kindbettfieber, Gelbes Fieber, Fleckfieber, Schlafkrankheit, Malaria – über die Ursache aller dieser Krankheiten wußte man fast nichts und konnte bei ihnen auch so gut wie gar nicht helfen oder gegen sie schützen, ebensowenig bei den Tierseuchen. Die einzige Ausnahme bildete die von Jenner eingeführte Pockenimpfung.

Um ein anschauliches Beispiel zu geben, sei an das Auftreten der Cholera im 19. Jahrhundert erinnert. Diese Krankheit breitete sich 1817 in Vorderindien aus. Bald setzte sie sich in Bewegung, hauptsächlich entlang der Küsten und Flußufer, überall dort, wo Verkehr und Handel die Menschen zusammenführten. Sie erreichte China und den Persischen Meerbusen. 1829 trat sie in Orenburg auf, bald darauf in Moskau, bald darauf in ganz Rußland. 1831 wütete sie in Polen und Österreich und erreichte, zuerst in Danzig, auch Deutschland. Im gleichen Jahre brach sie in Berlin aus. Der Philosoph Hegel erlag ihr. Sein Gegenspieler Schopenhauer ergriff die Flucht und verlegte seinen Wohnsitz für die Dauer nach Frankfurt. Nun erfaßte die Seuche fast alle Teile Europas: 1832 Frankreich, 1833 Spanien, 1834 die Schweiz, 1835 Italien. Von England trugen sie Auswanderer nach den Vereinigten Staaten. 1838 erlosch sie auf rätselhafte Weise. Aber nur vorläufig; ein neuer Ausbruch kam schon 1842 in Hamburg. Am schlimmsten hauste sie stets unter der ärmeren, zusammengedrängt lebenden Bevölkerung der großen Städte.

Dies war nur eine Welle. Andere von wechselnder Stärke folgten nach. Die Menschen schrien nach Hilfe. Aber über das Wesen der Ansteckung herrschte Unklarheit und Streit.

Die Geschichte der Bakteriologie beginnt mit Pasteur. Freilich war Pasteur nicht der erste Mensch, der Mikroben erblickte. Das war der große Leeuwenhoek. Spallanzani, der das Urbild für die bekannte Gestalt E. T. A. Hoffmanns abgegeben hat, war im Studium der Mikroben einen wichtigen Schritt weitergekommen. Nach ihm studierte Christian Gottfried *Ehrenberg* (1795–1876) die Mikroorganismen und gab in seinem Buche über *Die Infusionstierchen als vollkommene Organismen* eine Reihe neuer Erkenntnisse.

Pasteur war auch nicht der erste, der auf den Gedanken kam, Kleinorganismen könnten die Erreger ansteckender Krankheiten sein. Die Vermutung, es gebe Contagina animata – Lebewesen, die ansteckende Krankheiten übertragen – wurde schon im 16. Jahrhundert zum ersten Male laut. Im Jahre 1840 wurde die Annahme wieder aufgenommen durch den Anatomen Jakob *Henle* (1809–1885). Auch für Henle war es bloße Vermutung. Aber er stellte eine Reihe von Forderungen auf, die nach seiner Ansicht erfüllt werden müßten, wenn diese Vermutung bewiesen werden sollte: es mußte für eine bestimmte Krankheit ein bestimmter Erreger gefunden werden; diesen mußte man isolieren und dann durch das Experiment nachweisen, daß er für sich allein die betreffende Krankheit hervorrufe.

Mikroorganismen wurden um die Mitte des Jahrhunderts bei einigen Krankheiten tatsächlich durch das Mikroskop im erkrankten Organismus entdeckt, zuerst beim Milzbrand, einer Tierseuche, deren Bazillus verhältnismäßig zu den größeren gehört und daher leicht sichtbar zu machen ist. Was fehlte, war eben der exakte Nachweis der Erregernatur dieser Organismen. Pasteur und Koch führten diesen Nachweis. Doch Pasteur, dessen Werk wir zuerst betrachten, näherte sich den Kleinorganismen zuerst von einer anderen Seite.

PASTEUR Louis *Pasteur* (1822–1895) war Chemiker. Aber seine größten Leistungen hat er in der oder für die Medizin vollbracht. Seine Berufung zum Chemiker erkannte Pasteur, der als Sohn eines Gerbers im französischen Departement Jura geboren war, während er die berühmte École normale superieure besuchte – eine in der Revolutionszeit gegründete Anstalt zur Ausbildung von Gymnasiallehrern, aus der viele bekannte Gelehrte hervorgegangen sind. Seine erste Großstat war die Theorie des asymmetrischen Kohlenstoffatoms, die im Chemieabschnitt erwähnt ist. Pasteur vollbrachte sie mit 26 Jahren als Gymnasiallehrer. Kurz darauf wurde er Professor der Chemie in Straßburg. Hier setzte er seine Experimente mit Kristallen fort, jedoch ohne Erfolg.

Den Mikroben begegnete Pasteur zuerst einige Jahre später in Lille. Es war eine praktische Frage, die ihn auf dieses Feld führte. Lille lebte von der Herstellung von Spiritus aus Zuckerrüben. Fabrikanten baten Pasteur um Hilfe, als sie durch verfehlte Gärung empfindliche Verluste erlitten. Über die Gärung gab es einige Theorien, aber das Problem war ungelöst. Ein Landsmann Pasteurs, Charles *Cagniard de la Tour* (1777 bis 1859) und der deutsche Biologe *Schwann* hatten festgestellt, daß die Hefe, die sich bei Alkoholgärung absetzt, aus Pilzen besteht. Aber wurde der Gärungsvorgang durch diese Hefepilze verursacht? Liebig hatte das bestritten. Pasteur bewies es unwiderleglich durch das Experiment, und nicht nur für die alkoholische Gärung, auch für das Sauerwerden der Milch und ähnliche Prozesse wies er nach, daß Kleinlebewesen im Spiel sind. Spätere Forschung hat aufgedeckt, daß die Verhältnisse bei der alkoholischen Gärung etwas verwickelter sind, als Pasteur annahm. Die Gärung ist ein katalytischer Vorgang. Katalysator ist ein toter Stoff, die Zymase, die aber nur aus den Hefepilzen zu gewinnen ist (*Buchner* 1896). Doch im Prinzip hatte Pasteur durchaus recht, wenn er sagte:

> Meine Studien führten mich zu ganz anderen Schlüssen. Ich fand, daß alle mit Recht so genannten Gärungsprozesse . . . stets in Beziehung stehen zur Anwesenheit und Vermehrung organischer Wesen.

Pasteurs Arbeiten über die Gärung brachten der Industrie unermeßlichen Nutzen. Mit den von ihm empfohlenen Maßnahmen konnte man den

Gärungsvorgang richtig steuern. Er hatte nachgewiesen, daß die verfehlte Gärung durch einen anderen Erreger verursacht wird, und fand Wege, diesen fernzuhalten.

Schon diese praktischen Auswirkungen von Pasteurs Entdeckungen sorgten dafür, daß er nicht unbekannt blieb. Aber er verstand es auch selber, seine Arbeiten ins rechte Licht zu setzen. Er hielt die breite Öffentlichkeit in Spannung; stets nahm alles Anteil an seinen Forschungen. So auch bei seinem nächsten Thema. Der Schauplatz ist bereits Paris. Pasteur war 1857 an die École normale berufen worden und hatte sich dort ein einfaches Laboratorium eingerichtet. Dieses Thema führte Pasteur auf das Gebiet der Biologie hinüber. Es war das uralte Problem der Urzeugung. Trotz Spallanzanis Versuchen war die Überzeugung noch immer verbreitet, niedere Lebewesen könnten aus faulenden organischen Substanzen entstehen. Pasteur veranstaltete eine ganze Serie berühmter Experimente, um das zu widerlegen. Zunächst füllte er Flaschen zur Hälfte mit organischer Substanz wie Milch oder Urin, erhitzte sie und schmolz den dünnen Flaschenhals zu. Er konnte zeigen, daß der Inhalt, wenn er die Flaschen mehrere Jahre später öffnete, noch unverändert war. Beim nächsten Experiment benutzte er, auf den Rat eines alten Lehrers, Flaschen mit langen, wellenförmig ausgezogenen Hälsen. Er füllte sie mit Nährlösung (Hefebouillon), erhitzte sie und ließ sie wieder abkühlen. Nun konnte Luft durch die gebogenen Hälse eindringen, aber nicht die in der Luft enthaltenen Staubteilchen, an denen die Bakterien haften. Sie blieben, weil sie nicht aufwärts fallen können, in den Biegungen haften. Die Nährlösung blieb völlig klar. Kein Lebewesen entstand in ihr.

»Niemals wird sich die Lehre von der Urzeugung von dem tödlichen Schlag erholen, den sie mit diesem Experiment erhält«, konnte Pasteur triumphierend ausrufen, als er einer großen Versammlung diese Versuche vorführte. So war es.

Aber Pasteur war damit noch nicht zufrieden. Er entnahm Luftproben aus Kellern, vom Lande, von einem Hügel im Jura, aus 2000 Meter Höhe vom Mont Blanc. Er zeigte, wie die Luft in ganz verschiedenen Graden Staub und Keime enthält. Er entwickelte dabei allmählich die Techniken, um bestimmte Substanzen staub- und keimfrei zu halten und so vor Gärung und Fäulnis zu schützen.

Eine andere Arbeit brachte Pasteur die erste Berührung mit den Infektionskrankheiten. In den fünfziger Jahren suchte eine Epidemie die französischen Seidenraupen heim. Ein ganzer Wirtschaftszweig stand vor dem Ruin. Pasteur wurde beauftragt, die Sache zu untersuchen. Es gelang ihm, in mehrjähriger, von vielen Enttäuschungen und Rückschlägen gestörter Arbeit die Krankheit und eine zweite, gleich darauf auftretende Seuche zu klären und die Seidenraupenzucht zu retten.

Mitten in dieser Arbeit erlitt Pasteur einen Schlaganfall. Zwei Monate war er ganz gelähmt. Er sah seinen Tod vor sich und diktierte seiner Frau die Pläne zu den Forschungen, die er nicht mehr würde ausführen können. Pasteur überwand die Krankheit, behielt aber bis an sein Lebensende eine linksseitige Lähmung, die ihm viele Beschwerden machte. Gegen diese Last ankämpfend, begann Pasteur mit der Hauptarbeit seines Lebens. Seine geistige Kraft war ungebrochen. Aber manche Eigenheiten seines Charakters, seine Reizbarkeit, seine Streitsucht, mögen mit aus der Erkrankung zu erklären sein.

Pasteur war der festen Überzeugung, daß Mikroben der gleichen Art, wie er sie bei den Gärungsvorgängen studiert hatte, auch die Erreger der ansteckenden Krankheiten seien. Man mußte diese Erreger finden! Man mußte Methoden finden, ihnen zu Leibe zu rücken! Das Ziel: Alle durch solche Erreger verursachten Krankheiten mußten von der Erdoberfläche verschwinden!

Pasteur, der dieses Ziel in immer neuen glänzenden Visionen seinen Zeitgenossen vor Augen stellte, war gleichwohl nicht der erste, der die Menschheit diesem Ziel wirklich näher brachte. Das war Robert *Koch*, der stille Landarzt, der 1876 mit seinen Ergebnissen hervortrat und die Weltöffentlichkeit in Erstaunen setzte. Pasteur aber, kaum daß er von Koch gehört, machte sich von neuem verbissen an die Arbeit. Dazu mußte er sich allerdings auf das Gebiet der Medizin begeben. Er war nicht Mediziner, hatte noch nie ein Seziermesser oder eine Injektionsspritze gehandhabt. Er nahm lauter Mediziner zu Assistenten, lernte von ihnen und begann seine Versuche. Zuerst kamen lauter Fehlschläge. Aber für diese summarische Darstellung hebe ich nur die drei Fragen hervor, in denen Pasteur Erfolg hatte.

1880 kam der erste Erfolg. Pasteur studierte die sogenannte Hühnercholera. Es war ihm gelungen, die Erreger in Reinkultur zu züchten. Er übertrug sie in immer neue Flaschen mit Nährlösung. Diese Flaschen ließ er stehen. Schließlich infizierte er einige Hühner mit einer Kultur, die schon ein paar Wochen alt war. Die Hühner erkrankten. Aber sie wurden wieder gesund, und es erwies sich, daß sie nun gegen jede weitere Infektion, auch die stärkste, immun waren. Pasteur baute die Methode sofort aus. Er hatte nun eine Schutzimpfung für die Hühner, ganz ähnlich der Jennerschen Impfung.

Pasteur, dessen geniale Phantasie leicht über das Ziel hinausschoß, glaubte schon, einen Universalimpfstoff gegen jede Art von Seuchen gewinnen zu können. Das erfüllte sich nicht. Aber im folgenden Jahre kam ein anderer Teilerfolg. Es handelte sich diesmal um den Milzbrand, der Kühe und Schafe befällt. Pasteur hatte sich schon vorher damit beschäftigt. Wiederum gelang es ihm, die Bazillen durch Fortzüchtung so abzuschwächen, daß sie nicht mehr töteten. Er injizierte stufenweise erst die schwächste Form, dann eine stärkere, welche die Tiere erkranken ließ, damit aber immunisierte. Eine landwirtschaftliche Gesellschaft forderte Pasteur auf, die Wirksamkeit öffentlich zu demonstrieren. Man stellte 48 Schafe bereit, dazu einige Ziegen und Kühe. Vor einer großen Menschenmenge impften Pasteur und seine Assistenten genau die Hälfte der Tiere, die sogleich durch eine Marke gekennzeichnet wurden. Diese Tiere erhielten auch die zweite Impfung. Schließlich erhielten alle Tiere eine Dosis Milzbrandbazillen, die mit Sicherheit tödlich wirkt. Pasteurs ganzer Ruf stand mit dem Erfolg auf dem Spiel. Aber das Ergebnis übertraf alle Erwartungen. Alle 24 geimpften Schafe blieben gesund, die übrigen 24 starben. Dies war einer der größten Triumphe Pasteurs. Es kamen freilich auch hier empfindliche Rückschläge. Mißerfolge mit dem von Pasteur nun im großen hergestellten Impfstoff häuften sich. Koch gab ein vernichtendes Urteil ab und bewies, daß der Impfstoff ungenau dosiert und mit allerlei anderen Bakterienarten vermischt war.

Seit 1880 studierte Pasteur die *Tollwut.* Als neunjähriger Knabe hatte er in seinem Heimatdorf erlebt, wie mehrere Bauern durch einen tollwütigen Wolf gebissen wurden und unter furchtbaren Qualen starben. Der Eindruck verfolgte ihn lange. Pasteurs Versuche mit tollwütigen Hunden, unter ständiger Lebensgefahr durchgeführt, sind eines der erstaunlichsten Kapitel der Wissenschaftsgeschichte. Pasteur wußte, daß der Erreger – den man nicht kannte – im Hirn und Rückenmark des erkrankten Tieres lebt. Da alles andere mißlang, fand er einen Weg, diesen Erreger im Gehirn lebender Tiere zu züchten. Einem gesunden Hund wurde der Schädel angebohrt und ein Stück Gehirnsubstanz eines eben an Tollwut verstorbenen Tieres eingepflanzt. Der Hund erkrankte wie erwartet. Aber lange Monate vergingen mit Versuchen, den Erreger abzuschwächen. Endlich gelang auch dies. Pasteur und seine Gehilfen konnten nun Hunde immun machen durch Injektionen, die über 14 Tage mit immer stärkerer Dosis fortgesetzt wurden.

Beim Milzbrand hatte es Rückschläge gegeben. Pasteur, bereits von allen Seiten bestürmt, an Tollwut erkrankten Menschen zu helfen – die sonst rettungslos verloren waren – scheute noch davor zurück. Aber das Schicksal führte ihm die Gelegenheit zu:

> Nachdem ich bei dieser Methode keinen einzigen Versager gehabt, hatte ich in meinem Besitz 50 Hunde aller Rassen und Altersklassen ... als unerwartet am Montag den 6. Juli drei Leute aus dem Elsaß sich in meinem Laboratorium präsentierten. (Unter diesen) Joseph Meister, neun Jahre, am 4. Juli morgens von einem tollwütigen Hunde gebissen ... Es waren nicht weniger als 14 Wunden ... Da der Tod dieses Kindes unvermeidlich schien, entschied ich mich, nicht ohne heftige Bedenken, wie man glauben wird, an Joseph Meister die Methode auszuprobieren, die ich bei Hunden ständig erfolgreich gefunden ...
> Ich machte dreizehn Impfungen und führte die Behandlung durch 10 Tage weiter ... Eine geringere Zahl wäre ausreichend gewesen, aber man wird verstehen, wie ich beim ersten Versuch mit besonderer Vorsicht vorgehen wollte ... Gegenwärtig sind 3 Monate und 3 Wochen seit dem Vorfall vergangen; seine Gesundheit läßt nichts zu wünschen übrig ...

Wäre Pasteur nicht schon weltberühmt gewesen, er wäre es hiermit geworden. Aus der ganzen Welt strömten mit einem Schlage die Unglücklichen herbei, die mit Tollwut infiziert waren und die nur dieser eine Mann retten konnte. Es kamen 19 russische Bauern an, alle von einem tollwütigen Wolf gebissen. Die Infektion lag schon 19 Tage zurück! Pasteur wagte das Äußerste und machte seine Einspritzungen in kürzeren Abständen als gewohnt. 16 Bauern konnten gerettet in ihre Heimat zurückkehren und trugen Pasteurs Ruhm dorthin. Der Zar übersandte ihm einen hohen Orden und eine große Geldsumme für den Bau eines neuen Laboratoriums.

Pasteurs schöpferische Arbeit war nun am Ende angelangt. Aber seine Schüler setzten das Werk auf der ganzen Erde fort. In Paris entstand durch eine ausgedehnte freiwillige Geldsammlung das Institut Pasteur, das nach Pasteurs Willen der Mittelpunkt der bakteriologischen Forschung für die ganze Welt werden sollte.

ROBERT KOCH Es ist nicht abzuzählen, wie viele Menschen auf der ganzen Welt Louis Pasteur ihr Leben und ihre Gesundheit zu danken haben. Er ist einer der größten Wohltäter der Menschheit. Mit dem einzigen Mann, der in dieser Beziehung an seine Seite gestellt werden kann, lebte Pasteur in erbitterter Feindschaft. Das lag zum Teil am nationalen Gegensatz. Pasteur war ein bis zum Chauvinismus patriotischer Franzose, besonders zur Zeit des Deutsch-Französischen Krieges von 1870/71. Es lag vor allem auch daran, daß Pasteur und Koch nach Charakter und Temperament so verschieden waren, wie zwei Menschen nur sein können. Pasteur war aufbrausend, eine Künstlernatur im Grunde, phantastisch, leicht vorprellend und vorschnell verallgemeinernd, streitsüchtig – zweimal endeten seine wissenschaftlichen Auseinandersetzungen fast mit einem Duell – angriffslustig, sarkastisch und von seiner Bedeutung durchdrungen. Koch war das Musterbild eines ruhigen, nüchternen, kritischen, zurückhaltend abwägenden, jede These zehnmal prüfenden deutschen Gelehrten, von äußerster methodischer Gründlichkeit, äußerlich bescheiden, ungewandt in der Rede. Als Pasteur 1882 in Genf eine Rede hielt über seine Milzbrandimpfungen und dabei die Mißerfolge verschwieg, als daraufhin Koch zur Antwort aufgefordert wurde, begnügte er sich mit der Bemerkung: Er werde die Ansprache mit einer schriftlichen Auseinandersetzung beantworten. Diese kam auch bald und endete, nach der berechtigten sachlichen Kritik, mit der Feststellung: Das Ungünstige zu verschweigen und nur von den guten Ergebnissen zu sprechen, zeuge nicht von der glühenden Wahrheitsliebe, deren Pasteur sich rühme, und sei eher der Reklame für ein Geschäftshaus angemessen als der Wissenschaft! Kontroversen von derartiger Schärfe waren im 19. Jahrhundert nichts Seltenes; man sollte sie sehen in erster Linie als ein Anzeichen dafür, mit welch verzehrender Leidenschaft es diesen Männern um ihre Erkenntnis ging.

Robert *Koch* (1843–1910) war ein kleiner Landarzt in Wollstein bei Bomst in Posen. Als einziges Forschungsinstrument besaß er ein Mikroskop, zu dessen Anschaffung er sich die Mittel abgespart hatte. Bald konzentrierte er seine in den Mußestunden betriebenen Studien auf den Milzbrandbazillus. Er erblickte im Blute verendeter Tiere die merkwürdigen Stäbchen, die auch schon andere Forscher entdeckt hatten. Aber waren es lebende Keime? Es gelang ihm, Mäuse mit Milzbrand anzustecken. Koch hatte nicht einmal eine geeignete Spritze dafür. Er tauchte kleine Holzsplitter in infiziertes Blut und führte diese Splitter den Mäusen unter der Schwanzwurzel ein. Die Mäuse starben. Er sezierte sie und fand wieder die gleichen Stäbchen, aber vermehrt zu vielen Millionen. Wie diese Vermehrung beobachten? Er versuchte alles Mögliche, aber immer drangen andere Mikroben in das Präparat ein und störten die Beobachtung. Schließlich kam er auf den ebenso einfachen wie genialen Kunstgriff, in einem einzigen hängenden Tropfen einer Nährflüssigkeit (aus dem Auge eines gesunden Ochsen), isoliert zwischen zwei Glasplättchen, deren eine eine Vertiefung hatte, die Mikroben zu isolieren. Nach wenigen Stunden schon wimmelten Zehntausende dieser Stäbchen im Tropfen. Koch züchtete sie weiter, infizierte wieder gesunde Tiere, die prompt erkrankten und starben. Dieser Kochsche Versuch brachte den ersten unanfechtbaren Beweis, daß ein bestimmter lebender Bazillus eine bestimmte Krankheit hervorruft.

Noch trat Koch nicht an die Öffentlichkeit. Zu viele Fragen bedrängten ihn noch. Wie kamen die Stäbchen vom kranken Tier in das gesunde, da sie doch, wie er sich durch Versuche überzeugte, auf einem Glasplättchen binnen zwei Tagen verendeten und damit unwirksam wurden? Koch löste in angespannter Beobachtung auch dieses Rätsel. Er fand eines Tages die Stäbchen in einem Tropfen, den er unter der Körpertemperatur einer Maus gehalten hatte – in einem eigenhändig gebauten Inkubationsofen – merkwürdig verändert. Im Innern der Stäbchen hatten sich perlförmige Körper gebildet, die sich wochenlang unverändert hielten und dann, in Nährflüssigkeit versetzt, wieder in Bazillen verwandelten. Er hatte die Sporen entdeckt.

1876 trat Koch, nachdem er sich durch weitere Versuchsreihen unbedingte Gewißheit verschafft, mit seinen Ergebnissen vor die medizinische Fakultät der Universität Breslau. Er brauchte nicht zu reden, er brauchte nur zu demonstrieren. Koch konnte auch sofort das Mittel angeben, mit dem man den Milzbrand ein für allemal beseitigen konnte: Verbrennt jedes an dieser Krankheit verendete Tier, damit sich in seinem Körper keine Sporen ausbilden können!

Es dauerte, obwohl Koch die Autoritäten sofort überzeugte, noch vier Jahre, bis er nach Berlin ans Reichsgesundheitsamt berufen wurde. Inzwischen waren ihm zwei weitere Fortschritte gelungen. Er hatte gelernt, die Bazillen zu färben, wobei ihm die gerade in Gebrauch kommenden Anilinfarben dienlich waren; und er hatte begonnen, die Mikroben durch das Mikroskop zu fotografieren.

In Berlin erhielt Koch glänzende Arbeitsmöglichkeiten, ein Laboratorium, Apparate und zwei Assistenten. Das nächste Problem, dem er nachging, war das Züchten bestimmter Mikrobenarten in Reinkulturen. Ein Zufall brachte ihn auf die Lösung. Er fand auf der Schnittfläche einer gekochten Kartoffel verschiedene farbige Tröpfchen und stellte unter dem Mikroskop fest, daß jeder Tropfen eine besondere Art von Bazillen enthielt. Sofort erfaßte er, was hier vorgegangen war: Fallen Mikroben aus der Luft auf eine feste Oberfläche, auf der sie sich vermehren können, so bildet jede um sich herum eine Kolonie der eigenen Art. Koch forschte weiter und ersetzte die Kartoffel durch eine Fleischbrühe, die er durch Beigabe von Gelatine gerinnen ließ. Diese unscheinbar aussehende Methode ist zur Grundlage jedes weiteren Fortschritts der bakteriologischen Wissenschaft geworden! Allerdings, der berühmte

Virchow, dem Koch seine Entdeckung vortrug, fertigte ihn schnippisch ab.

Die nächste Aufgabe, die Koch anpackte, war die Suche nach dem Erreger der Tuberkulose. Er fand ihn. Aber es gibt ein falsches Bild, wenn man diese Tatsache nur hinstellt. Es erforderte außerordentliche Mühen. Es gelang schließlich, den Erreger durch Färbung sichtbar zu machen. Es gelang auch, ihn fortzuzüchten; dies allerdings erst, als Koch als Nährboden klare Serumflüssigkeit aus dem Blute eben geschlachteter gesunder Rinder verwandte. 1882 unterrichtete Koch die Öffentlichkeit. Die Nachricht ging um die ganze Welt. Nur mühsam konnte sich Koch der vielen Ehrungen und herbeiströmenden Schüler erwehren.

1883 wütete die Cholera wieder in Ägypten und bedrohte Europa. Koch ging als Führer einer deutschen medizinischen Expedition sofort dorthin. Er brachte ein Präparat mit, das einen kommaförmigen Bazillus enthielt. Aber es war noch nicht bewiesen, daß er der Erreger der Krankheit war. Inzwischen war die Cholera in Ägypten erloschen. Koch eilte nach Indien, wo sie weiterschwelte. Hier wies er den gleichen Bazillus in den Choleraleichen und im Darm der Cholerakranken nach. Er bewies, daß der Bazillus bei Trockenheit rasch abstirbt, daß er aber in schmutzigen Tümpeln nistet, wie sie die Hütten der Inder umgeben. Die Cholera ist seither in Europa und Amerika keine Gefahr mehr.

Kochs grundlegende Arbeiten sind die 1878 erschienene Schrift *Untersuchungen über die Ätiologie der Wundinfektionskrankheiten* und die Arbeit *Zur Untersuchung von pathogenen Mikroorganismen,* in der die bakteriologischen Techniken beschrieben sind. Einen Fehlschlag erlebte er mit seinem Tuberkulosemittel *Tuberkulin,* das er unter dem Drängen äußerer Einflüsse zu früh der Öffentlichkeit übergab.

Koch hatte berühmte Schüler. Sein Assistent Georg Theodor Augustus *Gaffky,* der ihn auch nach Ägypten begleitete, fand den Typhus-Bazillus; ein anderer Assistent Kochs, Friedrich August *Löffler,* den Diphtherie-Bazillus. Ein japanischer Schüler Kochs, *Kitasato,* fand den Erreger der Bubonen-Pest.

ROUX UND BEHRING Auch Pasteur hatte bedeutende Schüler. Emile *Roux* (1853–1933) war es vor allem, der das Werk des Meisters fortsetzte; doch den Anknüpfungspunkt lieferte ihm der Schüler Kochs, Löffler. Dieser hatte den Diphtherie-Bazillus entdeckt, ihn isoliert, ihn rein weitergezüchtet, ihn eingeimpft und die Versuchstiere sterben sehen. Aber wenn er diese untersuchte, fand er jedesmal nur verhältnismäßig wenige Bazillen, und diese nur an der Körperstelle, wo sie hineingespritzt waren; bei toten Kindern nur in der Kehle. Wie konnten diese wenigen Organismen einen anderen töten, millionenmal so groß wie sie selber? Löffler löste das Rätsel nicht. Aber er gab seinen Nachfolgern den Hinweis: Offenbar erzeuge der Bazillus ein Gift, das sich an den lebenswichtigen Punkten des Wirtsorganismus ausbreitet und diesen tötet.

Dies griff Roux auf. Die Sache erforderte außergewöhnliche Geduld.

Erst als er Flaschen mit Bakterienkulturen 42 Tage lang im Inkubationsofen ließ, erhielt er das Toxin, das diese Bakterien ausscheiden, nun allerdings in außergewöhnlicher Stärke. Ein Gramm des Stoffes, den er durch Filtrierung gewann, reicht aus, um 20000 Meerschweinchen zu töten.

Damit war der Krankheitsprozeß aufgeklärt, aber kein Heilmittel gefunden. Jetzt griff wieder ein anderer Schüler Kochs ein, Emil *von Behring* (1854–1917), ein junger preußischer Militärarzt. Er suchte nach einer Chemikalie, die die Erreger töten sollte, ohne den Wirtsorganismus zu schädigen. Dabei versuchte er es auch mit Jod-Trichlorid. Es stellte sich heraus, daß einige wenige Versuchstiere, wenn auch unter Qualen, die Krankheit überstanden, daß sie danach aber gegen jede weitere Diphtherieinfektion immun waren. Diesen übriggebliebenen Tieren entnahm er Arterienblut und ließ es stehen, bis sich hellfarbiges Serum abgesetzt hatte. Dieses Serum aus dem Blute eines immunisierten Tieres spritzte er zusammen mit einer großen Menge Diphtherie-Toxin gesunden Versuchstieren ein, und sie blieben am Leben.

Damit war etwas ganz Neues geglückt: ein Serum gefunden, das auch der Behandlung frisch erkrankter Organismen dienen konnte. Behring infizierte gesunde Tiere und heilte sie nachträglich mit seinem Serum. Es gelang, durch Immunisierung von Schafen größere Mengen des Serums zu gewinnen. Es gelang 1891, die ersten diphtheriekranken Kinder damit zu heilen.

Die Behandlung wirkte noch nicht sicher. Noch einmal griff Roux ein. Er schuf eine Methode, Pferde zu immunisieren und damit größere Mengen eines wirksamen Antitoxins zu gewinnen. Bedrückt von der ungeheuren Verantwortung, unter den Augen des todkranken Pasteur, der diesen Triumph noch erleben wollte, behandelte Roux gleich eine ganze Reihe diphtheriekranker Kinder mit seinem Erzeugnis. Der größte Teil der Kinder wurde gerettet. Ob das Serum mit 100%iger Sicherheit wirkte, blieb umstritten.

PAUL EHRLICH Eine lange Reihe von »Mikroben-Jägern« wäre noch aufzuzählen, sollte unser Überblick vollständig sein. Man fand den Gonokokkus, den Starrkrampfbazillus, Anfang dieses Jahrhunderts die Spirochaeta pallida als Erreger der Syphilis. Andere Forscher klärten die parasitären Krankheiten. Ronald *Ross* fand den Übertragungsmechanismus der Malaria durch die Anopheles-Mücke, Theobald *Smith* den verwandten Vorgang beim sogenannten Texasfieber, Walter *Reed* besiegte mit einer Reihe todesmutiger Helfer das Gelbe Fieber.

Nur einer aus dieser Reihe soll noch etwas ausführlicher gewürdigt werden, auch er ein Schüler Kochs. Paul *Ehrlich* (1854–1915), aus angesehener jüdischer Familie Schlesiens, die eine ganze Reihe gelehrter Männer hervorgebracht hat, war schon während seines medizinischen Studiums ein geistiger Rebell, unzufrieden mit dem Hergebrachten. Von Anfang an zog ihn auf unerklärliche Weise die Technik des Färbens mikroskopischer Präparate an, der er auch seine Dissertation widmete. Er machte schnell Karriere, wurde Oberarzt und Professor in Berlin, veröffentlichte eine Reihe von Arbeiten, die ihm Ansehen verschafften. Eine Infektion mit Tuberkulose zwang ihn zu einer Kur in Ägypten. Er kehrte zurück und arbeitete in Kochs Institut. Ein weitblickender Mann im Ministerium verschaffte ihm ein eigenes kleines Forschungsinstitut in Steglitz. Schließlich wurde ihm zuliebe ein Institut in Frankfurt gegründet, das durch eine Stiftung bald wesentlich erweitert werden konnte. Hier in Frankfurt vollzog sich Ehrlichs Hauptarbeit.

Sein Ziel bestand in folgendem: Er hatte ermittelt, daß manche Farbstoffe wie das Methylenblau im lebenden Organismus nur ganz bestimmte Gewebeteile färben, andere nicht. Sollte es nicht möglich sein, Stoffe zu finden, die in einem erkrankten Organismus nur die Parasiten schädigen und ausrotten, dem Organismus selbst aber nicht schaden? Ehrlich wollte, wie er selbst ausdrückte, Zauberkugeln finden, die nur den Schädling, nicht aber den Kranken treffen.

Er begann seine Versuche mit Trypanosomen, die eine Pferdekrankheit hervorrufen, aber im Experiment auch auf Mäuse übertragen werden können und diese mit Sicherheit töten. Als Gegenmittel probierte er zahllose Arsenverbindungen, die ihm auf seinen Wunsch von den Laboratorien der chemischen Industrie geliefert oder auch erst geschaffen wurden. Unter tausend Schwierigkeiten und Zwischenfällen probierten der unermüdliche Ehrlich und seine Mitarbeiter 606 Verbindungen an Mäusen. Die letzte brachte einen Erfolg. Gerade hatte Fritz *Schaudinn* die Spirochaeta pallida, den Syphiliserreger, entdeckt. Das veranlaßte Ehrlich, Versuche mit Spirochaeten anzustellen. Ein Kaninchenbock wurde mit Syphilis infiziert. Eine einzige Injektion des Präparates 606, das Ehrlich nun Salvarsan nannte, heilte ihn für die Dauer.

Ehrlich, Versuche mit Spirochaeten anzustellen. Ein Kaninchenbock
zum Krankenbett. Ehrlich ließ das Präparat durch wenige ausgesuchte Ärzte ausprobieren. Die Erfolge waren günstig, er meldete es zum Patent an und gab es schließlich zum Verkauf frei. Den Sensationserfolgen, die sich zu Anfang einstellten, folgte Ernüchterung. Er traten Fälle auf, in denen das Salvarsan nicht half, manchmal auch offenbar schädigend wirkte. Ehrlich arbeitete fieberhaft, aber die Lösung des Rätsels gelang ihm nicht. Gleichwohl ist der Erfolg Ehrlichs im ganzen genommen einer der größten in der Geschichte der Medizin. Das Salvarsan war eines der ersten spezifischen, d. h. für eine einzige Krankheit geschaffenen und wirksamen Therapeutica. Mit der Tat Ehrlichs beginnt die Geschichte der modernen Chemotherapie, die nach ihm in der Entdeckung der Sulfonamide und des Penicillins neue Höhepunkte erreichte.

4. Antisepsis und Asepsis

SEMMELWEIS UND HOLMES Wir müssen uns jetzt zurückversetzen in die Zeit vor den Entdeckungen Pasteurs und Kochs. Höchst merkwürdige Ansichten herrschten damals noch über das Wesen einer Infektionskrankheit und den Ansteckungsvorgang. Man konnte allerdings, wie das bei der Hygiene zu erwähnende Beispiel Snow's zeigt, auch bevor man die Bakterien kannte, gleichsam einen Indizienbeweis führen, wenn man nur scharf und systematisch genug beobachtete; und man konnte daraus praktische Folgerungen ziehen, die durchaus das Richtige trafen. Aber das Vorherrschen der Meinung, es seien kosmische, atmosphärische oder sonst geheimnisvolle Kräfte im Spiel, muß man jedenfalls berücksichtigen als den einen Erklärungsgrund für die Tatsache, daß weitblickende Ärzte, die in der richtigen Richtung vordrangen, auf erbitterten Widerstand ihrer Fachgenossen stießen. Der zweite liegt allerdings in der menschlichen Unzulänglichkeit und in dem Umstand, daß es ein Eingeständnis eigener Schuld bedeutete, wenn man jenen Männern recht gab.

Nur vor diesem Hintergrund kann man den tragischen Kampf und das bittere Schicksal des Ungarn Ignaz Philipp *Semmelweis* (1818–1865) verstehen, eine der großen Tragödien in der Geschichte der Heilkunde. Semmelweis war in jungen Jahren nach Wien gekommen und wurde Assistent der geburtshilflichen Klinik. Die Klinik hatte zwei Abteilungen. In dem Monat, da Semmelweis seinen Dienst antrat, starben in der ersten Sektion, der er zugeteilt war, 36 von insgesamt 208 Müttern an Kindbettfieber. Ein Kind zu gebären, war damals für jede Frau eine Sache von äußerster Lebensgefahr. Diese Todesrate bestand seit Jahren. Man hatte sich gewöhnt, sie als unabänderlich hinzunehmen.

Zwei Jahre lang sah Semmelweis die jungen Mütter reihenweise sterben. Aber im Unterschied zu allen seinen Kollegen konnte er sich nicht entschließen, das als unabänderlich hinzunehmen. Jeder neue Fall verstärkte in ihm die Frage, ob man hier nicht helfen könne.

Er begann systematisch zu beobachten. Und schon die erste Tatsache, auf die er aufmerksam wurde, genügte, ihn aufhorchen zu lassen: Die benachbarte zweite Abteilung der gleichen Klinik hatte nur einen Bruchteil der Todesfälle! Diese Tatsache war in der Stadt so bekannt, daß die Mütter verzweifelt versuchten, in die zweite Abteilung aufgenommen zu werden.

Semmelweis pflegte jeden Morgen im Leichenhaus mit seinen Studenten die gerade verstorbenen Frauen zu obduzieren. Von dort eilte er in die Klinik zu den Gebärenden. Der Geruch des Leichenhauses folgte ihm. Eines Tages starb ein Freund von Semmelweis, ein Pathologe, an den Folgen einer Verletzung, die ein ungeschickter Student ihm beim Sezieren mit dem Skalpell versehentlich zugefügt hatte. Semmelweis studierte den Sektionsbefund. Es waren die gleichen Symptome, wie er sie tagaus tagein von den Opfern des Kindbettfiebers kannte! Jetzt durchzuckte ihn die Erkenntnis: *Er selbst* war es, er und seine Studenten, die jeden Morgen von neuem den Tod aus dem Leichenhaus zu den Gebärenden trugen! Sie pflegten sich zwischendurch zu waschen, aber offensichtlich ungenügend: Der Leichengeruch blieb ja an ihnen haften! Dies war auch die Erklärung für die geringere Sterblichkeit in der zweiten Abteilung: Dort waren vorwiegend Hebammen beschäftigt, die mit den Sektionen nichts zu tun hatten.

Semmelweis handelte sofort. Wenige Wochen später machte er es zur eisernen Vorschrift, daß jeder, der eine Gebärende untersuchte, sich zuvor die Hände nicht nur wusch, sondern in eine Chlorkalklösung tauchte, so lange, bis nicht die leiseste Spur des Leichengeruches blieb. Der Erfolg war schlagend. Im folgenden Monat fiel die Sterblichkeitsrate auf zwei von 100 Fällen. Der Beweis war erbracht.

Ein Rückschlag – tödliche Infektion von elf Frauen durch die Ausscheidungen einer krebskranken Patientin – veranlaßte Semmelweis, seine Vorschriften zu verschärfen und die Desinfektion zwischen jeder einzelnen Untersuchung vorzuschreiben.

Nun schien der Erfolg gesichert. In diesem Augenblick wurde Semmelweis seiner Stellung enthoben. Der noch nicht 33jährige Assistent hatte mit seiner simplen Waschmethode die Vorurteile der wissenschaftlichen Welt über den Haufen geworfen. Das verziehen ihm seine Vorgesetzten nicht. Semmelweis ging nach Budapest. Kaum war er weg, wurde die Chlorwaschung abgeschafft. Die Todesrate stieg auf die alte Höhe.

In Budapest hatte Semmelweis, zunächst in unbezahlter Stellung, die gleichen Erfolge. Elf Jahre lang. Aber die wissenschaftliche Welt ignorierte sie, mit wenigen Ausnahmen. Überall in der Welt starben die Mütter weiter serienweise an Kindbettfieber. Selbst seine 1861 veröffentlichte Schrift über Ursachen und Verhütung des Kindbettfiebers, eine leidenschaftliche Anklageschrift gegen alle, die ihn nicht hören wollten, hatte kaum ein Echo.

Ganz langsam begann sich die Waage zu seinen Gunsten zu neigen. Einige Autoritäten traten auf seine Seite. Aber Semmelweis erlebte seinen Triumph nicht mehr. 1865 starb er an einer Wundinfektion, die er sich bei seiner letzten Operation in Budapest zugezogen hatte.

Während Semmelweis seinen tragischen Kampf kämpfte, war ihm, ohne daß er es wußte, auf der anderen Seite des Atlantischen Ozeans ein Bundesgenosse erwachsen. Oliver Wendell *Holmes* (1809–1894), Professor der Anatomie in Harvard, Arzt und Dichter, Vater des nicht weniger berühmten gleichnamigen Richters, focht in einer Abhandlung aus dem Jahre 1843 gegen den vermeidbaren Tod der Mütter im Kindbett. Er war sich über die wahre Natur der Krankheit und über den eigentlichen Mechanismus der Übertragung so wenig im klaren wie Semmelweis, aber er machte die gleichen Beobachtungen und zog aus ihnen die gleichen Folgerungen:

> Der praktische Punkt, der hier illustriert werden soll, ist folgender: Die Krankheit, die man als Kindbettfieber kennt, ist in einem Maße ansteckend, daß sie häufig durch Ärzte und Pflegerinnen von Patientin zu Patientin übertragen wird.

Nach Darlegung seines Erfahrungsmaterials kommt Holmes zu sieben Grundsätzen für den Arzt. Sie beginnen:

1. Ein Arzt, der sich bereit hält zur Geburtshilfe, soll niemals tätigen Anteil nehmen an Leichenuntersuchungen von Fällen von Kindbettfieber.
2. Wenn ein Arzt bei solchen Autopsien anwesend ist, so sollte er eine gründ-

liche Abwaschung vornehmen, jegliches Kleidungsstück wechseln und 24 Stunden oder mehr verstreichen lassen, bis er irgendeinem Fall von Geburtshilfe beiwohnt . . .

4. Beim Vorkommen eines jeglichen Falles von Kindbettfieber ist der Arzt verpflichtet, die nächste Frau, der er in den Wehen beisteht – sofern nicht mehrere Wochen verstrichen sind – als in Gefahr zu betrachten, von ihm infiziert zu werden . . .

Holmes schließt:

7. Welche Nachsicht immer denen gewährt werden mag, die bisher die unwissentliche Ursache von so viel Unglück gewesen sind – die Zeit ist gekommen, da das Auftreten . . . im Umkreis eines jeglichen Arztes nicht als ein Unglück, sondern als ein Verbrechen angesehen werden sollte . . .

LISTER UND BERGMANN Fast am gleichen Tage, da Semmelweis starb, hielt Joseph *Lister* (1827–1912) vor der Medizinischen Gesellschaft in Dublin seinen Vortrag über das antiseptische Prinzip in der Chirurgie.

Die Wundfäulnis mit allen damit verbundenen Gefahren zu verhüten, war ein offenbar erstrebenswertes Ziel, aber bis vor kurzem offenbar unerreichbar, denn der Versuch war schon hoffnungslos, den Sauerstoff fernzuhalten, der allgemein als das Agens angesehen wird, welches die Fäulnis bewirkt. Aber als durch die Forschungen Pasteurs gezeigt war, daß die septischen Eigenschaften der Atmosphäre nicht vom Sauerstoff oder irgendeinem gasförmigen Bestandteil abhängen, sondern von in ihr enthaltenen winzigen Organismen, welche ihre Energie ihrer eigenen Vitalität verdanken, kam mir der Gedanke: daß man die Zersetzung im verletzten Körperteil vermeiden könne, ohne die Luft abzuschließen, indem man als Verband einen Stoff nimmt, der das Leben der flüchtigen Körperchen zerstört, ohne den Organismus anzugreifen. Auf diesen Grundsatz habe ich eine praktische Methode aufgebaut, über die ich nun einen kurzen Bericht geben will.

Man sieht: Lister zog einfach die Folgerung aus Pasteurs Entdeckungen. Wundinfektionen forderten bis dahin einen ähnlichen Todeszoll wie Geburten. Napoleons höchster Chirurg berichtete, daß von einigen tausen Hüftamputationen nur zwei nicht tödlich ausgingen. Lister zog den Schluß, daß auch hier Mikroorganismen die Erreger seien, und tat sogleich den erforderlichen praktischen Schritt. Karbol war seit kurzem als keimtötend bekannt. Lister hielt von nun an den ganzen Operationsraum unter einem Karbol-»spray« (Sprühregen), behandelte die Wunden selbst sowie Hände, Instrumente und Verbandszeug mit dem gleichen Stoff. Der Erfolg trat genau so augenblicklich ein wie bei Semmelweis' Desinfektionsmaßnahmen.

Man bezeichnet die von Lister eingeführte Methode als Antisepsis, weil sie die Keime tötet. Die Antisepsis war neben Anästhesie und künstlicher Blutleere die dritte Voraussetzung für den Aufstieg der modernen Chirurgie.

Besser, als die Keime abzutöten, ist es, sie von vornherein von den Wunden fern zu halten. Diese Methode, auf die schon Semmelweis' Praxis gezielt hatte, nennt man Asepsis. Bald nach Listers Tat begann die Asepsis – überall wo es möglich ist, das heißt in allen Fällen, in denen keine Infektion eingetreten ist – die Antisepsis zu verdrängen. Die Entwicklung der aseptischen Methode ist hauptsächlich das Verdienst des Deutschen Ernst *von Bergmann* (1836–1907).

5. Laienärzte, natürliche Heilverfahren

Diese beiden Dinge: das Laienelement in der Medizin und die Naturheilkunde, das Wort im weitesten Sinne genommen als Inbegriff aller »natürlichen Heilverfahren« und aller Lehren über Krankheitsverhütung durch gesunde Lebensweise – diese beiden Dinge fallen nicht zusammen. Die Naturheilkunde wurde und wird nicht nur von Laienärzten und Heilkundigen betrieben; und die Laien wenden sich nicht immer nur solchen Methoden zu. Doch besteht ein enger Zusammenhang: der medizinische Laie, behaftet mit den Vorzügen und den Nachteilen, die das Freisein von jeglicher Schulweisheit gewährt, hat sich zu allen Zeiten dem Einfachen und Natürlichen in der Heilkunde zugewandt. Tatsächlich stehen unter den Propheten natürlicher Lebensweise und den Pionieren der Naturheilkunde Nichtärzte bei weitem an erster Stelle.

Vinzenz *Prießnitz* (1799–1851), ein Bauer der Herkunft nach, war der erste große Künder der heilenden Kraft des Wassers. Selbstbehandlung und Behandlung von Tieren brachten ihn auf den Weg. Seine Erfolge im engeren Bekannten- und Verwandtenkreise machten ihn schnell bekannt. Er überwand Anfechtungen und anfängliche Verfolgungen durch die Behörden. Schließlich erhielt er vom Wiener Hof die Erlaubnis, in der kleinen Wasserkuranstalt auf dem Gräfenberg, die er sich eingerichtet hatte, Kranke zu behandeln.

Prießnitz ist der Erfinder des Massage-Bades. Er kombinierte die Wasserbehandlung, die er immer mehr durchbildete und abstufte, mit einfacher Kost, mit Luft- und Sonnenbädern, mit dem Wechsel von Ruhe und Bewegung in freier Luft. Tausende strömten zu ihm. Der Dichter Gogol, der Komponist Chopin und Angehörige der kaiserlichen Familie zählten zu seinen Patienten.

Die Wasserheilkunde breitete sich rasch aus. Eine Anzahl von Wasserheilanstalten entstand. Das Ganze ist ein Teil einer breiteren Bewegung, die seit dem Anfang des Jahrhunderts, seit Turnvater Jahn und Guts Muths, Körperpflege durch Turnen und Gymnastik zum Gemeingut des Volkes machte. Johann *Schroth* (1798–1856), ein Landsmann und fast ein Nachbar von Prießnitz und wie dieser einfacher bäuerlicher Herkunft, durch Tier- und Selbstbehandlung zur Heiltätigkeit gekommen, entwickelte etwa gleichzeitig mit diesem seine noch heute angewandte Schrothkur. Sie verbindet Wasseranwendung mit Fasten und Diät.

Noch bekannter als Schroth ist Sebastian *Kneipp* (1821–1897). Als Theologiestudent war er an Lungentuberkulose erkrankt und heilte sich selbst durch eine Kaltwasserkur, deren Grundsätze er einem 100 Jahre alten vergessenen Büchlein entnahm. Er wirkte dann als katholischer Pfarrer in Wörishofen, dem heutigen bekannten Kneipp-Bad. Durch Jahrzehnte erprobte und verbesserte Kneipp seine Wasserkuren, wobei er sie immer feiner abstufte und mit anderen Kurmitteln kombinierte. In Wort und Schrift wirkte er daneben für eine einfache und gesunde Lebensweise.

Bismarcks berühmter Leibarzt Ernst *Schweninger* (1850–1924) heilte diesen im Jahre 1880 als junger Dozent – nachdem die ersten Autoritäten sich vergeblich versucht hatten – im wesentlichen durch natürliche Heilmittel, durch Bäder, Packungen, Massage, Ruhe und eine Umstellung der Ernährung.

Die Naturheilkunde, die von diesen Männern zum Teil gegen den Widerstand der Schulmedizin aufgebaut wurde, ist längst von dieser anerkannt und ihr zu einem wichtigen Bestandteil geworden.

6. Ausblick. Wissenschaftliche Hygiene

Am Schluß dieses kurzen Rundgangs durch die Medizin des 19. Jahrhunderts wollen wir uns ins Bewußtsein rufen, daß wir nur einige Ausschnitte kennengelernt haben, die dem allgemeinen Verständnis zugänglich sind und eine breiter ausgreifende Bedeutung haben. Wieviel dabei übergangen wurde, zeigt die bloße Anführung von Spezialgebieten wie Pharmakologie, Augenheilkunde, Hals-, Nasen-, Ohrenheilkunde, Zahnheilkunde, Tierheilkunde oder Konstitutionsforschung.

Auf diesen und allen anderen Gebieten war die reiche Ernte, welche die Medizin des 19. Jahrhunderts einbrachte, immer noch nur Vorstufe und Ausgangspunkt zu neuen Entdeckungen und Verbesserungen. Ein einziges Beispiel soll genügen, um anzudeuten, was das 20. Jahrhundert hier – wie in allen anderen Wissenschaften – Umwälzendes gebracht hat, von dem das 19. Jahrhundert nichts ahnte.

Das 19. Jahrhundert wußte nichts von Vitaminen. Eine Zeitlang hatte man geglaubt, die Ernährungslehre damit abgeschlossen zu haben, daß man den Energiehaushalt des Körpers kannte und den Kalorienwert der Hauptnahrungsmittel berechnen konnte. Die wichtigste Tatsachengruppe, die sich in das damit gewonnene Bild nicht fügen wollte, waren die sogenannten Mangelkrankheiten, insbesondere die Beriberi, die sich um 1870 massenhaft hauptsächlich in Ostasien ausbreitete. Zunächst glaubte man eine Infektionskrankheit vor sich zu haben. Entsprechende Abwehrmaßnahmen brachten keinen Erfolg. Als man dagegen die Ursache in der Ernährung zu suchen begann, die befallenen Bevölkerungsteile, vorwiegend Eingeborene, auf eine andere Kost umstellte, wie sie die wenig befallenen Europäer erhielten, ging die Krankheit mit einem Schlage zurück.

Dem Kern der Sache kam zuerst Christian *Eijkman* (1858–1930) auf die Spur. Er beobachtete an Hühnern, daß diese von einer ähnlichen Krankheit befallen wurden, sobald sie an Stelle von rohen Reiskörnern gekochte als Futter erhielten, bei denen die Rindenschicht (Spelze) fehlte. Es mußte demnach in den rohen Spelzen etwas enthalten sein, was die Krankheit verhinderte. Auf der Suche nach diesem Etwas fand ein anderer Forscher zu Beginn unseres Jahrhunderts einen Stoff, den er Vitamin nannte. Es stellte sich heraus, daß er sich geirrt hatte; aber der Name blieb und wurde nun den nicht lange danach tatsächlich entdeckten und bald auch rein dargestellten Wirkstoffen zugeteilt, die wir heute unter diesem Namen kennen. Es zeigte sich einmal mehr, daß alte Grundsätze für eine gesunde Lebensweise, welche Rohkost und Frischsäfte als unentbehrlichen Nahrungsbestandteil forderten, das Richtige getroffen haben, lange bevor man die eigentlichen Zusammenhänge kannte.

Ähnliches wie das eben Gesagte gilt für die körperliche Gesundheitspflege und die wissenschaftliche Hygiene. Auch hier handelte es sich zunächst mehr um ein glückliches Raten, um ein Ablesen von Folgerungen aus allerlei empirischen und statistischen Beobachtungen, als um die folgerichtige Anwendung gesicherter Erkenntnisse. Eben daß die exakten wissenschaftlichen Grundlagen noch fehlten, weil die Naturwissenschaften noch nicht die erforderlichen Erkenntnisse geliefert hatten, war auch die Ursache dafür, daß das bedeutende Werk des Johann Peter *Frank* (1745–1821) *System der vollständigen medizinischen Polizey*, das auf der Schwelle zum 19. Jahrhundert eine Zusammenfassung aller bis dahin gemachten Erfahrungen und anerkannten Grundsätze der öffentlichen Gesundheitspflege gab, nur eine verhältnismäßig bescheidene Wirkung üben konnte. Es bedurfte erst noch des gewaltigen Anstoßes, der von der Cholerabedrohung in den dreißiger Jahren ausging, um die Dinge auf diesem Gebiet ins Rollen zu bringen.

In England ging man daran, statistische Erhebungen über die Cholerafälle zu machen. John *Snow* (1813–1858) mit seiner Untersuchung über die Londoner Cholerafälle war einer der Ärzte, die das Gewissen der Öffentlichkeit wachrüttelten. 1848 erging in England die Public Health Act. Dränage, bessere Trinkwasserversorgung und Gewerbehygiene setzten ein.

Für Deutschland erwarb sich Max *Pettenkofer* (1818–1901) die größten Verdienste um den Aufbau einer wissenschaftlichen Hygiene und die Verbreitung ihrer Lehren in Wissenschaft und Öffentlichkeit. Pettenkofer war zunächst Chemiker und vollbrachte auf diesem Gebiete Leistungen von erstem Rang. Während die Cholera in München wütete – wo Pettenkofer lehrte –, begann er systematische Erhebungen in der Stadt anzustellen. Er legte einen vollständigen Katalog aller Cholerafälle nach Namen, Stand und Alter an. Er ging unermüdlich von Haus zu Haus, sah jedes Haus an, notierte Lage und Besonderheiten; dabei fand er bald heraus, daß tiefer liegende Häuser am frühesten befallen wurden, besonders wenn die Aborte höher lagen, so daß Unrat nach dem Hause zu hinuntersickern konnte. Er war schließlich in der Lage, einem Haus von außen anzusehen, ob es gefährdet war. Auch andere Städte durchforschte er in gleicher Weise.

Als Pettenkofer die Aufmerksamkeit des Königs erweckt hatte durch Forschungen über die Chemie des Münzwesens, insbesondere auch alte, in Pompeji aufgefundene Münzen, fragt ihn der König bei einer Audienz, ob er einen besonderen persönlichen Wunsch habe. Pettenkofer trug seine Gedanken über die ungenügende wissenschaftliche Vertretung und Förderung der Hygiene vor. Er erreichte, daß in Bayern die ersten drei Lehrstühle für Hygiene geschaffen wurden. Den in München erhielt er selbst. Von nun an wirkte er in einem ausgedehnten Lehrprogramm und als Schriftsteller unermüdlich für die Verbreitung hygienischer Einsichten. Seine Vorlesungen umspannten Themen wie: Atmosphäre, Klima, Kleidung, Hautpflege, Leibesübungen, Baumaterialien, Ventilation, Beheizung, Beleuchtung, Bauplätze und Baugrund, Grundluft und Grundwasser, Einflüsse des Bodens auf die Verbreitung von Krankheiten, Trinkwasserversorgung, Ernährung, Genußmittel, Gifte, Massenverpflegung, Beseitigung der Abfallstoffe, Kanalisation, Desinfektion, Leichenschau und Beerdigungswesen, gesundheitsschädliche Gewerbe und Fabriken, Schulen, Kasernen, Krankenhäuser, Heil- und Pflegeanstalten, Gefängnisse, medizinische Statistik. Unter dem Einfluß seines Wirkens begann man Kanalisationsanlagen und ähnliches zu schaffen. Die Wirkung zeigte sich alsbald in einem Rückgang der Seuchen.

Ähnlich wie Semmelweis auf seinem Gebiet stellte Pettenkofer seine Forderungen auf, ohne die Erreger der Infektionskrankheiten und den Übertragungsvorgang zu kennen. Ja, als die Forschungen Kochs bekannt wurden, erkannte Pettenkofer zunächst nicht ihre Bedeutung. Für ihn und seine Schule – die lange Zeit, auch aus dem landsmannschaftlichen Gegensatz zwischen Bayern und Norddeutschen, in erbitterter Opposition zur Kochschen stand – waren das Entscheidende die äußeren hygienischen Verhältnisse und die Disposition des einzelnen. Um zu beweisen, daß es mit den Kochschen Bazillen nicht viel auf sich hatte, ließ er sich von Koch eine besonders starke Kultur von Cholerabazillen kommen und verschluckte sie, während den Zeugen dieses Vorgangs ein Gruseln über den Rücken lief, auf einen Schlag. Es geschah ihm nichts. Die Wissenschaft weiß längst, daß sowohl Koch wie Pettenkofer etwas Richtiges erkannt hatten: der eine die Tatsache, daß niemand an Cholera erkranken kann, der nicht mit ihren Erregern in Berührung kommt; der andere die Tatsache, daß die Konstitutionen der Menschen sehr ungleich sind, daß der eine dem Angriff widerstehen kann, dem ein anderer erliegt.

Wir messen heute den kulturellen Stand eines Volkes nicht zuletzt am Grad der persönlichen und öffentlichen Reinlichkeit – wie er sich zum Beispiel im Seifen- und Waschmittelverbrauch pro Kopf der Bevölkerung ausdrückt –, und es ist bekannt, daß die Vereinigten Staaten hier an der Spitze stehen. Ein großes sanitäres Erwachen ging gegen Ende des 19. Jahrhunderts durch Amerika. Das Bewußtsein für die hygienische Bedeutung der Sauberkeit wurde vor allem geweckt durch die Schriften des großen amerikanischen Hygienikers William Thompson *Sedgwick* (1855–1921). Eindringlich und mit höchster Überzeugungskraft predigte Sedgwick, daß Schmutz gesundheitsgefährlich ist. Er belegte das von allen benutzte Trinkgefäß auf öffentlichen Plätzen und Anstalten mit dem Bannstrahl. Er zeigte die Wege und Türen, durch welche Infektionen in den Körper dringen. Aus seinem klassischen Werk folgt hier ein Absatz aus dem Kapitel *Schmutz, Staub, Luft und Krankheit:*

Nach dem bisher Ausgeführten ist es leicht, die Gründe für die moderne Philosophie der Reinlichkeit zu begreifen. Schmutz ist gefährlich ...; und die Liebe zur Sauberkeit und die Verabscheuung des Schmutzes, die sich in allen zivilisierten Völkern festigt, ist zweifellos ein Ergebnis der teuer erkauften Erfahrung der menschlichen Rasse, die gezeigt hat, daß Schmutz gefährlich ist und, daß man ihn fürchten muß. Sauberkeit, oder die Freiheit von Schmutz, ist nicht bloß eine ästhetische Zierde – obwohl zweifellos ein erworbener Geschmack –, sie ist vor allem ein sanitärer Schutz ... mit anderen Worten, sauber zu sein ist in gewissem Grade ein Mittel, um vor Krankheit geschützt zu sein; und Sauberkeit bezieht sich nicht nur auf die Person, sondern ist auszudehnen auf die persönliche Umgebung und insbesondere die Nahrungsversorgung, Wasserversorgung, Milchversorgung usw.

Die ersten medizinischen Statistiken deckten einen erschreckenden Unterschied in der durchschnittlichen Lebensdauer zwischen arm und reich auf. Das trug wesentlich dazu bei, das soziale Gewissen der führenden Schichten wachzurütteln. Allmählich wurde aber die Sorge um das leibliche Wohl der schwächeren Glieder der Gesellschaft ihres karitativen Charakters entkleidet. Die Erkenntnis setzte sich durch, daß die Besserung der sozialen und gesundheitlichen Verhältnisse nicht eine Sache der Mildtätigkeit ist, sondern eine Pflicht der Gemeinschaft. Auch wirkte die allmählich immer deutlicher durchdringende Erkenntnis mit, daß Elendsviertel in den Industriezentren Brutherde für Krankheiten sind und die gesamte Bevölkerung, einschließlich der Bessergestellten, dauernd gefährden. Der Staat griff ein. Es entstand in allen Kulturstaaten ein staatliches und gemeindliches Gesundheitswesen; es entstanden – allerdings in verschiedenem Grade – eine soziale Schutzgesetzgebung über Arbeitsverhältnisse und Arbeitszeit und eine gesetzliche Sozialversicherung. Auf diesem Gebiet ging Deutschland mit seiner sozialen Gesetzgebung der achtziger Jahre voran.
Die Grundsätze der Hygiene mußten, um sich auswirken zu können, nicht nur vom Staat beachtet werden; sie mußten zum Gemeingut der Bevölkerung werden. Das dauerte, da die Lebensgewohnheiten der Menschen zäh sind und sich nicht von heute auf morgen umstellen lassen, eine gewisse Zeit. Damit hängt es zusammen, daß die durchschnittliche Lebenserwartung der europäischen Bevölkerung – die, wie wir gesehen haben, bis zum 18. Jahrhundert laufend gestiegen war, aber mit der Industrialisierung wieder stillstand oder rückläufig wurde – erst etwa von den achtziger Jahren ab merklich anstieg. Dann allerdings sprunghaft. In England zum Beispiel von 45 Lebensjahren im Jahre 1880 auf 63 Lebensjahre im Jahre 1940. Wir wissen, dieser Anstieg ist zum überwiegenden Teile nicht dadurch zustande gekommen, daß viele Menschen ein hohes Alter erreichen, sondern dadurch, daß nach der Eindämmung der Säuglingssterblichkeit und der Infektionskrankheiten die überwiegende Zahl aller Geborenen das Erwachsenenalter erreicht. Die Eindämmung der Seuchen und Infektionskrankheiten ist der bisher eindrucksvollste Sieg der medizinischen Wissenschaft über den Tod. Manche Krankheiten wie den »Aussatz« (Lepra) oder die Blattern kennen die meisten von uns nur noch vom Hörensagen. An die Stelle dieser Krankheiten sind mit dem Fortschreiten der Zivilisation allerdings an-

dere getreten, insbesondere Abnutzungserscheinungen durch Überbeanspruchung, Gefäßerkrankungen und Krebs.

VIII. Die Revolution der Physik

Die wissenschaftliche Entwicklung des 20. Jahrhunderts darzustellen, gehört nicht zum Plan dieses Buches. Das würde, obwohl das Jahrhundert erst zum Teil hinter uns liegt, ein eigenes Kapitel erfordern, ja ein eigenes Buch. Das Reich der Wissenschaften ist nicht nur weiter in die Breite gewachsen. Die Grundlagen haben sich radikal verändert. Ein tiefer Einschnitt trennt uns vom Vorhergehenden, mindestens so tiefgreifend wie der, der die Wissenschaft der Neuzeit von der des Mittelalters trennt – vielleicht noch einschneidender. Eigenartigerweise fällt die Wende ziemlich genau mit der Jahrhundertgrenze zusammen. Das Jahr 1900 ist mit dem Erscheinen von Edmund Husserls *Logischen Untersuchungen,* von Sigmund Freuds *Traumdeutung* und mit der Formulierung der *Quantentheorie* durch Max Planck ein bemerkenswertes Stichjahr.

Dieser Schlußabschnitt beschränkt sich auf den Zeitraum von zehn Jahren und auf eine einzige Wissenschaft, die Physik. Denn die wissenschaftliche Revolution des 20. Jahrhunderts hat mehrere Wurzeln, aber die neuen Erkenntnisse der Physik sind die folgenreichsten.

Die Revolution der Physik kam unerwartet. Die Physik schien um 1890 gerade einen stabilen Zustand erreicht zu haben. »Die Zukunft der Physik liegt in der 5. Dezimale« – dieses damals gesprochene Wort gibt die physikalische Zeitstimmung wieder. Man fürchtete schon, die triumphale Entwicklung des 19. Jahrhunderts habe den Nachfahren nichts mehr zu entdecken übriggelassen, lediglich die Aufgabe, die bekannten Gesetze noch etwas genauer zu formulieren. Philipp von *Jolly,* vom jugendlichen Max Planck über seine Wissenschaft befragt, antwortete, die Physik sei im wesentlichen abgeschlossen; sie zu studieren, lohne eigentlich kaum mehr! Die seit Newton großartig entwickelte Mechanik schien alles zu fassen, was an Bewegungsvorgängen in der unbelebten Natur vorkommen kann; lediglich die optischen und die mit ihnen als wesensgleich erkannten magnetischen und elektrischen Erscheinungen bildeten noch einen eigenen Bereich – doch hoffte man, auch sie in einer noch aufzubauenden Dynamik des Weltäthers mit der Mechanik in Bälde vereinigen zu können.

In diesem Augenblick setzte Schlag auf Schlag eine Serie neuer Entdeckungen und neuer Theorien ein. Sie erfüllt das revolutionäre Jahrzehnt von 1895–1905. Es brachte so viele Überraschungen, daß alles auf den Kopf gestellt und fast nichts mehr unmöglich schien. Doch alsbald begannen die Theoretiker, das Neue mit dem Alten zusammenzuschmelzen, in einer neuen, weiteren physikalischen Theorie zu vereinigen.

Die neuen Entdeckungen und Theorien bilden keine einfache lineare

Folge. Sie hängen teils wechselseitig untereinander, teils mit vorausgegangenen Forschungen zusammen. Meine Aufzählung berücksichtigt dieses Zusammenhängen nur unvollkommen. Sie beleuchtet nur schlaglichtartig einige markante Stationen vom Anfangsstück des neuen Weges der Physik.

Ich habe die Schilderung dieser zehn Jahre aus dem Physikabschnitt ausgespart und stelle sie hier an den Schluß, weil sie nicht Abschluß des Vorangegangenen, sondern Ouvertüre zu einem neuen Zeitalter ist.

1. Röntgenstrahlen

Am 28. Dezember 1895 trat Wilhelm Conrad *Röntgen* (1845–1923) vor die Physikalisch-medizinische Gesellschaft in Würzburg und überraschte die wissenschaftliche Welt mit der Mitteilung: Er habe eine neue Art von Strahlen entdeckt. Sie hätten die erstaunliche Eigenschaft, durch feste Stoffe hindurchzugehen. Je nach ihrer Dichte würfen diese Körper einen mehr oder weniger starken Schatten auf eine fotografische Platte oder auf einen fluoreszierenden Schirm. Es sei mit diesen Strahlen möglich, die Knochen der menschlichen Hand durch das Fleisch hindurch zu sehen. Röntgen erbot sich sogleich zu einer Demonstration. Der Präsident der Versammlung stellte sich als Versuchsobjekt zur Verfügung. Röntgens Apparat wurde eingeschaltet, und jedermann konnte seine Behauptungen unverzüglich bestätigt sehen.

Röntgen nannte diese neuen Strahlen »X-Strahlen«. Die Versammlung beschloß jedoch sofort, sie »Röntgen-Strahlen« zu taufen. Dieser Name hat sich allerdings nur im deutschen Sprachgebiet durchgesetzt. Im Ausland spricht man meist auch heute von X-Strahlen.

Geben wir Röntgen selbst das Wort zur Schilderung einiger seiner Versuche und Ergebnisse:

Das an dieser Erscheinung zunächst Auffallende ist, daß durch die schwarze Kartonhülse, welche keine sichtbaren oder ultravioletten Strahlen des Sonnen- oder des elektrischen Bogenlichtes durchläßt, ein Agens hindurchgeht, das imstande ist, lebhafte Fluoreszenz zu erzeugen, und man wird deshalb wohl zuerst untersuchen, ob auch andere Körper diese Eigenschaft besitzen.

Man findet bald, daß alle Körper für dasselbe durchlässig sind, aber in sehr verschiedenem Grade. Einige Beispiele führe ich an. Papier ist sehr durchlässig: hinter einem eingebundenen Buch von etwa 1000 Seiten sah ich den Fluoreszenzschirm noch deutlich leuchten; die Druckerschwärze bietet kein merkliches Hindernis. Ebenso zeigte sich Fluoreszenz hinter einem doppelten Whistspiel; eine einzelne Karte zwischen Apparat und Schirm gehalten macht sich dem Auge fast gar nicht bemerkbar. – Auch ein einfaches Blatt Stanniol ist kaum wahrzunehmen; erst nachdem mehrere Lagen übereinander gelegt sind, sieht man ihren Schatten deutlich auf dem Schirm. – Dicke Holzblöcke sind noch durchlässig; 2–3 cm dicke Bretter aus Tannenholz absorbieren nur sehr wenig. Eine etwa 15 mm dicke Aluminiumschicht schwächte die Wirkung recht beträchtlich, war aber nicht imstande, die Fluoreszenz ganz zum Verschwinden zu bringen. – Mehrere zentimeterdicke Hartgummischeiben lassen noch Strahlen hindurch. – Glasplatten gleicher Dicke verhalten sich verschieden, je nachdem sie bleihaltig sind (Flintglas) oder nicht; erstere sind viel weniger durchlässig als letztere.– Hält man die Hand zwischen den Entladungsapparat und den Schirm, so sieht man die dunkleren Schatten der Handknochen in dem nur wenig dunklen Schattenbild der Hand. – Wasser, Schwefelkohlenstoff und verschiedene andere Flüssigkeiten erweisen sich in Glimmergefäßen untersucht als sehr durchlässig. – Daß Wasserstoff wesentlich durchlässiger wäre als Luft, habe ich nicht finden können. – Hinter Platten aus Kupfer resp. Silber, Blei, Gold, Platin ist die Fluoreszenz noch deutlich zu erkennen, doch nur dann, wenn die Plattendicke nicht zu bedeutend ist. Platin von 0,2 mm Dicke ist noch durchlässig; die Silber- und Kupferplatten können schon stärker sein. Blei in 1,5 mm Dicke ist so gut wie undurchlässig und wurde deshalb häufig wegen dieser Eigenschaft verwendet.

Jedermann weiß, welche Bedeutung Röntgenstrahlen für die Medizin gewonnen haben. Sie durchdringen Knochen weniger leicht als Fleisch. Indem man Röntgenstrahlen durch den Körper des Patienten schickt und die geworfenen Schatten auf einem Schirm sichtbar macht oder auf der fotografischen Platte festhält, kann man Knochenverletzungen studieren und ihre Heilung erleichtern. Um die inneren Organe sichtbar zu machen, hat man unschädliche Substanzen gefunden, die in den Verdauungstrakt, die Lunge usw. des Patienten eingeführt werden und dann ein deutliches Röntgenbild ergeben.

Bei längerer Bestrahlungsdauer werden lebende Zellen durch Röntgenstrahlen angegriffen und zerstört. Bevor diese Eigenschaft klar erkannt war, haben zahlreiche Forscher beim Arbeiten mit ihnen unheilbare Gesundheitsschädigungen davongetragen. Heute verwendet man diese Wirkung zur Krebstherapie und zerstört auf diese Weise die Krebszellen.

Da die Röntgenstrahlen Stahl und andere Metalle durchdringen, sind sie ein unschätzbares Mittel für Materialprüfungen aller Art geworden. Gleichzeitig haben die Röntgenstrahlen eine Fülle von Einblicken in die molekulare und atomare Struktur der Stoffe ermöglicht.

2. Radioaktivität

Röntgenstrahlen entstehen, wenn und solange Kathodenstrahlen – eine damals bereits bekannte Art von Strahlen, auf die ich gleich zurückkommen muß – auf einen festen Körper (Anti-Kathode, in der Praxis gewöhnlich ein Metallblech) treffen. Wiederum bringen Röntgenstrahlen beim Auftreffen auf bestimmte Stoffe diese zum Aufleuchten (Phosphoreszieren). Diese Erscheinung war es, welche Röntgen zuerst auf seine Strahlen aufmerksam gemacht hatte. Es lag nahe, nach verwandten Erscheinungen zu suchen, also nach Stoffen, die von anderen Strahlen getroffen wiederum Strahlen aussenden, ohne daß man dies mit dem Auge zu bemerken braucht.

Der Sohn einer alten französischen Gelehrtenfamilie, Henri *Becquerel* (1852–1908), prüfte unter diesem Gesichtspunkt eine lange Reihe von Stoffen. Er legte jeweils ein Stück davon auf eine fotografische Platte, die er vorher doppelt in dickes schwarzes Papier eingewickelt hatte, so fest, daß sie, selbst wenn er sie zwei Tage der Sonnenstrahlung aussetzte, keinerlei Trübung zeigte. Das Ganze legte er dann in die Sonne in der Annahme, die Sonnenstrahlung werde vielleicht eine Phosphoreszenz hervorrufen und diese werde die Platte schwärzen.

Becquerel stellte bei einigen Stoffen – nämlich Salzen des Urans, eines 1841 entdeckten Elementes – fest, daß sie offenbar eine Strahlung aussandten. Wenn er die betreffenden Platten entwickelte, war die Silhouette des Uranstückes schwarz auf dem Negativ zu sehen. Durch Zufall ergab es sich, daß Becquerel einmal einen solchen Versuch vorbereitet hatte, die Platten mit den Uransalzen darauf dann aber wegen schlechten Wetters der Sonne nicht aussetzen konnte. Zwei Tage später entwickelte er sie trotzdem. Zu seinem Erstaunen fand er die Umrisse der Uranstücke ebenso deutlich auf dem Negativ wie sonst. Er wiederholte das Experiment unter besonders sorgfältigen Vorkehrungen und mußte sich überzeugen, daß die Strahlung, welche die Trübung der Platten bewirkt, offenbar keine Phosphoreszenzerscheinung sein konnte, sondern unabhängig vom Auftreffen irgendwelcher Erregerstrahlen aus dem Innern des Stoffes selbst entsandt wurde. Das war 1896.

Becquerel war der Freund und Lehrer Marie Sklodowska *Curies* (1867 bis 1934). Die junge Polin Marie Sklodowska war zum Studium nach Paris gekommen und hatte hier den französischen Professor Pierre *Curie* (1859–1906) geheiratet. Das Ehepaar Curie ging sogleich daran, die von Becquerel festgestellte Erscheinung weiter zu untersuchen. Marie Curie berichtet darüber:

Wir müssen zurückgehen zum Jahre 1897. Professor Curie und ich arbeiteten damals im Laboratorium der Schule für Physik und Chemie ... Ich war beschäftigt mit einigen Arbeiten über Uraniumstrahlen, die von Professor Becquerel zwei Jahre vorher entdeckt worden waren ... Dann wollte ich wissen, ob es andere Elemente gäbe, die Strahlen der gleichen Art aussenden ... Dann begann ich mit Messungen an Mineralien und fand, daß mehrere von denjenigen, die Uran oder Thorium oder beides enthalten, aktiv waren. Aber die Aktivität war nicht die, die ich erwarten konnte ...

Dann dachte ich, daß in den Mineralien ein unbekanntes Element sein könnte, das eine viel stärkere Radioaktivität als Uran oder Thorium hätte. Und ich wünschte, dieses Element zu finden und zu isolieren. Und ich machte mich mit Professor Curie an diese Arbeit. Wir dachten, sie würde in einigen Wochen oder Monaten getan sein, aber das war nicht so. Es brauchte viele Jahre harter Arbeit ...

Die Schwierigkeit war, daß nicht viel Radium in einem Mineral ist; dies wußten wir zu Anfang nicht. Jetzt weiß ich, daß nicht einmal ein Teil Radium in 1 000 000 Teilen guten Erzes ist ...

Wir hatten nicht einmal ein gutes Laboratorium zu jener Zeit ... Wir hatten keine Hilfe, kein Geld ... 1902 gelang es mir endlich, reines Radiumchlorid zu erhalten und das Atomgewicht des neuen Elementes, Radium, das 226 beträgt, zu bestimmen ... Später konnte ich auch das Metall Radium isolieren ...

Von einem praktischen Gesichtspunkt ist die wichtigste Eigenschaft der Radiumstrahlung die Erzeugung physikalischer Wirkungen in der Zelle des menschlichen Organismus. Sie können für die Behandlung verschiedener Krankheiten verwendet werden. Als besonders wichtig wird die Behandlung von Krebs angesehen ...

Aber wir dürfen nicht vergessen, daß, als das Radium entdeckt wurde, kein Mensch wußte, daß es sich in Krankenhäusern nützlich erweisen würde. Die Arbeit war eine der reinen Wissenschaft. Und dies beweist, daß wissenschaftliche Arbeit nicht unter dem Gesichtspunkt einer unmittelbaren Nützlichkeit betrachtet werden darf. Sie muß um ihrer selbst, um der Schönheit der Wissenschaft willen getan werden; dann ist stets die Möglichkeit gegeben, daß eine wissenschaftliche Entdeckung, wie das Radium, eine Wohltat für die Menschheit werden mag.

> Aber die Wissenschaft ist nicht reich; sie verfügt nicht über größere Mittel; sie begegnet keiner allgemeinen Anerkennung, bevor ihre materielle Nützlichkeit erwiesen ist ...
> Es ist ein weites Feld offen für Versuche; ich hoffe, daß wir in den folgenden Jahren einige schöne Fortschritte machen werden. Es ist mein aufrichtiger Wunsch, daß einige unter Ihnen diese wissenschaftliche Arbeit weiterführen und zum Ziel ihres Ehrgeizes die Entschlossenheit machen sollten, einen bleibenden Beitrag zur Wissenschaft zu leisten.

Das Ehepaar Curie erhielt für seine Entdeckung im Jahre 1903 zusammen mit Becquerel den Nobelpreis für Physik. Röntgen hatte ihn als erster schon 1901 erhalten. Marie Curie setzte nach dem frühen Tod ihres Gatten die Forschungsarbeit allein fort und erhielt 1911 einen zweiten Nobelpreis für Chemie für ihre weiteren Arbeiten über das Radium und seine Verbindungen. (1935 erhielt ihre Tochter Irène Curie zusammen mit ihrem Gatten Fréderic Joliot den Nobelpreis für Chemie für die geglückte Synthese neuer radioaktiver Elemente.)

Mit der Curieschen Entdeckung war ein erster Hinweis gegeben auf die Möglichkeit, daß das Atom nicht der letzte unteilbare Bestandteil der Materie sei; denn die neue Strahlung – darauf wies Marie Curie selbst alsbald hin – mußte ihren Ursprung ganz offenbar in einem Prozeß haben, der sich innerhalb des Atoms abspielt. Es folgte sogleich eine ganze Reihe weiterer wichtiger Entdeckungen im Zusammenhang mit der Radioaktivität. Doch inzwischen näherte sich die Forschung dem Atom schon von einer ganz anderen Seite, die wir zuerst ins Auge fassen müssen: von der Elektrizität her.

3. Elektronen

Die Entstehung der Elektronentheorie knüpft vornehmlich an zwei Dinge an: an die Theorie der elektrolytischen Dissoziation, die im Chemieabschnitt des 19. Jahrhunderts geschildert wurde, und an die experimentelle Erforschung der *Kathodenstrahlen*. Diese muß ich deshalb zum Verständnis des Folgenden hier streifen.

Kathodenstrahlen bestehen aus Elektronen, die aus der Kathode einer Röhre austreten. Die Physik der zweiten Jahrhunderthälfte hatte Instrumente zu ihrer Verfügung, die es ermöglichten, im Innern einer Glasröhre einen annähernd leeren Raum herzustellen. Die Kathodenstrahlen wurden 1858 von Julius *Plücker* (1801–1868) entdeckt und von Johann Wilhelm *Hittorf* (1823–1914) zuerst näher untersucht. Hittorf führte 1869 Platinelektroden in eine Vakuumröhre ein und beobachtete, daß sich beim Anlegen einer elektrischen Spannung Strahlen von der Kathode (dem Minus-Pol also) hinwegbewegen. Er stellte fest, daß Kathodenstrahlen von manchen in ihren Weg gebrachten Gegenständen Schatten erzeugen, woraus auf ihre geradlinige Ausbreitung geschlossen werden kann. Die gleiche Erscheinung wurde im Jahre 1876 erneut durch Eugen *Goldstein* (1850–1931) beobachtet, der den Namen Kathodenstrahlen dafür vorschlug. (Goldstein ist auch der Entdecker der sogenannten Kanalstrahlen, auf die ich hier nicht eingehe.)

Über die Natur dieser Strahlen bestand keine Klarheit. Theoretisch gab es zwei Möglichkeiten. Entweder waren es elektromagnetische Wellen wie das Licht. Nun hatten aber schon die beiden genannten Forscher gezeigt, daß die Strahlen beim Durchgang durch ein Magnetfeld aus ihrer Richtung abgelenkt werden. Das stimmte schlecht zu der ersten Hypothese, denn Wellen werden durch Magnetfelder nicht abgelenkt. Die zweite Möglichkeit bestand darin, daß es sich um negative Elektrizitätsteilchen handelte, die geradlinig durch den Raum fliegen. Für diese Möglichkeit sprach außer der Tatsache der Ablenkung auch der 1895 gelungene Nachweis, daß diese Strahlen einen Konduktor, auf den sie treffen, negativ aufladen können.

Verschiedene Forscher beschäftigten sich mit diesen eigenartigen Strahlen, vor allem auch der bedeutende deutsche Experimentalphysiker Philipp *Lenard* (1862–1947). Lenard sprach auch die Vermutung aus, es müsse sich um frei fliegende, also nicht an materielle Teilchen gebundene elektrische Elementarteilchen handeln. Man interessierte sich vor allem für folgende Frage: Wenn es sich um elektrische Partikel handelte, so mußte man ihre Ablenkung durch ein elektrisches oder magnetisches Feld nicht nur demonstrieren, sondern auch messen können. Die Ablenkung wird abhängig sein 1. von der Stärke der elektrischen Ladung; je stärker die Ladung, um so stärker die Ablenkung; 2. von der Masse der Teilchen: je größer die Masse, um so größer die Trägheit, um so kleiner damit die Ablenkung; und 3. von der Fluggeschwindigkeit der Teilchen. Zunächst kannte man keinen der drei Faktoren. Einige Forscher kamen zu Näherungswerten, die für eine außerordentlich große Geschwindigkeit sprachen – etwa $^1/_{10}$ der Lichtgeschwindigkeit – und für ein Verhältnis zwischen Ladung (e) und Masse (m), bei dem e : m wesentlich größer erschien, als man es für das Wasserstoffatom bei der Elektrolyse gemessen hatte.

Einen ersten durchschlagenden Versuchserfolg erzielte im Jahre 1897 der große englische Physiker Joseph *Thomson* (1856–1940), der 1906 den Nobelpreis erhielt (sein Sohn erhielt ihn 1937). Ich will Thomsons geniale Versuchsanordnung nicht schildern, sondern ihm das Wort geben für die Folgerungen, die er aus seinen Versuchen zog:

Nach langer Erwägung dieser Versuche schien es mir, daß die folgenden Schlußfolgerungen unausweichlich sind:

1. Daß Atome nicht unteilbar sind, denn negativ elektrische Partikeln können von ihnen weggerissen werden durch die Wirkung elektrischer Kräfte, den Aufschlag von sich schnell bewegenden Atomen, ultraviolettem Licht oder Wärme.
2. Daß die Partikeln alle von derselben Masse sind und die gleiche Ladung negativer Elektrizität tragen, aus welcher Art von Atomen sie auch stammen, und daß sie Bestandteile aller Atome sind.
3. Daß die Masse dieser Teilchen geringer ist als der tausendste Teil der Masse eines Wasserstoffatomes.

Ich nannte diese Teilchen zuerst Korpuskeln, aber man nennt sie jetzt mit dem besser passenden Namen »Elektronen«. Ich gab die erste Ankündigung der Existenz dieser Korpuskeln in einer Freitagabend-Vorlesung in der Royal Institution am 29. April 1897 . . .

Zuerst gab es wenige, die an die Existenz dieser Körper glaubten, die kleiner als Atome sein sollten. Sogar lange danach sagte mir ein hervorragender Physiker, der bei meinem Vortrag zugegen gewesen war, er meine, daß ich die Anwesenden hätte aufziehen wollen. Ich war darüber nicht erstaunt, da ich selbst zu dieser Erklärung meiner Versuche mit großem Widerwillen gekommen war; erst nachdem ich überzeugt war, daß das Experiment keinen anderen Ausweg zuließ, veröffentlichte ich meinen Glauben an die Existenz von Körpern, die kleiner als Atome sind.

Die gleiche Entdeckung wie Thomson gelang gleichzeitig dem Deutschen Emil *Wiechert* (1861–1928), der sie aber wegen eines Rechenfehlers bei der Auswertung nicht veröffentlichte. Der Name Elektron stammt jedoch von keinem dieser beiden, sondern von dem Iren Johnson *Stoney* (1826–1911), von dem ihn Hendrik Antoon Lorentz und dann auch Thomson übernahmen.

Inzwischen hatte C. T. R. *Wilson* (1869–1959) die nach ihm benannte Wilson-Kammer konstruiert. Er ging dabei aus von der Beobachtung, daß sich der in atmosphärischer Luft enthaltene Wasserdampf nicht nur um feine Staubteilchen herum kondensiert, sondern, wenn die Luft ionisiert wird, auch an den Ionen. Ebenso ionisieren die in die Wilsonsche Kondensationskammer hineinfliegenden Elementarteilchen die Moleküle der Kammeratmosphäre, die sie auf ihrer Bahn treffen. Diese Ionen bilden die Kondensationskerne für den Wasserdampf in der Kammer. Dadurch wird der Weg des Elementarteilchens sichtbar. Man kann den ganzen Vorgang auch fotografieren und durch mehrere gleichzeitige Aufnahmen von verschiedenen Seiten her die Bahn eines Teilchens im Raum sichtbar machen. Die Wilson-Kammer ist eines der wichtigsten Forschungsinstrumente der Atomphysik geworden.

Mit Hilfe der Wilson-Kammer gelang es Thomson 1899, die Ladung der Kathodenstrahlen zu messen. Er kam zu dem – alsbald durch andere Forscher bestätigten – Ergebnis, daß die Ladung eines Kathodenteilchens ebenso groß ist wie die eines Wasserstoff-Ions, seine Maße aber nur rund $^1/_{1800}$ der Masse eines Wasserstoffatoms beträgt.

Der eben schon genannte Lorentz gab alsbald eine erste mathematische Formulierung der Elektronentheorie. Er brachte die Elektronen insbesondere mit der Lichtemission in Verbindung durch den Schluß: Licht als elektromagnetische Welle wird durch sich bewegende Elektronen im Atom hervorgebracht. Diese Folgerung stimmte genau zu der von Lorentzens Landsmann Pieter *Zeemann* (1865–1943) beobachteten Tatsache, daß die Spektrallinien eines leuchtenden Stoffes sich verändern, wenn der Stoff in ein magnetisches Feld gebracht wird.

Drängte sich somit die Folgerung auf, daß ein Atom negativ geladene Elektronen enthält, so mußte offenbar, da das Atom als Ganzes normalerweise elektrisch neutral ist, im Atom außerdem eine positive elektrische Ladung vorhanden sein, gerade stark genug, um die negative der Elektronen auszugleichen.

So hatte sich die Forschung von dieser Seite her dem Innern des Atoms genähert. Doch nunmehr griffen wieder andere Entdeckungen in die weitere Entwicklung ein.

4. Radioaktivität als Atomzerfall

Diese neuen Entdeckungen knüpfen wieder an die Radioaktivität an. Ein zweites radioaktives Metall neben dem Radium wurde fast gleichzeitig mit diesem durch das Ehepaar Curie entdeckt und Polonium getauft. Die weitere Erforschung der radioaktiven Erscheinungen ist vor allem dem experimentellen Genie Ernest *Rutherfords* (1871–1937) zu danken. Rutherford war Neuseeländer, wirkte zuerst an der McGill-Universität in Montreal, Kanada, dann in Manchester und Cambridge als Nachfolger Thomsons. 1908 erhielt er den Nobelpreis für Chemie.

In Montreal arbeitete Rutherford eng zusammen mit Frederick *Soddy* (1877–1956). Soddy entdeckte später (1910) die Isotopie, die Erscheinung, daß es chemisch identische Elemente gibt, die sich nur in der Masse unterscheiden, und zog aus dieser Entdeckung Folgerungen für das periodische System der Elemente. Er erhielt 1921 den Nobelpreis für Chemie.

Rutherford untersuchte 1899 die von den radioaktiven Substanzen ausgesandten Strahlen genau. Es ergab sich, daß es sich um drei ganz verschiedene Arten von Strahlung handelt. Rutherford fand zunächst deren zwei, die er α- und β-Strahlen nannte. Es ist verhältnismäßig leicht, sie zu trennen, weil sie ein sehr verschiedenes Durchschlagsvermögen durch feste Substanzen haben. Die α-Strahlen wurden durch eine dünne Aluminium-Folie ($^1/_{50}$ mm) bereits auf die Hälfte ihrer Kraft reduziert, die β-Strahlen erst durch eine $^1/_2$ mm starke Aluminiumplatte. Unmittelbar darauf (1900) fand Paul *Villard* beim Radium noch eine dritte Strahlungsart, γ-Strahlen genannt, die noch wesentlich größere Durchschlagskraft besitzt.

Nach und nach gelang es, die Natur dieser drei Strahlungsarten aufzuklären. Zuerst für die β-Strahlen: sie gleichen den Kathodenstrahlen, d. h. es ist ein schnell und geradlinig fliegender Strom von Elektronen. Die Teilchen erreichen bis zu 99,8 % der Lichtgeschwindigkeit.

Etwas später wurden die γ-Strahlen erkannt. Sie erwiesen sich als Wellen von einer winzigen Wellenlänge, 100 000mal kleiner als die des sichtbaren Lichts.

1903 gelang es Rutherford, auch die α-Strahlen zu identifizieren. Er fand, es müsse sich um positiv geladene Teilchen handeln, die sich mit hoher Geschwindigkeit bewegen. (Von dieser Art sind auch die obenerwähnten Kanalstrahlen.) Sie hatten offenbar eine wesentlich größere Masse als die Elektronen – 7000mal so groß – und eine positive Ladung, doppelt so groß wie die negative des Elektrons. Einige Jahre später erkannte Rutherford diese Körperchen als Bestandteile von Helium-Atomen. Gerade diese Feststellung war eine der stärksten Stützen für die nun entstehende Theorie der Radioaktivität. Zu deren Entstehung trugen aber zunächst noch einige andere Entdeckungen bei:

Erstens waren noch andere radioaktive Elemente entdeckt worden, wie das Actinium (1899). Ebenfalls 1899 entdeckte Rutherford, daß das Thorium, ein anderes radioaktives Element (das als Element schon lange bekannt war), ein schweres Gas ausscheidet, das selbst wieder stark radioaktiv ist. Die gleiche Erscheinung fand er dann auch beim Radium. Das ausgeschiedene Gas, ein neues Element, erhielt den Namen Radium-Emanation oder Radon.

Drittens untersuchten Rutherford und Soddy 1902 alle inzwischen bekannt gewordenen radioaktiven Stoffe auf die Schnelligkeit, mit der die Kraft der Ausstrahlung allmählich abnimmt. Sie erwies sich als ganz verschieden. Beim Uran dauert es Millionen von Jahren, bis sich die Strahlung auf die Hälfte der ursprünglichen Stärke vermindert. Man nennt diese Zeit Halbwertzeit. Beim Radium beträgt sie etwa 1600 Jahre, bei Radium-Emanation nur 3,85 Tage, bei anderen Stoffen den Bruchteil einer Sekunde.

Viertens verfolgten Rutherford und andere den Zusammenhang der radioaktiven Substanzen untereinander. Es erwies sich, daß es drei Umwandlungsreihen gibt. Eine geht vom Uran als Ausgangsstoff aus, eine andere vom Thorium. Das Radium gehört zur Uran-Reihe, ebenso das Polonium. Jeder der Ausgangsstoffe erleidet eine Reihe chemischer Veränderungen, bis er über viele Zwischenglieder – beim Uran sind es 14 Verwandlungen – in einen stabilen Endzustand übergeht: einen dem Blei chemisch gleichen Stoff, der nicht mehr radioaktiv ist. Bei 8 der insgesamt 14 Umwandlungen der Uranreihe vermindert sich das Atomgewicht um je 4 – von U 238 zu Pb 206.

Auf diesen Tatsachen bauten Rutherford und Soddy 1903 ihre Theorie der Radioaktivität. Danach handelt es sich um einen allmählichen Zerfall der Atome des betreffenden Elements. In einer bestimmten Zeit zerfällt eine bestimmte Anzahl von Atomen. Jedes dieser Atome stößt einen Teil seiner Bestandteile aus und bleibt danach verändert zurück. So sicher es ist, daß in der Halbwertzeit die Hälfte der Atome ›explodiert‹, so unmöglich ist es, von einem einzelnen Atom vorauszusagen, wann es an der Reihe ist.

Die Geschwindigkeit des Zerfalls ist von äußeren Bedingungen schlechthin unbeeinflußbar. Es gibt nur radioaktiven Abbau. Die umgekehrte Erscheinung, den Aufbau von Atomen, gibt es in der Natur nicht. Es muß also ein wenn auch ferner Zeitpunkt kommen, in dem es keine Radioaktivität mehr gibt, weil alle ehemals vorhandenen radioaktiven Stoffe bis zu ihrem stabilen Endprodukt zerfallen sind. Es muß aber einen Zeitpunkt gegeben haben, in dem die radioaktiven Stoffe entstanden sind.

Das ist ein starkes Argument für einen zeitlich endlichen Bestand der Welt, und darüber hinaus das bisher zuverlässigste Mittel, Schlüsse über das Alter der Erde und des Weltganzen zu ziehen. Radioaktive Minerale finden sich in den Gesteinsschichten der Erde. Die Untersuchung ihres Zerfallszustandes deutet auf ein Alter von etwa zwei Milliarden Jahren.

Auf Grund der geschilderten Forschungsergebnisse schien es möglich, eine erste Vorstellung vom Bau eines Atoms zu gewinnen. Rutherford erdachte auch ein erstes Atommodell. Inzwischen war jedoch schon wieder eine neue Entwicklung eingetreten, die es sogleich als unzulänglich erkennen ließ.

5. Quantentheorie

Ich komme zu den beiden Theorien, welche die Physik und von ihr aus das wissenschaftliche Weltbild unseres Jahrhunderts am einschneidendsten verwandelt haben – Plancks Quantentheorie und Einsteins Relativitätstheorie. Beide wurden in dem hier betrachteten »revolutionären Jahrzehnt« begründet. Nur begründet: sie wurden in den folgenden Jahren und Jahrzehnten von ihren Schöpfern und anderen weiter ausgebaut, teilweise umgestaltet und bieten heute ein anderes Bild als damals. Wir haben es hier nur mit den Anfängen zu tun.

Max *Planck* (1858–1947), der Begründer der Quantentheorie, einer der großen Gelehrten unseres Jahrhunderts, entstammte einer namhaften Gelehrtenfamilie. Er lehrte nach kurzer Tätigkeit in München und Kiel von 1889 bis 1928 an der Berliner Universität. Er wirkte ferner als Sekretär der Preußischen Akademie der Wissenschaften, hatte wesentlichen Anteil an der Begründung der Notgemeinschaft der Deutschen Wissenschaft im Jahre 1920 durch Friedrich Schmidt-Ott, wurde 1930 Präsident der Kaiser-Wilhelm-Gesellschaft zur Förderung der Wissenschaften, die jetzt als Max-Planck-Gesellschaft weiterlebt. 1918 erhielt er den Nobelpreis für Physik.

Planck sind außer der Quantentheorie, auf die wir uns hier beschränken, zahlreiche andere wissenschaftliche Großtaten gelungen. Er hat sich auch mit den philosophischen Grundlagen der physikalischen Erkenntnis und mit dem Verhältnis zwischen Naturwissenschaft und Religion beschäftigt.

Angesichts der Bedeutung der Quantentheorie und der Tatsache, daß Planck sie erstmals am 14. Dezember 1900 vortrug, könnte man versucht sein, bei Verwendung einer etwas blumenreichen Sprache von dem Fanfarenstoß zu sprechen, der das neue Jahrhundert der Wissenschaft einleitete. Doch war ihr Anfang in Wahrheit recht nüchtern und bescheiden. Sie war anfangs nichts als eine Hypothese, fast zögernd ausgesprochen, mit dem ausschließlichen Zweck, bestimmte experimentelle Befunde theoretisch zu deuten, die einer anderweitigen Erklärung trotzten. Niemand, nicht einmal Planck selbst, erkannte damals ihre Tragweite.

Die Quantentheorie dankt ihre Entstehung also – genau wie später die Relativitätstheorie – dem Umstand, daß die Ergebnisse einiger Versuche sich nicht vereinigen ließen mit der seit Newton entwickelten physikalischen Theorie. Die Versuche lagen für diesen Fall auf dem Gebiet der Wärmestrahlung.

Nachdem der Zusammenhang der Wärmestrahlung mit dem Licht im Spektrum erkannt war, hatte die physikalische Theorie gegen Ende des 19. Jahrhunderts in der Deutung und Berechnung der Wärmestrahlung bereits ansehnliche Erfolge erzielt. Unter den Forschern, die sich damit beschäftigten, ragt der früher genannte Ludwig *Boltzmann* hervor. Unter Zuhilfenahme von Vorstellungen sowohl aus der elektromagnetischen Theorie Maxwells wie aus der Thermodynamik hatte er ein Gesetz formuliert, mit dem man die Gesamtmenge der von einem Körper ausgestrahlten Energie berechnen konnte. Sie erwies sich als abhängig von der absoluten Temperatur des strahlenden Körpers (diese in der 4. Potenz genommen) und einem konstanten Faktor.

Die Forschung interessierte jedoch nicht nur die Gesamtmenge der abgegebenen Energie, sondern auch ihre Verteilung auf die einzelnen Teile des Spektrums. Hierzu hatte Wilhelm *Wien* (1864–1928) ein Gesetz aufgestellt (Wiensches Verschiebungsgesetz). Die Verteilung der Energie auf das Spektrum läßt sich in einer Kurve darstellen. Das Wiensche Gesetz bietet eine Grundlage, diese Kurve zu berechnen. Es zeigt, wie sich das Maximum bei Veränderung der Temperatur verschiebt, und anderes mehr.

Nun kann man natürlich die Verteilung der Energie auf das Spektrum auch messen. Dazu waren hochempfindliche Geräte entwickelt worden. Geht man mit einem solchen Gerät in dem Spektrum entlang, so ergeben die einzelnen Messungen auch eine Energieverteilungskurve, und die Frage ist, ob sie der nach dem Wienschen Gesetz zu erwartenden Verteilung entspricht. Das schien eine Zeitlang – von 1896, als Wien sein Gesetz formulierte, bis 1899 – der Fall zu sein. Dann zeigten aber verfeinerte Messungen, wie sie namentlich Otto *Lummer* (1860–1925) und Ernst *Pringsheim* (1859–1917) durchführten, Abweichungen vom Wienschen Gesetz und auch von weiteren Berechnungsversuchen, die Planck inzwischen angestellt hatte.

Die Sache schien auf einem toten Punkt angelangt. Am 19. Oktober 1900 berichteten zwei Physiker in einer Sitzung der Deutschen Physikalischen Gesellschaft erneut von sehr exakt ausgeführten Messungen, die wiederum das Wiensche Gesetz in bestimmten Frequenzbereichen bestätigten, in anderen aber nicht.

Dies war, vereinfacht dargestellt, die Lage. Planck selbst, in seiner leidenschaftslosen Art von sich selbst in der dritten Person sprechend, berichtet:

> Da griff M. Planck in dem Bestreben, eine Deutung der experimentellen Tatsachen auf Grund der beiden Hauptsätze der Thermodynamik durchzusetzen, zu der radikalen Hypothese, daß die Mannigfaltigkeit der Zustände, die ein schwingendes und strahlendes Gebilde besitzen kann, eine diskrete, abzählbare ist, und daß die Unterschiede je zweier Zustände des Gebildes durch eine endliche universelle Konstante, das elementare Wirkungsquantum, charakterisiert werden. Damit war freilich ein grundsätzlicher Bruch mit den bisherigen physikalischen Anschauungen vollzogen, denn bisher galt in jeder Theorie der Zustand eines physikalischen Gebildes als stetig veränderlich. Indessen zeigte sich die Fruchtbarkeit der neuen Annahme sogleich . . .

Diese Worte Plancks raffen, ebenso wie die vorher gegebene Schilderung der Ausgangslage, Vorgänge zusammen, die in Wirklichkeit etwas verwickelter lagen. Tatsächlich hatte Planck in der erwähnten Sitzung, in der Ferdinand *Kurlbaum* (1857–1927) und Heinrich *Rubens* (1865 bis 1922) von ihren Messungen berichteten, schon in die Diskussion eingegriffen und eine wenige Tage vorher errechnete Formel zur Diskussion gestellt, welche die Messungsergebnisse gut deckte. Zwei Monate später, am 14. 12. 1900, trat Planck erneut vor die Gesellschaft und formulierte nun seine eigentliche Hypothese zusammen mit einer theoretischen Begründung, zu der er namentlich noch den Entropiesatz heranzog. Mit diesem hatte er sich bereits seit 20 Jahren intensiv beschäftigt und seine volle Tragweite als einer der ersten Naturwissenschaftler begriffen.

Was besagt diese Hypothese? Sie sagt: Die Wärmestrahlung ist kein kontinuierlicher Fluß von Energie. Sie ist diskontinuierlich. Sie besteht aus einzelnen Teilen oder Stößen. Die Größe dieser einzelnen Energiepäckchen ist proportional der Schwingungszahl. Sie ergibt sich, wenn man die Schwingungszahl mit einem konstanten Faktor, von Planck h genannt, multipliziert. Die Größe dieses konstanten Faktors ergab sich aus den Messungen mit rund $6{,}5 \times 10^{27}$. Planck nannte diese Konstante, da sie der Dimension nach ein Produkt aus Energie und Zeit ist, das »Wirkungsquantum«. Sie ist gleichsam die kleinste Münze im Haushalt der Natur.

Es war ein unerhört neuer und kühner Gedanke, daß Strahlung nicht stetig sein, sondern aus einzelnen Quanten bestehen sollte. Daß Planck so unvoreingenommen war, ihn überhaupt in Betracht zu ziehen, zeugt von großer geistiger Unabhängigkeit. Auf der anderen Seite war der Hypothese zunächst noch in keiner Weise anzusehen, welche Bedeutung ihr zukam.

Tatsächlich hat sich die Plancksche Konstante h als eine der wenigen Größen der Physik erwiesen, die fest stehen wie ein Fels. Durch jedes Experiment, das man anstellen konnte, wurde sie von neuem bestätigt. Sie ist in alle Grundgleichungen der modernen Physik eingegangen.

Bis dahin war es noch ein weiter Weg. Man hat auf dem Wege, in dessen Verlauf die ursprüngliche Quanten*hypothese* erst zur ausgebauten Quanten*theorie* wurde, drei Hauptetappen unterschieden. Die erste Etappe ist die Formulierung des Prinzips durch Planck selbst. Die zweite begann im Jahre 1913, als der Däne Niels *Bohr* (1885–1962) die Quantentheorie auf das Atom übertrug. Die dritte Etappe begann in den zwanziger Jahren mit den Arbeiten von Louis *de Broglie* (geb. 1892), Erwin *Schrödinger* (geb. 1887), Werner *Heisenberg* (geb. 1901) und anderen.

Ein ebenso wichtiger Schritt auf dem Wege zur heutigen Quantenphysik aber liegt noch zwischen Plancks erster Hypothese und diesen neueren Entwicklungen. Er wurde im Jahre 1905 durch Albert *Einstein* getan. Einstein hatte als einer der ersten die Bedeutung des Planckschen Ansatzes erkannt und übertrug das Quantenprinzip auf alle Arten strahlender Energie. Er behauptete, wie bei der Wärmestrahlung könnten auch Licht- und Röntgenstrahlen nur in einzelnen Quanten auftreten, und nicht nur Abgabe und Aufnahme der Energie sollte in

Quanten erfolgen, sondern auch in der Strahlung selbst sollte die Energie in Quanten zusammengeballt sein.

Diese Einsteinsche Erweiterung der Quantentheorie erfuhr sogleich eine glänzende Bestätigung, als es Einstein gelang, mit ihrer Hilfe den sogenannten lichtelektrischen Effekt zu erklären, der als Erscheinung bekannt war und um dessen Erforschung sich Philip *Lenard* verdient gemacht hatte, den man aber nicht theoretisch zu erklären vermochte. Man versteht unter diesem Effekt die Erscheinung, daß kurzwelliges Licht, insbesondere ultraviolettes, bei Auftreffen auf eine glatte Metallfläche aus dieser Elektronen (Kathodenstrahlen) auslöst. Das Sonderbare daran ist, daß die Energie der losgelösten Elektronen nicht von der Intensität der auftreffenden Strahlung abhängt, sondern nur von ihrer Schwingungszahl. Mit der hergebrachten Wellentheorie des Lichts konnte man das nicht verständlich machen. Einstein erklärte es mit der revolutionären Annahme, das Licht sei ein Strahl von einzelnen Lichtquanten, die er »Photonen« nannte. Von daher rührt die neue Auseinandersetzung über die Natur des Lichts. Doch wir halten hier nur fest, daß es Einstein war, der der Quantentheorie zuerst ihre allgemeinere Fassung gab. Die Anfänge von Einsteins Hauptleistung müssen wir nun noch betrachten.

6. Spezielle Relativitätstheorie

Auch die Relativitätstheorie ist zunächst erwachsen aus dem Bestreben, bestimmte experimentelle Forschungsergebnisse theoretisch verständlich zu machen. Genau wie die Quantentheorie ist auch diese Lehre bedeutend leichter darzustellen, wenn man von dem ausgeht, was die Wissenschaft heute weiß. Da es mir aber nicht darum geht, den Inhalt der Theorie auszubreiten, sondern um die geschichtliche Entwicklung, bleibe ich dem geschichtlichen Verfahren treu und gehe von dem aus, was damals die Grundlage von Einsteins Überlegungen bildete.

DER MICHELSON-MORLEY-VERSUCH Wir müssen dazu zeitlich zurückgehen bis zum Jahre 1887. Gerade in diesem Jahre hatte Heinrich Hertz seine Wellen erzeugt und damit eine glänzende Bestätigung der Theorie Maxwells geliefert. Damit schien das physikalische Weltbild fest gegründet, das Newton begonnen hatte. Wir wissen schon, was kurz darauf an Unerwartetem geschah. Aber schon das Jahr 1887 sah den Versuch, dessen Ergebnis sich auf keine Weise in dieses Weltbild fügen wollte und dessen theoretische Verarbeitung es tatsächlich ins Wanken brachte. Nicht zu Unrecht hat man das Zeitalter der modernen Physik bereits von diesem Jahre 1887 an gerechnet. Da aus der Auseinandersetzung über diesen Versuch die Relativitätstheorie erwuchs, betrachten wir ihn etwas genauer.

Es ging dabei um folgendes Problem: Man wußte seit Roemer, daß das Licht sich mit endlicher Geschwindigkeit durch den Raum bewegt. Man kannte seit Bradley und wesentlich genauer seit Fizeau diese Geschwindigkeit mit knapp 300 000 km in der Sekunde. Bradley hatte die Erscheinung der Aberration gedeutet aus dem Zusammenwirken zwischen der Geschwindigkeit des Lichts und der Bewegung der Erde durch den Raum.

Seit Maxwell kannte man das Licht als elektromagnetische Welle. Als Träger dieser Wellen galt der Äther, dessen tatsächliches Vorhandensein, abgesehen davon, daß man ihn zur Erklärung brauchte, noch niemand beobachtet oder bewiesen hatte.

Bewegt sich die Erde durch einen von Äther erfüllten Raum, so muß sie eine bestimmte Geschwindigkeit im Verhältnis zu diesem Äther haben. Es ging darum, diese Geschwindigkeit zu messen. Das mußte möglich sein an Hand des Effektes, den diese Bewegung auf die Geschwindigkeit des Lichts haben mußte. Gelang das, so hatte man im Äther einen festen Bezugspunkt, auf den man alle Bewegungen im Raum beziehen konnte.

Die Ausgangsüberlegung zu dem Versuch war folgende: Entsendet man einen Lichtstrahl von einer Lichtquelle, die mit A bezeichnet sei, zu einem um die Entfernung a von der Quelle entfernten Spiegel (B) und läßt ihn, dort reflektiert, wieder zu A zurücklaufen, so kann man die Zeit, die der Strahl für den Weg hin und zurück brauchen wird, sehr einfach errechnen, indem man den Gesamtweg (2 × a) durch die Lichtgeschwindigkeit dividiert. Jetzt sollen sich Quelle A und Spiegel B bewegen, und zwar in der Richtung AB (in der der Lichtstrahl zuerst läuft), und zwar beide mit gleicher Geschwindigkeit, so daß also der Abstand AB unverändert bleibt. Jetzt braucht der Lichtstrahl für den Weg von A nach B etwas länger als vorher, weil ihm, während er auf dem Weg ist, der Spiegel gewissermaßen ein Stück davonläuft. Für den Rückweg von B nach A braucht der Lichtstrahl dagegen eine etwas kürzere Zeit als beim ersten Versuch, weil ihm A, während er sich auf dem Rückwege befindet, ein Stück entgegenrückt. Es läßt sich nun leicht berechnen, daß die Gesamtzeit, die der Lichtstrahl für den Hin- und Rückweg im zweiten Falle benötigt, nicht genau gleich der Gesamtzeit vom ersten Versuch ist, sondern etwas länger.

Auf die Erde angewandt: Schickt man einen Lichtstrahl in der Richtung los, in der sich auch die Erde durch den Äther vorwärts bewegt, und läßt ihn wieder zurückkehren, so wird er eine etwas längere Zeit brauchen, als wenn die Erde im Äther stillstünde. Nun hat man diese Vergleichsbasis zwar im Experiment nicht unmittelbar zur Verfügung, weil sich die Erde ja – voraussetzungsgemäß – eben im Äther bewegt. Man kann aber zum Vergleich einen Lichtstrahl senkrecht zu dem ersten losschicken, also quer zur Bewegungsrichtung der Erde durch den Äther. Die in diesem Fall benötigte Zeit ist wiederum eine andere.

Man kann die Zeiten bei einem solchen Versuch unter irdischen Größenverhältnissen nicht direkt messen. Dazu ist die Lichtgeschwindigkeit zu groß. Man kann aber feststellen, ob die beiden Strahlen eine verschiedene Zeit benötigen, indem man sie gleichzeitig losschickt (d. h. einen

Lichtstrahl in zwei Teile spaltet und diese in die beiden Richtungen laufen läßt), sie bei der Rückkehr wieder vereinigt und zusieht, ob sich dann eine Interferenzerscheinung zeigt. Sie muß sich zeigen, wenn die beiden Strahlen nicht gleichzeitig ankommen.

Es ist klar, daß es äußerst raffinierter Versuchsanordnung bedarf, um eine solche Messung mit Aussicht auf Erfolg durchzuführen. Albert Abraham *Michelson* (1852–1931) beschäftigte sich seit 1881 damit, eine solche Anordnung herzustellen. Seine ersten Versuche wurden durch Lorentz als nicht schlüssig zurückgewiesen. 1887 gelang es ihm zusammen mit E. W. *Morley* (1838–1923), eine Versuchsanordnung zu finden, so fein, daß man mit ihr noch einen kleinen Bruchteil der Zeitdifferenz zwischen beiden Strahlen wahrnehmen konnte, die rechnerisch zu erwarten war.

Beim Ausrechnen des zu erwartenden Effekts ging er von der Geschwindigkeit der Erde auf ihrer Bahn um die Sonne (rund 30 km je Sekunde) aus. Die Wirkung der Erddrehung ist im Verhältnis dazu gering und konnte vernachlässigt werden. Von der Bewegung, welche die Sonne selbst mitsamt ihrem Planetensystem im Raum ausführt, sah man ebenfalls ab. Es war aber klar, daß eine solche Bewegung den zu beobachtenden Effekt noch wesentlich vergrößern müßte.

Michelsons »Interferometer« (Interferenzmesser) bestand aus einem System von Spiegeln, welche die beiden Teilstrahlen erst noch mehrere Male hin und her reflektierten, um den Effekt noch deutlicher zu machen. Das Ganze ruhte auf einem Steinblock, dieser auf einer großen runden Holzplatte, die in einem Becken mit Quecksilber schwamm. Auf diese Weise konnte man den ganzen Apparat ohne Erschütterungen und Verwindungen drehen. Der Beobachter ging außen im Kreise herum und las ab, ohne den Apparat zu berühren.

Michelson und Morley erzielten ein Ergebnis, das sie und die ganze physikalische Welt in höchstes Erstaunen versetzte. Sie fanden nämlich überhaupt keine Abweichung – jedenfalls keine, die dem zu erwartenden Maß auch nur annähernd entsprach. Der beobachtete Effekt betrug nur $^1/_{40}$ des vorher errechneten.

Sollte das vielleicht daran liegen, daß die Erdbewegung gerade in diesem Augenblick durch eine gleich große, aber in entgegengesetzter Richtung verlaufende Bewegung des ganzen Sonnensystems ausgeglichen wurde? Dann brauchte man den Versuch nur sechs Monate später – wenn die Erde am Gegenpunkt ihrer Bahn war und beide Bewegungen sich nun addieren mußten – zu wiederholen. Das geschah, und es geschah noch viele Male. Aber das Ergebnis war immer gleich. Keine Abweichung!

Wie war das zu erklären? Gab es keine Bewegung der Erde relativ zum Äther, führte die Erde vielmehr den Äther mit sich, so wie sie ihre Lufthülle mitführt? Oder gab es gar keinen Äther? Oder was sonst? Wenn die erste Annahme stimmte, dann mußte allerdings die Bewegung in größerer Höhe doch nachzuweisen sein. Ich kann hier einschalten, daß derartige Versuche später mit dem gleichen negativen Resultat auch angestellt wurden – wie überhaupt der Michelson-Morley-Versuch in zahllosen Abwandlungen mit allen möglichen Sicherheitsvorkehrungen bis in die zwanziger Jahre unseres Jahrhunderts immer wieder von verschiedenen Forschern wiederholt worden ist. Tatsächlich aber war diese Annahme schon vorher nicht zu halten, weil sie mit anderen Versuchsergebnissen – die ich hier übergehe – nicht in Einklang zu bringen ist.

Man braucht eine andere Erklärung. Die ersten Erklärungsversuche kamen von zwei Männern: George Francis *Fitzgerald* (1851–1901) in Irland und H. A. *Lorentz* in Holland. Sie brachten folgende Überlegung vor: Wenn zwei Strahlen von gleicher Geschwindigkeit zwei gleiche Wege durchmessen, so müssen sie die gleiche Zeit dazu brauchen. Wenn sie die gleichen Wege mit verschiedener Geschwindigkeit durchmessen, so müssen sie verschiedene Zeiten brauchen. Beim Michelson-Morley-Versuch handelt es sich um zwei Strahlen mit verschiedener Geschwindigkeit (denn beim einen kommt die Erdbewegung hinzu). Trotzdem brauchen sie die gleiche Zeit. Das kann dann nur daran liegen, daß die beiden Wege in Wirklichkeit gar nicht gleich lang, sondern verschieden lang sind!

Ist das möglich? Wenn die Materie in ihrem Aufbau elektrischer Natur ist, durch elektromagnetische Kräfte zusammengehalten wird, so ist es sehr wohl denkbar, ja wahrscheinlich, daß diese Materie, wenn sie sich durch den elektromagnetischen Äther hindurchbewegt, Veränderungen erleidet, nämlich eine Zusammenziehung in der Bewegungsrichtung. So könnte sich auch der Versuchsapparat von Michelson-Morley zusammenziehen in der Bewegungsrichtung der Erde, und zwar so, daß sich die Distanz AB dabei um genau so viel verkürzt, wie nötig ist, um den Unterschied der Geschwindigkeiten auszugleichen! Lorentz führte sogar den mathematischen Beweis, daß eine solche Längenverkürzung sich aus den Maxwellschen Gleichungen der Elektrodynamik ableiten ließ, und daß sie in der Tat so viel ausmachen müßte, um das negative Resultat des Michelson-Morley-Versuchs herbeizuführen.

Logisch schien eine solche Annahme demnach nicht unmöglich. Unmöglich aber schien es, sie jemals durch das Experiment zu prüfen. Denn alle Maßstäbe, mit denen man die Verkürzung eines Körpers hätte messen können, bewegten sich mit dem zu messenden Körper mit und mußten sich so im genau gleichen Maßstab mit verkürzen!

Vielleicht war es jedoch mit optischen oder elektrischen Mitteln möglich, diese Verkürzung nachzuweisen. Viele Versuche wurden angestellt. Keiner erbrachte diesen Nachweis. Es schien geradezu eine Verschwörung der Naturkräfte vorzuliegen (dieser Ausdruck fiel damals auch). Die Naturkräfte schienen sich verschworen zu haben, dem Menschen die Bewegung der Erde durch den Äther zu verbergen.

Nun war die Lage eigentlich reif für eine ganz neue Theorie. Immer nämlich, wenn es den Anschein hat, die Natur habe sich »verschworen«, so liegt die Annahme sehr nahe, daß in Wahrheit nicht eine solche Verschwörung vorliegt, sondern ein allgemeines *Gesetz*.

1904 trat Henri *Poincaré* auf und zog diesen Schluß: Es brauche keine Verschwörung zu sein. Es liege wahrscheinlich ein allgemeines Gesetz zugrunde. Es könne sein, daß es ein Gesetz gebe, nach dem es grundsätzlich ausgeschlossen ist, eine absolute Bewegung im Experiment festzustellen. Das nannte Poincaré »das Prinzip der Relativität«. Er sagte auch, man werde eine ganz neue Dynamik brauchen, die vom Prinzip der Konstanz der Lichtgeschwindigkeit ausgehe.

KLASSISCHES UND EINSTEINSCHES RELATIVITÄTSPRINZIP In diesem Augenblick trat Einstein auf den Plan. Albert Einstein ist 1879 in Ulm von jüdischen Eltern geboren. Er wuchs in München auf, dann vom fünfzehnten Lebensjahr ab in der Schweiz. Er studierte und wurde Experte am Eidgenössischen Patentamt in Bern. Das war 1902. Hier erarbeitete er seine spezielle Relativitätstheorie. Er wurde dann Professor der Physik in Zürich, Prag, nochmals Zürich und wurde 1914 nach Berlin gerufen als Mitglied der Akademie der Wissenschaften und Direktor des Kaiser-Wilhelm-Institutes. 1921 erhielt er den Nopelpreis für Physik. Nach der Machtergreifung Hitlers mußte er emigrieren. Bis zu seinem Tode im Jahre 1955 wirkte er am Princeton Institute for Advanced Study in den Vereinigten Staaten.

Ich habe die Vorgeschichte etwas ausführlich geschildert, um vor allem eines deutlich zu machen: Die Lehre Einsteins war alles andere als eine aus heiterem Himmel plötzlich und unvermittelt erdachte Theorie. Sie erwuchs folgerichtig aus der damaligen Lage der Physik. Um ihre Voraussetzungen zu verstehen, müssen wir allerdings noch einmal in anderer Beziehung etwas zurückgreifen: auf das Relativitätsprinzip in der sogenannten klassischen Mechanik, also der Mechanik von Galilei und Newton bis zum Ausgang des 19. Jahrhunderts.

Fast jeder hat schon die gleiche Erfahrung gemacht: Ich sitze in einem Eisenbahnzug, der gerade auf einer Station hält. Auf dem Nebengleis hält ein anderer Zug. Auf einmal sehe ich, wie die Fenster des Nachbarzuges sich langsam an denen meines Zuges vorbeibewegen. Ich habe keinen Ruck verspürt, aus dem ich hätte schließen können, mein Zug sei angefahren. Solange ich nur den vorbeigleitenden anderen Zug sehe, weiß ich nicht: ist mein Zug angefahren, und der andere steht noch? Oder stehe ich, und der andere Zug rollt an? Oder sind beide angefahren, nur mit verschiedener Geschwindigkeit? Um mich über die wahre Sachlage zu vergewissern, sehe ich einfach nach der anderen Seite aus dem Fenster und stelle fest, ob mein Zug sich im Verhältnis zum Bahnhof bewegt oder nicht. Dadurch erst weiß ich, ob und wie mein Zug sich relativ zur Erde bewegt. Gäbe es einen solchen festen Bezugspunkt nicht, befänden sich also beide Züge nebeneinander in einem im übrigen völlig leeren Raum, so könnte ich (vorausgesetzt, daß mein Zug sich gleichförmig bewegt, so daß ich keine Beschleunigungs- oder Bremswirkungen verspüre) *überhaupt nicht* feststellen, wie der absolute Bewegungszustand der beiden Züge ist. Ich wüßte nur, wie sie sich *zueinander* bewegen. Ja, wäre es nicht in einem solchen gedachten Fall auch ganz sinnlos, die Frage zu stellen, wie der absolute Bewegungszustand der Züge sei – unabhängig von ihrer Bewegung relativ zueinander? Worauf sollte diese absolute Bewegung bezogen sein?

Im täglichen Leben genügt es uns, von relativen Bewegungen zu sprechen. Wenn ich eine Schachpartie unvollendet abbreche und bitte meinen Partner, der gerade das Brett wegräumen will: »Bitte laß die Figuren unverändert stehen, wir können morgen abend weiterspielen« – so meine ich mit »unverändert«: unverändert relativ zum Schachbrett. Es spielt keine Rolle, ob das Brett bis morgen auf den Schrank gestellt wird. Wenn ich im fahrenden Eisenbahnzug sage: »Ich gehe nach hinten in den Speisewagen« – so meine ich mit »hinten«: hinten relativ zum Zug. Es spielt in diesem Augenblick keine Rolle, daß der Zug sich selbst mitsamt dem Speisewagen und mir bewegt, so daß ich, da er schneller fährt als ich gehe, mich in Wirklichkeit im Verhältnis zur Erde nach »vorn« bewege. Wenn ich sage: »Ich fahre von X nach Y« – so meine ich: Ich führe diese Bewegung relativ zur Erdoberfläche aus. Es ist mir dabei gleichgültig, daß die Erde sich mitsamt den Orten X und Y und mir selber dreht und um die Sonne bewegt. Wenn ich sage: »Die Erde läuft in 365¹/₄ Tagen um die Sonne« – so meine ich: Relativ zur Sonne führt sie diese Bewegung aus. Es kommt dabei nicht darauf an, daß die Sonne sich gleichzeitig mitsamt der Erde und allen Planeten durch den Raum bewegt. Jeder weiß, daß die Sonne nicht »stillsteht«; sie verändert ihren Ort in unserem Milchstraßensystem. Und die Weltinseln, die Milchstraßen, verändern mit riesigen Geschwindigkeiten in jedem Augenblick ihren Ort zueinander.

Es handelt sich hier um die Erkenntnis der Relativität der Bewegung. Diese Erkenntnis ist *nicht* der Inhalt der Relativitätstheorie. Sie war bereits Besitz der Physiker lange vor dieser. Sie hatten dieses »klassische« Relativitätsprinzip bereits in allgemeiner Form formuliert: Die mechanischen Gesetze sind völlig gleich für zwei Koordinatensysteme, die sich geradlinig und gleichförmig zueinander bewegen. Einem im System befindlichen Beobachter ist es nicht möglich, den Bewegungszustand des eigenen Systems durch mechanische Experimente festzustellen. Ich kann den einen Eisenbahnzug als ein »System« betrachten, den anderen als das zweite. Nehmen wir den meinen als in Ruhe befindlich an, den anderen mit bestimmter gleichförmiger Geschwindigkeit an meinem Zug geradlinig vorbeifahrend. Ein Vorgang in meinem System, wie meine Bewegung vom Abteil zum Speisewagen, kann durch eine einfache Gleichung mit Bezug auf das ruhende System meines Zuges ausgedrückt werden. Für den Beobachter im anderen Zug, der meine Bewegung beobachtet und sie auf das System *seines* sich bewegenden Zuges bezieht, ergibt sich auch eine Gleichung für meine Bewegung. Sie sieht anders aus als die für mein eigenes System. Aber sie kann auf einfache Weise aus der ersten Gleichung hergestellt werden, sobald ich die Richtung und die Geschwindigkeit kenne, in der sich der andere Zug relativ zu meinem bewegt. Die mathematische Form dieser Umrechnung war bereits durch Galilei erkannt worden und heißt deshalb Galilei-Transformation.

Wir haben weiter oben gesehen, wie Newton auf der einen Seite das Relativitätsprinzip selbst aussprach, wie er auf der anderen Seite aber an der Vorstellung riesiger unbeweglicher Massen festhielt, die allerdings nicht sinnlich erkannt werden können, die aber doch letzthin als eine absolute Bezugsgrundlage dienen sollten. Newton hielt an der Vorstellung eines absoluten Raumes fest.

Dies ist der Punkt, an dem das Einsteinsche Relativitätsprinzip ansetzt: Nach Einstein gibt es keinen absoluten Bezugspunkt. Deutlicher ausgedrückt: Es gibt kein Koordinatensystem, das vor anderen, relativ und gleichförmig zu diesem bewegten irgendwie ausgezeichnet wäre. Wenn also im Beispiel von den beiden Zügen im leeren Raum der Beobachter im einen Zug sagt: Ich ruhe, der andere Zug fährt – und der Beobachter im zweiten Zug behauptet das umgekehrt auch von sich: so haben beide gleich recht. Der Standpunkt des Beobachters ist ein Element, das auf keine Weise aus den Bewegungssätzen herausgebracht werden kann. Das gleiche Ereignis, von verschiedenen Systemen aus beurteilt, wird verschieden beschrieben werden, und alle Beschreibungen sind gleich richtig.

Soweit scheint das noch nichts Besonderes zu sein. Wir müssen nun die Verbindung herstellen zu dem Michelson-Morley-Versuch über den Äther. Man sieht sofort, daß Einstein hier die Folgerung aus dem Ergebnis dieses Versuches zieht: Auch durch optische Versuche kann man kein bevorzugtes oder ruhendes Koordinatensystem ermitteln.

Warum nicht? Weil die Lichtgeschwindigkeit eine Konstante ist, gleichbleibend in allen gegeneinander bewegten Systemen! Die Lichtgeschwindigkeit ist unabhängig von der Bewegung sowohl der Lichtquelle wie der des Beobachters. (Prinzip der Konstanz der Lichtgeschwindigkeit.) Das Einsteinsche Relativitätsprinzip enthält also die Erweiterung des klassischen über die Mechanik hinaus auf *alle* Naturvorgänge, auch z. B. die mit Licht und Elektrizität zusammenhängenden: Alle Naturgesetze sind gleich für alle Systeme, die sich gleichförmig zueinander bewegen.

Für die vorhin schon erwähnte Aufgabe: die Gleichung, die für einen Vorgang in einem System gilt, zu überführen in die Gestalt, die sie annehmen muß, wenn der gleiche Vorgang auf ein anderes System bezogen wird – für diese Aufgabe genügten nun die Galileischen Transformationsgleichungen nicht mehr, einfach deswegen, weil im Einsteinschen Relativitätsprinzip der Satz von der Konstanz der Lichtgeschwindigkeit enthalten ist. Man brauchte also einen neuen Satz von Gleichungen. Und diesen brauchte Einstein nicht zu erfinden. Er stand ihm bereits zur Verfügung. H. A. Lorentz hatte, für einen anderen Zweck allerdings, solche Gleichungen bereits aufgestellt – außer Lorentz übrigens auch Poincaré.

Wir stehen nun an der Grenze dessen, was sich ohne Zuhilfenahme der Mathematik erklären läßt. Es genüge uns die Feststellung, daß die sogenannte Lorentz-Transformation es ermöglicht, mathematisch formulierte Naturgesetze von einem System auf ein anderes umzurechnen, wobei c, die Lichtgeschwindigkeit, als Konstante erhalten bleibt.

Genau wie das klassische Relativitätsprinzip in das Einsteinsche als ein Grenzfall eingeht, so ist die Galilei-Transformation als Unterfall in der Lorentzschen erhalten. Für alle Vorgänge, bei denen Geschwindigkeiten eine Rolle spielen, die im Verhältnis zur Lichtgeschwindigkeit klein sind, liefern beide praktisch das gleiche Ergebnis. Für Geschwindigkeiten, die sich der Lichtgeschwindigkeit nähern, weichen die Ergebnisse voneinander ab. Aus diesen Gleichungen ergibt sich eine ganze Reihe von Folgerungen. Es ist fast ein Gemeinplatz, zu wiederholen, daß die Relativitätstheorie auf kurzem Raum ohne Mathematik nicht dargestellt werden kann. Es ist aber besser, einige Folgerungen trotzdem anzudeuten, als sie einfach unter entschuldigenden Bemerkungen über die Kürze des verfügbaren Raumes zu übergehen – denn so wird für den Leser zumindest deutlich, um was für Fragen es sich handelt.

EINIGE FOLGERUNGEN AUS DEM PRINZIP Eine erste Konsequenz ergibt sich für die von Lorentz und Fitzgerald behauptete *Längenkontraktion* von Körpern in der Bewegungsrichtung. Diese Behauptung erschien vor Einsteins Darlegungen doch mehr wie eine aus dem Stegreif aufgestellte Hypothese, bestimmt, dem bestürzenden Ergebnis des Michelson-Morley-Versuchs Rechnung zu tragen. Bei Einstein erscheint sie als notwendiges Glied einer höheren Gesetzmäßigkeit. Auch ist die Deutung dieses Phänomens durch Einstein verschieden von der bis dahin ausgesprochenen. Es handelt sich nach Einstein nicht um eine »wirkliche« Verkürzung der Körper. Sondern diese Erscheinung beruht auf der Verschiedenheit der Meßergebnisse, die verschiedene Beobachter in verschiedenen Bewegungszuständen relativ zu dem bewegten Körper erhalten. Die Längenverkürzung wird also verschieden sein je nach dem Verhältnis der Geschwindigkeiten. In irdischen Verhältnissen ist sie so klein, daß sie auf keine Weise gemessen werden kann.

Eher noch interessanter sind die Folgerungen für die *Zeit*. Um ein Schlagwort an den Anfang zu stellen: Auch die Zeit wird relativiert. Mathematisch spielt sich, laienhaft ausgedrückt, folgendes ab: Ich wähle mir in meinem eigenen System ein Koordinatensystem. Im Eisenbahnzug z. B. kann ich einen Punkt am Fußboden meines Abteils zum o-Punkt »ernennen«. Ich kann dann die Lage jedes beliebigen Punktes im Zuge im Verhältnis zu diesem Punkt durch drei Angaben eindeutig beschreiben: Ich bezeichne mit x den Abstand des Punktes vom o-Punkt in der Längsrichtung des Zuges, nach vorn oder hinten; mit y den Abstand vom o-Punkt quer zur Fahrtrichtung des Zuges gesehen, nach rechts oder links; mit z den Abstand der Höhe nach, nach oben oder unten. Die Lage jedes Punktes ist durch drei Koordinaten x, y, z bestimmt. Nehme ich die Zeit hinzu, so kann ich auch jeden Bewegungsvorgang beschreiben. Ich kann z. B. sagen, der Punkt A habe zur Zeit t die Koordinaten x, y, z. Jetzt rechne ich nach den Lorentz-Gleichungen aus, wie die Beschreibung des gleichen Vorgangs für ein anderes, relativ zu meinem bewegtes Koordinatensystem lauten muß. Dabei werde ich für A andere räumliche Koordinaten x', y', z', erhalten. (Da es sich um geradlinige Bewegung handelt, wird nur eine der drei Koordinaten von den ursprünglichen verschieden sein.) Ich erhalte aber außerdem, weil die Lichtgeschwindigkeit c als Konstante in den Gleichungen mit enthalten ist, auch eine andere Zeit: t' statt t!

Was bedeutet das, wenn man es in die Anschauung zu übersetzen versucht? Es bedeutet, daß in den beiden Systemen verschiedene Zeiten gelten. Eine Uhr z. B., in meinem System aufgestellt, hat zwischen zwei Schlägen für mich ein bestimmtes meßbares Zeitintervall. Für den Beobachter im anderen System, der gegen mein System bewegt ist, muß dieses Zeitintervall (vorausgesetzt, daß es sich mit hinreichender Geschwindigkeit bewegt) anders erscheinen, und zwar etwas länger als für mich. Die Uhr, die für mich »richtig« geht, geht für ihn »falsch«. Und beide Behauptungen sind gleich richtig, weil es keine absolute Zeit gibt, sondern die Zeit relativ ist zu dem jeweiligen Beobachtungssystem.

Es gibt keine absolute Gleichzeitigkeit. Es ist sinnlos, zu behaupten, zwei Ereignisse seien gleichzeitig, wenn man nicht sagt, auf welches Bezugssystem sich die Zeitangabe beziehen soll.

Einstein selbst hat in dem Aufsatz *Über die Elektrodynamik bewegter Körper*, der 1905 in den *Annalen der Physik* erschien und die erste Formulierung seiner speziellen Relativitätstheorie enthält, diesen Sachverhalt durch Beispiele klargemacht: An einem Eisenbahngleis sitzt ein Beobachter. Er hat ein Spiegelsystem, mit dem er das gerade verlaufende Gleis in beiden Richtungen gleichzeitig entlangsehen kann. Ein Gewitter zieht herauf, und zwei Blitze schlagen an zwei Punkten des Schienenstranges – A und B – ein. A und B sind genau gleich weit vom Beobachter entfernt, und die beiden Blitze schlagen »gleichzeitig« ein. Der Beobachter sieht sie also im gleichen Moment. In diesem Augenblick befindet sich ein fahrender Zug auf der Strecke. Auf ihm sitzt auch ein Beobachter mit dem gleichen Spiegelsystem. Der Beobachter befindet sich im Moment, wo der Beobachter am Bahndamm die beiden Blitze gleichzeitig einschlagen sieht, auf genau gleicher Höhe mit diesem. Wird auch dieser Beobachter die beiden Blitze »gleichzeitig« sehen? Nein! Der Zug bewegt sich in der Richtung von B nach A. Bis das Licht von dem Einschlag B den Spiegel des Beobachters auf dem Zug trifft, wird der Zug eine Kleinigkeit weiter auf A zu bewegt. Der Beobachter auf dem Zuge wird den Einschlag B den Bruchteil einer Sekunde später sehen als den Einschlag A.

Wir können unter normalen irdischen Verhältnissen von dieser Differenz absehen. Sie wird auch erst fühl- und meßbar werden, wenn der Zug sich mit einer viel größeren Geschwindigkeit bewegt, als sie Eisenbahnzüge erreichen. Aber wenn er sich z. B. mit Lichtgeschwindigkeit bewegen würde (was im übrigen gerade nach der Relativitätstheorie ausgeschlossen ist), so würde das Licht von B ihn überhaupt nie erreichen, da er ihm mit gleicher Geschwindigkeit davoneilt, und der Beobachter auf dem Zuge würde behaupten, es habe nur ein Blitz eingeschlagen! Wie gesagt, irdische Geschwindigkeiten lassen die Differenz vernachlässigenswert klein. Genau so klein wie die Längenkontraktionen bewegter Körper; einfach deswegen, weil in den Gleichungen überall der Ausdruck $\frac{v^2}{c^2}$ – also Quadrat der Geschwindigkeit geteilt durch Quadrat der Lichtgeschwindigkeit – eine Rolle spielt, und wenn v im Verhältnis zu c klein ist, so fällt das nicht ins Gewicht. Bei Entfernungen und Geschwindigkeiten im Weltall fällt es erheblich ins Gewicht.

Eine dritte Folgerung liegt im sogenannten »Additionstheorem der Geschwindigkeiten«. Wenn ich in einem Eisenbahnzug, der sich relativ zum Erdboden mit 90 km/Std. bewegt, mit 5 km Geschwindigkeit nach vorn gehe, so habe ich im Verhältnis zur Erde in diesem Augenblick eine Geschwindigkeit von 95 km/Std. Das ergibt sich durch einfache Addition der Geschwindigkeiten. Das wird aber anders, wenn die Lichtgeschwindigkeit hineinspielt. Wenn ich mich auf eine Lichtquelle zu bewege und messe die Geschwindigkeit des ankommenden Lichts, so werde ich nicht 300 000 km/Sek. plus meine eigene Geschwindigkeit erhalten, sondern schlechtweg 300 000 km/Sek., und das gleiche, wenn ich mich von der Lichtquelle weg bewege, also dem Licht gewissermaßen davoneile. Das Licht von allen Himmelskörpern, gleichgültig, ob sich diese auf uns zu oder von uns weg bewegen, kommt bei uns mit der Geschwindigkeit c an. Das Licht von zwei Doppelsternen z. B., die umeinander kreisen, kommt bei uns mit gleicher Geschwindigkeit an, einerlei ob es von dem Stern kommt, der sich gerade von uns weg bewegt, oder dem anderen, der gerade auf uns zukommt. Die Lichtgeschwindigkeit ist eine letzte Größe, die nicht überschritten werden kann.

Ein wichtiges Ergebnis folgt endlich für das Verhältnis zwischen Energie und Masse. Energie und Masse erscheinen als ineinander überführbar. Einstein fand dafür die einfache Formel:

$$E = m c^2$$

Das heißt: Eine bestimmte Masse entspricht einer Energie, die ich errechnen kann, wenn ich die Masse mit dem Quadrat der Lichtgeschwindigkeit (in cm/sec ausgedrückt) multipliziere. Materie ist nichts anderes als verdichtete, »eingefrorene« Energie. In jedem Gramm Masse schlummern ungeheure Energiebeträge. In der Atombombe ist es zum erstenmal gelungen, sie, wenn auch nur zu einem kleinen Bruchteil, freizumachen. Es gibt damit kein selbständiges Gesetz von der Erhaltung der Energie mehr und kein selbständiges von der Erhaltung der Masse. Beide werden zu einem umfassenden Gesetz zusammengeschmolzen.

Das ist nur ein Aspekt des Zusammenhangs. Die anderen darzulegen, führt zu weit in begriffliche Schwierigkeiten hinein. Einer besteht z. B.

darin, daß die Masse eines Körpers nicht konstant ist, sondern sich mit seinem Bewegungszustand ändert. Sie wächst mit der Geschwindigkeit, bei Erreichen der Lichtgeschwindigkeit würde sie unendlich groß werden, und dies ist der Grund, warum kein Körper jemals die Lichtgeschwindigkeit erreichen kann.

MINKOWSKI Für den weiteren Weg des Einsteinschen Denkens war von außerordentlicher Bedeutung die im Jahre 1908 von Hermann *Minkowski* (1864–1909) gegebene mathematische Interpretation der speziellen Relativitätstheorie. Einstein hat selbst bekannt, daß die von ihm in den Jahren bis 1916 entwickelte »Allgemeine Relativitätstheorie« ohne Minkowski »vielleicht in den Windeln stecken geblieben wäre«. Minkowski zeigte, daß man die Theorie in sehr eleganter und übersichtlicher Weise mathematisch darstellen kann, wenn man die Zeit einfach neben den 3 Raumkoordinaten als eine 4. Koordinate nimmt. Das führt also zu einer »vierdimensionalen Geometrie«.

Hier eine kurze Würdigung des Minkowskischen Grundgedankens, die Einstein selbst gegeben hat:

Ein mystischer Schauer ergreift den Nichtmathematiker, wenn er von »vierdimensional« hört, ein Gefühl, das dem von einem Theatergespenst erzeugten nicht unähnlich ist. Und doch ist keine Aussage banaler als die, daß unsere gewohnte Welt ein vierdimensionales zeiträumliches Kontinuum ist.

Der Raum ist ein dreidimensionales Kontinuum. Dies will sagen, daß es möglich ist, die Lage eines (ruhenden) Punktes durch drei Zahlen (Koordinaten) X, Y, Z zu beschreiben, und daß es zu jedem Punkte beliebig »benachbarte« Punkte gibt, deren Lage durch solche Koordinatenwerte (Koordinaten) X_1, Y_1, Z_1 beschrieben werden kann, die den Koordinaten X, Y, Z des erstgenannten beliebig nahekommen. Wegen der letzteren Eigenschaft sprechen wir von »Kontinuum«, wegen der Dreizahl der Koordinaten von »dreidimensional«.

Analog ist die Welt des physikalischen Geschehens, von Minkowski kurz »Welt« genannt, natürlich vierdimensional im zeitlichen Sinne. Denn sie setzt sich aus Ereignissen zusammen, deren jedes durch vier Zahlen, nämlich drei räumliche Koordinaten X, Y, Z und eine zeitliche Koordinate, den Zeitwert t beschrieben ist. Die »Welt« ist in diesem Sinne auch ein Kontinuum; denn es gibt zu jedem Ereignis beliebig »benachbarte« (realisierte oder doch denkbare) Ereignisse, deren Koordinaten X_1, Y_1, Z_1, t_1 sich von denen des ursprünglich betrachteten Ereignisses x, y, z, t beliebig wenig unterscheiden. Daß wir nicht daran gewöhnt sind, die Welt in diesem Sinne als vierdimensionales Kontinuum aufzufassen, liegt daran, daß die Zeit in der vor-relativistischen Physik gegenüber den räumlichen Koordinaten eine verschiedene, mehr selbständige Rolle spielt. Darum haben wir uns daran gewöhnt, die Zeit als ein selbständiges Kontinuum zu behandeln. In der Tat ist die Zeit gemäß der klassischen Physik absolut, d. h. von der Lage und dem *Bewegungszustand* des Bezugssystems unabhängig ...

Durch die Relativitätstheorie ist die vierdimensionale Betrachtungsweise der »Welt« geboten, da ja gemäß dieser Theorie die Zeit ihrer Selbständigkeit beraubt wird ...

Es ist eine sehr umstrittene Frage, ob es sich bei dieser Einordnung der Zeit lediglich um einen mathematischen Kunstgriff handelt, oder ob die Theorie in diesem Punkte etwas über die »wirkliche« Welt aussagt.

Den nächsten Schritt tat Einstein selbst 1916 mit der Formulierung der allgemeinen Relativitätstheorie.

Zwölftes Kapitel

Geist und Geschichte

Die Geisteswissenschaften im 19. Jahrhundert

Die Weltgeschichte ist die Auslegung des Geistes in der Zeit, wie die Idee als Natur im Raume sich auswirkt. Hegel

Am Eingang des vorigen Kapitels habe ich von den das 19. Jahrhundert bestimmenden Geistesbewegungen nur die Romantik erwähnt. Nicht geringer als sie an Rang und Einfluß ist die Philosophie Georg Wilhelm Friedrich *Hegels* (1770–1831). Daß sie gleichwohl erst hier erscheint, hat seinen Grund:

Die Romantik, zumal in der Naturphilosophie Schellings, befruchtete alle Wissenschaften, auch Naturwissenschaften und Medizin. Die Wirkung Hegels beschränkt sich auf die Geisteswissenschaften.

Jedoch: Die Romantik befruchtete zwar das naturwissenschaftliche Denken, aber sie beherrschte es nicht. Im Gegenteil, sehr bald begann sich die exakte und experimentelle Forschung gegen romantische Gedanken aufzulehnen. Schließlich besiegte die exakte Naturwissenschaft die (romantische) Naturphilosophie so vollkommen, daß »Naturphilosophie« fast anrüchig wurde. Hegel dagegen wirkte nur auf die Geisteswissenschaften (obwohl er auch die Naturwissenschaften in sein System einbezog) – aber hier war die Wirkung durchschlagend. Es ist nur eine mäßige Übertreibung, zu sagen, das Zeitalter der modernen geschichtlich orientierten Geisteswissenschaften beginne mit ihm und ruhe auf seinem Werk.

1. Hegel und die Geschichte

Hegel war kein Historiker. Er war Philosoph, insbesondere – jedenfalls für unseren Zusammenhang betrachtet – Geschichtsphilosoph. Fragt man, wer das Geschichtsdenken am stärksten beeinflußt hat, so lautet die Antwort: Hegel.

Wenn es richtig ist, daß die Naturphilosophie alsbald von der Naturwissenschaft überwunden wurde, so ist es ebenso richtig, daß im 19. Jahrhundert auch die Geschichtsphilosophie von der exakten, kritischen, spezialisierten Geschichtsforschung wenn nicht besiegt, so doch in den Hintergrund gedrängt wurde. Aber auf tausend Wegen durchdrangen Hegels Gedanken diese Forschung, gaben ihr geistige Modelle, Denkformen und beeinflußten außerdem in stärkstem Maße die tatsächliche geschichtliche und gesellschaftliche Entwicklung.

Wenn es eines Beweises bedürfte für die geschichtlich bewegende Macht des Gedankens: Hegel liefert ihn. Hier der Gelehrte, der Berliner Professor, in seiner bürgerlichen, fast behaglich zu nennenden Existenz – dort die aufwühlende, weltumstürzende Wirkung dessen, was er dachte! Diese Eigenart des Phänomens Hegel: daß er kein Fachhistoriker war, aber das geschichtliche Denken und die Geschichte entscheidend bestimmte – macht es notwendig, seines Werkes hier zu gedenken. Aber sie macht es auch außerordentlich schwierig: da er nicht einzelne Entdeckungen lieferte, sondern ein gedankliches System, so müßte man eben dieses darstellen – eine Aufgabe, die aber über den Rahmen dieses Buches hinausgeht. Es ist übrigens bemerkenswert: Gerade das 19. Jahrhundert, welches doch das Zeitalter der Spezialisierung ist, hat eine unglaubliche Fülle universaler Geister hervorgebracht, die jeder fachlichen Einordnung und Einengung spotten.

Die nachfolgenden Bemerkungen zu Hegel sind im doppelten Sinne bruchstückhaft: Die Geschichtsphilosophie ist nur ein Teilstück aus dem System Hegels – ein Teilstück, das in diesem seinen wohlbestimmten Platz hat. Wenn man Hegels Geschichtsphilosophie kennt, so hat man noch lange nicht den ganzen Hegel. Und zweitens, auch die Geschichtsphilosophie können wir hier nicht im Zusammenhang sehen, sondern nur Teilstücke, einige Gedanken aus ihr, die Früchte trugen. Wir müssen also pars pro toto, den Teil für das Ganze nehmen.

DIE MACHT DES GEISTES Die folgenden Worte richtete Hegel beim Beginn seiner Berliner Vorlesungen an seine Hörer. Welch unheimliche Kühnheit und welches Selbstvertrauen der Erkenntnis lebte in diesem Manne!

Was im Leben wahr und groß und göttlich ist, ist es durch die Idee; das Ziel der Philosophie ist, sie in ihrer wahrhaften Gestalt und Allgemeinheit zu erfassen. Die Natur ist darunter gebunden, die Vernunft nur mit Notwendigkeit zu vollbringen; aber das Reich des Geistes ist das Reich der Freiheit. Alles, was das menschliche Leben zusammenhält, was Wert hat und gilt, ist geistiger Natur; und dies Reich des Geistes existiert allein durch das Bewußtsein von Wahrheit und Recht, durch das Erfassen der Ideen ...

Der Mut der Wahrheit, Glauben an die Macht des Geistes, ist die erste Bedingung des philosophischen Studiums; der Mensch soll sich selbst ehren und sich des Höchsten würdig achten. Von der Größe und Macht des Geistes kann er nicht groß genug denken. Das verschlossene Wesen des Universums hat keine Kraft in sich, welche dem Mute des Erkennens Widerstand leisten könnte: es muß sich vor ihm auftun und seinen Reichtum und seine Tiefen ihm vor Augen legen und zum Genusse bringen.

DER WELTPROZESS Der ganze Weltprozeß ist für Hegel ein Prozeß der Selbstentfaltung des Weltgeistes. Drei wesentliche Stufen sind zu scheiden:

Im ersten Stadium ist der Weltgeist im Zustand des »An-sich-Seins«. Ihn so zu betrachten, ist Aufgabe der Logik, die demnach nicht ein Inbegriff von Denkregeln ist, sondern die Lehre vom Weltgeist selbst in seinem reinen, raum- und zeitlosen Zustand.

Im zweiten Stadium »entäußert« sich der Weltgeist selbst in die an Raum und Zeit gebundene Natur. So betrachtet ihn die Naturphilosophie: im Zustand des scheinbaren »Anders-Seins«.

Im dritten Stadium kehrt der Weltgeist zu sich selbst zurück und ist nun im Zustande des »An-und-für-sich-Seins«. So betrachtet ihn die Philosophie des Geistes.

Die Philosophie des Geistes ist wiederum in drei Stufen gegliedert. Die Lehre vom subjektiven Geiste behandelt das Leben des einzelnen Menschen, des seiner selbst bewußten Individuums. Über ihr erhebt sich die Lehre vom objektiven Geist. Sie behandelt die großen überindividuellen »objektiven« Ordnungen von Familie, Gesellschaft, Staat, Geschichte. Erst in der Form des »absoluten Geistes«, in Kunst, Religion und Philosophie, kommt der Geist zum vollen Bewußtsein seiner selbst und seiner Freiheit.

Diese Übersicht zeigt zweierlei: Geschichte als das Reich, welches Geschichtsphilosophie und Geschichtswissenschaften erforschen, ist für Hegel nur ein Teilglied in einem umfassenderen Ganzen. Die Geschichtsphilosophie ist ein Teil der Lehre vom objektiven Geiste. Aber in einem tieferen Sinne ist doch für Hegel der ganze Weltprozeß »Geschichte«, ein Geschehen nämlich, ein Werden, ein unaufhörlicher und nach bestimmten Gesetzen ablaufender Prozeß.

Man sieht, was ich am Beginn dieses Kapitels zur allgemeinen Kennzeichnung des Jahrhunderts sagte: daß die Welt in ihm immer mehr als etwas Werdendes und Wachsendes begriffen wird, gilt für Hegel in einem ganz tiefen und universalen Sinn. Es gilt erst recht für seine Geschichtsphilosophie im engeren Sinne.

GESCHICHTE ALS SELBSTENTFALTUNG DES GEISTES. DAS DIALEKTISCHE PRINZIP Die Weltgeschichte hat ein eindeutiges und uns erkennbares Ziel: der Geist soll in ihr und durch sie zu sich selbst, zum vollen Bewußtsein seiner selbst und seiner Freiheit kommen.

Dieser Prozeß, wie jeder Prozeß, vollzieht sich in Stufen. Der stufenweise Fortgang vollzieht sich – und dies ist einer der größten Gedanken Hegels – weder im Sinne einer einfach ansteigenden Linie, noch aber in einem bloßen Wechsel immer neuer und unverbundener Bildungen und Gestalten. Er vollzieht sich nach einem Gesetz, das beides, stetiges Fortschreiten und Wechsel, in einer höheren Einheit übergreift. Er vollzieht sich nach dem dialektischen Prinzip. Da die Geschichte nichts anderes ist als die Selbstentfaltung des Geistes, ist dieses Prinzip weder ein bloßes Denkgesetz, noch die bloße, dem Denken gegenüberstehende Bewegung der Wirklichkeit: es ist die Einheit beider.

Der ganze Aufbau der Hegelschen Philosophie ist von diesem Prinzip durchdrungen. Der Geist kann im Zustand des An-sich-Seins nicht verharren. Er muß sich entäußern an sein Gegenteil, an die äußere Natur. Aber auch dabei kann er nicht stehenbleiben. Er erreicht eine neue Stufe, auf der er wieder »an sich« ist, aber erfüllt und bereichert in seinem Hindurchgehen durch die Natur.

Dies bietet schon ein Modell für den dreistufigen Entfaltungsgang in These, Antithese und Synthese, der die Grundfigur der Dialektik ist.

Jeder Gedanke, jedes Sein treibt aus innerer Notwendigkeit zu seinem Gegenteil hin, treibt dieses geradezu aus sich hervor. Aber beides zusammen: Satz und Gegensatz, werden dann auf eine höhere Stufe gehoben und in einer höheren Einheit verschmolzen.

Die Entzweiung enthält, führt mit sich das Bedürfnis der Vereinigung, weil der Geist einer ist. Er ist lebendig und stark genug, die Einheit hervorzubringen. Der Gegensatz, worein der Geist mit dem niedern Prinzip tritt, der Widerspruch führt zum höhern . . . In dem Gegensatz kann aber der Geist nicht bleiben, er sucht eine Vereinigung, und in der Vereinigung liegt das höhere Prinzip. Dieser Prozeß, dem Geist zu seinem Selbst, zu seinem Begriffe zu verhelfen, ist die Geschichte.

In der höheren Einheit sind Satz und Gegensatz »aufgehoben« in einem dreifachen Sinn: aufgehoben im Sinne von beseitigt, aufgehoben im Sinne von bewahrt, aufgehoben im Sinne von hinaufgehoben.
Dieses dialektische Entwicklungsschema wendet Hegel mit grandioser Folgerichtigkeit auf die Welt im ganzen, auf die Geschichte im ganzen und auf die jedes ihrer Stadien an. Die dialektische Methode erwies sich als die fruchtbarste aller geisteswissenschaftlichen Methoden, weil sie als einzige es erlaubt, die Gegensätze und Widersprüche der Wirklichkeit in das Denken aufzunehmen und in allem Wandel und Werden das Bleibende festzuhalten.

DIE WELTGESCHICHTLICHEN VÖLKER ALS TRÄGER DER GESCHICHTE

Das höchste Gebot, das Wesen des Geistes ist es, sich selbst zu erkennen, sich als das, was er ist, zu wissen und hervorzubringen. Das vollbringt er in der Weltgeschichte; er bringt sich als bestimmte Gestalten hervor, und diese Gestalten sind die weltgeschichtlichen Völker. Es sind Gebilde, deren jedes eine besondere Stufe ausdrückt und die so Epochen in der Weltgeschichte bezeichnen.

Die »weltgeschichtlichen Völker« sind also die Gestalten, die der Weltgeist auf seinem Gang nacheinander annimmt. Jedes Volk, jeder »Volksgeist« drückt eine besondere Stufe aus und bezeichnet eine besondere Epoche in der Weltgeschichte. Aber wiederum:

Die Prinzipien der Volksgeister in einer notwendigen Stufenfolge sind selbst nur Momente des einen, allgemeinen Geistes, der durch sie in der Geschichte sich zu einer sich selbst erfassenden Totalität erhebt und abschließt.

Jedes weltgeschichtliche Volk durchläuft, wie ein einzelner Mensch auch, verschiedene Bildungsstufen. Aber Anfang und Ende fallen auseinander:

Der bestimmte Volksgeist ist nur ein Individuum im Gange der Weltgeschichte. Das Leben eines Volkes bringt eine Frucht zur Reife; denn seine Tätigkeit geht dahin, sein Prinzip zu vollführen. Diese Frucht fällt aber nicht in seinen Schoß zurück, wo sie sich ausgeboren hat, es bekommt sie nicht zu genießen; im Gegenteil, sie wird ihm ein bitterer Trank. Lassen kann es nicht von ihm, denn es hat den unendlichen Durst nach demselben, aber das Kosten des Tranks ist seine Vernichtung, doch zugleich das Aufgehen eines neuen Prinzips. Die Frucht wird wieder Samen eines anderen Volkes, um dieses zur Reife zu bringen.

Daß ein weltgeschichtliches Volk auf einer bestimmten Stufe den Weltgeist geradezu verkörpert: darin liegt seine Größe. Daß er nur ein Durchgangspunkt ist und vergehen muß: darin liegt seine Tragik. In diesem Sinne: daß »alles, was entsteht, wert ist, daß es zugrunde geht« – ist Hegels Geschichtsauffassung im tiefen Sinne tragisch. »Glück« und Befriedigung subjektiver Zwecke – darüber geht die Geschichte hinweg:

Die Geschichte ist nicht der Boden für das Glück. Die Zeiten des Glückes sind in ihr leere Blätter. Wohl ist in der Weltgeschichte auch Befriedigung; aber diese ist nicht das, was Glück genannt wird: denn sie ist Befriedigung solcher Zwecke, die über den partikulären Interessen stehen. Zwecke, die in der Weltgeschichte Bedeutung haben, müssen durch abstraktes Wollen mit Energie festgehalten werden. Die weltgeschichtlichen Individuen, die solche Zwecke verfolgt haben, haben wohl sich befriedigt, aber sie haben nicht glücklich sein wollen.

DIE ÜBERPERSÖNLICHEN MÄCHTE Was für die Völker gilt, gilt auch für die einzelnen – auch die, die als große Männer die Weichen des geschichtlichen Verlaufs zu stellen scheinen. Was macht sie »groß«? Nicht ihr subjektives Planen und Wollen, sondern die Tatsache, daß der Weltgeist, die geschichtliche Notwendigkeit, durch sie als ihr Werkzeug handelt – oft ohne oder gegen ihr Wissen und subjektives Wollen! Ein solcher Mann glaubt sich selbst zu dienen und zu befriedigen, aber durch eine »List der welthistorischen Vernunft« bringt er in Wahrheit das hervor, was an der Zeit, was notwendig ist. Er schöpft aus dem noch Unterirdischen, noch nicht Wirklichen, aber nach Verwirklichung Drängenden. Hat er sein Werk getan, so tritt er ab. Es ist unausbleiblich, daß sich solche Menschen in Schuld verstricken. Aber nicht danach dürfen sie bewertet werden, sondern danach, daß sie Vollstrecker der weltgeschichtlichen Notwendigkeit sind.

2. Hegel und die Geisteswissenschaften

Ebenso uferlos wie die Aufgabe, das Werk Hegels in einer Darstellung auszuschöpfen, ist die andere, es zu interpretieren, zu kritisieren und in weitere geschichtliche Zusammenhänge einzuordnen. Wie die vorstehenden Bemerkungen nicht mehr darstellen sollen als Pfeile, die auf Hegel deuten, ebenso sind die nachfolgenden nur Hinweise auf Macht und Fortwirkung seiner Gedanken.

Für die *Philosophie*, die als solche hier außerhalb unserer Betrachtung liegt, genügt es, darauf zu verweisen, daß die Stellung Hegels als eines der kühnsten und tiefsten Denker in ihrer langen Geschichte ganz unbestritten ist. Es ist bekannt, daß seine Philosophie zunächst eine außerordentliche schulbildende Kraft entwickelte. Die Schüler Hegels, der von einer gewissen intellektuellen Herrschsucht nicht frei war und auch äußere Umstände zu nützen verstand, besetzten und beherrschten die Lehrstühle der meisten deutschen Universitäten.

Es ist ebenso bekannt, daß der unbestrittenen Herrschaft ein jäher Zusammenbruch folgte. Es ließe sich leicht zeigen, daß der Lehre Hegels eben das widerfuhr, was er selbst so meisterhaft an anderen Beispielen gezeigt: wie sie nur ein, bedeutsames und notwendiges, aber doch ein Glied in der Entwicklung des Geistes war; wie sie »aufgehoben« wurde genau in dem dreifachen Sinn Hegels: erstens aufgehoben im Sinne schärfster Negation, wobei aber die Bedeutung Hegels dadurch gerade unterstrichen wird, daß selbst seine schärfsten und größten Gegner in der Philosophie, Arthur Schopenhauer und Sören Kierkegaard, an ihm sich sozusagen abheben und entzünden. Sie wurde zum zweiten »aufgehoben«, nämlich bewahrt in fast allen Geisteswissenschaften und in der Philosophie, wirkte fort und setzte wahre Lawinen ins Rollen. Sie wurde endlich »hinaufgehoben«: das 19. und noch mehr das 20. Jahrhundert griffen sie wieder auf, belebten sie neu und verschmolzen sie mit anderen Gedankenmassen und Gedankenströmen.

Auch in den einzelnen Wissenschaften läßt sich dieses dialektische Doppelspiel verfolgen. Fast alle, nicht nur die Naturwissenschaften, wandten sich von der Empirie her gegen Hegel, lehnten sich auf gegen die Bevormundung durch sein System und schließlich gegen die Philosophie überhaupt. Und doch blieben in allen die Gedanken Hegels mächtig. Manche wurden Gemeingut in einem Grade, daß man sogar ihren Ursprung vergessen konnte.

Über Hegels Einfluß auf die wissenschaftliche Geschichtsbetrachtung das Wort eines namhaften Historikers der Gegenwart:

> Hegel regte die Geschichtsschreibung an, den historischen Verlauf und die ihn beherrschenden geistigen Mächte im großen zu begreifen, die geschichtliche Entwicklung in ihrer inneren Einheit zu erfassen. Bis auf den heutigen Tag arbeiten wir mit den aus seiner Dialektik stammenden Begriffen der Kontinuität, der historischen Notwendigkeit, der Entwicklungstendenzen, des Umschlagens der Entwicklung in ihr Gegenteil. Hegel hat dem geschichtlichen Sinne neben der herrschenden Spekulation einen Platz erkämpft, da er in allem Leben das Werden sah und nicht ein abstraktes Vernunftideal annahm, sondern konkrete Volksgeister, die sich im Werden ablösen. Sein Wirklichkeitssinn hat ihn zu einem der geistigen Väter des Realismus, der Sachlichkeit, der Objektivität gemacht ...

Hegel war, entgegen mancher anderslautenden Kritik, ein ausgezeichneter Geschichtskenner, ausgestattet mit geschichtlichem Spürsinn und – nach dem damaligen Stand des Wissens – umfassender Tatsachenkenntnis. Freilich überholte ihn die rasch aufblühende geschichtliche Spezialforschung bald in vielem. Es wurde offenbar, daß er in seinem Bestreben, »alles auf die Einheit zu beziehen und das Nichtzweckmäßige zu übergehen«, doch den Tatsachen Gewalt angetan und alles in ein Schema gepreßt hatte. Was aber blieb, war die Tatsache, daß er in einem Zeitalter, in dem nationale Interessen und Spezialistentum den Gesichtskreis der Geschichtsforscher einzuengen begannen, einen unerhört weiten und tiefen Blick auf die Geschichte gegeben, daß er es gewagt hatte, dem Geschichtsprozeß im ganzen einen Sinn zu geben. Gegen jede Einengung betonte Hegel:

Der Gesichtspunkt der philosophischen Weltgeschichte ist also nicht einer von vielen allgemeinen Gesichtspunkten, abstrakt herausgehoben, so daß von den andern abgesehen würde. Ihr geistiges Prinzip ist die Totalität aller Gesichtspunkte. Sie betrachtet das konkrete, geistige Prinzip der Völker und seine Geschichte und beschäftigt sich nicht mit einzelnen Situationen, sondern mit einem allgemeinen Gedanken, der sich durch das Ganze hindurchzieht. Dies Allgemeine gehört nicht der zufälligen Erscheinung an; die Menge der Besonderheiten ist hier in eins zu fassen. Die Geschichte hat vor sich den konkretesten Gegenstand, der alle verschiedenen Seiten der Existenz in sich zusammenfaßt; ihr Individuum ist der Weltgeist.

Ebensoviel wie die Geschichtsbetrachtung verdanken Hegel die Wissenschaften von Recht, Staat und Gesellschaft. Nirgends ist Hegel vielleicht größer und einflußreicher denn als Rechts- und Staatsdenker. Seine Rechts- und Staatslehre ist als »Ernte der gesamten Rechts- und Staatsphilosophie des Abendlandes« bezeichnet worden. Niemand hat wie er die großen überpersönlichen Reiche des Rechts und der Sittlichkeit in der »Lehre vom objektiven Geiste« dargestellt, niemand so die verschlungene Dialektik von Familie, bürgerlicher Gesellschaft und Staat erfaßt.
Man braucht nur daran zu erinnern, daß Karl *Marx* ein Schüler Hegels gewesen ist, ebenso Ferdinand *Lassalle;* daß der bedeutende Jurist Eduard *Gans* (1798–1839) ausgesprochener Hegelianer, daß der konservative Staatstheoretiker Friedrich Julius *Stahl* (1802–1861) von Hegel stark beeinflußt war; daß die deutsche Strafrechtswissenschaft ebenso wie die spätere Rechtsphilosophie lange seinem Einfluß unterlagen. Die wichtigste Verbindungslinie von Hegel zu unserer Gegenwart, die über Marx, werden wir bei der Gesellschaftswissenschaft gesondert ins Auge fassen. Auf die Rechtslehre ist im Zusammenhang mit Savigny zurückzukommen.
Es gäbe jedoch ein sehr unvollständiges Bild, wollte man Hegels Einfluß nur dort suchen, wo andere Gelehrte seine Schüler sind oder sich zu ihm bekennen. Er reicht in mehrfacher Hinsicht weit darüber hinaus zu Denkern und Gelehrten, die einen ganz anderen weltanschaulichen und wissenschaftstheoretischen Standpunkt einnehmen, z. B. den des Positivismus. Er findet sich erst recht bei seinen Gegnern, die sich von ihm abheben. Alle Angriffe auf Hegel gehören mit in die Geschichte seiner Nachwirkung hinein! Er findet sich in allen Zweigen der Geisteswissenschaften – in die er keineswegs als ein fremdes Element von außen einströmte; denn Hegels Philosophie war nicht in erster Linie erwachsen aus Spekulation, sondern aus tiefreichender Kenntnis und Einfühlung in Geschichte, Rechts- und Staatslehre, Religion und Ästhetik. Sein Einfluß wirkte in allen Einzelwissenschaften auf eine starke Beachtung des historischen Gesichtspunktes hin. Er wirkte über sie alle hinaus auf das Denken seines und des nachfolgenden Jahrhunderts, indem er die Geschichte, die Auslegung des Weltgeistes in der Zeit, in einen höheren Rang als je zuvor erhob – zum Segen für das geschichtliche Verständnis und das Selbstverständnis des Menschen, zur Gefahr für die Gewißheit dieses Selbstverständnisses: Wo schlechthin alles als notwendiges, aber

vergängliches und zu überwindendes Stadium erscheint, verliert man leicht die festen Wertmaßstäbe für das einzelne. Der moderne Historismus – die Auffassung, daß der Mensch das, was er ist, nur durch die Geschichte erfahren kann – hat eine seiner stärksten Wurzeln im Geiste Hegels.

3. Die Einheit der historischen Schule

Trotz seiner überragenden Bedeutung gebührt nicht Hegel allein der Ruhm, die Grundlagen für den Aufschwung der geschichtlichen Geisteswissenschaften im 19. Jahrhundert – der ebenbürtig neben der Entfaltung der Naturwissenschaften steht – gelegt und das »geschichtliche Jahrhundert« eingeleitet zu haben. Hegel muß sich in dieses Verdienst teilen mit der sogenannten Historischen Schule.

Bei der ersten Erwähnung dieses Begriffs ist zunächst zu bemerken, daß er mehrdeutig ist. Mindestens drei Bedeutungen sind zu unterscheiden: Eine Historische Schule oder auch Historische Schulen gibt es zunächst innerhalb der Einzelwissenschaften, z. B. in Rechtswissenschaft und Wirtschaftswissenschaft. In einem weiteren Sinne faßt man in dem Begriff das Gemeinsame dieser einzelnen Historischen Schulen zusammen; stellt aber diese Einheit dann Hegel und seiner Schule gegenüber. In einem noch weiteren Sinne kann man auch Hegel in die Historische Schule einrechnen; der Begriff bezeichnet dann eine allgemeine geistige Bewegung von großer Tragweite, eingeordnet in die noch umfassendere, die »Deutsche Bewegung« genannt worden ist.

Die Wortführer der Historischen Schule kamen im Gegensatz zu Hegel nicht von der Philosophie, sondern jeweils von einer einzelnen Wissenschaft her. Ihr Werk wird in den folgenden Abschnitten zu behandeln sein. Sinn dieser Vorbemerkung ist nicht, das dort zu Sagende vorauszunehmen, sondern nur darauf hinzudeuten, daß und inwiefern es sich um eine die Fachgrenzen übergreifende allgemeine geistige Bewegung handelt; ferner, worin das Gemeinsame und das Trennende im Verhältnis zu Hegel liegt.

Es ist eine merkwürdige und nicht ganz leicht zu erklärende Tatsache: der einheitliche Charakter und die Bedeutung dieser Bewegung sind unserem allgemeinen Bewußtsein keineswegs in der Schärfe und Stärke gegenwärtig, wie z. B. bei Renaissance, Aufklärung, Romantik oder Positivismus. Man hat geradezu von einer beklagenswerten »Gedächtnislücke« gesprochen, beklagenswert, weil den Geisteswissenschaften wie der Philosophie durch sie der Zusammenhang verlorenging mit dem Mutterboden, auf dem die modernen Geisteswissenschaften als einer der wichtigsten Zweige heutigen Denkens erwachsen sind.

Erheben wir unseren Blick für einen Moment vom Reich der Wissenschaften auf das Ganze des geistigen Lebens: Welch einmaligen Höhepunkt der deutschen Geschichte haben wir in der Zeit etwa von der Französischen Revolution bis 1830 vor uns! Es ist die Blütezeit der deutschen klassischen und romantischen Dichtung: die Goethezeit. Es ist das große Zeitalter der deutschen Musik, Schuberts, Beethovens und vieler anderer. Es ist in der Philosophie das Zeitalter des deutschen Idealismus, in dem Kant, Fichte, Schelling, Hegel – um nur die vier größten zu nennen – in ganz kurzer Zeit aufeinander folgten. Und es ist in der Wissenschaft eine einzigartige Blüte: die Entstehungszeit der Geisteswissenschaften.

Mit den Worten Erich *Rothackers*, der sich um die Erforschung dieser Bewegung verdient gemacht, der nächst Wilhelm Dilthey die Blicke erst wieder für ihre Einheit geöffnet hat und dem diese Darlegung zum großen Teil folgt:

> Die Epoche gipfelt nicht nur in Goethe, Schiller, Hölderlin, Jean Paul, Kleist, in Fichte, Schelling, Hegel, sondern nicht minder in Niebuhr, Savigny, Ranke und den drei Brüderpaaren von Humboldt, Schlegel und Grimm. Als Winckelmann, Kant, Lessing, Herder, Fr. Aug. Wolf die Bewegung einleiteten, führten noch unbestritten England und Frankreich diesen europäischen Reigen. Zumal unser Leibniz viele seiner Schriften noch lateinisch und französisch veröffentlichte. Um 1830 war die deutsche Geisteswissenschaft die erste der Welt. Es war die Blütezeit der deutschen Historischen Schule.

Was berechtigt uns, hier von einer »Schule« zu sprechen und Männer so verschiedener Fach- und Forschungsrichtung, wie etwa den Juristen Savigny, den Philologen Jakob Grimm und den Fachhistoriker Ranke – um die drei wohl bedeutendsten Häupter der Schule zu nennen – nebeneinanderzustellen? Im einzelnen kann sich die Antwort nur aus der genauen Betrachtung ihrer Gedankenwelten ergeben. Aber einige vorgreifende Hinweise sind doch angebracht, um den Leser auf dieses Gemeinsame aufmerksam zu machen, das bei einer nach Fachgebieten aufgegliederten Darstellung nur unvollkommen sichtbar werden kann.

PHILOLOGISCHE KRITIK Ausgehend von der klassischen Philologie, erhob sich die exakte kritisch-philologische Betrachtungsweise in dieser Zeit zu einer selbständigen Geistesmacht, die alle Wissenschaften von Geist und Geschichte beeinflußte. »Kritik« habe ich in der Einleitung zu diesem Buch als eine Geisteshaltung bezeichnet, in der die Fraglichkeit und Fragwürdigkeit aller Dinge methodisch ins Bewußtsein gehoben ist. Gesteigerte Kritik bedeutet immer ein Heraustreten aus dem Geborgensein in Überlieferungen, Glaubenssätzen, Anschauungen, Denk- und Verhaltensweisen, die man vorher fraglos hingenommen hatte. Daß diese Geisteshaltung jetzt bestimmend wurde – darin können wir eine Nachwirkung der skeptischen und rationalistischen Aufklärung erblicken, die alles vor das Forum der zergliedernden und richtenden Vernunft gezogen hatte.

Wir haben gesehen, wie im 17. und 18. Jahrhundert die Historiker nach Quellentreue strebten, wie sie suchten, alte Texte und Überlieferungen in ihrer Reinheit fest- und wiederherzustellen. Das war jedoch nur die Vorstufe zu dem, was nun einsetzte. Quellentreue ist noch nicht Quellenkritik. Quellenkritik will nicht nur Quellen rein und vollständig herstellen. Sie will die Quellen nach ihrer Zuverlässigkeit werten. »Quellentreu« ist ein Geschichtsschreiber, der die alte Geschichte, sagen wir: getreu nach Livius abhandelt. Quellenkritisch ist ein Historiker, der die Frage aufwirft: Kann man Livius trauen? Woher bezog er sein Wissen? War er Augenzeuge? Stützte er sich auf andere Quellen? Auf welche? Sind diese zuverlässig?

GESCHICHTLICHES VERSTEHEN Quellen vergleichen, beurteilen oder verwerfen – dazu bedarf es eines Maßstabes. Zum Teil gewinnt man diesen Maßstab durch systematisches Vergleichen verschiedenartiger Quellen, früherer mit späteren, oder auch von Aufzeichnungen verschiedener Männer aus der gleichen Zeit. Aber es bedarf dazu noch etwas mehr: Wonach soll man entscheiden, ob ein bestimmter Historiker glaubwürdiger ist als ein anderer, der das Gegenteil behauptet? Das ist offenbar nur möglich, wenn man sich – aus der Gesamtheit der Quellen – klare Vorstellungen gebildet hat von der geschichtlichen Wirklichkeit, von dem, »wie es wirklich gewesen« und ferner, wenn man durch die Quellen hindurch die hinter ihnen stehenden geschichtlichen Persönlichkeiten erkennt.

Dazu bedarf es der Kunst des »Verstehens«. Es bedarf der Gabe der Einfühlung in fremdes und vergangenes geistiges Leben. Dies ist das Positive, was zu dem mehr negativen, reinigenden, ausscheidenden Werk der Quellenkritik hinzutreten muß, soll eine wirkliche Erkenntnis und Vergegenwärtigung der Vergangenheit gelingen.

Die Gabe des Verstehens, die Fähigkeit, sich in anderes Leben bis zur Selbstvergessenheit und Selbstaufgabe einzufühlen und einzuleben – diese Gabe ist es, welche die großen Denker dieser Zeit und die Historische Schule als Gesamtbewegung, als zweiten Charakterzug gemeinsam haben. Dabei war es nicht etwa so, daß die Philologie bei der kritischen Arbeit stehenblieb und die Historiker das Weitere zu leisten hatten. Vielmehr erhob sich die Philologie weit über Textkritik, Textvergleich, Texterklärung hinaus zu dem Ideal einer Gesamtanschauung des Sprach- und Kulturbereichs, dem die jeweiligen Zeugnisse entstammten, insbesondere zunächst der antiken Welt. Eben seit dieser Zeit ist Philologie eine Wissenschaft nicht von der Sprache allein und ihren Denkmälern, sondern von geistigen Welten, von Völkern und Kulturen.

In diesem Punkte ist, wie man sieht, die Historische Schule der vollberechtigte Erbe der Romantik, und Herder kann als ihr Ahnherr gelten. Quellenkritik und Einfühlungsgabe zusammen reichen immer noch nicht aus, um die Großleistungen der Geisteswissenschaft in diesen Jahrzehnten voll verständlich zu machen. Einen Dichter zu interpretieren und so kongenial zu übersetzen, wie etwa Schlegel es tat; eine Geschichte der römischen Frühzeit zu schreiben wie Niebuhr: dazu gehörte, außer philologischer Bildung und der Fähigkeit zu verstehen, auch noch ein enormes sachliches Wissen, das nicht äußerlich erworben, sondern aus tiefinnerer Anteilnahme erwachsen war. »Gelehrte« im echten und höchsten Sinne waren alle diese Männer.

VOLKSGEIST Wir sind diesem Begriff bei Hegel bereits begegnet. Er wurde in der Historischen Schule zu einem unvergleichlichen Schlüssel, geschichtliche Wirklichkeiten fruchtbar aufzuschließen. Der Sache nach finden sich schon bei Herder und in der Romantik das Streben und die Fähigkeit, Völker in ihrer Eigenheit zu verstehen, zu charakterisieren und alle ihre Lebensäußerungen als Einflüsse eines einheitlichen »Geistes« zu sehen. Auch die Historische Schule verwendet den Begriff in diesem Sinne. Der Begriff hat aber bei ihr mehrere Tönungen. So wie wir das Wort »Volk« verwenden, um einerseits »ein Volk«, eine Nation von anderen zu unterscheiden, um andererseits aber »das Volk«, den breiten Unterbau der verschiedenen Schichten und Stände, gegen eine Oberschicht abzuheben: so bedeutet für die Historische Schule »Volk« nicht nur eine sprachliche und nationale Einheit, sondern »Volksgeist« auch den aus uralten Zeiten kommenden unversieglichen geistigen Strom, der in Sprache, Sitte, Volksbrauch, Volkslied, Märchen quillt, und der in einer Spätzeit, die einen intellektuellen Überbau entwickelt hat, nur noch in den einfachen, unverbildeten Schichten eines Volkes rein anzutreffen ist. Mit der Einbeziehung dieser Seite rundet sich naturgemäß auch erst der Begriff des Volkes als nationaler und geschichtlicher Einheit.

In einem dritten Sinn wird der Begriff Volk auch im Sinne der »Nation« und des seiner selbst bewußten Staatsvolkes verwendet.

HEGEL UND DIE HISTORISCHE SCHULE Wie verhält sich in dieser Beleuchtung Hegel zur Historischen Schule? Die Antwort kann nur ein »Teils – teils« sein. Offensichtlich kann man, nimmt man die exakte philologische Quellenkritik als Maßstab, Hegel nicht der Schule zurechnen. Gerade unter dem Schlachtruf dieser Kritik wandten sich ihre führenden Vertreter wie Niebuhr gegen Hegel. Das zweite und dritte dagegen: geschichtliches Einfühlungsvermögen und Sachverstand, wird man Hegel unbedingt zubilligen müssen – wenn auch bei einem Geiste, der so viele Gebiete umfaßte, nicht für alles in gleichem Maße. Endlich spielt auch die Idee des Volksgeistes – wie auch unsere kurzen Auszüge bereits zeigen – bei Hegel eine ganz entscheidende Rolle. Wahrscheinlich hat Hegel sogar dieses Wort geprägt.

So gehört Hegel mit seiner Gabe des Verstehens, mit seiner Tatsachenkenntnis, vor allem aber auch mit der Rolle, die er der Geschichte zuweist, unbedingt zu den Begründern des modernen geschichtlichen Denkens, zu denjenigen, die die »Historisierung« des gesamten modernen Denkens einleiteten. In diesem Sinne darf man ihn der Historischen Schule zurechnen. Was ihn von den übrigen Vertretern der Schule trennt, ist – außer dem Verhältnis zur philologischen Kritik – vor allem Hegels Stellung zum *Begriff*. Hegel war ein Philosoph. Vor die Geschichte und den ganzen Weltprozeß trat er mit der Vernunft. Er verwahrte sich gegen den Vorwurf, es sei schon eine Voreingenommenheit, daß man die Vernunft an die Geschichte heranbringt. Für ihn ist dies das ureigene Recht des denkenden Geistes und die Voraussetzung jeder Erkenntnis schlechthin, genauso selbstverständlich, wie es ist, daß man mit Mathematik vertraut sein muß, wenn man aus empirischen Daten Naturgesetze gewinnen will. Und gleichberechtigt neben dem individuellen Verstehen, ja noch über ihm steht für Hegel das Ziel, alles einzelne als Teilchen, als Stoff, als »Moment« in einem geistigen Gesamtprozeß zu begreifen.

Trotzdem kann man nicht sagen: Hegel gehöre nicht zur Historischen Schule, weil er ein Philosoph und ein spekulativer Kopf war. Er unterscheidet sich darin nämlich von Männern wie Savigny oder Schlegel nur dem Grade nach. Diese Gelehrten waren auch keine an der Empirie klebenden Fachgelehrten, sondern universal gerichtete, philosophische Köpfe, denen es um eine Gesamtanschauung, eine »Weltanschauung« ging.

Erst mit dem Abebben der Hochflut geschichtlichen Denkens um die Jahrhundertmitte gewann in allen Geisteswissenschaften der Zug zur exakten Einzelforschung ganz die Oberhand. Nun wandte man sich gegen die Philosophie, ja gegen alles, was über die Feststellung und Sichtung »positiver« Tatsachen irgendwie hinausging. Der »Positivismus« trat seine Herrschaft an. Dieser Geistesrichtung werden wir besonders in Gesellschaftswissenschaft und Rechtslehre begegnen.

I. Geschichte

1. Niebuhr

Am Beginn der modernen quellenkritischen Geschichtswissenschaft steht der Dithmarscher Barthold Georg *Niebuhr* (1776–1831). Herkunft, Persönlichkeit und den Geist des Zeitalters muß man zusammennehmen, sein Werk und seine Stellung zu verstehen.

Herkunft: Dem friesischen Stamm eignet nüchterner Tatsachensinn; ferne liegt ihm stilistisches Feuerwerk und ästhetischer Überschwang. Frisia non cantat! Die althergebrachten, ehrwürdigen bäuerlichen Verhältnisse seiner Heimat führten Niebuhr die Bedeutung eines kraftvollen und gesunden Bauernstandes vor Augen. Sein Interesse richtete sich dadurch auf die Frühzeit des römischen Volkes. In ihr sah er sein Ideal eines auf landwirtschaftlicher Grundlage fest ruhenden Ständestaates am besten verwirklicht. Die *Römische Geschichte* ist sein Hauptwerk, und es ist kein Zufall, daß sie nur soweit fortgeführt ist, wie Niebuhr im römischen Staate dieses Vorbild verwirklicht sah.

Persönlichkeit: Niebuhr war zuerst Finanzsekretär in der dänischen Regierung, dann Leiter der Ostindischen Bank in Kopenhagen. Der Freiherr vom Stein rief ihn zum Neuaufbau der preußischen Verwaltung nach Berlin. An der Berliner Universität, dem unbestrittenen Mittelpunkt der Historischen Schule, hielt Niebuhr seine Vorlesungen über römische Geschichte. Der preußische Staat schickte ihn dann als Gesandten an den Päpstlichen Stuhl nach Rom. Zuletzt war Niebuhr Professor in Bonn.

Niebuhr war Staatsmann und Gelehrter in einem. Immer wieder hat er zum Ausdruck gebracht, daß der Historiker nur aus der Anteilnahme an den politischen Kämpfen seiner Zeit Schöpferkraft und Einfühlung für das Vergangene ziehen könne.

Geist der Zeit: In Niebuhr haben wir das beste Beispiel für Macht und Wirkungsbereich der philologischen Methode. Für ihn ist keine Geschichtsschreibung möglich, solange nicht die Quellen rein hergestellt und gesichtet sind. Bevor ein Vorgang dargestellt und beurteilt werden kann, muß die Geschichte seiner Überlieferung durchsichtig sein: Welche sind die ursprünglichen Quellen? Welche nur abgeleitet? In dieser Forderung liegt eine doppelte Frontstellung: gegen die literarische Geschichtsschreibung nach Art eines Voltaire – auch Schillers geschichtliche Werke verwirft Niebuhr eben wegen des Mangels an kritischer Verarbeitung der Quellen – und gegen die Spekulation: Niebuhr war ein erklärter Gegner der Hegelschen universalen Geschichtsphilosophie.

Freilich, diese Aufgabe ist erst negativ. Die wertvollen Quellen von trügerischen sondern, Fabel und Betrug zerstören – das ist die Voraussetzung geschichtlicher Erkenntnis, aber noch nicht sie selbst. Der Historiker muß, wenigstens mit Wahrscheinlichkeit, Zusammenhang und Ordnung in die Geschehnisse bringen. Dazu muß man »so fühlen, als ob man damals gelebt hätte«. Wie Wesen aus Fleisch und Blut müssen die Helden der Vergangenheit vor uns treten. Niebuhr gelang diese Einfühlung so gut, daß er behaupten konnte, selbst die alten Römer würden seine Darstellung billigen, ja loben, wenn sie noch unter uns wandelten.

2. Ranke

Die Begründung der kritischen Geschichtsforschung, für die alte Geschichte Niebuhrs Verdienst, war für die neue Geschichte und für zahlreiche Neben- und Nachbargebiete der Geschichtsforschung das Werk Leopold *von Rankes* (1795–1886). Niebuhr und Mommsen waren Meister, aber Ranke ist *der* Meister. Darin liegt nicht nur ein Rangurteil, sondern auch Einmaligkeit. Ranke, trotz aller schulbildenden Kraft, die von ihm ausgegangen ist, ist etwas Einmaliges, unwiederholbar wie eben das Genie. Sobald man beginnt, aus seinen Schriften, darstellenden wie theoretischen, ein System, ein Schema abzuziehen, das seine philosophischen und methodischen Grundsätze wiedergeben soll, so zeigt sich, daß Ranke vieles zu einer Einheit zu verbinden wußte, was logisch betrachtet auseinanderfällt. Aber er zwang es zusammen. »Seine Geschichtsschreibung war besser als seine Theorie.«

DIALEKTIK Jeder Versuch, Gegensatzpaare aufzuzeigen, die Rankes Denken »zusammenzwingt«, zeigt alsbald: es handelt sich dabei keineswegs um ein Kombinieren des Unvereinbaren, vielmehr um ein Aufspüren der höheren Einheit in, hinter und über dem Widersprüchlichen – um Dialektik im Sinne Hegels. Die wichtigsten dieser Gegensatzpaare sind:

Das Allgemeine und das Besondere – Notwendigkeit und Freiheit – Macht und Geist.

Für Ranke wie für Hegel besteht die Aufgabe der »denkenden Betrachtung der Geschichte« darin: die individuelle Erscheinung – Person, Institution, Volk, Epoche – in ihrer Besonderheit zu verstehen; zugleich aber das Allgemeine zu fassen, das im einzelnen waltet:

> Darin könnte man den idealen Kern der Geschichte des menschlichen Geschlechts überhaupt sehen, daß in den Kämpfen, die sich in den gegenseitigen Interessen der Staaten und Völker vollziehen, doch immer höhere Potenzen emporkommen, die das Allgemeine demgemäß umgestalten und ihm wieder einen anderen Charakter verleihen.

Das Verhältnis von Notwendigkeit und Freiheit, das Problem, um das die idealistische deutsche Philosophie in Kant, die klassische deutsche Dichtung in Kants Schüler Friedrich Schiller gerungen: für das geschichtliche Denken Rankes und der Historischen Schule sind es keine sich ausschließenden Gegensätze. Der einzelne wie das Volk sind gebunden durch Umwelt und Überlieferung und insofern unfrei. Gleichwohl können sie aus Eigenem in das Geschehen eingreifen und sind insofern frei.

> Vor uns sehen wir eine Reihe von aufeinander folgenden, einander bedingenden Ereignissen. Wenn ich sage: bedingen, so heißt das freilich nicht durch absolute Notwendigkeit. Das Große ist vielmehr, daß die menschliche Freiheit überall in Anspruch genommen wird: die Historie verfolgt die Szenen der Freiheit; das macht ihren größten Reiz aus.

Ranke schreibt politische Geschichte. Im Mittelpunkt stehen für ihn »die großen Mächte«. Aber die Macht ist für ihn alles andere als »an sich böse«: im äußersten Gegenteil, sie ist – wie für Hegel – ein geistiges Prinzip. Die Staaten sind geistige Wesenheiten. Was ist ein großes Volk, was ein selbständiger Staat? Nicht äußere Macht allein im Sinne der Fähigkeit, sich zu behaupten und Feinde abzuwehren, gehört dazu, sondern:

> Die Bedingung seiner Existenz ist, daß es dem menschlichen Geiste einen neuen Ausdruck verschaffe, ihn in neuen eigenen Formen ausspreche und ihn neu offenbare.

Souveränität und Staatsraison werden groß geschrieben. Die Macht hat für Ranke noch ein gutes Gewissen.

Die Einheit dieser Gegensätze als Ziel stellt der ausgesprochen programmatische Satz Rankes auf:

> Unser Ziel ist das oben bezeichnete: Erkenntnis des Besonderen und das Allgemeinen; Darstellung des einen und des andern in voller Objektivität; Reproduktion zugleich und Philosophie des Geschehenen.

Wie Ranke diese Einheit herstellt – dies können freilich Programmsätze bloß andeuten; den vollen Eindruck gibt nur das Werk selbst. Die dialektische Geschichtslogik stellt Ranke in die Nähe Hegels. Man sieht, wie jeder tiefere Blick in die geschichtlichen Zusammenhänge sie dem Denker aufzwingt, auch einem, der im übrigen Hegels Philosophie in vielem widerspricht. Von Hegelschem Geiste ist auch der Gedanke Rankes, daß alles einzelne nur einen Teilaspekt des ganzen göttlichen Geistes in sich enthält, unvollendet ist und darum vergänglich. Auslegung des göttlichen Geistes *in der Zeit!* Die Zeiten folgen aufeinander, »damit in allen geschehe, was in keiner einzelnen möglich ist«! Die folgenden Sätze könnte Hegel geschrieben haben:

Denn die Ideen, durch welche menschliche Zustände begründet werden, enthalten das Göttliche und Ewige, aus dem sie quellen, doch niemals vollständig in sich. Eine Zeitlang sind sie wohltätig, Leben gebend; neue Schöpfungen gehen unter ihrem Odem hervor. Allein auf Erden kommt nichts zu einem reinen und vollkommenen Dasein: darum ist auch nichts unsterblich. Wenn die Zeit erfüllt ist, erheben sich aus dem Verfallenden Bestrebungen von weiterreichendem geistigen Inhalt, die es vollends zersprengen. Das sind die Geschicke Gottes in der Welt.

HISTORISMUS Es wird Zeit, hervorzuheben, worin nun das Eigentliche besteht, in dem Ranke die Historische Schule im engeren Sinne repräsentiert und sich von Hegel abhebt. Im *Politischen Gespräch* heißt es:

Carl: »Wird man nicht aus dem Allgemeinen zu dem Besonderen fortgehen können?«
Friedrich: »Ohne Sprung, ohne neuen Anfang kann man aus dem Allgemeinen gar nicht in das Besondere gelangen. Das Real-Geistige, welches in ungeahndeter Originalität dir plötzlich vor Augen steht, läßt sich von keinem höheren Prinzip ableiten.

Es gibt keinen Weg vom Allgemeinen zum Besonderen! Man mag den Begriff einer Aristokratie noch so sehr nach allen seinen Prädikaten auslegen: niemals wird man den Staat Spartas ahnen! Die Staaten sind nicht nur (wie schon zitiert) geistige Wesenheiten – sie sind »notwendig und in der Idee voneinander verschieden«. Alles Geschichtliche ist einmalig, und weil es einmalig ist, trägt es auch seinen Wert allein in sich: jede Epoche ist »unmittelbar zu Gott«.
Dies ist das eigentliche Geschichtliche im Denken Rankes und der Historischen Schule. Hier liegt die Wurzel dessen, was später als »Historismus« alles Denken durchdrang und noch durchdringt. Das geschichtlich Gegebene ist schlechthin gegeben und nur durch Anschauung zu fassen. Es geht in allgemeinen Begriffen nicht auf. Die Folgerung liegt nahe: In geschichtlichen (und politischen) Dingen ist jedes »Machen« vom Übel und gegen die Natur der Dinge. Nur organische Entwicklung – Ausreifenlassen der geschichtlichen Keime nach jeweils eigener Gesetzlichkeit – ist zu fordern und ist auch allein möglich. »Euer Vaterland werdet Ihr Euch nicht erklügeln!«

METHODISCHE EINZELZÜGE Im einzelnen zeichnet sich Rankes Werk als Gipfel und Vollendung der Historischen Schule in der Geschichtswissenschaft durch folgende Züge aus:
Ranke bedient sich der philologischen Quellenkritik, erweitert sie durch eine »innere« Kritik, aufgebaut auf Psychologie und historischen Takt.

Seit Ranke sind alle Geschichtsschreiber veraltet, die diese Methode nicht beherrschen und verwenden.
Die strenge Grundlage wird ergänzt durch eine bei Ranke einzigartig ausgebildete Kunst der psychologischen Charakteristik, des historischen Porträts. Zahlreiche feststehende »Bilder« von bestimmten geschichtlichen Persönlichkeiten, die ins allgemeine Bewußtsein übergegangen sind, stammen von Ranke.
Das Politische steht im Vordergrund. Die großen Mächte bestimmen alles. Darin liegt ein Zug zur Wirklichkeitsnähe, auch zu größerer Prägnanz – der Staatsbegriff ist stets schärfer als der romantische Volksbegriff der Philologen und Dichter – aber auch eine Verengung.
Ranke rafft den Stoff zu einem durchkomponierten Gesamtbild, an dem er sein Leben hindurch zielbewußt gearbeitet hat:

DIE ROMANISCH-GERMANISCHEN VÖLKER Auf den ersten Blick scheint Ranke eine ungeheure Vielfalt von manchmal weit auseinanderliegenden Themen behandelt zu haben. Aber näheres Zusehen zeigt, daß es sich bei ihm im Grunde immer um ein einziges großes Thema handelt; und dieses ist schon im Titel seines ersten Werkes angeschlagen, der *Geschichte der romanischen und germanischen Völker von 1494–1514*, die Ranke als 29jähriger Gymnasiallehrer in Frankfurt veröffentlichte und die ihm den ersten Ruf an die Berliner Universität eintrug.
Die Entstehung und Entwicklung des abendländischen Staatensystems, das Herausbilden der europäischen Einheit nach den Stürmen der Völkerwanderung, der Zerfall dieser Einheit mit dem Ausgang des Mittelalters, das Ringen um eine neue Ordnung, in der sich trotz der individuellen Ausprägung der Nationalstaaten die Einheit der europäischen Kultur erhielt: dies ist Rankes Thema.
Fürsten und Völker von Südeuropa im 16. und 17. Jahrhundert war Rankes nächste Arbeit. In ihr bewies er zum ersten Male in voller Reife seine einzigartige Kunst der historischen Charakteristik einzelner Persönlichkeiten.
Die Entdeckung der venezianischen Gesandtenberichte des 16. und 17. Jahrhunderts, einer geschichtlichen Fundgrube ersten Ranges, ließ Ranke immer mehr die Bedeutung der »echtesten unmittelbarsten Urkunden«, der Staatsakten in diesem Fall, gegenüber jeder Art darstellender Quelle erkennen.
Rankes nächstes erzählendes Werk – in der von ihm herausgegebenen *Historisch-politischen Zeitschrift* erschienen gleichzeitig die berühmten Aufsätze *Die großen Mächte* und *Das politische Gespräch* – zeigt ihn auf der Höhe seiner Meisterschaft: *Die römischen Päpste in den letzten vier Jahrhunderten.* Es folgte, gleichsam als Gegenstück, die *Deutsche Geschichte im Zeitalter der Reformation,* danach Werke zur preußischen, englischen, französischen Geschichte.
Im hohen Alter begann Ranke seine unvollendet gebliebene *Weltgeschichte.*

OBJEKTIVITÄT Ranke vermochte, bei aller Einfühlung, seinen Gegenstand gleichsam ständig aus großer Höhe unter sich zu sehen. Die Werke tragen den Stempel der Gelassenheit und völligen Objektivität. Er wünschte hinter dem Werk zurückzutreten, ja zu verschwinden. Einige kennzeichnende Stellen:

Man hat der Historie das Amt, die Vergangenheit zu richten, die Mitwelt zum Nutzen zukünftiger Jahre zu belehren, beigemessen: so hoher Ämter unterwindet sich gegenwärtiger Versuch nicht: er will bloß zeigen, wie es eigentlich gewesen.

Ich wünschte mein Selbst gleichsam auszulöschen und nur die Dinge reden, die mächtigen Kräfte erscheinen zu lassen ...

Nackte Wahrheit ohne allem Schmuck; gründliche Erforschung des Einzelnen; das Übrige Gott befohlen ...

Freilich, auch und gerade das Werk Rankes zeigt, daß es unmöglich ist, aus der Geschichte heraus und auf einen höheren Standpunkt zu treten. Niemand kann sich in seinen Werken verleugnen. Aus Worten wie den hier genannten spricht ein Geist, den man »erasmisch« nennen könnte: ein feiner, dem Betrachten zugeneigter Humanismus.

QUIETISMUS Nicht nur die Persönlichkeit Rankes spricht aus dem »objektivistischen« Zug seiner Geschichtsschreibung. Auch der Geist der Zeit spricht aus ihr. Es war die Restaurationszeit, der Kämpfe müde; des Glaubens, es werde nach den Wirren der Revolutionszeit endlich gelingen, Staatsraison und sittliche Ordnung in Einklang zu bringen. Von dem unterirdischen Grollen der revolutionären Kräfte, die sich im Schoße der industriellen Zivilisation formierten, ist bei Ranke nichts zu vernehmen. Ranke hielt sich gern in der Nähe der Mächtigen, auf den Höhen von Staat und Gesellschaft; er blickte auch in diesem Sinne »von oben« auf die Dinge. Der Vorrang der Außenpolitik ist bei Ranke ganz eindeutig.

Allerdings verfiel Ranke, bei aller ruhigen Objektivität, nicht in einen alles verstehenden und schließlich alles billigenden Relativismus. Davor bewahrte ihn als gläubigen Protestanten sein sittlicher Ernst und seine tiefe Religiosität.

In aller Geschichte wohnt, lebet, ist Gott zu erkennen. Jede Tat zeuget von ihm, jeder Augenblick predigt seinen Namen, am meisten aber, dünkt mich, der Zusammenhang der großen Geschichte.

3. Droysen

Johann Gustav *Droysen's* Lebenszeit (1808–1884) umspannt etwa die gleiche Epoche wie die Rankes. In der Meisterschaft der Darstellung können sich seine Werke mit denen Rankes messen, wobei sie sich gegenüber dem kühlen Objektivismus jener durch einen größeren kämpferischen Schwung auszeichnen. Eine Glanzleistung Droysens war seine Behandlung der Epoche des Altertums, die man bis dahin gegenüber der klassischen griechischen Blütezeit des 5. Jahrhunderts vernachlässigt hatte: der griechisch-orientalischen Mischkultur von der Zeit Alexander

des Großen an, für die er Begriff und Wort des »Hellenismus« prägte. Droysen hob diese reiche Geschichtsepoche erst recht ans Licht; er zeigte, daß sie nicht eine reine Verfallszeit ist, daß sie vielmehr ein notwendiges Glied im fortschreitenden Entwicklungsprozeß bildet: die ursprünglich scharf entgegengesetzten Welten des Griechentums und des Orients kommen in ihr zur fruchtbaren Synthese. (*Geschichte Alexanders des Großen*, 1833; *Geschichte des Hellenismus*, 1836/43.)
Bedeutsamer noch als Droysens darstellendes Werk ist seine theoretische Grundlegung der Geschichtswissenschaft. An Schärfe und Tiefe der Besinnung ist er hier eher noch über Ranke zu stellen. Durch zweieinhalb Jahrzehnte hielt Droysen mit ziemlicher Regelmäßigkeit seine Vorlesung *Enzyklopädie und Methodologie der Geschichte*. Einen konzentrierten »Grundriß« dieser Vorlesung gab er selbst heraus. Der vollständige Text wurde erst 1937 wieder zugänglich und bietet, zusammen mit Droysens Briefen, einen einzigartigen Zugang zu den Grundgedanken der deutschen Historischen Schule und der Geschichtswissenschaft.
Droysen war ein gründlich geschulter Philologe, Schüler des berühmten August Boeckh. Die philologisch exakte Quellenkritik hat er mit den übrigen Historikern seiner Zeit und Schule gemeinsam. Aber es ist ihm selbstverständlich, daß das nur eine technische Voraussetzung ist und noch nicht die geschichtliche Erkenntnis selbst. Man muß nämlich bedenken:

Es heißt die Natur der Dinge, mit denen unsere Wissenschaft beschäftigt ist, verkennen, wenn man meint, es da mit objektiven Tatsachen zu tun zu haben. Die objektiven Tatsachen liegen in ihrer Realität unserer Forschung gar nicht vor. Was in irgendeiner Vergangenheit objektiv vor sich gegangen ist, ist etwas ganz anderes als das, was man geschichtliche Tatsache nennt. Was geschieht, wird erst durch die Auffassung als zusammenhängender Vorgang, als ein Komplex von Ursache und Wirkung, von Zweck und Ausführung, kurz als Eine Tatsache begriffen und vereinigt . . .

Wie gewinnen wir eine »zusammenhängende Auffassung«?

Unsere Aufgabe kann nur darin bestehen, daß wir die Erinnerungen und Überlieferungen, die Überreste und Monumente einer Vergangenheit so *verstehen*, wie der Hörende den Sprechenden versteht, daß wir aus jenen uns noch vorliegenden Materialien forschend zu erkennen suchen, was die so Formenden, Handelnden, Arbeitenden wollten, was ihr Ich bewegte, das sie in solchen Ausdrücken und Abdrücken ihres Seins aussprechen wollten.

Darauf kommt es also an – und dies ist das wichtigste Prinzip von Droysen's Geschichtsmethodik: »forschend zu verstehen«.

Das Verstehen ist der menschlichste Akt des menschlichen Wesens, und alles wahrhaft menschliche Tun ruht im Verständnis, sucht Verständnis, findet Verständnis. Das Verstehen ist das innigste Band zwischen den Menschen und die Basis alles sittlichen Seins . . .
Unser historisches Verstehen ist ganz dasselbe, wie wir den mit uns Sprechenden verstehen . . . Das Einzelne wird verstanden in dem Ganzen, aus dem es hervorgeht, und das Ganze aus diesem Einzelnen, in dem es sich ausdrückt. Der Verstehende, wie er selbst ein Ich, eine Totalität in sich ist, wie der, den er zu verstehen hat, ergänzt sich dessen Totalität aus der einzelnen Äußerung und die einzelne Äußerung aus dessen Totalität.

Man darf nicht etwa glauben, Droysen sei der erste gewesen, der die Methode des »forschenden Verstehens« *handhabte*. Das haben alle großen Historiker getan – ebenso wie alle großen Naturforscher bestimmte Erkenntnismethoden gehandhabt haben, lange bevor die erkenntniskritische Besinnung sie ins philosophische Bewußtsein hob. Droyens Leistung liegt darin, daß er dieses Prinzip formulierte und bewußt machte. Die Herausarbeitung des »Verstehens« geschah in einer doppelten Frontstellung: Sie hat eine Spitze gegen das Spekulative und Konstruktive und damit gegen Hegel. In diesem Sinne setzt Droysen die »Historische« Schule der philosophischen entgegen. Sie hat eine zweite Spitze gegen eine Denkrichtung, die wir bisher noch nicht näher betrachtet haben: die Übertragung naturwissenschaftlicher Prinzipien und Methoden auf die Geschichtsforschung. Gegen den unten noch zu behandelnden Positivismus, gegen den Versuch, die geschichtlichen »Gesetze« nach Art naturwissenschaftlicher Gesetze zu gründen auf Völkerpsychologie, Rassenlehre, Ökonomik oder Statistik, betont Droysen die Eigengesetzlichkeit der geschichtlichen Welt. In diesem Sinne ist sein Werk zur Grundlage geworden für alle Ansätze, die methodische Selbständigkeit der Geschichte und der geschichtlichen Geisteswissenschaften zu begründen und gegen die Naturwissenschaften abzuheben. Das Einmalige und Besondere zu verstehen und trotzdem für dieses subjektive Verstehen objektive Maßstäbe aufzurichten: darin liegt die Schwierigkeit und das eigentliche Thema aller dieser Versuche von Droysen bis zu W. Dilthey.

... allerdings haben wir von menschlichen Dingen, von jedem Ausdruck und Abdruck menschlichen Daseins und Trachtens, der uns wahrnehmbar wird oder soweit er noch wahrnehmbar ist, unmittelbar und in subjektiver Gewißheit ein Verständnis; aber es gilt Methoden zu finden, um für das unmittelbare und subjektive Auffassen – zumal da von Vergangenem uns nur noch subjektive Auffassungen anderer oder Fragmente dessen, was einst war, vorliegen – objektive Maße und Kontrollen zu gewinnen, es damit zu begründen, zu berichtigen, zu vertiefen, denn das und nur das scheint der Sinn der historischen Objektivität sein zu können. Es gilt, diese Methoden zusammenzufassen, ihr System, ihre Theorie zu entwickeln und so nicht die Gesetze der Geschichte, aber wohl die Gesetze des historischen Erkennens und Wissens festzuhalten ...

Daß Droysens »Historik« durch die Art, wie sie dieses Problem angreift, das Grundbuch für jede geschichtswissenschaftliche Methodenlehre geworden ist und die beste Einführung in das geschichtliche Denken, die wir besitzen, sagt Erich *Rothacker* mit folgenden Worten:

Wer einmal mit einem Geologen oder Geographen über Land fuhr, weiß, was es heißt: sehen zu lernen. Mit einem Schlag artikuliert sich ein bis dahin gedankenlos Hingenommenes. Die Einzelheiten werden bedeutsam und beginnen zu erzählen. Diese Funktion des Augenöffnens, der Sinnverleihung, der Belebung des toten »Wahrnehmungsstoffes« ist vielleicht die wichtigste Aufgabe solcher »Einleitungen« in ein Wissensgebiet. Wer Droysens Historik durchgearbeitet hat, kann es erleben, was es heißt, sehend geworden zu sein und im Buche der Weltgeschichte Lesen gelernt zu haben.

4. Mommsen

Was Niebuhr noch nicht gelungen war, gelang Theodor *Mommsen* (1817 bis 1903). In doppelter Hinsicht: Mommsen verfügte, im Gegensatz zu seinem Vorgänger, über die Sprachgewalt und Gestaltungskraft, um ein abgerundetes, plastisches Bild der versunkenen römischen Welt zu schaffen. Mommsen sprach selbst aus, daß der Geschichtsschreiber »mehr zu den Künstlern als zu den Gelehrten« gehöre; daß »der Schlag, der tausend Verbindungen schlägt«, der tiefe Blick in die Individualität der Menschen und Völker im Grunde nichts Lehr- und Lernbares ist. Seine *Römische Geschichte* ist ein bleibendes Meisterwerk der Historiographie.

Zweitens überschritt Mommsen die Grenze, welche für Niebuhr in seiner im Kern zwar zutreffenden, aber von ihm doch zur Einseitigkeit erhobenen Erkenntnis von der Rolle der bäuerlichen Frühzeit Roms lag. Mommsen, ein glänzender Jurist *(Römisches Staatsrecht)*, drang tief in die in Rechtseinrichtungen, Münzen, Inschriften, Verwaltungsakten niedergeschlagenen Wirkkräfte der römischen Geschichte ein; aus diesen Erkenntnissen gelang es ihm, die geschichtliche Notwendigkeit und Folgerichtigkeit der späteren römischen Entwicklung zum demokratischen Cäsarismus nachzuweisen.

Freilich, für Mommsen war diese geschichtliche Erkenntnis alles andere als ein Bekenntnis zu Gewaltherrschaft und Cäsarismus. Er war ein leidenschaftlicher Liberaler im besten Sinne und verwahrte sich ausdrücklich dagegen, »das Urteil über Cäsar in ein Urteil über den sogenannten Cäsarismus umzudeuten«:

> In diesem Sinne ist die Geschichte Cäsars und des römischen Cäsarentums, bei aller unübertroffenen Großheit des Werkmeisters, bei aller geschichtlichen Notwendigkeit des Werkes, wahrlich keine schärfere Kritik der modernen Autokratie, als eines Menschen Hand sie zu schreiben vermag. Nach dem gleichen Naturgesetz, weshalb der geringste Organismus unendlich mehr ist als die kunstvollste Maschine, ist auch jede noch so mangelhafte Verfassung, die der freien Selbstbestimmung einer Mehrzahl von Bürgern freien Raum läßt, unendlich mehr als der genialste und humanste Absolutismus.

5. Zwei Hauptinhalte des Jahrhunderts im Spiegel der Geschichtswissenschaft

DIE FRANZÖSISCHE REVOLUTION Der Beginn des Jahrhunderts war überschattet von der Französischen Revolution und ihren Wirkungen. Es ist natürlich, daß dieses Ereignis zu einem der Hauptthemen für die damalige Geschichtsschreibung wurde, in erster Linie der französischen. Bild und Wertung der Revolution wechseln dabei je nach der gesellschaftlichen und weltanschaulichen Stellung des Verfassers. So ist das Werk Adolphe *Thiers'* (1797–1877) der Revolution freundlich gesinnt; noch stärker die Werke von Jules *Michelet* (1798–1874); er erblickt in der Revolution ein einziges Heldenlied, dessen Held die französische Nation im ganzen ist, die mit ihr eine Sendung für die ganze

Menschheit erfüllte. Alexis de *Tocqueville* (1805–1859), Verfasser eines berühmten Werkes über die amerikanische Demokratie, ist erheblich kritischer. Er zeigt, wie viele Errungenschaften, die die Revolution brachte, bereits unter dem ancien régime vorgebildet waren. Kritisch eingestellt ist auch Albert *Sorel* (1842–1906), ein glänzender Schriftsteller, mit seinem Werk über *Europa und die Französische Revolution*. Ein deutlicher Gegensatz der Auffassung zwischen den »rechts«- und »links«-gerichteten Historikern zeigt sich auch in allen neueren französischen Werken über das Revolutionszeitalter.

In *England* schrieb der berühmte Thomas *Carlyle* (1795–1881) ein dreibändiges Werk über das gleiche Thema. Wie bei Michelet erscheint darin das französische Volk als Held der Geschichte. *Über Helden, Heldenverehrung und das Heroische in der Geschichte* ist der Titel eines anderen Werkes von Carlyle und zugleich das Motto seiner ganzen Geschichtsbetrachtung. Männer machen die Geschichte! Carlyles Kunst – und auch seine Einseitigkeit – liegt in seiner Fähigkeit, überragende geschichtliche Persönlichkeiten in ihrer ganzen Größe zu erfassen und zu schildern. Muster sind seine Biographien Cromwells und des Preußenkönigs Friedrich II.

In der deutschen Geschichtsschreibung haben sich u. a. Ranke, dessen Schüler Heinrich von *Sybel* (1817–1895) und Friedrich Christoph *Schlosser* (1776–1861) mit der Französischen Revolution befaßt.

DIE NATIONALE BEWEGUNG Die deutsche Erhebung der Freiheitskriege, die den zeitgeschichtlichen Hintergrund bildet für die Großleistungen der Historischen Schule, gab zugleich den Anlaß zur Entstehung des bedeutendsten Quellenwerkes zur deutschen Geschichte. 1815 setzte sich der Freiherr *vom Stein* (1757–1831), der Reorganisator Preußens, mit Goethe in Verbindung wegen des Planes, alle Quellen und Urkunden zur deutschen Geschichte zu sammeln und herauszugeben. 1819 gründete er in Frankfurt die *Gesellschaft für Deutschlands ältere Geschichtskunde*. Von 1826 ab erschienen die Bände der *Monumenta Germaniae historica*. Georg Heinrich *Pertz* (1795–1876) und der Ranke-Schüler Georg *Waitz* (1813–1886) waren die treibenden Arbeitskräfte. Auch in Frankreich, England, Italien ist das ganze 19. Jahrhundert von der Arbeit an ähnlichen umfassenden Quellenwerken erfüllt.

Für Deutschland sind die Erhebung der Freiheitskriege und der anschließende Kampf um die deutsche Einigung über die Revolution von 1848 und die endliche Austragung des preußisch-österreichischen Gegensatzes im Kriege von 1866 bis zur Reichsgründung die zentralen Vorgänge, die sich auch in der Geschichtsschreibung spiegeln. Entsprechend dem tatsächlichen Machtgegensatz bildete sich eine »kleindeutsche«, also an Preußen orientierte und Österreich ausschließende, und eine »großdeutsche« Richtung unter den Historikern heraus. Im Zuge dieser Entwicklung wurde die Geschichtsbetrachtung und überhaupt das Denken der Deutschen immer mehr politisiert. Politische Geschichtsschreibung rückte in den Mittelpunkt und behauptet ihn fast bis heute.

Auf der »kleindeutschen« Seite ist zuerst nochmals *Droysen* zu nennen. Schon in seiner Geschichte der Alexanderzeit schlägt seine Einstellung durch: er schildert, wie das zersplitterte Hellenentum durch die makedonische Militärmonarchie geeinigt wird. Alles Licht fällt auf Alexander, aller Schatten auf Demosthenes, dem vorgeworfen wird, daß er einem Ideal nachstrebte, das »realpolitisch« nicht zu verwirklichen war. Droysen wurzelte ganz in Berlin, der Stadt der Preußenkönige und der liberalen Bildung. Das zweite darstellende Hauptwerk Droysens, die *Preußische Politik*, schildert die Entwicklung vom Mittelalter bis zum Siebenjährigen Krieg ganz unter dem Aspekt: Preußen als führende Macht in der Einigung Deutschlands.

Auch der eben genannte Heinrich *von Sybel* gehört der kleindeutschen Richtung an und rechtfertigte rückblickend die Bismarcksche Behandlung der österreichischen Frage als die allein mögliche.

Am leidenschaftlichsten setzte sich Heinrich *von Treitschke* (1834 bis 1896) für die deutsche Einheit unter preußischer Führung ein. Treitschke, Sohn eines sächsischen Generals, war eine ausgesprochene Kämpfernatur; nur seine Schwerhörigkeit – Folge einer Erkrankung im Kindesalter – hinderte ihn an der militärischen oder politischen Laufbahn und ließ ihn den Beruf des Gelehrten ergreifen. Aber er wurde kein stiller Stubengelehrter, er wirkte mit seinen Schriften und Reden, mit der prophetischen Glut seiner Sprache und Persönlichkeit weit in die Öffentlichkeit. Er sprach zu seinen Studenten, aber bald sprach er zur ganzen Nation. Die ganze entscheidungsschwere Entwicklung von 1864, 1866, 1870 begleitete er mit seinen Flugschriften und Stellungnahmen, vor allem in den *Preußischen Jahrbüchern*. Von 1874 ab wirkte er, der schon längst in seinem Herzen Preuße war, in Berlin an der Universität, zugleich als Mitglied des Reichstages.

Treitschkes geschichtliches Hauptwerk ist die *Deutsche Geschichte im 19. Jahrhundert*. Wenn auch hier aus jeder Zeile die kraftvolle Persönlichkeit des Autors und seine Ansichten unverkennbar sprechen – »nur wer selbst feststeht, vermag den Wandel der Dinge zu beurteilen« sagte er selbst – man darf in dem Werke doch nicht, wie es manchmal geschieht, eine reine Tendenzschrift sehen. Es ruht auf einem festen wissenschaftlichen Fundament. Das zeigt schon die Tatsache, daß Treitschke sich von 1860 an, da er den Plan faßte, Jahr um Jahr in die Akten und Urkunden vertiefte, bis er 1879 mit dem ersten Band an die Öffentlichkeit trat.

Treitschke war in erster Linie politischer Historiker. Aber er bezog auch die Kulturgeschichte in weitem Umfange ein und schilderte die deutsche Literatur in ihrer Blütezeit und die großen Gelehrtenpersönlichkeiten wie Wilhelm von Humboldt, Niebuhr und die Brüder Grimm. Auch insofern vertritt er Preußen, das in der Gründungszeit der Berliner Universität und nach dem Worte seines Königs »durch geistige Kräfte ersetzen wollte, was der Staat an physischen verloren«, und das seinen Ruhm nicht allein in militärischen Taten suchte, sondern ebensosehr in der Pflege der deutschen Bildung.

Da Preußen im Ringen um die Vormacht siegte, findet sich auf der österreichischen Seite in der Behandlung dieses Kampfes nicht der gleiche, aus Sieg oder Überlegenheitsgefühl gespeiste Schwung wie auf der preußischen. Doch hat Heinrich *Friedjung* (1851–1920) eine höchst fesselnde und lebensvolle Darstellung des deutschen Ringens in österreichischer Sicht gegeben.
In den Ländern, die im 19. Jahrhundert ähnlich wie Deutschland um ihre nationale Einheit und Selbständigkeit rangen, findet sich auch in der Historiographie eine gleichlaufende Bewegung. Das gilt vor allem für Italien und die slawischen Völker.

6. Kulturgeschichte

Man kann dem Wort Kulturgeschichte einen verschieden weiten Sinn geben. Geht man aus von dem engeren Sinn des Wortes Kultur, den wir im Auge haben, wenn wir etwa von »Förderung des kulturellen Lebens« sprechen, so meint Kulturgeschichte die Geschichte von Sitte und Bildung, Kunst und Wissenschaft. In diesem Sinne schließt sie die politische Geschichte aus und kann ihr entgegengesetzt werden. In einem weiteren Sinn bezeichnet »Kultur« den Inbegriff aller menschlichen Lebensäußerungen in geschichtlicher Zeit: Staatenbildung, Recht, Kriegswesen, Wirtschaft, Gesellschaftsformen, Technik, Künste und Wissenschaften. In diesem Sinne wird Kulturgeschichte gleichbedeutend mit Universalgeschichte und schließt die politische Geschichte ein. So versteht sie schon *Ranke:*

> Ich erinnere noch einmal an den Begriff, den ich mit den universal-historischen Studien überhaupt verbinde. Neben und über der Geschichte der einzelnen Völker indiziere ich der allgemeinen Geschichte ihr eigenes Prinzip: es ist das Prinzip des gemeinschaftlichen Lebens des menschlichen Geschlechts, welches die Nationen zusammenfaßt und sie beherrscht, ohne doch in denselben aufzugehen. Man könnte es bezeichnen als die Bildung, Erhaltung, Ausbreitung der Kulturwelt; nicht der Kultur, wie man sie gewöhnlich versteht, was einen auf Wissenschaft und Künste beschrankten Horizont ergeben würde. Die Kulturwelt umfaßt zugleich Religion und Staat, die freie, dem Ideal zugewandte Entwicklung aller Kräfte; sie bildet den vornehmsten Erwerb und Besitz des menschlichen Geschlechts, der sich von Generation zu Generation fortpflanzt und mehrt ...
> ... Es ist aber kein abgesondertes Bestreben, sondern es ist mit Politik und Krieg, mit allen Ereignissen, welche die Tatsachen der Politik ausmachen, untrennbar verbunden.

Kulturgeschichte im engeren wie im weiteren Sinn hat ihre starken Wurzeln bereits im 18. Jahrhundert, in der Aufklärung (Voltaire) und in der Romantik (Herder). Das 19. Jahrhundert ist erfüllt vom Ringen um die weitere Vertiefung und Abgrenzung des Kulturbegriffs.
Wenn wir unter diesem Stichwort einen Blick werfen auf einige Historiker, an die man zunächst denkt, wenn von Kulturgeschichte die Rede ist, so liegt darin eine gewisse Willkür. Denn man kann sagen, daß in einem umfassenden Sinn alle Geschichte Kulturgeschichte ist. Ranke hat Kulturgeschichte getrieben, Treitschke ebenso, der Jurist Savigny hat.

mit seiner Darstellung des Lebens in den lombardischen Städten ein Musterstück der Kulturgeschichtsschreibung geliefert. Auch die historische Biographie, die im 19. Jahrhundert mächtig aufblühte und im 20. Jahrhundert neue Höhepunkte erreicht hat, ist – wenn sie den handelnden Menschen vor dem gesamten Hintergrund seiner Zeit zeigt – ein bedeutsames Stück Kulturgeschichte. Ein wichtiger Akzent liegt im 19. Jahrhundert auf dem sozialen und wirtschaftlichen »Unterbau« der Kultur.

BURCKHARDT Jacob *Burckhardt* (1818–1897) einen Kulturhistoriker zu nennen, ist in jedem Sinne berechtigt: Erstens ist er niemals einseitigem Spezialistentum verfallen. Sein Blick ging immer auf das Ganze der Geschichte, immer auf alle Seiten des Menschenlebens. Die *Kultur der Renaissance in Italien* ist ein universalgeschichtliches Gemälde, das auch den »Staat als Kunstwerk« einbezieht.

Zweitens ist Burckhardt Kulturhistoriker insofern, als er auf dem engeren Felde der Kultur- und Kunstgeschichte einige seiner größten Leistungen vollbracht hat. Begabung, persönliches Schicksal und Zeitumstände trafen hier zusammen. Burckhardt war ein Mensch, »zum Schauen geboren«. Anschauung war ihm alles, der abstrakte Gedanke nichts. Er war ein Ästhet mit einem angeborenen und durch sein ganzes Leben gepflegten Feingefühl für künstlerische Stile und Formen. Er war auch »zum Schauen geboren« in dem Sinn, daß er nicht zum Handeln geboren war. Er war ein »Betrachter«. Dabei wirkte auch seine Herkunft mit. Er stammte aus Basel, jenem eigenartigen Durchkreuzungspunkt, von dem man dank der Schweizer Neutralität die Stürme der Zeit wie von einem geschützten Wetterwinkel aus betrachten konnte.

Drittens ist Burckhardt Kulturhistoriker in dem Sinn, daß er die rein politische Geschichte oder gar politische Tendenzgeschichte verwarf, ja einen Ekel vor dem politischen Treiben empfand, aus dem er sich in die reine Welt des Schönen flüchtete, und auch in betrachtendes Versenken in die Vergangenheit überhaupt.

Dies letztere gilt allerdings nur eingeschränkt, nämlich für die spätere Periode seines Lebens. Jede nähere Untersuchung der Burckhardtschen Geschichtsanschauung zeigt, daß sie sich gewandelt hat, insbesondere, daß er in seiner Jugend und Frühzeit ein anderer gewesen ist als später. Die reifen und bleibenden Werke Burckhardts gehören aber alle der späteren Zeit an.

Burckhardt wuchs in Basel auf, kam aber durch Italienreisen und einen längeren Aufenthalt in dem damals noch preußischen Neuenburg früh mit italienischem und französischem Volkstum in Berührung. In Italien sah er von Jugend an seine zweite, ja seine eigentliche geistige Heimat. Burckhardts Studium in Berlin und Bonn brachte ihn zunächst ganz in den Bannkreis der nationaldeutschen Begeisterung jener Jahre. Er fühlte sich als Deutscher, sah sein Lebensziel darin, »den Schweizern zu zeigen, daß sie Deutsche sind«, sah das deutsch-französische Verhältnis ganz vom deutschen Standpunkt aus; er spottete, nach Basel zurückgekehrt, über die »Krähwinkelei« und politische Enge in seiner Heimat. Er begann auch, sich als Redakteur der »Baseler Zeitung« am politischen Tageskampf zu beteiligen. Hier vollzog sich der Umschwung. Die Berührung mit Massenbewegungen und Radikalismus ließ ihn zutiefst erschrecken. Zum ersten Male erhob sich vor seinem Auge das Schreckbild einer neuen Barbarei, die die ihm teuere Kultur »Alteuropas« überfluten würde. Er ging nach Rom. Es war eine Flucht, eine Flucht in die Vergangenheit und in das Schöne. Als seine Freunde in Deutschland sich an der Revolution von 1848 beteiligten, stand er ihnen innerlich schon recht fern.

Nun begann er sich mit Basel anzufreunden und konzentrierte sich hier auf seine wissenschaftliche Arbeit. Es entstanden *Die Zeit Konstantins des Großen* (1853), der *Cicerone* (1855), die *Kultur der Renaissance* (1860). Danach beschränkte er sich auf Vorlesungen und Vorträge. Die *Weltgeschichtlichen Betrachtungen,* sein berühmtestes Werk, waren nicht zur Veröffentlichung bestimmt und sind erst aus dem Nachlaß herausgegeben worden. Der deutsch-französische Krieg, den er als furchtbares Unglück empfand, die sozialen Kämpfe, die aufkommende Technik, die Verflachung der Bildung, das Aufkommen der Massen – dies alles bestärkte ihn vollends in seinem Pessimismus, aus dem er sich zu einem grandiosen leidenschaftslosen Blick auf das Ganze der Geschichte erhob.

Beschränken wir uns hier auf die *Weltgeschichtlichen Betrachtungen,* die hervorgegangen sind aus Burckhardts Vorlesungen *Über Studium der Geschichte,* zusammen mit den Vorträgen *Über historische Größe* und *Über Glück und Unglück in der Weltgeschichte* – alles aus den Jahren 1868 bis 1871. Es ist ein Werk äußerster Verdichtung. Der reife Ertrag eines ganzen Lebens intensiven und liebevollen Geschichtsstudiums liegt darin, zugleich der Ertrag aus den bitteren Erfahrungen, die Burckhardt gemacht, den bedrückenden Ängsten, die er durchlitten, den Hoffnungen, die er trotz allem sich erhalten hatte. »Was einst Jubel und Jammer war, muß nun Erkenntnis werden!« sagte Burckhardt selbst.

»Winke zum Studium des Geschichtlichen in den verschiedenen Gebieten der geistigen Welt« will Burckhardt geben. »Winke«: er betont, daß er ganz unsystematisch vorgehe. Die Geschichte spottet jedes Systems. Darum ist Geschichtsphilosophie ein »Kentaur«: sie will Unvereinbares vereinen. Die religiöse Geschichtsansicht »geht uns nichts an«. Auch nicht »die Sozialisten mit ihren Geschichten des Volkes«. Nur einen Maßstab gibt es:

> Unser Ausgangspunkt ist der vom einzigen bleibenden und für uns möglichen Zentrum, vom duldenden, strebenden und handelnden Menschen, wie er ist und immer war und sein wird; daher unsere Betrachtung gewissermaßen pathologisch sein wird.

Aufgabe der Geschichtsbetrachtung ist, in dem tausendfältigen Gewoge von Individuen und Massen, im Aufstieg und Niedergang von Staaten, Religionen und Kulturen aufzuweisen, wie alles Geistige eine geschichtliche Seite hat, durch die es am Wandel teilnimmt – wie aber auch alles, was geschieht, eine geistige Seite hat und mit ihr an der Unvergänglichkeit teilhat. Denn der Geist ist nicht vergänglich. Die Kontinuität des Geistes zu wahren, ist unsere Verpflichtung gegen die Vergangenheit. Die Welt des Geistes und des Schönen sind es, die auch für Burckhardt, bei allem Skeptizismus – »von dem man nie genug haben kann« – über den Wechsel der Zeiten erhaben sind.

Der Hauptteil der Weltgeschichtlichen Betrachtungen ist gewidmet den »drei Potenzen« Staat, Religion, Kultur in ihrem gegenseitigen Verhältnis. Staat und Religion sind die stabileren; die Kultur ist die Welt des Beweglichen, Freien. Von der Erörterung ihrer mannigfachen gegenseitigen Durchdringungen und Bedingtheiten geht Burckhardt über zur Lehre von den weltgeschichtlichen *Krisen*. Dies ist die »Sturmlehre« innerhalb der Geschichtsbetrachtung, ein Gegenstand, der in besonderem Maße die Forderung Burckhardts erfüllt, daß »ein großer historischer Gegenstand ... sympathisch und geheim mit dem Innersten des Autors zusammenhängen muß.« Wie entstehen Krisen? Warum sind sie nicht vermeidbar – angesichts des Mißverhältnisses zwischen dem Grad von Erschütterung und Zerstörung, den sie mit sich bringen, und ihrem Ertrag? Es ist offenbar, wie sehr hinter diesen Fragen Burckhardts Befürchtungen um das Schicksal unserer eigenen Ordnung und Kultur stehen, die er seit 1815 mit gewaltigen Schritten der großen Krisis zueilen sieht. Diese Krisis – nicht zu vermeiden, das ist unmöglich – aber einzudämmen und möglichst viel durch sie hindurchzuretten, das ist sein Ziel. Unter den Historikern ist Burckhardt einer der ersten, der die Konfliktstoffe und Gefahren im Schoß unserer Kultur erkannt und vieles Kommende prophetisch vorausgeahnt hat, so die »terribles simplificateurs«, die schrecklichen Vereinfacher, die alles niederwalzen, alles Echte zertreten oder verfälschen werden.

Den Schluß der Betrachtungen bilden Burckhardts großartige Analyse der historischen Größe und eine Untersuchung über Glück und Unglück in der Weltgeschichte. »Glück« allerdings ist ein Ausdruck, den man nach Burckhardt eigentlich aus dem Völkerleben verbannen sollte, während »Unglück« durchaus beizubehalten ist. Freilich gibt es auch ein Gesetz der Kompensation. Auf jede Zerstörung folgt eine Verjüngung. Und am Ende ist der Geist unzerstörbar und baut, vielleicht von uns unbemerkt, sich neue Stätten an Stelle der untergegangenen, denen unsere unerfüllbare Sehnsucht gilt:

In einer Zeit:
Da der täuschende Friede jener dreißig Jahre, in welchen wir aufwuchsen, längst gründlich dahin ist und eine Reihe neuer Kriege im Anzug zu sein scheinen,
Da die größten Kulturvölker in ihren politischen Formen schwanken oder in Übergängen begriffen sind,
Da mit der Verbreitung der Bildung und des Verkehrs auch die des Leidensbewußtseins und der Ungeduld sichtlich und rasch zunimmt,
Da die sozialen Einrichtungen durchgängig durch Bewegungen der Erde beunruhigt werden, – so vieler anderer angehäufter und unerledigter Krisen nicht zu gedenken, –.

Würde es ein wunderbares Schauspiel, freilich aber nicht für zeitgenössische, irdische Wesen sein, dem Geist der Menschheit erkennend nachzugehen, der über all diesen Erscheinungen schwebend und doch mit allen verflochten, sich eine neue Wohnung baut. Wer hievon eine Ahnung hätte, würde des Glückes und Unglückes völlig vergessen und in lauter Sehnsucht nach dieser Erkenntnis dahinleben.

Burckhardts Werke gehören offenbar zu den ganz wenigen geschichtlichen Büchern, die nicht veralten. Das liegt nicht an ihrem gelehrten Gehalt, auch nicht allein an der unvergleichlichen Darstellungskunst, die Burckhardt – nach dem Zeugnis aller Zeitgenossen – in der mündlichen Rede noch mehr eignete als beim Schreiben. Es liegt wohl vor allem an dem Menschen, der aus ihnen spricht.

LAMPRECHT Im Ringen um den Kulturbegriff und die rechte Methode der Geschichtswissenschaft nimmt Karl *Lamprecht* (1856–1915) eine wichtige Stellung ein, ein Deutscher, dessen Gedanken hauptsächlich auf die anglo-amerikanische Geschichtsschreibung eingewirkt haben. Lamprechts Auftreten hat zu einem berühmten Methodenstreit um das Verhältnis von politischer und Kulturgeschichte geführt. Ich hebe nur zwei der wichtigsten Leitgedanken Lamprechts heraus.

1. Nach Lamprecht hat alle bisherige Geschichtsbetrachtung ihr Thema viel zu eng gefaßt. Geschichte umfaßt für ihn eigentlich alles, was man überhaupt über den Menschen wissen kann. Sie schließt die politische Geschichte ein, die Wirtschafts- und Sozialgeschichte, die Religionsgeschichte, die Geschichte von Kunst und Wissenschaft. Und das genügt noch nicht, man muß ebenso die Vorgeschichte heranziehen, die Anthropologie, die Völkerkunde. Auch geographische Beschränkung kennt die Geschichte nicht. Dieser Auffassung entsprechend begann Lamprecht ein ganz enormes Arbeitsprogramm. Seine *Deutsche Geschichte*, die den Umfang eines ausgewachsenen Konversationslexikons erreicht, war nur als erster Teil gedacht. Es war unvermeidlich, daß ihm dabei im einzelnen Irrtümer unterliefen, die es seinen Gegnern leicht machten, ihn anzugreifen.

2. Träger des geschichtlichen Lebens ist nach Lamprecht das Seelenleben von zusammenhängenden Menschengruppen:

Die Geschichte ist ein Kaleidoskop mit einer bestimmten Summe von Gruppierungsmöglichkeiten seelischer Elementarerscheinungen ...

Moderne Geschichtswissenschaft ist daher in erster Linie Sozialpsychologie. Geschichte ist nichts anderes als die Psychogenese des Menschengeschlechts. Bei der psychologischen Betrachtung der Geschichte ergeben sich durch einfache Induktion aus den Tatsachen, ohne daß vorgefaßte Prinzipien hinzukommen, bestimmte Gesetzmäßigkeiten, fast mechanische, so daß die Psychologie als Mechanik der Geisteswissenschaften angesehen werden kann.

Mit dieser Methode entwickelte Lamprecht eine Lehre von den Kulturzeitaltern – ein alter Gedanke – die gesetzmäßig aufeinander folgen. Die Kulturzeitalter sind natürlich bei jedem Volke von eigener Art, je nach der Stellung dieses Volkes auf dem Erdball und im geschichtlichen Verlauf – in Raum und Zeit also –; gleichwohl sind es typische Stadien. Die Entwicklung verläuft stets von einer wenig gegliederten und geteilten Kultur zu immer stärkerer Gliederung, Versonderung und Bewußtwerdung. Lamprecht nannte seine Stadien: das symbolische, das typische, das konventionalistische, das individualistische, das subjektivistische Zeitalter.

Man sieht deutlich, daß Lamprecht, bei mancher Verwandtschaft zu Burckhardt im übrigen, sich in einem Punkte ganz grundlegend von ihm unterscheidet. Beide gingen von der Anschauung aus. Aber Lamprecht wollte dabei nicht stehenbleiben. Der Skeptiker Burckhardt begnügte sich damit, Geschichte als die »unwissenschaftlichste aller Wissenschaften« zu betreiben. Lamprecht wollte von der Anschauung des einzelnen fortschreiten bis zum alles umfassenden allgemeinen Begriff und Gesetz. Burckhardt gelang es, den Rahmen, den er selbst gezogen, auszufüllen. Lamprecht gelang es nicht. Sein Einfluß auf die spätere Geschichtsschreibung ist gleichwohl beträchtlich.

7. Die Geschichte im allgemeinen Bewusstsein

SCHOPENHAUER UND NIETZSCHE Das 19. Jahrhundert sah nicht nur Hegel und die Historische Schule; es brachte auch Schopenhauer und Nietzsche und ihre Angriffe gegen das geschichtliche Denken oder jedenfalls gegen ein Übermaß an solchem.

Arthur *Schopenhauer* (1788–1860) gibt im zweiten ergänzenden Bande seines Hauptwerkes *Die Welt als Wille und Vorstellung* eine zusammenfassende Darstellung seiner Gedanken über den Wert der Geschichte. Der Gedankengang ist abgekürzt etwa folgender:

Überall ist die Zahl und Mannigfaltigkeit der einzelnen Dinge unendlich groß. Der Menschengeist findet nur einen Halt in ihr, indem er das einzelne unter allgemeine Begriffe sammelt und so Ordnung schafft. Das leistet die Wissenschaft. Der Geschichte fehlt aber gerade der Grundcharakter der Wissenschaft: sie hat nur bloße Nebenordnungen von Tatsachen, keine Über- und Unterordnung. Sie ist Wissen, aber nicht Wissenschaft. Sie kriecht auf dem Boden der Erfahrung fort, weil sie immer am Einzelnen, am Individuellen haften bleibt. Eine Wissenschaft vom Individuellen ist aber ein Widerspruch in sich selbst. Das Individuelle ist unausschöpfbar. Wissen von ihm daher immer halbes Wissen.

Niemals kann die Geschichte aus Allgemeinbegriffen das Besondere richtig bestimmen oder gar vorhersagen. Die Mathematik kann, vom richtigen Begriff des Dreiecks ausgehend, über jedes beliebige Dreieck, das ihr jemals begegnen wird, etwas aussagen. Die Geschichte muß sich von jedem neuen Tag und seiner Alltäglichkeit neu belehren lassen.

Diese abfällige Bewertung der Geschichte ist nur aus Schopenhauers Gesamteinstellung zu verstehen. Jedenfalls ist für ihn nicht das wichtig, was kommt und vergeht, sondern nur das, was hinter und unter allem

Wandel ewig gleichbleibt. Dies zu erkennen, bedarf es nicht der geschichtlichen Länge und Breite, sondern der philosophischen Tiefe. Da es möglich ist, dies allein Wichtige unmittelbar zu fassen, so ist es eigentlich keine würdige Beschäftigung des Menschengeistes, dieses Eine mühsam unter seinen vielen geschichtlichen Verkleidungen aufzusuchen, um schließlich gewahr zu werden, daß das Menschenleben überall dasselbe ist. Die Vielheit ist bloße Erscheinung, das Wesen ist immer eines und immer gleich. Nur das Innere hat wahre Realität. »Immer dasselbe, nur anders« ist eigentlich der Wahlspruch der Geschichte.

Freilich ist Schopenhauer nicht so einseitig, die Geschichte in Bausch und Bogen zu verwerfen. Er weiß, daß sie das gemeinsame Gedächtnis des Menschengeschlechts ist, ja sein vernünftiges Selbstbewußtsein; für die Menschheit im Ganzen das, was für den einzelnen das vernünftige und zusammenhängende Bewußtsein ist. Aber seine Wendung gegen die Geschichte ist doch deutlich.

Friedrich *Nietzsche* (1844–1900) wandte sich besonders mit dem zweiten Stück seiner *Unzeitgemäßen Betrachtungen*, überschrieben *Vom Nutzen und Nachteil der Historie für das Leben*, gegen ein Übermaß von Geschichte, bei der das Leben verkümmert und entartet. Belehrung ohne Belebung, bloßes Wissen, das die Tätigkeit erschlaffen läßt: das sind überflüssige, ja schädliche Dinge. Die Geschichte muß im Dienst des Lebens stehen. Wird sie beherrschend, so zerbröckelt und entartet das Leben. In seiner eigenen Zeit sieht Nietzsche ein erdrückendes Übermaß von Geschichte auf den Menschen zustürzen. Es führt dazu, daß wir Modernen gar nichts mehr aus uns selber haben, wir füllen und überfüllen uns mit fremden Zeiten, Kunststilen, Philosophien, Erkenntnissen ...

HISTORISMUS Wäre aus dem 19. Jahrhundert nichts überliefert als diese Äußerungen Schopenhauers und Nietzsches: durch zwingenden Rückschluß könnten wir sogleich aus der Kraft und Leidenschaftlichkeit ihrer Attacken entnehmen, was für eine gewaltige Macht Geschichte und geschichtliche Bildung (oder Verbildung) angenommen hatten in diesem Jahrhundert, das man das geschichtliche nennt!

In der Tat: das gesamte Denken wurde geschichtlich. Und nicht nur das Denken! Man denke nur an die Kette von mehr oder weniger leblosen Erneuerungen vergangener Stile in Baukunst und bildender Kunst, die das 19. Jahrhundert in schneller Folge brachte.

Was der Mensch sei, das erfährt er nicht durch Grübelei über sich, auch nicht durch psychologische Experimente, sondern nur durch die Geschichte.
Einer der wichtigsten Grundzüge dieser neueren Zeit ist die Ausbildung einer restlos historischen Anschauung aller menschlichen Dinge.

Dies sind zwei Formulierungen für den gleichen Tatbestand: für die restlose Historisierung des modernen Denkens seit dem 19. Jahrhundert. Sie stammen von den beiden Männern, die sich um die geistige Durchdringung dieser »Historismus« genannten Bewegung besonders verdient gemacht haben: Wilhelm *Dilthey* (1833–1911) und Ernst *Troeltsch*

(1865–1923). Von ihnen ist Dilthey derjenige, der – neben den erkenntnistheoretischen Denkern der neukantischen philosophischen Schulen um die Jahrhundertwende – den größten Beitrag zur erkenntnistheoretischen und methodischen Selbstbesinnung und Grundlegung der Geschichte und der Geisteswissenschaften gelegt hat. Dilthey war für diese Aufgabe hervorragend ausgerüstet. Er besaß historischen Tiefblick, Stilgefühl, psychologisches Verstehen, die Gabe feinster Abschattung und Charakterisierung, dazu philosophische Schulung und exakte Logik. Diltheys Werk greift schon ins 20. Jahrhundert hinüber. Seine grundlegende *Einleitung in die Geisteswissenschaften* erschien 1883; 1910 folgte *Der Aufbau der geschichtlichen Welt in den Geisteswissenschaften.* Ich kann seine Gedanken hier ebensowenig ausbreiten wie die für die Grundlegung der geschichtlichen Geisteswissenschaften gleich bedeutenden Werke der Neukantianer Heinrich *Rickert* (1863–1936) und Wilhelm *Windelband* (1848–1915), des von Hegel beeinflußten Benedetto *Croce* (1866–1952) oder der im engeren Sinne als Schüler und Fortsetzer Diltheys zu betrachtenden Eduard *Spranger* (geb. 1882) und Erich *Rothacker* (geb. 1888). Neben diesen ist noch Friedrich *Meinecke* (1862 bis 1954) zu nennen als Begründer einer ideengeschichtlichen Richtung; Meinecke hat in seinem Werk *Die Entstehung des Historismus* das Wesen dieser Bewegung erhellt.

Die Anführung dieser Namen soll lediglich einen sinnfälligen Hinweis geben auf die Tatsache, daß die Geschichte in unveränderter Stärke auch ein Zentralproblem im Denken des 20. Jahrhunderts geblieben ist. Daß alles unbeständig und vergänglich ist, ist ein Grundgefühl unseres Zeitalters, viel stärker als in vergangenen Zeiten, in denen das Bleibende doch als das eigentlich Wichtige galt und gefühlt wurde.

II. Das Recht

Rechtsdenken und Rechtswissenschaft des 19. Jahrhunderts bilden einen mächtigen und fast unübersehbar breiten Strom. Der Ausschnitt, der auf den folgenden Seiten geboten wird, ist bestimmt durch vier Einschränkungen, die zueinander im Verhältnis konzentrischer Kreise stehen:

1. Zunächst wollen wir dessen eingedenk sein, daß es sich hier nicht um Rechtsgeschichte handelt, sondern um die Geschichte der Rechtswissenschaft. Es bedarf keiner Unterstreichung, daß beides eng zusammenhängt. Die Entwicklung des positiven Rechts und der Fortgang der Rechtswissenschaft sind eng verschlungen. Dabei führt bald die tatsächliche Rechtsfortbildung, und die Wissenschaft folgt nach, indem sie jene kommentiert. Bald auch führt die Wissenschaft, indem sie der Gesetzgebung den Weg weist. Aber nicht immer sind beide gleichlaufend. Sie können auch auseinanderfallen, und gerade dies war der Fall in der Zeit des ausgehenden 18. Jahrhunderts, mit dem die hier zu betrachtende Entwicklung einsetzt.

Die Naturrechtslehre war im Grunde mehr Rechtsphilosophie als Wissenschaft vom positiven, geltenden Recht. Sie brachte hohe Ziele und Ideale. Aber sie beherrschte und durchdrang nicht den zähen Rechtsstoff, der in der Rechtspraxis weiterhin seine Herrschaft behielt. Durch das ganze 18. Jahrhundert hindurch blieb die herrschende Praxis des Pandektenrechts fast unverändert. Es bedurfte einer Rechtswissenschaft, die sich dem Gegebenen zuwandte, und das heißt zunächst: dem geschichtlich Gegebenen. Die Ausbildung einer solchen Rechtswissenschaft ist die die größte Leistung des 19. Jahrhunderts auf unserem Gebiet.

2. Ich beschränke die Betrachtung auf die Privatrechtslehre. Welche Einengung darin liegt, ist sofort klar, wenn man bedenkt, daß damit so wichtige Zweige der Rechtslehre wie Staatsrecht, Völkerrecht, Strafrecht ausgeschlossen bleiben. Doch hat diese Bevorzugung des Privatrechts – abgesehen davon, daß der Raum zur Begrenzung zwingt – gerade für das 19. Jahrhundert eine gewisse innere Berechtigung. Denn das Privatrecht hatte in dieser Zeit nicht nur im Universitätsunterricht, sondern auch im allgemeinen Rechtsdenken und Rechtsleben eine dominierende Stellung, erfuhr auch durch die Gesetzgebung besondere Pflege. Die Befreiung des Individuums, der Persönlichkeit, eingeleitet in Renaissance und Reformation, vollends verwirklicht durch die Französische Revolution, drang nun in das Privatrecht.

Das Abstreifen alter Bindungen brachte für das Privatrecht Aufgaben unerhörten Ausmaßes. Das Recht der Persönlichkeit, das Recht des wirtschaftlichen Verkehrs, das Bodenrecht, das Arbeitsrecht, das Familien- und Erbrecht – alles mußte von Grund auf neu gestaltet werden.

Der Kern des Privatrechts ist die Ordnung des Eigentums und der Familienverhältnisse. In ihm ruht das wirtschaftliche Dasein jedes einzelnen und die Ordnung der Gesellschaft. Das Privatrecht ist aus diesem Grunde viel zähflüssiger als das öffentliche Recht. Seine Änderungen sind im allgemeinen langsam, sie vollziehen sich in sekularem Rhythmus. Das öffentliche Recht verändert sich ständig, jeder politische Wechsel gestaltet es um. Wie tiefgreifend eine Revolution ist, kann man geradezu daran ablesen, in welchem Ausmaße sie in die Sphäre des Privatrechts, in die rechtliche Ordnung von Eigentum und Familie eingreift.

3. Ich beschränke mich auf Deutschland. Auch das ist einseitig, hat aber wiederum eine innere Berechtigung. Die deutsche Rechtswissenschaft war in dieser Zeit führend. Von ihr ging eine weltweite Wirkung aus. Vor allem brachte sie die *Historische Rechtsschule* hervor. Diese aber ist viel mehr als eine bloße gelehrte Juristenschule; sie ist der Kern und Kristallisationspunkt der ganzen weitgreifenden geistigen Bewegung, die als Historische Schule bezeichnet wird. Der Nichtjurist, der sich wundert, daß auf so trockenem Boden (für den der Laie die Juristerei hält) eine so fruchtbare Pflanze erwuchs, möge hierbei eines seiner Vorurteile abstreifen.

4. Ich verzichte auf alles einzelne, insbesondere die wissenschaftliche Bearbeitung einzelner Rechtsinstitute, und halte mich nur an einige wenige Grundgedanken. Wir bewegen uns dabei auf der Grenzlinie zwi-

schen der eigentlichen Rechtswissenschaft einerseits und der Rechtspolitik und Rechtsphilosophie andererseits.

1. Der Auftakt: Hugo und Thibaut

Das zentrale Ereignis in der Rechtswissenschaft ist für die erste Jahrhunderthälfte ihre Durchdringung und Durchtränkung mit geschichtlichem Denken. Neben Justus *Möser* und neben dem eigentlichen Haupt der Historischen Rechtsschule – Savigny – ist vor allem Gustav *Hugo* (1764–1844) als Begründer dieser neuen Denkrichtung anzuführen. Die Naturrechtslehre leitete ihre Sätze mehr aus Deduktion denn aus geschichtlichen Quellen her. Die herrschende juristische Praxis haftete am einzelnen. Trotz dieser Gegensätzlichkeit hatten beide eines gemeinsam: sie waren quellenfremd. Hiergegen wandte sich Hugo.

Wir finden in Hugos Kampf bereits zwei der Hauptzüge, welche die Historische Schule im ganzen auszeichnen: philosophische Exaktheit und Zurückgehen auf dic Quellen, auf die ursprünglichen, reinen Quellen. Hugo war nicht umsonst ein Schüler Göttingens, der damaligen Hochburg der exakten philologischen Methode. Hugo will »den Sinn von Wörtern und Redensarten nicht mehr philosophisch bestimmen, sondern historisch nach dem, was sich die Römer dabei dachten«. Dafür nun war es nötig, zurückzugehen nicht nur auf das seit der Rezeption angewandte römische Recht, auch nicht bloß auf das Corpus juris des Justinian, sondern auf die Schriften der klassischen römischen Juristen. Mit Hugo beginnt die Rechtswissenschaft den Geist des römischen Rechts aus den Quellen zu ergründen. Erst seit Hugo ist die Rechtsgeschichte ein selbständiger, geachteter und methodisch gesicherter Zweig der Rechtskunde.

Hugos Werke brauche ich nicht aufzuführen. Er schuf kein größeres, frei angelegtes Werk, das in die Breite hätte wirken können. Er legte seine Gedanken in Aufsätzen und Kompendien nieder; sie waren zum großen Teil als Unterlagen für seine Vorlesungen gedacht und ließen absichtlich allerhand im dunkeln, was erst dort gelöst werden sollte. Literarischen Ruhm hat er deshalb nicht geerntet. Er bemerkte selbst über eines seiner Werke, daß daran vielleicht nur der ihm zugrunde liegende Gedanke erträglich sei.

Diese Grundgedanken sind das Bleibende: Hugo war Empiriker, ein vorurteilsloser Beobachter des Tatsächlichen. Die Orientierung am Stoff allerdings artete bei ihm, besonders im Alter, aus zur Pedanterie – obwohl er Rechtswissenschaft als ein »philosophisches Unternehmen« (er war Kantianer) ansah. Den Empirismus, die unbedingte Hingabe an den Stoff, hat Hugo der Rechtswissenschaft als bleibendes Erbe hinterlassen; daneben – auch das liegt im Zuge der Zeit – die Wendung zur fachlichen Spezialisierung, die mit peinlich genauer Sammlung und Sichtung empirischen Materials notwendig einhergeht. Seit Hugo kann man die Haupteinteilung der juristischen Fächer datieren, die bis heute gilt: Staatsrecht, Strafrecht, Kirchenrecht, deutsches Privatrecht, römisches

Privatrecht – wobei andere Fächer, heute verselbständigt, noch in die genannten eingeschlossen sind.

Manchmal ist Hugo geradezu als Begründer der Historischen Rechtsschule bezeichnet worden. Er ist ihr wichtigster Vorläufer, aber nicht ihr Begründer. Dazu fehlt ihm noch eines: der Begriff der organischen Entwicklung. Auf Hugos Schultern steht Savigny, der die Schule begründete. Savigny war Hugos Schüler und erkannte ihn als seinen Lehrer an. Die Wissenschaftsgeschichte überliefert im allgemeinen getreu die Höhepunkte der einzelnen geistigen Bewegungen. Gegen die Anfänge und die Initiatoren ist sie oft ungerecht. Oft genießt der Schüler, der die Keime entfaltet, Weltruhm; der Lehrer, der sie gelegt, wird fast vergessen. Dies gilt für das Verhältnis Savignys zu Hugo wie zum Beispiel auch für das Verhältnis O. v. *Gierkes* zu seinem Lehrer *Beseler*.

Der eine der beiden Juristen, deren Werk hier als »Auftakt« bezeichnet ist, wies die Wege für Savigny. Der andere hat eine entgegengesetzte Rolle: in der Opposition zu ihm entzündeten sich Savignys Gedanken.

Das ausgehende 18. Jahrhundert hatte mit vielem geschichtlich Überkommenen tabula rasa gemacht und die großen Kodifikationen hervorgebracht, an der Spitze die »5 Codes« in Frankreich: je ein Gesetzbuch für das Zivilrecht, das Strafrecht, das Handelsrecht, den Zivilprozeß und das Strafverfahren. Als mit der Erhebung gegen Napoleon eine Welle nationalen Gefühls durch Deutschland strömte – was lag näher als der Gedanke, auch dem deutschen Volk eine einheitliche Rechtsordnung zu geben und dieses einheitliche Recht in einem neuen Gesetzbuch niederzulegen? Nicht nur das Nationalgefühl stand hinter dieser Forderung – auch die Ausdehnung des Wirtschafts- und Handelsverkehrs erforderte Beseitigung der Schranken und Rechtseinheit. In vielen deutschen Staaten war während der französischen Herrschaft der Code Napoleon eingeführt worden. Ihn einfach beizubehalten oder gar seine Geltung auf ganz Deutschland auszudehnen – dagegen empörte sich der Nationalstolz wie die Erkenntnis, daß das Fremde, auch wenn anderswo bewährt, nicht unbesehen übertragen werden kann. Tatsächlich wurde der Code in einigen Ländern bald wieder abgeschafft, jedoch nicht in Baden und in den wirtschaftlich wichtigen linksrheinischen Gebieten.

Aus der Begeisterung der Jahre 1813/14 schrieb der Heidelberger Rechtslehrer Anton Friedrich Justus *Thibaut* (1772–1840) seinen glänzenden Aufruf *Über die Notwendigkeit eines allgemeinen bürgerlichen Rechts für Deutschland.*

Thibaut wendet sich darin gegen das Corpus juris als Erzeugnis eines vergangenen, uns fremden Volkes – noch dazu aus dessen Verfallszeit! – wie gegen die bisherige Pandektenwissenschaft, die sich immer tiefer in Philologie und Geschichte hineingewühlt hat, »aber der kräftige Sinn für Recht und Unrecht, für die Bedürfnisse des Volkes, für ehrwürdige Einfalt und Strenge der Gesetze ist dabei immer stumpfer geworden«.

Thibauts Forderung – wie er sie an anderer Stelle formuliert hat:

Die Deutschen sind viele Jahrhunderte durch ein Labyrinth buntscheckiger, zum Teil sinnloser, verderblicher Gebräuche gelähmt, herabgestimmt, voneinander getrennt. Gerade jetzt bietet sich für die Verbesserung des bürgerlichen Rechts eine unerwartet günstige Gelegenheit dar, wie sie sich nie dargeboten hat und vielleicht in tausend Jahren nicht wiederkehren wird ... Die Überzeugung, daß Deutschland bisher an vielen Übeln kränkelte, daß es besser werden kann und muß, ist allgemein. Selbst das frühere französische Übergewicht hat dazu beigetragen. Denn kein Unparteiischer kann es leugnen, daß in den französischen Einrichtungen sich manches sehr Gute aussprach, und daß der Code und die Diskussion und Reden über denselben sowie das preußische und österreichische Gesetzbuch in unsere Rechtsphilosophie mehr frisches Leben und zivilistische Kunst gebracht haben als der ganze Schwarm unserer Lehrbücher über Naturrecht. Wollten sich die deutschen Regierungen jetzt über die Abfassung eines allgemeinen deutschen Zivil-, Kriminal- und Prozeßgesetzbuches vereinigen und nur fünf Jahre hindurch darauf verwenden, was ein halbes Regiment Soldaten kostet, so könnte es nicht fehlen, daß wir etwas Treffliches und Gediegenes erhalten würden. Der positive Gewinn eines solchen Gesetzbuches wäre aber unermeßlich.

Es ist nun eigentlich unrecht, Thibaut nur mit dieser Schrift zu Worte kommen zu lassen und seine Hauptwerke zu übergehen, die ihn in den ersten Jahrzehnten des Jahrhunderts zum anerkannt ersten deutschen Lehrer des Zivilrechts – auch und gerade des römischen – gemacht haben. Aber ich will hier nur zeigen, wo Savignys Gedanken ansetzen. In der Auseinandersetzung zwischen Thibaut und Savigny, welche diese Schrift auslöste, haben wir den Keim des Gegensatzes vor uns, der unter allen Geisteskämpfen um die Grundlagen der Rechtswissenschaft im 19. Jahrhundert der wichtigste ist: der Gegensatz zwischen der Historischen Schule und der von Thibaut vertretenen Auffassung, die man als rechtswissenschaftlichen Positivismus bezeichnen kann. Positivismus in diesem Sinne ist die Einstellung auf das praktisch Geltende und praktisch Erforderliche.

2. Savigny als Begründer der historischen Rechtsschule

Friedrich Carl von *Savigny* (1779–1861), der berühmteste aller deutschen Juristen und einer der größten Rechtsdenker aller Zeiten, entstammte einem oberlothringischen Adelsgeschlecht, das im 17. Jahrhundert um seines protestantischen Glaubens willen nach Deutschland umgesiedelt war. Sechzehnjährig begann er mit dem Studium der Rechte in Marburg, einundzwanzigjährig wurde er nach gründlichem Studium, das durch Krankheit und größere Reisen unterbrochen war, am gleichen Orte promoviert. Unmittelbar darauf begann er zu lehren.

Der vierundzwanzigjährige Professor rückte mit seinem *Recht des Besitzes* sogleich in die erste Reihe der deutschen Juristen. Die Schrift ist ein Meisterwerk nach Form und Inhalt. Sie zeugt, wie die Vorlesungen, aus denen sie erwachsen ist, vom Geiste Hugos; jedenfalls in bezug auf die Methode – in der Ausführung läßt Savigny dagegen seinen Lehrer schon hier weit hinter sich und liefert, auf empirisch-quellenmäßiger Grundlage, ein vollendet abgerundetes Werk.

Studienreisen, nach Westen bis Paris, nach Osten bis Wien, folgten. Nach kurzer Tätigkeit an der bayerischen Universität Landshut berief W. von Humboldt den nun einunddreißigjährigen Gelehrten an die Universität Berlin, die gerade entstehen sollte – als den Mann, »von welchem der König die Vertiefung des Rechtsbewußtseins, die richtige Behandlung und Leitung des ganzen Studiums der Jurisprudenz erwarten dürfe«. Savigny wurde sogleich zum Rektor der neuen Anstalt und führte dieses Amt bis zum Tage der Leipziger Völkerschlacht (18. 10. 1813).

In den darauffolgenden Jahren trat Savigny mit den Veröffentlichungen hervor, die man die eigentlichen »Programmvorschriften« der Historischen Schule nennen kann. Es sind die berühmte Antwort auf Thibaut *Vom Beruf unserer Zeit für Gesetzgebung und Rechtswissenschaft* (1814) und wenige grundlegende Aufsätze Savignys aus der damals von ihm begründeten *Zeitschrift für geschichtliche Rechtswissenschaft.*

Nur den Inhalt dieser Programmschriften betrachten wir anschließend genauer, nicht aber die breit angelegten eigentlichen Hauptwerke Savignys, mit denen er in jahrzehntelanger Arbeit den selbstgesteckten Rahmen auszufüllen begann. Diese Hauptwerke sind die *Geschichte des römischen Rechts im Mittelalter*, die in fünf Bänden zuerst 1815–1831 erschien und später erweitert wurde, sowie das *System des heutigen römischen Rechts* (ab 1840), von dem Savigny nur noch die ersten acht Bände bewältigte. Mit diesem Werke wandte sich Savigny bereits von der eigentlichen historischen Betrachtung ab und wieder der Dogmatik zu. Dieser Schritt bedeutet eine Abkehr von der Einseitigkeit seines ursprünglichen Programms und eine Wiederannäherung an die juristische Praxis.

Mitten in dieser Arbeit berief der König Savigny an die Spitze des Ministeriums für Gesetzgebung. Seine Persönlichkeit und seine Grundsätze machten ihn dafür wenig geeignet, so daß die Tätigkeit nur ein Zwischenspiel blieb.

WIE ENTSTEHT RECHT? An der Stellungnahme zu dieser Frage scheiden sich nach Savigny die Juristen in zwei Gruppen. Die eine nennt er die geschichtliche, die andere die ungeschichtliche Schule. Bringt jedes Zeitalter sein Recht frei und willkürlich hervor? Bejaht man dies, so ist Geschichte zwar nicht ganz zu verachten, aber doch nicht mehr als eine moralisch-politische Beispielsammlung. Ganz anders die geschichtliche Schule: nach ihr

... gibt es kein vollkommen einzelnes und abgesondertes menschliches Dasein: vielmehr, was als einzeln angesehen werden kann, ist, von einer anderen Seite betrachtet, Glied eines höheren Ganzen. So ist jeder einzelne Mensch notwendig zugleich zu denken als Glied einer Familie, eines Volkes, eines Staates: jedes Zeitalter eines Volkes als die Fortsetzung und Entwicklung aller vergangenen Zeiten; und eine andere als diese Ansicht ist eben deshalb einseitig, und, wenn sie sich allein geltend machen will, falsch und verderblich. Ist aber dieses, so bringt nicht jedes Zeitalter für sich und willkürlich seine Welt hervor, sondern es tut dieses in unauflöslicher Gemeinschaft mit der ganzen Vergangenheit. Dann muß also jedes Zeitalter etwas Gegebenes anerkennen ... Die Geschichte ist dann nicht mehr bloß Beispielsammlung, sondern der einzige Weg zur wahren Erkenntnis unseres eigenen Zustandes.

Was ergibt sich aus dieser Auffassung für das Recht?

Die Summe dieser Ansicht also ist, daß alles Recht auf die Weise entsteht, welche der herrschende, nicht ganz passende Sprachgebrauch als *Gewohnheitsrecht* bezeichnet, d. h. daß es erst durch Sitte und Volksglaube, dann durch Jurisprudenz erzeugt wird, überall also durch innere, stillwirkende Kräfte, nicht durch die Willkür eines Gesetzgebers.

In den ältesten Zeiten eines Volkes entsteht das Recht unmittelbar aus der Volksanschauung und nimmt sinnenfällige feste Formen an. Diese Formen, symbolische Handlungen und ähnliches, sind es, die das Recht durch die Zeit hindurch festhalten. Das gilt auch für die ältere Zeit des römischen Rechts. Mit dem Fortgang der Entwicklung sondern sich nun allerdings die Tätigkeiten eines Volkes; es entstehen eigene Stände, untern ihnen auch die Juristen. Das Recht wird nun künstlicher und verwickelter, es nimmt in den Händen der Juristen, die gleichsam stellvertretend für das ganze Volk nun das Recht bewahren und fortbilden, einen technischen Charakter an; aber es hört doch niemals auf, ein Teil des Volkslebens im ganzen zu sein.
Es liegt auf der Hand, daß für Savigny die tiefste Quelle des Rechts in nichts anderem liegt als im »Volksgeist« – auch wenn er diesen Ausdruck hier nicht gebraucht. Das Wort ist nämlich, wie spätere Forschung ermittelt hat, zuerst von Hegel geprägt und erst auf einem Umwege dann in Savignys spätere Schriften übergegangen. Und indem man dies bemerkt, wird auch schon deutlich, daß Savigny im Grunde eigentlich nichts oder nicht viel Neues und Originelles sagt. Wir haben schon des öfteren bemerkt, daß der Denker, der sogleich einen überwältigenden Erfolg erzielt, meist nur etwas ausspricht, zu dem das allgemeine Bewußtsein schon vorbereitet ist, vorbereitet durch die Pfadfinderarbeit anderer, die oft der Vergessenheit anheimfallen. Auch Savignys Grundgedanken sind von dieser Art: die empirisch-geschichtliche Methode im Zurückgehen auf die reinen Quellen, der Gedanke der »organischen Entwicklung«, der Volksgeist als Quelle – dies sind zum großen Teil schon Grundgedanken der Romantik.
Es ist deshalb nicht verwunderlich, wenn wir hören, daß Savigny bei Schelling, dem Philosophen der Romantik, gehört und starke Eindrücke davongetragen hat; daß er mit dem sogenannten Heidelberger Romantikerkreis – den Brentanos, Creuzers, Grimms, Arnims – aufs engste befreundet und selbst mit einer Brentano verheiratet war. Insbesondere ist Schellings Lehre vom Staate: der Staat als Organismus, die Geschichte als sein Baumeister – der Savignyschen Grundauffassung so nahe verwandt, daß man sagen könnte, Savigny habe Schellings Gedanken auf das Recht und insbesondere das Privatrecht angewandt.

FOLGERUNGEN FÜR GESETZGEBUNG UND RECHTSWISSENSCHAFT Zunächst ist klar: Wenn das Recht, wie Sprache, Sitte oder Volksdichtung, mit innerer Notwendigkeit aus Sitte und Volksglauben, aus dem Innersten des Volksgeistes herauswächst, so wird man fremdes Recht genauso wenig einem Volk aufzwingen können, wie man ihm eine fremde Sprache, einen fremden Dialekt oder einen fremden Kunstgeschmack aufzwingen kann. Das Rechtsbewußtsein des Volkes wird das ablehnen. Aus diesem Grunde hat Savigny auch die französischen Gesetzbücher als eine »politische Krankheit« zurückgewiesen.

Die zweite Folgerung: Man kann das Recht nicht machen, sondern nur wachsen lassen.

Die geschichtliche Schule nimmt an, der Stoff des Rechts sei durch die gesamte Vergangenheit der Nation gegeben, doch nicht durch Willkür, so daß er zufällig dieser oder ein anderer sein könnte, sondern aus dem innersten Wesen der Nation selbst und ihrer Geschichte hervorgegangen. Die besonnene Tätigkeit jedes Zeitalters aber müsse darauf gerichtet werden, diesen mit innerer Notwendigkeit gegebenen Stoff zu durchschauen, zu verjüngen, und frisch zu erhalten.

Es kann hiernach nicht zweifelhaft sein, wie Savigny die Frage nach dem Beruf seiner Zeit zur Gesetzgebung beantwortet: Die hochgespannten Erwartungen, mit denen man einer durchgreifenden Neugestaltung und Rechtsvereinheitlichung durch den Gesetzgeber entgegensah, sind hervorgegangen aus einer Verkennung des wahren Wesens des Rechts. Nicht das Messer des Chirurgen, nach dem Thibaut ruft, kann helfen – wie leicht könnte es auf gesundes Fleisch treffen! – sondern eine pflegende und bewahrende Hand wie die eines liebevollen Gärtners.

Savigny spricht zunächst nur seiner eigenen Zeit diesen Beruf ab. Ein Gesetzgeber, der ein umfassendes Kodifikationswerk leisten soll, müßte zunächst die »inneren Kräfte« und die unbewußt herrschenden Mächte der Vergangenheit durch gründliches geschichtliches Studium sich völlig angeeignet haben. Diese Voraussetzung fehlt gerade. Diese Selbstvergewisserung ist erst noch zu leisten, eben dies ist die Aufgabe der geschichtlichen Schule der Rechtswissenschaft, die Savigny ins Leben ruft.

Im Grunde liegt hierin aber ausgesprochen, daß eigentlich *keine* Zeit diesen Beruf wird haben können. Kodifikation ist entweder ohne ausreichende geschichtliche Grundlage: dann ist sie schädlich. Oder sie hat diese Grundlage: dann ist sie eigentlich überflüssig, denn sie wird dann nicht mehr und nicht weniger enthalten, als ohnehin im Zuge der organischen Entwicklung liegt. Der Traum, ein einheitliches nationales Recht schnell und großzügig im Wege der Gesetzgebung zu schaffen, war damit für Savigny ausgeträumt. Was möglich ist, ist die liebevolle Pflege und Fortbildung des einzelnen – auch durch Gesetzgebung, der Savigny in diesem Rahmen keineswegs das Recht abspricht. Dieser Weg wurde in Deutschland tatsächlich durch das ganze 19. Jahrhundert beschritten.

Man sieht, bei dieser Grundauffassung Savignys kommt es fast einer Ironie der Weltgeschichte gleich, daß dieser Mann zum Minister für Gesetzgebung berufen wurde! Und ebenso leicht ist zu sehen, daß die Wirkung der Savignyschen Gedanken auf die tatsächliche Rechtsentwicklung im wesentlichen eine bremsende, retardierende gewesen sein muß. Er steht damit auf der »rechten« Seite der gesellschaftlichen Fronten: Erhaltung des Bestehenden, keine überstürzten Schritte – darauf läuft seine

Lehre hinaus. Und doch enthält sie mit ihrer Wendung gegen die Rechtsdiktatur eines Gesetzgebers, mit ihrer Bewertung der Volkskräfte auch wieder eine freiheitlich-demokratische Note.

Alles, was Savigny dem Bereich und den Möglichkeiten der Gesetzgebung abschneidet, kommt bei ihm der *Rechtswissenschaft* zugute. Wenn man das Recht nicht machen kann, wenn es vielmehr im Körper des Volkes lebt, so muß man es *suchen*: dies ist die Aufgabe der Rechtswissenschaft. Hat man es gefunden, so kann man es auch kodifizieren – aber das wäre dann fast überflüssig.

Diese Aufgabe kann nur eine *geschichtliche* Rechtswissenschaft lösen. Solche Wissenschaft zu treiben, ist Savignys Zeit berufen, ja besonders berufen, da die nationale Befreiung, die Rettung der höchsten Güter, der geschichtlichen Betrachtung einen neuen Reiz gegeben hat.

3. Blick auf die Entfaltung der Schule

AUSSTRAHLUNG IN ANDERE WISSENSCHAFTEN Die Einheit der Historischen Schule als Geistesbewegung habe ich bereits früher unterstrichen. Savigny war sich selber sehr wohl darüber klar, daß der »historische Gedanke« nicht auf die Rechtswissenschaft beschränkt werden kann. Er sagt an der Stelle, da er die geschichtliche und die ungeschichtliche Rechtsschule gegenüberstellt:

> Allein der Gegensatz dieser Juristenschulen kann nicht gründlich verstanden werden, solange man den Blick auf diese unsere Wissenschaft beschränkt, da er vielmehr ganz allgemeiner Natur ist, und mehr oder weniger in allen menschlichen Dingen, am meisten aber in allem, was zur Verfassung und Richtung der Staaten gehört, sichtbar wird.

In der Tat findet sich der Gedanke, den Savigny für das Recht ausspricht, genau gleichlaufend bei Ranke für den Staat. Sowenig es ein allgemeines Recht für alle Zeiten und Völker gibt, sowenig einen abstrakten Begriff des Staates. Das ist »eine leere Idee«. Die Politik, als allgemeine Staatslehre verstanden, kann niemals einen konkreten Staat hervorbringen. Jeder Staat ist eine geistige Wesenheit für sich.

Ranke gebraucht, um dies klarzumachen, noch einen anderen Vergleich: den mit der *Sprache*. Eine »allgemeine Politik« ist genauso problematisch wie eine allgemeine philosophische Grammatik. Niemand kann aus Spekulation und allgemeinen Gesetzen eine lebende Sprache konstruieren. Jakob Grimm, der als Zwanzigjähriger Savigny auf seiner Pariser Reise begleitete, war es, der diese Gedanken für die Sprachwissenschaft und für das deutsche Recht fruchtbar machte. Bevor wir Grimm als Juristen betrachten, müssen wir aber einen Blick werfen auf die wichtigste sachliche Aufspaltung innerhalb der geschichtlichen Rechtsschule.

ROMANISTEN UND GERMANISTEN Die Ausführung des Savignyschen Programms war durch den gegebenen Stoff und die geschichtliche Lage von selbst in zwei Richtungen gewiesen. Das geschichtlich gewordene Recht war aus dem römischen und dem deutschen gemischt. Damit war die Teilung in einen romanistischen und einen germanistischen Zweig vorgezeichnet.

Was Savigny selbst anbelangt, so hat er, abgesehen von einer vereinzelten Arbeit über die Rechtsgeschichte des Adels, ausschließlich das römische Recht bearbeitet. Diesen Teil der Sache nach den Gesichtspunkten der Historischen Schule zu bearbeiten, war der schwierigste Teil der Aufgabe. Denn dem äußeren Anschein nach schien die Entwicklung des römischen Rechts diesen Grundsätzen zu widersprechen: sie kündet von großen Gesetzgebern, und das römische Recht war als fremdes in Deutschland rezeptiert worden. Wo waren da »Volksgeist«, »organische Entwicklung«? Es ist folgerichtig, daß Savigny die Gesetzgebung Justinians nur als Werk eines Verfallszeitalters sehen kann, das seinerseits zu weiterem Niedergang führte. Und was die Rezeption anbelangt, betont Savigny mit Schärfe, daß das römische Recht kein Fremdkörper im deutschen Leben sei, sondern durch Jahrhunderte in dieses hineingewachsen. Dies darzutun, war es vor allem nötig zu zeigen, wie auch nach dem Untergang des römischen Reiches sein Recht in den Nachfolgestaaten fortgelebt hatte, wie also eine ununterbrochene Entwicklungslinie von der Römerzeit bis zur Neuzeit führt. Ausgerüstet mit umfassender Kenntnis der Quellen, die er in allen Bibliotheken Europas gesammelt, unternahm es Savigny, in seiner *Geschichte des römischen Rechts im Mittelalter* diesen Nachweis zu erbringen. Den organischen und notwendigen Charakter dieser Entwicklung darzutun, erweiterte er das Gesichtsfeld vom Recht auf die ganze Kulturgeschichte.

Savigny verkannte nicht die Bedeutung des einheimischen Rechts. Neben ihm steht als Mitbegründer der Historischen Schule der Germanistik *Eichhorn.* Aber Savignys eignes Lebenswerk, seine fast ausschließliche Beschäftigung mit dem römischen Recht, verschaffte doch diesem ein einseitiges Übergewicht. Gegen dieses Übergewicht wehrten sich die Germanisten, und über diesem Streit ist die Historische Schule schließlich in ihre beiden Zweige auseinandergebrochen.

ROMANISTEN: PUCHTA, WINDSCHEID Daß die Historische Schule sich in Savigny, auch schon in seinem Vorgänger Hugo, fast ausschließlich zum römischen Recht wandte, ist weder ein Zufall noch ein bloßer Ausfluß der persönlichen Neigungen dieser Männer. Das römische Recht entsprach in vielen seiner Prinzipien den Bedürfnissen der Zeit. Es ist städtisches Recht, Bürgerrecht, es kennt die Freiheit der Rechtsperson und der Verfügung, auch über Grund und Boden; es war, auf der Höhe seiner Ausprägung jedenfalls, ein Juristenrecht: durch dies alles entsprach es den Bedürfnissen einer entwickelten bürgerlichen und kapitalistischen Wirtschaft. Theodor *Mommsen,* den man als Juristen zu den Romanisten der Historischen Schule rechnen muß, hat daher ausgesprochen: Wäre das römische Recht nicht rezipiert worden, so wäre gleichwohl das 19. Jahrhundert notwendig an einen Punkt gelangt, da das fortentwickelte heimische Recht in vielem mit dem römischen zusammengefallen wäre. Es konnte also keine Rede davon sein, das römische Recht einfach abzutun oder auszumerzen – auch nicht für die Germanisten der Schule. Das verbot gerade der historische Gesichtspunkt, die Achtung vor dem geschichtlich Gewordenen.

Im übrigen kann ich mich hier kurz fassen, da ich mit Savigny selbst bereits den überragenden Romanisten der Schule vorgestellt habe. Sein wichtigster Schüler in dieser Richtung ist Georg Friedrich *Puchta* (1798 bis 1846). Er brachte in der Auseinandersetzung mit dem Hegelianer Eduard *Gans* (1798–1839) die Historische Schule zu einem neuen Höhepunkt, aber auch zu einer Umgestaltung, indem er viel stärker als Savigny selbst ein logisches, formales, systematisches Element hineinbrachte. Savignys Alterswerk zeigt die Spuren des Einflusses dieses seines Schülers. Bernhard *Windscheids* (1817–1892) berühmtes Pandektenlehrbuch, ab 1862 in immer neuen Auflagen erschienen, bildet in seiner formalen Vollendung den letzten Höhepunkt und Abschluß des romanistischen Schulzweiges. Seine bleibende Bedeutung liegt in der Schärfe seiner Begriffsbildung.

GERMANISTEN: EICHHORN, JACOB GRIMM Neben Savigny steht Karl Friedrich *Eichhorn* (1781–1854) als selbständiger und vollberechtigter Mitbegründer der Historischen Rechtsschule; selbständig schon deshalb, weil Eichhorns richtungweisendes Werk, die *Deutsche Staats- und Rechtsgeschichte,* bereits 1808, also deutlich vor Savignys Programmschriften, zu erscheinen begann. Es gibt eine Geschichte der deutschen Staats- und Rechtsentwicklung, der deutschen Rechtsquellen, des Privat-, Straf- und Prozeßrechts, sowohl für die Reichsgeschichte wie für die einzelnen Territorien, von den Anfängen bis zur Gegenwart. Das Ganze sollte »zur Grundlage der Darstellung des heutigen Rechts dienen«.

Eichhorn ist mit diesem Werke der Begründer der germanistischen Rechtsgeschichte. Er machte sie aus einer Sammlung von Altertümern zu einem einheitlichen Gebilde; er gab ihr erst einen einheitlichen und eigenen Stil. Das war, bei der Übermacht des römischen Elementes, keine leichtere Aufgabe als die der Romanisten; Savigny selbst bekannte gegenüber Eichhorn:

> Sie preisen mich glücklich, in Vergleichung mit Ihnen, indem Sie mir eine gewisse Meisterschaft im römischen Recht zuschreiben. Nun hören Sie einmal willig die einfachste Wahrheit aus meinem Munde. Ich habe mich in meinem Fache bedeutenden Vorgängern und Zeitgenossen angeschlossen, und wenn mir dabei ein Verdienst zukommt, so liegt es darin, daß ich in dieser Gemeinschaft den angebahnten Weg freudig und eifrig verfolgt habe. Wie ist es dann aber mit Ihnen? Sie haben ohne einen Vorgänger im deutschen Recht zuerst die Bahn gebrochen und dieser Wissenschaft ein ganz neues Leben zugeführt durch Rede und Schrift, dessen Schwingungen nicht nur noch jetzt fortdauern, sondern mit Gottes Hilfe auch ferner zu neuen Entwicklungen des geistigen Lebens führen werden.

Man sollte, da doch Eichhorns Gegenstand dem allgemeinen Denken und Empfinden so viel näher liegt als das römische Recht, erwarten, daß Eichhorn zumindest gleichen Ruhm geerntet hätte wie sein Kampfgenosse Savigny. Das trat nicht ein. Eine Ursache liegt darin, daß Eichhorns Schriften dem juristischen Laien kaum etwas geben – im Gegensatz zu denen Savignys. Er schrieb für Fachgenossen. Auch war es Savigny vergönnt, ähnlich wie dem von ihm verehrten Goethe, in voller geistiger Frische ein hohes Alter zu erreichen und als Persönlichkeit und Lehrer in die Breite zu wirken. Eichhorn wurde durch körperliches Leiden und in dessen Gefolge auftretende seelische Verstimmung an solcher Entfaltung gehindert. So ist im Urteil der Nachwelt der Hauptteil des Ruhmes, die deutsche Rechtsgeschichte in ihrer ganzen Fülle und Fruchtbarkeit ans Licht gehoben zu haben, einem anderen zugefallen: Jakob Grimm.

Jakob *Grimm* (1785–1863) begegnet uns hier zunächst als Jurist. Jeder weiß, daß er zusammen mit seinem Bruder Wilhelm die Wissenschaft von der deutschen Sprache begründete. »Grimm als Jurist« – das bedeutet nicht, daß er außerhalb und ferne seiner philologischen Arbeit noch Jurist gewesen wäre; beides bildet eine Einheit. In der Überzeugung, daß »Sprache, Glaube und Recht aus einem und demselben Grunde sich herleiten«, bezog er das Recht ebenso wie Volksglauben, Sitte und Sprache in seine Betrachtung ein. Seinem Fachstudium nach war Jakob Grimm übrigens wirklich Jurist; er studierte bei dem um weniges älteren Savigny und verehrte ihn sein Leben lang als Lehrer und älteren Freund.

Die Grundgedanken hat Grimm mit Savigny und der übrigen Schule gemeinsam. Auch für ihn wächst das Recht »aus dem Schoß der Sitte« hervor, Übung und Brauch heben und weihen die vielgestaltige Sitte zu förmlichem Recht. Das ursprüngliche Recht hat sinnliche Fülle und Anschaulichkeit. Es ist volksnahe. Das Volk kennt sein Recht und hat an ihm teil. Später wird das Recht – wie die Sprache – immer abstrakter.

Zur Frühzeit des germanischen Rechts wendet sich Grimm nun mit ganzer Liebe. Er ist kein Rechtslehrer, der die Geschichte erforscht, um das Erfahrene auf die Gegenwart anwenden und dem System des neuen Rechts einfügen zu können. Er ist ein Altertumsforscher im Recht, er will nicht mehr geben als »Sammlung und einfache Erzählung«.

Schon im ersten Bande von Savignys »Zeitschrift für geschichtliche Rechtswissenschaft« erschien eine Arbeit Grimms über das altgermanische Recht; im zweiten seine schöne Abhandlung *Von der Poesie im Recht*. Nach Jahren intensiven Sammelns erschienen 1828 die *Deutschen Rechtsaltertümer*. Mit ihnen begründete Grimm die Wissenschaft der germanischen Rechtsarchäologie. Die Darstellung ist, wie von dem Philologen nicht anders zu erwarten, philologisch exakt; aber sie ist viel mehr: die Frische und Volkstümlichkeit, die kernhafte Sprache, einfache Frömmigkeit und Ehrlichkeit des alten Rechts sind ihm so sehr zum selbstverständlichen Besitz geworden, daß seine Sprache von der gleichen Kraft, Einfachheit und Ursprünglichkeit ist. »Wir sehen über dem steinernen Richterstuhl die blühende Linde«, hat Ludwig Uhland dazu gesagt und gerühmt, Grimm habe »den Goldfaden der Poesie« selbst in der Rechtslehre, die als trockenste aller Wissenschaften gilt, hervorgezogen.

1839–1842 folgten die ersten Bände der *Weistümer*. Die ersten vier bearbeitete Grimm selbst, die anderen drei wurden nach seinem Tode durch die Bayerische Akademie der Wissenschaften herausgegeben. Die Weistümer, die unmittelbar aus dem Volksmunde geflossenen Rechte der Dorfgemeinden,

> ... sind noch ungehemmte Ausflüsse des frischen freien Rechts, das unter dem Volke selbst als Brauch entsprungen, in seinen Gerichten zum Recht geweiht worden war, nicht wich noch wankte und keiner Gesetzgebung von seiten des Herrschers bedurfte. Wo diese hinzutrat, war sie bloß bekräftigend, nicht selbstschaffend, oder fügte Nebendinge bei ... Hätte ich sie nicht selbst gesammelt, so wären sie nie gesammelt worden ...

Was Grimm von Savigny unterscheidet, ist vor allem sein Herz für das Volkstümliche im Recht, erwachsen aus seiner Liebe zum eigenen Volke. Er hat dafür Worte von niemals mehr übertroffener Reinheit gefunden. Bei all dem war er aber nichts weniger als ein einseitiger »Purist«. Dazu dachte er zu sehr geschichtlich. Er blieb frei von völkischer Enge und sah, daß Christentum und Humanismus in die deutsche Kultur ebenso eingegangen sind wie das Germanentum. Das unterscheidet ihn von den Romantikern – so sehr er im übrigen zu diesen gehört –, daß er wußte: Das Alte hat als Altes seinen Wert, aber es kann nicht in die Gegenwart verpflanzt werden. Das gilt auch für das Recht. Entschieden wies Grimm den Gedanken von sich, man solle um der Reinheit des Rechts willen das Rad der Geschichte zurückdrehen und das römische Recht ausmerzen:

> Das römische Recht, nachdem es lange bei uns eingewohnt und unsere gesamte Rechtsanschauung eng mit ihm verwoben ist, gewaltsam von uns auszuscheiden, scheint mir ein ungeheurer und fast so unerträglicher Purismus, als wollte ein Engländer den Gedanken durchführen, daß es noch möglich sei, die romanischen Wörter aus dem Englischen zu drängen und bloß die Wörter deutschen Ursprungs zu behalten.

Grimm sprach diese Sätze auf der Germanistenversammlung (Frankfurt 1846). Allerdings, er blieb nicht unwidersprochen. Gerade diese Äußerung rief Opposition gegen ihn hervor. Das lenkt unseren Blick darauf, daß sich im Laufe der Zeit der Gegensatz zwischen Romanisten und Germanisten immer mehr zu offener Feindschaft auswuchs. Ich verfolge hier diese weitere Entwicklung nicht mehr, komme aber bei Beseler und Gierke noch einmal auf die germanistische Linie zurück.

4. Jhering und die Wendung zum Positivismus

KIRCHMANNS ANGRIFF Die Glanzzeit der Historischen Schule liegt in der ersten Hälfte des Jahrhunderts. Danach kommt ein entscheidender Umschwung. Daß Puchta und andere Leuchten der Schule tot waren; daß Savigny zwar noch lebte, aber in seinem Alterswerk von der rein geschichtlichen Betrachtung weg mehr zur Systematik und Dogmatik rückte; daß die »Zeitschrift für geschichtliche Rechtswissenschaft« ihr Erscheinen einstellte: das sind nicht Ursachen, sondern nur äußere Anzeichen. Die Zeit hatte sich geändert. Die Praxis stand vor einer Fülle gesetzgeberischer Aufgaben. Die deutschen Einzelstaaten lösten sie. Aber auch eine einheitliche deutsche Gesetzgebung kam in Gang, eingeleitet durch die deutsche Wechselordnung von 1847 und das Allgemeine deutsche Handelsgesetzbuch von 1861 – beide auf Initiative des Deutschen Zollvereins entstanden. Man konnte nicht mehr nur in die Vergangenheit blicken; man mußte den Aufgaben des Tages ins Auge sehen. Für die Rechtswissenschaft bedeutete das eine doppelte Wendung: man kehrte sich ab von der rein geschichtlichen Betrachtungsweise, und man kehrte sich gleichermaßen ab von der philosophisch orientierten Spekulation, die im Anschluß an Hegel und seine juristischen Schüler neben der Historischen Schule weiter auf mehreren Gebieten des Rechts – so dem Strafrecht – geherrscht und Früchte getragen hatte. Man wandte sich zum Nützlichen, zum unmittelbar Gegebenen. Das Vorbild der mächtig aufblühenden Naturwissenschaften wirkte in gleicher Richtung.

Diese Wende vollzogen zu haben, ist das Verdienst mehrerer Männer, von denen ich hier nur einen, Rudolf von Jhering, heraushebe. Ihr Verdienst reicht aber weiter: es kam nicht nur darauf an, sich zurück zum Gegebenen und Aufgegebenen, zur Gegenwart und Zukunft zu wenden. Es kam auch darauf an, den geschichtlichen Kern in der wissenschaftlichen Behandlung nicht wieder zu verlieren und damit die Wissenschaft zu einem bloßen Hilfswerkzeug für unmittelbare Tagesbedürfnisse werden zu lassen. Auch das ist das Verdienst dieser Männer. Sie waren dazu befähigt, weil sie zunächst selbst durch die Schule der geschichtlichen Rechtswissenschaft gegangen waren.

1847 hielt Julius Hermann *von Kirchmann* (1802–1884) vor der Berliner Juristischen Gesellschaft einen Vortrag, der wie ein Wetterleuchten den kommenden Sturm ankündigte. Kirchmann war ein vielseitiger Kopf, der z. B. fast allein die »Philosophische Bibliothek« herausgab, an gesetzgeberischen Arbeiten maßgebenden Anteil hatte, im Rechtswesen ein erfahrener Praktiker war. *Über die Wertlosigkeit der Jurisprudenz als Wissenschaft* lautet der alarmierende Titel des Vortrages. Mit unerhörter Heftigkeit greift Kirchmann die Rechtswissenschaft an – näheres Zusehen zeigt, daß es nicht die Rechtswissenschaft als solche ist, sondern die Historische Schule, der sein Zorn gilt: Die Gegenwart allein hat das Recht; die Vergangenheit als solche ist tot. Die Wissenschaft aber – ihre Jünger gleichen Würmern, die nur von faulendem Holze leben! Die Wissenschaft vergißt über das Vergangene die Gegenwart und überläßt das gegenwärtige Recht dem verachteten Handwerk des reinen Praktikers! Andere Wissenschaften haben längst Werkzeuge erfunden, Einrichtungen erschaffen, den Menschen das Leben zu erleichtern. Was hat die Rechtswissenschaft getan? Alles, nur eines nicht: zu zeigen, wie ein Mensch bei seinem Leben zu seinem Rechte kommt! In einer Zeit, da alles nach neuer Gestaltung drängt und die Fragen der Rechtsgestaltung die Nation bewegen, haben die Wissenschaftler diese Aufgabe anderen – den Politikern und Gesetzgebern – überlassen!

Aber wohl, wenn der Bau fertig ist, wenn die Säulen ihn tragen, dann kommen sie wie die Raben zu Tausenden und nisten in allen Winkeln und messen die Grenzen und Dimensionen bis auf Zoll und Linie und übermalen und überschnörkeln den edlen Bau, daß Fürst und Volk kaum noch ihrer Taten Werk darin erkennen.

Kirchmanns Kampfschrift enthielt viele Einseitigkeiten und Übertreibungen. Aber daß sie ungeheures Aufsehen erregte, in vielen Auflagen schnell verbreitet wurde, ist ein Symptom für die sich anbahnenden Umwälzungen.

JHERINGS ANFÄNGE, GERBER Rudolf von *Jhering* (1818–1892), Abkömmling einer alten Juristenfamilie, ging zunächst durch die Historische Schule. Puchta war sein maßgebender Lehrer, und Savigny – insoweit er nicht Historiker, sondern Dogmatiker ist – sein Vorbild. Jherings frühere Schriften und das Werk *Der Geist des römischen Rechts auf den verschiedenen Stufen seiner Entwicklung* – ein Meisterwerk in seiner Art, geistvoll und lebendig – zeugen von dieser Schule. Daß Jhering freilich schon damals bei der Geschichte nicht stehenbleiben wollte, zeigt sein Satz: »Durch das römische Recht, aber über dasselbe hinaus« – in diesem Wahlspruch liege die Bedeutung des römischen Rechts für die moderne Welt –, der sich dem Sinn nach (diese Formulierung liegt später) schon hier findet.
Die Wissenschaft hat auch die Fähigkeit und den Beruf zu produktiver Gestaltung des Rechts. Diesen Beruf zu vertreten, gründete Jhering die *Jahrbücher für die Dogmatik des bürgerlichen Rechts*. An seiner Seite stand dabei Karl Friedrich Wilhelm *Gerber* (1823–1891), der dem germanistischen Flügel der Historischen Schule entstammte. Gerbers Weg verläuft insofern dem Jherings parallel, als auch er sich von der älteren Historischen Schule allmählich löste und stärkeres Gewicht legte auf die produktive Tätigkeit im Sinne der Wiedererzeugung des Geschichtlichen für die unmittelbare Gegenwart. So konnte Gerber neben Jhering treten, aber nur eine Zeitlang, denn dessen weitere innere Wandlung machte er nicht mehr mit.

JHERINGS WENDUNG. DER ZWECK IM RECHT In den Bahnen Puchtas hatte Jhering sich der strengen logischen Konstruktion verschrieben. Er hatte sich damit bereits von der reinen geschichtlichen Anschauung gelöst. Daß man auch bei der Konstruktion nicht stehenbleiben könne, das hat Jhering schon früher andeutend ausgesprochen; aber in welchem Maße sie ungenügend, ja fluchwürdig sei: dies hat er zunächst nur unter dem Deckmantel der Anonymität und in halb scherzhafter Weise auszusprechen gewagt – so sehr fühlte er selbst, welchen Sturm er damit erregen mußte. Von 1861 ab ließ Jhering, damals Professor in Gießen, in der Preußischen Gerichtszeitung *Vertrauliche Briefe eines Unbekannten* erscheinen. Gleich der erste Brief geht in medias res. *Über die zivilistische Konstruktion:* Bei nächtlichem Lampenschein ist die Mehrzahl der deutschen Zivilrechtslehrer versammelt. Man ist mit Konstruktionsversuchen beschäftigt. Dem so geschaffenen juristischen Homunkulus wird Leben eingehaucht. Er begattet sich mit seinesgleichen und zeugt Junge.
So geht es weiter. Jhering kann sich nicht genug tun an Spott, der immer zugleich Selbstspott ist – denn er selbst war ja ein solcher Konstrukteur

gewesen. Später hat Jhering diese Briefe in sein Werk *Scherz und Ernst in der Jurisprudenz* aufgenommen und ergänzt durch weitere ähnliche Stücke wie den »Juristischen Begriffshimmel«, in dem führende Juristen sich tummeln und sich vergnügen mit Instrumenten wie der »Begriffs-Haarspaltemaschine«, der »Kletterstange für schwierige Begriffe«, dem »Fiktionsapparat« und ähnlichem.

Dies war die halb scherzhafte, polemische und oft über das richtige Maß hinausschießende Ankündigung. Was nun an die Stelle der verlachten Begriffsjurisprudenz treten sollte, das hat *Jhering* zuerst angedeutet in seinem Vortrage *Der Kampf ums Recht.*

Den Vortrag hielt Jhering 1872 in Wien, als Abschluß einer vierjährigen Wirkungszeit an der dortigen Universität. Der Vortrag erschien in Buchform und erlebte bis 1921 20 Auflagen. Er wurde in 17 Sprachen übersetzt. Kaum ein anderes juristisches Werk der neuen Zeit hat eine solche Verbreitung erlangt. Der Titel bezeichnet genau das, was Jhering sagen will. Recht ist Kampf. Interessenkämpfe aller Art begleiten die Rechtsbildung. Nach Savigny und Puchta entsteht Recht sozusagen unbemerkt und schmerzlos. Die Wahrheit bricht sich von selber Bahn. Es ist aber lächerlich, zu behaupten, daß z. B. der altrömische Rechtssatz, der Gläubiger dürfe den zahlungsunfähigen Schuldner als Sklaven in die Knechtschaft verkaufen, sich etwa so herausgebildet habe »wie die Regel, daß cum den Ablativ regiert«!

Mit dem jeweils bestehenden Rechtszustand sind die Interessen von Tausenden von Menschen und von ganzen Ständen verbunden. Ihn ändern, heißt diesen den Krieg erklären, einen Polypen losreißen, der sich mit tausend Armen festgeklammert hat. In solchen Fällen gibt es Kampf, Kampf oft über Jahrhunderte hin. Recht in seiner geschichtlichen Bewegung ist nicht stilles Wachsen, sondern Suchen, Ringen, Kämpfen und mühselige Anstrengung. Das Recht steht mitten im chaotischen Getriebe menschlicher Zwecke und Interessen. Dies ist aber kein Fluch, sondern ein Segen: nur was man erkämpft hat, ist einem teuer.

Recht ist allerdings mehr als Interesse. Daß jemand sein Recht behauptet, ist nicht eine bloße Interessenfrage, sondern eine Charakterfrage. Es ist die Pflicht eines jeden gegen sich selbst wie gegen die Gemeinschaft, der er angehört. Wer sein eigenes Recht aufgibt, begeht moralischen Selbstmord. Im Recht jedes einzelnen ist, wenn es bedroht ist, das Recht gekränkt und bedroht. Das gilt für den einzelnen wie für ganze Völker. So ist Recht alles andere als stilles Wachsen und Gewährenlassen. Das Wesen des Rechts ist die Tat; was der Flamme die freie Luft, ist dem Rechtsgefühl die Freiheit der Tat.

Dies ist der Schlachtruf. Die wissenschaftliche Ausführung und Begründung gibt *Der Zweck im Recht*. Das Werk erschien zuerst 1877. Es abzufassen, hatte sich Jhering aus Wien gelöst und in die verhältnismäßige Stille nach Göttingen zurückgezogen. Der Titel der Schrift und das vorher Gesagte können eine gewisse Vorstellung von dem Anliegen des Werkes vermitteln. Leben ist Behauptung der Existenz, Ringen mit der Außenwelt um die Verwirklichung der eigenen Zwecke. Das Rechtsleben ist ein Teil dieses Lebens. Jede Rechtseinrichtung ist ursprünglich um solcher Zwecke willen geschaffen; sie steht und fällt mit ihrer Zweckmäßigkeit. Der Jurist muß diesen »Zweck im Recht« erfassen. Dazu muß er sich auf die menschlichen Triebkräfte und Zwecke einlassen, er muß die Interessen erforschen, die über Inhalt und Geltung der Rechtssätze entscheiden.

Man bemerkt, daß hier sowohl Darwins Kampf ums Dasein wie Benthams Nützlichkeitsphilosophie nicht ferne sind: Jhering beruft sich auf beide. Die Rechtsordnung muß die Interessen des einzelnen mit denen aller anderen wirksam verknüpfen. Ihr Zweck ist die Sicherung aller sozialen Güter. Die sozialen Zwecke gehen denen der einzelnen vor. Die übergeordnete Gewalt muß den Sonderwillen brechen. Das ist nicht Rechtsverletzung, sondern Ausübung des höheren Rechts.

Die Wirkung der Jheringschen Gedanken war gewaltig: durch Übersetzungen und durch ausländische Schüler breitete sie sich über die ganze Kulturwelt aus. Seit Jhering datiert die Wendung des modernen Rechtsdenkens zu einem soziologischen Positivismus. Nicht, daß Jhering sie allein herbeigeführt hätte oder gar, daß sie ohne ihn nicht gekommen wäre: der Zwang der Verhältnisse hätte auf jeden Fall zu einem Recht geführt, das von den Bedürfnissen des Lebens, der Wirtschaft, des Verkehrs ausgeht. Aber es hätte geschehen können, daß die Rechtswissenschaft diesen Schritt nicht mitgemacht und sich damit der Praxis erneut und noch weiter als vorher entfremdet hätte. Jherings Wendung zum Zweckdenken, zur Realjurisprudenz, zur Interessenjurisprudenz hat das verhindert und die Wissenschaft auf den modernen Weg geführt.

Die Rechtswissenschaft ist nun eine Wissenschaft zur Befriedigung ganz bestimmter Lebenszwecke. Daß die sozialen Zwecke dabei den Vorrang haben, ist ein Zeichen der Zeit, in der soziales Denken und soziale Forderungen die Vorstellungen von Wirtschaft und Gesellschaft wie das öffentliche Leben durchdrangen.

Juristische Begriffsbildung und Systematik wurden nun Mittel zum Zweck. Wiederum: Nicht daß frühere Rechtswissenschaft überhaupt nicht auf praktische Zwecke und praktische Anwendbarkeit gesehen hätte – dazu ist der Kontakt zwischen Theorie und Praxis in dieser Wissenschaft denn doch zu eng; aber die praktische Zweckverwirklichung wurde zum alleinigen Maßstab erhoben. Jhering rief, wie gesagt worden ist, die juristische Wissenschaft aus dem Begriffshimmel zurück auf die Erde. Sie wurde ganz diesseitig.

Die Gefahr lag nahe, daß sie allzu irdisch wurde. Das 20. Jahrhundert hat in zunehmendem Maße erkannt, daß die Rechtslehre eines übergeordneten, idealen Maßstabes nicht entraten kann. Die bezeichnete Gefahr sah Jhering nicht. In ihm lebte, bei aller Nützlichkeit, noch so viel vom idealistischen Geist aus der klassischen Zeit des deutschen Idealismus und der Historischen Schule, daß er die Gefahren verkannte und unterschätzte, die erwachsen mußten, wenn dieses von ihm unbewußt festgehaltene Maß von Idealismus ganz verlorenging.

5. Otto von Gierke und das Bürgerliche Gesetzbuch

DER WEG ZUR KODIFIKATION Zu den Ruhmestiteln des 19. Jahrhunderts gehört der leidenschaftliche Ernst, mit dem man um die Würde und die Gestaltung des Rechts rang, in der Wissenschaft und auch in der breiteren Öffentlichkeit. Ein letzter Ausschnitt aus diesem Ringen, soweit das Privatrecht in Betracht kommt, soll unsere Übersicht abschließen. Er ist nicht weniger dramatisch als der Kampf Savignys oder Jherings und dazu von höchster praktischer Bedeutung.

Deutschland bedurfte eines einheitlichen Privatrechts. Das war vor allem ein Bedürfnis des praktischen Lebens. Es war widersinnig, daß im Zeitalter der Eisenbahnen und eines weltumspannenden Verkehrs das deutsche Recht von Kleinstaat zu Kleinstaat verschieden war. Am mächtigsten war das Bedürfnis im Handelsverkehr, und hier brach es sich zuerst Bahn. Das Wechselrecht und das Handelsrecht wurden schon vor der Bismarckschen Reichsgründung vereinheitlicht. Diese Gesetze mußten allerdings, da der Reichsgesetzgeber fehlte, in den einzelnen Ländern auf Grund einer Übereinkunft in Kraft gesetzt werden.

Auf den übrigen Gebieten blieb die Verschiedenheit zunächst bestehen. Die Einzelstaaten entwickelten das Recht durch Einzelgesetze und Novellen fort. Aber sie konnten den Gegensatz zwischen gemeinem Recht und Partikularrecht nicht überwinden. Der Gegensatz fiel weithin zusammen mit dem zwischen einheimischem und fremdem Recht; denn die Landesrechte waren vorwiegend deutsch, das Gemeinrecht römisch.

Gab es kein einheitliches Recht, so gab es doch eine einheitliche Rechtswissenschaft. Ihre Einheit aber beruhte vornehmlich auf der Behandlung des römischen Pandektenrechts. Zwar gab es die Wissenschaft des deutschen Privatrechts, die die Landesrechte behandelte; aber sie tat es doch summarisch, durch Zusammenfassung der verbindenden Grundgedanken. In der Handhabung des Landesrechts leistete sie der Praxis wenig Hilfe. Diese blieb damit auf sich selbst angewiesen. Dadurch trat eine Trennung von Rechtswissenschaft und Rechtspraxis ein. So bestand auch von seiten der Wissenschaft, wenn diese schädliche Trennung überwunden werden sollte, das Bedürfnis nach Rechtseinheit.

Der Norddeutsche Bund wies als nächsten Schritt der Bundesgesetzgebung das Recht der Schuldverhältnisse zu. Auch bei der Reichsgründung sollte nach der Verfassung von 1871 nur das Schuldrecht reichseinheitlich geregelt werden. Aber schon 1873 wurde das gesamte Bürgerliche Recht dem Reich zugewiesen.

Ein Jahr später begann bereits die erste Kommission für die Ausarbeitung eines deutschen Bürgerlichen Gesetzbuches zu arbeiten. 14 Jahre später – 1888 – konnte sie den ersten Entwurf mit Motiven veröffentlichen. Er befriedigte nicht. Ein Sturm der Entrüstung erhob sich. Eine zweite Kommission schuf – unter weitgehender Berücksichtigung der lautgewordenen Kritiken – den Entwurf, der mit verhältnismäßig geringen Änderungen von Reichstag und Bundesrat angenommen wurde und am 1. Januar 1900 in Kraft trat. Das BGB gilt

in wesentlichen Teilen bis heute, ist allerdings durch einzelne neue Gesetze durchlöchert.
Endlich besaß Deutschland, nach rund 400jähriger Herrschaft des römischen Pandektenrechts, ein in den Grundzügen einheitliches Privatrecht. Vorbehalte zugunsten der Landesrechte blieben allerdings an zahlreichen Stellen bestehen.

GIERKES KRITIK Zu den Juristen, die den ersten Entwurf heftig angriffen, gehört Otto *von Gierke* (1841–1921). Gierke war ein Schüler Georg *Beselers* (1809–1888). Beseler gehörte dem germanistischen Zweig der Historischen Schule an. Er war unter denen, die diesen Zweig in eine Kampfstellung gegen die Romanisten brachten. Ich habe die Einzelheiten dieser Entwicklung übergangen, obwohl eine ganze Phalanx hervorragender Juristen in ihr die Stimme erhob. Diese Männer wandten sich gegen die ältere Historische Schule hauptsächlich mit zwei Argumenten: Sie griffen die Vorherrrschaft des römischen Rechts an. Die Rezeption erschien ihnen als nationales Unglück. Aufgabe der Rechtswissenschaft war, das alte nationale Recht, das begraben lag unter der Last des römischen, wieder hervorzuziehen und ihm neues Leben zu geben. Das ist schon die zweite Forderung: sie stehen dem Quietismus Savignys denkbar fern, sie wollen eine kraftvolle Neugestaltung des Rechts.
Gierke wurde durch Beseler zunächst zur Beschäftigung mit dem alten germanischen Recht angeregt. Die Frucht dieser Studien war das *Deutsche Genossenschaftsrecht*, 1868 begonnen, 1913 mit dem vierten Bande beendet. Ich übergehe die übrigen wissenschaftlichen Werke Gierkes, obwohl jedes von ihnen allein ausgereicht hätte, ihm dauernden Ruhm zu sichern. Hier soll jedoch nur ein Ausschnitt aus Gierkes Auseinandersetzungen mit dem ersten BGB-Entwurf vorgeführt werden, weil er in besonderem Maße geeignet ist, zu zeigen, wie nun endlich die fast ein Jahrhundert lange Arbeit der geschichtlichen Rechtswissenschaft reichste Früchte trug für das Rechtsleben der Nation, zu zeigen auch, von welcher unerhörten praktischen Tragweite diese Auseinandersetzungen waren.
Gierkes Gedanken sind niedergelegt in einer 1889 veröffentlichten Schrift über den BGB-Entwurf und in mehreren Vorträgen. Einen davon, gehalten im gleichen Jahr in Wien, lege ich hier zugrunde. Gierkes Angriff richtet sich hauptsächlich gegen zwei Dinge: gegen den überwiegend römisch-rechtlichen Charakter des Gesetzentwurfs fordert er eine stärkere Berücksichtigung des deutschen Rechts. Damit hängt das zweite zusammen: aus dem Geiste des deutschen Rechts – selbstverständlich auch aus den Notwendigkeiten der Zeit – will er dem kommenden deutschen Recht einen stärkeren *sozialen* Akzent geben.
Der BGB-Entwurf war, entsprechend seiner römischen Grundlage und entsprechend dem liberalen Zug der Zeit, durch und durch auf Befreiung, auf Lösung von Bindungen abgestellt. Freiheit und Gleichheit, der Schlachtruf der Französischen Revolution, ist auch sein Wahlspruch. Er kennt keine Unterschiede der Person, des Standes, der Herkunft. Er

bringt im Schuldrecht Vertragsfreiheit, im Sachenrecht Freiheit des Eigentums, im Erbrecht freie Verfügung des Erblassers. Dagegen Gierkes Stimme:

Kein Recht ohne Pflicht. – Alles Recht eines einzelnen, auch über eine Sache, ist im Grunde ein Verhältnis zwischen Menschen. Wo Menschen einander gegenüberstehen, gibt es Pflichten. Kein Recht darf bis zur Schikane ausgeübt werden. Die Rechtsordnung muß nicht nur Mißbrauch von Rechten grundsätzlich verbieten, sie darf auch nicht davor zurückscheuen, die Pflicht zur rechten Ausübung eines Rechts zur Rechtspflicht zu machen. Das gilt vor allem für das Eigentum. Es ist falsch, von einem absoluten Begriff des Eigentums auszugehen, demzufolge dieses Recht grundsätzlich ein unbeschränktes Herrschaftsrecht ist und gleichsam nachträglich erst gewisse Beschränkungen erfährt. Diese Schranken liegen im richtig verstandenen Begriff des Eigentums selbst. Was vom Eigentum gilt, gilt gleichermaßen von anderen dinglichen Rechten.

Die Besonderheit des Grundeigentums. – Im deutschen Volksbewußtsein lebt unaustilgbar die Überzeugung, daß Grund und Boden bis zu einem gewissen Grade Gemeingut sind. Es ist eine vermessene und allen Bedürfnissen des Lebens widersprechende Anschauung, das Grundeigentum als eine ausschließliche und willkürliche Herrschaftsgewalt eines einzelnen zu fassen. Das Bürgerliche Gesetzbuch sieht eine deutliche Sonderstellung des Grundeigentums vor. Gierke sieht aber die Gefahr, es werde zwar ein sehr sicherer und freier Verkehr mit Grundwerten herbeigeführt; die eigentliche soziale Funktion des Eigentums aber, die Bindung von Mensch und Familie an den heimatlichen Boden, durch eine geldmäßige Mobilisierung des Grundbesitzes zunichte gemacht werden. Deshalb muß besonders der bäuerliche Besitz durch ein starkes Anerbenrecht geschützt werden, wie es in vielen deutschen Landschaften durch Herkommen bestand und zum Teil gesetzlich verankert war. Die Geschlossenheit der Höfe muß nötigenfalls durch Teilungsbeschränkungen gesichert werden.

Soziales Schuldrecht. – Es ist die soziale Aufgabe der Privatrechtsordnung, die durch uferlose Vertragsfreiheit gefährdeten Gesellschaftsschichten gegen den Druck wirtschaftlicher Ausbeutung und Übermacht zu sichern. Der Geschäftsunerfahrene darf nicht schutzlos stehen. Deshalb muß man für besonders gefährliche Rechtsgeschäfte strenge Formvorschriften haben. Der Dienstvertrag ist kein Kaufvertrag über Dienstleistungen, er schafft eine personenrechtliche Bindung. Wir brauchen ein gewerbliches Sozialrecht!

Das Recht der Persönlichkeit. – Den grundlegenden Teil des Privatrechts darf nicht das Vermögensrecht bilden, sondern ein durchgebildetes Recht der Person. Die obersten Persönlichkeitsrechte, das Recht auf Leben, Körper, Freiheit, Ehre müssen in weitestem Ausmaß rechtlichen Schutz genießen. Deshalb muß z. B. das Recht der schöpferischen Persönlichkeit, das Recht aus geistiger Schöpfung und Erfindung, in das neue Gesetzbuch einbezogen werden.

Die Familie. – Hier muß der Gedanke der Einheit und Gemeinsamkeit der Familie zugrunde gelegt werden. Die Einheit und Gemeinschaft von Haus und Familie muß gegen die Stürme der Zeit gewahrt werden. Im ehelichen Bereich soll das zur Einheit verschmolzene Ehepaar herrschen. Das Erbrecht muß an das Familienrecht gebunden sein und nicht allein an den erklärten oder vermuteten Willen des Erblassers.

Gemeinschaften. – Gesellschaften, Gemeinschaften, Vereine, Genossenschaften als Zwischenglieder zwischen Individuum und Allgemeinheit machen in der Vielfalt ihrer Formen den Reichtum und die Widerstandsfähigkeit des gesellschaftlichen Körpers aus. Sie müssen rechtlich durchgeformt werden im Sinne der germanisch-rechtlichen Auffassung der realen Verbandspersönlichkeit, an Stelle der römischen, die in den überindividuellen Verbänden nur fiktive juristische Personen zu sehen vermag.

Einheit des Privatrechts. – Die Regelung so wichtiger Lebensgebiete wie Arbeitsrecht, Urheberrecht, Verbandsrecht darf nicht durch Sondergesetze erfolgen; dies alles muß zu einem einheitlichen Bau zusammengefaßt werden.

AUSBLICK Es ist natürlich einseitig und mißverständlich, die Gedanken Gierkes vorzutragen, ohne den Rahmen näher auszuführen, in dem sie ausgesprochen sind. Ihre Anführung an dieser Stelle bezweckt nicht, gegen das Bürgerliche Gesetzbuch oder für die deutschrechtliche Schule Partei zu ergreifen. Gierkes Einwände wurden übrigens zu einem wesentlichen Teile im endgültigen Gesetz berücksichtigt, freilich nicht in dem Maße, wie er es gewünscht hätte. Mein Eingehen auf Gierke am Schluß dieser Übersicht soll – abgesehen davon, daß Gierke einer der Größten in der Geschichte der Rechtswissenschaft ist – den Blick darauf lenken, wie es hier in der rechtsbildenden Arbeit der Rechtswissenschaft um Probleme geht, die tief in unser aller Lebenssphäre eingreifen. Es soll damit auch für dieses Gebiet einen gewissen Ausblick geben auf die Nebenfrage unserer Arbeit: wie die Wissenschaft unser aller Leben beeinflußt und bestimmt. Wer sich in die Gedanken Gierkes versenkt mit dem Blick auf das Bürgerliche Gesetzbuch und auf unsere heutigen Probleme – vom Kampf um das Ehe- und Familienrecht über das Recht des Grundbesitzes bis zum Ringen um die Gestaltung des Arbeitsverhältnisses in sozialer Gerechtigkeit – wird sich des Eindrucks nicht erwehren können, daß die Fragen, um die es in diesem Streite ging, auch heute von brennender Aktualität sind.

III. Die Wirtschaft

Beschränkung ist auch in diesem Abschnitt nötig, Einschränkung auf Deutschland aber nicht möglich. Während Deutschland in der Rechtswissenschaft führte, verzeichnet die Geschichte der Nationalökonomie, in der ersten Hälfte des Jahrhunderts jedenfalls, vorwiegend französische und englische Namen; denn noch lagen diese Länder in der industriellen Entwicklung vor dem durch politische und Wirtschaftsgrenzen zerrissenen Deutschland. Im Gegensatz zur Rechtswissenschaft kann auch die Historische Schule nicht in demselben Maße im Mittelpunkt stehen. Sie erhob zwar mächtig ihre Stimme; aber es war doch nur eine Stimme in einem vielstimmigen Konzert.

Der Abschnitt gibt eine Übersicht über die Hauptrichtungen des wirtschaftswissenschaftlichen und wirtschaftspolitischen Denkens; nicht genau chronologisch, sondern nach diesen Hauptrichtungen zusammengefaßt. Doch entspricht, im großen gesehen, die gewählte Reihenfolge auch dem zeitlichen Verlauf: als Ausgangslage finden wir die im vorigen Kapitel geschilderte Entfaltung der sogenannten klassischen Schule von Smith bis Ricardo vor. Der weitere Ablauf läßt vier Hauptschritte erkennen: eine erste Gegenbewegung gegen die klassische Schule, innerhalb derer die später sogenannten utopischen Sozialisten den Ton angeben; einen neuen Aufschwung der klassischen Schule; neue vielfältige Gegenströmungen, besonders sozialistische und staatssozialistische; endlich gegen Ende des Jahrhunderts und zu Beginn des 20. Jahrhunderts eine Erneuerung der reinen Theorie. Diesen letzten Schritt erfasse ich hier nur noch teilweise.

So weitgehend sich wirtschaftliches und gesellschaftliches Leben decken, so weit decken und durchdringen sich die Wirtschaftswissenschaft und die im 19. Jahrhundert als selbständiges Gebilde in den Kreis der Wissenschaften tretende Soziologie. Gleichwohl trenne ich beide; nicht nur der Übersichtlichkeit halber – denn sie sind, obzwar eng benachbart, doch zwei selbständige Wissenschaften.

1. Die ersten Gegner der klassischen Schule: Der frühe Sozialismus und List

In Frankreich und England herrschte der wirtschaftliche Liberalismus. Der Staat ließ der Wirtschaft freien Lauf. Er mischte sich nicht ein – außer in dem Punkte, daß er den Arbeitnehmern verbot, sich zusammenzuschließen. Auch dieses Verbot sollte der wirtschaftlichen Freiheit dienen und das freie Spiel von Angebot und Nachfrage auf dem Arbeitsmarkt sichern.

Unter dieser Wirtschaftsordnung blühte die junge Industrie auf. In England und Frankreich schossen neue Industriezentren förmlich aus dem Boden. Aber diese stürmische Entwicklung hatte eine dunkle Kehrseite. Sie brachte ein nie gekanntes Elend der neuen städtischen Arbeiterschaft, und sie brachte wirtschaftliche Krisen. Es ist bekannt, daß damals Kinder zu Tausenden im frühesten Alter in Bergwerken und Fabriken arbeiteten, daß der Arbeitstag 12, 13, 14, ja 15 und 16 Stunden betrug, daß brutale Antreibermethoden angewandt wurden, daß die Entlohnung so unzureichend war, daß auch der Fleißigste nicht seinen Lebensunterhalt verdiente. Die erste weithin wirkende wirtschaftliche Krise trat 1815 in England auf, im Gefolge der Aufhebung der Kontinental-Sperre. Sie

brachte Arbeitslosigkeit und Aufstände. Zwei weitere Krisen erschütterten England in dem darauffolgenden Jahrzehnt.
In dem Augenblick, da diese Tatsachen voll ins Bewußtsein der Gelehrten traten, erhob sich mit der Kritik an dem Wirtschaftssystem, das solche Auswüchse entstehen ließ, zugleich der Zweifel an der Richtigkeit der Smithschen Lehren. Der Protest der Menschlichkeit vereinigte sich mit der wissenschaftlichen Kritik an den klassischen Theorien.

SISMONDI Simonde *de Sismondi* (1773–1842), ein Sohn der Stadt Genf, berühmt als Historiker, war ursprünglich ein Anhänger Adam Smiths. Unter den Eindrücken des sozialen Elends und der Krisen, die er auf dem Festland und während einer Englandreise sammelte, wurde er zum ersten bedeutenden Kritiker der klassischen Schule, wobei er Smith selbst noch eher gelten läßt als seine Nachfolger. Sismondis volkswirtschaftliches Hauptwerk sind die 1819 erschienenen *Neuen Prinzipien der Nationalökonomie.* Wenn man sich mit einer summarischen Angabe begnügen muß, kann man sagen, daß Sismondis bleibende Bedeutung in zwei Dingen liegt: Er kritisiert die klassische Nationalökonomie wegen ihrer Methode und ist damit ein Vorläufer der Historischen Schule. Er kritisiert die herrschende Wirtschaftsordnung und ist damit einer der Begründer der modernen Sozialpolitik und ein wichtiger Vorläufer des Sozialismus.
1. *Gegen die abstrakte Methode:* Die Nationalökonomie ist eine *moralische* Wissenschaft, in der alles seinen Zusammenhang hat. Man darf in ihr nicht ein Prinzip isolieren. Der Mensch steht im Mittelpunkt. Die menschlichen Zustände muß man studieren, und zwar im einzelnen, im einzelnen Land, im einzelnen Zeitabschnitt, in der einzelnen Berufsklasse. Man darf nicht verallgemeinern. Geschichtsstudium wird damit zur Grundlage der Wirtschaftswissenschaft. Obwohl Sismondi hiermit Grundgedanken der Historischen Schule vorwegnahm, ist sein tatsächlicher Einfluß in dieser Richtung gering.
2. *Die Kritik der freien Konkurrenz:* Daß das Interesse des einzelnen, wenn man ihm freien Lauf läßt, von selbst mit dem allgemeinen Interesse harmoniere, daß die Allgemeinheit einen um so größeren Vorteil habe, je freier und allgemeiner die Konkurrenz – dieses Axiom der klassischen Theoretiker greift Sismondi mit mehreren Argumenten an. Eines davon lautet etwa: Die Konkurrenz, der Kampf um das billigste Produkt zwingt den Fabrikanten, sparsam zu wirtschaften. Sie zwingt ihn, auch an den Menschen zu sparen. Die Fabrikanten zwingen so die Arbeiter zu einer immensen Arbeitsleistung und zahlen ihnen einen erbärmlichen Lohn dafür. Bei diesem Ergebnis wird der Vorteil, den die Allgemeinheit von billigen Erzeugnissen hat, weit überwogen durch die Schäden, die ein großer Teil der Bevölkerung an Kraft und Gesundheit erleidet.
Leidenschaftlich protestiert Sismondi gegen ein derartiges System, das den einen Teil der Bevölkerung zum Hungerleiden zwingt, während ein anderer sich an den Früchten der Arbeit eben dieses Teiles bereichert. Denn so ist es:

Der Profit eines Unternehmers ist manchmal nichts anderes als eine Beraubung des Arbeiters, den er beschäftigt; er verdient nicht, weil sein Unternehmen mehr hervorbringt, als es kostet, sondern weil er dem Arbeiter kein genügendes Entgelt für seine Arbeit gewährt. Eine solche Industrie ist ein soziales Übel.

Dieser berühmt gewordene Satz Sismondis scheint bereits die spätere marxistische Lehre vom »Mehrwert« im Keime zu enthalten. Eine andere Parallele zu Marx liegt in Sismondis Voraussage, die Konzentration des Reichtums auf der einen, der Armut auf der anderen Seite werde immer weiter gehen und zur Bildung zweier sich schroff gegenüberstehender Klassen führen.

Der Kernpunkt des Verhängnisses liegt in der Trennung des Eigentums von der Arbeit. Der Bauer und der unabhängige Handwerker sind Sismondis Ideal. Wie kann man das unabhängige Eigentum schützen und fördern, wie der oben gezeichneten Entwicklung entgegenwirken? Die logische Antwort lautet: Der Staat, die Regierung müssen eingreifen! Sie müssen Mißbräuche korrigieren und die Schwachen schützen! Damit ist der Grundsatz des Laisser faire – was die Güterverteilung anbelangt – aufgehoben. Sismondi ist der erste Interventionist.

Praktisch schlägt Sismondi eine Reihe vernünftiger Reformen vor: Recht der Arbeitnehmer auf Zusammenschluß – Einschränkung der Kinderarbeit, der Sonntagsarbeit und überhaupt der Arbeitszeit – Verpflichtung der Arbeitgeber, den Arbeitnehmern bei Krankheit, Arbeitslosigkeit und Alter zu unterstützen.

Im großen freilich steht er der Entwicklung eher pessimistisch gegenüber. Sein Gefühl protestiert leidenschaftlich gegen das Übel. Seine Klugheit läßt ihn zweifeln, ob die Entwicklung aufzuhalten und eine vollständige Umwälzung der Gesellschaft möglich ist. So sagt er:

Ich muß zugeben, daß ich, nachdem ich gezeigt habe, wo meiner Ansicht nach das Prinzip liegt, und wo die Gerechtigkeit, nicht die Kraft in mir fühle, die Mittel zur Abstellung der Übelstände und zur Verwirklichung eines besseren Zustandes zu finden. Die Verteilung der Arbeitsfrüchte zwischen denen, die zu ihrer Erzeugung beitragen, erscheint mir voller Fehler: aber ich habe den Eindruck, als ob es fast über die menschliche Kraft ginge, sich eine Ordnung des Eigentums vorzustellen, die von der uns bekannten völlig verschieden sei.

ST. SIMON UND SEINE SCHULE Sismondi hatte, bei aller scharfen Kritik, das Privateigentum als Grundeinrichtung der modernen Gesellschaft nicht angetastet. Philosophen wie Platon, Utopisten wie Thomas Morus, manche Kämpfer der Französischen Revolution hatten sich schon mit dem Eigentum auseinandergesetzt. Doch erst das 19. Jahrhundert kritisierte das Eigentum unter Gesichtspunkten der Volkswirtschaft und der Nationalökonomie. Die Kritik beginnt mit St. Simon und seiner Schule.

Claude Henri Graf von *Saint Simon* (1760–1825) hat während seines sehr bewegten Lebens in immer neuen Entwürfen, Broschüren, Büchern ein politisches, moralisches, religiöses, soziales Programm gepredigt. St. Simon ist kein Romantiker wie Sismondi, der sinnend in die Vergangenheit blickt. Er blickt weit in die Zukunft, er ist ein Prophet, der sich geradezu als neuer Messias fühlt. Er ist der Prophet des Industrialismus. Die Industrie ist die Grundtatsache der Neuzeit. Sie ist die einzige Quelle aller Güter und allen Reichtums. Die neue industrielle Gesellschaft braucht eine neue soziale Ordnung. Das Land muß eine einzige große Fabrik werden! Wie in einer Fabrik die Hauptaufgabe der Leitung in der Ordnung und Steuerung der Produktion besteht, die Aufgabe dagegen, für die äußere Ordnung zu sorgen und Übertretungen der Ordnung zu verhindern, durchaus untergeordnet ist und von untergeordneten Organen ausgeübt wird: so wird in der Gesellschaft der Zukunft der Regierung als wichtigste Aufgabe die Steuerung der gemeinsamen Arbeit zufallen. An die Stelle der politischen Regierung wird die wirtschaftliche Leitung treten.

Klassen wird es in dieser neuen Gesellschaft nicht geben. Es wird nur zwei Arten von Menschen geben: die Arbeiter und die Müßiggänger, »die Bienen und die Drohnen«. Unter Arbeitern versteht St. Simon keineswegs die Handarbeiter allein. Der Begriff schließt ein alle, die den Boden bearbeiten, alle Handwerker, Fabrikanten, Kaufleute, Transporteure, auch die Künstler und die Gelehrten. Diese Menschen sind es, von deren Tätigkeit das Wohl und Wehe der Gesellschaft allein abhängt, weil sie allein nützliche Arbeit leisten. Nehmen wir an, sagt St. Simon, Frankreich verlöre mit einem Schlage seine 50 tüchtigsten Ärzte, Chemiker, Bankiers, Kaufleute, Landwirte, Hüttenbesitzer usw.: das Land wäre im selben Augenblick ein Körper ohne Seele; sein Leben würde sofort stagnieren; das Land würde hinter anderen Nationen zurückbleiben. Verlöre Frankreich dagegen mit einem Schlage alle Fürsten, Herzöge, Marschälle, Zeremonienmeister, Kardinäle, Erzbischöfe, Präfekten, Ministerialbeamte und die reichen Großgrundbesitzer – der Verlust würde Trauer hervorrufen, aber für die Wohlfahrt der Franzosen würde aus ihm kein Schaden entstehen!

Man sieht: St. Simon fordert die Herrschaft der produktiven Arbeit und die Ausmerzung aller Müßiggänger – aber er fordert nicht die Abschaffung des Eigentums, mit Ausnahme höchstens seiner Angriffe auf den Großgrundbesitz. Der Angriff auf das Eigentum wurde erst von seinen zahlreichen Schülern vorgetragen, die sich zu einer Art hierarchisch geordneter Sekte zusammenschlossen. Die Kritik des Eigentums, in der die Lehre dieser Schule gipfelt, bedient sich im wesentlichen der folgenden drei Argumente:

1. *Das Privateigentum als Quelle der Ausbeutung:* St. Simon zählt die Kapitalisten und Unternehmer nicht zu den Müßiggängern. Er sieht die Ausbeutung, betrachtet sie aber mehr als einen Mißbrauch denn als organischen und naturnotwendigen Bestandteil der privaten Eigentumsordnung. Nach der Lehre seiner Schüler dagegen ist das Privateigentum nichts anderes als »das Recht, eine Abgabe von der Arbeit anderer zu erheben«. Eigentum in diesem Sinne umfaßt den Grund und Boden und alle übrigen sachlichen Produktionsmittel. Dadurch, daß sie in den Händen weniger Individuen sind, ist jeder andere gezwungen, diesen wenigen einen Teil von den Früchten seiner Arbeit zu überlassen. Natürlich

ist nicht jeder Grund- oder Fabrikbesitzer ein Müßiggänger. Man muß hier unterscheiden zwischen dem Teil seines Einkommens, der ihm als gerechtes Entgelt seiner persönlichen Arbeit zufließt, und der Rente, die er aus seinem Eigentum, das heißt aus der Arbeit anderer zieht.

2. *Die Kritik des Erbrechts:* Wer die Produktionsmittel in Händen hat, ist notwendigerweise derjenige, der die Arbeit verteilt. In der industriellen Gesellschaft, wie sie St. Simon entwirft, ist die wichtigste aller Funktionen die Entscheidung über die bestmögliche Verwendung der Produktionsmittel. Sie muß daher von den fähigsten Personen ausgeübt werden. Genügt unsere Eigentumsordnung, um das zu gewährleisten? Im Gegenteil! Bei uns werden die Kapitalien durch Erbschaft von einem Besitzer auf den nächsten übertragen. Der blinde Zufall der Geburt entscheidet über diese wichtigste Angelegenheit der Gesellschaft! Wie kann eine Gesellschaft, deren einziges Ziel die Arbeit und ihre vernünftige Ordnung ist, die Verfügung über die Arbeitsmittel dem ersten besten überlassen?

Diese Aufgabe darf überhaupt nicht einzelnen Individuen überlassen bleiben! Die Gesellschaft selbst, der Staat muß sie in die Hand nehmen. Die Regierung muß wie eine große Zentralbank die Kapitalien der Gesellschaft verwalten. Freilich muß ja auch eine solche Regierung letzten Endes von einzelnen ausgeübt werden. Wie die richtig herausfinden? Werden sie von selbst an die Spitze gelangen? Wird man sich ihnen unterordnen? Hierüber dürfen wir von den St.-Simonisten keine genaue Auskunft verlangen. Hier liegt das Utopische in ihrem Gesellschaftsbild. Sie meinen, ein gemeinsamer religiöser Glaube müsse erzeugt werden, um eine solche Ordnung zu erhalten und den ständigen freudigen Gehorsam aller Glieder der Gesellschaft zu gewährleisten.

3. *Das Eigentum ist kein Naturgesetz:* Ein drittes Argument gegen das Eigentum lautet: Das Eigentum ist keine unveränderliche Tatsache. Es ist eine soziale Erscheinung, und wie alle anderen sozialen Erscheinungen ist es dem Wandel unterworfen. Die Geschichte zeigt diesen Wandel; nichts hindert uns, in der Gegenwart diese soziale Erscheinung wiederum neu zu ordnen.

Eine genaue Zusammenfassung der Forderungen der St.-Simonisten gibt ein Brief, den sie im Jahre 1830 an den Präsidenten der französischen Abgeordnetenkammer sandten:

Die Saint-Simonisten verwerfen das System der Gütergemeinschaft, denn diese Gemeinschaft würde eine offenbare Verletzung des ersten aller Moralgesetze sein, die zu lehren sie beauftragt sind, eines Gesetzes, demzufolge in Zukunft die Stellung eines jeden sich nach seinen Fähigkeiten und sein Lohn sich nach seinen Leistungen richten.

Aber auf Grund dieses Gesetzes verlangen sie die Abschaffung aller Geburtsprivilegien ohne Ausnahme und folglich auch die des Erbrechtes, des größten aller dieser Privilegien, in dem heute alle anderen beschlossen sind, und dessen Wirkung darin besteht, dem Zufall die Verteilung der gesellschaftlichen Vorteile zu überlassen, und zwar unter der kleinen Anzahl derer, die einen Anspruch darauf erheben können, während die bei weitem zahlreichere Klasse zur Verkommenheit, zur Unwissenheit und zum Elend verdammt wird.

Sie verlangen, daß alle Arbeitsmittel, der Boden und die Kapitalien, die heute den zerstückelten Stamm des Privateigentums bilden, zu einem einzigen gesellschaftlichen Vermögensstamme vereint werden, und daß dieses Ganze durch Assoziation, und zwar in der Form einer Hierarchie, bewirtschaftet werde, so daß die Aufgabe eines jeden den Ausdruck seiner Fähigkeit vorstelle, und sein Reichtum im Verhältnis zu seinen Leistungen stehe.

Die Saint-Simonisten beabsichtigen, die Einrichtung des Eigentums nur insoweit anzugreifen, als es für einige das frevelhafte Privileg des Müßiggangs zu einem Rechtsgrundsatz erhebt, nämlich zum Recht, von der Arbeit anderer zu leben.

Ich habe hier nicht alle Gedanken der St.-Simonisten berücksichtigt. Die Auswahl zeigt aber schon deutlich, daß sie dem späteren Sozialismus eine Menge von Gedanken und Formeln geliefert haben. Einige ihrer zukunftweisenden Gedanken und richtigen Voraussagen:

Sie haben den unvermeidlichen Zug zu einer Zentralisation in der Leitung des Wirtschaftslebens erkannt. Sie haben auch die wichtige Rolle der Banken als Kapitalbehälter, als Steuerer des Kredits und damit auch der Produktion erkannt. Manche von ihnen haben übrigens selbst in Banken und Eisenbahnunternehmungen eine wichtige Stellung im französischen Wirtschaftsleben eingenommen. Die St.-Simonisten haben, wie schon Sismondi, die klassische Überzeugung von der sich selbst erhaltenden Harmonie der Einzelinteressen aufgegeben und bestehen auf der Notwendigkeit, durch planmäßige Maßnahmen der Gesellschaft diese Harmonie erst herzustellen.

Im einzelnen enthält der St.-Simonismus viele Irrtümer und Übertreibungen, die ihn in den Augen der Öffentlichkeit und der strengen Wissenschaft lächerlich und es seinen Gegnern verhältnismäßig leicht machten, ihn anzugreifen. Gleichwohl hat er den Gedanken und Idealen, die auch den späteren wissenschaftlichen Sozialismus beseelen, zum erstenmal Ausdruck gegeben.

OWEN, FOURIER, BLANC Diese drei Männer suchen die Lösung der sozialen Frage und die richtige Ordnung der gesellschaftlichen Erzeugung im *genossenschaftlichen* Zusammenschluß. Sie sind etwas mißtrauisch gegen die eigentliche Sozialisierung, weil sie fürchten, daß bei ihr das Individuum allzuleicht in der Masse untergehen und an seiner freien Entfaltung gehindert werden könnte. Auf diese kommt es ihnen aber gerade an. Sie suchen daher nach Wegen, durch die Bildung kleiner Gruppen ein »soziales Milieu« zu schaffen, in dem diese Entfaltung am besten gewährleistet ist.

1. Robert *Owen* (1771–1858) ist insofern eine Ausnahmeerscheinung unter den Sozialisten, als er selbst ein Fabrikherr war, ein reicher und mächtiger Industrieller. Trotzdem bezeichnet er sich selbst als Sozialisten – er ist sogar einer der ersten, die das taten – und mit Recht.

Owen war kein Dogmatiker. Er entwarf viele Ideen, auch Utopien, und probierte sie aus. Er führte vor allem selbst eine Reihe praktischer sozialer Maßnahmen durch, die allein genügen, ihm dauernden Nachruhm zu sichern: er beschränkte den Arbeitstag für Erwachsene von 17 auf 10 Stunden; er weigerte sich, Kinder unter 10 Jahren zu beschäftigen, und schuf für sie Schulen; er schuf Arbeiterhäuser mit Gärten; er eröffnete einen allgemeinen Feldzug zur Beschränkung der Kinderarbeit, der schließlich zu einem entsprechenden Gesetz in England führte.

Diese praktischen Reformen, so umwälzend sie seinen Zeitgenossen erschienen und so segensreich sie waren, sind für Owen zunächst keine Revolution, sondern die Ausmerzung von Übelständen im Rahmen des bestehenden Systems. Owen selbst hat sie sehr einfach wie folgt begründet:

Die Erfahrung hat Ihnen sicherlich den Unterschied gezeigt, der zwischen einer rein geputzten, glänzenden, maschinellen Einrichtung, die stets in gutem Zustand ist, und einer anderen besteht, die schmutzig und in Unordnung ist, die unnötige Reibungen aufweist und die nach und nach unbrauchbar wird. Wenn daher die auf unbeseelte Maschinen verwendete Mühe so vorteilhafte Ergebnisse zeitigt, warum sollte man nicht das gleiche von der Sorgfalt erwarten, die man auf lebendige Maschinen verwendet, deren Struktur noch viel bewunderungswürdiger ist? ... Ist es nicht natürlich, wenn man zu dem Schluß kommt, daß auch diese viel komplizierteren und feineren Maschinen an Kraft und Wirksamkeit gewinnen werden, und daß ihre Verwendung wirtschaftlicher sein wird, wenn man sie reinlich hält, sie mit Freundlichkeit behandelt, wenn man ihrer geistigen Tätigkeit unnötige Reibungen erspart, und wenn man ihnen eine ausreichende Menge Nahrungsmittel und Unterhaltsmittel liefert, um ihren Körper in gutem, produktionsfähigen Zustand zu erhalten und zu verhindern, daß er vorzeitig verfalle und zum alten Eisen geworfen werden muß?

Die andere Seite von Owens Tätigkeit ist ein Suchen nach gänzlich neuen Formen. Eine solche Form sah er vor allem in der *Genossenschaft*. Seine Experimente mit diesem Gedanken, vor allem in der von ihm eigens gegründeten Kolonie »Neu-Harmonie« in Indiana, USA, schlugen fehl.

Ebenso schlug ein anderes Experiment fehl, das Owen in England durchführte. Es handelt sich dabei um einen zweiten seiner Lieblingsgedanken: die Abschaffung des Profits. Der Profit ist ein Übel und eine Ungerechtigkeit. Was ist Profit? Profit wird dadurch erzielt, daß der Unternehmer die Ware zu einem höheren als dem Kostenpreis veräußert. Damit wird der Arbeiter außerstande gesetzt, das zurückzukaufen, was er doch mit seiner Hände Arbeit geschaffen hat.

Das Streben nach Profit kann sich nur durch das Geld verwirklichen. Das Geld muß deshalb abgeschafft werden. Man muß es ersetzen durch »Arbeitsnoten«. Die Arbeit ist Ursache des Wertes, sie allein darf auch den Maßstab des Wertes abgeben. Auf Grund dieser Gedanken Owens errichtete man 1832 in London eine Arbeitsaustauschbörse. Das war eine Art Genossenschaft, die ein Warenlager unterhielt. Jeder Gesellschafter konnte das Erzeugnis seiner Arbeit abliefern und dafür so viel Arbeitsnoten erhalten, wie Arbeitsstunden (nach seiner Angabe) darin steckten. Dafür konnte er andere Waren von gleichem Arbeitswert erwerben.

Es ist nicht schwer, sich selbst auszudenken, warum dieses Unternehmen zum Scheitern verurteilt war. Ich gehe darauf nicht weiter ein, um vielmehr hervorzuheben, wie die beiden Gedanken Owens: der korporative Zusammenschluß und die Ausschaltung des Profits, eine eigenartige und fruchtbare Verbindung eingegangen sind in einer anderen Einrichtung, die damals entstand und die Owens Ideen viel verdankt – obwohl er an ihrer Entstehung kaum tätigen Anteil nahm, ja ihr sogar das Recht bestritt, Vertreter seines Systems zu sein. Es handelt sich um die *Konsumgenossenschaften.* Sie beruhen auf dem Owenschen Prinzip: genossenschaftlicher Zusammenschluß, unmittelbarer Verkehr zwischen Produzent und Verbraucher, damit Vermeidung des Zwischenhandels und Zwischengewinns, Ausschaltung des Profits, indem entweder kein Gewinn erstrebt oder der erzielte Gewinn den Mitgliedern zurückerstattet wird. Das erfolgreiche Arbeiten der Konsumgenossenschaften zeigt, daß man den Profit ausschalten kann, ohne deshalb das Geld abzuschaffen.

2. Die Vorschläge Charles *Fouriers* (1772–1837) sind viel weitgreifender als die Owens. Fourier war ein Visionär. Er entwarf das Bild einer Zukunftsgesellschaft, das im ganzen phantastisch ist – alles sollte in ihr gemeinsam sein, die Güter wie die Frauen; Fourier war eingefleischter Junggeselle, hielt nichts von Ehe und Familie, hielt alle Instinkte und Triebe für gut und gottgegeben und vertrat die sogenannte freie Liebe; in einigen wirtschaftlichen Einzelgedanken aber ist sein Zukunftsbild höchst fesselnd, in manchem zeugt es von geradezu prophetischer Sehergabe.

Das Kernstück des Systems ist das sogenannte Phalanstère. Es gleicht von außen gesehen einem großen Hotel für 1500 Personen, die unter einem Dach leben, mit gemeinschaftlicher Verpflegung, gemeinsamen Unterhaltungsräumen, Lesesälen, Konzertsälen, Theater. Der Familienhaushalt ist durch den rationellen Großbetrieb in Verpflegung, Heizung, Beleuchtung, Bedienung usw. ersetzt. Man kann nicht leugnen, daß das heutige großstädtische Leben, besonders in den USA, manche der hier vorhergesehenen Züge angenommen hat. Wenn es sich auch nicht durchweg in Hotels vollzieht (obwohl diese Lebensweise in den USA nicht so selten ist), so ist doch vieles – die Besorgung der Wäsche, das Reinigen der Kleider, Beleuchtung und Beheizung, mit Großküchen, Werksverpflegung und Konservenindustrie auch die Verpflegung – bereits aus dem Haushalt an den rationellen Großbetrieb übergegangen.

Das Phalanstère ist also zunächst eine totale Konsumgenossenschaft. Es ist aber zugleich totale Produktionsgemeinschaft. Es besitzt um sich herum ein Landgut und Industrieanlagen, die alles Lebensnotwendige für die Mitglieder hervorbringen. Es ist möglichst selbstgenügsam, autark. Der Organisationsform nach ist es eine Aktiengesellschaft. Die Dividende wird nach folgendem Schlüssel verteilt: Das Kapital erhält $^4/_{12}$ des Gewinns, die Arbeit $^5/_{12}$, das »Talent« die restlichen $^3/_{12}$. Mit Talent meint Fourier die aus freier Wahl hervorgegangene Leitung des Ganzen. Der höchst beachtliche Grundgedanke hierbei besteht darin, daß nicht etwa das Eigentum abgeschafft wird, sondern im Gegenteil die Lohnarbeit. Jeder ist Miteigentümer. »Die Verwandlung der Lohnempfänger in beteiligte Miteigentümer« ist für Fourier das wichtigste Problem der Volkswirtschaft. Und das Phalanstère beruht nicht nur auf Miteigentum, sondern auch auf Mitbestimmung. Jeder ist Teilhaber, und jeder ist

auch an der Verwaltung beteiligt. Er hat an allem seinen Teil, an Häusern, Grund, Wäldern, Fabriken, und er spricht in allem mit. Die Interessen des Kapitalisten, des Arbeiters und des Konsumenten sollen so verwoben werden, daß alles zu einer unlösbaren und harmonischen Einheit zusammenwächst und kein Interessengegensatz auftreten kann.
Eine andere bedeutsame Seite des Projekts: die Menschen sollen durch das Phalanstère aus der Großstadt zum heimatlichen Boden zurückgeführt werden. Die Phalanstères sollen inmitten schöner Landschaften liegen, gleichwohl aber ihren Bewohnern alle Bequemlichkeiten des städtischen Lebens bieten. Dieser Gedanke wird in der heutigen aufgelockerten Bauweise der meisten industriellen Wohnsiedlungen verwirklicht. Eine besondere Vorliebe hat Fourier für den Gartenbau. Wenn er die Überlegenheit des Zuckers als Nahrungsmittel preist und von eingemachten Früchten schwärmt, wenn er in Getreideanbau und Broterzeugung zu überwindende Stufen der gröbsten Ernährungsform sieht und statt dessen Gartenbau, Obstbau, Geflügel- und Fischzucht bevorzugen will, so hat er sich damit in seiner Zeit lächerlich gemacht und doch auf die Dauer eine richtige Voraussicht bewiesen.
Noch bedeutsamer ist aber ein anderer Gedanke Fouriers: die Arbeit muß zum Vergnügen werden. Bisher haben die Menschen nur unter dem Antrieb von Not, Zwang und Eigennutz gearbeitet. Der Mensch soll aber an seine Arbeit gehen, wie er zu einem Feste geht — mit Freude, mit Würde, mit sozusagen sportlicher Leidenschaft. Um das herbeizuführen, soll die Arbeit in Gruppen und Serien geleistet werden; sie muß abwechslungsreich gestaltet werden, zum Wetteifer anspornen; auch muß jedem das Existenzminimum auf jeden Fall gewährleistet sein, damit die Arbeit ihren Zwangscharakter verliert.
Auch für die Kindererziehung hatte der alte Junggeselle zukunftweisende Gedanken. Sein Schüler *Fröbel* hat, unter Benutzung Fourierscher Gedanken, die ersten Kindergärten geschaffen.
3. Ich habe schon mehrfach bemerkt, daß der wirklich originelle Denker selten einen schnellen Erfolg hat. Das gilt auch für Fourier. Wer dagegen das geschickt ausspricht, was schon in der Luft liegt, weil die Zeit durch andere Pioniere vorbereitet wurde, der hat sofort den Erfolg für sich. Das gilt für Louis *Blanc* (1813–1882) mit seiner 1841 erschienenen Schrift *Die Organisation der Arbeit*.
Was ist das Grundübel der modernen Wirtschaft? Blanc antwortet: die Konkurrenz. Sie ist ein System der Ausbeutung für das Volk, eine Quelle der Verarmung und des Ruins. Das Heilmittel ist Assoziation, genossenschaftlicher Zusammenschluß; und zwar zu Produktivgenossenschaften, nicht also, wie Owen und Fourier wollten, Genossenschaften auch zu gemeinschaftlichem Verbrauch. Die »soziale Werkstatt« Blancs ist die Vereinigung von Arbeitern der gleichen Berufsgruppe zu gemeinschaftlicher Erzeugung. Das sollte die Keimzelle sein, aus der in Zukunft eine ganze sozialistische Gesellschaft hervorwachsen sollte. Den Gesamtplan einer solchen Gesellschaft läßt Blanc offen. Sie muß allmählich wachsen. Was sofort geschehen kann, ist die Gründung solcher Werkstätten, und

– hier kommt etwas Neues hinein – die *Regierung* soll die Initiative ergreifen. Sie soll zuerst das Kapital bereitstellen. Durch Teilversuche und private Bestrebungen, sagt Blanc, läßt sich eine so schwierige und umwälzende Aufgabe wie die Emanzipation des Proletariats nicht verwirklichen. Der Staat muß als »Bankier der Armen« eintreten.

In Frankreich sind nach den Ideen Blancs solche Genossenschaften gegründet worden. Sie erwiesen sich zum Teil als dauerhaft. Aber im großen gesehen wurde der Gedanke in Mißkredit gebracht durch ein unglückliches Experiment des Revolutionsjahres 1848. Damals schuf man – um das Recht auf Arbeit schnell zu verwirklichen – sogenannte »nationale Werkstätten«. Das waren jedoch einfache behelfsmäßige Arbeitsstätten zur Unterbringung der Arbeitslosen. Infolge fehlerhafter Anlage und politischen Streites scheiterte das Experiment schnell und hatte eine langdauernde Entmutigung im Gefolge.

PROUDHON Das Werk Pierre Joseph *Proudhons* (1809–1865) soll hier unter zwei Gesichtspunkten betrachtet werden: Proudhon als Theoretiker mit seiner Kritik des Eigentums, Proudhon als Praktiker mit seiner »Tauschbank«.

1. *»Eigentum ist Diebstahl«:* Der 31jährige Proudhon wurde mit seinem 1840 erschienenen Buch *Was ist das Eigentum?* sogleich ein berühmter Mann. Er sprach aus tiefem Mitgefühl für die Leidenden, mit jugendlichem Schwung und Kraftbewußtsein und schleuderte seinen Lesern gleich auf der ersten Seite das berühmte Wort ins Gesicht: »Eigentum ist Diebstahl« (La propriété c'est le vol). Das kann man als Verwerfung jeder Form privaten Eigentums verstehen, und es ist auch so verstanden worden. Aber das meint Proudhon nicht. Im Gegenteil ist für ihn privates Eigentum im Sinne freier Verfügungsgewalt über die Früchte der eigenen Arbeit geradezu das Wesen der Freiheit. Eigentum ist aber Diebstahl, soweit es nicht aus eigener Arbeit stammt. Denn nur die Arbeit – das lehren alle Sozialisten – ist produktiv, nur sie schafft Werte.

Das ist nun im Grunde nichts Neues, die anderen Sozialisten hatten das auch gelehrt. Neu ist höchstens die Proudhonsche Erklärung des Mechanismus, durch den der Eigentümer dauernd den Arbeiter um die Erzeugnisse seiner Arbeit bringt: der Kapitalist zahlt jedem Arbeiter den Wert seiner Leistung, so als ob dieser allein arbeiten würde. Durch die Gemeinschaftlichkeit der Arbeit entsteht aber ein zusätzlicher Nutzeffekt. Diesen eignet sich der Kapitalist an.

Proudhon ist aber nicht nur Kritiker des Kapitalismus, sondern auch Kritiker alles bisherigen Sozialismus. Er wirft den Sozialisten und Kommunisten, die er mit schärfsten Ausdrücken verdammt, vor, die bestehenden wirtschaftlichen Kräfte zerstören zu wollen. Es kommt aber darauf an, »sie ins Gleichgewicht zu bringen«. Assoziation, Gütergemeinschaft, Kollektivismus – das alles ist keine Lösung. Es widerstreitet der persönlichen Freiheit, die Proudhon unbedingt gewahrt wissen will. Das Eigentum ist ein notwendiger Ansporn zur Arbeit – Fouriers »Arbeit als Vergnügen« liegt Proudhon fern – und die Grundlage der Familie. Es ist ein Unding, es zu zerstören. Man muß es nur unschädlich machen. Man muß seine schädlichen Seiten abschaffen, ohne den Kern selbst zu zerstören. Wie soll das geschehen? Proudhon spricht sich recht undeutlich aus. Er denkt vor allem an eine Reform des Tausches, einen Austausch in natura, der die Ideen des Eigentums und des Gemeininteresses zur Synthese bringen soll.

Hier trat die Revolution von 1848 ein. Sie zwang Proudhon, fast gegen seinen Willen, sofort einen konkreten Plan auszuarbeiten. Das war seine »Tauschbank«.

2. *Die Tauschbank:* Der Kerngedanke ist der des unentgeltlichen Kredits. Der Zins ist abzuschaffen. Das würde auf der einen Seite den Kapitalbesitzer hindern, ein arbeitsloses Einkommen zu beziehen. Auf der anderen Seite würde es den Arbeitern gestatten, das nötige Kapital zu erwerben, anstatt es gegen Zins mieten zu müssen. Proudhon schlug vor, eine Bank zu gründen – ohne Kapital – welche »Umlaufbons« oder »Tauschbons« herausgeben sollte. Die Bons sollten nicht in Bargeld umwechselbar sein; doch jeder Kunde der Bank mußte sich verpflichten, sie als Zahlungsmittel in Kauf zu nehmen.

Auch wenn man Proudhons Plan genauer ausführt, als es hier möglich ist, verliert er kaum etwas von seinem irrealen Charakter. Die tatsächlich gegründete Bank – obwohl sie schon einen Kompromiß darstellte, denn sie hatte entgegen dem ursprünglichen Plan ein Kapital in Aktien und setzte auch einen Zins fest – funktionierte nicht. Proudhon gab den Plan selbst auf.

Unter dem utopischen Gedanken eines unentgeltlichen Kredits liegt aber der richtige Gedanke des gegenseitigen Kredits verborgen.

Wir werden Proudhon später bei der Behandlung des Marxismus noch einmal kurz begegnen. Der frühe Sozialismus wurde hier etwas ausführlicher behandelt, weil er in vielen Büchern unter dem Schlagwort des »utopischen Sozialismus« ziemlich kurz und summarisch abgetan zu werden pflegt – während er doch für jeden, der mit dem Blick auf die heutigen Probleme sich in die damaligen Gedanken vertieft – höchst lehrreich und anregend ist. Manche Gedanken des vormarxistischen Sozialismus sind im 20. Jahrhundert, nachdem der marxistische Sozialismus an Kredit verloren hat, neu aufgegriffen worden. Wir verlassen hier diese Bewegung, um uns einer ganz andersartigen Erscheinung zuzuwenden.

FRIEDRICH LIST UND DIE NATIONALE VOLKSWIRTSCHAFTSLEHRE Im Jahre 1840 erschien *Das nationale System der politischen Ökonomie* des Deutschen Friedrich List (1789–1846). Die Geschichte dieses Buches sei die Geschichte seines Lebens, sagt List im Vorwort. Man muß wirklich auf Lists Leben blicken, um seine Lehre zu verstehen. Lists Leben war ein Kampf, und die Geschichte dieses Kampfes gibt uns zugleich einen Einblick in die damalige wirtschaftliche Lage Deutschlands und damit in die Voraussetzungen seines Systems.

Nach den Freiheitskriegen überschwemmten englische Waren, die bis dahin durch die Kontinentalsperre vom Festland ferngehalten worden waren, die europäischen Märkte, am meisten aber Deutschland, denn Frankreich war in diesem Augenblick durch Zölle abgeriegelt. Während Deutschland mit seiner gerade erst im Entstehen begriffenen jungen Industrie dem von außen kommenden Warenstrom schutzlos preisgegeben war, waren die deutschen Einzelstaaten durch Zollmauern voneinander getrennt, ja selbst im Inneren der Einzelstaaten war der Handel durch solche Schranken gehemmt. Es erhob sich der Ruf nach wirtschaftlicher Einheit, in der man zugleich die Vorstufe zu der erhofften politischen Einigung sah, der Ruf nach Abschaffung der Zollgrenzen im Innern Deutschlands und nach einem einheitlichen Zolltarif nach außen. Frankreich und England hatten diesen Zustand der Wirtschaftseinheit längst erreicht.

In Flugschriften, Denkschriften, persönlichen Vorsprachen bei den deutschen Regierungen kämpfte List für dieses Ziel. 1819 entstand auf seine Initiative – der Dreißigjährige war damals Professor in Tübingen – in Frankfurt der »Handelsverein« mit dem Ziel, die Regierung des deutschen Bundes zu entsprechenden Maßnahmen zu veranlassen. Der Kampf war erfolglos. Der Bundestag antwortete nicht einmal. List wurde obendrein aus politischen Gründen zu Festungshaft verurteilt, verließ Deutschland; wurde, zurückgekehrt, eingesperrt und ging schließlich nach Amerika. Hier studierte er, wie er selbst sagt, das beste Buch, das man über politische Ökonomie studieren kann, nämlich das wirtschaftliche Leben dieses aufstrebenden Landes. Als List, nachdem er Reichtum und mächtige Freunde erworben, in die Heimat zurückkehrte, war sein großes Ziel der Verwirklichung nahe. 1833 wurde der deutsche Zollverein begründet. Als es 1841 galt, die ihm zugrunde liegenden Verträge zu erneuern, erhob sich die Frage, welches Zollsystem anzuwenden sei. In die Auseinandersetzung hierüber griff Lists obengenanntes Buch ein.

Freier Handel oder Schutzzoll? Sollte man die junge deutsche Industrie, welche die Grundlage der kommenden Größe der Nation bilden konnte, schutzlos der übermächtigen Konkurrenz aussetzen? Sollte man nicht vielmehr, dem Beispiel Frankreichs und der Vereinigten Staaten folgend, die Entfaltung dieser Industrie schützen? Das war Lists Forderung.

Die Forderung nach Schutzzöllen widersprach der einhelligen Meinung der nationalökonomischen Wissenschaft. Die Praxis der Staaten war zwar keineswegs freihändlerisch. Aber für die Wissenschaftler aller Richtungen, einschließlich der frühen Sozialisten, war die Freiheit des internationalen Handels geradezu ein Dogma. List mußte, um seine Forderung zu begründen, der Wissenschaft auf ihrem eigenen Feld entgegentreten. Auf einige der wissenschaftlichen Grundgedanken Lists, um derentwillen seine Lehre den Namen eines Systems verdient, richten wir jetzt unser Augenmerk; denn auf ihnen ruht seine bleibende Bedeutung – mehr als auf der Tatsache, daß er damals für Deutschland die Forderung der Stunde vertrat.

1. *Die Wirtschaftsstufen und die Idee der Nationalität.* – Wenn die

klassische Schule den freien Handel fordert, so blickt sie dabei auf der einen Seite auf den Einzelmenschen und sein Interesse, auf der anderen Seite auf das Wohl der »Allgemeinheit«, das heißt des Menschengeschlechts. Sie vergißt, daß zwischen dem einzelnen und dem menschlichen Geschlecht die Nationen stehen. Die Geschichte lehrt aber, daß jeder Mensch Teil einer Nation ist, und daß sein Wohlstand unlösbar mit dem politischen Zustand und der Macht dieser Nation verknüpft ist. Sie zeigt, daß die private Tätigkeit und die Tüchtigkeit nicht Reichtum schaffen und erhalten kann, wenn die öffentlichen Zustände nicht geordnet und gefestigt sind. Eine Wirtschaftseinheit, die nicht darauf Rücksicht nimmt, wird eine einseitige Angelegenheit sein und zum Übergewicht der Nation, deren wirtschaftliche Kraft am weitesten entwickelt ist, über alle anderen führen.

Denn – dies ist der zweite wichtige Gedanke – die wirtschaftliche Entwicklung der Nationen vollzieht sich in Stufen. Die Geschichte zeigt, wie die Völker vom Zustand des Wilden über das einfache Hirtendasein, den Ackerbau, das Hinzutreten der Manufaktur erst allmählich den Zustand vollkommener ökonomischer Ausbildung erreichten, den List als »Agrikultur-Manufaktur-Handels-Staat« bezeichnet. Lists Lehre von den Wirtschaftsstufen hat viele Nachfolger gefunden. Wir müssen in ihr einen der ersten Versuche sehen, geschichtliche Betrachtung und geschichtliche Vergleichung zur Grundlage der Wirtschaftswissenschaft zu machen. List ist darin der späteren Historischen Schule der Nationalökonomie vorausgegangen.

2. *Die produktiven Kräfte.* – Die klassische Schule hat den Begriff des Volkswohlstandes zu einseitig statisch gefaßt. Sie sah in ihm einfach die Summe der in einem gegebenen Moment vorhandenen Güter. List setzt an Stelle dessen eine dynamische Auffassung. Nicht der Reichtum ist das Entscheidende, sondern »die Kraft, Reichtümer zu schaffen«. Auch dies ist im Grunde eine geschichtliche Betrachtungsweise. Sie blickt nicht auf die Gegenwart allein, sondern vor allem auf die Zukunft: die Nation muß auch Vorteile des Augenblicks opfern können, um sich zukünftige zu sichern!

Produktivkräfte sind nicht die wirtschaftlichen Kräfte allein. Eine freiheitliche Gesellschaftsordnung, Gedanken-, Gewissen- und Pressefreiheit, ein demokratisches Regierungssystem gehören ebenso dazu. Unter den wirtschaftlichen Kräften aber ist die Manufaktur die stärkste. Die Industrie regt die geistigen und materiellen Kräfte an, löst sie aus der Tätigkeit der Starre der reinen Agrarwirtschaft; nur sie kann die natürlichen Kräfte eines Landes voll ausnützen.

Soll man nun die Entwicklung dieser Industrie sich selbst überlassen?

Es ist wahr, die Erfahrung lehrt, daß der Wind den Samen aus einer Gegend in die andere trägt, und daß auf diese Weise öde Heiden in dichte Wälder verwandelt worden sind; wäre es aber darum weise, wenn der Forstwirt zuwarten wollte, bis der Wind im Lauf von Jahrhunderten diese Kulturverbesserung bewirkt? Wäre es töricht, wenn er durch Besamung öder Strecken diesen Zweck im Lauf weniger Jahrzehnte zu erreichen sucht? Die Geschichte lehrt uns, daß ganze Nationen mit Erfolg getan haben, was wir diesen Forstmann tun sehen.

Deshalb Schutzzölle! Aber nur in Grenzen: nämlich nur so lange, als eine junge Industrie mit der bereits erstarkten eines Nachbarstaates – wie ein Kind mit einem Erwachsenen – in ungleichem Kampfe liegt (»Erziehungszölle«); und nur für die Industrie!

Diese Einschränkung zeigt, daß man List Unrecht tut, wenn man ihn nur als Theoretiker des Schutzzolls ansieht. Dieser ist ihm nur ein Mittel zu einem höheren Zweck. Von gleicher Bedeutung ist zum Beispiel die Entwicklung des Verkehrswesens. In keinem Punkte war List seinen Zeitgenossen so weit voraus, wie in seiner Erkenntnis von der Bedeutung eines mächtigen nationalen Eisenbahnnetzes. Er selbst war Mitgründer der Linie Dresden–Leipzig. Er erkannte, daß, wirtschaftlich gesehen, die Hauptbedeutung des neuen Verkehrsmittels nicht in seiner Schnelligkeit lag, sondern in der Möglichkeit billiger Beförderung von Massengütern. Er sah voraus, daß ein Eisenbahnnetz preisausgleichend wirken und das stärkste Bindemittel der nationalen Wirtschaftseinheit sein würde.

Ähnliche Gedanken über die politische Wirkung des Schutzzolls vertrat bald nach List der Amerikaner Henry Charles *Carey* (1793–1889), ein bedeutender Theoretiker, der im übrigen allerdings eher der klassischen Schule zuzurechnen ist.

2. Die Weiterbildung der klassischen Theorie bis zu ihrem Höhe- und Wendepunkt

In der Opposition zu stehen, ist fast immer reizvoller und dankbarer als auf der Gegenseite. Es scheint auch leichter zu sein. So wollen die Männer, die mit jugendlichem Enthusiasmus und mit einer bewundernswerten Kraft der wirtschaftlichen Phantasie gegen das Bestehende Sturm liefen, neue Perspektiven aufrissen und neue Wege suchten, dem rückschauenden Blick faszinierender erscheinen als diejenigen, die – wenn auch nicht weniger streitbar – sich mit einem Anflug kühler und klassischer Objektivität dem nüchternen und strengen Geschäft hingaben, die klassische Theorie weiterzubilden.

Die drei Erscheinungen, die in diesem Unterabschnitt zusammengefaßt werden, sind untereinander nicht weniger verschieden als etwa die Frühsozialisten und List im vorigen. Gemeinsam ist ihnen, daß sie nicht wie die zuvor behandelten Autoren in einer grundsätzlichen Frontstellung gegen die klassische Theorie stehen, sondern auf ihr fußen. Daß sie im einzelnen so sehr voneinander abweichen, zeigt, daß man im 19. Jahrhundert von einer klassischen »Schule« nur in einem lockeren Sinne sprechen kann, daß insbesondere das theoretische Denken in den führenden Nationen jeweils eine eigene Prägung erhielt. Ich führe je einen Vertreter aus dreien dieser Länder an, aus Deutschland, Frankreich und England. Neben sie muß man als Vertreter des amerikanischen Denkens den obengenannten Carey stellen.

DEUTSCHLAND: THÜNEN Deutschland war vorwiegend noch ein Agrarstaat. Die deutschen Denker, die sich mit den Problemen des Industrialismus befaßten, mußten bis zu Marx hin ihre Beispiele zum ganz überwiegenden Teil den ausländischen, vornehmlich den englischen Verhältnissen entnehmen. Im landwirtschaftlichen Denken dagegen war man darauf nicht angewiesen, und auf diesem Feld erhob sich in dieser Zeit das deutsche wirtschaftswissenschaftliche Denken zu seinen bedeutendsten und selbständigsten Leistungen.

Ein herausragender – nicht der einzige – Vertreter dieses Denkens ist der mecklenburgische Gutsbesitzer Johann Heinrich *von Thünen* (1783 bis 1850) mit seinem ab 1826 erschienenen Werke *Der isolierte Staat in Beziehung auf Landwirtschaft und Nationalökonomie.*

Am Beispiel dieses Werkes kann man deutlich studieren, wie die Wirtschaftswissenschaft, will sie zu eindeutigen und übersichtlichen Ergebnissen kommen, in einem beträchtlichen Grade zur Abstraktion gezwungen ist. Thünen untersucht die landwirtschaftlichen Produktions- und Absatzverhältnisse. Er erkennt und untersucht, wie sich die industriellen Städte immer mehr zu Schwerpunkten des Verbrauchs entwickeln, wie die landwirtschaftliche Erzeugung sich um diese Schwerpunkte herum gruppiert. Er geht dazu von folgendem Modell aus: In der Mitte einer fruchtbaren Ebene liege eine sehr große Stadt. Eine Ebene soll es sein, damit nicht die durch Gebirge bedingten Verzerrungen der Verkehrswege das Bild stören. Aus dem gleichen Grunde sollen auch keine Kanäle und schiffbaren Flüsse vorhanden sein. Auch die ungleiche Güte des Bodens soll nicht stören. Deshalb nimmt Thünen einen gleichmäßig guten Boden an. Endlich sollen auch nicht die Ausstrahlungen anderer Städte das Bild durchkreuzen. Die Ebene geht deshalb an ihrem Rand, in großer Entfernung von der Stadt, in Wildnis über.

Je größer die durch Abstraktion erzielte Vereinfachung, um so einfacher und klarer die Ergebnisse. Thünen kommt in der Tat zu Ergebnissen, die sogar eine mathematische Formulierung zulassen. Es ergibt sich ein System von konzentrischen Kreisen mit der Stadt im Mittelpunkt. Der innerste Kreis ist das Anbaugebiet der Erzeugnisse, die entweder leicht verderblich sind oder deren Transport außerordentlich kostspielig ist: Gemüse, Gartenfrüchte, Milch. Nach außen zu wird die Wirtschaft immer extensiver, am weitesten außen liegt das Gebiet der Jagd.

Man mag am Werte so gewonnener Ergebnisse zweifeln – eine wichtige Grundeinsicht liegt zumindest in der Betrachtung Thünens beschlossen: die Erkenntnis von der Bedeutung des Standorts. Es ist sinnlos, irgendwo mit Aufwand von Arbeit und Kapital zu produzieren, ohne sich nach Markt- und Verkehrsverhältnissen zu orientieren. Es ist volkswirtschaftlich falsch, nur auf das irgendwo erzielte Rohergebnis der Produktion zu sehen. Es kommt auf den Reinertrag an, der aber wird von den genannten Faktoren mitbestimmt. Die Forderung nach größtmöglicher Rentabilität muß im Mittelpunkt stehen.

Thünens Theorien über den Arbeitslohn, die ich hier übergehe, enthalten als wichtiges Element die Erkenntnis: Die Produktivität der Arbeit muß gesteigert werden, wenn bessere Löhne ermöglicht werden sollen.

FRANKREICH: BASTIAT Frankreich war das eigentliche Geburtsland des Sozialismus. Die französische klassische Schule hatte daher den stärksten Anlaß, ihre Position zu verteidigen. Ihr Wortführer um die Jahrhundertmitte war Frédéric *Bastiat* (1801–1850). Wie bei List, so ist auch bei ihm ein Kernpunkt seiner Lehre bereits im Titel seines Hauptwerks angedeutet. Es erschien in seinem Todesjahr und heißt *Volkswirtschaftliche Harmonien*.

Damit ist ein sehr freundlicher, optimistischer Grundton angeschlagen. In der Tat bemühten sich gerade die französischen Volkswirtschaftler, die pessimistischen Folgerungen zu widerlegen, die Männer wie Malthus und Ricardo gezogen hatten. Kein Wunder – so sagen sie – wenn diese Folgerungen einen Sturm der Empörung hervorrufen! Doch die sozialistischen Kritiker setzen am verkehrten Ende an, wenn sie behaupten, die Übel- und Mißstände seien auf die uferlose wirtschaftliche Freiheit zurückzuführen. Im Gegenteil: sie entstehen nur daraus, daß diese Freiheit bisher noch zu unvollkommen verwirklicht worden ist! Alles, was die bisherigen Kritiker verlangen: Eingreifen des Staates, Koalition, Assoziation, wird das Übel nur verschlimmern und die Freiheit töten. Das Bestehen auf der Freiheit zeichnet gerade die französische Richtung der Schule aus, die sich deshalb auch gern als die »freiheitliche« bezeichnet.

Die Welle des Optimismus und Liberalismus erreichte ihren Höhepunkt zwischen 1830 und 1850. Sie gipfelt im Werk Bastiats. Freilich – wenn »die allgemeinen Gesetze der sozialen Welt harmonisch sind«: wie kommt es, daß man, wohin man auch blickt, Übel, Mißstände, Ausbeutung sieht (die Bastiat nicht leugnet)? Diese Disharmonien sind vorhanden, aber sie liegen nur an der Oberfläche. Im Innern der Menschen und des sozialen Gefüges sind stets die Triebkräfte vorhanden, die zum Guten streben und die Harmonie herstellen. Dies suchte Bastiat im einzelnen nachzuweisen für alle wirtschaftlichen Grundbegriffe und Gesetze, für den Wert, den Tausch, das Eigentum, für Erzeugung, Verteilung und Verbrauch.

ENGLAND: MILL John Stuart *Mill* (1806–1873) in einer Geschichte der Wissenschaften in den Abschnitt über Nationalökonomie einzureihen, ist ebenso berechtigt und ebenso unberechtigt, wie etwa, Aristoteles unter der Überschrift »Biologie« abzuhandeln: berechtigt, weil Mill in der Nationalökonomie, wie Aristoteles in der Zoologie, eine zentrale Figur ist; unberechtigt, weil Mill nicht bloß Wirtschaftswissenschaftler war, sondern Philosoph, Logiker und Erkenntnistheoretiker, Psychologe, Soziologe – ein allseitiges Genie, das vom zartesten Kindesalter an seine Zeitgenossen durch die Leistungs- und Schöpferkraft seines Verstandes in staunende Bewunderung versetzte.

Wir betrachten hier nur die nationalökonomische Seite in Mills Denken. Für sie sind am wichtigsten Mills 1848 erschienene *Prinzipien der poli-*

tischen Ökonomie. Dieses Buch Mills gehört zu den klassischen Werken der Nationalökonomie. Es ist von seltener Geschlossenheit im äußeren Aufbau und im geistigen Gefüge, glänzend geschrieben; es diente 50 Jahre hindurch als Lehrbuch der Volkswirtschaftslehre an den Hochschulen der englischsprechenden Welt.

Mills System bildet den Höhepunkt der klassischen Schule. Aber es bildet auch einen Wendepunkt. Wenn man den Gipfel erreicht hat, kann es nur noch abwärts gehen. In glänzender Weise zeigt sich hier in der Geschichte der volkswirtschaftlichen Doktrinen das dialektische Gesetz Hegels: das dem Gedanken die Neigung innewohnt, auf dem Höhepunkt seiner Ausbildung von selbst in sein Gegenteil umzuschlagen. Wir betrachten zunächst Mill als Vollender der klassischen Schule, sodann Mills Wendung gegen sie.

1. Mill als Vollender: Die Naturgesetze der Wirtschaft. – Die zentrale Behauptung der klassischen Schule, das Axiom, mit dem sie steht und fällt, ist der Satz: Es gibt reine, strenge Gesetze der Wirtschaft, und Wirtschaftswissenschaft ist in eben dem Grade Wissenschaft, als sie diese Gesetze erkennt und formuliert. Optimismus und Pessimismus, Protest und Verteidigung – das alles ist Zweckdenken, das in der reinen Wissenschaft nichts zu suchen hat. Die Gesetze sind unabänderlich wie Naturgesetze. Die Wissenschaft, die diese Gesetze ausspricht, ist eine »gefühllose Wissenschaft« – ihr dies aber zum Vorwurf zu machen, ist ebenso unsinnig, wie wenn man den gleichen Vorwurf gegen die Physik richten wollte.

Diese Gesetze gelten für alle Zeiten und Völker, weil die elementaren wirtschaftlichen Bedürfnisse, durch die sie bestimmt sind, bei allen Menschen die gleichen sind. Selbstverständlich erfahren sie gewisse Abwandlungen – die Wissenschaft soll aber nicht auf diese vergänglichen »modi« blicken, sondern auf die Gesetze selbst.

Der Mensch ist kein bloßes Wirtschaftswesen, kein »homo oeconomicus«. Aber die Wissenschaft, welche die Wirtschaft erforscht, muß von den übrigen Seiten seines Wesens absehen – abstrahieren – und ihn rein als wirtschaftendes Wesen studieren.

Diese Gesetze der Wirtschaft sind einfach – so einfach, daß gerade ihre Einfachheit ein ungläubiges Mißtrauen erregen kann. Sie sind exakte Gesetze und erlauben deshalb auch eine mathematische Formulierung.

In dem Streben, die ganze Wirtschaftswissenschaft auf einige wenige exakt ausgedrückte Grundsätze zurückzuführen, hat Mill einen bedeutsamen Vorgänger: Nassau William *Senior* (1790–1864), Professor in Oxford, wo er den ersten in England eigens für die Nationalökonomie geschaffenen akademischen Lehrstuhl innehatte. Er begnügte sich mit vier solchen Gesetzen. Nassau Senior hat außerdem einen wichtigen Gedanken in die Debatte geworfen: er stellte die »Abstinenz« – also die Enthaltsamkeit, das Sparen, wir würden heute vielleicht sagen, den Konsumverzicht – gleichberechtigt neben die Arbeit als eine Leistung, die Anspruch auf Entlohnung hat. Das Kapital als Produktionsfaktor erfuhr damit eine gewisse Rechtfertigung, die ihm bisher gefehlt hatte. Kapital läßt sich unter diesem Gesichtspunkt nicht einfach in Arbeit auflösen, Kapitalbildung beruht auf einem Verzicht, einem Opfer, das gleichberechtigt neben der Arbeit steht.

Kehren wir zu Mill zurück. Die Aufzählung der von ihm aufgestellten Wirtschaftsgesetze gibt einen gewissen Eindruck von den Grundzügen des klassischen Systems.

Das erste Gesetz kann man, mit einem erst später aufgekommenen Ausdruck, als *hedonistisches Prinzip* bezeichnen. Es besagt einfach: Jeder Mensch strebt, mit einem Minimum an Arbeit und Opfern ein Maximum von Gütern, von Glück und Reichtum zu erreichen. Das ist natürlich, es ist das einfache Gesetz der Selbsterhaltung. Man kann es auch »Prinzip des persönlichen Interesses« nennen.

Das zweite Prinzip ergibt sich aus dem ersten fast von selbst: Wie jedes Individuum seinen Vorteil sucht, so kann es auch selbst am besten beurteilen, wo sein Vorteil liegt. Man muß es daher dem einzelnen überlassen, seinen Weg zu finden. Das ist das *Gesetz der freien Konkurrenz.* Die Folgerungen liegen auf der Hand: Freiheit der Arbeit, Freiheit des Handels im Innern wie des Außenhandels, Ablehnung jeder staatlichen Einmischung. Alles, was die Konkurrenz verhindert oder schwächt, ist vom Übel. Wird das »Laissez faire« immer dem Gemeinwohl dienlich sein? Das Gemeinwohl ist nichts anderes als das Wohl der einzelnen Individuen oder einer möglichst großen Zahl von ihnen. Hier begegnen wir den Gedanken Benthams, die Mill in sein Denken aufgenommen hat. Stehen aber nicht die Interessen der einzelnen miteinander im Widerspruch, im Kampf, so daß, wo der eine siegt, das Interesse des anderen geopfert wird? Hierauf lautet die Antwort zunächst: Die Gegensätze im einzelnen sind notwendig, um die Harmonie im großen zu verwirklichen. Es ist allerdings auch nur ein Schritt bis zu der Lehre, die mit Darwin sagt: Es ist für den Fortschritt des Ganzen notwendig, daß das Unfähige und Lebensuntüchtige unterliegt und geopfert wird. Diesen Schritt tat im sozialen Denken Herbert Spencer. Aber der klassischen Schule im ganzen eignet eine gewisse Kühle gegen das menschliche Leid: sie blickt auf die ehernen Gesetze und nicht auf das Leid einzelner Personen oder Gruppen.

Ein drittes Gesetz ist das von Malthus zum erstenmal scharf formulierte *Bevölkerungsgesetz:* Die Bevölkerung hat die Tendenz, schneller zu wachsen als der ihr zur Verfügung stehende Spielraum an Nahrungsmitteln und sonstigen Bedarfsgütern. Mill ist wie Malthus ein entschiedener Befürworter der Geburtenbeschränkung; er geht darin eher noch weiter als dieser und wird hier sogar seinem sonst überall festgehaltenen Grundsatz der Freiheit untreu, indem er fordert, die Ehe zwischen Armen müsse ganz verboten werden.

Der Wert eines Erzeugnisses – und ebenso der Wert von Arbeit, Grund und Boden, Kapital – bestimmt sich nach dem Gesetz von *Angebot und Nachfrage.* Dies ist ein weiteres klassisches Prinzip. Bei näherem Zusehen erweist es sich als nicht ganz so einfach wie beim ersten Augenschein, und darauf hingewiesen und die Zusammenhänge untersucht zu haben, ist gerade ein Verdienst Mills. Die Zusammenhänge sind insofern nicht ganz einfach, als sie wechselseitig sind: das wechselnde Verhältnis von Angebot und Nachfrage treibt den Preis hinauf und herunter; aber der Preis wirkt auch auf Angebot und Nachfrage zurück. Ein hoher Preis lockt das Angebot hervor und schreckt die Nachfrage ab, und umgekehrt.

Gilt ein gleichartiges, mathematisch-unverbrüchliches Gesetz auch für den Arbeitslohn (*Lohngesetz*)? Das ist ein besonders umstrittener Punkt. Zunächst bejahte Mill die Frage. Er formulierte ein (von Lassalle so genanntes) »ehernes Lohngesetz«. Er behauptete, es gäbe ein natürliches Gesetz, und es laufe darauf hinaus, daß der Arbeitslohn sich letzten Endes nach den Produktionskosten der Arbeit einstellt, also nach dem Aufwand, der erforderlich ist, um die Arbeitskraft des Arbeiters zu erhalten. Wenn es ein solches Gesetz gibt, sind freilich alle Anstrengungen der Arbeiter und ihrer Organisationen, die Entlohnung zu verbessern, naturnotwendig zum Scheitern verdammt. Denn keine Gewerkschaft kann etwas ändern an der Zahl derer, die Arbeit suchen, und ebensowenig an der insgesamt für die Löhne zur Verfügung stehenden Kapitalmenge, dem »Lohnfonds«. Diese Folgerung löste scharfe Proteste aus, und Mill selbst war über sie so bestürzt, daß er sich von seinem Gesetz durch öffentlichen Widerruf wieder lossagte.

Für die *Rente* besteht ein gleichartiges Gesetz. Für die Grundrente ist es bereits von Ricardo formuliert. Die einzelnen Erzeuger haben verschieden hohe Produktionskosten, schon wegen der verschiedenen Qualität des Bodens. Die Preise richten sich nach den Betrieben mit den höchsten Produktionskosten. Allen übrigen, die geringere Kosten haben, fällt eine Rente zu. Mill dehnt dieses Gesetz auch auf die industriellen Produkte aus.

Für den *internationalen Austausch* gelten die gleichen Gesetze wie für den Austausch zwischen Individuen. Beide Teile gewinnen; im Außenhandel gewinnt sogar oftmals das von Natur ärmere oder rückständige Land mehr als der Partner. In England wurde die freihändlerische Lehre auch für die Praxis maßgebend, insbesondere mit der Abschaffung der Getreidezölle im Jahre 1846.

2. *Mills Wendung gegen die klassische Doktrin.* – John Stuart Mill hat mehr als irgendein anderer dazu beigetragen, die Lehrsätze der klassischen Schule zu einem imponierenden Gebäude zusammenzuschließen, so imponierend, daß ihre Vertreter den Beinamen einer »Schule« energisch zurückwiesen, denn sie wollten nicht eine Schule neben anderen in ihrer Wissenschaft sein, sondern erhoben den Anspruch, diese Wissenschaft allein zu besitzen.

Die klassischen Theoretiker wollten nur die Wahrheit aussprechen – das, was ist, und nicht das, was man wünschen könnte. Sie taten das mit einer gewissen Rücksichtslosigkeit. Sie konnten nicht verhindern, daß die Öffentlichkeit ihre Lehren in erster Linie danach beurteilte, was nach den gelehrten Grundsätzen für die einzelnen Klassen und Individuen zu erwarten war. Das war im Grunde, jedenfalls für die, die nicht mit Glücksgütern – sei es ererbter Besitz oder naturgegebenes Talent – gesegnet waren, nichts Gutes.

Mill selbst war über die Folgerungen seines Systems nicht beglückt. Er war viel zu sehr Realist, als daß er sich hätte auf den Standpunkt stellen können: Fiat veritas, pereat mundus. Unter dem Einfluß französischer Gedanken – er hielt sich mehrmals in Frankreich auf und starb auch dort – und unter der Gewalt der tatsächlichen Verhältnisse begann er seine Lehre allmählich zu revidieren. Er tat es in den späteren Auflagen seines genannten Werkes und auch in anderen Schriften. Nachdem er eben eherne Gesetze kristallklar festgestellt hatte, begann er diese Kristalle schon wieder einzuschmelzen. Was herauskam, war nicht mehr so aus einem Guß wie das anfängliche System, es war ein Kompromiß, damit aber den Bedürfnissen und Forderungen der Praxis besser angepaßt, denn die Wirklichkeit besteht aus Kompromissen. Kurz gesagt, Mill versuchte, eine Reihe ausgesprochen sozialer Forderungen – man kann sie auch sozialistisch nennen – zu vereinen mit der Aufrechterhaltung des Grundsatzes der individuellen Freiheit.

Die Erweichung, wenn man so sagen darf, der klassischen Gesetze wird eingeleitet durch eine Unterscheidung Mills: er stellte den Satz auf, daß es eherne Gesetze nur im Bereich der Güterproduktion gebe; die *Verteilung* der erzeugten Güter dagegen unterliege Gesetzen, die von Menschen gemacht werden und daher auch von ihnen geändert werden können. Damit ist die Tür für soziale Reformen geöffnet. Die Reformen, die Mill selbst vorschlägt, greifen allerdings doch wieder über das Gebiet der Verteilung hinaus auch in die Produktion ein.

Sie bestehen hauptsächlich aus drei Forderungen: Das Lohnsystem muß ersetzt werden durch Produktionsgenossenschaften! Das ist nun keineswegs neu, wie wir gesehen haben, und es betrifft gerade die Erzeugung. Die Bodenrente mag naturnotwendig entstehen – daß sie vorhanden ist, ist nicht gut, weil es dem individualistischen Grundsatz Mills ins Gesicht schlägt, daß jeder das Produkt seiner Arbeit erhalten solle, nicht mehr und nicht weniger. Mill schlägt deshalb vor, eine Grundsteuer zu schaffen, so hoch, daß sie die Bodenrente aufsaugt. Eine kleinbäuerliche Besitzordnung – Mill bewundert die französischen Bauern – würde diese Reform fast überflüssig machen. Die dritte Forderung bezieht sich auf das Erbrecht. Auch das Erbrecht widerspricht im Grunde dem genannten individualistischen Prinzip. Ist aber nicht das freie Verfügungsrecht eines Erblassers auch ein wichtiger Bestandteil der persönlichen Freiheit? Mill schlägt als Ausweg vor: Der Erblasser soll frei verfügen dürfen; aber kein Erbe darf die Erbschaft erhalten, der schon ein Vermögen von bestimmter Höhe besitzt.

So näherte sich Mill in der zweiten Hälfte seiner Wirksamkeit dem Sozialismus, indem er zumindest einige seiner Forderungen selbst übernahm. Wir haben damit von selber den Übergang gefunden zu den sozialistischen Strömungen in der zweiten Jahrhunderthälfte, denen wir uns jetzt zuwenden. Zuvor muß aber der Historischen Schule auch auf diesem Wissensgebiet gedacht werden.

3. Gegenströmungen in der zweiten Hälfte des Jahrhunderts: die historische Schule und der spätere Sozialismus

DIE HISTORISCHE SCHULE IN DER NATIONALÖKONOMIE Ich kann die Historische Schule in diesem Abschnitt etwas kürzer abtun, als es ihrer Bedeutung in der Geschichte der volkswirtschaftlichen Lehrmeinungen entspricht – weil wir die Grundsätze der Historischen Schule im ganzen an anderen Stellen kennengelernt haben und man nicht viel mehr zu tun braucht, als zu sagen, daß diese Grundsätze nun auch auf die Betrachtung der Wirtschaft übertragen wurden.

Das geschah hier verhältnismäßig spät, später als in allen anderen Geisteswissenschaften, nämlich von den vierziger Jahren ab. Den Beginn machte Wilhelm *Roscher* (1817–1894) mit seinem 1843 veröffentlichten *Grundriß zu Vorlesungen über die Staatswirtschaft nach geschichtlicher Methode.* Später legte Roscher seine Gedanken ausführlich dar in einem *System der Volkswirtschaft.* Roscher beruft sich ausdrücklich auf Savigny. Trotzdem ist sein Werk nicht mit dem Savignys vergleichbar. Roscher hat das richtige Gefühl, daß die wirtschaftswissenschaftliche Theorie zu abstrakt geworden ist, daß sie dringend der Ergänzung bedarf durch eine »Beschreibung dessen, was die Völker in wirtschaftlicher Hinsicht gewollt und gefühlt haben«. Aber er will im Grunde nicht mehr, als diese Ergänzung liefern. Er spielt nicht die Geschichte gegen die Theorie aus.

Umfassender war das Programm Bruno *Hildebrands* (1812–1878). Hildebrand war tief beeindruckt von den Erfolgen der historischen Methode in der Sprachwissenschaft. Er betrachtete diese Methode nicht als ein Mittel, die Theorie zu ergänzen und zu illustrieren. Er wollte mit ihr die ganze Wirtschaftswissenschaft erneuern, die nichts anderes sein sollte als »die Lehre von den ökonomischen Entwicklungsgesetzen der Völker«. Im wesentlichen blieb das allerdings Programm. Doch hat Hildebrand in der Lehre von den Wirtschaftsstufen, um die sich alle Vertreter der Historischen Schule bemüht und verdient gemacht haben, ein bedeutsames Einteilungsprinzip beigesteuert. Er führte den jeweiligen Zustand des Tauschverkehrs als Einteilungskriterium ein und unterschied so die drei Stufen Naturalwirtschaft, Geldwirtschaft, Kreditwirtschaft.

Was Roscher und Hildebrand versäumt haben: die methodischen Grundsätze der Historischen Schule zusammenhängend darzulegen und ihre Fruchtbarkeit am gegebenen Stoff zu beweisen – das versuchte Karl *Knies* (1821–1898), der dritte Vertreter der sogenannten »älteren Historischen Schule«, nachzuholen. Doch ist auch sein Hauptverdienst eher kritisch als aufbauend, und seine Kritik richtet sich gerade gegen seinen Vorgänger Hildebrand. Knies macht auf einen schwachen Punkt in dessen Lehre aufmerksam: wenn es keine allgemeingültigen wirtschaftlichen Gesetze geben soll, wohl aber Entwicklungsgesetze – was sind das für Gesetze und worauf beruht ihre Geltung? Es können eigentlich nur Analogien sein, die man in der wirtschaftlichen Entwicklung verschiedener Völker auffindet.

Die von diesen drei Männern gestellte Aufgabe, die geschichtlichen Prinzipien in die praktische wissenschaftliche Arbeit umzusetzen, wurde erst von der »jüngeren Historischen Schule« gelöst. Man kann sie von etwa 1860 ab datieren. Ihr Hauptvertreter ist Gustav *Schmoller* (1838–1917). Unter Schmollers Einfluß setzte eine Welle von wirtschaftsgeschichtlichen Forschungen ein. Es entstanden wertvolle Monographien über viele Einzelfragen und Ausschnitte aus der Wirtschaftsentwicklung. Ich übergehe eine Reihe von Namen und nenne nur Karl *Bücher* (1847–1930) mit seiner außerordentlich einflußreichen Lehre von den Wirtschaftsstufen. Bücher unterscheidet deren vier: die individuelle Nahrungssuche als Vorstufe, sodann Dorfwirtschaft, Stadtwirtschaft, Volkswirtschaft (*Die Entstehung der Volkswirtschaft*, 1893).

Diese wertvollen Leistungen der Historischen Schule gingen aus der Überzeugung hervor: Da die Wirtschaftswissenschaft nur auf geschichtlicher Grundlage bestehen kann, müssen erst einmal durch exakte geschichtliche Einzelforschung die Grundlagen erarbeitet werden, bevor größere Zusammenhänge übersehen und allgemeine Urteile gefällt werden können. Schmollers geschichtlicher Blick erkannte auch deutlich, wie eng die Wirtschaft und ihre Entfaltung mit anderen Zweigen des gesellschaftlichen Lebens verflochten ist. Er forderte deshalb, daß die Volkswirtschaftslehre von denjenigen Wissenschaften, die neben ihr das gesellschaftliche Leben erforschen, möglichst viel Material übernehmen müsse. Das gilt vor allem für die Soziologie. Kennzeichnend für diese Forderung Schmollers ist die folgende Stelle:

> Wie jeder Wissenschaft, so kann auch der Volkswirtschaftslehre nur ihr Kern eigentümlich sein; auf ihrer Peripherie deckt sie sich mit zahlreichen Nachbarwissenschaften, mit denen sie Stoff oder Methode teilweise gemeinsam hat . . . Die Volkswirtschaftslehre steht mitten inne zwischen den angewandten Naturwissenschaften, der Technologie, Landwirtschafts-, Forstwirtschaftslehre, sowie der Anthropologie, Ethnographie, Klimatologie, der allgemeinen und der speziellen Pflanzen- und Tiergeographie auf der einen Seite, und zwischen den wichtigsten Geisteswissenschaften, der Psychologie, Ethik, Staats-, Rechts-, *Gesellschaftslehre* auf der anderen. Denn die Volkswirtschaft ist stets zugleich ein Stück Naturgestaltung durch den Menschen und ein Stück Kulturgestaltung durch die fühlende, denkende, handelnde, organisierte Gesellschaft . . .
> Die allgemeine heutige Nationalökonomie ist philosophisch-soziologischen Charakters . . . Umgekehrt ist die spezielle Nationalökonomie historisch und praktisch-verwaltungsrechtlich . . .

In der Intensivierung der geschichtlichen Einzelforschung und in der Betonung des Zusammenhangs der Wirtschaftswissenschaft mit anderen Wissensgebieten, im besonderen der Soziologie, liegt die Fruchtbarkeit und das Verdienst der jüngeren Historischen Schule; zugleich aber auch eine Gefahr, der sie nicht entgangen ist: die Gefahr, daß man jedes feste theoretische Gerüst und jeden festen Orientierungspunkt verlor, daß man die Grenzen ebenso wie die Wertmaßstäbe verwische. Eben dies wurde der Historischen Schule später zum Vorwurf gemacht, als die Erneuerung der strengen Theorie einsetzte. So hat die Wissenschaftsentwicklung im weiteren Verlauf der volkswirtschaftlichen Lehrstreitigkeiten die Fehler und Einseitigkeiten der Historischen Schule korrigiert, das Wertvolle, das sie gebracht, aber festgehalten: die eingehende Untersuchung,

Beschreibung und Deutung der geschichtlichen Tatsachen muß, wenn sie allein auch noch keine Wirtschaftswissenschaft ergibt, doch auf jeden Fall am Anfang stehen.

STAATSSOZIALISMUS UND KATHEDERSOZIALISMUS Nach dem Jahre 1848, das den Sozialismus zurückwarf, glaubten manche Gelehrte, ihn schon totsagen zu können. (Die Arbeiter glaubten es nicht.) »Heute vom Sozialismus sprechen, heißt eine Leichenrede halten«, schrieb ein französischer Gelehrter 1852. Jeder weiß heute, daß das stark übertrieben war. Die große Zeit des Sozialismus sollte erst kommen. Und dem Sozialismus gelang es, sich nicht nur Gehör bei der Wissenschaft zu verschaffen; er gewann Einfluß auf die Öffentlichkeit und auf die Wirtschafts- und Sozialpolitik der Regierungen.

Der Sozialismus hat viele Unter- und Nebenströmungen. Man kann aber deutlich drei Hauptrichtungen unterscheiden. Sie folgen nicht zeitlich aufeinander, sondern laufen nebeneinander her, bekämpfen sich gegenseitig. Sie sind bezeichnet durch die Stichworte: Staatssozialismus, Marxismus, Christlicher Sozialismus. Gemeinsam ist ihnen das soziale Anliegen: Gerechtigkeit, gerechte Wirtschafts- und Sozialordnung, Schutz der Arbeiterschaft vor Ausbeutung und Elend, Verbesserung ihres Lebensstandards. Die Wege, die sie einschlagen, sind verschieden. Der Staatssozialismus, wie der Name sagt, stellt den Staat in den Mittelpunkt. Er erwartet das Heil von seinem Eingreifen, von staatlichen Maßnahmen. Der Marxismus denkt in Klassen, er appelliert an die Arbeiterklasse, fordert sie auf, sich selbst zu befreien; wobei er nachzuweisen sucht, daß diese Befreiung eine naturnotwendige Entwicklung ist. Die Denker, die das Christentum zur Grundlage nehmen, gehen von der Ethik aus. Sie wollen die soziale Gerechtigkeit dadurch herstellen, daß die sittlichen Grundlehren des Christentums im wirtschaftlichen und sozialen Leben in die Wirklichkeit umgesetzt werden.

Alle drei Richtungen entfalten sich in der zweiten Hälfte des Jahrhunderts. Wer genau zusieht, wird finden, daß sie alle drei im Grunde nicht ganz neu und originell sind. Für alle finden sich Vorläufer, von denen sie bewußt oder unbewußt Gedanken entlehnen. Neu ist die Kraft, die ihnen jetzt zuwächst; neu ist vor allem auch die Tatsache, daß sie auf wissenschaftlichen Grundlagen aufzubauen und die klassisch-liberale Wirtschaftslehre auf ihrem eigenen Feld zu schlagen suchen.

Daß der Staat in der Wirtschaft nichts zu suchen habe, war ein Dogma der liberalen Wirtschaftsdenker. Die Staatsfeindlichkeit war bei ihnen im Laufe der ersten Jahrhunderthälfte viel stärker ausgeprägt als etwa bei ihrem Ahnherrn Smith selbst. Dieser hatte doch dem Staate die Pflicht auferlegt, diejenigen Einrichtungen und Werke zu schaffen und zu unterhalten, die nicht der privaten Initiative überlassen werden können. Das könnte man ohne Zwang ziemlich weit auslegen. Die liberalen Theoretiker der Jahrhundertmitte wollten den Staat beschränken auf die Erhaltung der öffentlichen Sicherheit – das berühmte Schlagwort vom »Nachtwächterstaat« drückt das aus.

Die zweite Hälfte des Jahrhunderts brachte den Rückschlag auf diese Einseitigkeit. Der Staat erhielt langsam wieder eine wichtigere Rolle zugewiesen. Dabei wirkten der Zwang der tatsächlichen Verhältnisse, wirtschaftliche Erkenntnisse, soziale Forderungen und politische Ideen und Strebungen zusammen. Es gilt gerade für den Staatssozialismus, daß er keine rein wirtschaftliche Lehre ist, insbesondere nicht ein theoretisches wirtschaftswissenschaftliches System, sondern, in erster Linie sogar, ein System sozialer und moralischer Forderungen.

Der Staatssozialismus hat sich vor allem in Deutschland entfaltet; aber auch in Frankreich unter dem Namen des Interventionismus eine wichtige Rolle gespielt.

1. *Rodbertus.* – Am Beginn des deutschen Staatssozialismus steht der pommersche Gutsbesitzer Carl *von Rodbertus* (1805–1875). Seine grundlegenden Gedanken bildeten sich – angeregt durch Franzosen, nämlich St. Simon und Sismondi – schon in den dreißiger Jahren. An die Öffentlichkeit gelangten sie zuerst 1842 mit Rodbertus' Schrift *Zur Erkenntnis unserer staatswirtschaftlichen Zustände.* Maßgebenden Einfluß erlangten sie erst nach 1860.

Rodbertus, ein scharfer Denker, Systematiker und guter Schriftsteller, übertrifft die früheren Sozialisten an Tiefe und Breite des wirtschaftlichen Verständnisses. Seine Gedanken haben auf die beiden anderen Hauptvertreter des Staatssozialismus in Deutschland, Lassalle und Wagner – mit beiden stand Rodbertus in persönlichem Verkehr –, und durch diese hindurch auf die deutsche Sozialpolitik selbst einen tiefreichenden Einfluß ausgeübt.

Rodbertus war, schon nach Persönlichkeit und Herkommen, kein Revolutionär. In der Politik war er eher konservativ, jedenfalls in der zweiten Hälfte seines Lebens. Dies ist ein erster Wesenszug des Staatssozialismus: der Abscheu vor der revolutionären Umwälzung. Es kommt darauf an, die auf privatem Eigentum an Grund und Kapital beruhende gegenwärtige Wirtschaftsordnung in die neue, die nur auf Verdienst und »Einkommenseigentum« ruhen wird, auf *friedlichem Wege* überzuführen. Ein solcher Übergang ist nur durch einen Kompromiß möglich. Die Geschichte schreitet stets in Kompromissen fort. Diesen Kompromiß zu finden, ist die nächste Aufgabe der nationalökonomischen Wissenschaft.

Man muß daher deutlich scheiden zwischen dem erwünschten Endzustand – in bezug auf ihn ist Rodbertus konsequenter Sozialist – und den Maßnahmen, die diesen Übergang einleiten. Sie können und müssen *sofort* ergriffen werden. Dies ist ein weiterer Wesenszug des Staatssozialismus: Während Marx glaubt, die immer stärkere Zuspitzung der Klassengegensätze, die Entwicklung des kapitalistischen Systems bis in seine extremsten Konsequenzen, sei die notwendige Vorstufe der Befreiung des Proletariats – verlangen die Staatssozialisten, es müsse alles umgehend getan werden, was geeignet ist, die Lage der Arbeiter schon im gegenwärtigen Moment zu verbessern.

Das dritte wichtige Moment: Der *Staat* ist es, der diese Maßnahmen durchführen muß. Rodbertus mißtraut der Freiheit. Die Wirtschaft ist ein durch Arbeitsteilung geschaffener und zusammenhängender Organismus. Dieser Organismus muß gewisse wirtschaftliche Funktionen, nämlich die der Gütererzeugung und der Verteilung, richtig ausführen. Es ist keineswegs so, daß die Freiheit aller den richtigen Ablauf dieser Funktionen von selber sichert.

Die Staaten sind nicht so glücklich oder so unglücklich, daß sich ihre Lebensfunktionen von selbst mit Naturnotwendigkeit vollziehen. Wie sie als geschichtliche Organismen sich selbst organisierende Organismen sind, sich ihre Gesetze und Organe selbst zu geben haben, so gehen auch die Funktionen ihrer Organe nicht mit Notwendigkeit vor sich, sondern sie, die Staaten selbst, haben sie in Freiheit zu regeln, zu unterhalten und zu fördern.

Dem Mißtrauen gegen die Freiheit steht ein großes Vertrauen in den Staat gegenüber. Der Vergleich des Staatskörpers mit einem Organismus, den Rodbertus verwendet, zeigt, daß die Übernahme neuer Aufgaben durch den Staat natürlich und wünschenswert ist: Unter den lebenden Organismen stehen die am höchsten, die am weitesten differenziert sind und die die am besten integrierten Organe besitzen. Auch die staatliche Organisation muß und wird immer differenzierter, ihre Leistung aber immer besser integriert, das heißt alle ihre Funktionen müssen einer zentralen Steuerung unterworfen werden.
Dies sind nur einige Andeutungen. Sie zeigen nicht die Tragweite der theoretischen Gedanken, mit denen Rodbertus seine Forderungen unterbaut. Diese Gedanken beziehen sich besonders auf die Funktion der Güterverteilung. Daneben war Rodbertus ein bedeutender landwirtschaftlicher Denker. Er verstand es, das wirtschaftliche Wesen von Grund und Boden klar gegen das Kapital abzugrenzen und schrieb ein klassisch gewordenes Buch über den Agrarkredit.
2. *Lassalle.* – In jeder Geschichte der sozialistischen Bewegung gebührt Ferdinand *Lassalle* (1825–1864) ein Ehrenplatz als Begründer des »Allgemeinen deutschen Arbeitervereins« (1863), des Keimes der deutschen Sozialdemokratie, als einflußreicher Propagandist, Redner und Organisator. In der Geschichte der Theorien nimmt er einen weniger bedeutenden Platz ein. Hier brachte er nicht viel Neues. Als einziges konkretes Ziel stellte er zunächst die Gründung von staatlich geförderten Produktionsgenossenschaften auf. Er verband dieses wirtschaftliche Ziel mit dem politischen des allgemeinen Wahlrechts.
Vom Marxismus unterscheidet sich Lassalle vor allem durch sein positives Verhältnis zum Staat. Er sieht im Staat nicht einfach ein Instrument der Klassenunterdrückung, das in einer zukünftigen Gesellschaft zum Absterben verurteilt ist. Das gilt nur für den bürgerlichen Staat. Die Arbeiterklasse muß sich aber das Staates bemächtigen und mit dem mächtigen Instrument des staatlichen Zusammenschlusses die Kultur der Freiheit verwirklichen, welche die eigentliche menschliche Bestimmung ist.

Lassalles Wirken fand durch seinen Tod im Duell ein frühes Ende. Bekannt ist Lassalle auch als Rechtsphilosoph und als Verfasser einer bedeutenden Arbeit über Heraklit. Hier geht er von Hegelschen Grundbegriffen aus. Das mag uns daran erinnern, daß der deutsche Staatssozialismus überhaupt einiges dem Staatsdenken der deutschen idealistischen Philosophen verdankt. In dem Buch Johann Gottlieb *Fichtes* (1762–1814) *Der geschlossene Handelsstaat* ist das vollständig ausgeführte Gemälde eines Staatswesens gegeben, das nach sozialistischen Grundgesetzen organisiert ist und das zum Beispiel, damit seine staatliche Preispolitik nicht von außen her gestört werden kann, sich durch Zollschranken wirtschaftlich gänzlich von der Außenwelt abschließt.

3. Adolph Wagner. – In den Jahren, die auf den Tod Lassalles folgten, kam die deutsche Arbeiterbewegung immer mehr unter marxistische Führung. Zugleich aber erlebte der deutsche Staatssozialismus seinen eigentlichen Höhepunkt. Das war zunächst ein Ausfluß der Tatsache, daß Deutschland jetzt in der industriellen Entwicklung so weit aufgeholt hatte, daß die soziale Frage, die Arbeiterfrage, in den Mittelpunkt des öffentlichen Interesses rücken mußte. Entsprechend stark entfaltete sich jetzt die deutsche Arbeiterbewegung. 1869 gründeten Liebknecht und Bebel die Sozialdemokratische Partei. Der Aufschwung des Staatssozialismus hängt auch zusammen mit dem Ansehen, das sich Bismarcks konservative Politik immer mehr errang, vor und erst recht nach der Reichsgründung von 1871. Dem durch Bismarck geschaffenen starken Staat traute man auch die Kraft zu, tatkräftig das soziale Problem anzupacken und zu lösen.

1872 ist ein wichtiges Stichjahr. In diesem Jahre trat in Eisenach ein Kongreß von Volkswirtschaftlern, Juristen und Beamten zusammen und sagte der »Manchester-Schule«, also der liberalen Fortsetzung der klassischen Schule, den schärfsten Kampf an. Der Tatsache, daß viele Universitätsprofessoren in dieser Bewegung eine führende Rolle spielten, dankt der Staatssozialismus dieser Zeit den Beinamen des »Kathedersozialismus«, der zuerst von einem liberalen Journalisten als reiner Spottname aufgebracht wurde. Im gleichen Jahre wurde der berühmte »Verein für Sozialpolitik« gegründet.

Der führende Theoretiker in dieser großen Zeit des Staatssozialismus ist Adolph *Wagner* (1835–1917) – ein scharfer und systematischer Denker, der das theoretische Gerüst lieferte. Wagners Gesamtwerk ist für die meisten Einzelzweige der Wirtschaftswissenschaft von Bedeutung. Wir werfen, bevor wir auf das eigentliche staatssozialistische Programm und seine Ausführung eingehen, einen kurzen Blick auf einige dieser Einzelgebiete.

Zuerst trat Wagner als Geld- und Währungstheoretiker hervor. Er entwickelte diejenige Theorie der bankmäßigen Deckung von Noten, die keine Volldeckung, sondern nur eine Teildeckung in Gold verlangt. Sie wurde bei der Gründung der Deutschen Reichsbank (1875) zugrunde gelegt.

Das nächste Werk Wagners gibt Gelegenheit, einen wichtigen Zweig der Nationalökonomie wenigstens zu erwähnen. Es heißt *Die Gesetzmäßigkeit in den scheinbar willkürlichen menschlichen Handlungen vom*

Standpunkte der Statistik. Wagner zeigt darin, daß Handlungen wie Eheschließung, Selbstmord oder Verbrechen, die ganz der Willenssphäre des Einzelmenschen zu entspringen scheinen, bei statistischer Betrachtung bestimmte Regelmäßigkeiten und Gesetzlichkeiten aufweisen. Die Statistik war in dieser Weise zuerst durch den belgischen Astronomen Adolphe *Quetelet* (1796–1874) auf das Gebiet der Sozialwissenschaften angewandt worden. Quetelet fand in der statistischen Betrachtungsweise das lang gesuchte Mittel, auch auf sozialwissenschaftlichem Gebiet zu Gesetzen vorzudringen, die es an Exaktheit mit denen der Naturwissenschaft aufnehmen können. Sobald man die sozialen Einrichtungen als Massenerscheinungen betrachtet, heben sich konstante Gesetzmäßigkeiten heraus. Das legt den Schluß nahe, und Quetelet hat ihn auch gezogen: Die Handlungen der Menschen kommen nicht durch freie Willensentschlüsse zustande, sondern durch die sozialen Verhältnisse. Es liegt auf der Hand, daß man daraus zum Beispiel für die Einschätzung und Behandlung der Verbrecher außerordentlich weittragende Folgerungen ableiten kann. Ebenso kann man daraus auch zu der Folgerung kommen: Man muß die sozialen Verhältnisse ändern, so wird sich der Mensch ändern.

Ein weiteres Arbeitsgebiet Wagners ist die Finanzwissenschaft, die sich seit der Jahrhundertmitte neben der theoretischen Volkswirtschaftslehre und der praktischen Volkswirtschaftslehre oder Volkswirtschaftspolitik als dritter Hauptzweig der Nationalökonomie etabliert hatte. Diese Dreiteilung stammt von Karl Heinrich *Rau* (1792–1870) und ist für die deutsche Wissenschaft maßgebend geblieben. Wagners Bedeutung für die Finanzwissenschaft liegt darin, daß er zum erstenmal sozialpolitische Grundsätze in die finanzwirtschaftliche Betrachtung bringt und das Finanzwesen des Staates als ein Mittel darstellt, um soziale Grundforderungen zu verwirklichen.

Damit sind wir schon wieder im Zentrum des staatssozialistischen Denkens: beim Staat. Der Staat ist viel mehr als eine Anstalt zum Schutze der öffentlichen Sicherheit. Er ist eine moralische Anstalt. Er hat für die Kultur und für die Wohlfahrt seiner Angehörigen zu sorgen. Es ist unschwer zu sehen, wie sowohl die Stellung, die der Staat im Denken Hegels eingenommen hatte, wie auch die nationale Begeisterung eines List hier einen Erben hat.

Den Staat auf dem Felde der Wirtschaft zu rehabilitieren, ist auch ein Hauptanliegen von Wagners *Grundlegung der politischen Ökonomie* (1875/76). Sie kann als theoretisches Hauptwerk des Staatssozialismus angesehen werden. Wagner zeigt – wie schon Rodbertus –, daß die Geschichte ein Anwachsen des staatlichen Machtbereichs als durchgehendes Entwicklungsgesetz erkennen läßt. Die Ausweitung hat freilich für Wagner ihre deutliche Grenze, und darin unterscheidet er sich von jeder Art Kollektivismus. Das von eigenem Interesse angetriebene Individuum muß der Hebel des wirtschaftlichen Fortschritts bleiben. Der Staat darf sich nicht an seine Stelle setzen. Deshalb keine Abschaffung des Privateigentums! Wohl aber Beschneidung der übermäßigen Profite und der

Reichtumsanhäufung auf der einen, Hebung der Löhne auf ein menschenwürdiges Niveau auf der anderen Seite.

4. *Die deutsche soziale Gesetzgebung.* – Blickt man auf die Theorie, so kann man leicht finden, der deutsche Staatssozialismus habe nichts überwältigend Neues gebracht, sondern lediglich ein gewisses Kompromiß zwischen radikalen Forderungen und einem maßvollen Konservatismus. Blickt man auf die Praxis, so treten seine außerordentlichen Verdienste ins Licht.

Bismarck verkehrte mit Lassalle, auch während der Zeit von Lassalles stärkster sozialistischer Agitation. Bismarck verkehrte mit Adolph Wagner und fragte ihn oft um Rat. Bismarck war kein Theoretiker. Wahrscheinlich ließ ihn die Theorie des Staatssozialismus kalt. Aber die sozialpolitischen Maßnahmen, die der Staatssozialismus forderte, erschienen ihm als hervorragendes Mittel, den gerade geschaffenen Staat gegen revolutionäre Erschütterungen zu schützen. Bismarck wollte, während er die Sozialdemokratie bekämpfte, die Arbeiter durch soziale Maßnahmen an den Staat und die bestehende Ordnung binden.

1881 erging die kaiserliche Botschaft über die Gesetzgebung zur Förderung des Wohles der Arbeiter. 1883 erschien das Gesetz über die Krankenversicherung, in den folgenden Jahren die Gesetze über Unfallversicherung. Die neugeschaffene Sozialversicherung umfaßte bald Millionen Menschen und wurde zum Vorbild für viele andere Länder. 1889 folgte das Gesetz über Alters- und Invaliditätsversicherung.

Der Arbeitsschutzgesetzgebung stand Bismarck weniger freundlich gegenüber. Das Arbeiterschutzgesetz von 1891, welches die Sonntagsruhe einführte und die Arbeitszeit für Frauen und Kinder beschränkte, erging erst nach seinem Rücktritt.

Der Staatssozialismus war damals im Bunde mit der Forderung der Stunde. Finanzpolitik, das Sozialversicherungswerk und die Arbeitsschutzgesetzgebung zeigen die bleibenden Spuren seines Einflusses.

DER MARXISMUS Wieder, wie bei Mill, stehen wir vor einem Denker, dem man nicht gerecht wird, wenn man ihn nur als Nationalökonomen behandelt. Karl *Marx* (1818–1883) gehört ebenso in die Geschichte der Gesellschaftslehre und der Philosophie. Doch tut man seinem Denken auch nicht Gewalt an, wenn man es von der nationalökonomischen Seite sieht, denn die Wirtschaft steht bei ihm im Mittelpunkt.

Ich versuche – unter ausdrücklichem Hinweis, daß nicht das Ganze seines Systems damit erfaßt wird – einige seiner nationalökonomischen Hauptgedanken herauszuheben und werfe zuvor einen kurzen Blick auf sein Leben. Marx wurde in Trier als Sohn eines Rechtsanwalts geboren. Seine Eltern waren jüdischer Abkunft, aber zum Protestantismus übergetreten. Der junge Marx studierte Rechtswissenschaft und Philosophie in Bonn und Berlin. Hier geriet er in den Bannkreis der Hegelschen Philosophie. Die erste Berührung mit der Tagespolitik erlebte Marx als Redakteur der linksbürgerlichen »Rheinischen Zeitung«. Marx war liberal und »fortschrittlich« gesinnt, aber noch kein Sozialist. Nach dem erzwungenen Rücktritt ging er nach Frankreich und von dort nach Brüssel. Hier wandte er sich wissenschaftlich immer mehr zu nationalökonomischen Studien und politisch zum Sozialismus. Hier entstanden Marx' bedeutsame Frühschriften, die eine einzigartige Quelle für das allmähliche Werden seiner Ansichten bilden. Hier setzte er sich scharf mit Proudhon auseinander und entgegnete auf dessen »Philosophie des Elends« mit seinem *Elend der Philosophie*. Hier schuf er zusammen mit Friedrich *Engels* das Kommunistische Manifest.

Zur deutschen Revolution des Jahres 1848 kehrte Marx nach Deutschland zurück, mußte aber nach ihrem Scheitern erneut emigrieren und verbrachte die letzten Jahrzehnte seines Lebens in England. In diesem Land konnte er das industrielle System am besten studieren. Hier entstand Marx' Hauptwerk *Das Kapital*. Nur den ersten Band (1867) konnte Marx selbst vollenden. Die beiden anderen Bände gab Engels aus Marx' Nachlaß heraus.

Schon dieser kurze Überblick über die Lebensgeschichte von Marx läßt die drei geistigen Ströme erkennen, die in Marx' Denken zusammenlaufen: die deutsche Philosophie im Werke Hegels, der französische Sozialismus, die englische Nationalökonomie.

Von Hegel hat Marx die Dialektik übernommen und behalten. Allerdings erfüllte er sie mit einem dem Hegelschen entgegengesetzten Inhalt. Er stellte sie, wie er selbst sagte, vom Kopf auf die Füße. Nicht der »Weltgeist« ist es, dessen wechselnde Formen den Inhalt der Geschichte ausmachen. Es ist die Materie. Es sind die materiellen, genauer die wirtschaftlichen, die Produktionsverhältnisse, deren Wandel den eigentlichen Inhalt, die Substanz der Weltgeschichte ausmacht. Über ihnen erhebt sich als »Überbau« das geistige Leben, das nichts anderes ist als eine Spiegelung der ökonomischen Verhältnisse. Marx ist Materialist. Wir begnügen uns mit dieser vergröbernden Feststellung; vergröbernd ist sie, denn es ließe sich zeigen, daß Marx vom Erbe Hegels noch mehr bewahrt hat als das formale dialektische Schema, daß im Grunde ein »idealistischer« Glaube an die Einheit des Wirklichen und Vernünftigen, an die endliche Vereinigung von Idee und Wirklichkeit, auch Marx beseelte.

Wenden wir uns aber gleich zur Nationalökonomie. Zwei Punkte aus Marx' Lehre sollen hervorgehoben werden: die Theorie des »Mehrwertes« und die Lehre von der »automatischen Expropriation«.

1. Der Mehrwert. – Es kommt Marx zunächst nicht so sehr darauf an, gegen die Ausbeutung zu protestieren, als sie als nationalökonomische Tatsache wissenschaftlich zu analysieren. Es ist oft gesagt worden, daß man einen Denker in seiner Lehre oder auch überhaupt einen Menschen in seinem Handeln am besten und treffendsten erfaßt, wenn man nicht auf das blickt, was er mehr oder weniger ausführlich erörtert und beweist, sondern auf das, was er stillschweigend als keines Beweises bedürftig voraussetzt. In diesem Sinne kann man als Kernpunkt der ganzen Lehre vom Mehrwert den Satz auffassen – den Marx nicht bewiesen hat, den aber die Erfahrung der Geschichte und des täglichen Lebens zu beweisen scheint: daß menschliche Arbeit mehr Werte schafft, als sie kostet, mehr, als zur Reproduktion der Arbeit, also zur Erhaltung der Arbeitskraft eines Arbeiters, nötig ist.

Marx unterscheidet den Gebrauchswert einer Ware von ihrem Tauschwert. Der Gebrauchswert besteht in der Nützlichkeit eines Dinges. Wenn aber zwei Waren getauscht werden, in einem bestimmten Verhältnis getauscht werden – so muß etwas Gemeinsames in ihnen vorhanden sein, das miteinander vergleichbar ist. Das kann nicht der Gebrauchswert sein, denn dieser ist etwas Qualitatives. Der Tauschwert sieht aber gerade vom Qualitativen ab, er stellt etwas rein Quantitatives vor. Welche Eigenschaft bleibt den Waren gemeinsam, wenn man von jedem konkreten Gebrauchswert absieht? Nur die Tatsache, daß sie Produkte menschlicher Arbeit sind. Der Tauschwert bestimmt sich daher allein nach der Menge von Arbeit, die eine bestimmte Ware gekostet hat, also nach der zu ihrer Herstellung aufgewendeten Arbeitszeit. Dabei darf man nicht an die von einem bestimmten Menschen auf diese bestimmte Ware verwandte Arbeitszeit denken – sonst hätte die Ware, die der Ungeschickte oder Faule hergestellt hat, einen höheren Tauschwert als das Erzeugnis des Fleißigen. Es handelt sich um eine Durchschnittsarbeit, die Zeit, die ein durchschnittlich Geschickter unter durchschnittlichen Bedingungen für die Ware braucht. Es handelt sich um »gesellschaftlich notwendige Arbeitszeit«.

Wenn nun der Kapitalist die Ware, die der Arbeiter hergestellt hat, sich aneignet und auf dem Markte vertauscht – denn jeder Verkauf ist ja nur ein durch Geld vermittelter Tausch –, so erhält er dafür den Tauschwert, den Gegenwert der in ihr investierten Arbeitszeit. Was zahlt er aber dem Arbeiter für diese Arbeitszeit? Wiederum den Tauschwert! Denn der Arbeiter ist unter dem kapitalistischen System gezwungen, seine Arbeit wie eine Ware feilzubieten. Was ist aber der Tauschwert der vom Arbeiter geleisteten Arbeit? Genau nach dem Gesetz des Tauschwertes: es ist die Arbeitszeit, die – im gesellschaftlichen Durchschnitt – aufgewendet werden muß, »um diese Arbeitszeit zu produzieren«, also um den Lebensunterhalt des Arbeiters zu bestreiten.

Das aber ist – bei der eingangs gekennzeichneten Eigenheit der menschlichen Arbeit – weniger, als der Kapitalist für die Ware auf dem Warenmarkt erhält! Denn menschliche Arbeit ist werteschaffend, sie schafft mehr Werte als sie kostet. Dieses Mehr, das der Kapitalist sich als Profit aneignet, heißt »*Mehrwert*«.

Wenn der Arbeiter also, sagen wir, 12 Stunden arbeitet, so arbeitet er davon vielleicht 6 Stunden für seinen Lohn, den Rest für den Mehrwert, für den Profit des Kapitalisten. Das ist die Ausbeutung. Sie ist um so größer, je länger die Arbeitszeit. Daher streben die Kapitalisten, die Arbeitszeit zu verlängern; die Arbeiter, sie zu begrenzen. Die Ausbeutung ist auch um so größer, je bescheidener der zum Unterhalt des Arbeiters erforderliche Aufwand. Dieser ist geringer bei Frauen und Kindern als bei Männern. Deshalb lassen die Kapitalisten Frauen und Kinder arbeiten.

2. *Die automatische Expropriation.* – Das Entstehen des Mehrwertes setzt die Trennung des Arbeitenden von den Produktionsmitteln voraus. In der vorkapitalistischen Gesellschaftsordnung des Mittelalters, als die meisten Arbeiter noch selbst Eigentümer ihrer Produktionsmittel waren, gab es nicht Kapital in dem Sinne, daß es ein arbeitsloses Einkommen, eine »Rente« erzeugte. Sobald das kapitalistische System – dessen Voraussetzungen und Entstehung Marx glänzend geschildert hat – heraufkam, wurde der Arbeiter »befreit«, befreit nämlich von den Produktionsmitteln. Nun erst war er gezwungen, seine Arbeitskraft als Ware zu Markte zu tragen. Nun erst konnte er ausgebeutet werden. Nun erst gab es ein Proletariat.

Marx zeigt, wie diese Entwicklung mit Naturnotwendigkeit eintreten mußte. Er zeigt, wie sie sich immer weiter verschärft. Gerade indem das Bürgertum mit der Französischen Revolution die alten Schranken der Zunftordnung, die Gebundenheit der Bauern und ähnliches beseitigte, beschleunigte es die Entwicklung. Diese Entwicklung wird weitergehen. Immer schärfer werden sich die Interessen der die Produktionsmittel besitzenden Kapitalisten und die der besitzlosen, ausgebeuteten Proletarier gegenüberstehen. Am Ende wird es nur noch diese beiden Klassen geben, alle anderen werden von ihnen aufgesogen sein.

Damit ist aber – nach echtem dialektischem Gesetz – schon der Punkt erreicht, wo die Entwicklung in ihr Gegenteil umschlagen wird. Der Kapitalismus »produziert seine eigenen Totengräber«. Mit der Ausbildung der maschinellen Großproduktion, die dem Arbeitsprozeß einen vorher nie gekannten gesellschaftlichen Charakter verleiht, wachsen die Kräfte heran, die ihm den Garaus machen werden. Die Expropriateure – diejenigen, die die Arbeitenden ihres Besitzes beraubten – werden selbst expropriiert werden. Das wird verhältnismäßig leicht gehen, denn es handelt sich nur darum, daß die überwiegende Mehrzahl der Bevölkerung einige wenige verbliebene Großkapitalisten expropriiert, also enteignet. Dies wird die Form der Expropriation sein: die Aufhebung des Eigentums, genauer des bürgerlichen Eigentums, im Sinne eines Rechts auf den Arbeitsertrag anderer. Dann kann es keine Ausbeutung mehr geben und damit auch keine Klassen mehr, die einander ausbeuten. Die Gesellschaft der Zukunft wird eine klassenlose Gesellschaft sein. Auch der Staat wird »absterben«, denn er ist nichts anderes als das Instrument der herrschenden Klasse zur Unterdrückung der übrigen.

3. *Zu Marx' Bedeutung.* – Was an Marx' Denken bleibenden Erkenntniswert besitzt, ist vor allem der Ausblick, den er auf die Geschichte und auf die Gesellschaft eröffnet hat. Marx ist ein Geschichtsdenker, ein Geschichtsphilosoph und steht auch da an der Seite seines Lehrers Hegel. Er hat den Blick geöffnet für die Tatsache, daß die Geschichte nicht zu verstehen ist ohne die Kenntnis der ökonomischen Grundlagen des gesellschaftlichen Lebens der Menschen. Er hat den Menschen als Arbeitswesen gesehen (auch wie Hegel); er hat unter diesem Blickpunkt einen tiefen Einblick in das Werden und Wesen der kapitalistischen Gesellschaft seiner Zeit gewonnen.

Marx hat diese seine neue Erkenntnis überspitzt. Der historische Materialismus hat Produktivkräfte und Produktionsverhältnisse als *einzige* tragende Kraft in der Geschichte erklärt:

In der gesellschaftlichen Produktion ihres Lebens gehen die Menschen bestimmte notwendige, von ihrem Willen unabhängige Verhältnisse ein, Produktionsverhältnisse, die einer bestimmten Entwicklungsstufe ihrer materiellen Produktionskräfte entsprechen. Die Gesamtheit dieser Produktionsverhältnisse bildet die ökonomische Struktur der Gesellschaft, die reale Basis, worauf sich ein juristischer und politischer Überbau erhebt, und welcher bestimmte gesellschaftliche Bewußtseinsformen entsprechen. Die Produktionsweise des materiellen Lebens bedingt den sozialen, politischen und geistigen Lebensprozeß überhaupt. Es ist nicht das Bewußtsein der Menschen, das ihr Sein, sondern umgekehrt ihr gesellschaftliches Sein, das ihr Bewußtsein bestimmt.

Die wissenschaftliche Geschichtsbetrachtung hat die Marxsche Einseitigkeit korrigiert, jedenfalls in allen Ländern, in denen sie sich halbwegs frei entfalten kann. Es bleibt Marx' geschichtliche Tat, daß er mit höchster Dringlichkeit auf die grundlegende Bedeutung der Arbeits- und Produktionsverhältnisse, der wirtschaftlichen und Klassenkämpfe für das menschliche Leben hingewiesen hat.

Angesichts der weltweiten Wirkung, die von Marx ausgegangen ist, stehen wir – ähnlich wie im Falle Hegels – staunend vor der Tatsache, daß der stille Büchergelehrte, dem der Lesesaal des Britischen Museums zur Heimat geworden war, mit seinen Gedanken eine Welt in Bewegung gesetzt hat. Auch dies ist ein Beitrag zu der Frage, wie die Wissenschaft unser aller Leben bestimmt und verändert hat.

4. *Plechanow.* – Ich übergehe die zahlreichen bedeutenden Theoretiker des Marxismus. Wenigstens genannt werden muß Friedrich *Engels* (1820 bis 1895), der engste Freund und Mitarbeiter Marx', Mitverfasser des Kommunistischen Manifests und Herausgeber von Marx' Nachlaß. Sein Anteil an Marx' Gedanken ist im einzelnen schwer abzugrenzen, aber sicherlich bedeutend.

Es bedeutet eine kleine Abschweifung, wenn ich noch auf das Werk des Russen Georgij Walentinowitsch *Plechanow* (1857–1918) hinweise; denn Plechanow, der als bedeutendster Theoretiker des Marxismus zwischen Marx und Lenin gilt, hat in erster Linie nicht Wirtschaftswissenschaft, sondern Geschichte betrieben, und zwar vom Boden der Marxschen materialistischen Geschichtsauffassung aus, die er zum »dialektischen Materialismus« ausbaute und verfeinerte.

4. Die Grenznutzenschule als Beispiel für die Erneuerung der Theorie

Unser Streifzug durch die volkswirtschaftlichen Lehrmeinungen des 19. Jahrhunderts nähert sich dem Ende. Die letzte Hauptetappe, die Erneuerung der Theorie, greift bereits ins 20. Jahrhundert hinüber. Als Beispiel für diesen letzten Entwicklungsschritt greife ich die sogenannte Grenznutzenschule heraus.

Wir haben gesehen, wie praktisch jede im 19. Jahrhundert in den Vordergrund tretende Richtung des Wirtschaftsdenkens ihre Vorläufer hat. Auch das Wort »Erneuerung« deutet schon darauf hin, daß hier an Älteres angeknüpft wird, und zwar ist es die klassische Theorie, die nun, von Schlacken der Einseitigkeit und Unzulänglichkeit gereinigt, neu ins Licht tritt. Wie bei jeder Art von Renaissance mischt sich dabei grundsätzlich Neues mit altem Gedankengut.

Zwei Dinge wird der aufmerksame Betrachter in der zuletzt geschilderten Entwicklung der Wirtschaftswissenschaft im 19. Jahrhundert vor allem vermissen: einerseits das, was wir immer wieder als Kennzeichen wissenschaftlichen Forschens und Arbeitens festgestellt haben, das reine und strenge Wissenwollen ohne Rücksicht auf die Konsequenzen. Die Volkswirtschaftslehre drohte sich in Wirtschaftspolitik und Sozialpolitik, in praktische Postulate, in Erörterungen des Wünschbaren aufzulösen. Andererseits vermißt man das Streben nach einer vorurteilsfreien empirischen Bestandsaufnahme und exakter Analyse des tatsächlich Bestehenden. Die Historische Schule war zwar empirisch eingestellt, aber sie blickte in erster Linie auf das Vergangene, auf die Wirtschaftsgeschichte.

Beide Mängel hat die neueste Wirtschaftswissenschaft in zunehmendem Maße zu beheben versucht. Das letzte Viertel des 19. Jahrhunderts brachte ein erneutes Aufleben der reinen Theorie. Das 20. Jahrhundert hat die Methoden der empirischen Bestandsaufnahme sehr vervollkommnet, vor allem die Mittel der Statistik, der zahlenmäßigen Erfassung wirtschaftlicher Tatbestände und der Auswertung des so gewonnenen Materials, ferner die Markt- und Meinungsforschung. Die deutsche Wirtschaftsstatistik begann ihren eigentlichen Aufschwung erst nach der Reichsgründung von 1871. 1875 gab es die erste Gewerbezählung im Deutschen Reich. Seither ist die Bedeutung der Statistik ständig gewachsen, ihre Methoden wurden immer weiter verfeinert. Keine wirtschaftswissenschaftliche Untersuchung kann heute Eindruck erwecken, die ihre Behauptungen nicht mit statistischem Material belegt.

HAUPTVERTRETER DER GRENZNUTZENSCHULE. DER METHODENSTREIT

Sieht man von einigen Gelehrten des 18. Jahrhunderts ab, deren Denken bereits in die von dieser Schule eingeschlagene Richtung weist, so ist der wichtigste Vorläufer der Deutsche Hermann Heinrich *Gossen* (1810 bis 1859). Gossens 1854 erschienenes Werk *Entwicklung der Gesetze des menschlichen Verkehrs und der daraus fließenden Regeln für das menschliche Handeln* blieb allerdings fast unbeachtet. Maßgebenden Einfluß erlangte seine Denkrichtung erst mit dem Werke Carl *Mengers* (1840 bis 1921). Erst von ihm an kann man von einer Schule sprechen. Neben Menger stehen als führende Theoretiker der Schule Eugen von *Böhm-Bawerk* (1851–1914) und Friedrich von *Wieser* (1851–1926). Alle drei zuletzt genannten Männer sind Österreicher. Die Grenznutzenschule wird deswegen manchmal auch »Österreichische Schule« genannt. In neuerer Zeit hat sie in den Vereinigten Staaten bedeutende Vertreter und Fortsetzer gefunden.

Das erste kräftige Auftreten der Schule mit dem 1883 erschienenen Werk Mengers *Untersuchungen über die Methode der Sozialwissenschaften* führte zu heftigen Auseinandersetzungen, die unter dem Namen »Der ältere Methodenstreit« in die Wissenschaftsgeschichte eingegangen sind. (Der jüngere Methodenstreit gehört dem 20. Jahrhundert an, in ihm ging es um die »Wertfreiheit« der Wirtschafts- und Gesellschaftswissenschaft.) Schmoller trat als Wortführer der Historischen Schule den Gedanken Mengers scharf entgegen.

Die Historische Schule hatte sich gegen die alte klassische Nationalökonomie hauptsächlich mit dem Vorwurf gewandt: diese sei zu abstrakt gewesen und zu deduktiv vorgegangen. Sie habe geglaubt, Gesetze auffinden zu können, die absolut – immer und überall – gelten, ohne Rücksicht auf geschichtliche Verhältnisse und Bedingtheiten. Sie sei auch von einer zu engen Psychologie ausgegangen, indem sie das eigene Interesse des Menschen zur alleinigen Triebfeder seines Handelns erklärte. Es gebe aber im Menschen eine unerschöpfliche Mannigfaltigkeit von Motiven, die alle auch sein wirtschaftliches Handeln beeinflussen. Man könne nicht eines von ihnen isolieren und auf ihm allein aufbauen. Überhaupt, solches Isolieren sei verwerflich. Man gewinne mit ihm kein Bild der Wirklichkeit, sondern höchstens eine lächerliche und obendrein schädliche Karikatur. Man müsse sich an die geschichtlich gegebenen Tatsachen halten. Die Historische Schule war aber ins entgegengesetzte Extrem verfallen. Sie hatte das theoretische Denken im ganzen entwertet, sich ans einzelne verloren.

Hiergegen erhob sich Menger. Er verfocht die Berechtigung einer »reinen Ökonomik«. Er zeigte, daß die Historische Schule über das Ziel hinausgeschossen hatte. Daß die alten Klassiker die Methoden der Abstraktion und Deduktion unvollkommen gehandhabt haben – sagt er – , ist noch kein Grund, diese Methoden überhaupt zu verwerfen. Wie soll man in einer Wissenschaft, die auf das Experiment praktisch verzichten muß – denn mit einer Volkswirtschaft kann man nicht experimentieren –, zu Ergebnissen kommen, wenn man nicht bestimmte Erscheinungen und Erscheinungsgruppen herausgreift, sie isoliert, von anderen dabei absieht, und ihre Ursachen und Wirkungen untersucht?

Menger war hier in der Tat in einer erkenntnistheoretisch stärkeren Position als sein Gegner. Mindestens seit Kants Kritiken stand fest, daß man aus der Empirie *allein* niemals zu allgemeingültigen Schlüssen gelangen kann. Reine Induktion führt nicht zur Wissenschaft als einem systematisch geordneten und allgemeingültigen Wissen. Wie immer, hat der spätere Verlauf der Entwicklung zu einem goldenen Mittelweg zwischen den Extremen geführt. Die Vertreter der Theorie erkennen an, daß man ein System nur auf breitester empirischer Basis und nur unter ständiger Korrektur an der Wirklichkeit errichten kann. Die historisch gerichteten Denker erkennen an, daß man den Knoten wirtschaftlicher Verflochtenheit nicht anders lösen kann als durch isolierende Abstraktion.

GRUNDGEDANKE DER SCHULE Die Grenznutzenschule wird auch »Psychologische Schule« genannt. Mit Recht. Denn es ist ein psychologisches Prinzip, auf welches sie alle Erklärung wirtschaftlicher Vorgänge gründet. Das Prinzip ist nichts anderes als das Lust-Unlust-Prinzip: Jeder Mensch strebt, Lust zu erlangen und Unlust zu vermeiden – in Verbindung mit dem auch die Naturwissenschaften durchdringenden Prinzip des kleinsten Mittels: Jeder Mensch strebt, ein Höchstmaß an Lust mit einem Mindestaufwand von Anstrengung und Opfer zu erreichen.
Die Schule behauptet nicht, alles menschliche Handeln unterliege ausschließlich diesem Prinzip. Sie leugnet nicht Nächstenliebe, Selbstaufopferung und ähnliche Regungen. Sie nimmt nur das Recht für sich in Anspruch, von ihnen zu abstrahieren, wenn es um exakte Erkenntnis wirtschaftlicher Gesetzmäßigkeit geht.
Das ist nun bisher eigentlich noch nichts Neues. Das wußten die Klassiker auch. Worin besteht das Neue, das die Schule bringt? Es besteht darin, daß die Schule von dem geradezu simpel anmutenden Ausgangspunkt aus durch allmähliche Analyse zu allgemeinen theoretischen Gesetzen gelangt, die eine große Zahl von Einzeltatsachen umfassen und es erlauben, altbekannte Erscheinungen auf eine neuartige Weise zusammenzufassen und zu erklären.
Im Mittelpunkt steht der Begriff des Grenznutzens, nach dem die Schule ihren Namen hat. Was heißt das? Der »Nutzen« eines Gutes besteht darin, daß es geeignet ist, irgendein menschliches Bedürfnis (einerlei ob berechtigt oder eingebildet, ob vernünftig oder unsinnig) zu befriedigen. Das ist nichts anderes als der »Gebrauchswert« im Sinne der Klassiker. Ein erster wichtiger Schritt der Grenznutzentheoretiker besteht nun in der Erkenntnis: Güter sind nicht abstrakt nützlich, sondern immer in konkreter Gestalt und Menge. Ich brauche nicht Brot als solches, sondern ein Brot, eine bestimmte Menge Brot. Und ebenso ist das Bedürfnis, dem der Nutzen entspricht, nicht abstrakt, es ergibt sich aus der besonderen Lage: aus der Dringlichkeit meines Verlangens nach Brot und aus der Menge Brot, die mir erreichbar ist. Bin ich am Verhungern, so kann eine einzige Schnitte für mich Gold wert sein. Bin ich in einem Vorratskeller mit Broten eingesperrt, kann es mir sogar zuwider werden. Der Wert des Gutes ist daher von seiner Erreichbarkeit oder Nichterreichbarkeit, von seiner Seltenheit untrennbar.
Eine weitere Lehre aus diesem Sachverhalt ist, daß Bedürfnisse gradmäßig verschieden sind, und daß der Wert eines Gutes mit diesen Graden funktionell zusammenhängt. Und zwar richtet sich der Wert nach dem Maße von Bedürfnisbefriedigung, welches die *letzte* Einheit einer Gütermenge gewährt. Ein Kessel voll Wasser ist mir nicht mehr wert als ein Glas Wasser, wenn ich nur eines Glases bedarf.
Diese Analyse erlaubt eine ganze Reihe von Folgerungen. Zunächst für den Tausch: Da der Tausch, schon seinem Begriff nach, offenbar ein Austausch von Gütern gleichen Wertes ist – wie kommt es, daß der Tausch trotzdem beiden Tauschenden Nutzen und Befriedigung gewährt? Es liegt daran, daß es beim Tausch nicht auf den Gesamtnutzen,

sondern nur auf den Grenznutzen ankommt. Wenn ich 4 kg Brot besitze, aber kein Wasser, und tausche mit einem anderen, der Wasser besitzt, aber kein Brot – so vollzieht sich folgender Vorgang: Der Grenznutzen des Brotes für mich nimmt zu mit jedem Stück, das ich davon weggebe. Der Grenznutzen des Wassers für mich nimmt ab mit jeder Teilmenge, die ich erhalte. Ich werde schnell an einen Punkt geraten, an dem ich anhalte, weil der Grenznutzen der Brotmenge, die ich noch in Händen habe, den Grenznutzen des Wassers überwiegt, das ich noch eintauschen könnte. Die gleiche Erwägung im umgekehrten Sinn spielt sich in meinem Tauschpartner ab.

Weitere interessante Folgerungen ergeben sich für den Marktpreis, für die Produktion, für die Verteilung, für den Verbrauch. Als Beispiel diene noch die Anwendung auf den Verbrauch, weil sie am leichtesten einzusehen ist. Meine Bedürfnisse konkurrieren miteinander. In der Regel ist es so, daß ich nicht alle befriedigen kann, sondern, will ich eines von ihnen über einen gewissen Punkt hinaus befriedigen, andere dafür opfern muß. Tatsächlich stellt sich nun ein Gleichgewichtszustand ein nach dem Gesetz, daß wir alle unsere Bedürfnisse bis zu demselben Sättigungsgrad zu befriedigen trachten. Dieses Gesetz hängt wiederum mit dem Grenznutzen zusammen. Denn die gleiche Stärke der Befriedigung ist erreicht, wenn der Grenznutzen gleich ist.

DIE MATHEMATISCHE SCHULE Betrachten wir noch einmal das oben angeführte Beispiel eines einfachen Tausches, so drängt sich der Gedanke fast von selbst auf, den Sachverhalt graphisch darzustellen. Die Zunahme des Grenznutzens am Brote mit der immer kleiner werdenden Menge stellt eine aufsteigende Linie oder Kurve dar, die Abnahme des Grenznutzens am Wasser mit dem Anwachsen meines Vorrats eine abfallende. Beide Kurven werden sich irgendwo schneiden, und an diesem Schnittpunkt ist das Gleichgewicht der Grenznutzen erreicht.

Das Arbeiten mit solchen Kurven und die Vorstellung von einem Gleichgewichtszustand, der sich, wenn gestört, immer selbsttätig wieder herzustellen trachtet, sind auf viele Fragen anwendbar. Sie sind ausgebildet worden von Gelehrten, die man unter dem Namen der mathematischen Schule zusammenfaßt. Der Zusammenhang dieser Schule mit der Grenznutzenschule ist eng; aber sie decken sich nicht ganz, indem es Grenznutzentheoretiker gibt, die sich nicht dieser mathematischen Mittel und Vorstellungen bedienen, und umgekehrt Denker, die das tun, aber nicht vom Grenznutzen und von psychologischen Erwägungen ausgehen. Doch rechtfertigt es der gegebene Zusammenhang, diese Denkrichtung hier mit zu erwähnen. Bedeutende Vertreter der mathematischen Schule sind u. a. der Franzose Anton August *Cournot* (1801–1877), der Schwede Gustav *Cassel* (1866–1945) und der italienische Soziologe und Nationalökonom Vilfredo *Pareto* (1848–1923).

Eine wichtige Eigentümlichkeit der mathematischen Schule besteht darin, daß sie überall eine *funktionelle* Betrachtungsweise an die Stelle einfacher Kausalität setzt. Das gilt z. B. für den alten Satz, daß der Preis

durch Angebot und Nachfrage bestimmt wird. Das Verhältnis ist aber wechselseitig; darauf hatte, wie oben erwähnt, schon J. St. Mill hingewiesen. Was ist nun hier Ursache und was ist Wirkung? Die Antwort der mathematischen Schule lautet: Die Frage ist falsch gestellt. Man kann nur feststellen, daß Angebot, Nachfrage und Preis in einem bestimmten funktionellen Zusammenhang stehen, daß sie drei Teile eines einheitlichen Mechanismus sind, in dem jede Veränderung des einen sich auf die beiden anderen auswirkt.
Entsprechendes gilt für das Verhältnis der Produktionskosten zum Werte des produzierten Gutes. Die Kosten bestimmen den Preis, gewiß. Aber der Produzent strebt auch und ist gezwungen – wie jedermann weiß –, seine Kosten innerhalb bestimmter Grenzen einzurichten, die gesetzt sind durch den vernünftigerweise zu erwartenden Preis. Auch hier besteht ein Funktionalzusammenhang.
Die psychologische und die mathematische Schule (der Begriff ist mit Vorsicht zu gebrauchen, weil Mathematik hier nur ein methodisches Hilfsmittel ist, das sehr verschiedenen Zwecken dienen kann) werden manchmal unter dem Oberbegriff der »Hedonistischen Schule« zusammengefaßt. Das ist darin begründet, daß beide von dem eingangs erwähnten hedonistischen Prinzip ausgehen: Jeder Mensch strebt (jedenfalls die reine Ökonomik darf ihn so betrachten), ein Maximum an Lust mit einem Minimum an Anstrengung zu erreichen. Wenn man den Vertretern dieser Schule entgegenhält: das sei nichts Neues und auch die Folgerungen, die sie für die Praxis ziehen, z. B. für den unbedingten Wert der freien Konkurrenz, deckten sich mit denen der Klassiker – so antworten sie: Es ist ein Unterschied, ob ich bestimmte Sätze behaupte, oder ob ich sie exakt und gar mathematisch beweise. Die alten Klassiker haben Behauptungen aufgestellt. Die neue Theorie hat sie bewiesen und damit die Nationalökonomie erst zu einer Wissenschaft gemacht.

IV. Die Gesellschaft

1948 gab der amerikanische Soziologe Harry Elmer *Barnes* ein von ihm gemeinsam mit mehreren anderen Gelehrten bearbeitetes Buch heraus: *Einleitung in die Geschichte der Soziologie.* Es ist ein Einführungswerk, das nur im großen orientieren will. Für alle Einzelfragen will es lediglich bibliographische und sonstige Hinweise zu genauerem Studium geben. Das Buch hat 930 Textseiten. Offenbar haben die Verfasser – ähnlich wie Arthur Schopenhauer bei seinem Hauptwerk – keinen kürzeren Weg gefunden, das auszudrücken, was sie zu sagen hatten.
Was läßt sich auf wenigen Seiten sagen? Die Gesellschaftswissenschaft stellt jedem Versuch, einen kurzen Abriß ihrer Entwicklung zu geben oder auch nur diese durch ausgewählte Beispiele zu beleuchten, unverhältnismäßige Schwierigkeiten entgegen.
Zunächst ist, oder war doch bis vor ganz kurzer Zeit, die bloße Existenz der Soziologie Gegenstand des Zweifels. Gibt es überhaupt eine Soziolo-

gie als selbständige Wissenschaft? Wenn das angesichts der Tatsache, daß Hunderte von Gelehrten sich seit 100 Jahren mit ihr beschäftigen, daß es Tausende von Forschungen und Büchern gibt, die sich alle »Soziologie« nennen, nicht bestritten werden kann – so wird doch bezweifelt, ob diese Wissenschaft zu Recht *bestehe*.

Der Streit bezieht sich zunächst auf den Gegenstand dieser Wissenschaft. Eine gängige Definition lautet: Die Soziologie studiere die gesellschaftlichen Erscheinungen wie Volk, Staat, Stand, Klasse, Gruppe, Familie, als geschichtlich gewordene Gebilde in Vergangenheit und Gegenwart. Haben aber nicht alle Wissenschaften vom Menschen, alle Geisteswissenschaften, mit diesen gesellschaftlichen Erscheinungen zu tun? Die Geschichte, die Rechtslehre, die Wirtschaftswissenschaft? Kann man den Menschen überhaupt anders studieren denn als gesellschaftliches Wesen, als Zoon politikon?

Natürlich lassen sich viele Beweisgründe für einen eigenen Gegenstandsbereich der Soziologie anführen. Im Verhältnis zur Geschichtswissenschaft etwa kann man sagen, diese suche das Geschichtliche, d. h. das jeweils Einmalige zu erfassen – die Soziologie dagegen suche aus den geschichtlichen Gegebenheiten das Typische herauszulösen, allgemeine Formen und Bildungsgesetze der gesellschaftlichen Welt zu erkennen. Ist das aber im geschichtlichen Bereich sinnvoll und möglich? Werden nicht die geschichtlichen Erscheinungen ihres eigentlichen Inhalts entleert, wenn man vom jeweils Einmaligen absieht?

Außer vom Gegenstand her könnte man die Soziologie auch von der Methode her begründen. Man könnte sagen: Soziologie ist eine besondere Forschungsmethode, geeignet, in den verschiedensten Forschungsbereichen das eigentlich Soziale, das Zwischenmenschliche, rein herauszuschälen und zu erkennen. Diese Methode könnte dann in den meisten Geisteswissenschaften fruchtbar zu anderen Methoden hinzutreten. In der Tat sind Rechtslehre, Wirtschaftswissenschaft, Kunstwissenschaft, Religionswissenschaft, Pädagogik, um nur diese Beispiele zu nennen, durch die Aufnahme soziologischer Gesichtspunkte und Methoden bereichert worden.

Weiterhin besteht Uneinigkeit über die Abgrenzung der Soziologie. Manche nehmen »Soziologie« als Oberbegriff für alle oder fast alle Wissenschaften, die mit sozialen Erscheinungen zu tun haben, wie z. B. Ethnologie, Nationalökonomie, Sozialpsychologie. Andere nehmen sie als ein Teilgebiet neben anderen.

Uneinigkeit besteht endlich auch über den Wert und die letzten Ziele der Soziologie. Die eingehende Beschäftigung mit soziologischen Problemen ist fast stets verbunden gewesen mit dem Anspruch oder der Hoffnung, die dabei gewonnenen Erkenntnisse könnten Grundlage oder wenigstens Hilfsmittel sein für die Lösung aktueller, sozialer und politischer Fragen, für eine Umgestaltung der Gesellschaft. Andere Forscher ziehen einen scharfen Trennungsstrich und verbannen alles, was mit praktischer Stellungnahme, Programm, Werturteil zusammenhängt, aus dem Reich ihrer Wissenschaft.

In keiner Wissenschaft ist so lange und so erbittert um Gegenstand, Bereich, Methode, Ziel, ja das bloße Daseinsrecht gerungen worden wie in der Soziologie. Das braucht uns nicht zu wundern: sie ist eine der jüngsten Wissenschaften.

Die Soziologie ist eng verflochten mit anderen Gebieten des Forschens und Wissens. Wenn es vor dem 19. Jahrhundert keine Soziologie gab, so gab es doch seit Jahrtausenden eine denkende Betrachtung der Probleme des gesellschaftlichen Lebens. Die Vorgeschichte der Soziologie findet sich daher in ganz verschiedenen Fachgebieten. Besser gesagt: Da große Denker sich meist überhaupt nicht um Fachgrenzen zu kümmern pflegen (Karl Marx z. B. gehört ebensowohl der Geschichte der Philosophie wie der Nationalökonomie wie der Soziologie an), ist sie gar nicht auf bestimmte Fachgebiete festzulegen.

Verflechtung besteht zunächst und vor allem mit der Philosophie. Wir haben häufig genug auf dem Wege der Wissenschaft beobachtet, wie die Philosophie lange Zeit Kinder in ihrem Schoße hegte, die eines Tages – wie alle Kinder – sich vom mütterlichen Gängelband losmachten, die dann auch oft – wie alle Heranwachsenden – durch kräftiges Auftrumpfen sich ihrer neugewonnenen Selbständigkeit vergewisserten. Für die Soziologie liegt dieser Abschnitt noch nicht lange zurück.

Verflechtung besteht ebenso zu allen anderen Geisteswissenschaften: zu Geschichte, Völkerkunde, Erdkunde, Rechts-, Wirtschaftswissenschaft, Psychologie usw. Die Überschneidungen und Grenzbereiche sind ohne Zahl; oft haben sich auf ihnen eigene Forschungszweige angesiedelt.

Verflechtung besteht endlich auch, da die Gesellschaft aus lebenden Menschen besteht, mit der Biologie und biologischen Anthropologie. Sie ist hier sogar besonders eng und besonders bedeutsam. Wir werden ihr wieder begegnen.

Es ergibt sich also, daß die Geschichte der Soziologie nur vor dem Hintergrunde der gesamten Geistes- und Wissenschaftsgeschichte gesehen werden kann.

Sowenig es eine Geschichte der Rechtswissenschaft geben kann ohne Rechtsgeschichte, eine Geschichte der Nationalökonomie ohne Wirtschaftsgeschichte, sowenig kann es eine Geschichte der Soziologie ohne Sozialgeschichte geben. Es ist nur in sehr begrenztem Maße möglich, Gedanken über Staat und Gesellschaft losgelöst zu betrachten von der staatlichen und gesellschaftlichen Umwelt dessen, der sie gedacht hat. Niemand wird die Staatslehre Platons verstehen können ohne eine Vorstellung vom griechischen Stadtstaat, von der Gesellschafts- und Familienordnung der Griechen. Niemand wird die Entfaltung der modernen Soziologie verstehen ohne Kenntnis der geschichtlichen und gesellschaftlichen Lage zur Zeit ihrer Entstehung. Alles Denken über gesellschaftliche Probleme ist erwachsen aus einem aktuellen geschichtlichen Anlaß und gewöhnlich auch mit einem aktuellen geschichtlichen Zweck. Und wo man auf solche Zwecksetzung ausdrücklich verzichtet und nur reines Erkennen will, da ist auch dies Ausfluß einer bestimmten Lage, und eben diese Absichtslosigkeit ist beabsichtigt.

Es ergibt sich also, daß die Geschichte der Soziologie nur gesehen werden kann auf dem Hintergrunde der gesamten geschichtlichen Entwicklung der gesellschaftlichen Zustände.

Es gibt kein Gliederungsprinzip für eine Geschichte der Gesellschaftswissenschaft, das allen berechtigten sachlichen Erfordernissen genügt oder das gar alle zufriedenstellen würde. Für jede Möglichkeit gibt es ein Für und ein Wider.

Eine rein chronologische Aufreihung von Männern nach ihren Lebensdaten oder von Werken nach ihren Erscheinungsdaten gäbe die Möglichkeit, alles an einer Schnur aufzureihen. Aber dieses Verfahren ist viel zu äußerlich. Es zerreißt die inneren Zusammenhänge, auf die es gerade ankommt. Die wirkliche Entwicklung ist nicht linear.

Eine reine Problemgeschichte gibt mehr inneren Zusammenhang, führt aber zu dauernden Wiederholungen, weil verschiedene Probleme vom gleichen Mann bearbeitet wurden, und läßt kein Bild von den Persönlichkeiten entstehen.

Eine Gliederung nach Schulen und Fachrichtungen zeigt innere Zusammenhänge auf. Sie ist aber außerordentlich verwickelt und zudem kaum eindeutig herzustellen, weil viele Soziologen keiner bestimmten Schule einzuordnen sind oder bei mehreren Berücksichtigung verlangen. Als Beispiel für den Reichtum an solchen Schulen diene die Aufgliederung, die Pitrim A. *Sorokin*, ein namhafter amerikanischer Soziologe unserer Tage, seiner Darstellung der *Zeitgenössischen soziologischen Theorien* zugrunde legt:

I. Die mechanistische Schule
II. Die Schule Frédéric Le Play's
III. Die geographische Schule
IV. Biologische Interpretation der sozialen Erscheinungen: bio-organische Schule
V. Anthropo-rassische, selektionistische und erbtheoretische Schule
VI. Soziologische Interpretation des »Kampfes ums Dasein« und Soziologie des Krieges
VII. Bio-soziale Richtung: demographische Schule
VIII. Soziologistische Schule
IX. Soziologistische Schule: formale Schule und Systematik der sozialen Beziehungen
X. Soziologistische Schule: wirtschaftlicher Zweig
XI. Psychologische Schule
XII. Psycho-soziologistische Theorien von Religion, Sitte, Recht, öffentlicher Meinung, Künsten und anderen gesellschaftlichen Erscheinungen
XIII. Andere psycho-soziologische Studien der Wechselbeziehungen zwischen verschiedenen psycho-sozialen Erscheinungen und ihren Triebkräften.

Eine andere amerikanische Darstellung unterscheidet:

I. Geographische Deterministen, die vor allem auf den Einfluß geographischer Faktoren Gewicht legen
II. Biologische Deterministen, die z. B. von Rasse, Nationalität, Erbfaktoren, Entwicklungsgeschichte ausgehen
III. Psychologische Deterministen, die z. B. von der Ratio oder vom Sympathiegefühl oder von den Instinkten oder von massenpsychologischen Gegebenheiten ausgehen
IV. Kultur-Deterministen, die die kulturellen Erscheinungen als eigenständige Gegebenheiten behandeln.

Gliederung nach Nationen scheint wenig angemessen bei einer Wissenschaft, die mehr als viele andere Geisteswissenschaften von Anbeginn an einen ausgesprochenen internationalen Charakter getragen hat. Wiederum hat sie manches für sich, weil es nichtsdestoweniger gewisse nationale Prägungen in der Soziologie gibt. Mehrere angesehene Geschichtsschreiber der Soziologie verfahren ganz oder teilweise nach diesem Prinzip, und auch ich will mich seiner hier bedienen.

Die nun folgende Auswahl ist durch folgende Grenzen bestimmt:

1. Nach rückwärts zu verzichtet sie auf die gesamte Vorgeschichte. Diese beginnt mit den Griechen. Vorher und außerhalb Griechenlands findet man, abgesehen vielleicht vom konfuzianischen China, weniges, das in Betracht gezogen werden müßte. In unfreien und statischen Gesellschaftsordnungen pflegt sich kein freies Denken über Ordnung, Recht, Staat, Familie zu entfalten. Bei den Griechen waren die Vorbedingungen günstig. Es fehlte ein zentraler und alles beherrschender Staat. Die Stadtstaaten boten Freiheit und Vergleichsmöglichkeit. Keine allbeherrschende Religion bestimmte das Denken. Der griechische Genius, der aus solchen Vorbedingungen allein zwar nicht erklärt werden kann, aber ihrer sicherlich zu seiner Entfaltung bedurfte, bemächtigte sich vornehmlich in Platon, Aristoteles und den Stoikern der staatlichen und gesellschaftlichen Probleme und suchte nach objektiven Maßstäben für Ordnung und Recht, für die beste Einrichtung eines Staates. Die Staats- und Gesellschaftsphilosophie der Griechen ist die Grundlage aller späteren geworden. Über die Jahrtausende hinweg ist sie ein unversieglicher Brunnen geblieben, aus dem unser Denken auch heute noch schöpfen kann.

Nächst der heidnischen Sozialphilosophie – zu der auch das römische Staatsdenken zu rechnen ist – kommt die christliche Theologie und Sozialphilosophie von den Kirchenvätern bis zum Ausgang des Mittelalters als zweite große Epoche in der Vorgeschichte der Soziologie in Betracht. Thomas von Aquin ist auch in dieser Beziehung ihr Gipfelpunkt.

Die beginnende europäische Neuzeit sah in Machiavelli und anderen ein von religiösen Maßstäben gelöstes rationales Denken über Staat und Gesellschaft sich erheben. Das rationale Naturrecht und die Soziallehren der Aufklärung setzen diese Linie fort. Endlich ist das Denken der Romantik und des deutschen Idealismus, insbesondere Schellings und Hegels, von bedeutendem Einfluß für die spätere Soziologie gewesen.

Soweit diese Vorgeschichte sich im Reiche der Philosophie abspielt, habe ich sie in früheren Kapiteln nur streckenweise beleuchten können. Soweit sie in anderen Wissenschaften liegt, findet der Leser sie allenthalben in den den Geisteswissenschaften gewidmeten Teilen dieses Buches.

2. Es ist keine Willkür, wenn ich die Soziologie erst im 19. Jahrhundert mit einem eigenen Abschnitt auftreten lasse. Erst in diesem Jahrhundert ist der Schritt von der Gesellschaftsphilosophie zur Gesellschaftswissenschaft getan worden. Man kann darüber streiten, ob die ersten Versuche, eine solche Wissenschaft zu begründen, bereits als geglückt anzusehen sind. Wenn nicht, so ist doch der Umstand, daß jetzt zum

erstenmal der *Anspruch* einer solchen Begründung erhoben wird, schon ein bemerkenswertes und aufschlußreiches Faktum.
Es ist kein Zufall, daß das jetzt geschieht. Wie schon das erste Aufkeimen freien und rationalen Gesellschaftsdenkens bei den Griechen an eine Krise geknüpft erscheint und gesehen werden muß vor dem Hintergrund der schweren geschichtlichen Umwälzungen und Kämpfe, die der griechischen Blütezeit vorausgingen, so ist die Geburt der modernen Soziologie unverkennbar mit einer anderen Krise verknüpft: mit der industriellen Revolution vom Ausgang des 18. Jahrhunderts ab, mit dem Zerfall der ständischen Ordnung, den in Frankreich die Französische Revolution vollendete, mit dem Auftreten des Industriekapitalismus. Wenn alles wankt und nichts mehr selbstverständlich ist, wird das Denken aufgerufen. Das war so, wie wir früher gesehen haben, bei der Entfaltung der griechischen Geschichtsschreibung, und es war jetzt wieder so: Verlust an äußerer Ordnung und innerer Sicherheit rufen die Denker zu dem Versuch, das Wankende auf Vernunft neu zu gründen. Die moderne europäische Soziologie ist ein Kind der bürgerlichen Revolution und trägt ihren Stempel.
3. Nach vorwärts gesehen schließe ich mit dem Ende des 19. Jahrhunderts. Dabei bleiben zahlreiche Soziologen, und gerade solche, die allgemein am bekanntesten sind, ausgeschlossen; auch die, die noch im 19. Jahrhundert aufwuchsen und sich bildeten, aber ihr eigenes Werk erst im 20. Jahrhundert entfalteten. Es handelt sich also um die »Gründerzeit« der Soziologie, die wie jede Gründerzeit Schwung und Baufreudigkeit, aber auch Auswüchse und Übertreibungen hervorgebracht hat.
4. Nicht alle Länder des Westens haben Anteil am Aufstieg der Soziologie. Man kann vielmehr vier unter ihnen als Haupt- und Heimatländer der Soziologie ansprechen: Frankreich, England, Deutschland, USA. Die Reihenfolge enthält keine Bewertung innerhalb dieser vier. Wichtige Beiträge haben auch Rußland, Belgien und Italien geleistet.
Die beiden wichtigsten unter den Begründern waren ein Franzose und ein Engländer, nämlich Comte und Spencer. Ich will deshalb so vorgehen, daß ich zunächst einen Blick auf diese beiden werfe, dabei ein paar andere französische und englische Soziologen gleich mit nenne, um dann eine Reihe deutscher und amerikanischer Soziologen vorzuführen.

1. Comte und der Positivismus

Auguste *Comte* (1798–1857) übernahm Grundgedanken über das Wesen und die Grenzen menschlichen Erkennens von Hume und Kant. Er kannte das Geschichtsdenken der Aufklärung. Er kannte das Werk Montesquieus, das zum erstenmal einen klaren Gesetzesbegriff für die gesellschaftliche Entwicklung geschaffen hatte. Er kannte das Fortschrittsdenken Condorcets. An erster Stelle steht aber für Comte der Einfluß des Grafen St. Simon. Manche Beurteiler gehen so weit, zu sagen, Comte habe nichts weiter getan, als die Gedanken dieses Mannes, als dessen Schüler und Sekretär er mehrere Jahre lang fungierte, breiter auszuführen und zu systematisieren. Andere weisen darauf hin, daß St. Simon wiederum nur das erlauscht und ausgesprochen habe, was an Ideen im Bewußtsein seiner Zeit umlief. So verlieren sich in der Geistesgeschichte oft die Spuren ins Namenlose, und die Geburt eines Gedankens ist kaum auf einen genauen Zeitpunkt festzulegen. Gedanken kommen, wie Nietzsche sagt, mit Taubenfüßen.

Comte gleicht seinem Lehrer St. Simon darin, daß er nicht bloß erkennen wollte, sondern aus einem echten sozialreformerischen Anliegen heraus schrieb. Er wollte eine neue Gesellschaft schaffen. Er wollte erkennen, um voraussehen zu können (»savoir pour prévoir«), und er wollte die Gesetze der Entwicklung erkennen, um sie mit diesem Wissen zu steuern, zu beeinflussen. Dieses Streben ist aus der zeitgeschichtlichen Lage erwachsen und aus ihr zu verstehen. Comte wuchs auf unter Napoleon, erlebte als Halbwüchsiger dessen Untergang und stand nun in dem Ringen zwischen revolutionären und gemäßigten Kräften, welches die Jahrzehnte nach 1815 in Frankreich ausfüllt.

Es ist merkwürdig: Je genauer man zusieht, um so deutlicher sieht man, wie das Denken eines solchen Mannes durch hundert Röhren vom Geist seiner Zeit und vom Denken anderer gespeist wurde; wie er an manchen Stellen sogar durchaus hinter seiner Zeit zurückblieb und manches nicht zur Kenntnis nahm (wie Francis Bacon), was die Entwicklung als entscheidend erwies gerade für das, was ihm vorschwebte; wie also allgemeine geschichtliche Umstände sein Werk nicht nur ermöglichten, sondern geradezu forderten – so daß man das Gefühl hat, ein anderer hätte, wäre Comte nicht gekommen, ebensogut die Soziologie begründen können. Und doch ist das, was Comte dachte und schrieb, wiederum in jedem Punkte so sehr von seiner Persönlichkeit gleichsam durchtränkt, daß es ganz und gar die Schöpfung eines Mannes zu sein scheint. Wir begegnen hier jener unauflösbaren »Koinzidenz des Allgemeinen und des Individuellen«, die Comtes älterer Zeitgenosse Hegel unübertrefflich geschildert hat.

Ich richte das Augenmerk hier auf drei Fragen: Was versteht Comte unter Soziologie? Welche Stellung weist er ihr im System der Wissenschaften an? Wie sieht er den gesellschaftlichen Prozeß im ganzen?

DIE SOZIOLOGIE: NAME, WESEN, HAUPTTEILE, IHRE STELLUNG UNTER DEN WISSENSCHAFTEN.

Seit Montesquieu verdankt man den ersten wichtigen Schritt, der inzwischen in der grundlegenden Konzeption der *Soziologie* gemacht worden ist, dem berühmten und unglücklichen Condorcet in seinem denkwürdigen Werke »Esquisse d'un tableau historique des progrès de l'esprit humain«.

Ich glaube von jetzt ab dieses neue Wort wagen zu dürfen, das meinem bereits eingeführten Ausdrucke soziale Physik völlig gleichkommt, um mit einem einzigen Namen diesen Ergänzungsteil der Naturphilosophie bezeichnen zu können, der sich auf das positive Studium der sämtlichen, den sozialen Erscheinungen zugrunde liegenden Gesetze bezieht. Die Notwendigkeit einer solchen Bezeichnung, die dem besonderen Endzwecke dieses Bandes entsprechen soll, wird hoffentlich dieser letztmaligen Ausübung eines legitimen Rechtes zur Entschuldigung dienen, dessen ich mich stets mit der gebührenden Einschränkung und nicht ohne tiefen Widerwillen gegen jede gewohnheitsmäßige systematische Wortneuerungssucht bedient zu haben glaube . . .

Hier erhielt die neue Wissenschaft ihren Namen. Das etwas unglücklich aus einem lateinischen und einem griechischen Bestandteil gebildete Wort setzte sich übrigens nur sehr langsam durch. Seine endliche Durchsetzung dankt es hauptsächlich den Engländern. John Stuart Mill nahm es im letzten, den »Moralwissenschaften« gewidmeten Teil seiner *Logik* auf; durch Mill und mehr noch durch Spencer wurde es in England, Amerika und Deutschland bekannt. Erst seit etwa 1880 gehört es zum internationalen Sprachschatz.

Das Zitat ist entnommen aus Comtes erstem Hauptwerk *Cours de philosophie positive* (1830–1842). Dieses Werk ist die Ausführung des Planes, den Comte bereits mit 24 Jahren in seinem *Plan der notwendigen wissenschaftlichen Arbeiten, um die Gesellschaft zu reorganisieren* niedergelegt hatte. Einige Jahre vor dem Erscheinen des »Cours« hatte Comte begonnen, seine Gedanken in Vorlesungen in seiner Wohnung – mangels einer anderen Lehrkanzel – darzulegen; Alexander von Humboldt war unter den Zuhörern.

Comtes zweites Hauptwerk ist das *System der positiven Politik* (1851 bis 1854). Es legt manche theoretischen Gedanken Comtes noch ausführlicher dar; gibt vor allem die praktische Anwendung seiner Lehre für den Aufbau einer neuen, »positiven« Gesellschaft. In dieser Beziehung spiegelt es die Wandlungen, die Comte inzwischen durchlaufen hatte. Nach Überwindung mehrerer geistiger und gesundheitlicher Krisen – von denen ihn eine vorübergehend ins Irrenhaus und an den Rand des Selbstmords brachte, eine andere überwand er durch die Liebe zu einer bedeutenden Frau – wandte sich Comte mit zunehmenden Jahren immer stärker zur Verkündung seiner philosophisch-religiösen Grundgedanken und Forderungen. Er gründete eine »Positivistische Gesellschaft« und versuchte seine Lehre zu einer neuen positivistischen Menschheitsreligion auszubauen.

Comtes Persönlichkeit ist nicht frei von psychopathischen Zügen. Seine letzten Lebensjahren verbrachte er als »Hoherpriester der Menschheit« im Kreise fanatisch ergebener Anhänger, die auch für seinen Lebensunterhalt sorgten. Wenden wir uns aber zu seiner Soziologie.

Die Grundlegung ist hauptsächlich enthalten im vierten bis sechsten Buch des »Cours«. Sie erwächst aus einer Betrachtung der Gesamtheit aller Wissenschaften. Comte ordnet die Wissenschaften in eine Reihe, die nach folgenden Kriterien aufgestellt ist: 1. Jede Wissenschaft fußt auf der (bzw. den) in der Reihe vorhergehenden. 2. Es ist eine aufsteigende Reihe, nach der Schwierigkeit und Verwickeltheit des Gegenstandes der Wissenschaften betrachtet. 3. Es ist eine absteigende Reihe, betrachtet nach dem Grad von Allgemeinheit und von Sicherheit, den die Aussagen der einzelnen Wissenschaften erreichen.

Am Anfang der Reihe steht die Mathematik. Die geometrischen und mechanischen Vorgänge sind die allgemeinsten, die einfachsten, die abstraktesten, sie sind unabhängig von allen anderen und bilden deren Grundlage. Die übrigen Wissenschaften lassen sich zunächst in zwei Hauptgruppen scheiden: die von den anorganischen und den organi-

schen Körpern. Wiederum sind die anorganischen Vorgänge die einfacheren und allgemeineren, sie müssen zuerst studiert werden. Innerhalb der Wissenschaften vom Anorganischen steht an erster Stelle die Physik, die wiederum unterteilt ist in die Physik des Weltalls (= Astronomie) und die Physik des Irdischen. An zweiter Stelle steht die Chemie. Die chemischen Vorgänge sind verwickelter als die physikalischen, sie hängen von diesen ab (was umgekehrt nicht der Fall ist): Chemie rangiert daher in der Reihenfolge der Wissenschaften hinter der Physik.
Die organischen Körper können erst studiert werden, wenn Physik und Chemie ausgebildet sind, denn die organischen Prozesse werden von den Gesetzen der Chemie beherrscht. Die Wissenschaften vom Organischen haben ebenfalls zwei Hauptzweige. Der eine studiert die Vorgänge, die sich auf das Individuum beziehen, der andere die Vorgänge in der Gattung, insbesondere die, die gesellschaftlicher Natur sind. Wiederum muß man erst das Individuum studieren, um dann das Zusammenwirken der Einzelorganismen begreifen zu können. Das gilt auch und hauptsächlich für den Menschen. Die Wissenschaften vom Organischen bestehen deshalb aus den Hauptzweigen: Biologie und Soziologie. Die Biologie bildet demnach für Comte die Grundlage der Soziologie – eine Auffassung, die sich in zahlreichen seiner Einzelansichten widerspiegelt.
Die Reihenfolge der Wissenschaften nach Comte ist somit: Mathematik, Astronomie, Physik, Chemie, Biologie, Soziologie. Man erkennt leicht, daß Comte hier eine Einsicht von erheblicher Tragweite ausspricht, die zumindest einen richtigen Kern hat. Die meisten späteren Einteilungsversuche der Wissenschaften benutzen Comtes Grundlage. Auch die in diesem Buch gewählte Einteilung entspricht ihr im großen und ganzen. Hinter ihr steht natürlich eine bestimmte philosophische Auffassung vom Bau der Welt: eine Schichtenlehre, die im Prinzip von der modernen Metaphysik, etwa eines Nicolai *Hartmann,* nicht allzu verschieden ist. Hartmann unterscheidet allerdings in etwas anderer Art: die Schicht des organischen Seins, die Schicht des organischen Lebens, die Schicht des Seelischen, die Schicht des Geistes. Jede Schicht ruht auf der vorhergehenden, ohne aber von ihr voll determiniert zu sein.
Es ist einleuchtend, daß eine solche Einteilung im großen gesehen auch der historischen Reihenfolge entsprechen muß, in der sich die Wissenschaften entfalten können und entfaltet haben. Comtes Wissenschaftslehre ist einer der großen enzyklopädischen Versuche des französischen Geistes, das gesamte menschliche Wissen in eine Ordnung zu bringen. Comte sieht und kennt die Fortschritte, die insbesondere die Biologie in dem ihm vorausgehenden Jahrhundert gemacht hat. Auf ihrer Grundlage ist es nun möglich geworden, eine Wissenschaft vom menschlichen Zusammenleben zu begründen.
Es ist möglich geworden, und es ist auch notwendig. Dies belegt Comte vor allem durch eine Analyse der gesellschaftlichen Zustände seiner Zeit. Er weist hin auf die geistige, gesellschaftliche und moralische Anarchie, die das Revolutionszeitalter heraufgeführt hat. Sie ist einem im Grunde katholischen Geist wie Comte zutiefst zuwider.

Es kommt mir hier mehr auf das Grundsätzliche an als auf die Art, wie Comte die Soziologie nun im einzelnen ausführt. Er teilt sie zunächst in zwei Hauptzweige: eine »soziale Statik« als Theorie von der natürlichen Ordnung der Gemeinschaften und eine »soziale Dynamik« als Lehre vom Fortschritt. Auffällig ist, daß Comte im einzelnen keineswegs das bietet, was unser heutiges Urteil von einer konkreten Soziologie erwartet: die wirklichen gesellschaftlichen Gebilde wie Staat, Volk, Stand, Klasse, Vereine, Familie, ihr Wesen und ihre Funktionen, ihre Ausprägung in verschiedenen Völkern und Zeiten – von alledem ist wenig oder nicht die Rede. Auch die psychischen Voraussetzungen und Mechanismen des gesellschaftlichen Lebens wie etwa der Herdentrieb, der Nachahmungstrieb, das Sympathiegefühl werden nicht im einzelnen abgehandelt.

Nicht im einzelnen: Comtes Werk ist vor allem eine großzügige Synthese. Und doch ist es daneben ausgezeichnet durch eine Fülle von Einzelbemerkungen, Aperçus, denen er nicht nachgeht, die aber andere Forscher zu weiteren Untersuchungen angeregt haben.

DAS DREISTADIENGESETZ UND DER GESELLSCHAFTLICHE PROZESS Die Synthese wird zusammengehalten durch zwei Klammern: durch die geschichtliche Betrachtungsweise und durch die besondere Weise, in der Comte die geschichtliche Gesamtentwicklung der Menschheit interpretiert.

Zunächst ist also Comtes Sehweise durchaus geschichtlich. Er sieht das gesellschaftliche Leben als Entwicklung, als Prozeß. Er sieht auf- und absteigende Reihen, Entwicklungslinien, Entwicklungskurven, und er sieht Fortschritt. Sein Denken fügt sich damit völlig in den Zug seines Jahrhunderts und unter das Motto, unter das ich dieses Kapitel gestellt habe. Sosehr Hegel in anderer Hinsicht als Gegenpol Comtes dastehen mag – beide haben das geschichtliche Denken gemeinsam.

Gemeinsam mit Hegel hat Comte auch die Ansicht, daß diese Entwicklung ein zielgerichteter Prozeß ist, und die Überzeugung, daß das Endziel in seinem eigenen philosophischen System erreicht oder jedenfalls gesehen ist. Für Comte besteht dieses Endziel in dem von ihm »positiv« genannten Stadium des gesellschaftlichen und geistigen Lebens.

Man könnte die Parallele mit Hegel noch einen Schritt weiterführen und sie darauf ausdehnen, daß Comte wie Hegel den Gesamtablauf sich in einem ganz bestimmten Entwicklungsschema vollziehen sieht. (Nebenbei gesagt, füllt Comte ebenso wie Hegel diesen mit einem ganz erstaunlichen Reichtum an fundiertem geschichtlichem Wissen aus). Hegel zeigt den Dreitakt Thesis, Antithesis, Synthesis. Auch Comte nimmt drei Schritte der Entwicklung an. Er hat überhaupt eine Vorliebe für die Dreizahl. Er unterscheidet z. B. drei Funktionen des menschlichen Geistes: Fühlen, Handeln und Intellekt. Für jede nimmt er drei Entwicklungsstadien an.

Für die intellektuelle Entwicklung – und sie ist der Führer in der Entwicklung der Gesellschaft – stellt Comte sein berühmtes »Dreistadiengesetz« auf. (Auch dieses war in weniger durchgearbeiteter Form, auf eine Anregung von Turgot hin, schon von St. Simon ausgesprochen worden.) Der Geist durchläuft nacheinander das theologische, das metaphysische und das positive Stadium. Geschichtlich betrachtet reicht das erste Stadium etwa bis zum Jahre 1300, das zweite von 1300 bis 1800, das dritte beginnt mit dem 19. Jahrhundert. Jedes Stadium, insbesondere das erste, ist weiter unterteilt.

Dieses Gesetz gilt für die geistige Entwicklung des einzelnen Menschen. Es gilt für jeden Zweig geistiger Tätigkeit, insbesondere für die Wissenschaften. Und es gilt für die geistige Entwicklung der Menschheit im ganzen, welche wiederum die gesellschaftliche Entwicklung bestimmt.

Der Mensch ist zunächst geneigt, sein Wissen von sich selbst und seinen Handlungen auf alles andere zu übertragen. Das ist der Ursprung des theologischen Denkschemas. Man sucht einen lebendigen Willen nach Analogie des eigenen Willens hinter jedem Geschehen, sei es, daß man jedes Ding für sich als belebt ansieht (früheste Stufe: Animismus), daß man geistige Wesen hinter ganzen Gruppen von Erscheinungen sucht (zweite Stufe: Polytheismus), sei es, daß man ein einziges Geistwesen hinter allem Geschehen annimmt (dritte Stufe: Monotheismus).

Setzt man allgemeine und abstrakte Begriffe an die Stelle lebendiger Wesenheiten, so hat man das zweite, das metaphysische Stadium. Fortschritte des Wissens, Veränderungen in der Stellung der Frauen, wirtschaftliche Vorgänge, der Verfall der kirchlichen Macht, die Arbeit der Juristen und andere Ursachen wirkten zusammen, es heraufzuführen.

Im dritten, dem positiven Stadium erkennt der Mensch, daß es sinnlos ist, zu letzten Gründen und Wesenheiten hinter den Erscheinungen vordringen zu wollen. Er begnügt sich jetzt, das Wißbare zu wissen und dieses nützlich zu verwerten. (Hier sieht man den Einfluß Kants als des Zertrümmerers der dogmatischen Metaphysik.) Dieses uns allein zugängliche Wissen beschränkt sich auf die Kenntnis und Vergleichung des Gegebenen, der »positiven« Tatsachen. Die Naturwissenschaften haben dieses Stadium bereits erreicht. Es ist an der Zeit, auch die Betrachtung der gesellschaftlichen Dinge in dieses Stadium zu überführen. Das ist die Aufgabe der Soziologie.

In der gesellschaftlichen Entwicklung entspricht dem theologischen Stadium eine Vorherrschaft des militärischen Elementes. Das metaphysische Stadium ist ein Zeitalter des revolutionären Übergangs, in dem die theologische und militärische Macht zerfällt. Im positiven Zustand wird der gesellschaftliche Prozeß zum erstenmal durch Wissen und Vernunft geleitet. Der Spezialist, der Fachmann tritt in Wissenschaft und Wirtschaft an die Stelle des Priesters und des Kriegers. Der positive Zustand ist zugleich das Zeitalter der ausgebildeten Industrie.

Comte gleicht Hegel in der Kunst und dem Scharfsinn, mit denen er dartut, wie jedes Stadium ein notwendiges, unumgängliches Glied einer höheren Entwicklung ist, wie jedes Aufgaben in der Entwicklung des Geistes erfüllt, die nur auf seine Weise erfüllt werden können, und wie die beiden Vorstufen mit derselben Notwendigkeit schließlich untergehen und der nachfolgenden Platz machen müssen. Vollzieht die so gesehene Entwicklung sich zwangsläufig – so wie das Naturgeschehen nach ehernen Naturgesetzen abläuft – oder kann sie vom Menschen gelenkt werden? Diese Frage beantwortet Comte nicht mit einem »Entweder-Oder«, sondern mit einem »Sowohl-Als auch«. Es gibt solche ehernen Gesetze, aber der Mensch ist gleichwohl nicht machtlos. Doch lassen wir hierzu Comte selbst sprechen:

Es ergibt sich demnach ... daß die elementare Bewegung der Zivilisation ohne Frage einem natürlichen und unveränderlichen Gesetz unterworfen ist ...
Die politische Wissenschaft sollte sich ausschließlich damit beschäftigen, alle Einzeltatsachen in Bezug auf den Fortschritt der Zivilisation zu koordinieren und diese auf die kleinstmögliche Anzahl allgemeiner Tatsachen zu reduzieren, deren Verbindung das natürliche Gesetz dieses Fortschritts manifestiert, so daß die verschiedenen Ursachen, welche seine Geschwindigkeit verändern können, danach beurteilt werden können ...
Der Anspruch, freihändig in wenigen Monaten oder auch Jahren ein politisches System in vollständiger und endgültiger Weise zu konstruieren, ist ein abwegiges Hirngespinst, völlig unvereinbar mit der Schwäche des menschlichen Intellekts ...
Ein gesundes politisches System kann niemals darauf ausgehen, die menschliche Rasse zwangsweise anzutreiben, denn diese wird durch ihren eigenen Impuls bewegt, im Einklang mit einem Gesetz, ebenso notwendig – obwohl leichter zu verändern – wie die Gravitation. Aber es versucht, den menschlichen Fortschritt zu erleichtern, indem es ihn erleuchtet ...
Es ist ein großer Unterschied, ob man dem Fortschritt der Zivilisation blind gehorcht, oder ob man es mit Einsicht tut. Die Veränderungen, die er mit sich bringt, treten im ersten Fall ebenso ein wie im zweiten; aber sie werden verzögert und vor allem, sie werden erst verwirklicht, nachdem sie mehr oder weniger schwerwiegende soziale Störungen verursacht haben. Nun können die Störungen aller Art, welche auf diese Weise im politischen Körper entstehen, vermieden werden, indem man Maßnahmen trifft, gegründet auf exakte Kenntnis der Veränderungen, die sich zu verwirklichen trachten ...

Wir betrachten sogleich noch etwas genauer, welche Maßnahmen Comte im Auge hat und welchen Zustand sie verwirklichen helfen sollen.

DIE POSITIVE PHILOSOPHIE. POSITIVISMUS ALS RELIGION. POSITIVISMUS ALS WISSENSCHAFTSPRINZIP Für Comte stellt die Soziologie zwar die Krönung in der Reihe der Wissenschaften dar; es geht ihm aber um mehr, als nur einen neuen Wissenszweig aus der Taufe zu heben. Comte ist Philosoph.

Es ist die Aufgabe der positiven Philosophie, sich über den gesellschaftlichen und wissenschaftlichen Entwicklungsprozeß im ganzen klar zu werden, das Einzelwissen zu ordnen, das sich in den einzelnen Wissenschaften – sobald sie ins positive Stadium eintreten – aufhäuft, damit der Zersplitterung, welche die wissenschaftliche Spezialisierung mit sich bringt, entgegenzuwirken und auch die allgemeinen Gesetze unseres Denkens zu erkennen, die nur zu gewinnen sind aus dem Studium der positiven Einzelwissenschaften bei ihrer Arbeit am positiven Erfahrungsstoff.

Die Aufgabe der positiven Philosophie reicht aber noch weiter. Sie allein kann aus der Anarchie zu einer neuen Ordnung führen. Sie mündet so in eine neue Ethik und in eine positive Religion. Sie soll etwas Geistiges wieder aufrichten, das dem verderblichen Materialismus entgegenwirkt. Die Macht des Herzens gegenüber dem bloßen Verstand, die Comte in der Begegnung mit der Frau erfahren hatte, findet hier eine Stätte.

Es liegt vielleicht schon jenseits einer Wissenschaftsgeschichte, auf die »positive Religion« des näheren einzugehen. Auf der anderen Seite ist diese doch ihr Produkt, und ein recht interessantes Produkt. Denn wissenschaftlich gebildete treten hier an die Stelle der theologisch gebildeten Priester. Die neue Gesellschaft wird eine durchgebildete Hierarchie besitzen. Die praktischen Führer werden die Industriellen sein. Aber die geistigen Führer – die neue Priesterschaft – werden Soziologen sein, wissenschaftliche Ingenieure der Gesellschaft, die freilich zugleich über die höchsten moralischen Qualitäten verfügen müssen. Comte beschreibt die Organisation dieses Priesterstandes bis ins letzte Detail. Westeuropa wird im ganzen etwa 20 000 solcher Priester besitzen, an der Spitze einen Hohepriester mit dem Sitz in Paris. An seiner Seite werden die obersten Priester für jede Nation stehen, zunächst 7, später, nachdem die ganze Welt zum Positivismus bekehrt sein wird, 49. Diese Priester werden weder Reichtum noch materielle Macht besitzen. Trennung der materiellen von der geistigen Macht ist unbedingt notwendig. Die Priester werden ihren Einfluß vor allem dadurch ausüben, daß sie die Erziehung in Händen halten. Sie werden die öffentliche Meinung leiten. Sie werden über die öffentliche Moral wachen. Das Gewicht ihrer Autorität wird allein ausreichen, ihnen Gehorsam zu sichern. Sie werden eine geistige und wissenschaftliche Aristokratie darstellen, nicht unähnlich der, die Platon sich wünschte.

Man sieht: Comte will es keineswegs den Menschen überlassen, nach ihrer Façon selig zu werden. Er mißtraut ihnen ein wenig. Sie müssen zu ihrem Glück geführt werden. Allgemeines Stimmrecht und parlamentarische Regierung sind nicht sein Fall. Er sieht auch keine rechtlichen Sicherungen für die persönliche Freiheit vor. Uferlose Freiheit ist ihm eher verdächtig, und den Protestantismus z. B. verdammt er als den Gipfel der neuzeitlichen Anarchie. Es ist oft darauf hingewiesen worden, daß Comte, der streng katholisch erzogen war, trotz seiner Abwendung von der geoffenbarten Religion gewisse formale Züge des Katholizismus in seinem Denken beibehalten hat.

Comte betrachtete die positive Religion als das wichtigste unter dem Bleibenden, das er der Menschheit hinterlassen wollte. Wie viele andere, hat er sich hierin getäuscht. Die positive Religion hat niemals die Massen ergriffen und bewegt. Dagegen hat dem Positivismus als Wissenschaftsprinzip in dem von Comte formulierten Sinn die Zukunft gehört. Freilich hat nicht Comte allein ihn geschaffen. Aber Positivismus im Sinne der Überzeugung, daß die Wissenschaft sich allein an das Positive, Gegebene zu halten habe, ist zum fast selbstverständlichen Gemeingut der Wissenschaft geworden.

Bemerken wir noch, daß in der Philosophie John Stuart *Mill* und *Spencer* sowie eine Anzahl deutscher und amerikanischer Denker den Positivismus ausgebaut haben; daß er in unseren Tagen in verfeinerter, kritisch geläuterter Gestalt als *Neupositivismus (Wiener Kreis; Russell)* erhebliche Bedeutung gewonnen hat; daß er ausstrahlte auf eine ganze Reihe von Einzelwissenschaften – in der Geschichtsschreibung z. B. gelten der Engländer Thomas Henry *Buckle* (1821–1862) und der Franzose Hippolyte *Taine* (1828–1893) als Gefolgsmänner Auguste Comtes.

Über Taine sei noch ein Wort angefügt, weil er in dem Abschnitt über die Geschichtswissenschaft nicht erwähnt wurde. Taine war bekannt mit der deutschen Romantik und mit Hegel. Er nahm darauf Comte sozusagen als Gegengift ein. Er wollte die Geschichte zur strengen Wissenschaft machen, wie die Naturwissenschaft (das wollten schon viele). Also brauchte er zunächst »Tatsachen, nichts als Tatsachen«. Aber natürlich kann der Historiker nicht bei den Tatsachen stehenbleiben. »Nach den Tatsachen – die Suche nach den Ursachen«. Taine findet drei allgemeine Ursachen immer wieder hinter den geschichtlichen Vorgängen, die mit den Stichwörtern Rasse, Milieu, Zeit bezeichnet sind. Er versucht stets, den Anteil dieser Faktoren an einem Ereignis zu ermitteln, und sieht die Untersuchung als erledigt an, wenn ihm das gelungen ist. Er erreicht damit eine erstaunliche Vereinfachung der Dinge und höchst einprägsame Formeln. Freilich zeigt Taines Verfahren deutlich die Grenzen des so verstandenen Positivismus. Ganz abgesehen von der Frage, ob der Kausalbegriff Taines mit dem naturwissenschaftlichen zu vergleichen ist – die Zweifel setzen schon bei Taines »Tatsachen« ein. Was ist eine Tatsache? Es gibt nichts Problematischeres als eine Tatsache! Taine sammelte unterschiedlos geschichtliche Daten ein, sei es aus echten Quellen, sei es aus Anekdoten, Reden, politischen Manifesten. Ihm fehlte die Schule der kritischen Philologie, durch die die deutschen Historiker gegangen waren. Tains Werke wie die *Ursprünge des heutigen Frankreichs* gehören zu den bestgeschriebenen Büchern geschichtlicher Literatur. Aber sie verdanken ihren Reiz nicht seinen positivistischen Prinzipien, sondern eher ihrer Verleugnung. Sein Einfühlungsvermögen, sein künstlerisches Verständnis, sein Temperament reißen ihn ständig hin und lassen ihn vergessen, an welche Prinzipien er sich halten wollte.

Bemerken wir endlich noch zu Comte selbst, daß seine Soziologie – wenn wir den Maßstab dem heutigen Stand dieser Wissenschaft entnehmen – paradoxerweise das Prädikat »positiv« kaum verdient. Comte hat den Positivismus als Prinzip formuliert, aber seine Lehre ist viel mehr Geschichts- und Sozialphilosophie als empirische Wissenschaft von den gesellschaftlichen Tatsachen.

BLICK AUF DIE FRANZÖSISCHE SOZIOLOGIE NACH COMTE Ich beschränke mich darauf, fünf Gelehrte zu nennen und ihre Ideen- und Arbeitsrichtung kurz zu kennzeichnen.

Der einflußreichste Soziologe Frankreichs nächst Comte ist Emile *Durkheim* (1858–1917), zugleich derjenige, der am folgerichtigsten den Positivismus Comtes fortsetzt, wenn er auch im einzelnen vieles von den

Gedanken Comtes, wie dessen Vermengung der Gesellschaftswissenschaft mit Politik und Religion, zurückweist. Durkheims Denkweise wird häufig als »Soziologismus« gekennzeichnet. So bezeichnet man die Auffassung, daß alle geistigen und kulturellen Tatsachen allein aus den gesellschaftlichen Zuständen zu erklären seien (auch der Marxismus kann als eine Form des Soziologismus gelten). Durkheim betrachtet auch das Seelenleben des Einzelmenschen als durch die Gesellschaft bestimmt und geformt. Auch die Religion ist für ihn eine »soziale Tatsache«. Auf Einzelgebieten wie der Religionssoziologie, der Soziologie der Naturvölker und der Soziologie des Wissens hat Durkheim bahnbrechende Arbeit geleistet. Eine aufsehenerregende Studie lieferte er über Selbstmord als soziale Erscheinung.

Alfred *Fouillée* (1838–1912) und René *Worms* (1869–1926) haben sich von den französischen Soziologen am stärksten an biologische Anschauungen und Gesichtspunkte angelehnt. Die Orientierung an der Biologie zeigt sich in der Soziologie am deutlichsten in der Verwendung der Analogie zwischen dem lebenden Organismus und der Gesellschaft als »sozialem Organismus«. Da wir diesem Gedanken sowohl bei Spencer wie bei deutschen Soziologen noch begegnen werden, gehe ich hier nicht weiter darauf ein.

Gabriel *Tarde* (1843–1904) kann sich an Einfluß mit Durkheim messen, ist aber in seinen Grundauffassungen dessen Gegenpol. Für ihn ist nicht die Gesellschaft das Primäre und das Bewußtsein des Einzelnen ihr Produkt. Für ihn ist die Gesellschaft nichts anderes als die Summe der seelischen Einwirkungen von Einzelmenschen untereinander. Diese Einwirkungen vollziehen sich vor allem nach dem Gesetz der Nachahmung. Tardes Hauptwerk: *Les lois de l'imitation* (Die Gesetze der Nachahmung), 1895. Die Nachahmung war das wichtigste, wenn auch nicht das einzige Thema Tardes. Alle seine Arbeiten gehen von dem Grundsatz aus, daß die sozialen Tatsachen *seelische* Erscheinungen sind.

Diese Blickrichtung auf das Psychologische kennzeichnet auch den letzten hier zu nennenden französischen Forscher: Gustave *Le Bon* (1841 bis 1931), weltberühmt durch sein Buch *Die Psychologie der Massen,* das zuerst 1895 erschien und eine lange Reihe von Auflagen in mehreren Sprachen erlebte. Le Bon war ein außerordentlich vielseitiger Mann. Er war zunächst Arzt, schrieb über Physiologie und Hygiene. Er diente der französischen Regierung als Archäologe im Orient. Er gab eine philosophische Bibliothek heraus. Er schrieb Bücher über soziale Entwicklung, über die wichtigsten Zivilisationen der Weltgeschichte, über mathematische Physik und Chemie, über Erziehung, und endlich über Sozialpsychologie. Es ist klar, daß er bei diesem Interessenbereich nicht auf allen Gebieten ein origineller Denker oder gar Tatsachenforscher sein konnte. Doch beruht der Erfolg seiner sozialpsychologischen Schriften nicht nur auf der eindrucksvollen Darstellung; sie haben wesentlich dazu beigetragen, die Aufmerksamkeit auf das Phänomen der Masse zu lenken und die weltgeschichtliche Rolle der Massen in der modernen Zeit erkennen zu lassen.

2. Spencer und der Entwicklungsgedanke

Neben Comte steht Herbert *Spencer* (1820–1903) als der zweite Begründer der Soziologie – nach manchen als der »eigentliche« Begründer einer Wissenschaft von den konkreten sozialen Tatsachen, nach anderen gleichberechtigt und selbständig neben Comte, nach dritten als dessen Schüler und Fortsetzer. Richtig ist, daß Spencer seine ersten soziologischen Gedanken niedergeschrieben hat, bevor er Comte studierte; stark übertrieben ist es, wenn er selbst versucht, seine gänzliche Unabhängigkeit von diesem darzutun.

Spencer war zuerst Eisenbahningenieur, dann Mitherausgeber der Wirtschaftszeitschrift »Economist«. In dieser Zeit schrieb er seine ersten Bücher, darunter ein soziologisches *(Soziale Statik,* 1850) und einen Essay über Bevölkerungsprobleme, in welchem er aussprach, daß fortgeschrittene Stadien der Zivilisation die Kinderzahl pro Familie herabmindern. 1860 trat er mit dem Plan zu seinem Lebenswerk *System der synthetischen Philosophie* an die Öffentlichkeit und führte es anschließend in 36jähriger Arbeit, gegen viele äußere und innere Widrigkeiten, zum Abschluß. Es besteht aus einer einleitenden Grundlegung *Erste Prinzipien* (I. Band), den *Prinzipien der Biologie* (2. und 3. Band), *den Prinzipien der Psychologie* (4. und 5. Band), den *Prinzipien der Soziologie* (6. bis 8. Band) und den abschließenden *Prinzipien der Ethik* (9. und 10. Band). Von den übrigen Schriften Spencers nenne ich sein Einführungsbuch *Das Studium der Soziologie* (1873). Unter dem Titel *»Deskriptive Soziologie«* ließ Spencer eine umfangreiche Materialsammlung erscheinen, deren Schlußbände erst nach seinem Tode herauskamen.

Spencers Werk ist schon seinem äußeren und sachlichen Umfang nach staunenerregend. Es ist doppelt bewundernswert angesichts der Tatsache, daß es sich zu großen Teilen nicht auf die Auswertung vorhandenen Schrifttums stützt, sondern auf eigene Beobachtungen und eigenes Nachdenken.

Der Entwicklungsgedanke Spencer ist der Philosoph des Entwicklungsgedankens. Er trat etwa zur gleichen Zeit wie Darwin an die Öffentlichkeit. Aber er ist nicht einfach ein Verbreiter oder Popularisator Darwinscher Gedanken. Spencer faßte seinen Entwicklungsgedanken unabhängig von Darwin und sprach ihn bereits in mehreren Schriften aus, bevor Darwin zum erstenmal an die Öffentlichkeit trat. Als jedoch Darwins *Ursprung der Arten* erschien, begrüßte Spencer das Werk und trug viel zu seinem schnellen Erfolg bei.

Die beste Darlegung seines Gedankens der Entwicklung gibt Spencer in den *First Principles,* dem Einleitungsband des »Systems«. Spencer leitet seine grundlegende Formel für die Entwicklung aus dem Prinzip der Erhaltung der Kraft ab. Aus diesem ergeben sich zunächst die weiteren Prinzipien der Unzerstörbarkeit der Materie und der Stetigkeit der Bewegung. Aber ich kann gleich zu seiner Formel selbst übergehen. Sie besagt im Kern: Evolution ist ein Integrationsprozeß, bei dem die Materie

von verhältnismäßig unbestimmter, unzusammenhängender Gleichartigkeit (Homogenität) zu verhältnismäßig bestimmter, zusammenhängender Ungleichartigkeit (Heterogenität) übergeht.
Den umgekehrten Prozeß nennt Spencer Dissolution.
Dieses Gesetz findet Spencer im Werden des Alls und des Sonnensystems, in der Entwicklung des Lebens im ganzen und im Wachstum des einzelnen Organismus, im geschichtlichen und sozialen Leben der Menschheit, im Geistesleben, in der Sprache, kurz im ganzen Universum bestätigt. Vom Größten bis zum Kleinsten unterliegt alles dem ständigen rhythmischen Wechsel von Entwicklung und Auflösung.
Eingehender hat Spencer, wie aus dem Plan des »Systems« ersichtlich, die Anwendung dieses Gesetzes besonders für Biologie, Psychologie und Soziologie durchgeführt. Uns interessiert hier die letztere. Ich will aber zur Biologie hier nachtragen, daß Spencers *Prinzipien der Biologie* einen großzügigen Versuch darstellen, den Lebensprozeß als beständige Anpassung darzustellen; und ich will, um mir später die Wiederholung schenken zu können, zur Psychologie erwähnen, daß Spencer den ersten umfassenden Versuch machte, den menschlichen Geist genetisch durch Bezugnahme auf seine tierische und kindliche Vergangenheit zu erklären.
Spencer gab übrigens eine der Comteschen ziemlich ähnliche Einteilung der Wissenschaften, nur daß er die Psychologie, welche Comte ungebührlich vernachlässigt hatte, zwischen Biologie und Soziologie rückte.
Gesellschaften wachsen und vergehen nach dem gleichen Prinzip von Differenzierung und Auflösung. Es besteht ein Kampf zwischen Gruppe und Gruppe, Klasse und Klasse, Stamm und Stamm. Aus diesem Kampf ums Dasein entsteht der Militarismus. Er formt den Charakter der Menschen, er formt die Struktur der Gesellschaften nach dem Gesichtspunkt ständiger Gerüstetheit zu Kampf und Krieg.
In diesem Existenzkampf entsteht Furcht vor den Lebendigen und vor den Toten. Die Furcht vor den Lebenden ist die Wurzel der politischen Herrschaft. Die Furcht vor den Toten ist die Wurzel der Religion. Die Entwicklung der Religion aus primitiver Furcht und Geisterglauben zu höheren religiösen Vorstellungen hat Spencer eingehend geschildert.
Im Existenzkampf schließen sich kleine Gruppen zu größeren zusammen, diese in noch größere. Eine soziale Integration setzt ein. In den größeren Gesellschaften bleibt ein ständig wachsender Anteil der Bevölkerung durchgehend bei friedlicher, industrieller Beschäftigung. Das formt allmählich den Charakter der Menschen um, es formt insbesondere Struktur und Charakter der Gesellschaft um zum friedlichen, arbeitsamen Leben. In dieser friedlichen Gesellschaftsform nimmt der Zwang als soziales Mittel – wie ihn die militaristische Gesellschaft erfordert – ständig ab. Dafür wachsen Spontaneität und persönliche Initiative. Die gesellschaftliche Organisation wird elastischer. Die einzelnen Glieder werden freier beweglich. Sie können sich bewegen, ohne gleich das soziale Gefüge zu zerreißen.
Die friedliche industrielle Gesellschaftsform wird erst dann voll verwirk-

licht werden können, wenn ein Gleichgewichtszustand unter den Rassen und Völkern hergestellt ist.
Spencer sieht in seiner eigenen Zeit einen Abschnitt, in welchem die industrielle Gesellschaft sich langsam durchsetzt, aber noch viele Rückstände aus militärischen Gesellschaftsformen vorhanden sind.

DIE GESELLSCHAFT ALS ORGANISMUS Nächst dem Entwicklungsgedanken ist die organische Auffassung der Gesellschaft der zweite wichtige und einflußreiche Grund-Satz der Soziologie Spencers. Nicht, daß Spencer der erste wäre, der den sozialen Körper mit einem lebenden Organismus verglichen hätte. Dieser Vergleich war schon von den Griechen, von den christlichen Kirchenvätern, von den Romantikern benutzt worden. Er findet sich übrigens auch bei Comte. Aber Spencer entwickelte ihn zum erstenmal systematisch.
Spencer hebt die Punkte hervor, auf denen die Entsprechung zwischen Organismus und Gesellschaft hauptsächlich beruht: 1. Beide zeigen einen Prozeß des Wachstums während eines wesentlichen Teils ihrer Existenzdauer. 2. Während dieses Wachstums zeigen sie eine wachsende Differenzierung in ihrem Aufbau. 3. Die Differenzierung wird von einer entsprechenden Ausprägung differenzierter Funktionen begleitet. 4. In beiden finden wir eine wechselseitige Abhängigkeit ihrer Teile. 5. Bei beiden braucht die Zerstörung des Ganzen nicht immer die Vernichtung der einzelnen Teile zu bedeuten; Zellen bzw. Individuen können noch eine Zeitlang weiterexistieren. 6. Beide haben ein besonderes System der Selbsterhaltung (Ernährung), der Verteilung (Gefäßsystem im Organismus, Handelswege in der Gesellschaft) und der Steuerung (Nervensystem bzw. Regierungssystem). 7. Die Analogie wird dadurch verstärkt, daß nicht nur die Gesellschaft ein Organismus ist, sondern auch der Organismus eine Gesellschaft.
Diesen Ähnlichkeiten stehen – nach Spencer – andere Punkte gegenüber, in denen sich Gesellschaft und lebender Organismus unterscheiden: 1. Ein Organismus ist symmetrisch, eine Gesellschaft nicht. 2. Im einzelnen Organismus bilden die Teile ein eng zusammengehöriges Ganzes, in der Gesellschaft hängen sie nur lose zusammen. 3. In einem Organismus sind die Funktionen in der Weise differenziert, daß Fühlen, Denken, Bewußtsein in bestimmten Teilen des Körpers konzentriert sind; das ist in der Gesellschaft nicht der Fall. 4. Es gibt in der Gesellschaft infolgedessen keinen »sozialen Geist« und kein gesellschaftliches Sensorium gegenüber denen der einzelnen Mitglieder. 5. Diese Unterschiede bewirken, daß in einem lebenden Organismus die einzelnen Teile für das Ganze existieren; in der Gesellschaft ist er umgekehrt: das Ganze existiert nur für das Wohl der einzelnen Glieder.
Nach Spencer haben zahlreiche Soziologen mit diesem Vergleich Gesellschaft – Organismus gearbeitet. Legt man ihn zugrunde, so ergibt sich meist die Folgerung: Wenn die Gesellschaft in Aufbau und Funktion dem lebenden Organismus zu vergleichen ist, so unterliegt sie auch den gleichen biologischen Gesetzen, und die Soziologie muß vor allem auf Bio-

logie gegründet werden. Der Streit darüber, ob dieser Vergleich und diese Folgerungen berechtigt sind, ist lange Zeit mit großer Erbitterung geführt worden. Er hat Schriften und Gegenschriften reihenweise hervorschießen lassen. Heute wird die »organizistische« Auffassung der Gesellschaft überwiegend abgelehnt oder nur in sehr engen Grenzen zugelassen.

STAAT UND INDIVIDUUM Ein dritter Punkt aus Spencers Gesellschaftslehre, unter Verzicht auf viele andere, soll noch herausgehoben werden. Spencer unternahm einen bedeutsamen Versuch, den Staat soziologisch zu erfassen und seine Rolle im allgemeinen gesellschaftlichen Prozeß zu erkennen. Er zog dazu aus allen Teilen der Welt, hauptsächlich aber von primitiven Völkern, Material heran, das in seiner »Deskriptiven Soziologie« gesammelt ist. Er untersuchte die verschiedenen Regierungsformen, die Formen und Grundlagen politischer Autorität überhaupt.
Dabei war ihm die Abgrenzung des staatlichen Machtbereichs ein besonderes Anliegen, man könnte sogar sagen, sein Hauptanliegen. Es gibt keinen eifrigeren und unbeugsameren Verfechter der individuellen Freiheit gegenüber dem Staat als Spencer. Zweierlei kommt hier bei ihm zusammen. Das eine ist der Zug der Zeit. Spencer ist der Sprecher der liberalen Ära. Der soziale Fortschritt ist für ihn spontaner Prozeß. Er kann nicht durch noch so scharfsinnige Gesetze herbeigeführt werden. In bezug auf das wirtschaftliche Leben haben wir diese Auffassung bei der klassischen Nationalökonomie eingehend kennengelernt.
Bei Spencer kommt aber noch ein persönliches Moment hinzu. Er entstammte einer Familie von Nonkonformisten. Er war im Elternhaus erzogen worden und hatte niemals eine öffentliche Schule besucht. Er war völlig ungesellig. Er hatte einen Anti-Autoritäts-Komplex. Er reagierte auf alles, was nur von fern nach staatlicher Bevormundung roch, mit erbitterter Opposition.
Spencers extremer Individualismus in diesen Fragen steht in einem gewissen Widerspruch zu den Grundsätzen seiner Lehre. Seine biologische Orientierung bei der Betrachtung sozialer Zusammenhänge hätte ihn eher zu einem ausgeprägten Universalismus, zu einer Betonung der Abhängigkeit des einzelnen von seiner sozialen Umwelt, führen sollen. Der Widerspruch ist nur aus Spencers Werdegang und Persönlichkeit zu begreifen.
Seine liberale Überzeugung hinderte Spencer nicht, sich ausgiebig mit den Notwendigkeiten sozialer Reform zu beschäftigen. Worauf er vor allem hinzuweisen versuchte, war die Notwendigkeit, jede beabsichtigte Reform auf exaktes soziologisches Wissen zu gründen. Er konnte nicht genug die Verwickeltheit gesellschaftlicher Zusammenhänge unterstreichen und die Gefahr, die darin liegt, gewaltsam in sie einzugreifen ohne die weitestmögliche wissenschaftliche Kenntnis der möglichen Konsequenzen.

Sie sehen, daß diese gußeiserne Platte nicht ganz flach ist; sie steht hier nach links zu etwas heraus – sie wirft sich auf, wie wir sagen. Wie sie glätten? Offensichtlich – antworten Sie – indem wir den hervorstehenden Teil nach unten schlagen. Nun, hier ist ein Hammer, und ich gebe der Platte, Ihrem Rat folgend, einen Schlag. Stärker! Sagen Sie. Noch immer keine Wirkung. Noch ein Schlag: da ist er, und noch einer, und noch einer. Die Aufwellung bleibt, Sie sehen, das Übel ist ebenso groß wie vorher, sogar noch größer. Aber das ist nicht alles. Sehen Sie hier die Krümmung, die die Platte nahe dem gegenüberliegenden Rand bekommen hat. Wo sie vorher flach war, ist sie jetzt verbogen. Eine schöne Stümperei haben wir angestellt. Anstatt den ersten Defekt zu beheben, haben wir einen zweiten dazu gebracht. Hätten wir einen Handwerker gefragt, der Erfahrung hat im Glätten, er hätte uns gesagt, daß wir durch Niederschlagen auf den herausstehenden Teil nichts Gutes erreichen, sondern nur Schaden stiften würden. Er hätte uns gelehrt, ganz spezifische Hammerschläge anderswohin zu tun: das Übel nicht direkt, sondern indirekt anzugreifen. Das erforderliche Vorgehen ist weniger einfach, als Sie dachten. Selbst ein Blatt Metall kann man nicht mit Erfolg behandeln mit jenen Methoden des gesunden Menschenverstandes, in den Sie so viel Vertrauen setzen. Was sollen wir dann über eine Gesellschaft sagen? »Glaubt Ihr, ich sei leichter zu spielen als eine Flöte?« sagt Hamlet. Ist die Menschheit leichter zu glätten als eine Eisenplatte?

HOBHOUSE Man könnte erwarten, daß das Auftreten Spencers England für die Dauer eine führende Stellung in der weiteren Ausbildung der Soziologie verschafft hätte. Das ist jedoch nicht der Fall. Die konservativ eingestellten englischen Universitäten nahmen die Soziologie nicht als Lehrfach auf. Spencers Einfluß war in Deutschland und Amerika stärker als in seinem Heimatlande.

Sehen wir ab von John Stuart *Mill*, dem wir schon als Nationalökonomen begegnet sind, der neben Comte und Spencer der dritte bedeutende Philosoph des älteren Positivismus ist und der auch in der Geschichte der Soziologie einen Platz hat, sehen wir auch ab von den britischen Gelehrten, deren Leistungen auf Grenz- und Nachbargebieten der Gesellschaftswissenschaft wie der Anthropologie und der Ethnologie liegen, so verdient vor allem noch ein Landsmann Spencers hier Erwähnung: Leonard Trelawney *Hobhouse* (1864–1929). Hobhouse hat mit Spencer vieles gemeinsam. Er war ebensosehr Philosoph wie Soziologe. Auch für ihn war die Soziologie Teil einer allgemeinen philosophischen Lehre von der Evolution. Auch er sah die Gesellschaft als eine organische Einheit, gebrauchte allerdings diesen Vergleich sehr vorsichtig. Hobhouse gehörte auch politisch der gleichen liberalen Richtung wie Spencer an. Im Gegensatz zu Spencer maß er der bewußten Kontrolle des sozialen Prozesses durch den menschlichen Geist, jedenfalls für die moderne Zeit, einen entscheidenden Platz zu.

Seine gemeinsam mit zwei jüngeren britischen Soziologen angestellte Untersuchung über *Materielle Kultur und soziale Einrichtungen der einfacheren Völker* (1915) erlaubt einen Blick auf das wichtigste Kennzeichen, das die Soziologie des 20. Jahrhunderts – der dies Werk ja bereits angehört – von der des 19. unterscheidet. Die Soziologie des 20. Jahrhunderts hat das Stadium schweifender Theorienbildung hinter sich gelassen. Sie ist eine Tatsachenwissenschaft mit begrenztem, aber festem Bereich und Ziel.

Es handelt sich hier um das Problem des Zusammenhangs zwischen der materiellen Kultur, also den wirtschaftlichen Bedingungen, mit Art und Ausprägung der sozialen Einrichtungen. Bekanntlich nimmt der Marxismus hier einen ursächlichen Zusammenhang an. Die ökonomischen Bedingungen sind für ihn das Bestimmende. Hobhouse und seine Mitarbeiter studieren über 400 Völker zunächst nach der Art ihrer Produktion und Lebensweise. Sie scheiden diese in folgende Hauptgruppen:

niedrige Jäger
höherstehende Jäger
einfachste Formen des Ackerbaus — einfache Formen der Viehzucht
höhere Formen des Ackerbaus — höhere Formen der Viehzucht
hochentwickelte Landwirtschaft

Dann schreiten sie fort zur Untersuchung der gesellschaftlichen Formen: Regierungsformen, Rechtswesen, Kriegswesen, Sklaverei, Eigentumsformen, Formen des ehelichen und familiären Lebens usw. Die Ergebnisse sind in einer Fülle sorgfältig erarbeiteter tabellarischer Übersichten zusammengestellt.
Es zeigt sich, daß eine eindeutige Zuordnung dieser Formen zu bestimmten Weisen der Produktion *nicht* besteht.

3. Deutsche Soziologen des 19. Jahrhunderts

WEGBEREITER Nimmt man den Begriff »Soziologie« nicht gar zu eng, so besteht ziemliche Einhelligkeit darüber, welche Namen hier aufzuführen sind. Hingegen gehen – je nach dem Standpunkt des betreffenden Autors – die Meinungen darüber recht weit auseinander, wer unter diesen als *der* eigentliche Begründer einer deutschen Soziologie zu gelten habe.
Deutsche Soziologen haben einen gewichtigen Anteil am Aufbau dieser Wissenschaft. Die wenigsten unter ihnen waren Professoren der Soziologie. Sie waren meist Philosophen, Nationalökonomen, Juristen, Anthropologen, Historiker, Theologen. Die deutschen Universitäten setzten der Soziologie als Lehrfach einen fast ebenso starken Widerstand entgegen wie die englischen.
Daß es überhaupt eine spezifisch »deutsche« Soziologie gibt, mag man im Interesse der internationalen Einheit der Wissenschaft bedauern. Doch wird niemand besser als der Soziologe, der den sozialen Faktor im menschlichen Leben und die Bedingtheit unseres Denkens und Handelns durch die gesellschaftliche Umwelt erforscht, diese Tatsache zu verstehen wissen. Es kommt hinzu, daß der größere Teil dessen, was im 19. Jahrhundert als Soziologie auftrat, noch vermischt war – wie auch bei Comte und Spencer – mit sozialreformerischen Gedanken und Absichten, die aus der jeweiligen Zeitlage entstanden, sich aber in ein möglichst objektiv-wissenschaftliches Gewand kleideten.
Lorenz von *Stein* (1815–1890) wird oft neben Karl Marx genannt. Das ist berechtigt, insofern Stein auf der einen Seite den Einfluß Hegels, auf

der anderen Seite den des französischen Denkens, insbesondere auch Comtes, erfahren hat. Stein war auch vertraut mit dem frühen französischen Sozialismus und Kommunismus und machte diesen in Deutschland bekannt. Die Parallele zu Marx – der selbstverständlich einen wichtigen, wenn nicht den ersten Platz unter den älteren deutschen Soziologen verdient – besteht außerdem darin, daß Stein als einer der ersten das Wesen der Klasse als gesellschaftlicher Erscheinung studiert hat, daß er die beiden Klassen der Besitzenden und der Nichtbesitzenden einander gegenüberstellt, daß er vom Arbeitsprozeß ausgeht und daß er den einzelnen Menschen in seiner Gebundenheit an seinen Platz in der arbeitsteiligen Produktion sieht. Stein war kein methodischer Forscher, aber ein geistreicher Anreger, dem viele spätere Soziologen Dank schulden.

Unter den Denkern, welche die bei Spencer erwähnte Analogie zwischen der Gesellschaft und dem lebenden Organismus zugrunde legen, steht zeitlich an erster Stelle der Deutsch-Russe Paul von *Lilienfeld* (1829 bis 1903). Von der gleichen Grundlage ging der wesentlich einflußreichere Albert *Schäffle* (1831–1903) aus (*Bau und Leben des sozialen Körpers*, 1875/78). Allerdings schwächte er später die Entsprechung ab, ebenso wie der Franzose René Worms. Schon Spencer selbst hatte sich übrigens gelegentlich dagegen gewandt, den Vergleich allzu wörtlich zu nehmen und mehr darin zu sehen als eine »Illustration«.

Wilhelm Heinrich *Riehl* (1823–1897) wird manchmal als Vertreter einer eigenen Richtung, der es vor allem auf die Erforschung der naturhaft-geschichtlichen Gliederung des Volkes ankommt, genannt.

Wesentlich einflußreicher ist Ludwig *Gumplowicz* (1838–1909). Polnisch-jüdischer Abstammung, in Krakau geboren und in der österreichisch-ungarischen Monarchie aufgewachsen, konnte Gumplowicz alles das an der Quelle studieren, was er später zum Hauptinhalt und zum einzigen Pfeiler seiner Gesellschaftslehre machte: die Konflikte zwischen Gruppen, insbesondere auch national verschiedenen Gruppen, die politische Macht in der Hand einer Minderheit, Recht und Gesetz als Mittel im Kampf dieser Minderheit gegen die unterdrückte Mehrheit, u. ä. Für Gumplowicz besteht der gesamte soziale Prozeß in der wechselseitigen Einwirkung feindlicher Gruppen. Die Bedeutung des Einzelmenschen wird dabei bis auf Null reduziert. Gumplowicz bestreitet sogar, daß der Einzelmensch denke – nicht der Mensch denkt, es ist eine soziale Gemeinschaft, die denkt! ruft er aus – ein Soziologismus extremer Form, der scharfe Kritik herausgefordert hat. Gumplowicz trug seine Lehren in sehr dogmatischer Form vor, was seine Schriften beim ersten Lesen höchst eindrucksvoll, beim zweiten Lesen höchst anfechtbar macht. Gumplowicz hat der Soziologie eine grundlegende Einsicht geschenkt, die aber erst ihrer Einseitigkeit und Übertreibung entkleidet werden mußte, um fruchtbar zu werden.

Das alte Österreich steht als Hintergrund auch hinter Leben und Werk Gustav *Ratzenhofers* (1842–1904). Ratzenhofer war ein wissenschaftlicher Selfmademan. Aus kleinen Verhältnissen kommend, stieg er in der Armee bis zum Feldmarschalleutnant und Präsidenten des obersten Militärgerichts auf. Seine Neigung und die Eindrücke, die er an verantwortlicher Stelle in Krieg und Frieden sammelte, führten ihn zu Politik und sozialen Fragen. Ratzenhofers Einfluß, ebenso wie der von Gumplowicz, ist in den Vereinigten Staaten stärker als in Europa. Namentlich Ratzenhofers Lehre vom »Interesse« ist hier weiter ausgebaut worden.

Überschaut man diese ersten Beiträge zum Gebäude der Soziologie, so ist unleugbar, daß sie eine Fülle von Aspekten, Anregungen, Gesichtspunkten, Theorien gebracht haben, aber noch keine breite Grundlage an Tatsachenforschung und erst recht nicht an exakten Gesetzen, wie sie die Naturwissenschaften besitzen. Man könnte mit Comte sagen, daß die Soziologie noch immer nicht ins »positive« Stadium eingetreten war.

TÖNNIES In Ferdinand *Tönnies* (1855–1936) treffen wir auf den ersten Soziologen, der diesen Namen auch bei Zugrundelegung eines strengen Begriffs von Soziologie verdient. Jedenfalls wird häufig die jüngere Epoche der deutschen Soziologie vom Erscheinen von Tönnies' Hauptwerk *Gemeinschaft und Gesellschaft* (1887) an gerechnet.

Tönnies entstammte einer schleswig-holsteinischen Bauernfamilie. Er studierte Philosophie und klassische Philologie, wandte sich dann zu einem umfassenden Selbststudium der Sozialwissenschaften, lehrte von 1881 bis 1933 an der Kieler Universität, nahm Anteil an allen geistigen und sozialen Bewegungen seiner langen Lebenszeit und hinterließ ein Werk erstaunlichen Umfangs. Es wäre falsch, das genannte Buch mit seinem Lebenswerk zu identifizieren. Vor allem wäre das unrecht gegenüber den zahlreichen empirischen Untersuchungen, die Tönnies über soziale, wirtschaftliche, bevölkerungspolitische Fragen hauptsächlich im Umkreis seines Heimatlandes durchführte. Diese Untersuchungen gehören für Deutschland zu den ersten systematischen Durchforschungen konkreter Lebenskreise, Ortschaften, Berufsgruppen usw., wie sie heute an der Tagesordnung sind und die Stärke vor allem der amerikanischen Soziologie ausmachen.

Um den Rahmen zu verstehen, in dem die von Tönnies geschaffenen beiden Grundbegriffe stehen, vergegenwärtigen wir uns die von ihm geschaffene Dreiteilung der Soziologie. Tönnies unterscheidet 1. eine reine oder theoretische Soziologie, später manchmal auch allgemeine Soziologie genannt, ein logisches System von Typenbegriffen, das die Voraussetzung bildet für die Beschreibung und das Verstehen empirischer Sozialgebilde; 2. die angewandte Soziologie, welche die konkreten geschichtlich gegebenen Gesellschaften und Entwicklungsprozesse studiert und erklärt; 3. die empirische Soziologie, auch Soziographie genannt; sie studiert gegenwärtige soziale Zustände und Entwicklungen auf rein empirischem Wege (der gegenüber der Vergangenheit nicht gangbar ist). Wir nennen diese Arbeitsrichtung heute meist »empirische Sozialforschung«.

Beim Studium vergangener Gesellschaftstheorien stieß Tönnies darauf, daß die rein rationalen Lehren wie das Naturrecht und die irrationalen wie die der Romantiker nicht aus heiterem Himmel geschaffene Theorien sind, sondern Widerspiegelungen realer gesellschaftlicher Umstände; daß der Gegensatz beider Denkrichtungen demnach darauf beruht, daß jede nur bestimmte Seiten der gesellschaftlichen Wirklichkeit herausgegriffen hat. Er zeigt nun, daß es tatsächlich zwei Grundtypen der Vergesellschaftung gibt, und nennt sie »Gemeinschaft« und »Gesellschaft« – wobei »Gesellschaft« hier natürlich einen engeren Sinn hat als den sonst üblichen.

Alle gesellschaftlichen Beziehungen sind für Tönnies Schöpfungen des menschlichen Willens. Der Wille kann verschiedene Formen haben. Er kann, rein zweckrational, auf die Erreichung eines bestimmten Zieles gerichtet sein unter verhältnismäßiger Indifferenz gegenüber dem Partner, mit dem man sich zur Erreichung dieses Zieles zusammenschließt (z. B. Zusammenschluß mit einem Geschäftspartner). Diese Form des Willens nennt Tönnies »Kürwille«. Der Kürwille schafft die »Gesellschaft« im engeren Sinne. Andere Zusammenschlüsse beruhen auf gefühlsmäßiger Verbundenheit mit dem Partner, hier ist die Verbundenheit nicht Mittel zum Zweck, sondern Selbstzweck (z. B. Freundschaft). Die hier wirkende Form des Willens heißt »Wesenswille«, auf ihr beruht die Gemeinschaft.

Die Begriffe Gemeinschaft und Gesellschaft sind gedacht als Idealtypen. Sie kommen in Wirklichkeit nicht rein vor. Es wäre falsch, die Familie einfach als eine »Gemeinschaft« zu qualifizieren. Es käme für eine soziologische Untersuchung gerade erst darauf an, festzustellen, inwieweit eine gegebene Familie (die eines Bauern oder eines Industriearbeiters oder eines Angehörigen eines Naturvolkes) Gemeinschaft und inwieweit sie Gesellschaft ist.

Der geschichtliche Prozeß im ganzen zeigt im Anfang ein Vorwiegen der Gemeinschaft, mit seinem Fortschreiten tritt die Form der Gesellschaft in den Vordergrund. Hierzu Tönnies selbst:

> Zwei Zeitalter stehen in den großen Kulturentwicklungen einander gegenüber: ein Zeitalter der Gesellschaft folgt einem Zeitalter der Gemeinschaft. Dieses ist durch den sozialen Willen als Eintracht, Sitte, Religion bezeichnet, jenes durch den sozialen Willen als Konvention, Politik, öffentliche Meinung. Und solchen Begriffen entsprechen die Arten des äußeren Zusammenlebens, welche ich zusammenfassend folgendermaßen unterscheiden will:
>
> A. Gemeinschaft
>
> 1. Familienleben – Eintracht. Hierin ist der Mensch mit seiner ganzen Gesinnung. Ihr eigentliches Subjekt ist das Volk.
> 2. Dorfleben – Sitte. Hierin ist der Mensch mit seinem ganzen Gemüte. Ihr eigentliches Subjekt ist das Gemeinwesen.
> 3. Städtisches Leben – Religion. Hierin ist der Mensch mit seinem ganzen Gewissen. Ihr eigentliches Subjekt ist die Kirche.
>
> B. Gesellschaft
>
> 1. Großstädtisches Leben – Konvention. Diese setzt der Mensch mit seiner gesamten Bestrebung. Ihr eigentliches Subjekt ist die Gesellschaft schlechthin.
> 2. Nationales Leben – Politik. Diese setzt der Mensch mit seiner gesamten Berechnung. Ihr eigentliches Subjekt ist der Staat.

3. Kosmopolitisches Leben – Öffentliche Meinung. Diese setzt der Mensch mit seiner gesamten Bewußtheit. Ihr eigentliches Subjekt ist die Gelehrten-Republik.

An jede dieser Kategorien knüpft sich ferner eine überwiegende Beschäftigung und herrschende Tendenz damit verbundener Geistesrichtung, welche demnach so zusammengehören:

A. 1. Hauswirtschaft: beruht auf Gefallen: nämlich auf Lust und Liebe des Erzeugens, Schaffens, Erhaltens. Im Verständnis sind die Normen dafür gegeben.
2. Ackerbau: beruht auf Gewohnheiten: nämlich regelmäßig wiederholter Arbeiten. In Bräuchen wird dem Zusammenarbeiten Maß und Richtung gewiesen.
3. Kunst: beruht auf Gedächtnissen: nämlich empfangener Lehre, eingeprägter Regeln, eigener Ideen. Im Glauben an Aufgabe und Werk verbinden sich die künstlerischen Willen.

B. 1. Handel: beruht auf Bedachten: nämlich Aufmerksamkeit, Vergleichung; Rechnung ist die Grundbedingung alles Geschäftes: Handel ist die reine (willkürliche) Handlung. Und Kontrakt ist Brauch und Glaube des Handels.
2. Industrie: beruht auf Beschlüssen: nämlich vernünftiger produktiver Anwendung von Kapital und des Verkaufes von Arbeitskraft. Satzungen beherrschen die Fabrik.
3. Wissenschaft: beruht auf Begriffen: wie von selber evident. In Lehrmeinungen gibt sie sich ihre eigenen Gesetze und stellt ihre Wahrheiten und Ansichten dar, die in die Literatur, die Presse, und somit in die öffentliche Meinung übergehen ...

Man darf diese Begriffe nicht mit einem Werturteil verquicken. Sie stellen vielmehr gerade den Anfang dar zu einer Begriffsbildung, die eine vorurteilslose Erkenntnis gesellschaftlicher Gebilde zuläßt.

SIMMEL Auch Leben und Werk Georg *Simmels* (1858–1918) gehören zu einem wesentlichen Teil schon dem 20. Jahrhundert an. Er lehrte Philosophie in Berlin und Straßburg. Der Soziologie gehörte ein wesentlicher Teil seines Interesses. Seine wichtigste Schrift für unseren Zusammenhang heißt *Soziologie – Untersuchungen über die Formen der Vergesellschaftung* (1908).

Alles, was Simmel schuf, hat eine sehr persönliche Färbung. Er bevorzugte als Ausdrucksform den Essay. Er war das Gegenteil eines Systematikers. Er liebte es, einen Gegenstand, einen Aspekt, einen Teilzusammenhang herauszugreifen und diesen dann mit außerordentlichem Scharfsinn und großer Kunst der Darstellung zu analysieren. Rein als literarische Werke betrachtet, gehören Simmels Schriften zu dem Anregendsten und Fesselndsten, das die Gesellschaftwissenschaft hervorgebracht hat. Da vieles von ihrem Reiz auf der Kunst der Darstellung und feinsten Nuancierung beruht, ist es unmöglich, ihren Inhalt am bloßen gedanklichen Gerüst angemessen wiederzugeben.

Simmel fand an der Soziologie, wie er sie vorfand, vor allem zu bemängeln, daß es ihr an einem eigenen klar abgegrenzten Gegenstand, einem Erkenntnisobjekt fehle. Soziologie treiben im alten Sinne eines umfassenden Studiums aller »sozialen« Tatsachen, hieße, da fast nichts im menschlichen Leben nicht auch eine soziale Seite oder Bedeutung hat, nichts anderes, als entweder alle Sozialwissenschaften in einen großen

Topf zu werfen, oder »Soziologie« zu einer bloßen Methode zu machen, die in allen Sozialwissenschaften anzuwenden ist, aber keine eigene Wissenschaft konstituiert.

Gesellschaft existiert überall da, wo mehrere Individuen miteinander in Wechselwirkung treten. Diese Wechselwirkung kann aus den verschiedenartigsten Trieben oder Zwecken entspringen. Diese Zwecke bilden gleichsam die Materie, den Stoff der Vergesellschaftung. Die Soziologie hat nicht diesen Stoff zum Gegenstand. Das ist Sache der einzelnen Sozialwissenschaften. Sie hat als ihr besonderes Erkenntnisobjekt die reinen Formen dieser Wechselwirkung, abgelöst von ihren Inhalten. Solche Formen wie wie z. B. Überordnung und Unterordnung, die Spezialisierung von Funktionen, Konflikt, Wettbewerb, Parteienbildung dienen ganz verschiedenen Zwecken – und der gleiche Zweck kann auch vielleicht in ganz verschiedenen dieser Formen verwirklicht werden –, aber die Formen als solche: sie müssen analysiert und verglichen werden. Das ist Soziologie. Es kommt dabei nicht nur auf die beständigen Formen an, wie Stand oder Familie, sondern auch auf die vielen flüchtigen Formen, Randerscheinungen, welche die Lücken zwischen jenen ausfüllen und unsere Gesellschaft erst zu dem machen, was sie ist.

Diese reine Soziologie ist zu scheiden einerseits von ihrer erkenntnistheoretischen Grundlage, andererseits von ihrer Metaphysik.

Ist eine solche Isolierung der sozialen Formen möglich, und was kann sie leisten? Blicken wir auf einige Themen, die Simmel nach dieser seiner Methode behandelt hat.

Als erstes Beispiel diene der Vortrag *Soziologie der Geselligkeit* (gedruckt 1911). In geselligen Zusammenkünften äußert sich der soziale Trieb als solcher. Da sie im Gegensatz zu allen anderen Arten der Vergesellschaftung in ihrer reinen Form keine konkreten Ziele verfolgen, äußert sich in ihnen in spielerischer Weise der Wesenskern sozialen Lebens. Gesellschaftliche Spiele z. B. und ähnliche Formen der Unterhaltung sind eine künstlerische Stilisierung oder eine Spielform des Wettbewerbs, des Konfliktes und der Zusammenarbeit. Der Flirt ist die spielerische Form der Erotik. Die »Konversation« ist die spielerische Form des Gesprächs im Alltagsleben, bei dem sachliche Zwecke verfolgt werden. Sie ist Selbstzweck, ihr Gegenstand Nebensache. Geselligkeit symbolisiert auch die ethischen Wirkungen der Vergesellschaftung. Sie zeigt, wie das Individuum sich einerseits in das soziale Ganze einfügt, andererseits durch diese Einfügung innerlich gewinnt. Jedoch: Ist Geselligkeit auch nur ein *Symbol* des Lebens, so ist sie doch ein Symbol des *Lebens:* wie auch die subjektivste und gänzlich phantastische Kunst noch in einer gewissen Beziehung zur Realität steht und, wenn sie diese Beziehung aufgibt, leer und bedeutungslos wird, so kann Geselligkeit zu einem leeren Spiel entarten, besonders in verfallenen Gesellschaften. Die erholsame Wirkung der Geselligkeit gerade für den ernsthaft tätigen Menschen liegt darin, daß das soziale Zusammenspiel, welches sonst mit der Bürde der Existenzsorgen beladen ist, hier ohne diese Last als kunstvolles Spiel genossen werden kann.

Ein anderes Beispiel: Simmel untersucht die Selbsterhaltung gesellschaftlicher Gruppen, insbesondere solcher, die länger bestehen als die Lebensspanne des einzelnen Mitgliedes. Wie steht es mit der Identität einer solchen Gruppe beim Wechsel ihrer Zusammensetzung? Sie wird zunächst bewirkt durch die Fortdauer des örtlichen oder gebietlichen Sitzes der Gruppe. Bei den meisten Gruppen sind die sie zusammenhaltenden Gefühle oder Zwecke auf ein bestimmtes Stück der Erdoberfläche bezogen. Die zweite Bedingung der Fortdauer ist der physische Zusammenhang der Generationen. Er bewirkt, daß die Ersetzung einer Generation durch die nächste Schritt für Schritt erfolgt, so daß in jedem beliebigen Moment die Zahl der Mitglieder, die der Gruppe schon einige Zeit angehören, die der neueintretenden überwiegt. Dies ist der Mechanismus, durch den sich die objektive Kultur erhält. Der Prozeß der schrittweisen Ersetzung der Mitglieder dient auch Gruppen, die nicht auf verwandtschaftlichen Beziehungen beruhen, wie z. B. dem römisch-katholischen Klerus. Manchmal gehen Gruppen dieser Art zur Sicherung ihrer Fortdauer dazu über, die Mitgliedschaft an physische Verwandtschaft zu binden, wie z. B. die mittelalterlichen Zünfte in einem gewissen Stadium. Für Gruppen, deren Bestand zunächst auf der Existenz eines einzigen Führers beruht, sind besondere Vorkehrungen notwendig. Meist wird die Stellung des Führers objektiviert, d. h. es wird die Vorstellung entwickelt, der einzelne Führer sei nur die Verkörperung eines überpersonellen Geistes oder Prinzips, das mit dem »Amt« als solchem verbunden ist. Organisation, Teilung der Funktionen, ist im allgemeinen dem Fortbestand der Gruppe günstig. Ab und zu ist jedoch eine sehr elastische Art der Organisation wünschenswert, die es ermöglicht, daß in Krisenzeiten das unorganisierte Zusammenwirken der einfachen Mitglieder eintreten kann. Das setzt eine gewisse Homogenität in der Zusammensetzung der Mitglieder voraus.

Ein drittes Beispiel ist Simmels geistreiche *Philosophie des Geldes* (1900). Sie untersucht die Wandlungen, welche die Geldwirtschaft in der Struktur der westlichen Gesellschaften hervorgebracht hat. Dazu gehören z. B. folgende:

1. In alle Arten sozialer Beziehungen, wie zwischen Grundbesitzer und Bauer, zwischen Arbeitgeber und Arbeitnehmer, kommt eine größere Freiheit. Wenn vertragliche Verpflichtungen anstatt in natura oder persönlicher Dienstleistung in Geld abgegolten werden können, werden die Beziehungen entpersönlicht. Die einzelnen erhalten eine größere Freiheit in der Wahl des Partners wie auch ihres Wohnsitzes oder des Wohnsitzes des Partners. Die allgemeine Tendenz geht dahin, daß der einzelne Mensch zwar zunehmend von den Dienstleistungen von immer mehr Menschen abhängig wird, aber immer unabhängiger von den Personen, die diese Leistungen vollbringen.

2. Es werden gesellschaftliche Zusammenschlüsse möglich zwischen Personen, die sonst nicht verbunden sind. Es entstehen Zweckverbände, an denen man nur durch Hingabe von Geld beteiligt ist, anstatt ihnen, wie im Mittelalter üblich, mit der ganzen Person anzugehören.

3. Der moderne Staat kann im allgemeinen seine Bürger nur bis zu einem gewissen Grad zu etwas zwingen. Er kann nur indirekten Zwang üben, nämlich Übel in Aussicht stellen für den Ungehorsam. In Gelddingen allein kann er unmittelbaren Zwang üben, da Geldbesitz weggenommen werden kann. Es treten daher Geldleistungen – Steuern – an die Stelle, wo früher persönliche oder Naturalleistungen standen.

Diese Beispiele geben vielleicht einen gewissen Eindruck von der Art, wie Simmel bestimmte Probleme anfaßt. Sie zeigen allerdings auch, daß Simmel alles andere tat als bloße Formen abzuziehen, daß er vielmehr eine psychologische Interpretation hinzufügt, die dem Ganzen erst Leben und Verständlichkeit verleiht.

4. Amerikanische Soziologen des 19. Jahrhunderts

Die Vereinigten Staaten sind seit dem Ende des 19. Jahrhunderts zum Hauptland der Soziologie geworden. Viele amerikanische Hochschulen besitzen selbständige und hervorragend ausgestattete Abteilungen für Soziologie. Soziologie ist ein wichtiges Unterrichtsfach. Es gibt ausgezeichnete amerikanische Lehrbücher, und wenn man sich mit einem Blick ein Bild verschaffen will, was Soziologie heute ist, so gibt es keinen besseren Weg, als ein solches Lehrbuch zur Hand zu nehmen.

Der Schwerpunkt liegt dabei nicht in umfassender Theorien- und Systembildung, sondern in begrenzter und exakter Einzelforschung. Die »Pioniere« der Soziologie im 19. Jahrhundert allerdings, die ich hier nenne, ähneln in diesem Punkte noch sehr ihren europäischen Zeitgenossen. Der Begriff »Soziologie« wird in den USA im allgemeinen in einem etwas weiteren Sinne gebraucht, als er ihn in Deutschland erhalten hat. Man schließt dort häufig alle Sozialwissenschaften in ihn ein, und so kommt es, daß amerikanische Geschichten der Soziologie Forscher mit aufnehmen, die wir als Anthropologen, Ethnologen oder Psychologen klassifizieren würden.

MORGAN. SUMNER Das eben Gesagte gilt gleich für den ersten hier zu nennenden Gelehrten: Lewis Henry *Morgan* (1818–1881), der in manchen Geschichten der Soziologie mit keinem Wort erwähnt, von anderen zu den größten Soziologen seines Jahrhunderts gezählt wird. Morgan war zuerst Rechtsanwalt in Rochester, New York, nebenher politisch tätig; später erlaubte es ihm sein inzwischen erworbenes Vermögen, ganz seinen wissenschaftlichen Arbeiten zu leben. Sie gehören vor allem der Völkerkunde an. Morgan lieferte 1851 mit einem Werk über die Irokesen den ersten wissenschaftlichen Bericht über einen Indianerstamm. Als seine bedeutendste Leistung gilt seine Untersuchung der Verwandtschaftssysteme, veröffentlicht 1870. In seiner Gesellschaftslehre ist Morgan ausgesprochener Evolutionist. Er gibt eine Theorie der sozialen und kulturellen Entwicklung, die davon ausgeht, daß die Ausbildung der technischen Mittel, mit denen der Mensch seine Umgebung zu beherrschen sucht, die gesellschaftliche Entwicklung bestimmt.

Einen außerordentlich starken Einfluß auf die Ausbreitung der Soziologie in Amerika übte durch seine Lehre und mehr noch durch seine Persönlichkeit der Yale-Professor William Graham *Sumner* (1840–1910). Sumner war Nationalökonom und Politiker, als solcher überzeugter Verfechter des Laissez-faire wie Spencer. Sein wichtigstes soziologisches Werk ist *Folkways* (1907). Es behandelt Ursprung, Bewahrung und Wert von Sitten, Gewohnheiten, Gebräuchen, Moral unter soziologischen Gesichtspunkten.

WARD Als eigentlicher Altmeister der amerikanischen Soziologie gilt Lester Frank *Ward* (1841–1913). Seine *Dynamische Soziologie* erschien 1883, also etwa gleichzeitig mit Spencers »Prinzipien«. Er schrieb sie noch als Regierungsangestellter, und zwar als Fachmann für Botanik. Später wurde er Professor der Soziologie. Seine botanische Schulung zeigt sich in seiner Vorliebe für die Übernahme botanischer Begriffe beim Beschreiben sozialer Vorgänge. Ward verfügte über ein immenses Wissen. Er ist der »amerikanische Aristoteles« genannt worden.
Wards Unterscheidung zwischen »genesis« und »telesis« hat für die amerikanische Soziologie eine ähnliche grundlegende Bedeutung erlangt wie die von Tönnies aufgestellte für die deutsche. Genesis bezeichnet das ursprüngliche und spontane Wachsen sozialer Gebilde und Funktionen. Telesis bezeichnet die bewußte und planmäßige Gestaltung gesellschaftlicher Gebilde und Funktionen durch den Menschen mit dem Mittel der Vernunft. Das eine ist ein blinder Prozeß, das andere vorausschauende Planung und Kontrolle. Im Laufe der Entwicklung tritt Telesis immer mehr in den Vordergrund. Eine Würdigung dieses Gedankens aus amerikanischem Munde:

Durch das ganze Werk Wards läuft ein beherrschender und ordnender Gedanke. Die menschliche Gesellschaft, wie wir heute Lebenden sie kennen, ist nicht das passive Erzeugnis unbewußter Kräfte. Sie liegt innerhalb der kosmischen Gesamtheit, aber das gilt auch für den Geist des Menschen: und dieser Geist des Menschen hat wissend und kunstvoll seine soziale Umgebung immer wieder umgestaltet und hat begonnen, sie mit Überlegung zu einem Instrument zu formen, um seinen Willen zu erfüllen. Mit vorausschauender Klugheit wird der Mensch sie vervollkommnen, bis sie einmal allen seinen Bedürfnissen entspricht und angepaßt werden kann. Dies wird er nicht vollbringen mit einem schöpferischen Anlauf aus dem Leeren, sondern mit konstruktiver Intelligenz, die den konkreten Stoff fester wissenschaftlicher Erkenntnis gestaltet. Deshalb muß wissenschaftliche Erkenntnis zum Besitz der Menschheit gemacht werden. Erziehung darf nicht nur den Geist üben. Sie muß ihn auch ausrüsten und erfüllen mit Wissen.
Diesen großen Gedanken ergriff Ward, sprach ihn aus, erklärte, beleuchtete ihn, hämmerte ihn ein dem Geiste aller, die seine Seiten lasen, wie kein anderer Autor, sei er antik oder modern, es je getan. Es ist ein bleibender und zwingender Beitrag zur Soziologie.

In dieser Einstellung liegt der stärkste Gegensatz zwischen Ward und Spencer, dem Ward oft verglichen wird. Aus ihr ergibt sich folgerichtig eine andere Einschätzung des Staates. Denn der Staat ist das wichtigste Werkzeug der Telesis, die wichtigste soziale Einrichtung, das Gehirn des Gesellschaftskörpers:

Wir sehen somit, daß der Staat, obwohl genetisch in seinem Ursprung, »telisch« in seiner Methode ist; daß er nur einen Zweck, nur eine Funktion oder Mission hat: die Wohlfahrt der Gesellschaft zu sichern; daß seine Wirkungsweise darin besteht, die anti-soziale Handlungsweise von einzelnen zu verhindern: daß er, indem er das tut, die Freiheit menschlichen Handelns erweitert, so lange dieses nicht antisozial ist; daß der Staat deshalb wesentlich moralisch und ethisch ist; daß seine eigenen Handlungen notwendigerweise ethisch sein müssen; ... daß der Staat, obwohl er bisher in der Geschichte der Gesellschaft kaum dem Wohl der Menschheit förderliche Taten vollbracht hat, doch immer die notwendige Voraussetzung alles Erreichten gewesen ist, die sozialen, industriellen, künstlerischen, literarischen und wissenschaftlichen Betätigungen möglich gemacht hat, die innerhalb des Staates und unter seinem Schutz vor sich gehen. Es gibt keine andere Institution, mit der der Staat zu vergleichen wäre ...

Der Staat der Zukunft wird die Aufgabe haben, die sozialen Kräfte in der gleichen Weise zu lenken und nutzbar zu machen, wie es der Techniker mit den physischen Kräften der Natur tut. Wie ein wissenschaftlicher Forscher wird der Gesetzgeber nach Mitteln suchen, Kräfte, die jetzt schädlich wirken, zu neutralisieren, und Kräfte, die jetzt brachliegen, zu nützen. Enorme Reibungsverluste, die jetzt durch Opposition eintreten, werden eingespart. Die Regierung wird die fortschrittlichen Kräfte schützen und fördern. Da der Fortschritt von Höhe und Verbreitung der Intelligenz abhängt, wird keine Mühe oder Ausgabe gespart werden, um jedem Bürger ein gleiches und angemessenes Maß von nützlichem Wissen zu vermitteln.

Hier sehen wir deutlich ganz neue Gedanken wachsen, die alsbald das Denken über gesellschaftliche Probleme weitgehend bestimmen sollten: der Ruf nach staatlicher Planung erhebt sich, wie sie heute allenthalben, auch in den Ländern des demokratischen Westens, geübt wird. Auch die Betonung der Erziehung, die für das gesellschaftliche Denken in Amerika eine so große Rolle spielt, wird hier bei Ward sichtbar. Ferner hat Ward – was hier im einzelnen übergangen wurde – die seelischen Faktoren als Antriebsmotoren des gesellschaftlichen Prozesses in den Vordergrund gerückt und damit beigetragen zu der stark psychologischen Ausrichtung der heutigen amerikanischen Soziologie.

SMALL. GIDDINGS Albion Woodbury *Small* (1854–1926) studierte um 1880 in Leipzig und Berlin. Er hörte Adolph Wagner und Gustav Schmoller. Der Einfluß dieses Aufenthaltes in Deutschland ist in Smalls Lebenswerk in doppelter Hinsicht erkennbar: Niemand hat mehr dazu beigetragen, die in Deutschland im 19. Jahrhundert für die Geistes- und Sozialwissenschaften geleistete Arbeit in Amerika bekannt zu machen, als Small. Mehrere Schriften Smalls sind der Geschichte der Soziologie – im weitesten Sinne als Geschichte des Gesellschaftsdenkens – gewidmet. Er brachte die Gedanken Savignys über das organische Werden in der Geschichte, die methodischen Errungenschaften Niebuhrs und Rankes, die Historische Schule in der Nationalökonomie, den deutschen Staatssozialismus und vieles andere seinen amerikanischen Landsleuten nahe. Der enge Kontakt zwischen amerikanischer und deutscher Sozialwissenschaft, wie er bis 1933 bestand, ist zum großen Teil Smalls Verdienst.

Die Spuren des deutschen Einflusses sind ferner zu finden in seiner scharfen Kritik des Kapitalismus, seiner Befürwortung eines konstruktiven Eingreifens des Staates und in seiner Erkenntnis von der Bedeutung materieller Interessen im sozialen Prozeß. Er arbeitete viel mit dem von Ratzenhofer übernommenen Begriff des Interesses. Small teilte die menschlichen Interessen in folgende sechs Gruppen: I. das Gesundheitsinteresse, unterteilt in Nahrungsinteresse, Geschlechtsinteresse, Arbeitsinteresse; II. das Reichtums- oder Besitzinteresse; III. das Geselligkeitsinteresse; IV. das Erkenntnisinteresse; V. das Schönheitsinteresse; VI. das Rechtlichkeitsinteresse. Small war überzeugt, es gäbe keine menschliche Handlung, die nicht als Auswirkung eines oder mehrerer dieser Interessen zu begreifen wäre.

Smalls Ansehen beruht zum großen Teil nicht auf seinen Schriften und seinen wissenschaftlichen Leistungen im einzelnen, sondern auf seinem Wirken als Lehrer – er war von der Gründung der Universität Chicago (1892) an durch drei Jahrzehnte dort Leiter der soziologischen Abteilung und machte sie zu einer in der ganzen Welt führenden Fakultät auf diesem Gebiet – und auf seinem Wirken als unermüdlicher Verfechter der Eigenständigkeit und des Lebensrechts der soziologischen Wissenschaft.

Es ist durchaus passend, Franklin Henry *Giddings* (1855–1931) an den Schluß einer Auswahl amerikanischer Soziologen des 19. Jahrhunderts zu stellen, weil in seinem Lebenswerk sich deutlich die Wende abzeichnet, die von der Soziologie des 19. Jahrhunderts zu der des 20. Jahrhunderts führt. Es ist die Wende von der umfassenden Hypothesen- und Theorienbildung zu einer strengeren und engeren Auffassung von den Aufgaben der Soziologie.

Giddings war nacheinander Ingenieur, Journalist, Professor der Politik und schließlich der Soziologie und Kulturgeschichte an der Columbia-Universität in New York. Kenner bezeichnen ihn als den fähigsten Soziologen, den Amerika bisher hervorgebracht hat. In seinem Werk ist der überwiegende Teil dessen verarbeitet, was im 19. Jahrhundert unter dem Namen Soziologie aufgetreten war. Doch gehört dieses Werk im wesentlichen schon dem 20. Jahrhundert an, und ich will jetzt, anstatt es näher zu schildern, einen abschließenden Blick auf einige kennzeichnende Züge dieser neuen Soziologie werfen.

Die Hinwendung der amerikanischen soziologischen Forschung auf genau umgrenzte und oft recht praktische Einzelbereiche hängt mit der andersartigen Einstellung des Amerikaners, mit einem anderen Lebensgefühl zusammen. In Europa, das zerrissen war und ist durch nationale Gegensätze und durch die Klassenspaltung, konzentrierte sich das Interesse auf diese Dinge und auf den ständig erneuerten Versuch, zu diesen Gegensätzen eine begründete Stellung zu erarbeiten und eine Prognose zu stellen. In Amerika sah und sieht man in einem sozialen Problem gleichsam eine technische Aufgabe, die mit den prinzipiell gleichen Mitteln und mit der gleichen Aussicht auf Erfolg anzugehen ist wie ein Problem des Straßenbaues oder die Bekämpfung der Bodenerosion. Man

setzt die Wissenschaftler – meist nicht einen, sondern ein wohlausgewogenes Team – an die Arbeit, läßt sie den Tatbestand aufnehmen und Wege zur Lösung des Problems erarbeiten.
Auf diese Weise hat sich die Hauptarbeit der amerikanischen Soziologie auf Gebiete gerichtet wie etwa Kriminalsoziologie, Sozialprobleme der Landbevölkerung, Minderheitenprobleme, insbesondere die Stellung der Negerbevölkerung, pädagogische Soziologie, Ursachen und Wirkungen der Verstädterung, Familien- und Ehescheidung, Wohnort- und Arbeitsplatzwechsel, und vieles andere. Dem Ausmaß und dem Erfolg solcher Untersuchungen kommt das gegenüber Europa größere und ungebrochene Vertrauen des Amerikaners zu Wert und Erfolg der Wissenschaft zu Hilfe.
Hand in Hand damit ist eine starke wissenschaftliche Spezialisierung gegangen. Je nach den Erfordernissen des zu bearbeitenden Fragenkreises verwendet man Ergebnisse und Methoden der Geographie, der Biologie, der Medizin u. a. Eine hervorragende Rolle spielen quantitative Untersuchungen mit den Hilfsmitteln einer durchgearbeiteten Statistik.
Man darf aus dieser Entwicklung keineswegs folgern, daß die amerikanische Wissenschaft – ein beliebtes Vorurteil – ausschließlich auf praktische Zwecke ausgerichtet sei. Gerade für die Soziologen sprach William F. *Ogburn:*

Die Soziologie ist als Wissenschaft nicht an der Verbesserung der Welt, an der Ermutigung von Glaubensbekenntnissen, an der Verbreitung von Informationen und Neuigkeiten, an der Bekundung von Eindrücken des Lebens, an der Führung der Menge oder an der Leitung des Staatsschiffes interessiert. Die Wissenschaft ist unmittelbar nur auf ein Ding: auf das Wissen, also auf die Entdeckung neuer Erkenntnisse gerichtet.

V. Die Sprache

In früheren Kapiteln habe ich die wissenschaftliche Beschäftigung mit der Sprache, mit der eigenen wie mit der fremden, ebenso wie mit fremden Kulturen, zusammen unter der Überschrift »Philologie« abgehandelt. Vom 19. Jahrhundert ab muß man trennen. Jetzt setzt auch hier die Spezialisierung ein. Die allseitige Verbreiterung und Vertiefung des Wissens in allen philologischen Fächern, die gleich zu Beginn des Jahrhunderts eintrat, macht eine Aufgliederung notwendig.
Von nun an unterscheidet man Philologie und Sprachwissenschaft. Philologie ist die Erforschung der geistigen Entwicklung und Eigenart eines Volkes oder einer Völkerfamilie auf der Grundlage von Sprache und Literatur. Der Philologe studiert die Sprache nicht um ihrer selbst willen im Hinblick auf ihr Wesen, sondern im Zusammenhang mit den im Schrifttum des betreffenden Volkes niedergelegten geistigen Werten. Demgegenüber erforscht die Sprachwissenschaft (Linguistik) die Sprache um ihrer selbst willen, untersucht sie als allgemeine Schöpfung des Menschengeschlechts, als geschichtliches Produkt, als Selbstdarstellung des

Menschengeistes, auf die Gesetze ihrer Entwicklung und ihres Aufbaues. Im Englischen schließt »philology« beide Seiten der Sache ein. Auch im Deutschen spricht man manchmal von Philologie im weitesten Sinne. Dann ist Sprachwissenschaft eingeschlossen, jedenfalls mit dem größten Teil ihres Arbeitsbereiches. In der wissenschaftlichen Praxis hat sich eine Trennung der Arbeitsgebiete durchgesetzt.

Außer der Sprachwissenschaft gliederte sich noch ein zweites Gebiet aus der Philologie aus: die »Wissenschaft des Spatens«, die Archäologie.

Ich entnehme die folgenden Beispiele zwei Teilgebieten: der klassischen Philologie und der allgemeinen oder vergleichenden Sprachwissenschaft. Ausgeschlossen bleiben demnach: alle Zweige der Philologie außer der klassischen, wie z. B. die deutsche, englische, romanische, slawische oder orientalische Philologie, und die Archäologie.

1. Die klassische Philologie

Den Namen »klassisch« trägt dieser Zweig der Philologie, weil er sich mit Sprache und Kultur der Griechen und Römer, mit dem »klassischen Altertum« beschäftigt. Er verdient diesen Beinamen jedoch auch in einem anderen Sinn: er ist der älteste und ehrwürdigste Zweig der Philologie. Er bestand schon, als die Europäer sich noch nicht einmal mit der eigenen Sprache ernsthaft wissenschaftlich zu beschäftigen begonnen hatten.

Auch in ihrem Verhältnis zu anderen Wissenschaften außerhalb der Philologie kommt der klassischen Philologie, in dem hier betrachteten Zeitabschnitt jedenfalls, eine einzigartige Stellung zu. Ihre feste Tradition, ihre Methoden wurden zum Vorbild für andere. Viele Begründer und Führer in den geschichtlichen und philologischen Einzelwissenschaften haben als klassische Philologen begonnen, sind zunächst durch diese Schule gegangen.

Wie die klassische Philologie andere Wissensgebiete befruchtete, so wurde sie wiederum von diesen bereichert. Juristische Gesichtspunkte, philosophische und theologische wurden aufgenommen, alte Geschichte und Nationalökonomie zusammengebracht.

Im 19. Jahrhundert stieg die klassische Philologie zu einer in Deutschland fast beherrschenden und über die ganze Welt ausstrahlenden Bildungsmacht auf. Sie hat wesentlichen Anteil daran, daß die deutsche Wissenschaft im 19. Jahrhundert ein weltweites Ansehen errang. Zwei Wurzeln müssen wir für diesen Aufstieg ins Auge fassen. Die erste liegt außerhalb der Wissenschaft, nämlich bei den Dichtern. Die innere Begegnung des Deutschen mit dem Griechentum, wie sie bei Lessing und Winckelmann begonnen hatte, erreichte ihre Höhe in den Werken *Schillers, Goethes, Hölderlins*. Diese »Dichter-Philologie« vertiefte das Verständnis für die Antike. Aus ihr, mehr noch als aus der eigentlichen philologischen Wissenschaft, erstand das neuhumanistische Bildungsideal. Wilhelm *von Humboldt*, der als Leiter des höheren Unterrichtswesens in Preußen das Humanistische Gymnasium schuf und so das neuhumanistische Ideal, das er selbst am reinsten verkörperte, für die

Dauer verankerte, war einer der engsten Freunde Goethes. Humboldts idealistische und im Grunde noch ungeschichtliche Begeisterung für das Griechentum klingt aus den folgenden Zeilen:

... was man auch von der Schönheit und Erhabenheit des Ramayana, Mahabharata, der Nibelungen sagen mag, um nur das zu nennen, was ich doch nun, so gut als ein anderer, in großen Stücken in der Urschrift gelesen habe, so fehlt ihm immer gerade das Eine, in dem der ganze Zauber des Griechischen liegt, was man mit keinem Worte ganz aussprechen kann, aber was man tief und unendlich fühlt, was machen würde, daß in jeder ernsthaftesten und heitersten, glücklichsten und wehmütigsten Katastrophe des Lebens, ja im Momente des Todes einige Verse des Homer und, ich möchte sagen, wenn sie aus dem Schiffkatalogus wären, mir mehr das Gefühl des Überschwankens der Menschheit in die Gottheit (was doch die Summe alles menschlichen Fühlens und alles irdischen Trostes ist) geben würden, als irgend etwas von einem andern Volke. Auch mag es wohl sein, daß die Griechen viel von andern genommen haben, aber noch viel gewisser ist es, daß sie jedes, was sie nahmen, zu etwas anderem machten, und daß es nun erst Würdigkeit, Größe und Schönheit erhielt ...

Humboldt starb mit einem Homer-Vers auf den Lippen.

Die andere Wurzel der neuhumanistischen Bewegung liegt in der philologischen Wissenschaft. Diese faßte, nachdem sie – wie wir gesehen haben – in Frankreich und Holland geblüht hatte, in Deutschland zuerst festen Fuß an der Universität Göttingen. Hier begründete Johann Mathias *Gesner* (1691–1761) das erste »Seminarium philologicum«. Gesner und sein Nachfolger Christian Gottlob *Heyne* (1729–1812) müssen am Beginn der langen Reihe erlauchter Namen stehen, die die deutsche Philologie im 19. Jahrhundert aufzuweisen hat. Beide wirkten auch als Herausgeber antiker Werke, ihre Hauptbedeutung liegt aber in ihrer Lehrtätigkeit. Göttingen wurde durch sie zum Zentrum der neuen, exakten Philologie. Bei Heyne hörten Voß, Wolf, die Brüder Schlegel und W. von Humboldt.

Einige der großen Namen der klassischen Philologie will ich jetzt aufzählen – einige, nicht alle: Es fehlen zunächst die, die ich schon in anderem Zusammenhang gewürdigt habe, insbesondere die Historiker *Niebuhr, Droysen* und *Mommsen.* Mommsen gehört zu den größten Vertretern der Altertumswissenschaft, nicht nur als Forscher – er beherrschte die römische Geschichte, das römische Recht, Münzkunde, Inschriftenkunde –, sondern auch als Organisator. Auf seine Initiative geht z. B. die Schaffung des *Corpus Inscriptionum Latinarum* zurück. Es wurde schließlich ein Werk von 42 Folio-Bänden daraus, begonnen 1862, abgeschlossen 1930. Gerade solche Monumentalwerke begründeten mit den Weltruhm der deutschen Altertumswissenschaft.

Nicht aufgeführt sind ferner Gelehrte wie die Brüder *Schlegel*, die später bei der allgemeinen Sprachwissenschaft erwähnt werden, sowie solche, deren Forschungen hauptsächlich auf Sondergebiete gingen, wie etwa bei Eduard *Zeller* (1814–1908) und Hermann *Diels* (1848–1922, Herausgeber der *Fragmente der Vorsokratiker*) die Erforschung der antiken Philosophie, oder Vertreter der Kunstwissenschaft, Religionswissenschaft, Literaturwissenschaft; endlich die Ausgräber mit Heinrich *Schliemann* (1822–1890), einem der Begründer der »Wissenschaft des Spatens«, an der Spitze.

F. A. WOLF Friedrich August *Wolf* (1759–1824) hatte sich von Anbeginn an der Philologie verschworen. Sein wissenschaftlicher Lebensweg begann damit, daß er es in Göttingen, gegen den Widerstand des Rektorats der Universität und sogar gegen Heyne, durchsetzte, als »studiosus philologiae« eingeschrieben zu werden. Diese Bezeichnung gab es vorher in Göttingen nicht. Diese seine Wissenschaft groß und umfassend zu machen, blieb sein Lebensziel auch später, als er Professor in Halle und seit 1810 in Berlin war. Das Programm, das er aufstellte, gab dem Begriff »Altertumskunde« zum erstenmal den enzyklopädischen Inhalt, den man seit dem 19. Jahrhundert damit verbindet. Literatur-, Kunst-, politische Geschichte, Geographie und Münzkunde bezog er ein. Wolf stand mit Goethe und W. von Humboldt in enger Verbindung.

Nur zum kleinen Teil konnte Wolf den weiten Rahmen durch eigene wissenschaftliche Leistungen ausfüllen. Er war in erster Linie Lehrer und Anreger. Boeckh und Bekker zählen zu seinen Schülern. Ihnen vermittelte er die hohe Begeisterung für das Griechentum, die als Antrieb hinter aller mühsamen Einzelforschung auf diesem Gebiet steht und aus seinen Worten spricht:

Nur im alten Griechenlande findet sich, was wir anderswo überall vergeblich suchen, Völker und Staaten, die in ihrer Natur die meisten solchen Eigenschaften besaßen, welche die Grundlage eines zu echter Menschlichkeit vollendeten Charakters ausmachen; Völker von so allgemeiner Reizbarkeit und Empfänglichkeit, daß nichts von ihnen unversucht gelassen wurde, wozu sie auf dem natürlichen Wege ihrer Ausbildung irgendeine Anregung fanden, und die diesen ihren Weg unabhängiger von der Einwirkung der andersgesinnten Barbaren und weit länger fortsetzten, als es in nachfolgenden Zeiten und unter veränderten Umständen möglich gewesen wäre; die über den beengten und beengenden Sorgen des Staatsbürgers den Menschen so wenig vergaßen, daß die bürgerlichen Einrichtungen selbst zum Nachteil vieler und unter sehr allgemeinen Aufopferungen die freie Entwicklung menschlicher Kräfte überhaupt bezweckten, die endlich mit einem außerordentlich zarten Gefühle für das Edle und Anmutige in den Künsten nach und nach einen so großen Umfang und soviel Tiefe in wissenschaftlichen Untersuchungen verbanden, daß sie unter ihren Überresten neben dem lebendigen Abdruck jener seltenen Eigenschaft zugleich die ersten bewundernswürdigsten Muster von idealen Spekulationen aufgestellt haben. In diesen und anderen Rücksichten ist dem Forscher der Geschichte der Menschheit unter allen Nationen keine so wichtig, ja man darf sagen so heilig als die griechische.

Unter den Einzelschriften Wolfs sind seine *Prolegomena ad Homerum* (1795) bei weitem am bekanntesten geworden. Sie behandeln die sogenannte »Homerische Frage«. Schon die antike Homer-Kritik hatte die Frage aufgeworfen, ob die homerischen Epen alle vom Dichter selbst stammen. Wolf versuchte zu beweisen, sie seien das Werk mehrerer Sänger und seien ferner erst Jahrhunderte nach ihrer Abfassung von unbedeutenden Nachfahren zu einem Ganzen zusammengefügt worden. Die meisten anderen Forscher sind Wolf nicht oder nicht so weit gefolgt. Der Streit über diese Fragen ging durch das ganze 19. Jahrhundert bis ins 20. hinein weiter und regte die Philologen zu immer gründlicher und kritischer werdenden Forschungen über die Dichtungen Homers und die in ihnen geschilderte Welt an. Schließlich hob der Spaten der Archäologen diese Welt tatsächlich ans Licht.

BOECKH Wolfs größter Schüler, August *Boeckh* (1785–1867), hatte außer ihm auch den Theologen und Philosophen Friedrich Ernst Daniel *Schleiermacher* (1768–1834) zum Lehrer, dessen hier gedacht sei als bedeutenden Altertumsforschers und Übersetzers der Werke Platons. Auch Boeckh lehrte von 1811 ab in Berlin.

In Berlin wurde Boeckh, hauptsächlich unter dem Einfluß des Historikers Niebuhr, zu einem eindringenden geschichtlichen Quellenstudium geführt. Er erkannte den Quellenwert der antiken Inschriften und sah die Notwendigkeit, sie systematisch zu sammeln und aufzuzeichnen. Die Berliner Akademie wurde für den Plan gewonnen. Boeckh konnte seinen Plan ausführen und schuf das *Corpus Inscriptionum Graecarum,* mit dem er zum Schöpfer der modernen Epigraphik (Inschriftenkunde) geworden ist.

Das Studium der Urkunden gab Boeckh eine so umfassende Kenntnis des griechischen Altertums, wie sie vor ihm niemand besessen hatte und nach ihm wenige erreicht haben. Boeckh erstrebte eine Gesamtschau des griechischen Lebens. Aber das Bestreben nach kritischer Gründlichkeit zwang ihn zur Beschränkung. So entstand sein berühmtes Werk *Die Staatshaushaltung der Athener* (1817). Boeckh stellte hier, vom Staatshaushalt ausgehend, den ganzen gesellschaftlichen und wirtschaftlichen Organismus des griechischen Staates dar. Er versenkte sich in zahllose Einzelheiten, wie Preise, Lohnverhältnisse, Ernährung, und gewann aus ihnen ein so wirklichkeitsgetreues Bild, wie es niemand vor ihm auch nur annähernd erreicht hatte. Seine Begabung und Vorliebe für Mathematik, Astronomie, Musik, für das Meß- und Wägbare kamen ihm zu Hilfe. Das Werk enthält eine Fülle von Berechnungen.

Sobald man so tief eindrang und sich dem griechischen Alltag gegenübersah, mußte das einseitig verklärte Bild vom griechischen Wesen und Leben als ungenügend erkannt werden. Mit Boeckh beginnt die Entzauberung. Man beginnt auch die dunkleren Seiten des griechischen Lebens zu sehen. Das ist das Ende der »klassizistischen« Auffassung des Altertums.

Dieser Wandel der Auffassung kommt deutlich in den folgenden Sätzen aus der *Staatshaushaltung der Athener* zum Ausdruck:

Wir verkennen nicht das Große und Erhabene in der Geschichte der Hellenen: wir geben zu, daß manches besser war als in unsern Staaten, besser als in dem bis zum Abscheu verderbten Römischen Reiche, in dem knechtisch niedergebeugten Morgenlande; aber vieles war auch schlechter als das Unsrige. Nur die Einseitigkeit oder Oberflächlichkeit schaut überall das Ideale im Altertum; die Lobpreisung des Vergangenen und Unzufriedenheit mit der Mitwelt ist häufig bloß in einer Verstimmung des Gemütes gegründet oder in Selbstsucht, welche die umgebende Gegenwart gering achtet und nur die alten Heroen für würdige Genossen ihrer eigenen eingebildeten Größe hält. Es gibt Rückseiten, weniger schön als die gewöhnlich herausgekehrten; betrachtet das Innere des hellenischen Lebens im Staate und in den Familienverhältnissen: ihr werdet selbst in den edelsten Stämmen, zu welchen Athen ohne allen Zweifel gerechnet werden muß, ein tiefes sittliches Verderben bis ins innerste Mark des Volkes eingedrungen finden. Wenn die freien Staatsformen und die kleinen unabhängigen Massen, in welche die Völker zersplittert waren, das Leben tief und mannigfach aufregten, wurden sie zugleich Anlaß unzähliger Leidenschaften, Verwirrungen und Bosheiten: und rechnet man die großen Geister ab, die in der Tiefe ihres Gemütes eine Welt einschließend sich selbst genug waren, so erkennt man, daß die Menge der Liebe und des Trostes entbehrte, die eine reinere Religion in die Herzen der Menschen gegossen hat. Die Hellenen waren im Glanze der Kunst und in der Blüte der Freiheit unglücklicher als die meisten glauben; sie trugen den Keim des Untergangs in sich selbst, und der Baum mußte umgehauen werden, als er faul geworden.

Im Alter griff Boeckh seinen Plan wieder auf, eine Gesamtdarstellung seines Arbeitsgebietes zu geben. Er verwirklichte ihn nicht in der ursprünglich beabsichtigten Form einer Gesamtdarstellung des Hellenentums. Statt dessen gab er eine Überschau über die Aufgabenbereiche der Altertumswissenschaft im weitesten Sinne. Bei Lebzeiten konnte er sein Werk nur in Vorlesungen vortragen. Nach seinem Tode (1877) erschien es im Druck unter dem Titel *Enzyklopädie und Methodologie der philologischen Wissenschaft*.

Ein Lieblingsschüler Boeckhs war Karl Otfried *Müller* (1797–1840), einer der genialen und vielseitigen Philologen des Jahrhunderts. Mit 22 Jahren wurde Müller Professor der klassischen Philologie in Göttingen. Er schrieb eine ganze Reihe grundlegender Werke, die innerlich zusammengehalten werden durch die Müller erstmals zuteil gewordene Erkenntnis, daß die Griechen kein einheitliches Volk, sondern aus sehr verschiedenen begabten Stämmen zusammengewachsen waren. Dieser Erkenntnis ging er nach in Geschichte, Gesellschaft, Kunst, Religion und Mythologie der Griechen. Er gab in seiner ersten Schrift die erste erschöpfende Darstellung eines griechischen Gemeinwesens unter Berücksichtigung aller Seiten des Lebens, geographischer Lage, politischer Geschichte, Wirtschaft, Kunst, Literatur und Religion. Er plante eine Serie von *Geschichten hellenischer Stämme und Städte*. Nur den ersten Band vermochte er auszuführen. Dann ereilte ihn der Tod. Er starb in Athen an einem Wechselfieber, das er sich beim Kopieren von Inschriften in Delphi zugezogen hatte – auf dem Boden Griechenlands, nach dem Winckelmann sich gesehnt, den Müller aber als erster deutscher Philologe betreten hatte.

An der Seite Boeckhs und Müllers kann Friedrich Gottlieb *Welcker* (1784–1868) genannt werden, nicht als Schüler Boeckhs – Welcker war niemandes Schüler –, aber als gleichbedeutender Erforscher und Kenner des griechischen Lebens. Unter seinen vielen Werken ragen eine Rekonstruktion griechischer Tragödien aus Bruchstücken und seine *Griechische Götterlehre* (1863) hervor.

TEXTKRITIK: HERMANN, BEKKER, LACHMANN Man unterscheidet in der Altertumskunde eine historisch-antiquarische Richtung von einer zweiten, die ihr Augenmerk mehr auf die Texte und ihre kritische Bearbeitung richtet. Man spricht auch von Sachphilologie und Wortphilologie. Wolf und Boeckh gehören der ersten Richtung an. Fast alle Gelehrten neigen entweder zur einen oder zur anderen Seite.

Die Textkritik verfolgt das Ziel, die alten Texte durch kritische Bearbeitung möglichst in ihrer ursprünglichen, reinen Gestalt wiederherzustellen und sich über die gegenseitigen Abhängigkeiten verschiedener Texte klar zu werden. Sie trat anfänglich in einen scharfen Gegensatz zur Sachphilologie eines Wolf und Boeckh. Der geistige Ahnherr der philologischen Textkritik in Deutschland ist der Leipziger Gottfried *Hermann* (1772–1848), ein durch und durch rationalistischer Kopf, an Kant geschult, einer der besten Kenner der griechischen Sprache, die je gelebt haben. Hermann schuf kritisch gesichtete Ausgaben vieler griechischer Werke und schrieb nicht weniger als 132 Abhandlungen.

Ebenbürtig neben ihm steht August Immanuel *Bekker* (1785–1871). Bekker sammelte auf vielen Reisen antike Handschriften und gab sie kritisch bearbeitet im Druck heraus. Seine Ausgaben füllen 141 Bände. Es ist in erster Linie Bekkers Verdienst, wenn die ganze gebildete Welt griechische Texte in deutschen Ausgaben las und zum Teil noch heute liest.

Der dritte große Textkritiker ist Karl *Lachmann* (1793–1851). Als klassischer Philologe wandte Lachmann seine Sorgfalt den lateinischen Texten zu. Noch denkwürdiger ist seine Leistung aber in der Germanistik, in der altdeutschen Textkritik. Hier verband ihn eine enge Arbeitsgemeinschaft mit den Brüdern Grimm. Ein Werk der altdeutschen Literatur nach dem anderen ließ er aus den alten Handschriften wieder erstehen. So wurde die textkritische Methode, welche die klassische Philologie erarbeitet hatte, endlich auch für das heimische Schrifttum fruchtbar gemacht.

WILAMOWITZ Es ist ein weiter Sprung von der »Gründerzeit« der klassischen Philologie zum bedeutendsten Altphilologen der neueren Jahrzehnte. Seite um Seite ließe sich füllen mit der bloßen Aufzählung der Männer, die das Erbe der bisher genannten – die echte Begeisterung für das Altertum, verbunden mit kritischem Sinn und echtem Gelehrtenfleiß – von Hand zu Hand weiterreichten und dabei ständig durch Eigenes vermehrten, bis es Ulrich von *Wilamowitz-Möllendorf* (1848 bis 1931) aufnahm. Die Liste würde so erlauchte Namen aufweisen wie Hermann *Usener* (1834–1905), zugleich einer der Bahnbrecher der vergleichenden Religionswissenschaft; wie Erwin *Rohde* (1845–1898), den Freund Nietzsches, der philologische Genauigkeit mit geschichtlichem Sinn, künstlerischem Feingefühl und glänzender Darstellungsgabe verband und mit seinen Büchern wie *Psyche – Seelenkult und Unsterblichkeitsglaube der Griechen* (1891/94) auch breiteren Kreisen die griechische Welt nahebrachte.

Mit Wilamowitz-Möllendorf erreichte die klassische Philologie einen neuen Gipfel. Er wirkte 55 Jahre lang als Professor. Er hat in seinem langen und erfüllten Leben nicht weniger als 763 Schriften, darunter umfangreiche, verfaßt, u. a. auch eine kurzgefaßte Geschichte seiner Wissenschaft (*Geschichte der Philologie*, 1921, in Band I der *Einleitung in die Altertumswissenschaft* von Gercke und Norden). Seine kraftvolle Persönlichkeit, eine der besten Ausprägungen deutschen Gelehrtentums, hat allen, die ihm begegnet sind, einen unauslöschlichen Eindruck hinterlassen.

Wilamowitz fand die Altertumswissenschaft in mancherlei Einseitigkeiten befangen. Er hinterließ sie als eine Wissenschaft, die gemäß dem Ideal Boeckhs zeitlich und sachlich die gesamte antike Kultur umspannt. Diese moderne Altertumswissenschaft kennt keine einseitige Bevorzugung bestimmter Epochen, Stile oder Sprachformen. Sie bezieht den Hellenismus ebenso ein wie die christliche Antike, das mittelalterliche Mönchslatein ebenso wie das Ciceros. Sie verarbeitet die Ergebnisse der Archäologie ebenso wie das Corpus Juris oder die antike Medizin. Sie zeigt die zahllosen Kulturzusammenhänge zwischen der Antike und unseren modernen Lebensformen auf.

So lebt sie in unserer Zeit. Aber es scheint, daß sie nur noch in Köpfen weniger Gelehrter leben soll. Das humanistische Bildungsideal hat an Kraft verloren. Es scheint, daß es sie trotz der Versuche, einen erneuerten Humanismus im 20. Jahrhundert zu begründen (Werner *Jaeger*), auch nicht zurückgewinnen wird. Die humanistischen Gymnasien bilden nicht mehr den Eckpfeiler unseres Unterrichtswesens. Wie fern sind die Zeiten, da Friedrich *Nietzsche* aus seiner Schulzeit in Schulpforta berichten konnte:

> Es werden in dieser Anstalt mitunter spezifische philologische Aufgaben gestellt, z. B. kritische Kommentare über bestimmte sophokleische und aeschyleische Chorgesänge. Sodann ist es ein besonderer Vorzug der Schulpforte, der einem zünftigen Philologen sehr zustatten kommt, daß unter den Schülern selbst eine sehr angestrengte und mannigfache Lektüre griechischer und lateinischer Schriftsteller zum guten Ton gehört.

Heute hat ein führender Philologe sagen können, man müsse sich fast entschuldigen, wenn man Altgriechisch verstehe. Ernst Robert *Curtius*, einer der großen Neuphilologen unserer Tage, hat wehmütig festgestellt, daß das »klassische« Altertum seine bevorzugte Stellung als Gegenstand des Studiums und der Bildung für immer verloren hat, und darauf hingewiesen, daß dies unvermeidlich ist in einem Zeitalter, in dem sich die Begegnung des europäischen Geistes mit den großen Kulturen Asiens abzuzeichnen beginnt. Möge das Licht von Hellas dabei nicht ganz verlöschen! So sagt Curtius:

> Das Studium der griechischen und römischen Literatur wird aus unseren öffentlichen Zuständen verschwinden. Aber was heißt das? Es kann zu einem geheimen Schatz werden. Wer den Schlüssel suchen will, kann ihn immer finden.

2. Die Begründung der vergleichenden Sprachwissenschaft

Was ist Sprache? Wie kommt es, daß es verschiedene Sprachen gibt? Hängen sie untereinander zusammen, und wie? Wie ist die Sprache, wie sind die Sprachen entstanden? Wie sind die Wörter entstanden? Wie kommt es, daß eine bestimmte Sache in einer bestimmten Sprache so und nicht anders benannt wird? Ist das reine Willkür, Übereinkunft, oder besteht eine innere Beziehung zwischen den Gegenständen und ihren Namen?

Das sind Fragen, so grundlegend und für den denkenden Menschen so drängend, daß es verwunderlich wäre, wenn sie nicht seit alten Zeiten die Aufmerksamkeit derer erregt hätten, die sich zu wundern vermögen. Tatsächlich haben sich sowohl die alten Inder wie die Griechen scharfsinnig, wenn auch meist auf rein spekulative Weise, mit ihnen auseinandergesetzt. Das Zeitalter des Sophismus in Griechenland z. B. hallt wider von dem Streit über die mutmaßliche Entstehung der Sprache, über die Frage, ob sie »von Natur« oder »durch Satzung« entstanden sei. Platons Dialog »Kratylos« zeugt davon. Sprachphilosophie ist uralt.

Der Versuch dagegen, diese Fragen mit den Mitteln der Wissenschaft – in dem Sinne, in dem in diesem Buch von Wissenschaft die Rede ist – zu lösen, ist nicht so alt. Es bedurfte vieler Voraussetzungen, um ihn unternehmen zu können. Er datiert im wesentlichen erst aus dem 19. Jahrhundert. Auch das 18. Jahrhundert trat diesen Dingen noch rein spekulativ gegenüber. *Herders* Preisschrift von 1772 über den Ursprung der Sprache – die Sprache ist nicht von Gott geschaffen, sondern Menschenwerk; allerdings nicht vom Menschen »erfunden«, sondern seiner innersten Natur entsprungen – und Herders ganzes Lebenswerk, überhaupt die Romantik mit ihrem Sinn für das Ursprüngliche und Urwüchsige, haben den Boden bereitet für die Arbeit des folgenden Jahrhunderts.

Einer empirischen Durchforschung größerer Sprachzusammenhänge stand zunächst die Tatsache entgegen, daß Sprachen nur ganz vereinzelt ernsthaft studiert wurden, mit Ausnahme der beiden klassischen Sprachen, und mit Ausnahme noch des Hebräischen. Die Zusammengehörigkeit der semitischen Sprachen wurde schon im 17. Jahrhundert erkannt. Entgegen stand ferner u. a. der bis zu Herder hin verbreitete Glaube, die ganze Weltgeschichte und damit auch die Geschichte der Sprache umfasse nur etwa 6000 Jahre, und im Zusammenhang damit der Irrglaube, das Hebräische sei die Mutter aller Sprachen. Leibniz ist eine der Ausnahmen: er wandte sich gegen dieses Vorurteil und forderte eine Gruppierung der Sprachen nach ihren natürlichen Verwandtschaften.

Praktische Sprachvergleichung wurde noch wenig geübt. Die Ausbreitung des Christentums und die damit erwachsende Notwendigkeit, die Bibel in immer neue Sprachen zu übersetzen, insbesondere auch nach der Entdeckung Amerikas, öffnete aber den Blick auf immer neue Sprachen. Ein spanischer Jesuitenpater, Lorenzo *Hervás y Panduro* (1735 bis 1809), der in Südamerika missionierte, lernte über 40 Sprachen, verfaßte Grammatiken für sie und lieferte so wertvolles Material für die spätere Sprachwissenschaft. Seine Bücher erwähnen rund 300 Sprachen. Die Berliner Akademie stellte 1794 als Preisaufgabe: Es sei das Ideal einer vollkommenen Sprache zu bilden; die bestehenden Sprachen seien darauf zu untersuchen, wieweit sie diesem Ideal nahekommen. Ein Berliner Pastor, *Jenisch*, gewann den Preis mit seiner Schrift *Philosophisch-kritische Vergleichung von 14 Sprachen Europens.* Er verglich die Sprachen hauptsächlich unter ästhetischen Gesichtspunkten – ein schwieriges

Unternehmen –, zeigte aber eine bemerkenswerte Urteilskraft und Unvoreingenommenheit.

Diese Versuche hatten jedoch keinen wesentlichen Einfluß auf die bald darauf einsetzende Entfaltung der eigentlichen Sprachwissenschaft. Sie ging von einem ganz anderen Anlaß aus: der Erschließung des *Sanskrit*, das den Blick für die Zusammengehörigkeit der indogermanischen Sprachen öffnete und mit dem meine Übersicht daher beginnt.

Unabhängig von ihr jedoch bewies der Ungar Samuel *Gyármathi* bereits 1799 die Verwandtschaft seiner Muttersprache mit dem Finnischen und legte damit den Grund zur Philologie der finnisch-ugrischen Sprachen. Gyármathi verwandte bereits die Methode, der die Zukunft gehörte: er verglich nicht einzelne Wörter und Wortlisten wie die großen »Polyglott-Sammlungen« des 18. Jahrhunderts, wie sie z. B. auch in Rußland auf Veranlassung Katharinas II. durch P. S. *Pallas* (1741–1811) oder in Deutschland durch J. Chr. *Adelung* (1732–1806) mit seinem *Mithridates* (das Vaterunser als Sprachprobe in 500 Sprachen und Mundarten) geschaffen wurden; Gyármathi wußte, daß man den gesamten Sprachbau und vor allem auch die Grammatik vergleichen müsse.

DAS SANSKRIT. FRIEDRICH SCHLEGEL Es waren die Engländer und Franzosen, die um die Reichtümer Indiens kämpften, die zugleich die Schätze seiner Vergangenheit und seiner Sprachen erschlossen. Das Sanskrit war einigen Europäern schon lange bekannt. 1767 legte ein französischer Jesuitenmissionar, *Cœurdoux*, dem Institut de France eine Abhandlung vor über die Ähnlichkeit zwischen vielen Sanskritwörtern und den entsprechenden lateinischen. Gedruckt wurde sie erst vier Jahrzehnte später, als andere Gelehrte schon das gleiche festgestellt hatten.

Es waren nun vor allem Engländer, die sich auf Veranlassung des Eroberers Warren Hastings mit Sprache und Kultur des Landes befaßten. An erster Stelle ist Sir William *Jones* (1746–1794) als Pionier des Sanskritstudiums zu nennen. Er erschloß vieles einzelne; erkannte auch den wichtigsten Zusammenhang, wie das nachfolgende Zitat zeigt:

Das Sanskrit, wie alt es auch sein mag, ist von wunderbarem Bau; vollkommener als das griechische, reicher als das lateinische und mehr als beide veredelt; und doch steht es beiden sowohl in seinen Wortwurzeln wie in seinen Formen zu nahe, als daß dies etwa ein Zufall sein könnte; ja so nahe steht es ihnen, daß kein Philologe alle drei Sprachen untersuchen kann, ohne zu dem Glauben zu kommen, daß sie einer gemeinsamen Wurzel, die vielleicht nicht mehr existiert, entsprungen sind. Es besteht ein ähnlicher, wenn auch nicht ganz so zwingender Grund zu der Vermutung, daß sowohl das Gotische wie das Keltische ... denselben Ursprung wie das Sanskrit haben, und das Altpersische könnte man vielleicht zu derselben Familie rechnen.

Neben Jones steht Henry Thomas *Colebrooke* (1765–1837), der als Schreiber nach Indien kam, nach zehnjährigem Aufenthalt Sanskrit zu studieren begann, indische Rechtswerke übersetzte und später Professor für Sanskrit und indisches Recht wurde. Er schuf eine Sanskrit-Grammatik und machte als einer der ersten auf die in den altindischen Veden verborgenen Weisheiten aufmerksam.

Die Engländer haben an der Entfaltung der Sprachwissenschaft stets einen Anteil behalten. Doch jetzt sind es hauptsächlich deutsche Namen und dazu ein dänischer, die den ersten Rang einnehmen. 1808 veröffentlichte Friedrich von *Schlegel* (1772–1829) seine Arbeit *Über die Sprache und Weisheit der Indier.* Schlegel erkannte ebenfalls die Ähnlichkeit zwischen dem Sanskrit und den meisten europäischen Sprachen. Er sprach auch von vergleichender Grammatik. Aber wie Jones überließ er es anderen, das eigentliche Werk der Vergleichung auszuführen.
Schlegel machte sich auch Gedanken über die Einteilung der menschlichen Sprachen. Er dachte an zwei Hauptklassen, von denen die eine das Sanskrit und alle mit ihm verwandten Sprachen umfassen sollte; während alle anderen Sprachen in der zweiten Klasse zusammengeworfen wurden. Etwas weiter kam sein Bruder August Wilhelm von *Schlegel* (1767–1845), Professor für Sanskrit in Bonn. Dieser schuf bereits die Einteilung, welche die Zukunft beherrschen sollte. Er unterschied 1. »Sprachen ohne grammatische Struktur«, damit meinte er das Chinesische mit seinen unveränderlichen einsilbigen Wörtern; wir würden diese Klasse als »isolierende Sprachen« bezeichnen; 2. Sprachen, die »Affixe« verwenden, die also Wörter und Wortformen durch das Anhängen von unselbständigen Bildungselementen (Affixen, Suffixen) an die Wortstämme bilden; solche Sprachen nennen wir heute »agglutinierende« Sprachen; die Turk-Sprachen gehören z. B. dieser Klasse an; 3. die flektierenden Sprachen, wie die indogermanische Sprachenfamilie; diese Sprachen verändern, um Wörter und Formen zu bilden, die Wortstämme selbst oder verschmelzen sie mit anderen Bildungselementen.

RASK Unter den drei großen Gelehrten, die die eigentlichen Ahnherren der modernen Sprachwissenschaft sind, ist keine eindeutige Entscheidung über den zeitlichen Vorrang zu treffen, denn ihre grundlegenden Werke erschienen fast gleichzeitig:
Franz *Bopp: Über das Konjugationssystem der Sanskritsprache in Vergleichung mit jenem der griechischen, lateinischen, persischen und germanischen Sprache,* 1816;
Rasmus Christian *Rask: Untersuchung über den Ursprung der alten nordischen oder isländischen Sprache,* 1818;
Jakob *Grimm: Deutsche Grammatik,* ab 1819.
Doch hatte Rask (1787–1832) seine Schrift schon 1814 abgefaßt; insofern darf er an der Spitze stehen. Rask ging nicht vom Sanskrit aus, sondern von den nordischen Sprachen. Sein erstes Werk war eine isländische Grammatik. In der genannten *Untersuchung* prüft Rask die Stellung dieser Sprache innerhalb der übrigen germanischen Sprachen und sucht dann, durch Vergleichung mit Sprachen außerhalb dieser Familie, ihrem Ursprung näher zu kommen. Zuerst nimmt er das Grönländische und das Baskische vor, verwirft aber schnell die Möglichkeit einer Verwandtschaft. Für die keltischen Sprachen kommt er zu keiner klaren Entscheidung (später erkannte er ihre Verwandtschaft mit den germanischen an). Auch das Finnische und Lappische zeigen nur Wortgleichheiten,

keine innere Verwandtschaft. Dagegen stellt er für die slawischen Sprachen und dann für das Lettische und Litauische – die er zum erstenmal als selbständige, wenn auch dem Slawischen benachbarte Untergruppe erkannte – bemerkenswerte Übereinstimmungen mit den »gotischen« Sprachen fest.

Eingehend untersucht Rask darauf die Verwandtschaft der nordischen Sprachen mit dem Lateinischen und Griechischen. Er gibt eine durchgearbeitete »vergleichende Grammatik« und kommt zu dem Ergebnis, daß Nordisch, Slawisch, Lettisch verwandte Zweige einer ausgestorbenen Ursprache sein müssen, und daß Griechisch und Latein dieser Ursprache noch am nächsten stehen.

Da Rask das Sanskrit und andere asiatische Sprachen nicht kennt, muß er hier haltmachen. Bemerkenswerterweise ist er auch während einer siebenjährigen Orientreise nicht auf die Bedeutung des Sanskrit aufmerksam geworden. Von dieser Einschränkung abgesehen, ist die Arbeit von Rask, nächst der von Gyármathi, eine der frühesten und klarsten Bearbeitungen des Problems der sprachlichen Verwandtschaft.

Rask erwarb sich Verdienste um das Studium einer großen Zahl anderer Sprachen. Er schuf Grammatiken für das Angelsächsische, Friesische und Lappische, gab eine Einteilung der finnisch-ugrischen Sprachfamilie, erkannte die Verschiedenheit der drawidischen Sprachen Indiens vom Sanskrit und vieles andere. Auf eine seiner Leistungen komme ich gleich noch zurück. Da Rask zum großen Teil in seiner dänischen Muttersprache schrieb und seine Werke nur zu Teilen in andere Sprachen übersetzt wurden, ist sein Verdienst meistens ungenügend gewürdigt worden.

GRIMM Über Jakob *Grimm* (1785–1863) habe ich bereits bei der Rechtslehre einiges gesagt. Grimm gehörte zu den berühmten »Göttinger Sieben«, die wegen ihres Protestes gegen den Staatsstreich des Königs von Hannover ihrer Ämter enthoben und ausgewiesen wurden. Später wirkte er als Mitglied der Akademie der Wissenschaften in Berlin.

Jakob Grimm blieb durch sein ganzes Leben in enger Lebens- und Arbeitsgemeinschaft mit seinem Bruder Wilhelm *Grimm* (1786–1859) verbunden. Beide beseelte die gleiche Liebe zu ihrem Volk und zu den Schätzen seiner Vergangenheit. Gemeinsam sammelten und veröffentlichten die Brüder die bekannten *Kinder- und Hausmärchen*. Gemeinsam schufen sie das meisterhafte *Deutsche Wörterbuch* (1852), das nach ihrem Tode von anderen Gelehrten weitergeführt wurde. Es ist zweifelhaft, ob jemand um die deutsche Sprache höhere Verdienste hat als Jakob Grimm. Doch wird er hier nicht wegen seiner Leistungen für die deutsche Philologie, deren Begründer er ist, gewürdigt.

Für die allgemeine Sprachwissenschaft ist die *Deutsche Grammatik* am wichtigsten. Sie erschien in verschiedenen, teilweise erheblich umgearbeiteten Auflagen. Der Titel ist irreführend. Es handelt sich nicht um eine Grammatik der deutschen Sprache, sondern um eine vergleichende Darstellung des grammatischen Baues aller älteren und neueren germanischen Sprachen auf geschichtlicher Grundlage.

Der geschichtliche Gesichtspunkt ist es vor allem, den Grimm hier neu in die Debatte wirft. Das Werk ist bezeichnenderweise Savigny gewidmet. Es kommt ihm nicht darauf an, etwa starre Regeln zu geben. Er will das »unstillstehende, nach zeit und raum veränderliche element« (Grimm schrieb alles klein und betrachtete die Großschreibung der Hauptwörter im Deutschen als Entartung) in liebevoller Beobachtung erfassen. Das ist die Übertragung der Grundgedanken der Historischen Schule auf die Behandlung der Sprache. Den steilen Aufstieg, den die Sprachforschung seither genommen hat, verdankt sie gerade der geschichtlichen Betrachtungsweise. Insofern gehört Grimm zu ihren Meistern und Wegbereitern. Die geschichtliche Betrachtung hat er auch vor Rask voraus, dem er im übrigen, wie gleich zu zeigen sein wird, recht viel verdankt.

Kaum hatte Grimm den ersten Band erscheinen lassen, da lernte er Rasks früher genannte Arbeit kennen und sah sich sogleich veranlaßt, diesen Band – noch bevor er an die Niederschrift des zweiten ging – völlig umzuarbeiten. Insbesondere versah er ihn jetzt mit einem neuen Teil *von den buchstaben.* Auch dieser Titel ist mißverständlich, denn es handelt sich um eine *Laut*lehre. Hier findet sich nun das berühmte »Lautverschiebungsgesetz«, das im Ausland auch manchmal »Grimms Gesetz« genannt wird. Diese Benennung ist ein Unrecht gegen Rask, denn dieser hatte das Wesentliche bereits gesagt. Er hatte nämlich festgestellt, daß die germanischen Sprachen regelmäßig ein f, þ (entspricht dem heutigen englischen th), h haben, wo in anderen Sprachen, insbesondere dem Lateinischen, ein p, t, k steht (lat. pater, deutsch Vater). Diesen Vorgang hatte Rask erkannt, Grimm allerdings erforschte ihn systematischer und brachte ihn in die Form des Gesetzes. Diese »urgermanische Lautverschiebung«, die wahrscheinlich in vorchristlicher Zeit stattfand, ist nicht zu verwechseln mit der von Grimm selbständig aufgefundenen zweiten Lautverschiebung, durch die das Hochdeutsche sich vom Niederdeutschen und Englischen unterscheidet.

Grimms Werk blieb lange die umfassendste Bearbeitung der germanischen Sprachfamilie und ein Wegweiser für die jeder anderen Gruppe. Hervorzuheben sind noch seine Gedanken über die Entwicklung der Sprachen im ganzen. Auch hier brachte Grimm die geschichtliche Betrachtungsweise zur Wirkung und versuchte, was andere schon als Typen der Sprache aufgestellt hatten, genetisch zu sehen. Er unterscheidet im Werden der Sprache drei Hauptperioden. Die älteste, die uns freilich nicht durch geschichtliche Zeugnisse zugänglich ist, sondern nur mittelbar erschlossen werden kann, sah die Wurzeln und Wörter entstehen; die zweite brachte das Emporblühen einer vollendeten Flexion. In der dritten Periode wird ein Teil des Reichtums und der Geschmeidigkeit der Flexion wieder aufgegeben. Doch kann, wie Grimm am Beispiel der englischen Sprache ausführt, dieser Verlust zugleich Gewinn bedeuten und der betreffenden Sprache neue Kraft und größere Harmonie des Ganzen verleihen. Die englische Sprache schätzte Grimm als eine wunderbar geglückte Vermählung der beiden edelsten Sprachen des späteren

Europas sehr hoch und sagte ihr eine große Zukunft als Weltsprache voraus.

BOPP

In der Behandlung unserer europäischen Sprachen mußte in der Tat eine neue Epoche eintreten durch die Entdeckung eines neuen sprachlichen Weltteils, nämlich des Sanskrit, von dem es sich erwiesen hat, daß es in seiner grammatischen Einrichtung in der innigsten Beziehung zum Griechischen, Lateinischen, Germanischen usw. steht, so daß es erst dem Begreifen des grammatischen Verbandes der beiden klassisch genannten Sprachen unter sich, wie auch des Verhältnisses derselben zum Germanischen, Litauischen, Slawischen eine feste Grundlage gegeben hat. Wer hätte vor einem halben Jahrhundert es sich träumen lassen, daß uns aus dem fernsten Orient eine Sprache würde zugeführt werden, die das Griechische in allen seinen ihm als Eigentum zugetrauten Form-Vollkommenheiten begleitet, zuweilen überbietet, und überall dazu geeignet ist, den im Griechischen bestehenden Dialektenkampf zu schlichten, indem sie uns sagt, wo ein jeder derselben das Echteste, Älteste aufbewahrt hat.
Die Beziehungen der alt-indischen Sprache zu ihren Schwestern sind zum Teil so handgreiflich, daß sie von jedem, der jener Sprache auch nur aus der Ferne seinen Blick zuwendet, wahrgenommen werden müssen; zum Teil aber auch so versteckt, so tief in die geheimsten Gänge des Sprachorganismus eingreifend, daß man jede einzelne ihr zu vergleichende Sprache, wie auch sie selber, von neuen Gesichtspunkten aus betrachten und alle Strenge grammatischer Wissenschaft und Methode anwenden muß, um die verschiedenen Grammatiken als ursprünglich eine zu erkennen und darzustellen.

Diese Sätze stehen in der Einleitung zu Franz *Bopps* (1791–1867) *Vergleichender Grammatik des Sanskrit, Ṣend, Armenischen, Griechischen, Lateinischen, Litauischen, Altslawischen, Gotischen und Deutschen*, erschienen 1833–1852. Dieses Werk ist aufgebaut auf der früher genannten Erstlingsschrift und stellt Bopps wichtigste Arbeit dar. Das Zitat zeigt deutlich, wie für Bopp, den dritten unter den großen Begründern der modernen Sprachwissenschaft, das Sanskrit eine zentrale Stelle einnimmt und der Schlüssel zu den Geheimnissen der Sprachverwandtschaft ist. Bopp sieht das Sanskrit nicht als Ursprache an, sondern als deren ältesten und dem Urbild nächsten Abkömmling:

Ich glaube nicht, daß das Griechische, Lateinische und andere europäische Sprachen vom Sanskrit, so wie wir es in den indischen Werken finden, abgeleitet werden dürfen; ich neige eher dazu, sie insgesamt als spätere Abarten einer Ursprache anzusehen, die jedoch das Sanskrit vollkommener als die ihm verwandten Sprachen bewahrt hat.

Bei seiner höchst scharfsinnigen Zergliederung der genannten Sprachen wird Bopp von dem Bestreben geleitet, überall den letzten Ursprung grammatischer Formen ausfindig zu machen und die »physischen und mechanischen Gesetze der Sprachen« zu erforschen.
In zahlreichen Einzelheiten hat das Werk Bopps der kritischen Forschung der Folgezeit nicht standgehalten. Es bleibt aber der geniale Wurf, der die vergleichende Sprachwissenschaft im Bewußtsein der wissenschaftlichen Öffentlichkeit fest verankerte.

WILHELM VON HUMBOLDT Wilhelm von *Humboldt* (1767–1835) war in den Geisteswissenschaften ein ebenso allseitiger Geist wie sein Bruder

Alexander in den Naturwissenschaften. Er studierte in Frankfurt/Oder und Göttingen Rechtswissenschaft, Altertumskunde, Ästhetik und Philosophie, insbesondere die Kants. Er war befreundet mit Goethe und Schiller. Er lebte in Paris, in Spanien, vertrat sieben Jahre den preußischen Staat in Rom. In der Zeit der preußischen Reformen berief ihn der König auf Empfehlung des Freiherrn vom Stein in das Ministerium des Innern als Leiter des Unterrichtswesens. Humboldts Werk ist der Aufbau der Berliner Universität, des neuen humanistischen Gymnasiums, die Umgestaltung der Berliner Akademie der Wissenschaften, die in diese Zeit fällt. Anschließend vertrat er Preußen als Gesandter in Wien und auf verschiedenen Kongressen, insbesondere neben Hardenberg auf dem Wiener Kongreß. Er bekleidete noch zahlreiche Staatsämter, bis er sich 1819 auf sein väterliches Schloß in Tegel zurückzog.

Das war ein Glück für die Wissenschaft. Nun konnte sich Humboldt, der vorher literarisch hauptsächlich durch Gedichte, Übersetzungen, Kritiken und politische Schriften (darunter die erstmals 1790 erschienenen *Ideen zu einem Versuch, die Grenzen der Wirksamkeit des Staates zu bestimmen)* hervorgetreten war, seiner Sammlertätigkeit und wissenschaftlichen Arbeiten widmen.

Für die Sprachwissenschaft war Humboldt bestens ausgerüstet. Er beherrschte zahlreiche Sprachen vom Baskischen bis zu den nordamerikanischen Sprachen auf der einen, den malaiisch-polynesischen auf der anderen Seite der Erde. Aus seinen Arbeiten über die Sprache ist als wichtigste zu nennen *Über die Kawisprache auf der Insel Jawa* (1836–1840 nach Humboldts Tod erschienen). Sie beginnt mit einer Einleitung. *Über die Verschiedenheit des menschlichen Sprachbaues und ihren Einfluß auf die geistige Entwicklung des Menschengeschlechts.* Es heißt da:

> Die Sprache, in ihrem wirklichen Wesen aufgefaßt, ist etwas beständig und in jedem Augenblick Vorübergehendes. Selbst ihre Erhaltung durch die Schrift ist immer nur eine unvollständige, mumienartige Aufbewahrung, die es doch erst wieder bedarf, daß man dabei den lebendigen Vortrag zu versinnlichen sucht. Sie selbst ist kein Werk (Ergon), sondern eine Tätigkeit (Energeia). Ihre wahre Definition kann daher nur eine genetische sein. Sie ist nämlich die sich ewig wiederholende Arbeit des Geistes, den artikulierten Laut zum Ausdruck des Gedankens fähig zu machen. Unmittelbar und strenggenommen ist dies die Definition des jedesmaligen Sprechens; aber im wahren und wesentlichen Sinne kann man auch nur gleichsam die Totalität dieses Sprechens als die Sprache ansehen. Denn in dem zerstreuten Chaos von Wörtern und Regeln, welches wir wohl eine Sprache zu nennen pflegen, ist nur das durch jenes Sprechen hervorgebrachte Einzelne vorhanden und dies niemals vollständig, auch erst einer neuen Arbeit bedürftig, um daraus die Art des lebendigen Sprechens zu erkennen und ein wahres Bild der lebendigen Sprache zu geben. Gerade das Höchste und Feinste läßt sich an jenen getrennten Elementen nicht erkennen und kann nur (was um so mehr beweist, daß die eigentliche Sprache in dem Akte ihres wirklichen Hervorbringens liegt) in der verbundenen Rede wahrgenommen oder geahnt werden. Nur sie muß man sich überhaupt in allen Untersuchungen, welche in die lebendige Wesenheit der Sprache eindringen sollen, immer als das Wahre und Erste denken. Das Zerschlagen in Wörter und Regeln ist nur ein totes Machwerk wissenschaftlicher Zergliederung.

Aus diesen Sätzen kann man einige Grundgedanken und Eigenheiten der Humboldtschen Auffassung der Sprache herauslesen. Zunächst die, daß Humboldt eine im Wesen geschichtliche Auffassung vertritt. Die Spuren der Romantik sind deutlich. Jede Sprache ist eine organische Einheit. Sie ist ein symbolischer Ausdruck für den Charakter des Volkes, das sie spricht. Der Eigenwert jeder Sprache, auch des unbedeutenden oder verachteten Dialekts, verbietet eine allgemeine Grammatik für alle Sprachen (wie man sie damals noch aufzustellen liebte): eine allgemeine Grammatik kann nur durch Vergleichung der wirklichen Sprachen gewonnen werden.

Humboldts Stärke liegt nicht in solcher Vergleichung im einzelnen. Sie liegt mehr in seinen allgemeinen Gedanken über Sprache und Sprachen. Er ist vor allem Sprachphilosoph. Seine Gedanken sind dabei nicht immer leicht herauszuschälen, da er Begriffe mehrdeutig verwandte.

Humboldt vereinte als einer der ersten die von der empirischen Sprachforschung erarbeiteten Tatsachen und Gesetze mit philosophischer Tiefe im Denken über die Sprache. Er sah die Sprache als Spiegelbild des Menschen und die Sprachwissenschaft als Grundlage einer Lehre vom Menschen – ein Gedanke, der heute wieder aktuell geworden ist.

In einem wesentlichen Punkt hat Humboldt die Typologie der Sprachen bereichert. Er stieß bei seinen Studien in amerikanischen Sprachen, insbesondere dem Mexikanischen, auf eine Form des Sprachbaus, die sich weder unter die agglutinierenden oder flektierenden noch unter die isolierenden Sprachen einreihen läßt. In diesen Sprachen kann, grob gesagt, ein Satzteil die übrigen so aufnehmen, daß der Unterschied zwischen Wort und Satz verwischt wird. Man nennt diese Sprachen mit dem von Humboldt geprägten Ausdruck einverleibende oder inkorporierende, manchmal auch polysynthetische Sprachen und zählt sie gewöhnlich als eine besondere Klasse.

SCHLEICHER Für den ersten Abschnitt in der Geschichte der vergleichenden Sprachwissenschaft, auf den ich mich hier beschränke, bildet das Werk des Deutschen August *Schleicher* (1821–1868) einen gewissen Abschluß. 1848 erschienen seine *Sprachvergleichenden Untersuchungen*, die u. a. eine Übersicht über alle älteren und neuen Sprachen Europas mit ihren Verzweigungen nach anderen Erdteilen enthalten; 1861/62 das Hauptwerk *Compendium der vergleichenden Grammatik der indogermanischen Sprachen.* Schleicher macht da u. a. den interessanten Versuch, eine »indogermanische Ursprache« zu konstruieren. Er vergleicht die indogermanischen Sprachen und streicht dann alles, was der Sonderentwicklung einer einzelnen Sprache angehört, weg. Er will also die Sprache gewinnen, die gesprochen wurde, bevor die einzelnen indogermanischen Sprachen sich sonderten. So gewinnt er etwa aus

Sanskrit	pitā
griechisch	πατήρ
lateinisch	pater
gotisch	fadar
altisländisch	fađir
und anderen	

die Form »pata« oder »patar« als Urform. Er versucht sogar, eine kleine Geschichte in dieser Ursprache abzufassen. Diese Sprache sollte nur verhältnismäßig wenige Laute besessen haben, z. B. nur a, i, u als Vokale. Der Versuch hat der Kritik der Folgezeit nicht standgehalten.
Schleicher hatte viele Sprachen in Ländern, wo sie gesprochen werden, studiert. Er konnte deshalb manche Fehler vermeiden, die früheren Gelehrten unterlaufen waren, weil sie die Sprachen nur aus Büchern kannten. Es ist überhaupt ein Zug der Entwicklung, daß allmählich die Aufmerksamkeit sich immer mehr den lebenden Sprachen zuwandte, und besonders der gesprochenen Sprache. Die Phonetik wurde langsam als Grundlage jeder Sprachforschung erkannt.
Schleicher bestimmte das Gesicht der Sprachwissenschaft etwa um die Jahrhundertmitte. Ich verzichte darauf, andere Forscher, die – wie der bedeutende amerikanische Sprachgelehrte William Dwight *Whitney* (1827–1894) – seine Zeitgenossen waren, noch zu behandeln, erst recht verzichte ich darauf, den Weg der Sprachwissenschaft weiter zu verfolgen. Die Quellflüsse sind noch verhältnismäßig leicht ins Auge zu fassen. Von jetzt ab ist ein breiter Strom entstanden, der sich wiederum in zahlreiche einzelne Arme zu verästeln beginnt. Die zweite Jahrhunderthälfte brachte ganz neue Entdeckungen. Die Einbeziehung immer neuer Sprachen in die wissenschaftliche Betrachtung ließ das Feld ins Riesenhafte wachsen, zugleich vieles von dem, was man aus dem vorher bearbeiteten Material etwa über die Haupttypen der Sprache oder über allgemein gültige Entwicklungsstufen jeder Sprache erschlossen hatte, als vorschnelle Verallgemeinerung erscheinen.
Der Lösung der Grundfragen, die an den Anfang dieses Abschnitts gestellt wurden, ist die Sprachwissenschaft höchstens um einige Schritte näher gekommen. Das wird niemand wundernehmen. Wer auch nur ein einziges Mal eine Übersichtstafel über die Sprachstämme des Erdkreises betrachtet oder ein Werk wie das des Paters W. *Schmidt, Die Sprachfamilien und Sprachenkreise der Erde* (1926) durchblättert, erkennt leicht, daß er sich hier in einem Reich befindet, in dem man ein Leben zubringen und jeden Tag etwas Neues lernen kann, ohne jemals die Grenzen zu erblicken.

VI. Die Seele

Unsere Überschau über die Wissenschaften im 19. Jahrhundert nähert sich ihrem Ende. Von der Mathematik sind wir ausgegangen, welche die reinen Gebilde unseres Denkens und unserer Anschauung untersucht. Einen weiten Bogen haben wir von der Astronomie bis zur Sprachwissenschaft durchmessen. Der Überblick ist lückenhaft; wichtige Wissenschaften wie Ethnologie, Anthropologie, Archäologie, Pädagogik sind nicht zu Worte gekommen. Vor der Frage stehend, welche von den Geisteswissenschaften ich für den Schlußabschnitt auswählen soll, wähle ich die Wissenschaft von der menschlichen Seele. Ein Ring schließt sich damit. Vom menschlichen Denken sind wir ausgegangen, und zu ihm kehren wir zurück.

Die Psychologie ist – wie ihr Gegenstand – ein Land ohne Grenzen. Will man die Wissenschaften einer Rangordnung nach der Würde ihres Gegenstandes unterwerfen, so gebührt der Psychologie sicherlich neben der Astronomie der erste Platz. Welche Gegenstände wären erhabener als der bestirnte Himmel und die menschliche Seele? Diese Königin unter den Wissenschaften läßt niemand los, der sich ihr einmal verschreibt.

Heute ist die Psychologie aufgespalten in viele Schulen. Verwirrend ist das Bild, das sie dem von außen Kommenden bietet. Hinzu kommt, daß sie längst eine Reihe von Tochterwissenschaften aus sich entlassen hat, insbesondere solche der angewandten Psychologie, die eine verhältnismäßige Selbständigkeit gegenüber der Mutterwissenschaft erreicht haben. Wenn es überhaupt eine Einheit in ihr geben soll, so wird man sie am ehesten in der Geschichte auffinden.

Die Psychologie hat, wie einer ihrer Großen einmal gesagt hat, eine kurze Geschichte, aber eine lange Vergangenheit. Als selbständige Wissenschaft tritt sie erst im 19. Jahrhundert voll in Erscheinung. Wie alle anderen Wissenschaften löst sie sich aus dem Mutterboden der Philosophie, in der sie bis dahin enthalten war. Ihr Auftreten ist unverständlich ohne Kenntnis der Entwicklung der Philosophie.

Damit ist bereits gesagt, wie fragmentarisch der nachfolgende Überblick bleiben muß. Er will, nach einem Rückblick auf den geschichtlichen Hintergrund, an einigen Beispielen erläutern, wie und durch wen die Psychologie sich ihren Platz als selbständige Tatsachenwissenschaft erkämpft hat. Die entscheidenden Anstöße liegen um die Jahrhundertwende, ungefähr gleichzeitig mit der Revolution der Physik, die der Schlußabschnitt des vorigen Kapitels schildert.

1. Ein Rückblick

Vom frühesten Dämmern menschlichen Bewußtseins an, seit der Mensch überhaupt zu fragen begann, werden die Geheimnisse des seelischen Lebens ihn nicht weniger erregt und beschäftigt haben als die der äußeren Natur. Der Unterschied von Schlafen und Wachen, die Erscheinungen des Traumes, des Rausches, der Bewußtlosigkeit, Halluzinationen und Gesichte, abnorme und krankhafte Seelenzustände, das Geheimnis des Todes – dies alles mußte Denken und Phantasie auf das rätselvolle Etwas lenken, das wir »Seele« nennen. Es ließ die Vorstellung entstehen, im menschlichen Körper lebe eine unfaßbare, unkörperliche Wesenheit, die sich vielleicht im Traum vorübergehend oder teilweise und im Tode ganz vom Körper löst. Religion und Mythos der alten Völker kreisen um dieses Problem.

Wie fast überall, so haben auch auf diesem Gebiet die griechischen Denker als erste das Problem mit dem Mittel des rationalen Denkens angegriffen. Wie fast überall, so haben sie bereits die Grundlagen gelegt, von denen man bis heute zehrt. Bedeutsam sind vor allem Demokrit, Platon und Aristoteles.

Die Lehre *Demokrits* ist monistisch. Es gibt nur die (stofflichen) Atome und den leeren Raum. Auch die Seele macht keine Ausnahme davon. Auch sie besteht aus kleinen Partikeln, unendlich feinen zwar, aber nichtsdestoweniger stofflicher Natur. Wenn der Organismus im Tode zerfällt, so werden auch sie zerstreut. Demgegenüber besteht *Platon* auf dem fundamentalen Unterschied von Körper und Seele. Die Seele ist nichts Stoffliches, und sie überlebt den Körper. Die geistige Welt hat eine größere Würde und eine höhere Realität als die materielle.

Beide Denker werden an Bedeutung für die Geschichte der Psychologie durch *Aristoteles* übertroffen. Aristoteles brachte – neben den griechischen Ärzten – die menschliche Seele als erster im Rahmen eines naturphilosophischen und naturwissenschaftlichen Systems in unmittelbare Verknüpfung mit dem Studium des lebenden Organismus. Die Seele ist die Form, welche der ungestalteten Materie Realität und Leben verleiht. Stoff und Form, Körper und Seele bilden eine *funktionelle* Einheit.

Der große Empiriker wandte sich auch hier als erster zur empirischen Erfassung und Beschreibung des konkret Gegebenen. Er studierte und beschrieb die psychologischen Eigenheiten von Jugend und Alter, von Wachen, Schlafen und Träumen, die psychologischen Unterschiede der Geschlechter. Er untersuchte die Funktion der Sinne, des Denkens und des Gedächtnisses.

Nach dem Untergang der griechischen Welt und dem Sieg des Christentums stand bei den christlichen Kirchenvätern wiederum die Seele im Mittelpunkt alles Denkens, freilich unter religiösen und moralischen Gesichtspunkten. Nicht an Breite empirischen Wissens, aber an Tiefe der Einsicht halten die Gedanken eines Augustinus den Vergleich mit allem später Geschaffenen aus. Die Wiederentdeckung des Aristoteles ließ das naturwissenschaftliche Interesse neu erwachen und damit die Versuche, die seelischen Erscheinungen im Rahmen der natürlichen Erfahrung zu studieren und zu erklären. Mit der Renaissance trat diese Denkrichtung in den Vordergrund.

Die großen philosophischen Denker des 17. Jahrhunderts schufen bedeutende psychologische Systeme. In einem bestimmten Sinne kann man sagen, daß die moderne Psychologie mit Descartes, Leibniz und Locke beginnt.

Das mathematische und mechanische Denken, das gleichzeitig mit Galilei, Kepler, Newton die äußere Welt zu erobern begann, bemächtigte sich mit Descartes auch der Psychologie. Descartes scheidet zunächst Denken und Ausdehnung. Der Welt des Ausgedehnten, der Materie, gehört der Körper an. Descartes beschäftigte sich eingehend physiologisch mit den Wahrnehmungs- und Bewegungsfunktionen des Nervensystems und kam zu dem Schluß, daß diese allein ausreichen, um alle »automatischen« und gewohnheitsmäßigen Handlungen des lebenden Organismus zu erklären. Das Tier, das nur solcher Handlungen fähig ist, ist daher für Descartes eine reine Maschine, beherrscht von exakten physischen Gesetzen. Aus Reizungen der Sinnesorgane entstehen gesetzmäßige und damit voraussagbare Reaktionen der Nerven und Muskeln. Hier ist der psychologische Grundbegriff des Reflexes angelegt.

Wie steht es beim Menschen? Ein Teil der menschlichen Handlungen ist rein mechanisch wie die tierischen. Der andere Teil ist von ganz anderer Art. Er ist vernünftig, rational. Hier kommt der Geist – von Descartes als unräumliche Substanz gefaßt – hinein. Wie kann aber das seiner Natur nach der Materie Entgegengesetzte auf diese einwirken? Hier liegt das Problem des Leib-Seele-Verhältnisses, das psychophysische Problem, das Descartes der auf ihn folgenden Philosophie hinterließ. Descartes fand keine klare Antwort darauf. Aber im Zusammenhang mit dieser Frage beschäftigte er sich mit einem anderen Grundproblem der physiologischen Psychologie: der Lokalisation der Seele. Descartes verlegte ihren Sitz in die Zirbeldrüse.

Ein anderer in die Zukunft weisender Zug von Descartes' Psychologie ist seine Analyse der Gefühle und Leidenschaften. Auch hier geht er mechanisch vor und zerlegt die menschlichen Gemütsregungen in sechs elementare »Passionen«. Das Bestreben, den Strom des seelischen Lebens in einzelne einfache »Elemente« zu zerlegen und damit wissenschaftlich faßbar zu machen, durchzieht die ganze neuzeitliche Psychologie. Notwendig werden die im Grunde irrationalen und nicht zerlegbaren Seelenregungen dabei rationalisiert und intellektualisiert und so in gewissem Ausmaß ihres eigentlichen in der Erfahrung gegebenen Charakters entkleidet.

Descartes' Nachfolger hatten vor allem mit dem psycho-physischen Problem zu ringen. Die sogenannten Occasionalisten wie *Malebranche* (1638–1715) konnten die offensichtliche Tatsache, daß Körperliches und Seelisches in einem Wirkungszusammenhang stehen, nur so erklären, daß Gott selbst ständig und überall eingreife, um beides zu verknüpfen. Die elegantere Lösung fand *Spinoza,* der »Denken« und »Ausdehnung« als zwei Attribute eines und desselben göttlichen Weltwesens erklärte.

Leibniz lehrte zum psychophysischen Problem, der Zusammenklang der materiellen mit den Denkvorgängen sei vom Schöpfer ein für allemal im voraus hergestellt, zwei Uhren vergleichbar, von einem Meister geschaffen, die immer gleich gehen. Leibniz ist für die Psychologie auch wichtig durch seine Theorie der Wahrnehmungen. Er schied klare und deutliche Wahrnehmungen von solchen, die verschwommen und dunkel bleiben. Die ersteren vollziehen sich in der Helle des Bewußtseins, die letzteren können sich gleichsam unterhalb der Bewußtseinsschwelle vollziehen – eine wichtige Vorstufe der späteren psychologischen Lehre vom unbewußten Seelenleben.

Hobbes und *Locke* habe ich früher als die wichtigsten Begründer einer empirischen und rationalen Wissenschaft vom Menschen bezeichnet. Sie gehören auch zu den wichtigsten Wegbereitern einer empirischen Psychologie. Hobbes zeigte, daß alle psychischen Erscheinungen von der Sinneserfahrung ihren Ausgang nehmen, und er erklärte alle psychologischen Prozesse als Bewegungen, und zwar materielle Bewegungen.

Äußere Reize rufen bestimmte Bewegungen in den Sinnesorganen, den Nerven und im Gehirn hervor. Diese letzteren nennen wir Empfindungen. Die Bewegung im Gehirn mag fortdauern, wenn die äußeren Reize aufgehört haben. Solche Empfindungsreste sind das Material des Gedächtnisses und der Einbildungskraft. Wie kommt aber bei dieser Sachlage Ordnung und Zusammenhang in unsere Gedanken? Die Ordnung der Gedanken und Empfindungen hängt ab von der Reihenfolge der (vorhergegangenen) äußeren Reize. Wir verbinden Vorstellungen, weil sie in der ursprünglichen Erfahrung ebenfalls miteinander verbunden waren. Hobbes legte hier den Grund zu aller späteren *Assoziationspsychologie*, die stets davon ausgeht, daß alle seelischen Gehalte sich nach bestimmten Regeln verbinden, die ihren Ursprung in äußerer Erfahrung haben. Schon Aristoteles hatte als die wichtigsten Gesetze der Gedankenassoziation die (räumliche und zeitliche) Nähe, die Ähnlichkeit und die Gegensätzlichkeit aufgezählt. Dabei ist allerdings einem Umstand nicht genügend Rechnung getragen: Eine beliebige Vorstellung steht nach den Assoziationsgesetzen mit vielen anderen in einem Zusammenhang. Welche von diesen im gegebenen Moment tatsächlich auf die erste Vorstellung folgt und damit über ihre Mitbewerber triumphiert, geht aus solchen allgemeinen Assoziationsgesetzen noch nicht hervor. Locke führte u. a. den Gedanken Hobbes' schärfer durch, daß jede Vorstellung, wie komplex sie immer sei, zerlegt werden kann in einzelne Elemente, die auf Erfahrungen beruhen; er stellte aber der Erfahrung durch die äußeren Sinne eine innere Erfahrung, die Beobachtung unserer eigenen Geistestätigkeit, an die Seite.

Für das 18. Jahrhundert wären wiederum vor allem die großen Namen der Philosophie anzuführen: *Berkeley, Hume, Kant.* Neben diesen ist David *Hartley* (1705–1757) zu nennen. Hartleys Hauptleistung besteht darin, daß er die Assoziationspsychologie, soweit sie bis dahin entwickelt war, in ein gewisses System brachte.

2. Herbart

Am Anfang des 19. Jahrhunderts steht als eine der wichtigsten Etappen auf dem Wege der Psychologie das Werk des Deutschen Johann Friedrich *Herbart* (1776–1841), Professor in Königsberg und Göttingen. Herbarts Arbeit war drei Gebieten gewidmet: der Philosophie, der Psychologie und der Erziehungslehre. Ich lasse sein philosophisches System hier außer Betracht und beschränke mich auf die Psychologie, mit einem Ausblick auf die Pädagogik.

Herbart brachte die bis dahin vorwiegend in England entwickelte Assoziationspsychologie nach Deutschland und führte sie hier zum Siege über andere psychologische Richtungen, die bisher geherrscht hatten, wie etwa die Lehre von den einzelnen psychischen »Vermögen«. Zugleich führte er sie einen entscheidenden Schritt weiter: Die früheren Assoziationspsychologen hatten das seelische Leben gedacht als aus einzelnen einfachen Elementen aufgebaut, etwa wie ein Zusammensetzspiel. Es blieb etwas dunkel, welche Kraft eigentlich diese Einzelelemente zu einem einheitlichen und sinnerfüllenden Ganzen verbindet. Das Seelenleben blieb eine Art passiver Aufnahme- oder Registrierapparat. Es fehlte ein dynamisches und integrierendes Prinzip. Nach Hartley folgen Vorstellungen aufeinander nach Mustern, die dem Geist von außen aufgeprägt sind. Herbart erkannte, daß im Seelenleben psychische *Kräfte* wirken, die aus den Vorstellungen selbst hervorgehen.

Wo Kräfte am Werke sind, da können sie nicht nur miteinander, sondern auch gegeneinander wirken. Damit lenkt Herbart zum erstenmal den Blick deutlich auf die Konflikte zwischen Vorstellungen und Vorstellungsreihen. Es gibt Vorstellungen, die einander ausschließen. Es kann nur entweder die eine oder die andere das Bewußtsein beherrschen. Siegen wird die, der die größere psychische Kraft innewohnt. Was wird aus der unterlegenen? Sie wird also aus dem Bewußtsein abgedrängt – aber wohin?

Hier drängt sich als unmittelbare logische Folgerung der Gedanke an einen *unbewußten* Bereich des Seelischen auf. In der Tat ist Herbart der erste, der diesen grundlegenden Begriff erfaßt und abgrenzt. Was aus dem Bewußtsein abgedrängt ist, kann nicht einfach verloren sein. Das beweist die Tatsache, daß es – im allgemeinen – jederzeit wieder ins Bewußtsein zu treten vermag. Es bleibt also nur die Annahme übrig, daß es sich in der Zwischenzeit in einem Bereich des Seelischen außerhalb des Bewußtseins befindet. Um wieder hineinzukommen, muß es eine Schwelle, die Bewußtseinsschwelle, überschreiten.

Die Lehre, daß es unbewußte seelische Bereiche gebe, ist eine der umstrittensten der psychologischen Wissenschaft geworden. Die einen erklärten, es sei völlig sinnlos, ja schädlich für eine Erfahrungswissenschaft, eine solche Annahme zu machen; die Psychologie könne und solle nichts anderes tun, als sich mit dem beschäftigen, was uns im Bewußtsein gegeben ist. Die anderen erklären, daß das »Psychische« ein viel weiterer Begriff sei als Bewußtsein. Die zweite Lehre hat sich heute durchgesetzt. Die Annahme einer im Unterbewußtsein bereitliegenden Vorstellungsmasse ist von entscheidender Bedeutung u. a. für die Theorie der Wahrnehmung. Nach Herbart kommt eine neue Erfahrung nicht einfach dadurch zustande, daß ein neuer äußerer Reiz auftritt, sondern diese unbewußte Vorstellungsmasse wirkt dabei mit. Wenn wir etwa eine bestimmte Geschmacksnuance aus einer Speise herausschmecken, so gelingt uns das nur, weil zahllose im Unterbewußtsein angesammelte Geschmackseindrücke als Vergleichsmaterial bereit liegen. Das gibt ein viel komplizierteres, aber sicherlich wirklichkeitsnäheres Bild vom Ablauf seelischer Prozesse.

Wiederum fast zwangsläufig ergibt sich die Anwendung dieser Erkenntnis auf den Vorgang des Lernens. Ich werde einem Kind die Zahl 20 niemals klarmachen können, wenn es nicht Gelegenheit gehabt hat, sich in der Anschauung (an seinen Fingern) zunächst die Zahlen 1, 2, 3 usw. klarzumachen. Ist das geschehen, so wird der Versuch gelingen, weil die vorher gebildeten einfachen Zahlenbegriffe mitwirken. Ich werde einem Kind niemals die Landkarte Europas nahebringen und erklären können, wenn ich nicht zuvor an einfachen Beispielen aus der nächsten Umgebung des Kindes ihm deutlich gemacht habe, wie ein Berg, eine Stadt, ein Weg, ein Fluß auf dem Papier der Karte wiedergegeben werden können. Jedes Lernen vollzieht sich vor dem Hintergrund und unter Mithilfe von bereits gebildeten und geordneten Vorstellungen. Das erscheint uns heute selbstverständlich. Damals war die Erkenntnis neu.

Eine solche Erkenntnis mußte für die Erziehungslehre eine weittragende Bedeutung gewinnen. Herbart gründete selbst eine Schule in Königsberg, in der er seine Erkenntnisse in die Praxis des Unterrichts übertrug, indem er den gesamten Lehrstoff in einer Reihenfolge ordnete, durch die das Kind neuen Stoff stets in Beziehung zu bereits Gelerntem bringen konnte. Neben Johann Heinrich *Pestalozzi* (1746–1827) und Friedrich *Fröbel* (1782–1852) gehört Herbart zu den großen Erziehern, die unermeßlichen Segen gestiftet haben. Er öffnete der Psychologie das wahrscheinlich wichtigste aller ihrer praktischen Anwendungsgebiete: die Erziehungslehre.

Herbart gab der jungen Wissenschaft das erste Lehrbuch (1816). Es trug als erstes bedeutendes Werk den Namen »Psychologie« in seinem Titel. Herbart war überzeugt, daß die Psychologie eine genau so exakte Wissenschaft werden könne und müsse wie die physischen Naturwissenschaften. »Die Gesetzmäßigkeit im Seelenleben gleicht vollkommen der am Sternenhimmel.« Die Exaktheit wollte er durch Anwendung mathematischer Methoden erreichen. Hierin hatte er nur geringen Erfolg, bereitete aber die Wendung der Psychologie zum Quantitativen und Meßbaren damit vor.

Herbart wollte die Psychologie zur strengen empirischen Wissenschaft machen. In dieser Hinsicht ist sein Einfluß nicht leicht zu überschätzen. Doch unterscheidet er sich in einem von seinen gleich zu behandelnden Nachfolgern: er suchte nicht nach einer physiologischen Grundlage für die psychischen Prozesse und Gesetze. Er wollte seine mathematischen Methoden unmittelbar auf die seelischen Prozesse anwenden.

3. Anfänge der Experimentalpsychologie auf physiologischer Grundlage

Wir haben bisher die Psychologie hauptsächlich aus der Philosophie herauswachsen sehen. Jetzt müssen wir die zweite Wurzel neben dieser ins Auge fassen. Das sind die biologischen Wissenschaften, insbesondere die Physiologie. Ich habe die Entwicklung dieser Wissenschaft früher in ihren wichtigsten Schritten verfolgt. Es ist kein Zufall, daß die Entfaltung einer Psychologie auf biologischer und physiologischer Grundlage erst jetzt in größerem Stil begann. Die Wissenschaften vom Leben mußten erst einen entsprechenden Stand erreicht haben. Wir finden hier Comtes und Spencers Lehre von der aufeinanderfolgenden Entfaltung der Hauptzweige der Wissenschaft bestätigt: Die Biologie bedurfte zu ihrem Aufschwung im 19. Jahrhundert eines zureichenden Entwicklungsstandes der Physik und der Chemie. Die Psychologie wiederum bedurfte einer ausreichenden biologischen Grundlage.

Zwei Forschungsgebiete der Biologie mußten vor allem für die Psychologie bedeutsam werden: die Entwicklungslehre und die Physiologie. Die Auswirkung Darwinscher Gedanken in der Psychologie habe ich bereits bei Darwins größtem Fortsetzer in dieser Beziehung, Francis Galton, erwähnt. Ebenso bahnbrechend für die Anwendung des Entwicklungsgedankens in der Psychologie wirkte Spencer. Der Blick wurde auf die Betrachtung fortlaufender Entwicklungsreihen durch lange Zeiträume gelenkt, auf die Entwicklung des einzelnen Lebewesens, auf die exakte Erfassung individueller Unterschiede.

In der Physiologie habe ich das Werk einiger ihrer Größten wie Johannes Müller und Hermann von Helmholtz bereits genannt. Aus diesem Grunde will ich auf diese Männer hier lediglich noch einmal hinweisen und statt ihrer einige andere Forscher betrachten, die bisher noch nicht genannt wurden.

WEBER Der wichtigste Ausgangspunkt war die Physiologie der Sinnesorgane. Die Sinnesorgane sind die Stellen, an denen sich »Innen« und »Außen« berühren. Jeder Vorgang sinnlicher Wahrnehmung hat eine äußere, physiologische, und eine innere, psychologische Seite. Physiologie und Psychologie berühren sich hier so eng, daß eine scharfe Grenzziehung fast unmöglich ist.

Seit alters hatte sich die Forschung vornehmlich, ja fast ausschließlich, mit den sogenannten höheren Sinnen – dem Gesicht und dem Gehör – befaßt. Es ist eines der Hauptverdienste Ernst Heinrich *Webers* (1795 bis 1878), der Professor der Anatomie und Physiologie in Leipzig war, ein genaues Studium der niederen Sinne eingeleitet und der Forschung damit ein weites Neuland erschlossen zu haben.

Weber ging stets von Experimenten aus. Einer seiner ebenso einfachen wie berühmt gewordenen Versuche für den Geruchsinn bestand darin, daß er sich eine zehnprozentige Lösung von Kölnisch Wasser in die Nase goß und sie durch Neigen des Kopfes in unmittelbare Berührung mit der Nasenschleimhaut brachte, um zu ermitteln, ob die Geruchsempfindung durch flüssige oder durch gasförmige Substanzen hervorgerufen wird. Er fand, daß die Flüssigkeiten diese Wirkung nicht haben.

In anderen Versuchen erforschte er den Temperatursinn. Er tauchte eine Hand in kaltes Wasser, die andere in heißes, darauf beide in lauwarmes. Die Hand, die im kalten Wasser gewesen war, empfand das lauwarme Wasser als warm, die andere als kalt. Weber schloß daraus: Die Empfindung von Wärme und Kälte hängt nicht direkt von der absoluten Temperatur des berührten Gegenstandes ab, sondern davon, ob die Temperatur der Haut durch die Berührung erhöht oder vermindert wird.

Andere Untersuchungen Webers gingen auf die Frage: Um wieviel müssen zwei gleichartige Sinnesreize (zeitlich oder räumlich) auseinanderliegen, damit wir sie als zwei getrennte Reize unterscheiden können? Bis zu welcher Grenze können wir z. B. hören, ob die Tickgeräusche zweier Taschenuhren zusammenfallen oder nicht? Um wieviel muß die eine von zwei Linien, die der Versuchsperson gleichzeitig gezeigt werden, länger sein, damit sie sie als verschieden lang erkennt? Wie ist es, wenn die Linien nicht gleichzeitig, sondern nacheinander präsentiert werden?

Einen berühmten Versuch im Rahmen dieser Fragestellung machte Weber für die Tastempfindung. Die Haut der Versuchsperson wird gleichzeitig und dicht beieinander durch zwei spitze Gegenstände berührt. Wie weit müssen die beiden Spitzen auseinander sein, um die Empfindung zweier getrennter Berührungen hervorzurufen? Es zeigte sich, daß sehr dicht beieinanderliegende Berührungen als eine empfunden werden. Rückt man die Spitzen schrittweise auseinander, so entsteht zunächst eine gewisse Unsicherheit bei der Versuchsperson, ob ein oder zwei Berührungen stattfinden. Jenseits einer bestimmten Grenze oder Schwelle werden die Berührungen deutlich als zwei verschiedene wahrgenommen. Diese Schwelle – ein wichtiger, von Weber erstmals systematisch angewandter Begriff – ist verschieden für verschiedene Teile der Körperoberfläche. Das feinste Unterscheidungsvermögen liegt in den Fingerspitzen und der Zungenspitze. Es ist weniger fein an den Lippen, noch weniger auf der Handfläche, wesentlich weniger auf dem Arm und anderen Körperteilen. Das Ergebnis ließ sich verhältnismäßig glatt durch die verschiedene Dichte der Nervenenden in verschiedenen Körperteilen erklären; weniger glatt die gleichzeitig ermittelte Tatsache, daß das Unterscheidungsvermögen für solche Reize durch Übung gesteigert werden kann.

Weber schied erstmals klar verschiedene Arten von Sinneswahrnehmungen, die man bis dahin ziemlich unklar als Tastempfindungen zusammengeworfen hatte, nämlich den Temperatursinn, den Sinn für Druckempfindungen und für Schmerzempfindungen. Die Aufnahmeorgane hierfür liegen in der Haut. Daneben stellte Weber den Muskelsinn, dessen Aufnahmeorgane im Innern des Körpers in den Muskeln liegen. Wie wichtig dieser Sinn ist, zeigte er durch eine Versuchsreihe über das richtige Beurteilen von Gewichten und Gewichtsunterschieden. Wir können Gewichte wesentlich genauer beurteilen und unterscheiden, wenn wir sie mit Muskelkraft anheben, als wenn wir nur ihren Druck auf die ruhende Hand empfinden. Um den bloßen Druck eines Gewichtes einwandfrei als schwerer zu erkennen als den eines vorher gefühlten, muß das zweite rund $1/4$ schwerer sein als das erste. Heben wir die Gewichte an, so können wir noch eine Gewichtsdifferenz von etwa $1/30$ unterscheiden.

Hierin liegt bereits eine allgemeine Erkenntnis von großer Tragweite ausgesprochen: Unser Unterscheidungsvermögen ist nicht abhängig von der absoluten Größe der Differenz, sondern vom relativen Verhältnis der beiden Reize. Heben wir zuerst 60 Gramm, so muß ein anderes Gewicht mindestens 2 Gramm schwerer sein, um als solches empfunden zu werden. Heben wir zuerst 600 Gramm, so muß das zweite Gewicht 20 Gramm schwerer sein. Diese Erkenntnis übertrug Weber – manchmal

etwas voreilig – auch auf andere Sinne. Sie wird als »Webersches Gesetz« bezeichnet.
Weber ist mit diesen Untersuchungen der Begründer eines wichtigen Wissenszweiges, den man – mit einem von Weber noch nicht gebrauchten Namen – als Psychophysik bezeichnen kann.

FECHNER Gustav Theodor *Fechner* (1801–1887) gab mit seinen 1860 erschienenen *Elementen der Psychophysik* der neuen Forschungsrichtung einen Namen und zugleich einen neuen starken Impuls. Von früher Jugend an suchte er nach einem philosophischen Gesamtbild, dem er schließlich im Alter eine feste Gestalt zu geben vermochte. Für Fechner selbst waren seine experimentellen Arbeiten ein notwendiger und folgerichtiger Bestandteil seines philosophischen Strebens. Die auf ihn folgende Psychologie dagegen hat diese Arbeiten ergriffen und ausgewertet, ohne sich viel um die spekulativ-philosophische Grundlage zu kümmern, und auch ich muß diese hier außer Betracht lassen. Fechner einfach einen Schüler Webers zu nennen, wäre ungerecht, weil er mit seinen entscheidenden Versuchsreihen schon begonnen hatte, als er Webers Werk kennenlernte.
Fechner hatte Physik, Chemie und Medizin studiert; er war mit der exakten Naturwissenschaft seiner Zeit ebenso vertraut wie mit der orientalischen Philosophie. Unablässig suchte er nach einem Wege, zwischen der physischen und der geistigen Seite des Universums eine eindeutige und faßbare Beziehung aufzufinden. Bei diesem Suchen stieß er auf die Alltagserfahrung, daß die Intensität einer Empfindung nicht in einfacher linearer Abhängigkeit zur Stärke des entsprechenden Reizes steht. Vielmehr scheint, um die Intensität der Empfindung in einfacher arithmetischer Progression ansteigen zu lassen, der Reiz selbst in geometrischer Progression ansteigen zu müssen.
Fechner begann eine Serie von Experimenten, um diese einfache mathematische Relation zu erhärten. Dabei wurde er auf das Werk Webers aufmerksam. Er erkannte sofort, daß das Webersche Gesetz etwas Ähnliches aussagte wie seine Ausgangsannahme. Sogleich machte er dieses Gesetz zu seinem leitenden Prinzip. Ein Jahrzehnt lang machte er Versuch auf Versuch, um die Tragweite des Grundgedankens zu prüfen – davon allein 67 000 Versuche mit Anheben und Vergleichen von Gewichten –, bis er mit seinen »Elementen der Psychophysik« an die Öffentlichkeit trat. Der Hauptwert des Werkes besteht darin, daß es zahlreiche Testmethoden zur genauen Ermittlung von Wahrnehmungsschwellen für die verschiedenen Sinne darbietet. Die meisten Beispiele handeln allerdings von Tastempfindungen, weil Fechner diese beim damaligen Stand des Wissens für am leichtesten und genauesten meßbar erachtete. Fechner entwickelte dazu statistische Methoden, um aus einer Vielzahl von Versuchen zu gültigen Mittelwerten zu kommen.
Ein wichtiges, von Fechner selbst ausgebautes Anwendungsgebiet dieser Gedanken ist die Lehre von den Fehlergrenzen der Beobachtung bei wissenschaftlichen Versuchen oder Messungen. Sie spielt eine große Rolle

z. B. für die Astronomie. Hier hatten bedeutende Astronomen bereits von sich aus erkannt, daß einzelne Beobachter veranlagungsgemäß schon eine verschiedene Fähigkeit zum genauen Messen und Ablesen mitbringen, und daß diese Fähigkeit unter äußeren und inneren Einflüssen schwanken kann. Die Psychophysik brachte die Ergänzung zu dieser Erkenntnis, indem sie zeigte, welche Reizdifferenzen überhaupt von unseren Organen auseinandergehalten werden können.
Die nachfolgende Forschung hat die einfachen Grundannahmen Fechners nicht bestätigen können, verdankt ihm aber wertvolle Anregungen und reiches Beobachtungsmaterial. Das gilt insbesondere für den eigentlichen Begründer der Experimentalpsychologie, Wilhelm Wundt.

LOTZE Was für Fechner gesagt wurde: daß er einer der führenden philosophischen Denker des Jahrhunderts war und daß seine psychologischen Arbeiten nur einen Ausschnitt aus seinem Gesamtwerk darstellen, gilt in demselben Maße für Rudolf Hermann *Lotze* (1817–1881). Lotze war Mediziner und Philosoph. Er wirkte als Professor der Philosophie in Göttingen.
Die Psychologie verdankt Lotze zunächst eine wesentliche Klarstellung und Abgrenzung. Die Psychologie grenzt auf der einen Seite an die Philosophie und ihre Disziplinen, insbesondere Logik, Erkenntnistheorie, Wertlehre und Ethik; auf der anderen Seite an die Physiologie. Wo die Grenzen im einzelnen liegen, war und ist sehr umstritten. Die Philosophie kann über die Grenze greifen und der Psychologie ihr eigenes Recht streitig machen etwa mit dem Anspruch: geistige Prozesse zu erforschen sei Aufgabe der Philosophie, und die Verknüpfung mit der Physiologie habe obendrein für solche Erforschung keinen Erkenntniswert. Umgekehrt kann Psychologie auftreten mit dem Anspruch, alle Philosophie in Psychologie aufzulösen. Das bedeutet, daß logische Gesetze, Erkenntniskritik, ethische Werte allein auf psychologische Erlebnisse, Prozesse, Entwicklungen zurückgeführt werden. Auf diese Weise wird die Psychologie zur Grundlage der Philosophie und darüber hinaus u. U. aller Geisteswissenschaften. Das ist der Anspruch des sogenannten Psychologismus. An diesem Anspruch scheiden sich die Geister in Philosophie und Psychologie. Es gibt radikale Psychologisten, es gibt ebenso radikale Gegner des Psychologismus, und es gibt Denker mit einer vermittelnden Position. Lotze lehrte: Die Verknüpfung der psychischen Prozesse mit physiologischen Vorgängen besteht zu Recht und ohne Ausnahme. Psychologie ist eine Wissenschaft vom Verhalten des lebenden Organismus. Auf der anderen Seite besagt die Tatsache dieser Verknüpfung und das Bestehen physikalischer und chemischer Gesetze noch gar nichts über das eigentliche Wesen und den Sinn psychischer Vorgänge. Wie eine Sinnesempfindung zustande kommt, kann exakt erforscht werden; aber das Ergebnis besagt noch nichts z. B. über die Bedeutsamkeit dieser Empfindung im inneren Sinnzusammenhang unseres Lebens. Die Gesetze der Gedankenassoziation können empirisch erforscht werden. Aber die Ergebnisse besagen noch nichts über die Frage, wie wir denken

müssen, um logisch richtig zu denken usw. In diesem Sinne ist Lotze also Anti-Psychologist; und das ist kein Wunder bei einem Mann, der nicht nur Psychologe, sondern auch Metaphysiker war.

Zwei wichtige Einzelbeiträge Lotzes zur Psychologie will ich noch hervorheben. Der eine bezieht sich auf die Emotionen. Lotze verknüpfte als einer der ersten Gefühlsregungen mit ihrem körperlichen »Ausdruck« in Pulsschlag, Atmung, Körperhaltung und -bewegung, Gesichtsausdruck, Sprache usw. Er bereitete damit den Weg für das spätere Studium dieser Zusammenhänge, insbesondere durch William James.

Der andere Beitrag Lotzes bezieht sich auf die psychologische Erklärung der Raumvorstellung und Raumwahrnehmung, eine der schwierigsten und am meisten umstrittenen Fragen der Sinnespsychologie und der Erkenntnislehre. Ist die Raumvorstellung eine reine, a priori vorhandene, uns also von vornherein mitgegebene Form unserer Anschauung, wie Kant lehrte? Oder ist sie etwas Erworbenes, etwas, das jeder neugeborene Mensch erst von neuem aus der Koordination bestimmter Eindrücke und Erfahrungen erwerben muß? Berühmte Physiologen wie Johannes Müller hatten eine vermittelnde Stellung zwischen diesen beiden Standpunkten eingenommen und gelehrt, die Raumvorstellung entstehe im Zusammenwirken zwischen einem ursprünglichen undifferenzierten Sinn für körperliche Ausgedehntheit und einem Lernvorgang.

In dieser allgemeinen Form ausgesprochen, konnte das allerdings nicht erklären, in welcher Weise sich nun tatsächlich die einheitliche und geordnete Raumvorstellung aus zahllosen Einzelwahrnehmungen aufbauen soll. Auch war man bisher zumeist nur von der optischen Wahrnehmung ausgegangen und hatte Tastsinn und Muskelsinn vernachlässigt. Dies beides: eine präzise Vorstellung zu erarbeiten von dem Integrationsvorgang, der zur einheitlichen Raumvorstellung führt, und dabei den Tastsinn einzubeziehen – das war die Aufgabe, die sich Lotze stellte und die er in so glänzender Weise löste, daß seine Theorie bis heute Einfluß behalten hat.

Nach Lotze ruft jeder Lichtreiz, der auf die Netzhaut trifft, nicht nur eine (als solche unräumliche) qualitative Empfindung wie etwa Farbe oder Lichtintensität hervor, sondern daneben ein spezifisches Gewahrwerden desjenigen Punktes der Retina, der gerade gereizt wird. Die Empfindung, daß ein ganz bestimmter Punkt der Netzhaut gereizt ist, ist gekoppelt mit einem Reflex. Das Auge wendet sich reflexartig in eine Stellung, in der es den Reiz an der empfindlichsten Stelle aufnehmen kann, und damit räumlich in die Richtung, aus der der Reiz kommt. Diese Bewegung der Augenmuskeln nehmen wir mit dem Muskelsinn wahr. Für jeden etwa gereizten Punkt der Netzhaut muß das Auge eine etwas andere senkrechte oder waagerechte Schwenkung ausführen als für alle übrigen. Diese Muskelempfindungen sammeln sich im Laufe der Zeit zu einem Erfahrungsschatz. Jede neue Reizung ruft Assoziationen mit früheren Erfahrungen dieser Art hervor. Dadurch gewinnen die ursprünglichen nicht-räumlichen Reize allmählich für unsere Vorstellung einen räumlichen Charakter.

Nun ist noch der Tastsinn in Betracht zu ziehen. Auch hier gilt, daß wir nicht nur Qualitäten wie Wärme oder Druckintensität wahrnehmen, sondern auch, zumal Spannung und Krümmung der Haut in jedem Punkte der Körperoberfläche verschieden sind, Empfindungen der jeweils gereizten Körperstellen, die ähnlich wie die Gesichtseindrücke allmählich sich ansammeln, sich durch Assoziation untereinander und schließlich auch mit den visuellen Erfahrungen verbinden. Beim Blindgeborenen kann die Raumvorstellung allein aus der systematischen Entwicklung der Tast- und Muskelempfindungen geschaffen werden.

HERING Als ein letzter Ausschnitt aus der hier behandelten Entwicklung kann das Werk Ewald *Herings* (1834–1918) dienen. Hering, Professor der Physiologie in Prag, beschäftigte sich außer mit den Temperaturempfindungen – hier modifizierte er die Lehre Webers – hauptsächlich mit dem Farbensehen. Dabei wandte er sich, ausgehend von der Farbenlehre Goethes, in einem wichtigen Punkte gegen Helmholtz. Dieser war von drei Grundfarben (Rot, Grün, Blau) außer Weiß und Schwarz ausgegangen. Hering fand, es müsse vier solcher Farben geben, deren je zwei ein Paar bilden: Rot und Grün, Blau und Gelb. Diese Paare sind Komplementärfarben. Rot und Grün zusammen, Gelb und Blau zusammen, ergeben Grau, ebenso wie Weiß und Schwarz zusammen.

In der Retina sind drei verschiedene Arten von »Empfängern«. Die eine Art reagiert auf Rot und Grün, die zweite auf Gelb und Blau, die dritte auf Weiß und Schwarz. Im Rot-Grün-Rezeptor setzt grünes Licht einen bestimmten chemischen Prozeß in Gang, rotes Licht den gleichen Prozeß, aber in umgekehrter Richtung der chemischen Reaktion. Mit dieser Annahme kann man z. B. die Erscheinung des komplementären Nachbildes erklären. Blicke ich auf gelbes Licht und es erfolgt (angenommen) ein chemischer Abbau, schließe dann die Augen, so ruft der gleich eintretende chemische Wiederaufbau die Empfindung Blau hervor.

Eine schlagende Bestätigung erfuhr die Theorie Herings durch ihre Anwendung auf die Erscheinung der Farbenblindheit. Wenn Rot und Grün durch denselben Empfänger wahrgenommen werden, so ist es verständlich, daß Rot- und Grünblindheit zusammen auftreten.

4. Wundt

Was im Denken und Forschen der Männer, die ich hier als Beispiele angeführt habe, und vieler anderer, die hier übergangen sind, an Ansätzen entstanden war, wurde im letzten Viertel des Jahrhunderts im Geiste eines einzigen Mannes zusammengefaßt, gesichtet, ausgebaut, in ein System gebracht und als Basis und Impuls an eine neue Forschergeneration des ausgehenden 19. und des 20. Jahrhunderts weitergereicht. Dieser Mann war Wilhelm *Wundt* (1832–1920). Wundt studierte Medizin und Philosophie, war eine Zeitlang Assistent bei Helmholtz, dann Professor der Physiologie in Heidelberg und von 1875 bis an sein Le-

bensende Professor der Philosophie in Leipzig. Wundt war in seinem langen und reichen Leben – wie Nestor – Zeitgenosse dreier aufeinanderfolgender Generationen: Er wuchs auf im Zeitalter der Philosophie Hegels und Schopenhauers und in der Blütezeit der deutschen Physiologie um die Jahrhundertmitte. Er beherrschte – von seiner Berufung nach Leipzig bis 1900, als er die experimentelle Forschung aufgab und sich an die Ausarbeitung seiner zehnbändigen *Völkerpsychologie* machte – als Forscher und Lehrer die Psychologie Europas und zum Teil auch Amerikas. Er sah – in den ersten beiden Jahrzehnten dieses Jahrhunderts – seine zahlreichen Schüler sein Werk fortsetzen und die von ihm erarbeiteten Methoden ausdehnen auf Probleme und Gebiete, an die er kaum gedacht hatte. Daneben sah er in dieser Zeit neue Lehrgebäude und Schulen aufblühen, die den Blick in ganz neue Bereiche erschlossen.
Von den Werken Wundts sind für die Psychologie oder jedenfalls für den von uns hier betrachteten Zusammenhang am wichtigsten die *Grundzüge der physiologischen Psychologie,* die erstmals 1873 erschienen.
Wundt gehört, wie Fechner und Lotze, zu den herausragenden philosophischen Denkern des Jahrhunderts. Als Philosoph ging Wundt von der Hegelschen Geistphilosophie einerseits, vom Positivismus andererseits aus. Er versuchte, die Einseitigkeiten beider zu überwinden und sie dann, kritisch geläutert, zu einem einheitlichen System zusammenzuschließen. Auch für die Psychologie ist Wundts Leistung zunächst eine systematische. Jedoch, »Systeme kommen und vergehen, aber Experimente und Tatsachen bleiben bestehen« – dieser Satz, den man über die Entwicklung der meisten Wissenschaften schreiben könnte, gilt auch für Wundts Werk.
Wundt gehört keineswegs zu den Denkern, die wie etwa Sigmund Freud fast visionär neue bestürzende Ausblicke eröffnen, vielmehr ging er stets induktiv vor, zog seine Theorien mit Vorsicht und ständiger Bereitschaft zur Revision aus der Empirie ab. Seine bleibende Bedeutung beruht hauptsächlich auf seinen praktischen und organisatorischen Leistungen. Wundt begründete 1879 das erste psychologische Laboratorium der Welt. Damit erhielt die neue Wissenschaft gleichsam erst ihre äußere Legitimation und einen örtlichen Mittelpunkt. Hier studierten die meisten bedeutenden Psychologen der Folgezeit; hier wurden die Tausende von Experimenten durchgeführt, die, soweit sie erfolgreich waren, der Psychologie eine breite empirische Grundlage gaben, soweit sie scheiterten (was nicht selten war), doch andere zu neuen Versuchen anregten. Sein beständiges Streben nach Exaktheit veranlaßte Wundt, zunächst die Themen aufzugreifen, die nach dem damaligen Stand des Wissens dem Experiment und der Messung zugänglich erschienen.
Das war zunächst wieder die Physiologie und Psychologie der Sinne. Hier setzte Wundt, besonders in der Optik, das Werk Helmholtz' fort. Auch das zweite Thema war bereits von Helmholtz angegriffen worden: die Messung der Reaktionsgeschwindigkeit. Das dritte Gebiet ist die seit Fechner so genannte Psychophysik.
Besonders eingehend widmete sich Wundt der experimentellen Erfor-

schung von Assoziationsvermögen. Hier war Francis Galton vorausgegangen. Galton hatte als erster die Notwendigkeit erkannt, praktisch zu untersuchen, was für Assoziationen sich einstellen, in welcher Zeit, in welcher Häufigkeit – bevor man Assoziationsgesetze aufstellt. Er hatte 75 Wörter ausgewählt, sie auf einzelne Papierstreifen geschrieben. Er blickte jeweils auf ein Wort, maß mit der Uhr die Zeit, bis sich eine Assoziation dazu einstellte, und hielt diese fest. Er bemerkte, daß sich manchmal wieder ein Wort einstellte, manchmal aber auch ein Bild, das nicht mit einem Wort beschrieben werden konnte. Galton forschte nach der Herkunft der assoziierten Wörter oder Bilder, insbesondere ihrer frühesten Wurzel in seiner eigenen Erfahrung. Dabei fiel ihm die Häufigkeit von Assoziationen aus Kindheit und früher Jugend auf – einer der ersten Hinweise für die außerordentliche Bedeutung dieses Zeitabschnitts in der seelischen Entwicklung des Menschen.

Wundt schaltete, um der exakten Auswertbarkeit willen, die Bilder aus und veranlaßte seine Versuchspersonen, nur einzelne Wörter als Assoziationsprodukt zu geben. Er entwickelte Geräte, um die Reizwörter gleichmäßig darzubieten und die Reaktionszeit genau zu messen.

Aus langen Versuchsreihen gewann er allmählich eine Klassifizierung der Assoziationsformen, jedenfalls für die Wortassoziation. Zunächst schied er innere und äußere Assoziation. Innere ist gegeben, wenn die Assoziation aus dem Inhalt, dem Sinn des Reizwortes entsteht. Das ist der Fall, wenn die Versuchsperson mit einem sinngleichen Wort oder einer Definition antwortet (Idee – Gedanke); wenn sie einen übergeordneten Begriff (Hund – Säugetier), einen gleichgeordneten (Fliege – Mücke), einen untergeordneten (Hund – Dackel), einen entgegengesetzten (gut – böse) als Antwort bringt. Äußere Assoziation liegt vor, wenn der Zusammenhang auf äußerer (räumlicher oder zeitlicher) Nachbarschaft beruht (Streichholz – Schachtel; Kerze – Weihnachten) oder auf dem äußeren Klang des Wortes (Herz – Schmerz) oder auch auf bloßer Sprachgewohnheit (Art – Weise).

Diese Versuche Wundts wurden auch für die Psychiatrie nutzbar gemacht.

Einen beträchtlichen Teil seiner Arbeitskraft widmete Wundt einem Einzelgebiet der angewandten Psychologie: der Völkerpsychologie. Schon der äußere Umfang seiner einschlägigen Schriften zeigt das an: eine *Völkerpsychologie* in zehn Bänden, die *Elemente der Völkerpsychologie* und seine übrigen Aufsätze zum Thema gesammelt unter dem Titel *Probleme der Völkerpsychologie.* Auf diesem Gebiet ging Wundt allerdings nicht experimentell vor. Es handelt sich dabei vielmehr um eine psychologische Durchleuchtung und Interpretation von Material, das Wundt im wesentlichen anderen Wissenschaften entnahm: der Sprachwissenschaft, Ästhetik, Religionswissenschaft, Mythologie, vor allem aber der Geschichte, Vorgeschichte, Anthropologie und Ethnologie. Wundt versuchte hier einen Längsschnitt durch die ganze Menschheitsentwicklung zu legen und insbesondere deren früheste Stadien psychologisch zu verstehen. Den stärksten Widerhall, freilich vorwiegend in der Form heftiger Ablehnung, fanden Wundts Gedanken über die Sprache. Wundt glaubte, in den Sprachen der sogenannten primitiven Völker den besten Schlüssel zur Erkenntnis ihres Seelenzustandes zu besitzen und aus jeder dieser Sprachen die Eigenheiten des Volkes ablesen zu können, das sie spricht. Er verkannte dabei die außerordentlich verschlungenen Wege von Sprachen und Sprachbestandteilen von Volk zu Volk. So wurde vieles von seinen Theorien von der Folgezeit wieder über Bord geworfen; ihr bleibender Erfolg war aber die Herstellung eines außerordentlich fruchtbaren Kontaktes zwischen der Psychologie und den eben genannten Wissenschaften. Der Einfluß Wundts als Lehrer wird deutlich, wenn wir hören, daß allein von den in diesem Abschnitt später zu nennenden Gelehrten Titchener, Hall, Kraepelin, Münsterberg und Külpe seine Schüler waren.

5. Ebbinghaus

Zu den wichtigsten Themen der Psychologie gehören der Lernvorgang und das Gedächtnis. Von Aristoteles über die Stoiker, Augustinus, Thomas, Descartes, Locke zu Herbart – um nur einige wichtige Namen zu nennen – hatten sie die Philosophen und Psychologen beschäftigt. In einem umfassenden Sinn hatte der schon genannte *Hering* das Gedächtnis dargestellt als eine allgemeine Funktion der organisierten Materie. Diesen Gedanken baute der Biologe Richard *Semon* (*Die Mneme als erhaltendes Prinzip im Wechsel des organischen Geschehens*, 1905) später weiter aus und verwandte ihn insbesondere auch zur Erklärung von Vererbungs- und Entwicklungsvorgängen. Aber was eigentlich am Anfang hätte stehen sollen: das Probieren und das Messen, also die Erarbeitung eines auf Beobachtung und Experimentieren gegründeten Wissens vom tatsächlichen Funktionieren des Gedächtnisses – das war, im ganzen gesehen, vernachlässigt worden. Als die Psychologie langsam experimentell wurde, beschränkte sie sich zunächst auf die Sinnesfunktionen und damit auf Probleme, die der Physiologie eng benachbart, die fast nur Anhängsel der Physiologie waren. Die sogenannten höheren Geistesfunktionen ebenfalls experimentell zu untersuchen, das hatten nur wenige versucht, und mit ganz unzureichenden Mitteln.

Das wurde mit einem Schlage anders mit dem Werk von Hermann *Ebbinghaus* (1850–1909). Ebbinghaus hatte nach dem Studium der Philosophie eine ganze Reihe von Jahren mit privaten Studien im In- und Ausland verbracht, als er in einem Pariser Antiquariat auf Fechners »Elemente« stieß. Mit einem Schlage sah er, daß hier die Grundlagen einer exakten Forschungsmethode gegeben waren, mit denen man auch die höheren geistigen Funktionen bearbeiten konnte. Ganz allein, ohne Verankerung in einer Universität, ohne Bekanntschaft mit den führenden Psychologen, machte er sich an die Arbeit, mit sich selbst als einziger Versuchsperson. Subjektive Fehlerquellen schaltete er durch statistische Auswertung einer großer Zahl von Versuchen weitgehend aus. Nach fünfjähriger Arbeit schrieb er 1885 ein Buch *Über das Gedächtnis*. Es ist eines der selbständigsten und originellsten Werke in der Geschichte der Wissenschaft.

Einen wichtigen Störungsfaktor, der alle bis dahin angestellten Gedächtnisexperimente wie die Francis Galtons behindert hatte, schaltete Ebbinghaus durch eine ebenso einfache wie geniale Erfindung aus: die Tatsache, daß praktisch jedes Wort unserer Sprache, das man für den Versuch verwendet, schon einbezogen ist in einen nicht faß- und berechenbaren Wust von Assoziationen. Ebbinghaus nahm statt der Wörter sinnlose Silben, jede zusammengesetzt aus zwei Konsonanten mit einem Vokal dazwischen, wie fab, git, tok, hem u. ä. Damit hatte er auf einmal gleichsam jungfräuliches Material, unbelastet durch vorher bestehende Assoziationen, mit dem sich auch mit verschiedenen Individuen unter vergleichbaren Bedingungen experimentieren läßt. 2300 solcher Silben lassen sich im Deutschen bilden.

Eines der ersten Ergebnisse war die Erkenntnis, welche außerordentliche Rolle der Wort*sinn* für die Gedächtnisleistung spielt. Ebbinghaus legte sich Listen solcher Silben an und verglich die Zahl der erforderlichen Wiederholungen, die er brauchte, bis er sie fehlerfrei auswendig konnte, mit gleichwertigem sinnvollen Material. Eine Strophe aus Byrons »Don Juan«, 80 Silben lang, mußte er neunmal repetieren, um sie auswendig zu lernen; eine Folge von 80 sinnlosen Silben dagegen fast achtzigmal!

Eine andere Versuchsreihe betraf die Frage, wie sich der Umfang des zu lernenden Stoffes auswirkt. Braucht man für das vollkommene Lernen eines sechzehnzeiligen Gedichts doppelt so lange wie für ein achtzeiliges? Es besteht keine so einfache Beziehung. Ebbinghaus fand, daß er bis zu sieben oder acht sinnlose Silben bereits nach einmaligem Durchlesen wiederholen konnte. Sobald er diese Spanne überschritt, stieg der erforderliche Lernaufwand rasch an. Für eine Liste von zehn Silben brauchte er bereits 13 Lesungen, für 24 Silben 44 Lesungen.

Ein anderes Problem führte Ebbinghaus zur Entwicklung seiner berühmten »Ersparnismethode«. Hat es eine Bedeutung wenn ich eine Liste, nachdem ich sie auswendig weiß, noch weiterstudiere? Das demonstriert folgender Vergleich: Ebbinghaus lernte mehrere Listen verschiedener Länge auswendig. Er ließ 24 Stunden verstreichen und ermittelte dann, wie oft er die Listen durchgehen mußte, um sie wieder zu beherrschen. Andere Listen las er, nachdem er sie bereits beherrschte, noch achtmal, 16mal usw. durch. Er brauchte am nächsten Tage, um sie wieder völlig zurückzurufen, bedeutend weniger Wiederholungen. Diese Ersparnis stand in eindeutigem linearem Verhältnis zu der Zahl der zusätzlichen Wiederholungen, die er am Vortage aufgewendet hatte.

Ein klares Ergebnis fand Ebbinghaus auch für die Frage: Pausenloses oder zeitlich verteiltes Lernen? Verteilung des Lernprozesses auf mehrere getrennte Zeitabschnitte ergibt wesentlich bessere Ergebnisse. Eine klare zahlenmäßige Festlegung eines Optimums für die Lernperiode und die Zwischenräume ist jedoch kaum möglich, weil zu viele andere Faktoren hier hineinspielen.

Wie schnell vergessen wir? Auch das konnte Ebbinghaus mit seiner Ersparnismethode gut messen. Er lernte Silbenlisten auswendig und ermittelte, wie viele Wiederholungen er brauchte, um sie nach 1, 2, 3 Stunden usw. wieder ganz zurückzurufen. Die Ergebnisse lassen sich in einer »Kurve des Vergessens« darstellen. Die Kurve zeigt deutlich, daß der größte Teil des »Schwundes« in den ersten Stunden eintritt. Danach fällt die Kurve nur sehr allmählich, d. h. das Vergessen geht sehr langsam vor sich.

Das Vergessen ist allerdings keineswegs eine bloße Funktion des Zeitablaufs. Mehrere andere Faktoren spielen mit. Einer davon ist die innere Einstellung der Versuchsperson. Was mit aktivem Interesse oder mit bestem Willen, zu lernen und zu behalten, aufgenommen wird, »sitzt« viel länger als das, was wir mehr oder weniger passiv aufnehmen. Ein anderer Faktor ist die Gefühlsbetonung von Vorstellungen; ein dritter die Wirkung des Schlafs und der bewußten geistigen Arbeit an anderen, nicht mit dem Versuchsmaterial zusammenhängenden Aufgaben. Intensive Beschäftigung mit anderen Aufgaben läßt das vorher Gelernte schneller vergessen.

Das Werk Ebbinghaus' regte zahlreiche weitere Forschungen auf diesem Gebiet an, so die von Georg Elias *Müller* (1850–1934). Ebbinghaus selbst war, ungeachtet der Beharrlichkeit, mit der er seine Untersuchungen über Lernen und Gedächtnis durchführte, ein unruhiger Geist. Er arbeitete danach auf zahlreichen anderen Gebieten wie der Theorie des Farbensehens, legte einen Grundstein zu den später entwickelten Methoden der Intelligenzprüfung und schrieb eines der einflußreichsten Lehrbücher der Psychologie.

6. Brentano und Stumpf. Külpe und die Würzburger Schule

Kann man Wilhelm Wundt als zentrale Gestalt und als Hauptbegründer der Experimentalpsychologie ansehen, so muß als Hauptbegründer der neueren Psychologie, soweit sie nicht experimentell ist, ein anderer Mann gelten, der der breiteren Öffentlichkeit noch weit weniger bekannt ist als Wundt: Franz *Brentano* (1838–1917, Neffe des gleichnamigen romantischen Dichters und Bruder des Volkswirtes Lujo Brentano), zunächst katholischer Priester und als solcher Professor der Philosophie in Würzburg; später, nachdem er im Zusammenhang mit dem Streit um das Dogma von der Unfehlbarkeit des Papstes – das er ablehnte – das Priestergewand abgelegt hatte und aus der Kirche ausgetreten war, Professor in Wien. In der Philosophie war Brentano Aristoteliker und erklärter Gegner Kants; Alexius *Meinong* (1853–1920) und Edmund *Husserl* (1859–1938), der Lehrer Martin *Heideggers*, sind stark von ihm beeinflußt.

Brentanos psychologische Hauptwerke heißen *Psychologie vom empirischen Standpunkte* (1874), *Untersuchungen zur Sinnespsychologie* (1907) und *Von der Klassifikation der psychischen Phänomene* (1911). Bezeichnet man Brentano als Gegenspieler des Experimentalpsychologen Wundt, so besagt das zunächst, die Psychologie Brentanos und seiner

Schule sei nicht experimentell. Das ist im großen und ganzen richtig, trifft aber doch noch nicht den wesentlichen Gegensatz. Dieser liegt vielmehr darin: Die Lehre Wundts ist eine Psychologie der Inhalte, die Brentanos ist jedoch *Aktpsychologie*.

Das hört sich einfach an, ist aber von großer Tragweite. Die psychischen Vorgänge, als »Akte« aufgefaßt, zeichnen sich nämlich durch eine besondere Eigenschaft aus, die Brentano »Intentionalität« nennt: in ihnen ist immer auf ein Etwas abgezielt, auf einen Gegenstand (der nicht wirklich zu sein braucht). Es ist etwas in ihnen »gemeint«. Wenn ich etwas Rotes sehe, so ist nicht die Farbe Rot das Psychische, sondern der Akt des Sehens. Aber dieser Akt steht zur Farbe Rot in jener eigentümlichen Beziehung der »Intentionalität«.

Brentano teilte die psychischen Akte in drei Hauptklassen: solche des Vorstellens, des Urteilens und der Gemütsbewegungen wie Lieben, Hassen, Wünschen.

Unter den Schülern Brentanos in der Psychologie verdient Carl *Stumpf* (1848–1936) Erwähnung, schon weil er sich im Grundsätzlichen an Brentano anlehnte, in der Methode aber durchaus experimentell vorging. Stumpf vereinte eine leidenschaftliche Liebe zur Musik mit einem tiefen psychologischen Interesse. Er fand einen Weg, beidem gerecht zu werden, in seiner Beschäftigung mit der Psychologie der Musik und der Tonempfindungen. Die Frucht dieser Studien war seine berühmte *Tonpsychologie* (1883/90).

Das Werk Oswald *Külpes* (1862–1915), eines Deutschbalten, der Professor in Würzburg und München war, verbindet ähnlich wie das Stumpfs die funktionelle Betrachtungsweise der Aktpsychologie mit der Experimentalpsychologie. Doch ging bei ihm die Entwicklung in umgekehrter Richtung vor sich: Während Stumpf von vornherein Schüler Brentanos war und sich später die experimentelle Methode zu eigen machte, ging Külpe von Wundt aus, kam aber im Verlauf und als Ergebnis seiner experimentellen Forschung zu Folgerungen, die der Aktpsychologie nahestehen.

Der Name Külpes ist in der Psychologie – Külpe ist auch als Philosoph bedeutend, namentlich in der Erkenntnislehre und Ästhetik – vor allem verknüpft mit der sogenannten Würzburger Schule, als deren Begründer er gilt. Külpe war das geistige Haupt, die greifbaren Ergebnisse der Schule wurden jedoch hauptsächlich von anderen Gelehrten erarbeitet und veröffentlicht, von denen Karl *Marbe* (1869–1952), Karl *Bühler* (geb. 1879) und Narziß *Ach* (1871–1946) hier genannt seien.

Die Leistung der Schule besteht vornehmlich darin, daß man »höhere« seelische Vorgänge wie die des Denkens, Urteilens und Wollens der experimentellen Untersuchung unterwarf und damit über das Programm Wundts hinausging, ähnlich wie Ebbinghaus es für das Gedächtnis getan hatte. Dabei ergab sich eine Reihe ganz neuartiger Einsichten, z. B. die Tatsache, daß Denkprozesse nicht einfache Ketten von Assoziationen sind, sondern im vorhinein durch eine Zielvorstellung geordnet ablaufen, die sich insbesondere aus der gestellten Aufgabe ergibt.

Die Ergebnisse der Würzburger Schule gaben einen wichtigen Anstoß zu der grundsätzlichen Neuorientierung der Psychologie, die das 20. Jahrhundert brachte. Man stieß an den verschiedensten Stellen auf Tatsachen, welche die Assoziationspsychologie als ungenügend erscheinen ließen und völlig neue theoretische Ansätze erforderten.

7. William James

DIE AMERIKANISCHE SZENE. PERSÖNLICHKEIT UND WERK Die Vereinigten Staaten sind in den letzten 75 Jahren neben Deutschland – oder genauer neben dem deutschen Sprachgebiet, denn Österreich und die Schweiz spielen eine wichtige Rolle – zum zweiten Brennpunkt psychologischen Forschens geworden. Die Beziehungen zwischen beiden Ländern auf diesem Gebiet sind außerordentlich eng. In den Anfängen war dabei Deutschland mehr der gebende Teil. Amerikaner studierten in Deutschland, hauptsächlich bei Wundt in Leipzig. Hugo *Münsterberg* (1863–1916), ein deutscher Schüler Wundts, wurde auf Veranlassung von James nach Harvard berufen und verbrachte dort die zweite Hälfte seines Lebens. Edward Bradford *Titchener* (1867–1927) war Engländer, hatte aber ebenfalls bei Wundt studiert und ging im gleichen Jahre wie Münsterberg (1892) nach den USA, um dort zu bleiben. James McKeen *Cattell* (1860–1944), ebenfalls Wundt-Schüler, ist einer der wichtigsten Vertreter der experimentellen Psychologie in den USA; er führte u. a. den Ausdruck »mental *test*« ein und gab wichtige Anregungen für die noch zu erwähnenden Intelligenz-Untersuchungen.
Auch für William *James* (1842–1910), den Senior der amerikanischen Psychologie, nimmt die deutsche Experimentalpsychologie einen wichtigen Platz ein. James war zwar kein Experimentator. Aber er kannte und erkannte, was in Deutschland geleistet war – auch er hatte in Deutschland studiert. Die deutschen Forschungsergebnisse machen allerdings für James nur einen Teil seiner Grundlagen aus. James vereinigte die Tradition deutscher, englischer und französischer Schulen. Dazu fügte er wichtige neue Bestandteile, die teils aus der amerikanischen Geisteshaltung, teils aus seiner Persönlichkeit zu verstehen sind.
James studierte Kunstgeschichte, Chemie, vergleichende Anatomie, Physiologie. In jungen Jahren nahm er an einer naturkundlichen Expedition zum Amazonas teil. Dort entdeckte er etwas, nämlich sich selbst. Er erkannte seine Berufung zur Philosophie. Als er Hochschullehrer geworden war, lehrte er Philosophie, Psychologie, Physiologie, zeitweise nebeneinander, zeitweise mit dem Schwergewicht auf einem dieser Gebiete.
Fast noch schwerer als bei anderen früher genannten Denkern ist es bei James, auf seine Psychologie einzugehen ohne Bezugnahme auf sein philosophisches Denken. In der Philosophie gilt James als einer der Hauptbegründer des Pragmatismus, der von vielen als ›die‹ amerikanische Philosophie angesehen wird. Der Pragmatismus ist eine praktische Philosophie. Er betrachtet alles Denken und Wissen als im Dienste des Lebens stehend, als ein Werkzeug, dessen Wert oder Unwert nur aus seinen

praktischen Ergebnissen zu beurteilen ist. Eine großzügige und echt amerikanische Unvoreingenommenheit zeichnet James aus. Er ist stets bereit, Erfahrungen aller Art gelten zu lassen. Die Schöpfung ist für ihn viel zu groß und zu reich, als daß wir sie ganz oder gar in einem System fassen könnten. Daraus ergibt sich eine große Toleranz. Unmöglich ist es, bei James zwischen Person und Werk zu scheiden.

Das Werk, das James als Psychologen berühmt gemacht hat, sind die *Prinzipien der Psychologie.* Als Sechsunddreißigjähriger schloß er mit seinem Verleger einen Vertrag und begann zu schreiben. Als Achtundvierzigjähriger vollendete er das Buch (ein Trost für viele Autoren). Die »Principles« sind eines der am glänzendsten geschriebenen Bücher der wissenschaftlichen Literatur. James war der ältere Bruder des Schriftstellers Henry James. Über beide ist gesagt worden: »Henry James schrieb Romane wie ein Psychologe; William James schrieb Psychologie wie ein Romancier.«

Die »Prinzipien« enthalten kein System. James war kein Systematiker. Sie sind eine Aneinanderreihung von Kapiteln über verschiedene Grundfragen, auf verschiedenen Quellen beruhend, zusammengehalten durch die Macht der Persönlichkeit, die aus ihnen spricht.

DER STROM DES BEWUSSTSEINS Erkennen ist analysieren und dabei in einzelne Elemente zerlegen – beweist das, daß diese Elemente auch vorhanden waren, bevor wir zu analysieren begannen? Im Gegenteil betont James, daß das Bewußtsein »ein Strom« ist. Es ist sein Hauptkennzeichen, daß es fließt, daß es fortschreitet. Es ist in jedem Augenblick eine Totalität, eine Ganzheit, und gerade das Fließende, das Unbestimmte, das Vorübergehende hat einen entscheidenden Anteil.

Kein Bewußtseinszustand kann jemals in voller Identität wiederkehren, weil jeder solche Zustand eine Funktion der psycho-physischen Ganzheit ist. Hiermit hat James einen Grundgedanken der gleich zu erwähnenden »Gestaltpsychologie« vorweggenommen.

Das Bewußtsein ist kontinuierlich, und zwar hat es Sinnkontinuität. Das Bewußtsein ist stets persönlich, jeder Gedanke ist an eine Person gebunden. Das Bewußtsein ist selektiv, auswählend. Nur ein winziger Bruchteil der insgesamt wirksamen Reize kommt ins Bewußtsein.

In dieser dynamischen und funktionellen Auffassung des Bewußtseins berührt sich James' Denken mit dem des bedeutenden dänischen Psychologen Harald *Höffding* (1843–1931). Beide Denker haben eine weitere Gemeinsamkeit darin, daß sie die am Rande des Bewußtseins und ganz außerhalb des Bewußtseins liegenden seelischen Inhalte mitbeachteten und eine Lehre vom Unbewußten aufbauten.

DIE JAMES-LANGE-THEORIE Eines der berühmtesten Kapitel betrifft die Emotionen. Überraschung, Neugier, Angst, Schrecken, Begierde – was ist das und wie verhält es sich zu den körperlichen Vorgängen, mit denen es einhergeht?

Unsere natürliche Denkweise über diese Durchschnittsemotionen ist, daß die geistige Wahrnehmung irgendeiner Tatsache den geistigen Affekt erregt, den wir Emotion nennen, und dieser letztere geistige Zustand den körperlichen Ausdruck entstehen läßt. Im Gegensatz dazu ist meine These, daß die körperlichen Veränderungen direkt der Wahrnehmung der erregenden Tatsache folgen, und daß unser Wahrnehmen derselben Veränderungen die Emotion ist. Der Alltagsverstand sagt: Wir verlieren unser Vermögen, sind traurig, weinen; wir treffen einen Bären, sind erschreckt, rennen fort; wir werden durch einen Rivalen beleidigt, werden wütend, schlagen zu. Die hier zu vertretende Hypothese sagt, daß diese Reihenfolge inkorrekt ist, daß der eine psychische Zustand nicht unmittelbar vom anderen hervorgerufen wird, daß die körperliche Manifestierung zunächst dazwischen liegen muß, und daß die richtigere Feststellung ist: Wir fühlen uns traurig, weil wir weinen; wütend, weil wir schlagen; ängstlich, weil wir zittern, und nicht: Wir weinen, schlagen oder zittern, weil wir traurig, wütend, ängstlich sind. Ohne die körperlichen Zustände, die auf die Wahrnehmung folgen, wäre diese rein erkennend, blaß, ohne Farbe, bar jeder Gefühlswärme. Wir würden dann den Bären sehen und uns entschließen, wegzulaufen, die Beleidigung empfangen und uns entschließen, zuzuschlagen; aber wir würden uns nicht wirklich erschreckt oder ärgerlich fühlen. In dieser rohen Form aufgestellt, wird die Hypothese ziemlich sicher sofortiger Ungläubigkeit begegnen. Und doch sind weder viele noch weit hergeholte Erwägungen erforderlich, um ihren paradoxen Charakter abzuschwächen und vielleicht die Überzeugung von ihrer Wahrheit hervorbringen . . .

Ein Jahr nach der ersten Veröffentlichung dieser These durch James trug der dänische Physiologe Karl Georg *Lange* (1834–1900) denselben Gedanken vor. Man bezeichnet deshalb diese Lehre als James-Langesche Theorie.

DIE RELIGIÖSE ERFAHRUNG In seinen späteren Jahren wandte sich James immer mehr zur Philosophie. Seine wichtigsten philosophischen Werke erschienen nach 1900. Gleichwohl blieb sein psychologisches Interesse immer wach. Es galt unter anderem der medizinischen Psychologie. Seine eigene stets gefährdete Gesundheit – James war in mehreren Perioden seines Lebens arbeitsunfähig und im Schatten des Todes – verstärkte dieses Interesse. James nahm weiter lebhaften Anteil an den Erscheinungen, die wir in Deutschland als Aufgabengebiet der Parapsychologie ansehen und deren Erforschung in den angelsächsischen Ländern unter dem Namen »Psychical Research« zusammengefaßt worden ist. Die berühmte englische »Society for Psychical Research« war 1882 gegründet worden. James gehört zu den Gründern einer ähnlichen Gesellschaft in Amerika. Er studierte eingehend die Erscheinungen der Telepathie. Einige seiner besten Arbeiten sind diesem Thema gewidmet.
Etwa um dieselbe Zeit hatte das psychologische Studium der Religion begonnen. Die religiöse Erfahrung ist freilich dem Experiment kaum zugänglich, aber die Selbstzeugnisse der großen religiösen Denker und Mystiker bieten der Psychologie einen reichen Stoff. Manche Autoren hatten der Beziehung zwischen der Religiosität und dem psychisch Abnormen großes Gewicht beigemessen. James bestand demgegenüber darauf, daß selbst der Nachweis dieses Zusammenhangs nichts aussage über den *Wert* der religiösen Erfahrung.
Gleichwohl besteht auch für James eine tiefreichende Beziehung der Re-

ligion zur Psychopathologie. Er unterscheidet psychologisch zwei grundverschiedene Typen der Religiosität. Der eine Typus ruht in geistiger Gesundheit. Er sieht die Welt als gut und erfreulich, das Übel als unbedeutend oder vorübergehend. Eine solche Auffassung verschließt sich aber der unleugbaren Realität des Bösen und der Lebensangst.

Die Religion der »kranken Seele« beruht demgegenüber auf dem untrüglichen Gefühl, daß etwas nicht in Ordnung ist, sowohl in der Seele wie in der Welt im ganzen. Die Seele leidet an der Welt und an sich selbst. Sie wird hin- und hergerissen zwischen der Einsicht in die göttliche Ordnung der Welt und in ihre Unvollkommenheit. Der innere Kampf führt schließlich zu einer Krise, in welcher einige Teile der Persönlichkeit ausgestoßen (d. h. ins Unbewußte verwiesen) werden. Das ist der psychologische Vorgang der »Bekehrung«. Sie ist eine Wandlung des Selbst, durch die sich die Seele ganz einem Ideal verschreibt, neben dem alle anderen wirkungslos werden.

Besonders eingehend studierte James die religiöse Erfahrung der Mystiker. Er sah in der mystischen Erfahrung eine Berührung mit Seiten des Seins, die wir mit den Sinnen oder dem Intellekt niemals erfassen können. Sie ist deshalb eine wertvolle und berechtigte Weise der Auseinandersetzung mit dem Sein, wenn sie auch immer nur einigen wenigen zuteil werden kann.

JAMES ALS LEHRER Wie Wundt in Deutschland, so wurde James in Amerika der Lehrer für die meisten bedeutenden Psychologen der Folgezeit. Granville Stanley *Hall* (1844–1924), der zweite große Pionier der Psychologie in Amerika, gehört zu ihnen. John *Dewey* (1859–1952), der zweite große Philosoph des amerikanischen Pragmatismus, knüpfte in seiner Psychologie an James an. James besaß das erste psychologische Laboratorium, sogar noch vor Wundt. In den achtziger Jahren wurden größtenteils unter seinem Einfluß in den USA serienweise solche Laboratorien begründet. In Europa war sein Einfluß eher noch mächtiger als in seinem eigenen Lande.

Heute, da die Psychologie und gerade die amerikanische weit vorangeschritten ist, gerade auf den Wegen des exakten Messens und Analysierens, die James für wenig aussichtsreich hielt, wirkt doch in unverminderter Stärke das Vorbild seiner Persönlichkeit. Jede Wissenschaft braucht neben denen, die säuberlich und Schritt für Schritt neues Land vermessen, die Seher, die neue Horizonte aufreißen, die den unendlichen Reichtum, die unfaßbare Vielfalt der Welt und der Seele erfüllen und ausdrücken. Zu ihnen gehört William James.

8. Verstehende Psychologie

Die mindestens für den deutschen Bereich wichtige und einflußreiche Richtung der »verstehenden Psychologie« geht auf Wilhelm *Dilthey* und dessen 1894 veröffentlichten Aufsatz *Ideen über eine beschreibende und zergliedernde Psychologie* zurück. Diltheys Psychologie ist wesentlich introspektiv und beschreibend, im Gegensatz zu den »erklärenden« Naturwissenschaften, und geht stets vom seelischen Gesamtzusammenhang aus. Zu den Vertretern dieser Richtung ist neben dem früher genannten Eduard *Spranger* auch der Philosoph Karl *Jaspers* (1883–1969) zu zählen, der wie Dilthey auch eine psychologische Typenlehre entworfen hat.

9. Blick auf die Psychiatrie

Die Lehre von den Geisteskrankheiten ist ein Bindeglied zwischen der Psychologie und der Medizin. Damit eine wissenschaftliche Lehre vom geistig Abnormen überhaupt entstehen konnte, bedurfte es einer Voraussetzung, die erst im 19. Jahrhundert erfüllt war: die Überzeugung mußte sich durchgesetzt haben, daß Geisteskranke nicht von Dämonen, bösen Geistern oder vom Teufel besessen sind, sondern kranke Menschen, die man als Menschen behandeln muß. Einzelne unabhängige Geister hatten zu allen Zeiten ihre Stimme in diesem Sinne erhoben. Wir erinnern uns, daß schon Hippokrates nachdrücklich die Epilepsie als eine Krankheit wie andere erklärt hatte. Aber solche Stimmen verhallten ungehört im Zeitalter des allgemeinen Hexenwahns vom 15. bis zum 17. Jahrhundert.

Die Aufklärung erhob ihre zu Vernunft und Menschlichkeit mahnende Stimme auch in dieser Frage. Den allmählichen Umschwung der öffentlichen Meinung und der Praxis herbeigeführt zu haben, ist das Verdienst einiger weniger, die einen Ehrenplatz in der menschlichen Geschichte verdienen. Der Franzose Philippe *Pinel* (1745–1826), zur Revolutionszeit Direktor des Pariser Asyls für Geisteskranke, erlöste die Geisteskranken aus ihren Ketten, in die man sie gleich Tieren zu legen pflegte. Er begann sie freundlich und vor allem individuell zu behandeln. Eine amerikanische Lehrerin, Dorothea *Dix* (1802–1887), widmete ihr ganzes Leben einem mit einzigartiger Energie geführten Feldzug für eine menschliche Behandlung der Geisteskranken, der Schwachsinnigen und der Insassen der Gefängnisse. Sie bereiste die Gefängnisse und Irrenanstalten, rüttelte das öffentliche Gewissen wach durch Schilderung der Zustände, die sie dort vorfand, und veranlaßte die gesetzgebenden Körperschaften zu Reformen, zuerst in ihrem Heimatstaat Massachusetts, dann in weiteren 19 amerikanischen Staaten. Dann reiste sie nach England und Schottland. Ihren Bemühungen gelang es, auch in Frankreich, Italien, Deutschland, Österreich, Rußland, Skandinavien, im Vorderen Orient und schließlich in Japan die Behandlung der Geisteskranken zu reformieren.

Damit kamen die Geisteskranken erst aus den Händen von Gefängniswärtern in die von Ärzten. Die ärztliche Wissenschaft konnte beginnen, die Erscheinungen zunächst zu beschreiben, unterscheiden zu lernen, zu klassifizieren – der erste Schritt zur eigentlichen Erforschung der Ursachen und zur Ausbildung einer entsprechenden Therapie.

Mit der Klassifizierung hatte schon Pinel begonnen. Im 19. Jahrhundert gelang Emil *Kraepelin* (1856–1926), einem Schüler Wundts, die erste umfassende Einteilung der Geisteskrankheiten in 15 Hauptgruppen, die zur Grundlage aller späteren geworden ist.

Für die Erforschung und Behandlung der Neurosen – der leichteren geistigen Störungen, für die keine organische Basis aufweisbar ist – spielt das Studium der Hypnose eine wichtige Rolle. Den Streit, der sich um Mesmer und seine Anhänger entzündet hatte, brachte James *Braid* (1795–1861) zu einem gewissen Abschluß, indem er nachwies, daß es sich bei der Hypnose um ernstzunehmende und des Studiums werte Phänomene handelt. Braid führte auch das Wort Hypnotismus ein. Durch Braid wurde, etwa von der Jahrhundertmitte ab, die Hypnose in der Medizin salonfähig.

Einen nächsten wichtigen Schritt taten Ambroise Auguste *Liébeault* (1823–1904) und sein Schüler Hippolyte Marie *Bernheim* (1840–1919), beide in Nancy. Sie verwandten die Hypnose zur Heilbehandlung und erzielten Erfolge in einigen Fällen von Hysterie. Die Krankheitssymptome wurden den Patienten gleichsam wegsuggeriert.

Jean Martin *Charcot* (1825–1893), einer der größten französischen Neurologen, setzte diese Arbeiten fort, wenn er auch eine etwas andere Auffassung der hypnotischen Erscheinungen vertrat. Charcot studierte besonders eingehend die Symptome der Hysterie und überzeugte die Wissenschaft, daß es sich bei ihr um eine ernstzunehmende Krankheit handelt. Charcots Schüler Pierre *Janet* (1859–1947) studierte unter Zuhilfenahme hypnotischer Mittel die Erscheinungen der sogenannten Persönlichkeitsspaltung und betrachtete die Hysterie als eine ihrer Formen.

An Charcot und Janet knüpft das Werk Sigmund Freuds an.

10. Ausblick auf zwei neuere Theorien

Die Psychologie gehört zu den Wissenschaften, deren reiche Entfaltung im 20. Jahrhundert das meiste von dem, was das 19. geleistet, im Rückblick als bloße Vorstufe erscheinen läßt. Die Beispiele, die in den nun folgenden beiden letzten Teilen dieses Abschnitts zusammengestellt sind, sollen einen gewissen Eindruck von diesem Reichtum vermitteln.

BEHAVIORISMUS Wie die übrigen hier aufzuführenden Schulen ist der Behaviorismus ein Kind des 20. Jahrhunderts und hat doch eine weit zurückreichende geistige Ahnenreihe. Der Behaviorismus ist eine »objektive« Psychologie, die kein Bewußtsein kennt. Das Streben nach einer solchen objektiven Psychologie, die also jegliches »subjektive« Element, insbesondere Selbstbetrachtung, Selbstschau (Introspektion) ausschließt, läßt sich bis zu den Griechen zurückverfolgen; es läßt sich auffinden bei René Descartes, der jedenfalls die Tiere als bloße Automaten ansehen wollte, und anderen. Gleichwohl erwuchs der moderne Behaviorismus nicht als denkerische Fortentwicklung solcher geschichtlicher Wurzeln, die er vielmehr erst rückblickend als die seinen erkannte und anerkannte, sondern aus dem Versuch, bestimmte Aufgaben der praktischen Forschung, insbesondere an Tieren, zu lösen.

Dabei wirkten mehrere Forschungsrichtungen zusammen. Der große Physiologe Jacques *Loeb* (1859–1924) studierte die sogenannten Tropismen. Darunter versteht man Bewegungen von Pflanzen und Tieren, die durch physikalische und chemische Ursachen hervorgerufen werden. Eine bekannte Gruppe dieser Erscheinungen ist der Heliotropismus, das Streben der Lebewesen zu Licht und Sonne. Man unterscheidet daneben z. B. Geo-, Thermo-, Chemo-, Galvanotropismus. Loeb veröffentlichte 1909 sein Buch *Die Bedeutung der Tropismen für die Psychologie.* Loeb war deutscher Abkunft, wirkte aber hauptsächlich in den Vereinigten Staaten, vor allem am berühmten Rockefeller-Institut in New York. Die Pflanzen- und Tierpsychologie ist sozusagen naturnotwendig darauf angewiesen, nach objektiven Maßstäben und Methoden zu suchen. Auch die *Umweltlehre* von Jakob von *Uexküll* (1864–1944) hat so einen »objektiven« Zug.

Noch wichtiger für den Behaviorismus wurden die Forschungen des Russen Iwan Petrowitsch *Pawlow* (1849–1936). Pawlow ging aus von der Physiologie der Verdauung; er erhielt den Nobelpreis für seine Forschungen auf diesem Gebiet. Von da aus kam er zu Studien über das tierische Verhalten. Er arbeitete hauptsächlich mit Hunden. Er ließ z. B. jedesmal, wenn er einen Hund fütterte, eine Glocke, eine Stimmgabel von bestimmter Höhe oder ähnliches ertönen. Allmählich verband sich für den Hund dieses Zeichen so fest mit der Nahrungsaufnahme, daß die Speichelabsonderung, die normalerweise mit dem Anblick oder dem sonstigen Wahrnehmen der Nahrung einhergeht, durch das Zeichen allein in Gang gesetzt wurde, auch wenn keine Nahrung gegeben wurde. Das ist der »conditioned reflex«, der bedingte Reflex. Pawlow erforschte die Anzahl der Wiederholungen, die erforderlich sind, um einen solchen Reflex aufzubauen, den Einfluß gleichzeitiger störender Reize auf den Ablauf, oder auch z. B. das Unterscheidungsvermögen des Hundes für verschiedene Tonhöhen in diesem Zusammenhang.

Ein Landsmann Pawlows, Wladimir Michailowitsch *Bechterew* (1857 bis 1927), arbeitete in ähnlicher Richtung, erforschte auch menschliche Denk- und Lernvorgänge mit »objektiven« Methoden. Er schrieb 1907 ein Buch mit dem Titel *Objektive Psychologie.*

Begründer des Behaviorismus als einer eigentlichen Schule ist der Amerikaner John Broadus *Watson* (1878–1959). Watson hatte schon selbständig als Tierpsychologe gearbeitet, als er das Werk Pawlows und Bechterews kennenlernte. Er hatte auf der einen Seite die praktische Fruchtbarkeit rein objektiver Methoden auf seinem eigentlichen Arbeitsgebiet erfahren. Auf der anderen Seite störte ihn der Unsicherheitsfaktor, den alle auf Introspektion beruhenden psychologischen Untersuchungen an sich tragen. Watson beschloß deshalb, die Psychologie neu zu begründen als eine rein objektive Lehre vom »behavior«, d. h. vom Verhalten des lebenden Organismus. Das Verhalten kann rein objektiv beschrieben werden. Begriffe wie »Empfindung«, »Wahrnehmung«, »Zweck«, »Wunsch«, »Vorstellung«, ja der Begriff »Bewußtsein« selbst sind dagegen unbrauchbar und schädlich. Sie sind aus dem Wörterbuch der Psychologie zu streichen. Der einzige wissenschaftliche Weg zu einer Psychologie ist Beobachtung und Beschreibung von Reiz und Reaktion. Watson legte seine Lehre der Öffentlichkeit zuerst 1913 in einem Aufsatz *Psychologie, wie sie der Behaviorist sieht* vor. Ein Jahr später erschien sein Buch *Behavior, eine Einführung in die vergleichende Psychologie;* 1919 das Lehrbuch *Psychologie vom Standpunkt des Behavioristen.* Von dieser ersten Darlegung der Grundthese in Watsons Programmschriften an nahm der Behaviorismus einen schnellen Aufstieg. Er breitete sich besonders in den Vereinigten Staaten aus; aus mannigfachen Gründen kommt er dem Geschmack und der Geisteshaltung des Amerikaners in besonderem Maße entgegen. Fruchtbare Anwendungen ergaben sich für die Kinderpsychologie; auch die Psychopathologie wurde bald einbezogen.

Indem der Behaviorismus nach und nach fast alle herkömmlichen Arbeitsgebiete und Probleme der Psychologie einbezog, wurde es notwendig, die ganze bisherige Psychologie sozusagen umzuschreiben und in die Sprache des Behaviorismus zu übersetzen. Daß das möglich war, beweist allein schon seine Fruchtbarkeit. Zum Teil war dazu nicht mehr erforderlich, als Termini durch andere zu ersetzen. Zum anderen Teil ergaben sich dabei schwerwiegende Probleme. Wie ist es z. B. mit den Denkprozessen? Können auch sie rein objektiv vom Verhalten her erfaßt und studiert werden? Dafür ist die Beziehung des Denkens zur Sprache grundlegend. Sprechen ist natürlich ein »Verhalten«. Ein großer Teil unseres Denkens ist aber nichts anderes als lautloses Sprechen. Es geht einher mit fast unmerklichen Innervationen der Sprechorgane, insbesondere des Kehlkopfes und der Zunge. Das Kind lernt Denken überhaupt nur im Einklang mit (lautem) Sprechen. Allmählich lernt es – unter dem Druck seiner Umgebung – denken, ohne laut zu sprechen; dabei bleiben aber die Sprechbewegungen in Ansätzen, also in ständigen Spannungsschwankungen der Sprachorgane, bestehen. Damit kann zunächst der Denkprozeß, soweit er sich in Worten vollzieht, als (verborgener) Sprechvorgang und damit als »Verhalten« dargestellt werden. Andere Formen des Denkens sind nicht wortgebunden, aber hier treten an die Stelle der Sprechwerkzeuge andere Organe, und das Denken geht einher mit Innervationen von Körperbewegungen, Gesten, also Bewegungen der Hände, Beine, der Rumpfmuskulatur, des Kopfes, insbesondere auch der Augen. (Schon Helmholtz hatte die Bewegungen des Auges studiert.) Solche Bewegungen gehen – nach Watson – bei verwickelteren Denkvorgängen in der Regel zusammen mit solchen der Sprechwerkzeuge.

»Denken« wird damit für den Behavioristen aus einer Folge von »Ideen«, verknüpft durch Assoziationsgesetze, zu einer Folge von Bewegungsreflexen, verbunden nach den Gesetzen von Reiz und Reaktion. In den wenigen Jahrzehnten seit seiner ersten Formulierung durch Watson hat der Behaviorismus eine große Reihe wertvoller Untersuchungen hervorgebracht und sich dabei bereits in mehrere Schulen aufgespalten. Heute verstehen viele Psychologen unter Behaviorismus eher eine bestimmte Art zu forschen und zu beschreiben – eine Methode also – als ein fest umrissenes theoretisches Gebäude.

GESTALTPSYCHOLOGIE Beginnen wir hier mit dem Namen, mit dem Schlüsselwort »Gestalt«. Was soll »Gestalt« hier bedeuten? Man nähert sich dem Begriff am leichtesten von einer Erkenntnis aus, die schon fast ein Gemeinplatz ist: Das Ganze ist mehr als die Summe seiner Teile. Wenn ich eine Landschaft sehe, so sehe ich sicherlich Berge, Bäume, Himmel, Wolken, Figuren – aber mein Eindruck ist mehr als die Summe dieser Details, er besteht gerade im Zusammenklang der Einzelheiten zu einer Ganzheit. Wenn ich einer Melodie lausche, so höre ich sicherlich eine Folge von Tönen a, h, c usw. Aber die Melodie ist mehr als eine bloße Summe von Einzeltönen. Sie ist eine Ganzheit, eben eine »Gestalt«. Wie sollte ich auch sonst die gleiche Melodie wiedererkennen können, wenn sie einmal gesungen, einmal gepfiffen, einmal gespielt von Instrumenten erklingt, dazu in verschiedener Tonlage, so daß kein einziges Element vom einen zum anderen Fall gleichbleibt?
Es wäre zu verwundern, wenn diese einfache Erkenntnis nicht von jeher den Denkern aufgestiegen wäre. In der Tat findet sich der Satz, daß das Ganze mehr sei als die Summe der Teile, schon beim alten chinesischen Philosophen Lao Tse. Und er findet sich wieder von den vorsokratischen griechischen Philosophen bis ins 18. Jahrhundert bei zahllosen Autoren, die Fragen des Seelenlebens behandeln, und ebenso bei den Dichtern. Schiller und Goethe haben ihn ausgesprochen.
Aber es ist ein ziemliches Stück Weges von einer allgemeinen, mehr oder weniger klaren Erkenntnis bis zu einer durchdachten und präzise formulierten Theorie und erst recht bis zu exakten psychologischen Experimenten über das »Gestalthafte« im menschlichen Seelenleben. Der erste Schritt wurde erst im 19. Jahrhundert, der zweite sogar erst im zwanzigsten getan.
Die Ausdrücke »Gestalt« und »Gestaltqualität« führte erstmalig der Deutsche Christian Freiherr von *Ehrenfels* (1859–1932) mit seiner 1890 erschienenen Arbeit *Über Gestaltqualitäten* in die psychologische Theorie ein. Ehrenfels benutzte das Wort »Gestaltqualität« zur Bezeichnung jener Eigentümlichkeiten von Wahrnehmungsinhalten, die an das jeweils Ganze geknüpft sind. »Gestalt« in diesem Sinne ist übrigens schwer in andere Sprachen zu übersetzen und daher z. B. ins Englische übernommen worden. Schon vor Ehrenfels hatte Ernst *Mach* (1836–1916) – ein österreichischer Physiker und Psychologe, der sich auch um die erkenntnistheoretische Grundlegung der Naturwissenschaften und um die Wissenschaftsgeschichte verdient gemacht hat –, ohne den Ausdruck »Gestalt« zu benutzen, den gleichen Sachverhalt an manchen Beispielen dargestellt. Auch Theodor *Lipps* (1851–1914) wird manchmal unter den engeren Vorläufern der Gestaltpsychologie aufgezählt.
Wie für den Behaviorismus mit den ersten Äußerungen Watsons, so kann auch für die Gestaltpsychologie der Augenblick genau bezeichnet werden, da sie als eigene Schule ins Leben trat. Es ist das Erscheinen von

Max *Wertheimers* (1880–1943) kleinem Aufsatz *Experimentelle Studien über das Sehen von Bewegungen* im Jahre 1912.

Wertheimer beschreibt da folgenden einfachen Versuch: Ein Lichtstrahl fällt durch einen schmalen senkrechten Schlitz auf einen Schirm. Einen Augenblick später fällt ein Lichtstrahl durch einen anderen Schlitz, der gegen den ersten um 20–30 Grad geneigt ist. Bei einem bestimmten Zeitintervall zwischen beiden Strahlen sieht die Versuchsperson den Lichtfleck sich von der ersten zur zweiten Stellung *bewegen.* Das Sehen von Bewegungen hatte Lotze erklärt aus der aufeinanderfolgenden Reizung benachbarter Punkte der Retina, der die Reizung verschiedener Gehirnteile entspricht. Diese Erklärung versagte hier. Wertheimer zog die Folgerung: Das Sehen von Bewegungen ist etwas Eigenes. Es ist seinem Wesen nach verschieden vom Wahrnehmen zeitlich getrennter statischer Reize. Niemals wird die Psychologie in der Lage sein, das Phänomen »Bewegung« aus solchen Einzelreizen abzuleiten und zu verstehen.

Allgemeiner gesprochen: Der ganze Weg der herkömmlichen Psychologie von den Elementen zum Ganzen ist falsch. Man muß *zuerst* das Ganze zu verstehen suchen. Das einzelne Element, wie der Ton in einer Melodie, erhält seine Attribute erst aus dem Zusammenhang des Ganzen, aus seinem Kontext gewissermaßen.

Darin liegt ein *Protest* gegen die alte experimentelle Psychologie. Ein solcher Protest war auch der Behaviorismus. Aber dies Negative ist ziemlich das einzige, was die beiden Bewegungen gemeinsam haben. Im Positiven, in dem Neuen, was sie an die Stelle des Alten setzen, sind sie ausgesprochene Gegensätze. Das zeigt sich in vielem: Die Gestaltpsychologie ist philosophiefreundlich. Der Behaviorismus verabscheut die Philosophie. Die Gestaltpsychologie behält den Begriff des Bewußtseins bei, der Behaviorismus verwirft ihn. Die Gestaltpsychologie verwirft den Assoziationismus, der Behaviorismus kleidet ihn in eine andere Gestalt. Gemeinsam ist beiden jedoch, daß sie eine Flut von fruchtbaren experimentellen Untersuchungen veranlaßt haben.

Bereits bei seinen ersten Versuchen wurde Wertheimer von zwei Gehilfen unterstützt, die bald darauf neben ihrem Lehrer zu den wichtigsten Vertretern der neuen Psychologie wurden: Kurt *Koffka* (1886 bis 1941) und Wolfgang *Köhler* (geb. 1887). Alle drei lehrten später in den USA. Eine zweite Schule der Gestalt- oder Ganzheitspsychologie, die wichtige Experimente beigesteuert hat, geht auf Felix *Krueger* (1874 bis 1948) zurück.

Es gibt kaum ein Gebiet, für das die Lehre dieser Männer nicht Bedeutung erlangt hätte. Sie überschritt die Grenzen der Psychologie und wurde als allgemeine »Gestalttheorie« wichtig für die Philosophie und die Wissenschaftslehre. In der Psychologie selbst befruchtete sie u. a. die Kinderpsychologie und die Psychologie der Wahrnehmung. Hier wurde eine Fülle von Gesetzen entdeckt wie etwa dies, daß wir in unserer Wahrnehmung »unfertige« Figuren unbewußt ergänzen zu Formen, die uns vertraut sind oder die das strukturelle Ganze zu fordern scheint.

Während des Ersten Weltkriegs machte Köhler auf Teneriffa seine berühmten Versuche mit Menschenaffen, deren Ergebnisse in seinem Buch *Intelligenzprüfungen an Menschenaffen* von 1924 zusammengefaßt sind. Köhler stellte den Versuchstieren eine Reihe einfacher Aufgaben; z. B. hängte er eine Banane so hoch auf, daß der Affe sie nur erreichen konnte, wenn er zwei Kästen, die in seiner Nähe lagen, aufeinanderstellte. Oder das Tier mußte zwei Stöcke, die aufeinanderpaßten, zusammenstecken, um eine außerhalb des Gitters liegende Banane heranzuholen. Köhler zeigte, daß die Versuchstiere die Probleme nicht stufenweise, sondern in einem einmaligen ganzheitlichen Integrationsprozeß zu lösen pflegten. Mit solchen Erkenntnissen befindet sich die Gestaltpsychologie im Bündnis mit den Entwicklungen in anderen Wissenszweigen wie der Biologie oder auch der Physik, die gleichfalls vom »Atomistischen« weg zu »Feldern«, »Strukturganzen« u. ä. streben. Übrigens hat der Begriff des »Feldes« inzwischen auch Eingang in die Psychologie gefunden.

II. Ausblick auf die Tiefenpsychologie

DER FALL ANNA O. Wir müssen uns hier zunächst noch einmal in die Jahre um 1880 zurückversetzen. Damals machte Sigmund *Freud* (1856 bis 1939), der in Wien Medizin studierte, gerade die Bekanntschaft eines älteren Kollegen, Josef *Breuer* (1842–1925), der nervös Erkrankte ärztlich behandelte und sich insbesondere auch mit den Erscheinungen der Hysterie beschäftigte – einer Krankheit, die man erst seit Charcot wissenschaftlich ernst zu nehmen begonnen hatte. Als besonders aufschlußreich erwies sich der Fall eines jungen Mädchens (Anna O.), den Breuer und Freud später in ihren 1895 gemeinsam herausgegebenen *Studien über Hysterie* ausführlich schilderten.

Die 21jährige Patientin, ein Mädchen von scharfem Verstand und untadeligem Charakter, hatte im Anschluß an eine monatelange Pflege ihres schwer erkrankten Vaters eine Reihe schwerer hysterischer Symptome. Die Krankheit begann mit Schwächezuständen, Ekel vor Nahrung, nervösem Husten und schritt fort zu Lähmungserscheinungen, Sehstörungen, Bewußtseinsstörungen, Erregungszuständen. In dem regelmäßig abends eintretenden Dämmerzustand begann die Kranke zu sprechen und erzählte unter lebhaften Gesten und Gefühlsäußerungen von Erlebnissen, die der Erkrankung vorausgegangen waren. Dieses Sichaussprechen hatte eine wohltuende Wirkung. Breuer und Freud gelang es darauf, es durch Hypnose absichtlich herbeizuführen. Schritt um Schritt erinnerte sich die Patientin nun an bis dahin vergessene Erlebnisse, die die Ursache der einzelnen Symptome gewesen waren. Eine ebenso unerklärliche wie unüberwindliche Abneigung gegen das Trinken von Wasser z. B. erwies sich als zurückgehend auf ein Erlebnis, bei dem die Patientin einen Hund aus einem Glase Wasser trinken sah. Sie hatte damals den in ihr aufsteigenden Widerwillen gewaltsam unterdrückt.

Daraus war zunächst der Schluß zu ziehen: Vergangene Erlebnisse, völlig vergessen und damit dem Bewußtsein dauernd entzogen, vermögen das Verhalten des Menschen zu beeinflussen und hysterische Symptome hervorzubringen. Das war anscheinend immer dann der Fall, wenn die Erlebnisse affektbetont waren, der Affekt sich aber nicht hatte äußern können, sondern unterdrückt, abgedrängt worden war. Im nachträglichen Aussprechen während der Hypnose wurde diese Stauung beseitigt, »abreagiert«. Damit verschwanden die Symptome. Diesen Weg der Behandlung nannten Breuer und Freud die »kathartische Methode«.

DIE ANALYTISCHE METHODE Freud ging nach Frankreich zu Charcot und später zu Bernheim, um die Hypnose weiterzustudieren. Er praktizierte dann, zusammen mit Breuer, weiter mit dieser Methode, kam aber auf die Dauer zu keinen befriedigenden Heilerfolgen, teils weil nicht alle Patienten hypnotisiert werden konnten, teils weil erzielte Erfolge sich nicht als dauerhaft erwiesen.
Freud hatte in Frankreich erlebt, daß hypnotisierte Personen nach dem Erwachen durch eindringliches Befragen dazu gebracht werden konnten, sich an Dinge zu erinnern, die zu vergessen oder nicht zu sehen ihnen der Hypnotiseur befohlen hatte. Es mußte eine Brücke vom Wachzustand zu dem anscheinend Vergessenen führen. Freud entschloß sich daraufhin, auf die Hypnose zu verzichten. Er setzte an ihre Stelle die Methode des freien Einfalls. Der Patient mußte, bei im übrigen entspanntem Zustand, seine Aufmerksamkeit auf das Symptom lenken und alles mitteilen, was ihm – scheinbar zufällig – nun einfiel. Dabei war nur eines vorausgesetzt: daß die Kette der Einfälle nicht beliebig entsteht, sondern genau so streng determiniert ist wie jeder andere Naturvorgang. Regelmäßig führte die Kette der Einfälle, allerdings nicht ohne daß ein spürbarer Widerstand des Patienten zu überwinden war, bis in die Nähe des Ereignisses, das dem betreffenden Symptom zugrunde lag.
Freud machte diese Methode der freien Assoziation zu seiner alleinigen Behandlungsart und trennte sich damit von Breuer. Damit beginnt Freuds eigener Weg und mit ihm die Geschichte der Psychoanalyse.

DIE SEXUALITÄT Die Psychoanalyse entstand keineswegs als vorgefaßte Theorie. Sie erwuchs Schritt für Schritt in Jahrzehnten aus Erfahrungen der Praxis und der Krankenbehandlung. Das gilt auch für den nächsten hier zu nennenden Gedanken, der ein Kernstück der Psychoanalyse darstellt und ihr die meisten Anfeindungen eingetragen hat: die Lehre von der sexuellen Verursachung der neurotischen Erkrankungen, allgemeiner von der Rolle des Geschlechtlichen im Seelenleben des Menschen. Diese Lehre Freuds war auch der tiefere Anlaß seiner Trennung von Breuer: die Behauptung,

> daß Triebregungen, welche man nur als sexuelle im engeren wie im weiteren Sinne bezeichnen kann, eine ungemein große und bisher nie genug gewürdigte Rolle in der Verursachung der Nerven- und Geisteskrankheiten spielen. Ja noch mehr, daß dieselben sexuellen Regungen auch mit nicht zu unterschätzenden Beiträgen an den höchsten kulturellen, künstlerischen und sozialen Schöpfungen des Menschengeistes beteiligt sind.

Freud hat später berichtet, daß er auf diesen Hauptsatz seiner Lehre durch Andeutungen geführt wurde, die Breuer wie auch Charcot machten. Aber für diese Männer waren es Andeutungen, Aperçus – welche sie später sogar verleugneten; Freud nahm sie ernst.

Wenn es auch eine einseitige Unterstellung ist, zu behaupten, Freud habe den Geschlechtstrieb als allein beherrschende Macht im Menschenleben oder Seelenleben hingestellt – er hat später eine Trieblehre ausgebildet, in der er ihm andere Triebe an die Seite und entgegenstellt –, so spielt er doch für die Psychoanalyse eine außerordentliche Rolle. Er ist gleichsam allgegenwärtig, in tausend Verkleidungen.

Freuds Sexualtheorie erwuchs hauptsächlich in den Jahren zwischen 1905 und 1912, beginnend mit den *Drei Abhandlungen zur Sexualtheorie* von 1905. Freud schritt dabei weit hinaus über die Untersuchung des sexuellen Anteils an der Verursachung seelischer Erkrankungen und schuf die erste zusammenhängende wissenschaftliche Theorie des Sexualtriebes. Sie umfaßt nicht nur die sogenannten normalen Formen dieses Triebes, sondern auch seine mannigfachen Verirrungen, die Perversionen, und gestattet, diese genetisch zu verstehen.

Bei der Analyse erwachsener Neurotiker sah sich Freud genötigt, immer weiter in der Lebensgeschichte des Kranken zurückzuschreiten, um zu den eigentlichen Wurzeln der Symptome zu gelangen. So regelmäßig er auf sexuelle Ursachen stieß, so regelmäßig ließen sich diese zurückverfolgen bis in ein Lebensstadium weit vor der Pubertätszeit – in welche man gemeinhin das Erwachen der ersten geschlechtlichen Regungen verlegte – bis in die früheste Kindheit und Säuglingszeit. Das war der Anlaß zur Ausbildung von Freuds viel angefeindeter Lehre von der kindlichen Sexualität.

Um von infantiler Sexualität sprechen zu können, mußte Freud dem Begriff des Geschlechtlichen einen weiteren Inhalt als den bis dahin üblichen geben. Geschlechtlichkeit im Sinne Freuds erfaßt nicht nur die Strebungen und Vorgänge, die mit der Fortpflanzung in unmittelbarem Zusammenhang stehen (von denen beim Kind noch keine Rede sein kann), sondern alles, was auf die Gewinnung von »Organlust« abzielt. Allmählich bildete sich eine Vorstellung von den wichtigsten Entwicklungsstadien der Sexualität beim Menschen heraus. Freud gewann sie zunächst ausschließlich aus der Analyse Erwachsener. Er hatte keine Gelegenheiten zu direkten Beobachtungen am Kind. Diese bestätigten später eindeutig den größten Teil des von Freud auf seinem Wege Erschlossenen.

Ich will die verschiedenen Stadien der libidinösen (Libido = seelische, insbesondere sexuelle Energie) Entwicklung hier nicht verfolgen. Ein viel gebrauchter und oft mißdeuteter, weil aus dem Zusammenhang gerissener Begriff Freuds aus diesen Darlegungen ist der sogenannte Oedipus-Komplex, so benannt nach dem antiken Oedipus, König von Theben, der (unwissentlich) seinen Vater erschlug und seine Mutter heiratete und sich, als er die Wahrheit erkannte, durch Blendung selbst bestrafte. Freud bezeichnet so die eigentümliche Triebsituation des heran-

wachsenden Knaben eines bestimmten Alters, der seine Mutter, das früheste Objekt seiner kindlichen »sexuellen« Regungen, liebt und seinen Vater als Nebenbuhler um die Gunst der Mutter ansieht und haßt. Diese Konfliktsituation, im einzelnen wesentlich verwickelter als hier angedeutet werden kann, wird im Zuge der normalen Entwicklung der Persönlichkeit überwunden. Ihre ungenügende Bewältigung ist eine Quelle vieler nervöser Störungen im späteren Leben.
Die Lehre Freuds ließ zum erstenmal die außerordentlich schwerwiegende, charakterbildende und lebensbestimmende Bedeutung der frühesten Kindheit im Leben des Menschen ins Licht der Erkenntnis treten.

FEHLLEISTUNGEN UND TRÄUME Man findet den leichtesten Zugang zu den weiteren Teilen der Freudschen Lehre, wenn man zunächst nicht von den seelischen Erkrankungen ausgeht, sondern von zwei anderen Gruppen von Erscheinungen, denen Freud ein intensives Studium widmete und denen beiden er eigentlich erst einen Platz in der ernsthaften Wissenschaft verschafft hat: Fehlleistungen und Träume.
Zu den Fehlleistungen gehören die alltäglichen Vorkommnisse des Versprechens, Verhörens, Verlesens, Vergessens, Verlegens usw. Freud behandelte sie in seiner zuerst 1904 erschienenen Schrift *Zur Psychopathologie des Alltagslebens*. Hier schlug Freud eine Brücke vom krankhaften zum normalen Seelenleben und zeigte, daß dieselben Ursachen und Zusammenhänge, die hysterischen Erkrankungen zugrunde liegen, auch bei diesen alltäglichen Erscheinungen wirksam sind. Die Psychopathologie wurde so zu einer Art Vergrößerungsglas, durch welches man das normale Seelenleben studieren kann. Die »Psychopathologie des Alltagslebens« gehört mit ihrer Fülle großenteils amüsanter Beispiele unter den Werken Freuds, der ein glänzender und überaus produktiver Schreiber war –, zu den fesselndsten. Alle Fehlhandlungen haben einen – in der Regel verborgenen, aber durch Analyse aufdeckbaren – Sinn. Sie zeigen regelmäßig, wie die bewußte Absicht des Handelnden durchkreuzt und gestört wird durch eine andere Tendenz, die ihm nicht bewußt, sondern ins Unbewußte abgedrängt ist, aber gleichwohl von dort her zum Ausdruck drängt.
Schon vorher hatte Freud mit seiner berühmten *Traumdeutung* von 1899 seiner Lehre ein anderes Anwendungsfeld eröffnet. Die Versuche, Träume zu deuten und aus ihnen einen Sinn herauszulesen, reichen bekanntlich bis in die älteste Vorzeit zurück. Freuds Beschäftigung mit den Träumen und seine Ergebnisse sind eines der Beispiele, wie in der Wissenschaftsgeschichte von Zeit zu Zeit die ernsthafte Forschung einen richtigen Kern aus uralten Überlieferungen herausschält. Freilich, wie meist in solchen Fällen, so zeigt sich auch hier, daß in dieser Überlieferung Richtiges mit Falschem fast unentwirrbar vermischt ist.
Der psychologische Mechanismus des Traumes ist – obwohl die gesamte Theorie nicht ganz einfach ist – doch im Grundsatz von der gleichen Art, wie Freud ihn auch für die Fehlleistungen aufdeckt. Der Traum bringt Strebungen, Wünsche des Träumers zum Ausdruck, denen

im wachen Seelenleben der Zugang zum Bewußtsein versagt ist. Es handelt sich meistens um »verpönte«, dem einzelnen peinliche oder nach den Wertmaßstäben der Gesellschaft verabscheuungswürdige Wünsche. Auch im Traum können sie zumeist nicht unverhüllt auftreten oder sich ausleben. Sie können die Schwelle zum (Traum-)Bewußtsein nur verkleidet überschreiten. Eine Art Zensor, die Traumzensur, wacht auch im Schlaf an dieser Schwelle. Kinderträume bieten jedoch häufig das Bild unmittelbarer und ungehemmter Wunscherfüllung.

Ein drittes Gebiet, das Freud neben Fehlleistungen und Träumen in seine Untersuchungen einbezog, ist die Psychologie des Witzes (*Der Witz und seine Beziehung zum Unbewußten*, 1905).

DAS UNBEWUSSTE, VERDRÄNGUNG UND KONFLIKT Von etwa 1912 bis zu seinem Tode wandte Freud sich immer stärker der Aufgabe zu, seinen Einzelerkenntnissen einen befriedigenden theoretischen Rahmen zu geben. Von diesen Bemühungen zeugen u. a. seine Schriften *Jenseits des Lustprinzips* (1920) und *Das Ich und das Es* (1923). Er war dabei – nach den Urteilen heutiger Psychologen – nicht immer so erfolgreich wie bei seinen empirisch gewonnenen Erkenntnissen. Auch hierzu einige Andeutungen:

Freuds Vorstellung vom Aufbau des seelischen Lebens kann einerseits statisch oder topographisch, also nach Art eines räumlichen Bildes, gefaßt werden. In diesem Sinne sind drei Bereiche zu unterscheiden: 1. das normale Bewußtsein, also alles, dessen wir uns in einem gegebenen Moment bewußt sind; 2. das Vorbewußte, eine Art Vorzimmer zum Bewußtsein, dessen Inhalte zwar nicht bewußt sind, aber grundsätzlich bewußt gemacht werden können, sei es, indem wir die Aufmerksamkeit bewußt auf sie richten, sei es, daß eine assoziative Verknüpfung sie ins Bewußtsein zieht; 3. das Unbewußte, dessen Inhalte im Unbewußten verharren und höchstens durch Analyse bewußt gemacht werden können.

Diese statische Einteilung wird durchkreuzt von einer anderen, die ebenfalls in drei Bereichen – oder hier besser Schichten – gesehen werden kann. Die tiefste Schicht nennt Freud »Das Es«. Aus ihm steigen die Triebe und Impulse auf, es ist die undifferenzierte Basis des Seelenlebens, ohne Bewußtsein und ohne Persönlichkeit. Darüber baut sich das Ich auf. Seine Hauptfunktion ist, den Kontakt mit der äußeren Welt, einschließlich der menschlichen Umwelt, zu regeln. Diese Einteilung deckt sich nicht mit der vorigen. Bedeutende Teile des »Ich« sind und bleiben unbewußt.

Wie das Ich aus dem Es abgespalten ist, so spaltet sich aus dem Ich abermals ein neuer Bereich ab: das »Über-Ich«. Das Über-Ich überwacht gleichsam die Beziehungen zwischen dem Ich und dem Es. Das Über-Ich befiehlt dem Ich, bestimmt insbesondere auch, welche aus dem Es aufsteigenden Regungen ins Bewußtsein zugelassen werden sollen. Das Über-Ich bildet sich beim Menschen – die ganze Einteilung hat auch genetische Bedeutung – in den ersten Lebensjahren unter dem Einfluß der elterlichen oder der diese ersetzenden Autorität.

Das Über-Ich vertritt im Aufbau der Persönlichkeit gleichsam die Gesellschaft. Die Verdrängung einer Triebregung, die nach seinen Maßstäben nicht zugelassen werden darf, kann einen verschiedenen Ausgang nehmen. Der verdrängte Impuls – es wird in der Regel ein sexueller oder ein aggressiver sein – kann sublimiert werden. Der Trieb wird in diesem Falle auf ein »höheres« (nicht-sexuelles, sozial wertvolles) Ziel umgelenkt und kann in dieser Form ins Bewußtsein zugelassen und ausgelebt werden. So wird etwa ein primitiver körperlicher Darbietungstrieb umgeformt in schauspielerische oder rednerische Leistungen. Die Verdrängung kann aber auch zu einer Reaktionsbildung führen, etwa zu übertriebener Scham und Bescheidenheit, die nur eine Schutzvorrichtung gegen den sonst übermächtigen Darbietungstrieb ist. Die gleiche Konfliktsituation kann auch zur neurotischen Symptombildung führen; in diesem Falle lebt sich der verdrängte Trieb in verkleideter, dem eigenen Bewußtsein unkenntlicher Form aus.

Es ist eines der Hauptanliegen der Freudschen Psychoanalyse, die Schicksale der »begrabenen« Instinkte, der verdrängten Triebe auf diesen verschlungenen Wegen zu verfolgen.

GEISTIGE AHNEN Freud war sich eher noch weniger als Watson oder Wertheimer bewußt, daß er Wahrheiten und Hypothesen formulierte, die lange vor ihm an den verschiedensten Stellen rein intuitiv erfaßt worden waren, besonders von den großen Kennern der Menschenseele, den Dichtern und den Philosophen. Erst nachträglich erkannte Freud, wie er selbst berichtet, daß viele seiner Einsichten sich z. B. im Werke Arthur Schopenhauers finden. Es ist nicht so paradox, wie es aussieht, wenn man behauptet, daß Freud trotz dieser Unbelastetheit mit Wissen in seinem Denken von den Ideen Schopenhauers nicht ganz unbeeinflußt geblieben sein mag – in einem Zeitalter, in dem Richard Wagner die Ideen dieses Philosophen gleichsam in Musik umgesetzt hatte.

Es wäre ein Vergnügen, aus den Schriften der Denker und Dichter aller Völker und Zeiten die Sätze zusammenzustellen, in denen eine Erkenntnis ausgesprochen ist, die Freud in seine Lehre eingebaut hat. Etwa so:

Zur Lehre vom Unbewußten: »Das Bewußtsein ist die bloße Oberfläche unseres Geistes, von welchem, wie vom Erdkörper, wir nicht das Innere, sondern die Schale kennen« (Arthur Schopenhauer).

Zu den Träumen: »In allem wollt ihr verantwortlich sein! Nur nicht für eure Träume! Welche elende Schwächlichkeit, welcher Mangel an folgerichtigem Mute! Nichts ist mehr euer Eigen als eure Träume! Nichts mehr *euer* Werk! Stoff, Form, Dauer, Schauspieler, Zuschauer – in diesen Komödien seid ihr alles ihr selber!« (Friedrich Nietzsche).

Zu »Verdrängung und Konflikt«: »Naturam expellas furca, tamen usque recurret« (Horaz).

Zur Lehre vom Vergessen: »›Das habe ich getan‹, sagt mein Gedächtnis. ›Das kann ich nicht getan haben‹ – sagt mein Stolz und bleibt unerbittlich. Endlich – gibt das Gedächtnis nach« (Friedrich Nietzsche).

Zu den Fehlleistungen: »Denn nach meiner Meinung können aus den gewöhnlichsten, gemeinsten und bekanntesten Dingen, wenn wir sie ins gehörige Licht zu stellen wissen, die größten Wunderwerke der Natur und die erhabensten Beispiele hergeleitet werden, besonders in Rücksicht auf menschliche Handlungen« (Michel de Montaigne).
In den Dramen Shakespeares finden sich vom Dichter erdachte Beispiele von Fehlleistungen, wie sie Freud als Beleg für seine Theorie nicht besser hätte erfinden können.

AUSSTRAHLUNGEN UND ANWENDUNGEN Die Psychoanalyse ist zunächst von Bedeutung für die Psychiatrie und darüber hinaus für die gesamte medizinische Wissenschaft. Außerhalb des Gebiets der Neurosen, wo sie ihre überzeugendsten therapeutischen Erfolge erzielte, hat sie auch zur Aufhellung der schweren Geisteskrankheiten wesentliche Beiträge geleistet. Auch hat sie vielen Ärzten über die volle Bedeutung des Sexuellen für Leben und Gesundheit des Menschen erst die Augen geöffnet.
Die Psychoanalyse hat Licht geworfen auf das schwierige und uralte Problem des Zusammenhangs seelischer Prozesse mit den körperlichen. Die neueste Medizin erkennt in wachsendem Maße solche Zusammenhänge und insbesondere die Rolle seelischer Ursachen auch bei Krankheiten, die man bisher für rein organischer Natur hielt. Seelische und physische Untersuchung und Behandlung wachsen allmählich zu einer einheitlichen, ganzheitlichen Betrachtungsweise, einer *psycho-somatischen* Medizin, zusammen. Das Lebenswerk Freuds hat zu dieser Wende ein wesentliches Stück beigetragen.
Auch über diese Seite von Freuds Werk und die Richtung, in der sie gewirkt hat, könnte man ein sehr altes Wort stellen: ». . . unser König, der ein Gott ist, sagt, daß, wie man nicht versuchen dürfe, die Augen ohne den Kopf zu heilen, noch den Kopf ohne den Leib, so auch nicht den Leib ohne die Seele; auch sei nur dieses schuld daran, daß die Ärzte bei den Hellenen über so viele Krankheiten nicht Meister werden, weil sie das Ganze nicht kennen, das man in Pflege nehmen müsse, während doch, wenn dieses sich nicht gut befindet, unmöglich der Teil sich wohl befinden könne. Denn, sagte er, von der Seele gehe alles, sowohl Gutes als Böses aus, für den Körper und den ganzen Menschen, und von da aus fließe es ihm zu, so wie aus dem Kopfe den Augen. Man müsse also auch zuerst und vorzugsweise *jenes* ärztlich behandeln, wenn der Kopf und der übrige Körper sich wohl befinden sollen« (Platon).
Vielleicht die wichtigsten Ergebnisse zeitigte die Anwendung psychoanalytischer Erkenntnisse auf die *Entwicklung und Erziehung des Kindes*. Ich meine nicht so sehr die Techniken der Kinderanalyse, die von Melanie *Klein*, Anna *Freud* u. a. ausgebildet wurden – so wichtig sie sein mögen –, sondern den Einblick in die seelische Entwicklung des jungen Menschen, die Mechanismen der Charakterbildung und die daraus abzuleitenden Folgerungen. Da ist zunächst die Erkenntnis, daß der Charakter eines Menschen sich in seinen wesentlichen Grundlagen in den ersten zwei, drei oder vier Lebensjahren formt! In diesen Jahren durch-

läuft das Kind, wie Freud zeigte – er hat für das Gebiet des Seelischen hier gleichsam das biogenetische Grundgesetz neu entdeckt –, eine komplizierte Entwicklung, für welche die Menschheit im ganzen riesige Zeiträume benötigt hat. Die Psychoanalyse lehrt eindringlich, daß jede Störung dieser Entwicklung durch gewaltsamen Eingriff oder durch die Versagung der vom Kind benötigten Liebe und Pflege schwere und lebenslange Störungen im Gefolge haben kann.

Auch für die Erziehungslehre im engeren Sinne, für das Unterrichtswesen, ergeben sich wichtige Einsichten über das Lernen als einen emotionellen Prozeß, über das Verhältnis Lehrer-Kind und anderes.

Freuds eigener kühner Versuch, die Gedanken der Psychoanalyse für *Anthropologie* und *Ethnologie* fruchtbar zu machen (*Totem und Tabu*, 1914), begegnete scharfer Kritik aus Fachkreisen. Andere Gelehrte, fachlich besser gerüstet und kritischer vorgehend, haben inzwischen die Brücke mit außerordentlichem Erfolg neu geschlagen. Es ergeben sich bemerkenswerte Übereinstimmungen zwischen dem Seelenleben des Kindes, auch des Neurotikers, auf der einen und dem des Primitiven auf der anderen Seite. Die Psychoanalyse wirft Licht auf Einrichtungen wie das Inzestverbot, das Mutterrecht, zahlreiche Denkformen, Einrichtungen und Bräuche primitiver Völker. Sie zeigt, daß sie oft hervorgegangen sind aus der Auseinandersetzung mit den gleichen psychischen Grundkräften, Trieben, Schuld- und Angstgefühlen, die in der Tiefe der Seele auch den Zivilisationsmenschen bestimmen oder bedrängen.

Gleich fruchtbar war die Anwendung der Psychoanalyse auf Probleme der *Sozialpsychologie* und der *Soziologie*. Freud selbst wies mit seiner Schrift *Massenpsychologie und Ich-Analyse* (1921) einen Weg. Um dieses Gebiet haben sich besonders amerikanische Gelehrte verdient gemacht. Die Psychoanalyse zeigt überall die emotionelle und triebmäßige Seite in den sozialen Beziehungen, in der Wirtschaft, im Verhältnis Regierung–Untertan, in Krieg und Frieden. Sie zeigt, daß Zivilisation, Kultur, geordnetes Zusammenleben auf der Bändigung, Kanalisierung und teilweisen Verdrängung von Elementartrieben beruhen. Sie lehrt auch erkennen, wie labil dieser Aufbau ist.

In seiner Schrift *Das Unbehagen in der Kultur* (1930) wies Freud auf die Gefahren hin, die der Kultur aus der Verdrängung der Naturtriebe erwachsen können, und warnte davor, sie über ein gewisses Maß hinaus anzuspannen. Er bezeichnete ein Mindestmaß individueller Triebbefriedigung für jeden einzelnen als ein unumgängliches Sicherheitsventil der Gesellschaft und als eines der wichtigsten Ziele jeder Gesellschaftsordnung. Freud erklärte den außerordentlichen Widerstand, den seine Lehre in Wissenschaft und Öffentlichkeit hervorrief, damit, daß sie an diese Fragen rührt.

Für *Kriminalpsychologie* und *Kriminologie* leistete die Psychoanalyse Beiträge, indem sie diese auf die Mitwirkung unbewußter Faktoren bei verbrecherischen Handlungen hinwies. Manche Erscheinungen wie die Kleptomanie führte sie erstmalig dem Verständnis zu. Sie zeigte, daß viele verbrecherische Handlungen eine Art verzweifelter Flucht aus unerträglichen inneren Spannungen darstellen; daß sogar Verbrechen begangen werden, um einem aus unbewußten Quellen gespeisten Schuldgefühl eine reale Unterlage zu geben! Sie lehrte die Perversionen der verschiedensten Art entwicklungsmäßig verstehen als Fehlentwicklungen von Kräften, die im unbewußten Seelenleben jedes Menschen vorhanden sind, insbesondere als ein Zurückweichen (Regression) auf infantile Stufen der Triebbefriedigung.

Zur psychoanalytischen Durchleuchtung von Werken der *Dichtung* und *Kunst* lieferte Freud selbst Beiträge. Er gab Deutungen des »Moses« von Michelangelo und der »Heiligen Anna Selbdritt« von Leonardo. Seine Schüler setzten dieses Werk fort. Otto *Rank* zeigte die Bedeutung des Inzestmotivs und des Oedipus-Komplexes in zahlreichen Dichtwerken.

Ähnliches gilt für *Mythologie, Märchen, Sage, Aberglauben.* Hier erwies sich die Psychoanalyse geradezu als ein Zauberschlüssel. Sie läßt unter tausend Verkleidungen in diesen Schöpfungen menschlicher Phantasie die unbewußten Motive erkennen, die ihnen zugrunde liegen. Sie zeigt ihre nahe Verwandtschaft zu den Träumen.

Natürlich wird die Psychoanalyse, je weiter sie sich von ihrem Ausgangspunkt und dem Feld ihrer größten Stärke, der Ätiologie und Therapie der Neurosen, entfernt, immer angreifbarer und verletzlicher. Das gilt in verstärktem Maße für die schon von Freud selbst begonnenen Versuche einer Anwendung psychoanalytischer Erkenntnisse auf die *Religion.* Freuds eigene Schrift trägt den bezeichnenden Titel *Die Zukunft einer Illusion* (1927). Freud war Agnostiker. Die Psychoanalyse war in seinen Augen und denen mancher Schüler ein Werkzeug, um die religiösen Vorstellungen einer psychologischen Analyse und Kritik zu unterziehen.

Freud lebte bis 1938 als Professor in Wien. Beim Anschluß Österreichs im Jahre 1938 wurde der 82jährige vertrieben und starb im darauffolgenden Jahre in der Emigration in London. Die von ihm in Gang gesetzte Geistesbewegung hatte sich in diesem Zeitpunkt längst über fast alle Länder der westlichen Welt ausgebreitet.

Freuds erste Werke begegneten einem Sturm der Ablehnung und heftiger, teilweise unsachlicher und übelwollender Kritik. Aber schon von 1902 ab scharte sich ein Kreis von Schülern und Anhängern um ihn. Unter dem Druck des Widerstandes gegen die Psychoanalyse schloß er sich zunächst fest zusammen und nahm einen fast sektenartigen Charakter an. Eine internationale Gesellschaft wurde gegründet mit den ersten Stützpunkten in Wien, Berlin, Zürich, Budapest. Eigene Zeitschriften und Jahrbücher entstanden. Die Bewegung fand bald einen weltweiten Widerhall. Bereits 1909 hielt Freud Vorlesungen über seine Forschungen in Amerika. Die Vereinigten Staaten wurden später, und vollends während der Unterdrückung der Psychoanalyse in Deutschland und Österreich, zum eigentlichen Heimatland der Bewegung.

12. Ausblick auf einige praktische Anwendungen und Auswirkungen

Man braucht nur ein modernes psychologisches Einführungsbuch aufzuschlagen, um zu erkennen, wie groß die Zahl der praktischen Anwendungsgebiete ist, die sich die Psychologie außer den schon genannten erobert hat: Entwicklungspsychologie (wesentlich zum Verständnis der Kinder und der Gesetzmäßigkeiten ihrer Entwicklung, aber auch zum Verständnis der alten Menschen in unserer Gesellschaft); Psychologie des Lernens, des Denkens, der Willens- und Motivbildung und der verschiedensten anderen seelisch-geistigen Prozesse; Psychologie der verschiedenen sozialen Phänomene, der Gruppen (Familie, Betrieb u. a.) und Massen; dazu gehört auch die Psychologie der öffentlichen Meinung und der Propaganda sowie die Werbepsychologie, anderseits auch etwa der Bereich der Wehrpsychologie; diagnostische Psychologie, die der Begutachtung schwieriger und kranker Menschen auch im Zusammenhang der Rechtsprechung (forensische Psychologie) dient, zu der aber auch die Feststellung besonderer Fähigkeiten und Interessen gehört; schließlich die psychologische Untersuchung der verschiedenen Kulturphänomene, wie Religion, Kunst, Recht, Sprache.

Wissenschaftliche Psychologie ist eine unentbehrliche Grundlage unseres Erziehungs- und Bildungswesens, unserer Rechtspflege, unseres Wirtschaftslebens, z. B. in Berufsberatung, wissenschaftlicher Gestaltung und Rationalisierung des Arbeitsprozesses, Werbung und Verkauf. Die Erkenntnisse und Lehren der großen Psychologen dringen auf tausend Wegen in das Leben jedes einzelnen ebenso wie in Kunst und Literatur. So etwa ist das Werk eines James *Joyce* und eines Thomas *Mann* von Tiefenpsychologie durchtränkt.

Ein einziges Beispiel sei für diese praktische Seite der psychologischen Wissenschaft noch herausgegriffen: die *Tests*.

In einem gewissen Sinne waren schon die mannigfachen Versuche Galtons, Wundts und seiner Schüler, die Gedächtnisexperimente von Ebbinghaus Tests. Das Schwergewicht lag aber bei ihnen auf allgemeinen, objektiven Fragestellungen und nicht auf dem Ziel, die individuellen Fähigkeiten einzelner Menschen quantitativ zu erforschen. Der Vater des Intelligenz-Tests in diesem Sinne (wenn man von den Vorarbeiten Galtons absieht) ist der Franzose Alfred *Binet* (1857–1911).

Binet war Mitglied einer vom Unterrichtsministerium eingesetzten Kommission, die das Problem der zurückgebliebenen Kinder in den Schulen zu untersuchen hatte. Dazu mußte man einen Weg finden, um die Kinder, die aus Faulheit oder etwa aus seelischen Hemmungen im Unterricht nicht mitkamen, von denen zu sondern, die infolge mangelnder Intelligenz dem Unterricht nicht folgen konnten. Binet schuf zunächst einen Test, bestehend aus 30 Fragen und Aufgaben verschiedenen Schwierigkeitsgrades. Er erwies sich bald als unzureichend, weil er nicht nach Altersstufen gegliedert war. In einer revidierten Fassung aus dem Jahre 1908 schied Binet deshalb die Testfragen nach den Altersklassen von 3 bis zu 12 Lebensjahren. So lautete etwa eine Aufgabe für die Dreijährigen: Zeige deine Nase, deine Ohren; für die Siebenjährigen: Ergänze diese unvollendete Zeichnung; für die Zehnjährigen: Zähle die Monate des Jahres auf.

Ein Kind kann den Test für eine höhere Stufe erfüllen, als seinem körperlichen Alter entspricht. Es kann gleichsam ein höheres geistiges als physisches Alter haben. Dividiert man beide Zahlen, so erhält man den sogenannten Intelligenz-Quotienten (I. Q.) – einen von William *Stern* (1871–1938, Professor in Hamburg) eingeführten Begriff. Ein Kind von 5 Jahren, das die Aufgaben für die 6jährigen löst, hat demnach einen Intelligenz-Quotienten von 6 : 5 oder – wie allgemein üblich – auf 100 umgerechnet, von 120.

Die Tests wurden nach Amerika eingeführt. Der amerikanische Genius für Messen und Meßbares bemächtigte sich ihrer und verfeinerte sie immer weiter. Einen wesentlichen Fortschritt brachte die Umarbeitung des Binet-Tests durch den Amerikaner Lewis Madison *Terman* (1877–1956). Terman testete zunächst 2000 Kinder, um das normale Leistungsvermögen jeder Altersstufe zu ermitteln. Darauf baute er seinen Test, aus insgesamt 90 Fragen bestehend.

Solche Tests setzen normales Hören, Sehen und Sprachverständnis voraus. Für blinde, taube oder sprachunkundige Versuchspersonen wurden besondere Testformen geschaffen.

Der Eintritt der Vereinigten Staaten in den Ersten Weltkrieg brachte die erste Anwendung der Intelligenz-Tests auf Erwachsene in großem Stil. Es kam darauf an, schnell und sicher nach der einen Seite diejenigen auszuscheiden, die für den Militärdienst wegen geistiger Mängel untauglich waren, nach der anderen Seite die herauszufinden, deren überdurchschnittliche Intelligenz sie zu Führerstellungen befähigte. Dazu brauchte man Tests, die von einer größeren Zahl von Prüflingen gleichzeitig abgelegt werden konnten. Eine Kommission von Psychologen schuf den sogenannten Alpha-Test. Er besteht aus 8 Abteilungen, deren jede zwischen 12 und 40 Fragen enthält. Innerhalb jedes Teils steigen die Fragen im Schwierigkeitsgrad an. Einige Beispiele:

Test 1 prüft die Fähigkeit, Weisungen aufzufassen und zu verfolgen. Die Prüflinge haben etwa 2 Punkte einer Figur in vorgeschriebener Weise zu verbinden. Test 2 enthält 20 Rechenaufgaben. Test 3 erfordert logische Urteile nach gesundem Menschenverstand. Test 5 bietet durcheinandergeschüttelte Wörter, die in einen sinnvollen Satz zu ordnen sind. In Test 6 müssen Zahlenfolgen wie 2-3-5-8-12- . . . - . . . ergänzt werden.

1½ Millionen Rekruten wurden diesem Test unterzogen.

Welchen Wert haben solche Tests? Sind sie ein zuverlässiger Maßstab für die geistigen Fähigkeiten eines Menschen? Die Frage kann wiederum nur im Weg exakter Forschung beantwortet werden. In den Schulen pflegen die Testergebnisse ziemlich genau mit den unabhängig davon erteilten Zensuren übereinzustimmen. Gibt es aber überhaupt eine allgemeine Intelligenz oder nur besondere Fähigkeiten wie etwa mathematische oder musikalische Begabung? Viele Psychologen nehmen heute an, daß das, was wir Intelligenz nennen, zusammengesetzt ist aus einem allgemeinen Faktor und einer Reihe spezieller Fähigkeiten. Tests für jede dieser Fähigkeiten sind entwickelt und werden vielleicht allmählich an die Stelle allgemeiner Tests treten. Ihre Ergebnisse lassen erkennen, welche Begabungen offenbar notwendig verbunden sind und welche unverbunden auftreten.

Je mehr Personen den Intelligenztests unterworfen wurden, um so besser ließen sich die Verfahren »eichen«. Jeder einzelne kann daher heute recht genau mit dem Durchschnitt aller Menschen gleichen Alters, Geschlechts, gleicher Schulbildung usw. verglichen werden.

Nach den Ergebnissen der Armeetests erreicht der Durchschnitt der Erwachsenen ein »geistiges Alter« von etwa 14 Jahren.

Die Testergebnisse lassen auch interessante Rückschlüsse zu auf die Bedeutung der allgemeinen und insbesondere der häuslichen Umgebung und Erziehung für die Entwicklung der Intelligenz. Im allgemeinen rangieren die Kinder der Stadtbevölkerung vor den Landkindern, die Kinder von sozial höherstehenden Eltern vor den übrigen. Ferner erlauben sie Schlüsse auf die Bedeutung des Geschlechtsunterschiedes sowie von Rassen- und nationalen Verschiedenheiten. Die Zusammensetzung der amerikanischen Bevölkerung aus Menschen verschiedenster Herkunft bietet hier reiche Studienmöglichkeiten. Auch die Vererbungsforschung erhält von hier aus Material.

Intelligenztests im Verein mit Tests für spezifische Begabungen haben eine erhebliche praktische Bedeutung für Schulen und Hochschulen, für die Berufswahl, für die Auswahl von Bewerbern für bestimmte Stellungen.

Jeder Test erfaßt nur gewisse Seiten in der Persönlichkeit der Versuchsperson. Um ein abgerundetes Bild zu gewinnen, ist es stets erforderlich, eine Reihe von Tests zu kombinieren und daneben Umwelt und Lebensgeschichte der Versuchsperson zu studieren.

Schlußwort

An dieser Stelle brechen wir unseren Gang durch die Geschichte der Wissenschaft ab. Es ist ein Abbruch, kein Ende des Weges. Aber es ist kein Abbruch an einer willkürlich gewählten Stelle. Wir stehen an einer entscheidenden Biegung des Weges. Wir haben gesehen, wie der Menschengeist die neuen Türen aufstieß; durch sie erblicken wir das Land, das die Wissenschaft nun betreten sollte.

Ist es ein unangemessener Abschluß, mit einem Blick auf neues Land zu enden? Für die Geschichte der Wissenschaften ist er angemessen. Wissenschaft ist immer auf dem Wege, ist immer unvollendet. Auch wenn wir den Weg bis heute weiterverfolgen, werden wir nicht an einem Ende, sondern mitten auf einem Wege stehenbleiben. Die Forschung ist die Asymptote der Wahrheit. Beide nähern sich, aber sie kommen erst im Unendlichen ganz zusammen. Wenn ein Buch über die Geschichte der Wissenschaft seinen Leser mit lauter offenstehenden Fragen entläßt, so hat es seinen Zweck erfüllt.

Welchen Ertrag dürfen wir von unserem Wege mitnehmen? Das Erstaunen über die Kleinheit des Menschen in dem unfaßbaren Universum, das ihn umgibt? Oder das Erstaunen darüber, daß dieser kleine Mensch doch mit seinem Denken und Forschen bis in erstaunliche Tiefen dieses Universums vorgedrungen ist – so daß wir mit Sophokles ausrufen: »Vieles Gewaltige lebt, doch nichts ist gewaltiger als der Mensch«?

Auf jeden Fall erweist jedes neue und tiefere Vordringen das All als immer noch tiefer und geheimnisvoller! Hören wir *Einstein:*

> Das tiefste und erhabenste Gefühl, dessen wir fähig sind, ist das Erlebnis des Mystischen. Aus ihm allein kommt wahre Wissenschaft. Wem dieses Gefühl fremd ist und wer sich nicht mehr wundern und in Ehrfurcht verlieren kann, der ist seelisch bereits tot. Das Wissen darum, daß das Unerforschliche wirklich existiert und daß es sich als höchste Wahrheit und strahlendste Schönheit offenbart, von denen wir nur eine dumpfe Ahnung haben können – dieses Wissen und diese Ahnung sind der Kern aller wahren Religiosität.

Damit schließt sich der Ring, und wir stehen bei dem Gedanken, mit dem dieses Buch begann.

Personenregister

Die römische Ziffer I verweist auf Band 1, II auf Band 2 dieser Ausgabe.